国家社会科学基金一般项目"美国再工业化背景下'中国制造'转型升级研究"（批准号：13BJY081）

西安财经大学西部能源经济与区域发展协同创新研究中心资助出版

"中国制造"转型升级研究
以美国再工业化战略为背景

张恒梅 著

中国社会科学出版社

图书在版编目（CIP）数据

"中国制造"转型升级研究：以美国再工业化战略为背景/张恒梅著.—北京：中国社会科学出版社，2019.9
ISBN 978-7-5203-5375-5

Ⅰ.①中… Ⅱ.①张… Ⅲ.①制造工业—产业结构升级—研究—中国 Ⅳ.①F426.4

中国版本图书馆CIP数据核字（2019）第221515号

出 版 人	赵剑英
责任编辑	刘晓红
责任校对	周晓东
责任印制	戴　宽
出　　版	中国社会科学出版社
社　　址	北京鼓楼西大街甲158号
邮　　编	100720
网　　址	http://www.csspw.cn
发 行 部	010-84083685
门 市 部	010-84029450
经　　销	新华书店及其他书店
印刷装订	北京君升印刷有限公司
版　　次	2019年9月第1版
印　　次	2019年9月第1次印刷
开　　本	710×1000　1/16
印　　张	45
插　　页	2
字　　数	693千字
定　　价	258.00元

凡购买中国社会科学出版社图书，如有质量问题请与本社营销中心联系调换
电话：010-84083683
版权所有　侵权必究

序　言

　　康有为曾在 100 年前《物质救国论》说道，"驱一国数千百万至人士，以昔之研求八股者，以研求物质工艺之学，其能制有新器者，如得上第，如此而中国制造，不与欧、美比，中国国势不为大地冠者，我不信也"。当前我国经济已经进入新常态，制造业由高速增长向中高速增长转变，尤其是国际金融危机之后，受到劳动力成本上升、结构调整、环境制约等因素的影响，我国钢铁、水泥、造船等行业产能过剩，制造业产品出口下降，环境资源约束压力增强，传统要素资源优势不再，如何通过创新驱动来推动制造业转型升级，推进制造业提质增效升级，如何在新一轮工业革命中把握机遇进而在全球价值链中攀升中高端，又如何在国际分工中获得竞争地位是我国制造业迫切需要解决的问题。

　　本课题组在相关研究基础上，通过对我国制造业企业进行抽样调查来获得一手资料。本次调查主要是借助于发放调查问卷，共计收回有效问卷 4700 份。制造业企业主要来自于我国的山东（烟台、青岛）、广东（广州、佛山）、江苏（南京）、浙江（杭州、温州）、河南（郑州、漯河、许昌）、湖南（长沙）、北京、上海、重庆、成都等地区；其中大型企业[①]占 45%，中型企业占 30%，小型企业占 25%；独资企业占 40%，合伙制占 13%，公司制占 47%。在此基础上，课题组也走访了多地的政府部门、相关行业协会组织、企业公共平台进行深度访谈，也

[①] 大型企业是指营业收入在 40000 万元且员工人数在 1000 人及以上的企业，中型企业是指营业收入在 2000 万元到 40000 万元且员工人数在 300 人到 1000 人的企业，小型企业是指营业收入在 300 万元到 2000 万元且员工人数在 20 人到 300 人的企业。

组织召开了制造业企业、行业协会、政府部门参与的座谈会，通过座谈交流主要掌握制造业发展过程中存在的相关问题与难点、困境的状况。主要调查目标以及调查方式如表0-1所示。

表0-1　　　　　　　　　调研方式与调研内容

调查对象	调查方式		调查内容
生产企业 加工企业 出口企业	问卷调查	1. 实地调查（生产企业集中地区派发问卷当场填写回收）	1. 制造业企业的技术研发问题，如何提升技术竞争力？
		2. 电子版问卷（在行业协会与商会的协助下，通过网络向企业发电子邮件，填写电子版的问卷）	2. 制造业企业的创新能力问题，如何形成企业转型升级的新动能？
		3. 问卷预调查、网上预访谈（采用问卷初稿对部分企业先进行预调查、预访谈，根据反馈信息再修改调查内容）	3. 制造业企业的出口情况，如何提升国际竞争力，突破国际贸易壁垒？ 4. 制造业企业升级的困境，如何形成制造业企业新的比较优势？
制造业基地 工业园区	实地访谈	调查走访，实地访谈	1. 制造业工业园区的集聚效应如何？ 2. 是否能嵌入全球价值链？包括配套设施、对中小企业的扶持、人才培养、集群品牌等

目　　录

环　境　篇

第一章　美国再工业化战略的实施及对中国的影响 …………… 3

　　第一节　美国实施再工业化战略的背景 ……………………… 4
　　第二节　美国再工业化战略的路径与实质 …………………… 8
　　第三节　美国实施再工业化战略的成效与难度 ……………… 13
　　第四节　美国再工业化战略给中国制造业带来的影响 ……… 23
　　第五节　中国制造业发展面临的新挑战与新要求 …………… 30
　　本章小结 ………………………………………………………… 47

第二章　制约"中国制造"转型升级的因素分析 ……………… 48

　　第一节　中国制造业转型升级的必要性 ……………………… 48
　　第二节　中国制造业转型升级的难点 ………………………… 54
　　第三节　制约"中国制造"转型升级的因素分析 …………… 80
　　本章小结 ………………………………………………………… 150

质　量　篇

第三章　中国制造业发展现状 …………………………………… 155

　　第一节　中国制造业发展概况 ………………………………… 155

第二节　中国制造业重点区域发展现状……………………… 198

第三节　中美制造业发展的对比……………………………… 310

第四节　中国制造业跨国公司发展…………………………… 351

第五节　发达国家制造业升级的经验与启示………………… 384

第四章　探寻中国制造业新比较优势与新动能……………… 413

第一节　中国制造业新比较优势的建立……………………… 413

第二节　中国制造业梯度转移
　　　　——区域协同发展的新优势………………………… 424

第三节　中国对外贸易结构优化
　　　　——对外开放格局下的新比较优势………………… 489

第四节　美国再工业化背景下中国制造业转型升级的
　　　　行业分析……………………………………………… 520

本章小结………………………………………………………… 598

路 径 篇

第五章　中国制造业转型升级的路径………………………… 603

第一节　中国制造业的发展趋势与转型方向………………… 603

第二节　中国制造业转型升级的产业发展布局
　　　　——低端不弃、高端递进…………………………… 612

第三节　中国制造业转型升级的国际产能合作……………… 624

第四节　美国再工业化背景下中国制造业转型升级的路径…… 640

本章小结………………………………………………………… 700

第六章　结论…………………………………………………… 702

参考文献………………………………………………………… 705

环境篇

第一章 美国再工业化战略的实施及对中国的影响

2008年国际金融危机爆发后，美国经济开始不景气，制造业增长乏力、就业率大幅下降。美国政府为了提振制造业实体经济，在2009年11月提出再工业化战略，希望该战略的实施可以反思虚拟经济并加大对制造业实体经济的投入与重视，最终重振美国制造业的竞争优势；同时该战略也表明美国为了重塑世界经济强国的地位，开始借助于全球制造业的重新布局，并通过发展本国先进制造技术来重构制造业体系，抢占新一轮产业革命的制高点，因此对美国而言该战略势必是一项长期战略。其重点围绕三个层面：一是通过高科技创新提升高端制造业在全球的领先地位；二是发展中端制造业，并通过政策吸引来促使中端制造业从发展中国家回流；三是促使低端制造业向亚洲低成本国家转移获得成本优势。所以美国为了带动就业增长、增加制造业出口、重振制造业而实施的再工业化战略势必会对中国制造业带来影响。2009年，美国进口市场份额中的29.3%为中国制造业产品，到2010年中国制造业产品在美国进口市场份额下降了2.7%，尤其是随着美国为减少贸易逆差而采取贸易保护措施的实施，"中国制造"产品的出口在美国市场的占有率以及竞争力会受到明显影响。

国内外学者对再工业化的研究已经有了一定基础。在20世纪60年代美国进入后工业化时期，出现了"去工业化"的趋势，经济发展侧重于转向服务业时，就曾有学者（Etzioni，1980）提出，用再工业化策略来解决后工业化时期经济中遇到的投资不足和过度消费问题；当2009年美国再次提出再工业化战略后，很多学者就再工业化战略的内容和措施等方面开始进行研究，Pollin 和 Baker（2010）就曾指出，经济进步的推动力主要来自对工厂、机器、技术的投资，且高端制造业要依靠清洁能源；Zee 和 Brandes（2007）提出，为了适应新的竞争环境，发达国家制造业企业需要进行调整，特别应该向高附加值领域如顾客定制、高性能产品转型而不是依靠成本竞争优势；Baily（2011）也明确指出，美国政府应在税率减少、平衡预算等方面来促进美国制造业不断创新产品来增强优势。

此外，我国学者更为关注的是美国所实施的再工业化战略对中国制造业及整体经济的影响、我国应采取的应对措施等。宾建成（2011）提出，我国制造业应从拉伸制造业微笑曲线、推进加工贸易转型升级、鼓励外资投向现代制造业、抓好战略性新兴产业国际合作、稳定对外开放政策五个方面采取措施以应对美国再工业化战略对我国对外贸易、产业经济的影响；孟祺（2012）指出，美国实施的再工业化战略会影响国际分工体系，并对中国制造业转型升级提出建议措施；唐志良和刘建江（2012）指出，美国再工业化战略不仅会对中国制造业产生竞争压力，还会制约中国制造业长期发展；赵彦云、秦旭和王杰彪（2012）通过对比中美两国制造业竞争力，发现两国制造业差距在逐渐缩小并指出美国实施再工业化战略从长远看会对我国制造业产生较大影响，并建议我国制造业应加强自主技术创新、调整产业结构、推动制造业服务化转型等。

第一节　美国实施再工业化战略的背景

自 2008 年国际金融危机爆发后，发达国家的经济开始下滑，美国实体经济跌落到最低点，为了重振制造业实体经济，美国采取了鼓励制造业发展的相关措施，旨在促进制造业复兴。在奥巴马执政期间，通过制定制造业复兴战略，大力发展先进制造业以及战略性新兴产业，整合调动产学研政各方资源进行先进制造业创新，并建立制造业创新网络中心；在特朗普执政期间，以解决就业为突破口来发展制造业，主要鼓励外资企业与美国"走出去"的企业重回美国进行生产投资来美国进行生产投资建厂，一方面发展实体经济解决就业，另一方面试图减少美国贸易逆差,还对外资收购美国企业加强了安全审查。

一 美国再工业化战略的提出

(一) 美国制造业在经济发展中的地位变化

第二次世界大战后制造业在美国经济发展中占有举足轻重的作用,涌现出很多世界知名制造商与制造业品牌,例如通用汽车、福特汽车、波音飞机等,20世纪50—60年代美国制造业引领全球工业;60年代中期,制造业在美国经济中的占比达到50%以上,但是,随着美国工业化进程的加快,制造业价值攀升,就业迅速增长,带动了服务产业的消费增长,制造业相应开始逐渐萎缩,美国经济重心开始转向服务业,服务业创造了美国80%的GDP,之后由于国际分工的变化以及战后美国产业升级逐渐使美国丧失了"世界第一工业大国"的地位;1988年里根执政期间,制造业在美国经济中的占比不足40%;小布什执政期间,制造业在美国经济中的占比曾下跌到历史最低点9%的水平,同时2000—2010年,制造业的就业岗位由1700万个逐年下降到1100万个,美国制造业增加值在全球的占比被中国超越,与20年前相比,随着制造业的衰退美国约有1/3的就业岗位消失,25%的制造企业和工厂被减少;特朗普竞选总统时就高调提出,要将制造业的就业岗位搬回美国,并向经济全球化以及自由贸易主义开战,在一定程度上鼓舞了美国制造业企业主的信心。特朗普对于制造业的经济政策主要是鼓励国外制造业企业来美进行投资建厂,却对国外来美进行并购的企业进行国家安全的严格审核。

(二) 美国再工业化战略的提出

20世纪70年代,美国由于跨国公司的发展,使经济越来越"去工业化";到了90年代美国开始发展新型资本模式,由一个具有生产优势的制造业大国转向"高科技+金融"优势的国家;尽管美国在世界范围内始终操纵着价值链利润最丰厚的部分,但是国内却面临着失业率上升,国内产业的空心化。90年代,美国工业生产值的增长速度、制造业的就业人数占总就业人数的比例下降迅速,据统计,1979—1993年大约有230万个美国制造业的岗位先后流失。尽管美国制造业一直实力雄厚，其制造业总产值占世界的20%以上，但是从2000年之后，美国制造业的就业率开始急剧下降，且国内制造业工厂减产近30%，关闭的工厂近10%。

2008年的国际金融危机使美国的虚拟经济越发萧条，失业率上升，贸易逆差增加。国际金融危机对经济的严重影响也使美国政府认识到靠金融创新、消费信贷来促进经济增长已不可能，因此美国深刻认识到国际金融危机产生的深层次原因是产业经济过于"空心化"，美国经济要发展其核心基础应主要依靠实体经济。由此，奥巴马提出以解决就业的制造业为突破口，实行美国经济复苏战略。

为了复苏经济并刺激经济增长，美国打算通过实施再工业化战略增加就业，减少贸易逆差，进而实现经济平衡。2009年以来，美国政府为了推动再工业化战略的实施，出台了一系列措施政策，旨在夯实实体经济基础，同时也始终把回归实体经济看作是获得未来经济增长制高点的重要手段。而这些措施政策都是围绕如何促进美国先进制造业、战略性新兴产业快速发展为主题，所以美国再工业化战略并非表面上的仅仅是为了调整产业结构，重拾传统制造业的信心，而是试图借助于制造业回归战略发展先进制造业与战略性新兴产业，因此美国制造业回归的战略重点还是在于利用其技术与人才优势来巩固其在全球经济的领先地位。

二 美国实施再工业化战略的政策目的

（一）美国重振制造业的相关措施政策

当前我国制造业正处于由低端向中高端转型升级的重要时期，尤其是要将"中国制造"向"中国智造"转型还面临着诸多难点与困境。而此时美国的再工业化战略的实施无疑对中国制造业转型带来了一定挑战，因为两国在制造业方面的竞争必然加剧，这样就不能忽略美国再工业化战略实施会对我国制造业发展带来的影响。2009年开始美国先后出台了一系列相关重振实体经济的政策措施（见表1-1）。

表1-1　　　2009—2012年美国重振制造业的相关措施政策

时间	政策措施
2009年	颁布《2009年美国复苏和再投资法案》
2009年4月	奥巴马第一次提出美国"再工业化"的设想
2009年9月	提出美国创新型经济发展构架（《美国创新战略》）
2009年12月	指出美国重振制造业的优势与挑战（《重振美国制造业框架》）
2010年3月	立定2010—2014年出口目标，发布"国家出口倡议"
2010年8月	发布《制造业促进法案（2010）》，其与众议院的其他法案共同形成美国制造业的法律框架
2011年2月	将先进制造业、清洁能源、生物技术作为制造业优先发展领域，提出政府倡议
2011年6月	关注新一代机器人、先进材料、创新型节能制造业工艺、关键制造产业的发展，提出AMP计划（高端制造合作伙伴计划）
2012年2月	提出促进美国先进制造业发展的目标与措施，提交《先进制造业国家战略计划》

资料来源：根据相关资料整理。

（二）美国实施再工业化战略的政策目的

美国实施再工业化战略的初衷无非是要达到以下目的：一是力图加速制造业回归，振兴传统制造业的同时，希望重点发展高端制造业，以此获得高端技术优势，增加就业岗位，以解决美国的失业问题；二是重点发展先进制造业与战略性新兴产业，通过技术创新政策激励与高新技术研发的投入，来获得未来制造业乃至全球科技领先的制高点；三是加大对现代物质基础设施的投资，包括道路、铁路、航空、智能电网与清洁城市基础设施，旨在为提升制造业竞争力、开发信息技术生态系统创造必要的条件与硬件设施；四是通过放宽出口管制以及出口优惠政策来提升美国制造业出口竞争力，以此开发新兴出口市场，推进美国制造业出口，并扭转贸易逆差；五是注重传统制造业与战略新兴产业的人才培养与人才储备，为企业管理人员提升管理能力素质、企业员工获得必要的劳动技能创造条件；六是注重中小企业的发展与扶持，为中小企业融资与投资提供各种便利，将其视为制造业回归战略的中坚力量。

由此可以看出，美国再工业化战略就是为了重新建立具有竞争优势的美国工业化体系，通过重新构架新的工业形态来复苏经济，从根本上解决美国经济失衡的局面,并获得美国未来经济增长的发力点与立足点。

小结

美国实施制造业复兴战略,旨在加强实体经济在美国经济中的比重,通过带动制造业出口,解决就业的同时扭转长期的货物出口贸易逆差的局面;另外,在美国的制造业复苏战略中,重点发展战略性新兴产业与先进制造业,试图在全球新一轮产业技术革命中把握机会抢夺制高点,重获国际分工的主动权。

第二节 美国再工业化战略的路径与实质

美国实施再工业化战略的路径主要在于发展先进制造业提升创新技术水平,大力发展新能源产业,并协调服务业与制造业的比例;美国再工业化战略是一个高度协同与系统的战略构架,从短期来看,可以缓解国内就业压力、解决贸易失衡、降低制造业成本;从长期看,通过发展高端制造业与复苏传统制造业,使美国通过技术创新获得了新的经济增长点。

一 美国再工业化战略的路径

美国实施再工业化战略为达到其促进发展先进制造业与战略性新兴产业的目的,主要借助于如下路径方式。

(一)注重创新人才,发展高新技术

美国非常注重创新人才的培养与投资,2013年将22亿美元用于先进制造业的研发;为了实施制造业回归战略,2013年投资100亿美元用于国家实验室研发,尤其注重工程师、理工科人才的培养,美国拥有完善的国家实验室与高校研究经费制度与体系。同时,从世界范围看,美国一直是高新技术领先的国家,在2010年其在专利授权方面世界排名第一,2012年美国投资10亿美元用于创建实施"制造业创新机构"网络创新计划,为促进先进制造业的发展与创新,重点在相关行业尤其是高端IT行业、精密仪器、飞机制造方面不断给予税收政策优惠与资金支持。

(二) 发展新材料、新能源，采用新兴技术

随着国际能源价格不断上升，美国格外关注对新材料、新能源开发技术的资金投入，2011年投资5亿美元用于纳米技术研发，实施了"先进制造业伙伴计划（AMP）"，而在新能源计划中特别提出投入1500亿美元用于替代能源的研究。当前国际市场油价不断下跌，其主要原因在于美国对页岩油的开采，美国是世界上页岩油气储量最多且开发与商业化最早、最完善的国家，每天的页岩油产量高达400万桶，因此页岩油的大规模开发使美国的要素禀赋结构发生了重大变化，在一定程度上具有资源要素的领先优势，一些能源密集型制造业企业开始在美国进行投资，有可能会带动相关制造业的集聚，进而对美国制造业复兴产生助推力；在发展制造业新兴技术方面，美国力图在制造业领域实现纳米制造、柔性制造、生物制造、可持续制造，因此大力开发生物技术、纳米技术、3D制造和自动化技术，重视可视化、信息化、数字化等制造技术研发，并重点提升设计、合成、加工先进材料的技术能力，注重先进传感、测量与过程控制技术在先进制造业中的应用等。

(三) 注重低碳节能，协调经济与社会利益

随着制造业回归战略的推进，美国对内强调制造业生产的资源节约、鼓励绿色环保产品的研发，并要求制造业企业及时升级设备，国家着重对生物工程、可再生能源、航空航天等产业领域加大投入；对外为贯彻"低碳环保"要求，实施相关绿色标准，对未达到要求的产品禁止进口，采取贸易保护主义。

(四) 协调制造业与服务业的比例

美国实施再工业化战略之前，由于实施的是"去工业化"政策，致使经济空心化，第三产业中的金融、房地产行业发展过热，泡沫经济的发展最终导致国际金融危机。而美国通过制造业回归战略的实施，试图合理安排制造业与服务业的比例，一方面通过制造业实体经济的发展来带动相关生产性服务业拓展服务范畴，另一方面又借助生产性服务业体系来支持制造业实现价值增值，因为美国先进制造业的发展不仅需要先进的技术，更需要先进的生产性服务，因此美国在重振制造业的同时也注重发展包括研究开发、产品设计、教育培训、金融服务、商务咨

询、市场流通等在内的服务业，使制造业与服务业的比例协调，实现美国先进制造业的高技术化、高服务化以及高知识化，最终在全球范围内形成先进制造业与先进服务业结合的全球化规模经济，促使美国经济的繁荣增长。

二　美国再工业化战略的实质与实施框架

（一）美国再工业化战略的实质

1. 重振传统制造业

20世纪60年代，美国是制造业强国，其产值世界第一，约占世界产值的1/3。但由于美国第三产业的快速发展，致使美国国内产业结构发生变化，制造业在产业结构的比例下降，到了80年代，美国制造业的增长速度已经远远落后于国内第三产业，直至国际金融危机的发生才使美国认识到发展制造业实体经济的重要性；同时发展中国家以及新兴经济体国家制造业规模扩张、价值链逐渐提升等给美国制造业的市场空间以及技术创新带来了一定的挑战，所以美国推行的制造业回归战略很大程度上就是为了重振制造业特别是传统制造业的雄风，重拾传统制造业的信心，以此缓解国内就业压力，并增加出口来改变贸易逆差的格局并强化对制造业发展的世界主导权；为此美国力图利用新一代信息技术改造传统制造业，使传统制造业可以通过节能降耗、智能化生产提高生产效率。

2. 重点发展高端制造业

美国再工业化战略的着眼点关键是推进先进制造业、战略性新兴产业的快速发展，既重视高新技术密集型的新兴产业，也重视战略性的能源装备制造业，希望通过政策措施的推进能够促使高新技术的创新研发，鼓励生产技术密集型、知识密集型、高附加值的制造业产品，进而在全球贸易与国际分工中，占据优势领先的地位，重回世界经济霸主的地位。为此，美国政府构建了发展先进制造业的框架——新贸易规则、先进技术、节能降耗"三位一体"，力图在官产学研整合资源的前提下，大力进行技术创新，尤其是美国已经出台了创新促进法案，通过政府政策，由美国商务部牵头，国防部配合，高校科研机构以及制造业企业共同参与执行，来提升先进制造业的创新能力，保持美国先进制造业的竞争优势。

(二) 美国再工业化战略的实施框架

1. 通过高端制造业创新研发引领经济增长

美国再工业化战略为了确保美国在全球经济中的优势地位,势必要在高新技术研发、产业竞争方面获得制高点,因此美国制造业回归格外关注对高端制造业物质基础设施、人才培养、高新技术创新三个方面的投入力度。通过启动高端制造业计划,试图在能源材料、纳米技术、高端电池、高端机器人、微电子研发等领域形成技术领先、研发领先、制造领先的局面,进而促进美国高端要素、高端人才、高端创新的集群发展模式。

表1-2　2009—2012年美国对高新技术产业创新的支持措施

时间	政策法案	具体措施
2009年	《2009年美国复苏和再投资法案》	对美国竞争力计划支持的三大机构——国家科学基金会、国家标准研究院、能源部科学办公室,还有国家健康研究院投资133亿美元,用于高新技术研发
2009年	《重振美国制造业框架》	对于国内关键的科学研究机构增加研发费用的预算
2009年	《美国复苏和再投资法案》	将7870亿美元用作于投资智能电网、节能项目、可再生资源等相关高新技术产业
2009年	《美国创新战略:推动可持续增长和高质量就业》	10年投资1500万美元用于支持新能源发展和新燃料基础设施建设,建立清洁技术发展风险基金
2011年	《先进制造业伙伴计划》	注重政府、企业、高校的科研合作,研发高端技术
2011年	《美国创新战略:保护我们的经济增长和繁荣》	10年内招聘"科、技、工、数"教师10万人
2012年	《先进制造业国家战略计划》	重视高校理科的教育,增设理工科奖学金,培养工程师

资料来源:根据收集资料整理。

2. 通过中高端制造业发展回流增强经济实力

高端制造业所依赖的技术创新较长的周期性决定了难以在短期内显效,所以美国再工业化战略的实施基础主要是资本密集型、中高端技术密集型的制造业,因此这部分制造业在中短期内是美国发挥国际竞争优势的主要源泉。但由于这部分制造业的成本较高,一直是美国制造业对外投资的主要构成企业,这部分制造业的外流也是造成美国制造业空心化与出口贸易额下降的主要原因。基于此,美国制造业回归战略力图从降低国内发展成本与增加出口方面采取措施吸引外流制造业企业回归本土发展。

(1) 对于制造业企业的税收实行减税措施,对于进口原材料减免关税,减少司法诉讼成本与管制成本,通过行政成本的减免来吸引外流制造业回流发展。

(2) 通过国家对于创新投资的鼓励政策以及节能计划,使中高端制造业企业能够获得因技术扩散带来的技术共享,同时可以降低能源成本;另外,国家通过实施研究实验永久化的税收抵免,也可以降低企业研究创新带来的创新成本与风险。

(3) 通过人力培训以及减少使用人力的措施来降低人力成本的费用,并结合未来制造业发展的需求来加强基本教育、职业教育,特别是为了鼓励企业制造环节降低劳动力成本而使用机器人来进行无人化生产,以保证制造业企业能够高效而可靠地实现生产。

(4) 国家通过制定出口战略,包括为企业提供出口融资、海外市场信息等来促进制造业出口。服务贸易一直是美国的贸易优势,但是欧洲市场的需求由于债务危机远未结束,再加上中国在内的新兴经济体国家对于高端服务的需求不足,最终促使美国将贸易出口的重点放在了制造业,尤其是对中高端制造业出口的促进上,希望借助于中高端技术密集型与资本密集型制造业出口来赢得海外市场的竞争优势。

3. 促使低端劳动密集型制造业降低成本

美国再工业化战略的目标之一尽管是解决就业、提升就业率,但美国制造业发展战略的核心却并未停留在依赖劳动密集型制造业的低端增长上。对于劳动密集型产业的发展,美国一直是借助于全球价值链的分工,将低端附加值低的产业环节实行全球化的资源配置,国内牢牢把控生产中附加价值高的环节,通过"两端在内,中间在外"的方式进行资源配置优化获得竞争优势。但随着中国劳动力成本的上升,美国很多制造业企业涉及劳动密集型的服装鞋帽制造业企业开始纷纷从中国撤资关闭工厂，转而向劳动力成本更为低廉的印度尼西亚、马来西亚、缅甸、越南等东南亚国家转移，这也无疑构成了美国再工业化战略的一大趋势，即从中国转向成本更为低廉的其他发展中国家。

小结

美国实施再工业化战略，其目的主要在于通过制造业复兴战略来重点发展高端制造业与先进制造业，增强美国在世界经济格局与国际分工中的主导地位；并通过高端制造业的创新来引领实体经济增长，通过中高端制造业发展回流来增强经济实力；并对生产成本较低的国家进行制造业投资，旨在降低成本获得全球范围内配置资源的优势。

第三节 美国实施再工业化战略的成效与难度

2009年，奥巴马政府开始推行再工业化战略，自该战略实施以来，美国的就业岗位不断增加，失业率跌至较低水平，同时海外制造业企业也开始回流，实体经济的比例开始增加，出口推动制造业发展的作用越加明显；但是在战略实施过程中也存在一些难以解决的问题，例如美国在促进制造业回流过程中，海外企业将会面临着本土较高的人工成本等，同时美国政府对于先进制造业的创新投入过大，需要私人或是社会资本介入，这都给美国政府带来了战略实施的难度。

一 奥巴马时期美国再工业化的成效

美国的再工业化战略已经成为美国政府让"美国再次强大"的重要载体，自2009年美国总统奥巴马提出旨在复苏美国实体经济的再工业化战略以来，美国通过该战略的实施使就业岗位不断增加，并连续75个月保持增长；失业率跌至9年间最低点；海外制造业跨国公司也开始回流；道琼斯指数上涨了10000多点，美国经济开始逐渐走出经济衰退。

（一）美国制造业全球占比开始回升

美国制造业在全球的占比在2001年达到24.0%，2011年达到

15.2%，到 2014 年增加到 16.6%，美国振兴制造业战略使制造业开始复苏；同时制造业对 GDP 的贡献超过服务业，制造业出口对经济增长的贡献大于进口的贡献，制造业在 GDP 中的占比开始趋稳。

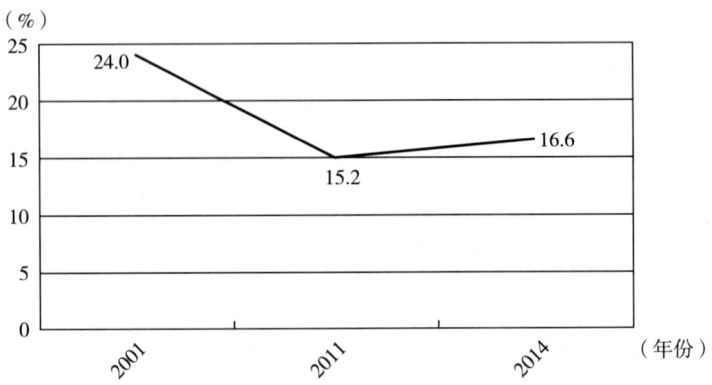

图 1-1 2001—2014 年美国制造业全球占比

资料来源：马鑫、崔艺：《特朗普时代的美国"再工业化"》，搜狐财经（https：//m.sohu.com/a/.140108247_481842/? pviol=000115_3wa&strategyid=00014）。

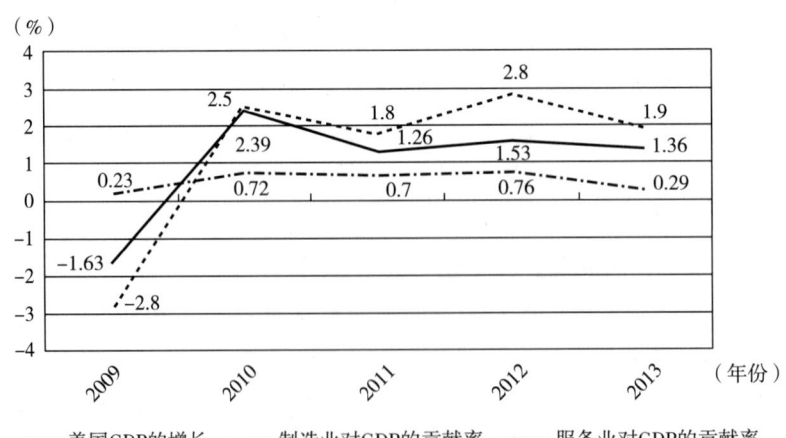

图 1-2 2009—2013 年美国制造业对 GDP 的贡献率

资料来源：美国商务部经济分析局网站。

第一章 美国再工业化战略的实施及对中国的影响 | 15

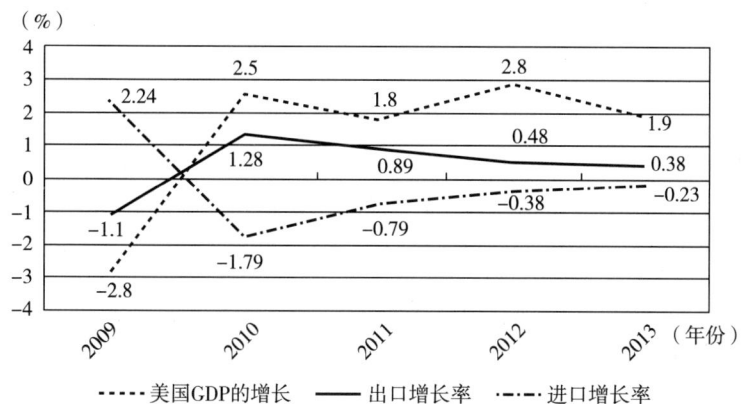

图 1-3　2009—2013 年美国出口对经济增长的贡献率
资料来源：美国商务部经济分析局网站。

（二）美国制造业增加值占 GDP 的比重开始增加

自 2009 年实施再工业化战略之后，美国制造业增加值在 GDP 中的占比开始不断增加，趋于接近 2008 年国际金融危机之前的水平，这表明美国政府实施振兴制造业的措施在促进经济增长方面取得了一定成效。

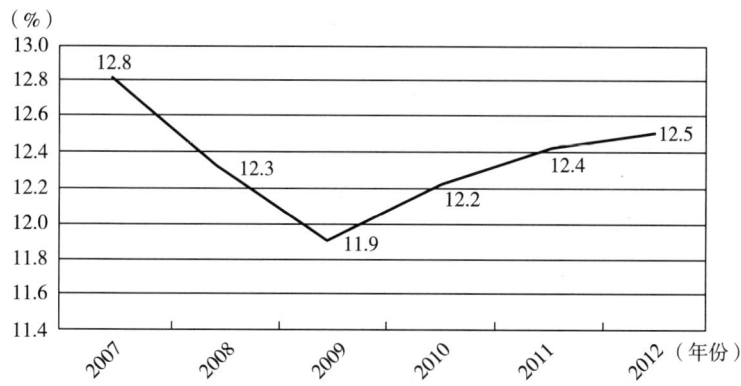

图 1-4　2007—2012 年美国制造业增加值在 GDP 中的占比
资料来源：美国商务部经济分析局网站。

（三）美国制造业就业人数开始上升

美国制造业的就业人数 2005—2009 年共计减少 235 万人，制造业就业规模大幅度减少,这主要表现在传统制造业行业中,因为美国高新技术的优势使高新技术产业迅速发展,而传统制造业由于发展不平衡,化工产业基于产业升级提升了竞争力,但钢铁、汽车等行业因缺乏竞争力使就业人数下降。美国推出再工业化战略后,制造业就业人数上升,截至2015年制造业新增就业岗位累计达70万人,制造业就业人数整体呈上升趋势。

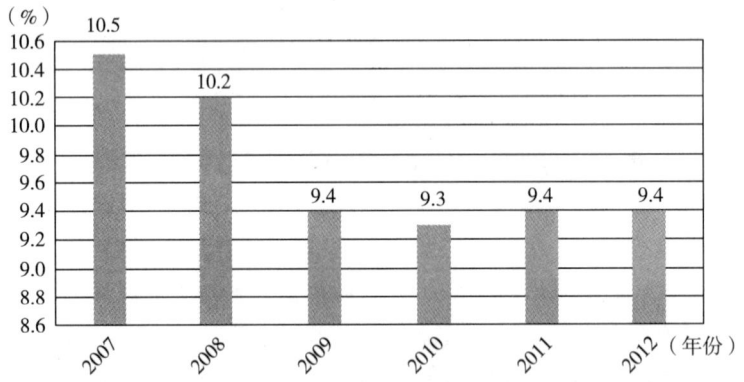

图 1-5　2007—2012 年制造业就业数量占总就业数量的变化

资料来源:美国商务部经济分析局网站。

（四）出口推动制造业发展的作用较为明显

2008年的国际金融危机使美国经济遭遇重创,再工业化战略的推出,旨在发展制造业、增加就业,使经济复苏与增长。而随着美国在2010年推出的"出口倍增计划",美国在2011年出口额达到1.27万亿美元,其中制造业的产品约占60%,2014年美国商品出口总值比2010年增加了27%,总体商品贸易的逆差幅度小幅收窄。

（五）制造业回流初见成效

自2009年开始,美国已有一些企业将自己在海外的工厂或是生产线从低劳动力成本的国家迁回本土,最有代表性的就是美国的苹果公司在美国本土建立自己的数据中心,并将手机芯片放在三星的德州工厂来生产;福特汽车公司从中国和墨西哥撤出大约1.2万个工作岗位;据BCG(美国波士顿咨询公司)2012年4月网上调查的结果发现,美国大约有近37%的规模在100亿美元的企业试图将自己的生产线或是工厂从中国撤离回美国；BCG在2014年4月发布的关于制造业竞争力指数（影响因素主要包括生产率增速、能源成本、工资、汇率）的报告中指出，美国排名仅次于排名第一的中国，且中国的劳动力成本优势与美国相比仅剩4%。2016年2月，美国制鞋商九兴（乐步、迈克高仕的OEM商）关闭了在中国的一家工厂，且把一部分生产线转移到了印度尼西亚和越南的工厂；美国的服装企业联业制衣（布克兄弟、多克斯的OEM商）将生产线转移到埃塞俄比亚与越南的新工厂；福特汽车在美国本土生产汽车零部件；工程机械的巨头卡特彼勒回流美国本土建厂；美国的NCR（银行柜员机ATM）也将在中国的生产迁回美国；Sleek Audio（高端耳机制造商）从东莞撤回美国。即便有些美资企业不关闭在中国的工厂，也决定将资金投向中国以外的其他地方。

二 奥巴马时期美国再工业化战略的难度

尽管奥巴马政府的制造业回归战略计划目标宏伟，但在实施中也遇到了一定的困难。具体表现为：

（一）美国制造业地区发展不平衡

美国制造业的地理分布较为广泛，由于20世纪90年代美国金融、高科技的快速发展，致使传统制造业衰落，新兴工业体系建立起来，但是美国本土各州各地区的制造业发展在美国经济中的地位相差较大，与此同时，各州制造业的发展对于美国整体经济增长的贡献度表现出下降的趋势。

（二）美国政府投入制造业的创新资金规模过大

为了促使制造业复苏与经济增长，美国政府在全国建立了15个创新技术中心来推进技术创新政策的实施，但在实际履行中，基于美国政府所启动的自动减赤机制以及巨额财政赤字，都在一定程度上约束了政府对于创新投资的资金投入规模，最终政府不得不鼓励私人资本介入，政府只给予资金配套，未来再工业化战略的实施，资金投入是美国政府不得不考虑的问题。

（三）美国制造业企业回归面临着较高的工资成本与研发投入

首先，早在2003年美国制造业研究所和MAPI（生产力与创新制造商联盟）就发现美国制造业行业的结构性成本较高，包括能源成本、员工福利、所得税负债等,这构成了美国制造业的生产劣势;2008年,美国制造业结构性成本比贸易合作伙伴要高17.6%;2011年,美国制造业结构性成本比贸易合作伙伴要高20%。除此之外,美国制造业工人工资与福利水平也比其他行业部门要高。2012年第四季度,美国产业工人工资和福利的平均水平约为30.84美元/小时,而制造业工人工资和福利的平均水平却是33.54美元/小时;同时,美国私营雇主为员工提供健康福利最多的行业是制造业,2012年,制造业雇主向员工提供健康福利增长了近4.3%,近83%的制造业员工参与了"雇主资助计划";在美国,对于大型制造业企业(5000名或以上员工)要为员工购买个人和家庭医疗保险,为员工提供保险保障;2012年,美国制造业企业平均为每个员工投入4098美元的保险金额,为家庭投入10926美元的保险金额;2012年,美国制造业家庭保险的平均溢价是14765美元,与1999年的5788美元相比,每年平均增长了7.5%;2012年,平均每个美国制造业企业全年为1000名员工家庭投保金额近1000万美元。

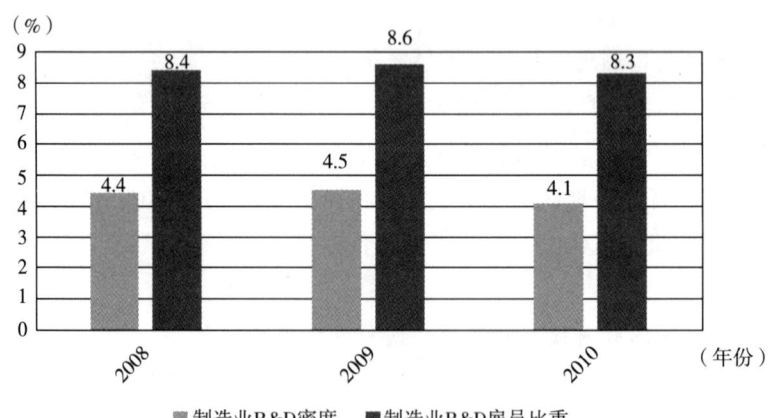

图1-6 2008—2010年美国制造业R&D密度和R&D雇员比重①

资料来源:美国科学基金会数据(http://www.nsf.gov/statistics/infbrief/nsf13324/)。

其次,在美国制造业研发所需要的投资远远高于其他非制造业行

---

① R&D密度是指国内研发投入占国内净销售的比重;R&D雇员比重是指科学家、工程师、管理者、技术专家、技术人员及支持人员等的占比。

业，2009年，美国制造业研发投入资金占净销售额约为4.5%，高于2.8%的非制造业的平均水平，高于3.8%的全部产业的平均水平；而在制造业中航空航天的研发投入资金占净销售额约为10.4%；2009—2012年，美国37家大型制造业企业的研发投入由890.8亿美元增加到1183.6亿美元。由此可以看出，美国再工业化战略实施过程中，制造业要面对较高的企业结构性成本以及创新研发成本，这无疑会相应增加制造业回归本土的难度。

最后，有资料显示，75.1%的美国在华投资企业是向中国市场提供产品与服务，而不是向国外出口，因此将来美资企业对华投资不会减少太多；况且迁出中国市场的美资企业大多属于劳动密集型、高能耗、低技术含量的再加工制造产品，对环境污染大，所以美资制造业回流对中国而言并非坏事。

（四）实现再工业化战略就业目标难度较大

尽管美国再工业化战略实施以来，美国就业开始增长，但是对于美国传统低端制造业而言，由于成本的上升趋势导致竞争力削弱，未来吸纳的就业人数将会减少；而高端技术密集型与知识密集型制造业对于知识与技术要素的要求又较高，所创造的就业机会自然不多。1996—2012年，美国6个地区的制造业就业人数都在减少，特别是企业所得税的税负过高，既阻碍了资本投资，又阻碍了就业岗位的创造。2012年4月，美国的企业所得税税率高达40%，在经合组织以及主要贸易合作伙伴中处于第一，有估算认为，若美国企业所得税由35%下降到24%，就会创造约200万个就业岗位，可以新增GDP约500亿美元。

据测算到2025年，美国老龄化人口的比重将会增至25%，2000年美国制造业劳动力人口的平均年龄是40.5岁，2011年为44.6岁。美国人口的老龄化趋势，使未来制造业就业人口的供给会明显不足。另外，2012年在美国制造业企业中拥有本科及以上学历的占比为29%，低于其他发达经济体国家的平均水平，制造业中所吸纳的较高学历或是工程师方面的人才有一定的局限性，所以美国未来还需政府相关政策的配套激励。

由图1-7、图1-8可以看出，制造业的产出增减变化与就业的增减是互相联系的，在木制品业、纺织品业、金属制品业等行业的就业数量相对较为稳定，但是产出水平的占比却在下降或是不变，说明这些行业的技术水平已经达到一个"瓶颈"的状态，或者是在现有的技术水平下，这些行业已经达到生产可能性的最大边界，所以要增加产出和就业数量，在行业没有实现重大技术突破之前，需要不断扩大产能才可以实现就业量的增加；在制造业中的石油及煤制品行业、化工产品行业，就业增加、产出稳定，需要扩大产能才可以继续增加就业；在计算机和

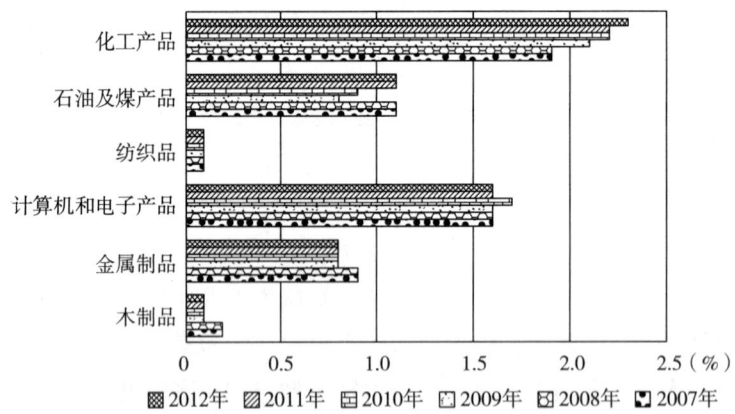

图 1-7　2007—2012 年美国制造业分行业增加值在全国 GDP 比重的变化
资料来源：美国商务部经济分析局网站。

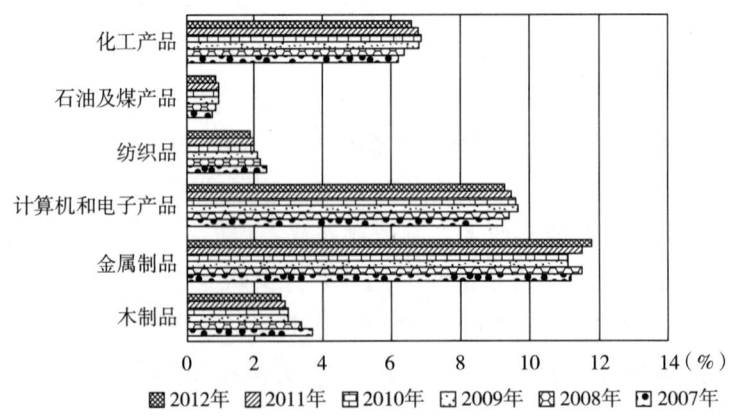

图 1-8　2007—2012 年美国制造业分行业就业数量占制造业总就业量的比重
资料来源：美国商务部经济分析局网站。

电子产品行业中，就业比重在下降，但产出却较为稳定，说明该行业的生产率在提高。总之，美国制造业中大多数行业的创新能力不足，技术遇到"瓶颈"，尽管可以通过扩大产能增加就业及促进经济增长，但扩大产能并不能提升制造业的竞争优势，所以美国实现再工业化战略就业目标难度较大，唯有提升创新竞争力才可以实现。

三 特朗普政府实施再工业化战略的做法与难度

特朗普竞选总统期间提出将推动美国再工业化，这是继2008年国际金融危机后美国再工业化战略政策的延续，但与奥巴马推行的相关措施不同，特朗普政府只是单纯依赖政策扶持与实行贸易保护主义。

（一）特朗普政府推行再工业化战略的做法

对美国企业的海外利润一次性征收10%的税收，将企业的所得税由35%降至15%，以此促使海外制造业回流；对制造业企业实施软硬兼施的做法。一方面承诺给予企业优惠政策，另一面却威胁制造业企业来抑制投资外流，例如特朗普政府就曾批评通用汽车如要将大量的工作岗位留给低劳动力成本的邻国，就会对通用在墨西哥生产的汽车征收巨额边境税。

（二）特朗普政府推行再工业化战略的难度

1. 特朗普的经济药方自相矛盾

特朗普政府的再工业化方案未涉及任何具体政策措施，但却认为美国实体经济缺乏竞争力的主要原因在于贸易伙伴国中国、日本、德国等操纵汇率抑制了美国制造业的竞争力，进而导致贸易逆差以及失业率上升，所以在其政府主张压低美元汇价的同时却采取了扩张性的财政政策致使美元汇率走强。在这样的背景下，美国实体经济是否能够复苏增长令人担忧。

2. 制造业能真正的回流仍有不确定的因素

尽管在美国已有部分制造业企业基于国内对制造业的优惠政策，纷纷撤资流回本土，但能否形成制造业大范围整体回流依然值得观望。特别是有些制造业企业之所以回流是为了回避劳动力成本上涨的局面，也有部分制造业企业是为了让生产地更接近消费地，所以美国海外的制造业企业能否大规模的回流依然存在很多不确定的因素。

3. 制造业企业回流是否能提升美国制造业竞争力存在质疑

据知名智库 PIIE 的研究报告指出，虽然美国制造业企业回流、缩小海外的运营活动，表面上看能给国内带来更多的就业，但是有研究表明，企业海外活动多且业务外包量大的美国跨国公司，比起那些外包业务量小的企业而言，其在美国的产出增幅与就业岗位却更大。因此，美国就业问题的解决真正需要的是如何让美国的工人能够融入不同业务经济领域，并非单靠制造业企业回流就能解决，由此可以看出，制造业生产外包有可能还是美国企业保持竞争力的源泉。

4. 美国制造业产业聚落的缺乏将使制造业成本上升

美国制造业竞争力的缺乏在很大程度上是由于缺乏较为完善的产业聚落，尽管很多制造业企业加大了在美国的投资力度，上游企业的快速投资建厂或许能形成表面的竞争力，新增了就业岗位，但是由于没有健全的产业聚落而形成的规模经济优势、协同发展优势，最终制造业的高成本仍会转嫁给消费者。正如奥巴马政府执政期间，有报道称，2011年2月，奥巴马曾劝说苹果公司行政总裁乔布斯将苹果手机 iPhone 的生产基地迁回美国，乔布斯直接拒绝；后来《英国邮政报》评论说，将苹果生产线撤离中国就如同苹果总部撤离美国硅谷一样；《时代周刊》也明确指出，苹果公司需要快速的交货速度与庞大的生产规模，而只有在中国才具备大量的生产工人与充足的供应商来满足苹果产品的生产与销售。苹果公司也估算过，对于 iPhone 的生产管理在美国本土需要 8700 名制造业工程师耗费 9 个月的时间代价，在中国却只需要 15 天。

小结

自美国实施再工业化战略以及重振制造业之后，无论是奥巴马政府还是特朗普政府都通过加大对制造业发展的力度，以技术创新来带动先进制造业和高端制造业的发展，以优惠政策吸引制造业回流来促进就业增长，在很大程度上增加了就业岗位的数量，逐渐使制造业实体经济的比例上升，但是再工业化战略目标的实现还是有一定的难度，最主要的在于成本因素，主要包括创新投入的成本、生产制造的成本都有可能会加大，尤其是美国缺乏制造业产业集聚区都有可能会导致美国制造业的竞争力被削弱。

第四节　美国再工业化战略给中国制造业带来的影响

美国在世界制造业的辉煌历史长达110年之久,但是2010年中国制造业在世界制造业产出的占比达19.8%,超越美国成为制造业大国,目前中国制造业有200多种产品的产量和出口量居世界第一。而在中国制造业处于转型升级的时期,"中国制造"一方面要面对欧美国家对我国出口产品所设置的贸易壁垒,另一方面又要承受其他发展中国家基于更低劳动力成本优势承接国际新一轮产业转移所带来的压力。面对这样的背景,美国再工业化战略对我国制造业的发展必然会带来一定的影响,但也在一定程度上促进了中国制造业转型升级的速度。

一　美国再工业化战略给中国制造业带来的总体影响

（一）中国传统制造业的比较优势不再

中国传统制造业主要是依赖加工贸易,赚取加工费用,但随着美资企业的回流,特别是中国制造业的人口红利的消失,再加上其他生产要素价格的上涨,使原本就处于全球价值链低端环节的中国制造业企业的利润空间明显缩小。这样中国制造业要面对双重压力:一是来自更低成本优势的发展中国家竞争,二是美国再工业化战略实施所导致的、与中国制造业之间的互补性降低,竞争性加剧的局面。早在2011年BCG就估算,中国制造业的成本优势在逐渐降低,就劳动力成本而言,在2000年只占美国劳动力成本的3%,2010年占9%,2015年达到17%,2016年中美制造业劳动力成本的差距只有7美分/小时,而同时中国周边东南亚国家的劳动力成本优势将会彰显,2016年泰国制造业工人的工资是1.8美元/小时,印度尼西亚是38美分/小时,越南是49美分/小时,柬埔寨是35美分/小时。中国制造业的资源成本也将上升,以电价为例,在中国工业用电占全国用电总量的74%,由于进口煤炭价格的上涨以及国家对高能耗企业电价补贴政策的废除,所以未来工业用电的成本将会大大上升;而且中国东部沿海制造业发达地区的工业用地价格也比美国高。据BCG测算,美国亚拉巴马州的工业用地平均价格在每平方英尺不超过7.43美元,而在中国的东南沿海,宁波的工业用地价格是每平方英尺 11.15 美元,上海的工业用地价格是每平方英尺 17.29 美元,全国的工业用地平均价格是每平方英尺 10.22 美元。因此,当中国制造业的人口红利、资源红利都在消失的同时,中国制造有必要去积极探寻新的比较优势或是新的发展动力。

(二)在先进制造业及战略性新兴产业领域中中美会加剧竞争

中国制造业正处于转型升级的阶段,如何提升中国制造业的竞争力,又如何找到中国制造业新的发展动力一直是中国制造业关注的焦点,而发展中国先进制造业与战略性新兴产业是"中国制造"做大做强的关键。美国实施的"再工业化战略",其目标也是将以高新技术为核心的高端产业,还有以新材料、新能源为代表的战略性新兴产业作为获得制造业竞争优势的发力点,因此两国未来势必在先进制造业与战略性新兴产业方面加剧竞争。

表 1-3　　　　中国促进战略性新兴产业发展的政策措施

时间	政策	措施
2010 年 10 月	《关于加快培育和发展战略性新兴产业的决定》	1. 将高端制造业划分到战略性新兴产业的范畴; 2. 到 2015 年战略性新兴产业应形成协调推进的局面,产业增加值在 GDP 的占比达到 8% 左右,到 2020 年在 GDP 的占比达到 15%
2012 年 7 月	《"十二五"国家战略性新兴产业发展规划》	发展以新材料、新能源为代表的战略性新兴产业以及高端装备制造业
2016 年 12 月	《"十三五"国家战略性新兴产业发展规划》	战略性新兴产业是社会经发展的关键领域,要发展新能源、新材料、生物、现代信息技术、节能环保、高端装备,推动产业迈向中高端

资料来源:根据收集资料整理。

表 1-4　　　美国促进先进制造业及战略性新兴产业发展的政策措施

政策	措施
《美国创新战略:推动可持续增长和高质量就业》	界定清洁能源的标准;促进先进制造业发展;提升医疗技术;发展生物技术、纳米技术、清洁能源技术
《先进制造业国家战略计划》	鼓励政府、企业、高校之间的合作,采取跨部门、跨机构的合作方式使先进制造业的投资研发达到最优化

续表

政策	措施
《"高端制造作伙伴"计划》	发展先进制造业，注重产学研的力量，发展智能机器人、微型汽车等；对提升美国全球竞争力的新兴技术进行投资，开拓寻找高质量且具有潜力的国内制造业的就业机会

资料来源：根据收集资料整理。

表1-5　　　　美国经济政策研究所《中国不公平贸易夺走美国人饭碗》报告观点

进出口贸易	对就业的影响		
出口10亿美元	增加就业6000人	每10亿美元的贸易逆差，美国就会减少6000个工作岗位	
进口10亿美元	减少就业6000人		
2001—2008年美国对中国贸易的逆差约4000亿美元	中国夺走美国240万人的就业岗位		
2001—2011年美国对中国贸易的逆差约4500亿美元	中国夺走美国270万人的就业岗位	涉及制造业208万人的工作岗位	占比76.9%
		其中制造业中的电子产品、电脑产品约有107万人的工作岗位	占比38.8%

资料来源：根据收集资料整理。

（三）影响中国制造业出口产品的竞争力，中美贸易摩擦将会加剧

美国市场是中国制造业产品的主要出口目标市场，两国互为第二大贸易伙伴。中国制造业产品基于廉价劳动力、廉价资源优势使中国出口产品在美国市场具有很强的竞争力，让美国消费者获得了真正的实惠与利益，同时这也是国际比较优势分工的体现。但是在2010年、2012年美国经济政策研究所分别发布了《中国不公平贸易夺走美国人饭碗》的报告，该报告认为美国国内的高失业率主要是因为中国产品出口美国市场所导致的结果，该报告一度被美国国会和工会关注引用，同时再加上美国再工业化战略的出台，这就加剧了中美贸易摩擦的可能性。即便

是特朗普总统选举演讲也提到中国自加入世贸组织以来，让美国6万家企业倒闭，这些舆论势必影响"中国制造"的形象与声望，削弱中国制造业的竞争力。

首先，中国制造业的产品在美国市场销售会受到其本土爱国舆论的影响，遭遇抵制，另外又由于美国政府对其本土制造业的优惠政策与鼓励回流的政策吸引，都会或多或少地影响到美国制造业成本优势的形成，进而对中国产品的出口形成威胁与挑战；其次，美国的再工业化战略的实施，会进行基础设施建设和发展先进制造业，这样就会带动美国制造业上下游产业链环节的竞争力进而减少对中国产品的进口依赖；最后，美国借助于贸易保护的借口可能对中国出口产品实行贸易壁垒，这都会加剧两国之间贸易摩擦的范围与深度。

（四）中国制造业国际化的机遇与挑战并存

中国制造业的发展离不开对国外先进技术与管理经验的学习与掌握，尽管美国再工业化战略通过政策鼓励与优惠，吸引部分美资企业回流，但是这些企业主要是基于舆论压力，或是基于对美国本土市场生产条件的依赖。从整体上看，我国尽管劳动力成本优势不再，但吸引外资的巨大市场潜力、良好的产业配套条件、稳定的政治经济环境都比其他发展中国家具有显著的投资优势。同时，美国的再工业化战略所强调的"出口倍增计划"，对一部分高新技术产品的出口放松了管制。因此，美国的再工业化战略对中国传统制造业吸引外资、引进高新技术的影响并不大。但是也要注意的是，由于两国在先进制造业、战略性新兴产业的竞争将加剧，美国会限制对中国出口高端制造业相关的高新技术与核心技术、关键技术，以保持自己的国际领先优势。

另外，"中国制造"的走出去，在美对外直接投资尽管有风险但也有机遇。首先，风险来自美国对本国制造业企业的召回政策与鼓励扶持政策，因此中国制造业对美直接投资肯定会受到"挤出效应"的影响，因此有一定的风险。其次，美国实施再工业化战略也需要大规模的资金予以投入支持，所以美国颁布的"选择美国计划"就是很好的例证，这也说明美国政府也希望能够吸引外资，通过引资带动当地就业并贡献税收，这就为中国制造业企业对美投资创造了条件。尤其是特朗普上台后执行开放美国资源以吸引外资的政策，对于中国制造业企业"走出去"都是良好的机会。目前,中国是世界第二大投资国,2016年对美投资呈现增长趋势,在2016年《"新邻居"报告》(美中关系全国委员会与Rhodium Group联合发布)中表明,2015年在美投资的中资企业已经超过1900家,受雇的美国员工高达90000人,2015年中国在美投资(收购、新建)已经超过150亿美元,同比上涨约30%。

二 美国再工业化战略给中国制造业带来的具体直接影响

总的来看,美国实施的再工业化战略对中国制造业的不同产业层级产生了直接影响(见图1-9)。

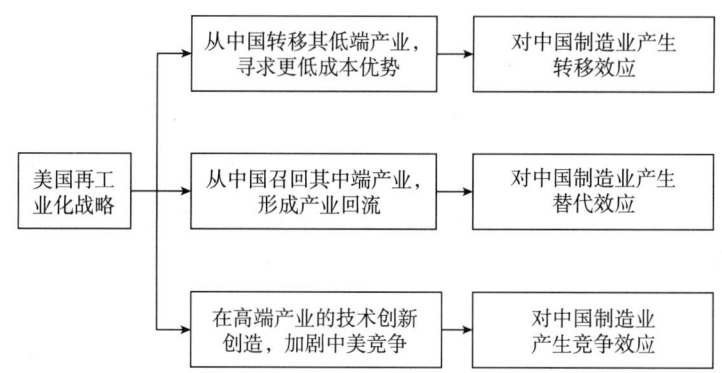

图1-9 美国再工业化战略对中国制造业不同层级的影响

资料来源:根据收集资料整理。

(一)低端劳动密集型制造业:对中国制造业产生转移效应

美国制造业对于低端劳动密集型产业始终是优先考虑劳动力成本与资源成本,当中国劳动力成本优势不再的时候,就积极寻求更低成本优势的代工国家,但是美国针对这种类型的制造业一直是把控着研发和品牌优势。可以发现,随着中国市场人口红利消失的同时,一些以鞋帽服装为代表的劳动密集型的美国制造业企业开始向东南亚更低劳动力成本优势的国家转移。2009年,耐克关闭在中国生产运动鞋的唯一一家工厂;2012年,阿迪达斯陆续解除为其代工生产运动服装和T恤的工厂合作协议,关闭在中国唯一一家直属工厂。同时,东南亚国家印度尼西亚与越南却凭借更低的劳动力成本优势成为世界低端制造业代工生产的基地；即使是经济不发达的柬埔寨、老挝也吸引了大量的国外投资；2011年，东盟国家吸引的外资直接投资同比增长26%，高达1179亿美元。中国作为世界工厂，凭借劳动力与资源优势曾吸引了大量国外投资，这也奠定了中国制造业的根基，尽管中国制造业当前处在转型升级的关键时期，但是中低端制造业绝不能放弃，因此当劳动密集型外资制造业纷纷撤资，从中国转向更低成本优势国家时，一定程度上会影响我国制造业的整体竞争力，也会带来失业率增加、制造业GDP减少的局面，不利于经济的长远发展。

(二) 中高端技术和资本密集型制造业：对中国制造业产生替代效应

美国在中高端技术和资本密集型制造业方面具有显著的国际竞争优势，20世纪90年代由于美国金融和服务业的快速发展，致使美国中高端制造业基于本国较高的劳动力成本以及国内经济结构向金融服务业转移（"去工业化"）的现实，进行了大量的跨国转移。直至2008年的国际金融危机，美国政府意识到制造业的重要性，金融业无法替代制造业，通过鼓励与优惠政策吸引中高端制造业回流。

1. 美国再工业化战略推动中高端制造业回流

国际金融危机后美国的货币政策使美元持续贬值，美国制造业商品竞争力增强，再加上中国劳动力成本上升，美国却拥有较高的自动化生产线以及较高生产率水平的劳动力，这些因素促使美国在华的中高端制造业企业纷纷回流。2012年1—5月，美国对中国直接投资新建的企业数量为571家，比2011年1—5月下降4.52%；BCG针对美国在华投资企业进行调查发现，美国制造业中，机械制造企业的42%，电子制造企业的41%，计算机制造企业的40%，金属制品制造企业的35%，还有橡胶和塑料制品企业的67%，都表示愿意将在中国的企业迁回美国本土。尽管如此，美国制造业回流并不意味着这些美国制造业企业会关闭在中国的工厂，例如卡特彼勒公司（CAT）尽管将企业的一部分生产线由墨西哥迁回了美国本土，但仍将加大其对中国市场的投资，通过新建来提升在中国的产能。

2. 中国在中高端制造业上与美国竞争优势不足

我国中高端制造业对美国出口的竞争优势主要来自交通运输设备、石油煤炭开采、初级金属、化学品制品等制造业行业，而美国在2011年的出口交货值超过2008年的也是这些中高端制造业。由此可以看出，我国将在上述这些制造业行业与美国产生竞争，且中国并不具备显著的竞争优势。首先是因为劳动力成本差距在不断缩小，其次还因为中国的出口运输成本不断上升，一是燃油价格上涨所导致的出口美国海洋运输成本的上升；二是中国内地制造业企业的国内运输成本也在上升，而美国国内高速运输，交通发达有助于发挥本土制造的优势。

3. 美国采取的贸易保护对中国中高端制造业产生替代效应

美国中高端制造业回流以及对中国中高端制造业产生的挤出效应，都使中美中高端制造业的竞争加剧。此外，美国在其国内市场通过双反措施来对本国制造业进行贸易保护，通过这些措施以达到对中国制造业产品的替代与抑制作用。近年来，美国除了通过双反调查针对中国中高端制造业产品外，还通过利用其在WTO中的绝对话语权优势来设计制定有利于其扩大出口的世贸组织规则，最终在扩大本国制造业产品出口的同时，还争夺国际市场上对我国中高端制造业产品的需求。因此，美国在中高端制造业方面会极大地对我国产生替代的威胁。

（三）高新技术密集型制造业：对中国制造业产生竞争效应

美国再工业化战略的实质就是通过发展本国先进制造业来获得世界经济科技的制高点；而同时我国制造业转型升级的主要目标之一是促进制造业向中高端领域迈进，并大力发展先进制造业及高端制造业，因此随着我国制造业竞争力的提升，中美两国制造业竞争将会聚焦在先进制造业等高新技术密集型制造业领域。

1. 为强化竞争美国在技术转让方面会设置障碍

美国的再工业化战略鼓励科技创新，国家投入大量经费支持产学研跨部门、跨专业合作，美国借助于高新技术研发来提升科技创新的速度，占据世界优势领先地位。为此，势必会在先进技术与关键核心技术转让方面设置障碍来压制中国，进而获得技术差距优势，打压中国先进制造业的竞争力。

2. 在高新技术密集型制造业方面中美贸易摩擦将会加剧

为获得世界经济科技绝对的优势地位，美国有可能会在新一轮多边贸易谈判中修改贸易规则与贸易政策，使其有利于发展本国高清洁、高成本的先进制造业，这样中国高端制造业就有可能面临更多的挑战和威胁，两国之间的贸易摩擦还会进一步加剧。特别是特朗普上台后推行的再工业化战略，更多是从"保护"的角度来促进美国的再工业化，是想从根本上减少对对外贸易的依赖，其贸易主张已经体现在对部分自贸协定的废除调整上，以及增设关税壁垒等方面。

通过以上分析可以看出，中国作为制造业大国今后要在国际市场中保持竞争力，需要从根本上加大自主创新的力度。以构建形成制造业实力与创造力为前提，不断增强我国的工业化程度，随着"中国制造2025""工匠精神"的相继提出，我国制造业转型升级必将推进落实。

小结

美国再工业化战略的实施，对中国制造业的影响主要体现在三个方面：一是转移效应，即较为低端的劳动密集型美国制造业企业会从中国转移出去寻求更低的制造业成本；二是替代效应，即中端的美国制造业企业为了响应美国政府的号召政策纷纷回流，会对中国制造业企业产生替代效应，因为中国制造业在中高端领域与美国差距较大优势不足，同时美国通过贸易保护来削弱中国中端制造业的竞争力，会对中国制造业产生抑制作用；三是竞争效应，即美国的高端制造业企业会加大技术创新，在制造业的高端技术领域与中国技术密集型制造业企业之间形成竞争关系。

第五节　中国制造业发展面临的新挑战与新要求

随着全球新一轮产业技术革命的到来，在高端制造业领域的竞争将会加剧，所以美国实施再工业化战略加大技术创新，试图在高端制造业领域占据优势地位必然会对中国制造业产生威胁，尤其是当前面对特朗普贸易政策的不确定性，给中美贸易以及中国制造业发展都带来了挑战；另外，当前中国制造业正处于转型升级的关键时期，也面临着新一轮技术革命的新要求以及中国经济结构调整提出的新要求。

一 中国制造业发展面临的新挑战

(一) 警惕国际产业逆转移

当前中国制造业正处在转型升级的关键时期，在促进先进制造业发展的同时，也在提升改造传统制造业，这期间应警惕国际产业的逆转移，即美国高端制造业布局中国之后又重新回流美国，这将会对我国制造业引进先进技术、学习管理经验造成负面影响。

(二) "中国制造"出口竞争将遭遇挑战

美国再工业化的"出口推动型"增长措施，将会增强美国制造业产品的出口竞争力，这就意味着中国制造业中的汽车、精细化工、装备制造、生物医药、电子信息等中高端制造业行业的出口难度会进一步加大，"中国制造"出口竞争将遭遇重大的挑战。

(三) 美国对关键核心技术的控制将会延缓"中国制造"产业升级的步伐

据统计，世界 500 强企业中约 1/3 的公司在中国都设立有研发机构，共计 300 家左右。我国制造业企业也是通过技术转让的方式与跨国公司进行合作，通过先进技术的知识扩散，我国企业获得了溢出效应。但随着美国再工业化战略的实施，美国会对高新技术的扩散进行控制，以形成自己特有的在知识产权、专利、标准、先进技术方面的优势与实力，这会延缓我国制造业产业升级的步伐。

(四) 中美制造业在创新竞争力方面的差距将会拉大

由表 1-6 可以看出，美国市场导向的制造业创新体系完善，有利于其在国际产业分工价值链中发挥主导控制地位，进而获得创新技术优势带来的竞争力，而中国制造业的产业创新体系由于缺乏高效的市场导向，知识产权保护又不完备，所以在未来竞争中需要创立创新制度，健全市场交易条件，否则中美之间的创新竞争力差距会越来越大。

表1-6　　　　　　　　　中美制造业创新体系特点对比

美国产业创新特点	中国产业创新特点
市场导向，易产业化并形成经济效果	缺乏市场导向，很难形成经济效益
政府发挥引导促进作用	创新制度、激励机制欠缺，效率低下
美国制造业自主创新	"中国制造"依赖发达国家关键核心技术
市场条件优越：信息渠道、交易条件、市场环境、分销网络等具有优势	市场条件不具备优势：信息渠道不畅、交易成本高、市场条件不完善、分销渠道未形成网络等

资料来源：根据收集资料整理。

（五）中美制造业在对生产要素的争夺会更加激烈

随着世界能源价格的不断上涨以及政治经济安全的考虑，各国对各种生产要素的争夺也越发激烈。所以中国制造业如何以合理价格获得资源能源来确保制造业生产的成本是不得不面对的一个挑战。因为美国再工业化战略的推行，需要大量资源和能源来支持保障工业化战略的实施，同时加大了我国在国际市场上进行海外能源资源合作开发的障碍，因此我国企业进入美国市场进行并购合作的难度会进一步加强，我国应考虑利用全球角度来充分利用资源、能源和技术等，最终促进我国制造业有效发展。

二　中国制造业发展面临的新要求

（一）全球新一轮产业革命提出的新要求

自2008年国际金融危机以来，发达国家纷纷推出各项战略措施以刺激本国实体经济的增长与发展，以期通过产业政策调整以及技术进步来重新获得制造业的竞争优势。自美国政府先后推出"再工业化""先进制造业伙伴计划""制造业复兴"等之后，德国推出"工业4.0计划"，日本开始实施"再兴战略"，法国实施"新工业法国"方案，而韩国也提出了"新增动力战略"，这些计划方案与战略的实施，进一步说明了随着全球新一轮产业革命的到来，各国制造业实体经济竞争力的角力将会越加明显。

1. 智能制造创新制造业生产方式

工业革命之后制造业的生产方式历经三次变革：一是蒸汽机的推广

使用让生产制造实现机械化；二是电力的广泛使用让生产制造实现电气化；三是计算机的应用让生产制造实现自动化；而当前制造业生产方式将会因传感器、嵌入式终端系统、智能控制系统、智能通信设施等的充分利用让生产制造实现智能化。智能制造将是第四次生产模式革新，标志着过去传统的标准化、大批量的生产制造模式将会被柔性化、小批量的生产模式所替代。

2. 大规模定制化创新制造业组织方式

当前更多消费者与客户对于产品与服务的需求呈现出多样化、个性化的趋势，这就对制造业的产品生产提出了更高要求。意味着制造业企业要能够通过智能制造在不断降低生产成本的基础上，让更多消费者或是客户能够参与到产品的生产与设计中去，制造业企业可以将消费者的个性化需求或是客户的定制化生产融入产品的设计生产流程中，通过定制化的生产来实现产品价值链的资源配置，创新制造业企业的组织方式。

3. 大数据营销创新制造业商业模式

传统的产品销售模式是借助于固定的供应商与分销商渠道，但是当前的网络众包就可以借助于互联网来实现对外直接发包，这样就会使更多的企业与消费者参与生产制造，生产者与消费者的界限模糊；传统的大众营销模式逐渐被大数据营销所替代，即过去主要是由分销商、加盟商、连锁经营等实体店铺进行销售，现在主要借助网络平台，并利用新的通信技术展开大数据营销，为制造业企业提供了新的商业模式，这就标志着制造业企业在新一代信息通信技术以及信息基础设施不断完善的条件下可以将更多的经营方式转变为"线上"，提高销售的效率，并降低企业成本。

（二）中国经济结构调整对制造业提出新的要求

1. 《中国制造2025》与"互联网+"提出的新要求

当前在全球新一轮工业革命的背景下，我国提升《中国制造2025》以及"互联网+"行动计划，显示出我国将通过制造业强国的目标。尤其是2015年年底提出的供给侧结构性改革，更是对我国制造业的发展提出更高要求，即制造业发展要从提升产品质量入手，不断推进制造业结构性调整，更高效率配置资源要素以化解"产能过剩"，通过有效供给来提升供给结构对需求变化的适应能力，以此满足消费者与客户对产品与服务的多样化、个性化需求。

2. 中国经济增长提出的新要求

从我国现有的资源容量以及经济增长方式来看，都无法支撑经济可持续发展，因此"中国制造"需要寻求新的驱动力。由发达国家产业结构升级的动力可以看出，制造业的发展需要由过去的要素驱动、投资驱动、市场驱动转向为创新驱动。这就意味着过去我国经济增长主要依赖的是内部与外部需求推动，而将来我国经济增长的关键却在于要通过有效供给来带动市场需求，即有效供给对于经济增长十分重要，这样对于我国制造业而言就提出了更为明确的要求——制造业应进行结构调整，不断推进生产制造方式的变革，创新生产组织方式与商业运营模式，促进制造业转型升级处于良性循环发展的态势。对于传统制造业需要向战略性新兴产业转型，同时还需要提升传统制造业的服务化以及智能化水平；而对于创新驱动的先进制造业而言转型升级需要着重从技术升级、市场容量扩大、全产业链形成、制造业集群创新等方面来进行驱动。

基于以上两个方面可以看出，一是未来消费者与客户将参与到制造业的生产与设计环节中，网络平台将替代传统销售模式，智能制造也将贯穿制造业的生产管理全流程；二是中国供给侧结构性改革以及通过制造业来强国的目标，都要求中国制造业要不断注重质量升级而不再是通过需求拉动的数量增加，这也就意味着过去"中国制造"依赖国外跨国公司的销售渠道进行 OEM 代工生产的制造业生产销售方式也将逐渐被淘汰。因此，随着全球制造业价值链分工体系的重新布局，对于"中国制造"的要求就是建立自主品牌销售的模式（OBM），进行质量升级与核心技术研发，通过质量优势来获得全球价值链分工的重要地位。

三 中美贸易摩擦升级下中国制造业面临的挑战

（一）中美贸易摩擦的背景

美国总统特朗普上台后中美贸易摩擦不断发生，特别是 2017 年中美贸易顺差的持续增长，导致美国商务部向中国先后发起多起反倾销与反补贴调查，同时2018年特朗普政府开始向中国产品加大了关税的征收力度，特朗普向中国列出了额外的2000亿美元的中国商品清单并计划在2018年9月实施加征10%的关税，这表明中美贸易战再次升级。尽管特朗普在2017年11月访华与中国签署了一系列贸易与投资协议，但依旧不承认我国的市场经济地位，所以我国制造业企业出口产品在遭遇美国反倾销调查时就可以使用替代国价格的做法。中美贸易摩擦的根源不难看出是基于两国之间贸易结构的不平衡，而美国经济下滑也是基于美国国内就业的两极化发展、美国国内收入分配差距加大等原因所造成，而并非中国产品的出口所形成的美国贸易逆差所致。早在2000年中美贸易中，美国的贸易逆差额就达到了913亿美元，成为当年我国最大的贸易逆差国；之后随着中美贸易发展美国的贸易逆差额不断增加，2015年美中贸易中，美国的贸易逆差额达到3880亿美元，正是在这样的背景下，中美贸易摩擦不断。

1. 2016年中美贸易顺逆差前十位商品

由表1-7可以看出，中国向美国出口顺差的产品中尽管包括数据处理器、发射器等技术含量较高的产品，但是出口排名前十位的商品中仍然是以鞋、玩具、家具等劳动密集型的加工贸易产品为主且多数为离岸外包与贸易转移业务；而美国对中国出口顺差的产品中主要包括农产品、药品、资源产品等，未来美国会要求中国开放更多的消费品市场以及美国具有本土优势的生产性服务市场，从而加大对中国市场的准入。

表1-7 2016年中美贸易顺差及逆差排名前十位的商品与差额情况

排名	中美贸易顺差情况			中美贸易逆差情况		
	商品名称	SITC编码	差额（亿美元）	商品名称	SITC编码	差额（亿美元）
1	电视、无线电广播、发射器等	7643	381.2	原棉	2631	5.5
2	数字数据处理器	7522	348.1	糖苷、腺体、抗血清、疫苗和类似产品	5416	5.2
3	儿童玩具、室内游戏等	8942	208.3	非机械或电气等物理分析设备	8744	5.0

续表

排名	中美贸易顺差情况			中美贸易逆差情况		
	商品名称	SITC编码	差额（亿美元）	商品名称	SITC编码	差额（亿美元）
4	鞋	8510	151.2	药物（包括兽药）	5417	5.0
5	其他家具及零件	8219	109.8	无环醇及其衍生物	5121	5.0
6	椅子	8211	103.0	醇酸树脂和其他聚酯	5823	4.9
7	点钞机、数据处理器等的零配件	7599	99.7	摄影胶片、平板、纸（电影胶片除外）	8822	4.6
8	杂项塑料制品	8939	91.1	干草和饲料	0811	4.3
9	彩色电视接收器	7611	84.8	食物垃圾和动物饲料	0819	4.1
10	车辆零配件	7849	75.9	锯木和单板原木	2472	4.0

资料来源：联合国商品贸易数据库（UN Commodity Trade Database）。

2. 中美贸易摩擦对中美制造业 ULC 竞争力的影响

表1-8　　　　中美贸易摩擦对中国制造业
单位劳动力成本（ULC）竞争力的影响

中国制造业行业	中美贸易摩擦对制造业竞争力的影响（考虑劳动力成本占比）			在美国市场上劳动力成本优势领先于中国的国家及地区
	原排名	调整后全球排名	相对美国	
机械制造业	9	15	变弱	美国、德国、南非、法国、日本、意大利
电器制造业	2	7	无影响	印度尼西亚、韩国、马来西亚、日本、西班牙
电子通信制造业	9	10	无影响	印度尼西亚
汽车制造业	6	11	无影响	日本、土耳其、巴西、英国、南非
其他交通设备	16	18	无影响	法国、英国
化工业	3	5	无影响	马来西亚、中国台湾地区

资料来源：中国第一财经研究院。

表1-9 中美贸易摩擦对美国制造业单位劳动力成本（ULC）竞争力的影响

美国制造业行业	中美贸易摩擦对制造业竞争力的影响（考虑劳动力成本占比）			在中国市场上劳动力成本优势领先于美国的国家及地区
	原排名	调整后全球排名	相对中国	
食品饮料加工业	14	17	无影响	中国台湾地区、日本、韩国
汽车制造业	13	18	无影响	西班牙、意大利、德国、澳大利亚、法国
化工业	18	19	无影响	俄罗斯
橡胶制造业	18	19	无影响	南非
其他交通设备	15	18	无影响	中国、法国、英国

资料来源：中国第一财经研究院。

3. 特朗普政府政策的不确定性

特朗普政府实施的贸易保护主义使对华贸易政策的不确定性加强，一方面可以预见未来美国针对中国产品出口将会频繁采取更为保守的政策手段，另一方面会要求中国开放更为广阔的国内市场，这对中国来说不是一项巨大的挑战，因为中国当前的外贸依存度已经达到37%。

（1）有可能重返TPP。TPP是在WTO之外重构贸易规则的尝试，同时也是牵制中国经济发展的手段。尽管特朗普政府退出了TPP，但是TPP中所涉及的劳工标准、国有企业的规定也应引起中国政府的重视；同时，TPP与特朗普政府所倡导的美国贸易政策的国家主权并不矛盾，因此特朗普政府有可能重返TPP抑或是重建替代协议来抑制中国经济崛起。

（2）对华在美投资进行打压。"中国制造"赴美投资主要涉及对高科技公司的收购兼并，特朗普政府会实施较为严格的监管与安全审查，中国厂商的直接投资会遭遇美国政府的打压限制，"中国制造"厂商的投资风险与不确定性增强。

（3）2017年美国对中国实施的"双反"调查案件。

表1-10　　2017年美国对中国实施的"双反"调查主要案件

时间	主要案件
2017年1月	对中国家用洗衣机征收反倾销税
2017年3月	启动对中国非市场经济国家状况调查；并对中国铝箔发起"双反"调查
2017年4月	对中国铝产品、钢铁进口的国家安全调查（该调查结果是在2018年3月分别课税10%、25%）
2017年5—6月	对中国冷拔机械管实施"双反"调查
2017年8月	对中国铝箔发起301调查；对中国不锈钢法兰发起"双反"调查；并叫停中国背景的厂商收购美国芯片厂
2017年10月	在对中国反倾销调查中使用替代国价格，否认中国为市场经济国家
2017年11月	对中国普通合金铝板发起"双反"调查

资料来源：根据收集资料整理。

（二）中美贸易摩擦升级背景下美国可能采取的贸易保护措施

2018年，随着特朗普对中国产品实施税改政策加征关税，中美贸易摩擦进一步升级，为此美国有可能采取贸易保护措施，来限制中国制造业产品出口美国市场，所以中国制造业将会面临诸多挑战：一是美国短期内有可能采取出口市场准入、进口保护、汇率操控指控等措施；二是美国长期内有可能采取单边主义来限制中国出口贸易。具体如表1-11至表1-13所示。

表1-11　　美国针对中国出口产品可能采取的贸易保护措施

保护措施	是否符合WTO规则	触发原因	案例
201条款	GATT第19条1a	进口对美国国内产业或是企业造成威胁	全球保障措施，不针对某一个国家，但是会遭到对方报复；2001年布什政府对进口钢材征收30%的关税
双反调查	GATT第6条1a, 1b	不公平贸易（主要是判断进口是否造成重大损害，价格是否低于公平价格销售并决定税率）	1995—2015年美国针对中国所进行的反倾销调查共计132起，反补贴调查共计51起；2017年美国对中国不锈钢板材进行双反调查，最终裁定向中国企业征收反倾销税率达63.86%—76.64%；反补贴税率达75.6%—190.71%

续表

保护措施	是否符合WTO规则	触发原因	案例
337条款	TRIPs协定	不公平贸易（存在知识产权侵权行为/不公平竞争方法和不公平行为）	1995—2015年美国对中国出口产品共发起196起337调查；2016年对中国出口美国的碳钢产品发起337调查
ROO	—	—	2017年10月美国针对汽车零部件以及汽车生产，提高了NAFTA中内部生产比例及美国生产比例
232条款	美国单边措施	主要针对威胁到美国国家安全的进口商品所采取的措施	一般情况下很少使用该条款；2017年4月针对从中国进口的钢铁产品和铝产品启用了该条款，2018年3月分别对我国出口的钢铁、铝产品征收了25%、10%的税
421条款	不符合WTO最惠国原则	进口对美国国内产业/企业造成显著性伤害或是威胁	该条款主要针对从中国进口的商品，且2014年已经失效；2002—2008年美国共计6次对中国商品采取特保调查，但最终被总统否决；2009年美国针对从中国进口的轮胎采取征收35%的保障性关税
VER	—	—	美国与出口国的协议，在WTO框架下各国不同意执行

资料来源：根据收集资料整理。

表1-12　针对中国进口美国产品可能采取的贸易保护措施

保护措施	是否符合WTO规则	触发原因	案例
一般301条款	美国单边措施；通过WTO争端解决机制处理	主要因为对美国出口商品采取了不公平或是歧视性待遇	2017年8月美国对中国进行301调查
特别301条款		针对美国出口所遭遇的知识产权侵权行为	20世纪90年代中国遭遇多次特别301条款调查

续表

保护措施	是否符合 WTO 规则	触发原因	案例
要求市场准入对等	—	—	2017 年，美国食品制造商通过联名信要求中国对于海外进口食品能够降低检测的强度；该措施主要用于美国对中国市场出口的食品、汽车等

资料来源：根据收集资料整理。

表 1-13　美国针对中国可能采取的其他贸易保护措施

保护措施	是否符合 WTO 规则	触发原因	案例
汇率操纵指控	GATT 第 15 条第 4 款；美国国内法：《1988 年综合贸易与竞争法》、《舒默-格拉厄姆法案》（2005）《2015 年贸易便利及贸易执行法》	审核贸易伙伴是否通过人为压低汇率来获得贸易优势；三个条件进行认定（持续单向的外汇干预、大量账户盈余、巨额对美贸易顺差）	2005 年《舒默-格拉厄姆法案》针对中国要求在 180 天内提高人民币汇率，不然会对从中国进口的商品征收 27.5% 的从价关税，从此中国开始了 7 年的单向人民币升值

资料来源：根据收集资料整理。

（三）中美贸易摩擦升级下中国制造业面临的主要挑战

1. "双反"调查

"双反"调查是美国最为频繁使用的贸易保护武器，1995—2015 年美国共计向中国出口产品进行了 183 件"双反"调查（其中涉及 132 件反倾销调查与 51 件反补贴调查，在美国立案数中分别占 23%、13%）；2005—2015 年十年间，美国共计向中国出口产品进行了 127 件"双反"调查（其中涉及 76 件反倾销调查与 51 件反补贴调查，在美国立案数中分别占 34.9%、46.8%）。但是，中国通过"双反"调查来反击美国的势头及调查力度却不如美国，因此在中美贸易摩擦升级的背景下中国出口厂商遭遇的"双反"调查的强度还会进一步加大。

2. "201"条款（全球保障措施）

"201"条款只针对特定产品不针对特定国家，因此打击面较广，同时也会遭遇打击国家的报复，该项措施主要针对从国外进口的商品对美国国内产业/国内厂商造成了威胁或是损害，通过加征关税的方式来保护国内产业与国内厂商免受损害。例如，2017年5月USITC就对进口大型家用洗衣机、光伏电池及组件进行了"201"条款调查，2018年1月美国宣布对大型家用洗衣机、光伏产品分别采取3年、4年的全球保障措施。"中国制造"产品中光伏产品产能过剩，家用电器是我国出口的主要优势产品，因此随着中美贸易摩擦升级，光伏产品、家用电器的出口不得不考虑市场的多元化，通过与其他国家（拉美、非洲国家）展开贸易来化解当前美国市场的困境。

3. "337"调查

"337"调查是以不公平竞争和侵犯知识产权为名义来打压贸易的主要手段，该项调查主要是对美国进口的产品中存在不公平行为或是不公平竞争方法进行调查，包括垄断、侵犯商业秘密、行贿等；"337"调查还会对涉及侵犯美国知识产权的进口产品，例如版权、商标、专利等进行调查。这项调查比"双反"调查的成本要低且惩罚力度较大。1995—2015年美国共计向中国出口产品进行了196件"337"调查，因为"337"调查主要涉及产品的专利侵权调查，今后随着中国制造业逐渐向国际产业链的高端环节迈进，涉及制造业高端技术领域的出口产品将会越来越多，而中美贸易摩擦也会向制造业高端技术领域发展，这就意味着"中国制造"的转型升级将会面临越来越多的美国贸易保护措施的障碍。

4. 原产地标准

原产地标准（ROO）主要是衡量所进口的产品在本国生产的程度，这项标准也将会是特朗普政府限制中国产品出口美国的重要武器。原产地标准不仅体现在NAFTA中，还体现在美国与其他国家达成的自贸协定中，在NAFTA经过多轮谈判之后，美国针对汽车及零部件的生产产值在北美区域内的占比提出要求，由当前的62.5%提高到85%，且该类产品生产的总投入要有一半必须来自美国。同时，为了限制中国产品通过NAFTA渠道输出到美国，美国加大了"反规避调查"的力度，例如，在2017年12月美国针对从越南进口的不锈钢和冷轧钢板材做出初步裁定，认为涉嫌规避双反税，而这些产品的原材料均来自中国供应商。另外，中国直接转口非洲国家的纺织品，又通过AGOA（《非洲成长与机会法案》）免税进入美国，这种出口方式在将来也会遭遇美国监管部门的"反规避调查"。

5. 市场准入

由于美国对中国贸易逆差加剧，美国政府往往还会利用"301"条款调查来加大对中国的压力，促使中国开放更大的市场。尤其需要注意的是"特别301条款"，该项条款主要针对知识产权保护以及知识产权市场准入，长期以来我国为了进行技术引进一直采取"以市场换技术"的外资政策，这项政策根据"特别301条款"，在将来也会有可能遭遇美国打击。

6. 汇率操纵

汇率操纵也是美国向中国出口贸易进行施压的主要手段，一年两次的美国财政部汇率调查尽管并不直接对汇率操纵国进行经济方面的制裁，但是会通过双边谈判来督促解决汇率问题，例如，1994年中国被美国指控为汇率操纵国后，中国对美贸易出口增速连续出现下降。目前来看，特朗普政府也许会要求财政部对汇率操纵的衡量标准进行调整更改，所以中国出口贸易在涉及汇率问题时要格外重视。

（四）中美贸易摩擦升级下中国制造业应对的措施

1. 中美贸易摩擦升级下中国制造业的应对条件

（1）WTO争端解决机制。一旦中美贸易摩擦升级，中国可利用WTO争端解决机制来保障贸易利益。中国作为受美国全球保障措施调查或是双反调查的国家可以进行上诉并在符合WTO框架下可以对美国实施报复手段，中国政府在中美贸易摩擦升级的情况下可以利用WTO多边框架与规则来保护自身利益，因为"232"条款调查、"337"条款调查、"301"条款调查都是美国的单边措施，显然在WTO框架下无法立足。

（2）中国服务贸易市场潜力。美国在2016年对中国出口的货物总值达到1155亿美元，在美国出口总额中占比达到8%，所以中国快速增长的市场潜力对美国具有很大的吸引力，尤其是中国的服务贸易市场，2015年美国对中国出口的服务贸易达到469亿美元，与2000年相比出口增速达到8.3%，同时2000年中国市场在美国出口世界服务贸易价值中的占比为1.7%，2015年已经上升为6.5%。这就意味着中国将会是美国未来出口服务贸易的主要目标市场国，所以面对美国所采取的各项货物贸易保护措施，中国具有很大的斡旋余地。

（3）波及各方利益。美国实施贸易保护政策会伤害各方面利益，最终会由美国消费者买单。因为中国出口到美国的产品大多为中低端消费产品与处于价值低端的中间投入品，美国当地的中小型企业以及中低收入消费群体会获益，但是中美贸易摩擦升级后，例如美国加征关税，最终这部分成本将由美国当地的消费者或是中小企业来承担，伤害了这部分群体的利益。另外，中国出口产品中有近50%是由外资企业通过加工贸易、代工生产来实现的，例如单是iPhone手机的出口，在全球生产的链式分割中，日本、韩国、德国、中国台湾地区的企业都是最终产品的供应商。如果美国对华采取贸易保护措施加征关税的话，势必会减少这些价值链上不同供应商的利益，也包括美国本土企业的利益，所以美国的贸易保护措施势必会带来这些企业的共同反对。

2. 中美贸易摩擦升级下中国制造业企业的应对措施

（1）以报复性措施来抑制美国的双反税。按照《中国入世协定书》第15条的规定，WTO的进口国在对中国产品进行倾销与补贴界定时使用替代国价格的方式会在中国加入世贸组织15年之后自动终止，这就意味着美国如果对中国出口产品进行双反，当前就不能再选择不利于中国出口商的第三国"公平价格"标准，且与中国是否取得市场经济地位无关。所以当"中国制造"出口美国时如果遭遇双反，中国政府应采取双边之间的反倾销调查，通过采取相应措施的实施打消特朗普政府对华出口产品启动双反税的想法。

（2）采取科学的贸易统计规则来摆明中美贸易的真实数据。中国在进入全球化进程以来，始终是处于全球价值链的中低端环节——主要是凭借丰富的劳动力资源从事产品的加工与组装，产品的附加值较低，获得的收益主要是劳动力报酬；而国外投资者投入比例高且处于全球价值链的高端环节，能够获得较高的附加值。以中国电子和信息技术出口为例，中国出口产品国内增加值在总出口中的占比仅为15%（Branstetter、Lardy 2008年估算）；中国总出口的国内增加值也仅仅是59%（Hong Ma、Zhi Wang、Kun Fu Zhu在2015年利用企业数据的估算）。这样，现行的贸易统计规则将产品的最终生产与组装作为中国出口贸易的出口值就人为地夸大了中国与发达国家之间贸易顺差值，而中美贸易摩擦的根源又恰恰在于美国对中国的贸易逆差，所以在进行贸易统计时应选择科学的贸易统计方法，务必提供贸易增加值的相关数据统计，从而客观科学地看待中美贸易的真实状况。

(3)"中国制造"应充分估计贸易政策所带来的影响。跨国公司的发展使产品的生产与销售可以分离，可以多国组织生产多国进行销售，这样贸易政策对跨国公司的影响就变得较为复杂。例如，2018年1月美国对进口大型家用洗衣机实施全球保障性关税，而美国进口的洗衣机主要来自中国，但实际上大部分洗衣机是由韩国品牌企业在中国进行直接投资生产的洗衣机；还有美国对进口光伏电池以及组件征收保障性关税，尽管产品是由越南、泰国、马来西亚出口，但实际上是中国企业对东南亚国家进行投资生产的。所以"中国制造"在当前越来越复杂的国际环境下应充分进行贸易投资的成本与收益的核算，既要把握投资东道国的信息，又要核算引资的投入产出信息，将美国贸易政策对我国制造业产品出口的影响降低到较小的影响。

(4)中国制造业企业加大对外直接投资。因为特朗普执政后所持有的反全球化倾向，使中美贸易摩擦加剧，中美关税提高到45%，贸易战将会对中美两国制造业相关行业竞争力产生影响。如果双方都在加征25%关税水平的条件下，中国对美国出口的化工产品、汽车、电子通信产品、电器产品、机械产品、其他交通设备等的出口竞争力将会受到影响；同时，美国对中国出口的化工产品、汽车、食品饮料加工、橡胶产品、其他交通设备产品等出口竞争力将会受到影响。目前，贸易战已经致使中美双边贸易量减少50%[①]，也使中国制造业产品出口到美国的成本不断攀升，因此为了规避中美贸易之间的高关税以及高运输成本，中国制造业企业通过FDI来实现产品的海外销售。

---

① 资料来源：《华尔街见闻》。

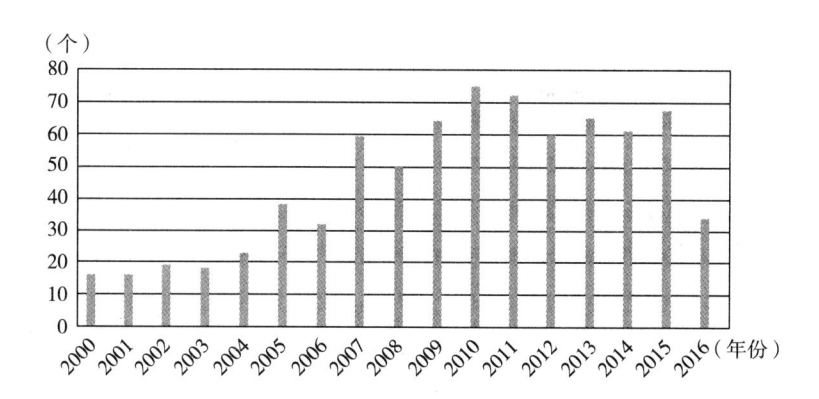

图 1-10　2000—2016 年中国企业在美国 FDI 新建生产企业数量

注：不包括 FDI 中的兼并收购。

资料来源：THE WALL STREET JOURNAL，Rhodium Group。

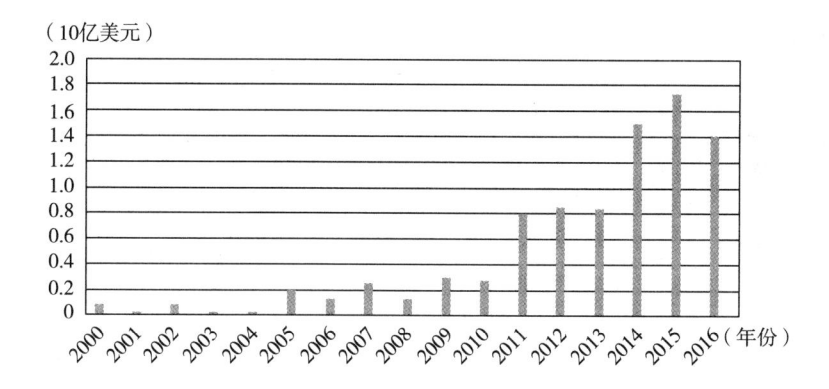

图 1-11　2000—2016 年中国企业在美国 FDI 新建生产企业投资金额

注：不包括 FDI 中的兼并收购。

数据来源：THE WALL STREET JOURNAL，Rhodium Group。

在中国制造业企业面临各项出口成本上升的情况下，中国企业的"美国制造"体现出较大的成本优势，例如 2015 年在美国南卡罗来纳州投资建立纺织厂的科尔集团，已在当地雇用了 200 名员工，虽然当地工资是国内的 2 倍，但工厂运营期间产生的电费要比国内便宜 50%，燃油价格也便宜 25% 左右，这样下来在美国生产 1 吨纺织品的成本降低了 25%。此外，因为当地建厂满足当地消费，所以更好地将产品与东道国的消费习惯和市场需求结合起来，并做出较快的市场反应；同时在美国当地进行生产，与消费市场较为接近，这就不需要高的库存率，反而节约了运输成本与仓储成本。所以那些拥有重资产的制造业企业（汽车制造、造纸、包装、化工、纺织等），因为需要大宗的原料、大库房、大厂房，通过 FDI 来跨越贸易障碍，在美进行投资建厂，例如富士康公司以及福耀玻璃等；但是对于国内劳动密集型制造业企业（玩具、服装等），尽管国内劳动力成本在不断上升，但与美国相比仍然较低，同时由于美国当地的劳动力并不拥有中国工人所具有的生产技能，此外中国制造业工厂例如服装制造业企业长期积累下的生产水平以及一体化、流程化工序等，美国工厂在短时期内还是难以超越。

美国政府在 2018 年 6 月公布了针对进口商品加征 25% 关税税率的清单，清单中涉及将近 500 亿美元的商品是从中国进口，并从 2018 年 7 月 6 日起开始实行该措施，其中主要有 340 亿美元的商品来自中国。这一措施使一些劳动密集型制造业企业开始把生产线从中国转移到东南亚市场，以此规避美国的高关税；此外，中国国内市场的劳动力成本上升也是制造业企业外移的原因。这些外移的制造业企业主要集中在消费品等制造业领域。

3. 中美贸易摩擦升级下中国政府的应对措施

（1）中国政府应降低服务贸易壁垒。美国的生产性服务贸易具有显著的优势，所以对中国的服务贸易始终是顺差，2016 年中国对美国的服务贸易逆差达到 557 亿美元，这种趋势还会加大，因此中国政府应降低服务贸易进入壁垒，吸引外资进入中国国内生产性服务市场，这样有利于"中国制造"进行转型升级与价值链攀升，提高"中国制造"的效率，同时还可以缓解中美贸易的不平衡。

（2）中国政府应降低货物贸易进口关税。中美贸易摩擦也表现在美国对中国出口增长不足，一方面我国对美国先进的高新技术需求较大，但是美国限制高新技术产品进入中国；另一方面由于中国国内的消费市场潜力巨大，对于美国高质量的消费品需求也在不断增长，所以中国政府可以通过降低产品的进口关税来开放消费品市场以此吸引更多的美国高质量消费品的出口。2017 年 12 月中国开始降低 187 项消费品（主要包括药品、家用设备、服装鞋帽、日化用品等）进口关税，平均税率由过去的 17.3% 降低到 7.3%，这样在减少中美贸易摩擦的同时又满足了国内消费者对高端消费品的需求。

本章小结

在当前背景下中国制造业发展主要面临美国再工业化战略以及全球贸易保护主义抬头所带来的挑战威胁，主要包括在高端制造业领域基于美国创新技术而形成的竞争优势、中美制造业对生产要素的争夺、美国对关键核心技术的控制以及中美贸易摩擦中美国贸易保护措施给我国制造业带来的威胁；在中国制造业转型升级的关键时期还面临着来自新一轮产业技术革命的要求，包括智能制造生产方式、规模定制化创新制造业组织方式、大数据营销创新制造业商业模式等的建立所提出的新要求；此外还有中国经济结构调整对制造业提出的新要求，主要体现在《中国制造2025》与"互联网＋"对制造业提出的结构性调整、中国经济增长寻求新的驱动力所提出的要求等。

第二章 制约"中国制造"转型升级的因素分析

全球经济产业链的形成主要是由发达国家提供终端需求，俄罗斯、巴西等资源国家提供原材料，我国提供生产制造，在此模式下，我国的投资基本上是围绕着制造业建设产能；但是随着国际金融危机的爆发，发达国家的需求减少，我国国内人力成本上升、资源短缺，这样就倒逼我国制造业转型升级，但是在转型升级中也存在诸多制约因素，需要我国制造业克服这些因素的影响，提升竞争力才能改善在国际价值链分工中的地位。

第一节 中国制造业转型升级的必要性

当前全球制造业的发展趋势已经向全球化、精益化、服务化、绿色化、智能化发展，发达国家的制造业企业也纷纷由生产型制造向服务型制造转变，以此占据世界制造业价值链的高端环节，同时制造业企业注重绿色设计与绿色制造，由高能耗向低能耗转变，并积极利用新技术来实现制造过程的智能化、数字化、网络化。而我国制造业发展所面临的局面是资源环境压力大、整个产业结构不合理、企业的自主创新能力等较弱。因此，我国政府在实施"一带一路"倡议的基础上，也通过亚投行的建立、《中国制造2025》的颁布、长江经济带与京津冀一体化发展规划的制定实施来促进制造业转型升级。2014年12月，中国中车股份有限公司成立（中国北车与南车合并）；2015年5月，国家电力投资集团公司成立（国家核电技术公司与中国电力投资集团合并）；2016年

6月，武钢、宝钢启动战略重组。这些举措旨在让中国制造业企业一方面能够在国际市场中具备国际竞争力以及创新能力，另一方面能够通过合并重组来面向国际高端竞争，积极拓展海外的市场。因此，在我国高端装备制造业、核电、高铁等领域成功走出去的前提下，"中国制造"需要更多的企业转型发展，唯有这样才能在当前国际市场竞争日益复杂且动荡低迷的环境背景下，振兴国家经济命脉。

一 中国制造业唯有转型升级才能应对国际挑战，解决国内困境

按照要素禀赋理论的结论，一个国家应出口具有比较优势的产品。我国过去基于存在大量的廉价劳动力，资源成本较低，一直在国际市场上进行着高能耗且粗放式的制造业发展模式，中国制造业产品凭借廉价的劳动力成本，主要生产低技术含量、低附加值的初级产品，始终处在国际价值链的最低端，随着中国国内劳动力成本上升，中低端制造业的企业利润明显减少，经营陷入困境。尤其是国际经济环境日益复杂，更低劳动力成本国家的出现，发达国家的制造业回归战略，这些都会影响到我国制造业在国际市场的占有份额及在国际分工中的地位，所以只有通过制造业转型升级才能提升国际竞争力。

（一）制造业面对国际市场上发达国家的"双向挤压"

发达国家制造业回归战略使高端制造业回流，而中低收入国家在国际市场中纷纷争夺中低端制造业转移，我国制造业在国际市场上面临双向挤压的背景。发达国家通过出台相关的基础设施、土地、水电、人才等的优惠措施以及减免税政策来吸引制造业投资并努力降低国内制造业生产的成本，致使很多跨国公司回流，在一定程度上美国重构了制造业的竞争优势，另外随着中国制造业生产要素成本的上升，与美国制造业的成本差距在逐渐缩小，而中国制造业的传统优势却在逐渐弱化，再加上资源环境约束加强，且迈向中高端过程中既要面对发达国家再工业化战略的竞争压力，又要应对新兴经济体国家制造业分流，因此中国制造业亟须通过转型升级才能获得竞争新优势。

（二）制造业亟须提升竞争力解决面临的问题

当前制造业面临的主要问题是生产要素的供给能力弱，资源环境的承受能力已经接近极限；制造业的产业结构不合理，突出的问题是传统制造业的产能过剩，新兴制造产业的供给能力不足；制造业整体产业的国际化程度不高，缺乏国际经营的能力与经验；高新技术缺乏自主创新能力，关键核心技术依赖进口；制造业产品的质量水平不高，缺少世界性的跨国企业与知名品牌。

二 中国制造业唯有转型升级才能重振制造业

（一）中国制造业面临全球制造业变革的国际经济环境

当前全球制造产业链在进行结构性调整，特别是中国通过加工制造贸易向世界市场提供资源、能源、原材料，进而形成国际制造贸易循环的链条岌岌可危。与此同时发达国家，例如美国进行再工业化、德国开展工业4.0、日本发布了制造业白皮书，这些都预示着自2008年国际金融危机之后，发达国家都在积极推动制造业发展，都在探寻制造业的新动能。

中国制造业除了面对国际双向挤压的挑战之外，还要面对全球制造业的变革，因为新的一轮全球产业变革已经聚焦在智能制造领域。特别是新一轮高端制造产品和装备已引领世界，包括智能工厂、智能设备、机器人、可穿戴设备等，这些新产品与新技术，都要求中国制造业要迅速升级来应对；同时，欧美发达国家为走出经济低迷的状态，纷纷推出制造业回归战略，要重振制造业实体经济，无论是再工业化战略、工业4.0战略，还是工业互联网战略都要求中国制造业不能小觑，要迎头跟上。

中国制造业在面临双重挤压的同时，也应看到东南亚国家虽然具有劳动力成本的优势，但是各项要素的供给与本土市场规模都相对有限；另外，印度虽然具有较为显著的国内消费市场与要素优势，但是印度的基础设施落后短缺且国家体制制度掣肘，所以在一定时期内这些国家还不能形成对中国制造的替代。

（二）中国制造业要面临国内不利局面

在国内市场，中国制造所面临的国内要素供给环境发生了显著变化，劳动力成本上升、土地价格上涨、人民币贬值始终未到出清点、国内经济整体下行、国家重点清理产能过剩以及僵尸企业，因此"中国制造"遭遇重重压力，这些压力对企业转型升级带来了障碍与阴霾。

同时，改革开放以来中国制造业的发展主要依赖加工贸易来实现，但是当前内外需求减少、生产成本上涨；发达国家高端制造业回归、中低端制造业外迁到东南亚或是印度；国内制造业转型升级以及"去产能"的双重压力；德国工业4.0对国内制造业的冲击，大多数国内制造业企业还处于"工业2.0""工业3.0"水平；国内制造业缺乏高端制造业人才，同时对于低端劳动力又面临供应短缺。

1. 制造业吸引外资的优势明显减弱

国内由于劳动力成本、能源资源价格、土地费用等要素价格上涨，加快了跨国公司向低成本国家转移，还带走了与之相配套的服务业与供应链，这在我国长三角和珠三角地区表现得尤为明显。中国实体经济的振兴主要取决于制造业的转型升级，制造业能否为中国经济提供动能，关键在于中国主要的制造业区域——广东、江苏、浙江、上海。总体来看，这些区域的制造业产品已由过去的多样化向提升质量转变，但吸引外资的优势仍需要加强。

表2-1　　　　中国主要制造业区域转型升级面临的问题

先进制造业基地	面临的问题与解决措施
广东 （珠三角全球先进制造基地）	1. 利用过去"世界工厂"时期积累的优势（产品优势、技术优势、智力资源优势、国家政策等），建立以佛山、东莞为中心的全球先进制造业基地，带动制造业提升加工产品的深度与技术含量，延长产业链增加附加值；2. 在深圳特区形成一批具有典型示范作用的世界级创新型企业，并利用特区原有的优势（政策体制优势、创新型企业众多的优势、人力资源较丰富的优势等）来进一步提升区域经济发展的国际影响力
江苏	面临的最大问题是如何创造吸引外资的良好环境。过去主要是台资看中大陆的廉价劳动力与土地使用费等优势资源，在当前这些成本上涨的同时，如何促进外资投资而不是回流或转移，如何吸引有竞争力的企业是江苏迫切需要解决的问题
浙江	1. 浙江过去的制造业优势——买全国、卖世界，制造业产品大都不是本地生产；2. 面临的主要问题是如何促进下游生产商的产品升级，如何促进浙江省整个市场升级进而进一步发挥外向型经济的优势包括产品差异化优势、企业家优势等，推进形成浙江省制造业竞争优势

续表

先进制造业基地	面临的问题与解决措施
上海 （长三角全球先进制造基地）	1. 产业升级应结合世界性都市的定位，提升服务业在经济中的地位；2. 产品多样化向提升产品质量转变

资料来源：根据收集资料整理。

2. 制造业自主创新能力弱

中国传统制造业多以从事加工贸易为主，通过代工生产赚取廉价的劳务费，因此技术创新能力薄弱，由于长期缺乏技术创新的动力，使很多生产环节所必需的关键零部件以及核心技术对外依存度较大，基本依赖从国外进口，这就使制造业企业既没有自主品牌设计，也没有研发投入，生产工艺落后，出口产品附加值较低。例如，专为跨国企业进行贴牌生产的服装加工企业，如果贴牌加工，一件T恤的市场销售价格为几百块钱，若要自主研发生产，自主品牌最多能卖到几十块钱。所以中国制造业品牌建设任重道远，品牌战略的实施需要时间沉淀。当然我国制造业企业自主创新能力弱，很大程度上归因于我国长期以来对知识产权保护不当，降低了制造业企业自主创新的积极性与投入；虽然鼓励产学研合作技术研发，但是产学研结构不合理，未形成健全的机制体系，这都影响了企业自主研发创新设计的能力。

3. 制造业落后产能过剩

我国制造业由于产业结构不合理，使落后产能过剩，先进产能明显不足；低端产品过剩，高端产品供给缺乏。这样即使国内存在潜在的巨大需求，也缺乏有效的供给来保证实现。同时，提升产品的质量也是刻不容缓的目标任务，尤其是如何提升改造制造业产品的基础工艺与材料，是当前制造业应为关注的重要问题，所以制造业转型升级是当务之急。具体来看，我国制造业产能过剩主要有两种情况，一是新兴产业的产能过剩，主要是因为消费环境不够完善需要扩大消费需求才能缓解产能过剩的问题，例如有些战略性新兴产业是基于基础设施以及服务体系不完善，需要政府加大投资力度鼓励各种资本进入该领域进行投资来完善消费环境。二是传统制造业的产能过剩，基于供给角度来看产能过剩主要是依赖去产能措施才能缓解，这些措施主要包括加快传统制造业"走出去",特别是要推动我国钢铁行业、石化、有色、建材等行业在海外建立重化工园区,并鼓励金融机构对我国传统制造业企业海外投资加大信贷支持的力度;鼓励企业间进行跨区域兼并重组,通过兼并重组减少过剩产能,淘汰落后产能;借鉴国外发达国家的做法,建立完善的落后产能退出补偿机制,以激励机制来淘汰落后生产能力;加强行业信息披露,将行业中的新经济技术指标、新工艺、新技术及时发布,促使产能过剩的行业通过技术提升来改进工艺以此淘汰落后产能。

小结

为了中国制造业能够长远发展,要针对自己的短板进行调整转型。首先,应该突破技术创新的"瓶颈"。鼓励原创研发设计,使我国制造业的技术创新能够彻底由模仿跟踪转变为先进引领。2016年,我国国内生产总值达74.4万亿元,其中研发经费的投入占比超过2%,科技支出增长12%,也拥有一些世界领先的高科技成果,这说明未来我国制造业完全有能力进行自主研发,特别是将来应在原始创新与集成创新方面应取得重大突破,才能促使我国的创新路径真正发生战略性转变。其次,应着力推进传统制造业转型与升级,而创新设计对传统制造业升级尤为重要。例如,芬兰对于传统制造业都使用设计师来进行创新设计,80%以上的家具、玻璃、陶瓷、皮革、纺织服装等行业使用设计师来设计,50%以上的汽车制造、计算机产业、电器零部件、机械制造、电子设备等行业使用设计师来进行设计。制造业企业使用工业设计最大优点在于可以树立企业形象、降低成本、获得更多利润。再次,大数据背景、互联网的发展都为"众创"提供了技术支持,为提升中国制造业创新水平与能力,国家应努力营造创新生态,鼓励利用众创平台来进行创新设计,鼓励高校建立创新学院,为我国制造业创新提供更多的载体。最后,应注重中小企业发展活力与创新活力的培养,通过简政放权与减税让利政策促进中小企业的体制创新。

第二节　中国制造业转型升级的难点

中国制造业拥有完整的供应链条，也拥有完备的工业体系，但是由于自主创新能力不强，使核心关键技术长期依赖进口，高端设备、关键材料与关键零部件的外贸依存度较高，制造业一直处于价值链的低端环节。同时，由于国际市场需求减少，产生了大量的产品库存积压，落后产能严重过剩。因此，当中国制造业面临着过去的成本优势不再的前提下，如何降低成本，如何降低能耗，如何提升制造业产品的国际竞争力，这是在当前新的国际国内环境下必须解决的问题，因此建立制造业的新优势，加速转型升级尤为重要。但中国制造业的转型升级是一项艰巨的任务，并非一朝一夕就能解决。当前制造业也必须转型升级，要积极从中国制造向中国智造转型，发展服务型制造、绿色制造，任重而道远，期间将会遇到难点问题与棘手问题，因为目前中国制造业转型已经面临着爬坡期的所有困境，很多制造业企业在寻求企业的最佳定位，而我国政府更花大力气来营造制造业转型升级的大氛围，通过制度与技术创新才能使制造业成为中国经济的强有力支柱。

一　劳动力成本优势不再，新的比较优势尚需培育

目前，我国制造业基于传统生产要素的成本优势正在逐渐弱化，特别是制造业发展中所享有的人口红利也不再成为显著优势，相反人口的老龄化以及劳动力短缺对制造业的发展无疑会构成难点，一是我国人力资源受教育程度的提高是一个漫长积累的过程，同时制造业升级亟须大量的高端专业技术人才，而专业人才的缺乏会制约制造业新比较优势的形成；二是劳动力成本上升幅度大，出口的比较优势难以发挥，加大了我国制造业与其他低成本劳动力国家的竞争。

（一）中国劳动力成本优势不再

1. 强制性最低工资标准促使中国劳动力单位成本逐年上升

在 21 世纪初期全球制造成本较低的地区主要集中在亚洲、东欧、拉美地区，而全球的高制造成本区主要是在欧美、日本等发达国家地区，但随着技术进步的加快、劳动生产率的不断提高、物流成本的加

大、能源消耗的增强，全球制造业成本的格局在发生着变化。

2004—2014年，全球出口排在前25的经济体中，制造业成本最高的国家是澳大利亚、瑞士、巴西、法国、意大利、比利时等国，制造业成本最低的国家是印度尼西亚、印度、墨西哥、泰国、中国等。巴西和俄罗斯过去制造业成本较低，但是由于能源成本上涨、劳动力价格的增加以及劳动生产率的低速增长，使这两个国家的制造业成本的优势大大降低；而美国、墨西哥由于能源成本具有显著优势且劳动生产率不断提高，使这两个国家的制造成本优势开始显现出来。美国在"去工业化"发展时期，将劳动密集型制造业的"两端在内，中间加工环节在外"，所以将其转移到海外以谋求较低的制造业成本，而我国也正是凭借着资源与劳动力成本的优势，承接了美国大量劳动密集型产业的加工环节，为其进行代工生产，加工贸易快速增长。

随着我国经济的快速增长，我国劳动力结构开始发生变化，另外随着国家《劳动法》的颁布实施，强制性"最低工资标准"的采用，使得用工成本日益增加，我国工人工资的增长率呈逐年上升的局面，依次表现为2009年为6.3%，2010年为7.5%，2011年为9.7%，2012年为9.8%。2010年，我国工人工资是越南的2.75倍，印度尼西亚的2.5倍，墨西哥的2.2倍，印度的1.8倍．尽管我国工人的劳动生产率也在不断提高，但是工人工资的增长速度远远超过了劳动生产率提高的速度，增长过快。2003—2010年，我国工人工资报酬增长了266.7%（巴西为182.2%，印度为100%）。而美国尽管在2005—2009年制造业就业人数明显下降，累计减少235万人，但是美国的制造业却吸纳着1400万美国人就业且提供高薪收入，同时也为其他相关行业提供了800万人的就业高薪岗位，美国的劳动生产率较高具有较大的优势，2010年中美的制造业产出大体接近，但是美国制造业的工人数是1150万人，而中国制造业的工人数却是1亿人。中国制造业劳动力成本的上升改变了中国制造业的竞争地位，中国制造业成本如果将工人工资、劳动生产率、其他成本包括能源资源等成本加上，制造业成本几乎与美国相当（2015BCG调研报告）。

从图2-1看出，中国2012年和2016年单位劳动力成本与美国接近，相反印度2003年、2012年、2016年三年的单位劳动力成本都比较低，蕴含着巨大的劳动力低成本优势，这也是跨国公司劳动密集型企业转移印度和东南亚市场的主要原因。2016 年，中国制造业工人工资平均每月为 2831 元，比 2013 年高出 29%；越南制造业工人的工资不足中国的 50%，孟加拉国制造业工人的工资不足中国的 25%（日本贸易振兴机构估算）。因此，也可看出，随着中国经济的增长，中国的劳动力成本的优势不再。

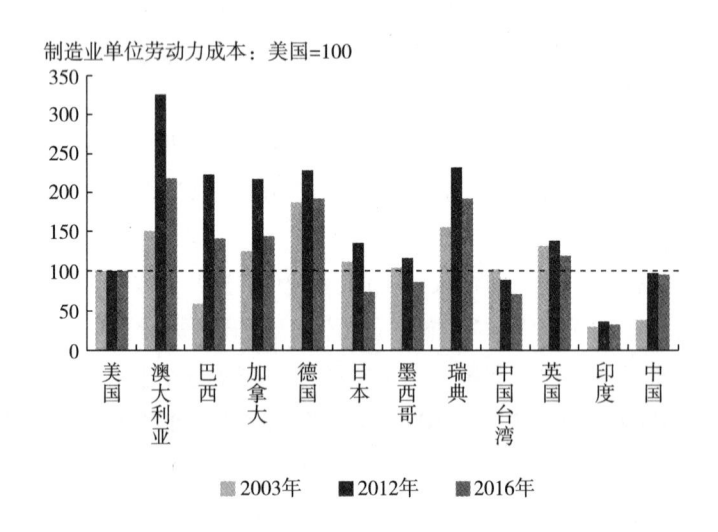

图 2-1　各国（地区）单位劳动力的成本比较

资料来源：新华网。

2. 中国制造业产品在发达国家市场占有率开始下降

2014 年，中国社会科学院发布的《2014 年产业蓝皮书》表明，中国在发达国家市场上的份额正在逐渐被以印度为代表的发展中国家替代，2000 年中国在美国服装市场的占有率为 39.2%，到 2013 年为 37.3%，其主要原因在于中国劳动力成本超过了印度、越南、柬埔寨等这些国家。早在 2004 年中国制造业工人工资就超过了印度尼西亚和印度，2008 年超过了菲律宾和墨西哥。

2012 年中国出口额超过美国，成为世界第一；2013 年中国货物出口在世界出口额的占比为 11.75%，而美国为 8.75%、俄罗斯为 2.76%、印度为 1.79%、巴西为 1.28%，中国制造业的产品占据国际市场份额的速度迅速提升，同时中国制造业产品的竞争力体现在汽车、船舶、机械产品、电子产品、服装等领域，2013年，我国的服装业在国际市场的份额为44.5%；船舶的国际市场占有率为21.48%。但是，中国制造业产品在发达国家的市场占有率却是下降的。2010—2013年，中国出口美国市场的服装份额下降1.9%，而越南却增加了2%。越南作为亚洲低劳动力成本的国家，2000年，在美国市场的服装出口额只占美国进口的0.1%，但是2013年就达到了10.2%。劳动密集型产品的纺织品市场更是如此，2010年，中国出口美国市场的纺织品在美国市场的份额是48%，2013年为47.7%；而印度2010年纺织品出口美国市场的份额为10.3%，2013年却上升为12.4%；越南纺织品出口美国市场的份额2010年为1.9%，2013年为2.6%。由此看出，中国制造业产品出口国际市场的份额在不断增加，但是出口到美国等发达国家市场的份额却在减少，而减少的市场份额正式被越南、印度、印度尼西亚、巴基斯坦、柬埔寨等更低劳动力成本的国家所替代了，这些国家随着基础设施与配套体系的完善，低成本优势就凸显出来，目前已经成为中国制造业劳动密集型行业的主要竞争对手，特别是这些国家正在复制中国的发展模式，未来有可能对中国劳动密集型制造业产生冲击。由此再次说明，中国劳动力成本的上升极大地削弱了劳动密集型制造业产品在国际市场上的竞争力。

（二）中国制造业新的比较优势尚需培育

1. 中国制造业应减少对低成本的依赖

由于以印度为代表的发展中国家在国际市场上的崛起，中国制造业应寻找新的比较优势，减少对低成本劳动力的依赖，在出口环节尽量寻求市场的多元化，劳动密集型产品应加强研发设计，体现品牌价值，增加附加值，像芬兰国家的制造业学习，采用设计师制度，努力向高端迈进，这样可以避免在国际市场上与这些新兴经济体进行价格竞争。

2. 劳动密集型制造业应向战略性新兴产业转移

当中国制造业劳动力成本优势不再时，企业应注重加强对产业工人的培训，应尽可能让制造业工人成为蓝领工人——高级技工，另外面对周边新兴经济体国家的崛起，应采取措施提升国际竞争力，由过去的劳动密集型向资本密集型或技术密集型转移。

3. 中国制造业应及时培育新的经济增长点

中国制造业要面临双重挑战——来自发达国家的制造业回流与来自发展中国家的劳动力低成本替代，而只有培育新的增长点，找到制造业发展的新动能、新动力，才能在国际市场不会受制于人。所以中国制造业应该大力发展智能制造，推进技术创新与前沿技术在工业领域的成果转化，特别是那些需要从国外进口的产品，实行进口替代，缩小与国际高端技术的差距，提升中国制造业整体产业链上的附加值与技术含量。

二 技术创新条件不具备，企业创新积极性不高

我国制造业要可持续性发展需要具备技术创新能力，技术创新是制造业升级最重要的推动力，但也是当前制约我国制造业向产业链高端环节攀升的最关键因素。长期以来我国制造业的技术进步主要依赖从发达国家引进或购买先进技术，影响了我国制造业自主创新的投入力度，同时也使我国制造业发展遇到了"瓶颈"难点，具体体现在：一是难以从国际市场获得所需的关键核心技术，主要零部件、精密零部件等的产品会依赖进口受制于人；二是制造业核心技术会依赖发达国家或是跨国公司提供，产生技术依赖并易陷入"技术引进陷阱"，所以提升中国制造业企业的技术创新能力尤为重要。

（一）提升中国制造业技术创新能力的必要性

技术创新能力的提升是中国制造业转型升级的关键。当前世界经济复苏较为缓慢，各国结构性矛盾日益凸显，因此技术创新越来越成为各国培育新的经济增长点、优化经济结构的重要途径，同时能否形成技术创新优势也成为各国抢占制造业战略制高点的重要手段。此外技术创新能力的提升也是我国制造业转型升级的关键，当前我国制造业主要面临的问题集中体现在过去那种依赖低要素成本、低劳动力成本优势，且靠投资与出口拉动增长的经济发展模式已不可持续，所以要突破我国制造业所处的困境，就需要提升制造业的技术创新能力，由成本优势向技术创新优势转变，通过技术创新来弱化劳动力成本对制造业的约束影响。例如，随着智能制造技术的推进，我国很多制造

业企业开始使用机器人,通过机器人技术来逐步降低人力成本在制造成本中的比重。

(二) 中国制造业提升技术创新能力存在的问题

1. 中国制造业企业技术创新难度大

(1) 制造业原始创新研究不够重视。对于大多数国内的制造业而言,企业生存是必要的,企业发展战略多以企业利润为导向,所以原始技术创新大多只注重技术开发而忽略技术研究,因为技术开发在短期内可以迅速抢占市场份额,并迅速获得销售与利润的增长,即中国很多制造业企业是以市场和销售为目标进行技术开发,而不是技术研发;还有一些制造业企业引进了国外先进技术,但没有消化吸收再创新,这样企业就会缺乏战略发展眼光,忽视了企业未来长远实力的积累与沉淀。例如,国内多家汽车制造商——长安汽车、一汽、广汽、上汽等都与国外汽车制造商签订有合资合作协议,但是始终没有在乘用车的设计性能与生产制造技术方面获得实质的技术提升,也未真正获得在发动机设计、性能与仿真试验方面的关键与核心技术。而真正进行自主研发设计的本土汽车品牌(吉利、奇瑞等)却在技术研发方面受到国外合资汽车企业的挤压,在原始创新方面竞争力薄弱。

(2) 制造业技术创新缺乏资金支持。制造业转型离不开技术创新,而智能制造又是制造业发展的新动力。很多制造业企业为提高自动化率,进行生产革新,纷纷实施"机器人"无人生产计划,但是该投资最低也要1000万元以上,对于中小规模企业因为缺乏这方面的技术改造费用,该计划往往无法实施。同时,在国际市场由于原材料价格、国际大宗商品价格波动较为激烈,加上国内市场劳动用工成本不断上升,很多制造业企业对于成本控制难度加大,也无法拥有足够的资金用于投入技术创新来升级转型。这就需要完善中小企业融资渠道,健全相关配套服务体系。

(3) 中小企业技术创新难。中小企业在其经营发展中,资金始终是困扰中小企业进行技术创新与改革的难题。中小型制造业企业尤其是民营中小型企业进行技术创新,银行贷款额度在总贷款额度的占比一直较低,即使有额度,贷款融资成本往往较高。尽管各地的科技部门给予中小企业科技型创新基金,但中小企业仍在融资、资金贷款方面存在问题——无法找到合适的担保机构。再加上国家自2007年开始实行的较为从紧的财政政策，使中小企业的银行贷款利率提高，企业运营成本上升。如果单靠中小企业自身经营的资金进行滚动式技术研发投入，那么原始创新失败的概率会大大提高。当前制约中小企业进行贷款融资的因素主要体现在中小企业发展规模不够大、盈利模式不稳定、企业信用度不高、缺乏实物资产作担保，所以中小企业从银行金融机构获得贷款融资的门槛较难跨越，融资难度一直很大。2011—2015年我国高技术制造业企业规模开始倾向于小型化，同时国家与各地政府也加大了改善中小企业融资难的相关政策力度，但中小创新企业从银行金融机构获得贷款融资的难度依然很大。在2014—2015年中央六次降息也未降低中小型制造业企业的贷款成本，"十三五"期间中小型创新企业在债务融资市场上依然处于较弱地位，融资难还将会继续存在。而更多的中小型制造业企业是以低成本劳动力为竞争优势，企业管理粗放、缺乏自主创新意识，处于制造业产业链的低端环节，抗风险能力弱。例如，2013年广东东莞大批的制造业企业倒闭就是因为企业过度依赖出口导向，没有技术优势。

2. 中国制造业企业技术创新风险大

一是制造业技术与产品创新过程中，如果新产品开发遭遇失败，很容易挫伤国内中小制造业企业创新的积极性，投资费用与成本难以收回，企业缺乏风险保障；二是新产品新技术在前期都要经历推广期，如果推广期间，产品销售不理想，不被市场所接受，也会遭遇市场风险；三是新技术新产品市场前景较好，如果知识产权保护不当，被其他同行低成本模仿，企业仍要遭遇市场产品被强有力挤占和替代的风险；四是大型制造业企业往往是政府关注的典型，所以能在政策引导与扶持方面，特别是运营风险警示方面给予更多的政策照顾，但是中小企业就要面临复杂多变的市场与政策风险，技术创新难度大。正是由于企业技术创新的风险较大，这也无形中束缚了企业转型升级的步伐，国家应该建立风险管控机制来为更多制造业企业服务。

（三）中国制造业提升技术创新能力的措施

当前在中国制造业进行转型升级的关键时期，提升制造业的技术创新能力尤为重要，这是构建制造业企业核心竞争力的重要途径。

1. 制造业企业应建立产学研相结合的创新网络

国家应大力支持制造业企业建立产学研相结合的技术创新网络，进一步加强原始创新的力度，重点支持基础技术创新、高新技术创新等，加大先进制造业的技术研发力度；鼓励制造业企业将信息化技术融入产品研发中，大力开发数字化、信息化、智能化产品；支持制造业企业引进技术设备并不断消化吸收，鼓励制造业企业从国外购进先进的技术专利，通过技术转让来实现制造业的技术升级；将互联网技术、新一代信息技术、物联网技术等与传统制造技术相结合，带动传统制造业转型升级。

2. 制定实施金融、财政税收等的支持政策

通过我国的金融政策、财政税收政策的引导，使社会更多的社会资金流向先进制造业技术创新能力的提升上，让资金流向具有创新活力的中小型制造业企业中；并建立"互联网+制造业"的专项资金，鼓励制造业企业利用互联网技术实现企业升级；通过金融政策提高制造业企业的折旧率，并制定相关政策限期淘汰落后技术，建立落后技术报废制度等。

3. 制定鼓励制造业企业逆向创新的政策

吸引国外跨国公司在中国进行逆向创新，引进国外先进的生产要素，将我国国内的市场规模优势逐渐转变为融入国际先进生产要素的新优势，吸引发达国家的跨国公司在我国进行创新。重点引进跨国公司的先进技术、高端制造以及研发技术，并制定鼓励引进高新技术的政策，同时还要注重对引进技术的二次研发，尤其是在制造业的关键技术领域国家应给予重点支持，逐步推动制造业企业提升自主研发能力、集合创新能力、自主创新能力等；鼓励跨国公司对我国基础产业、高新技术制造业进行投资，并对跨国公司在我国设立地区总部、跨国采购中心、跨国研发中心等给予支持与优惠政策。

4. 完善制造业技术创新机制

（1）应尽快改革我国的科研资金管理办法。针对制造业企业技术创新实行"后补助"的财政投入办法，尽快建立企业先行进行研发投入，并协同其他单位联合攻关，通过市场验收后政府进行补助的支持机制；为带动我国中小型制造业企业进行创新，也可以实行研发前进行科

技备案、研发后经部门与专家鉴定评估，以研发的最终成果来申请国家补助的方式，这样既可以提高资金的使用效率，又可以避免对中小型制造业企业设置过多的限制条件。

（2）推进我国的科研机构进行转型。通过科技成果入股、收益分配的机制来带动科研机构技术创新的积极性，政府部门也可以搭建科研创新成果转化平台，或是建立产学研相结合的方式，来促进创新成果的转化；并通过建立健全知识产权保护制度来支持创新。

5. 建立制造业创新体系

国家通过政策鼓励引导制造业企业加大研发投入，并大力培育创新型制造业企业，建立多层次网络化的制造业创新体系；整合产学研资源鼓励制造业企业联合高校或是科研机构组建一批官产学研联盟或是其他创新平台，推动我国制造业共性技术的研发，尤其加强对核心元器件、关键技术与工艺、基础材料、重大装备的技术联合攻关；同时在大数据、储能技术、重大装备、重大医药等领域创建国家制造业创新中心和创新平台，并加强集成创新与原始创新，为制造业创新发展营造良好的环境。

案例一 中国制造业技术创新能力不断增强

1. 新型元器件领域：中国南车研制 IGBT 芯片

南车研发出了 IGBT 芯片及其模块，历经了极为严格的测试考核后，其具备明显的耐高压、功率损耗低、电流大等较多优点，同时也是我国国内唯一可以达到 6500 伏高压等级及最高功率密度的 IGBT 芯片，既促进了我国 IGBT 芯片研发技术与国际先进水平接轨，又在我国重大工程项目例如柔性直流输电工程、轨道交通工程项目中得以应用并取得了显著的成果。

2. 轨道交通装备制造业领域：对国外先进技术的引进形成自主知识产权

在我国轨道交通装备技术领域，主要是从国际该领域中技术领先企业引进技术然后进行消化吸收，主要包括德国西门子、法国阿尔斯通、加拿大庞巴迪、日本川崎重工等国际企业，最终形成自主创新技术与自主知识产权。目前，我国在轨道交通装备的技术、价格、质量等方面已经居于世界领先水平，并形成了具有核心技术与国际竞争力的跨国公司，实现了由技术引进弥补空白到消化吸收的技术赶超，最后到世界领先的技术创新飞跃。

3. 卫星及应用产业领域：自主研发北斗卫星导航系统

我国独立自主研制的北斗卫星导航系统 BDS 是世界上第三个成熟的卫星导航系统（第一个是美国的全球定位系统 GPS、第二个是俄罗斯的 GLONASS），我国的北斗卫星导航系统既可以对亚太大部分地区进行覆盖导航、定位、授时，又可在亚太地区进行高精度及短报文通信，无论是民用精度、测速精度，还是授时精度以及抗干扰能力都具有国际先进水平。

三　制造业人才缺乏，导致地区性与结构性失衡

当前我国制造业转型升级需要大量的制造业人才，但在东北老工业基地仍有很多技术工人因为东北地区经济下滑而面临着失业的情况，而在沿海发达地区制造业转型升级需要大量的技术工人，技术工人却严重短缺。一方面存在结构性的制造业人才的失衡，另一方面又存在地区性的失衡。

（一）制造业人才短缺的现状

1. 高级技术与高级技能人才短缺

我国有一部分中高端需求流向了国外市场，主要原因在于我国制造业生产的产品无法满足这部分消费者对产品精细化、精益化的需求，根本的原因还是由于我国制造业行业中缺少具有"工匠精神"与精致生产技术的高级技能、高级技术人才。从 2016 年 12 月人力资源和社会保障部颁布《技工教育"十三五"规划》，到教育部公布《制造业人才发展规划指南》，都充分说明人才对于制造业的重要程度。当前中国制造业对于具有"工匠精神"与"工匠本领"的技术工人缺口较大，同时又缺少高端人才，因此国家需要大力培养高技能的后备产业工人与高端制造业人才；根据我国人力资源和社会保障部的资料显示，2016 年，中国拥有 1.5 亿技术工人，在城镇就业人员中的占比达到 39%，在全

国就业人员中的占比仅为19%；而高级技术人才达到3762.4万人，在技能劳动者总量中的占比达到25.2%，但是在全国就业人员总量中的占比仅为5%，显然我国制造业升级中的高技能技术工人与高级技术人才不足。

2. 地区性与结构性制造业人才失衡

随着"中国创造"与"中国智造"对于中国制造业的要求，我国制造业需要提升人才的培养规模与质量，尤其是具有创新能力的制造业人才已成为中国制造业提升竞争力、产生新动力的必要条件，只有解决制造业人才失衡问题，才能切实支撑起制造业强国的需求。但在实践中，制造业人才却面临着较为严重的结构性失衡的局面：一方面是每年高校的毕业生人数在不断上升，但就业率不高；另一方面却是全国的制造业企业对于精通制造业技术的高级技工十分短缺。例如，很多制造业企业为招聘到合适的高级技术工人甚至开出了十几万元甚至数十万元的年薪工资，但始终是供不应求，最后很多制造业企业干脆从国外聘请高级技工，据调查，中国制造业企业中每年对于数控机床的操作工人就有近60万人的短缺量。在南方沿海城市以及广东的广州、佛山、东莞等地，制造业企业中最缺少的就是与智能制造、工业机器人相关的高级技术工人岗位，而这些岗位也成为当地人才招聘会上的空缺，企业招不到合适的人才。同时，随着中国制造业转型升级的推进，目前已经进入关键时期，而创新已经成为制造业的主要动力，对于高端创新人才的需求刻不容缓，因此制造业企业要尽快构建企业的多层次创新人才队伍，既要培养具有创新精神的制造业企业家人才、行业领军人才、创新高级人才，又要重视具有"工匠精神"的产业技术工人，进而形成企业的创新人才队伍。

(二) 制造业人才缺乏的原因及人才培养的措施

1. 制造业人才缺乏的原因

制造业人才地区性与结构性失衡产生的原因主要体现在，一是学校与培训机构由于基础能力建设较弱，导致对于工程教育的实践环节重视不够，特别是产教融合度不够致使人才的培养与企业实践相互脱离；二是在制造业的人才培养与发展中，制造业企业应是主体，应结合企业发展规划有针对性地参与组织人才培养，按照企业要求对于职工进行培训目标设计与培养规划；三是由于很多制造业企业对于人才培养的总体投入不够，使企业人才发展的社会环境还需要进一步改善，当前我国制造业企业的一线工人、技术人才的整体待遇与社会地位都较低，使企业的人才发展通道不畅，技术工人创新的积极性不高，影响了制造业企业的创新能力与水平；四是制造业企业转型升级需要大量的人才，特别是高端人才，但是国内很多制造业企业位于二、三线城市，综合发展实力与整体软件环境难以与一线城市相比，差距较大。这样就很难形成企业稳定的研发创新队伍，技术骨干与高端人才明显存在较大缺口，导致国内不同地区的人才失衡状况，制造业转型升级缺乏领军人才，这就需要不断优化产业发展环境，才能保证企业吸引人才。

2. 制造业人才培养的措施建议

（1）制定制造业人才培养的目标。按照教育部颁布的《制造业人才发展规划指南》，高档数控机床、机器人、航空航天装备、电力装备、新一代信息技术产业、节能与新能源汽车、新材料等重点领域涉及的专业人才需求将会增加；到2020年上述这些专业将成为人才缺口最大的专业，新一代信息技术产业将会有750万的人才缺口，到2025年这一缺口将增至950万人。中国制造业是强国的根本，需要高水平高技能的创新人才来支撑制造业的可持续发展，所以制造业企业应建立多层次的人才培养体系，来促进提升人才服务制造业的能力与水平，切实推进人才素质提升工程和中小企业银河培训工程。《制造业人才发展规划指南》对于我国所涉及的各层次各类型教育提出了重点努力方向与目标，到2020年将会进一步优化制造业人才的结构包括人才分布、人才类型、人才层次等，促使制造业人才的聚集效应与聚集能力达到显著的效果，要求制造业人员要拥有11年以上的受教育程度，其中22%要受过高等教育；在技能劳动者中要拥有28%的高技能人才。

（2）制造业人才培养的措施。我国制造业人才队伍从总量上看严重短缺、结构上看严重不合理，尤其是缺乏高层次人才，人才还存在着大量的流失现象，因此人才问题是制约我国制造业快速提升质量的重要因素。

①教育部公布的《制造业人才发展规划指南》，为制造业创新人才的培养机制与体制进行了顶层设计，即制造业人才培养的体制应以政府

为主导，行业为服务，企业与院校为主体的体制机制，该机制要求社会广泛参与，各方达成协同共进、合作共赢，共同为实现制造业强国的战略目标提供保障。

②高等教育应加强与制造业相关的一流学科建设，本科教育还应重点推进应用技术型模式的发展，提升学生的工程实践能力；同时，切实加强与制造业相关的一流大学的建设，让这些高等学校成为中国制造业的"工程师的摇篮"。职业教育尝试开展"一院一园"，即将职业学院深入企业的园区里，可以更好地解决企业的现实应用问题，又可以为企业培养高技能的技术人才。

③在整个社会中国家应大力提倡"工匠精神"，增强技能人才、技术工人的社会地位与光荣感、使命感，鼓励更多的年轻人善于以一技之长立足社会、立足企业，在社会氛围的营造方面，将拥有制造技术、技能的人才放在社会首要尊重的地位；为了营造"工匠精神"，培养更多的大国工匠，应重点放在"工匠精神"的文化建立上，整体社会应形成勤劳致富、踏实工作、刻苦钻研、精益求精的精神风貌，让中国制造业做强而进入质量经济时代。

④重点加快制造业技术技能人才队伍的建设，面向我国制造业发展的重点领域，建立制造业紧缺的技术技能人才培训基地，并加强培养的力度，针对企业的重点攻关区域，开展订单式培养模式。在制造业企业中，借助于高校、职业教育学校、社会培训机构的力量对制造业员工进行继续教育；鼓励在企业中开展新型的学徒制；对于传统制造业企业的员工应通过培训带动技术技能水平的提升，必要时进行转岗转业的培训。为了更好地增强制造业企业职业的人才吸引力，应切实提高制造业技术工人的工资待遇水平，改革技术工人职称评审办法，为制造业高级技能人才与技术工人的职业发展制定可行的前景规划；普及工业文化，将高等教育、职业教育与先进制造业的人才培养密切结合，对于学历教育、职业教育的结构比例进行优化，改变重学历轻职业教育的现状。

⑤制造业各行业应结合企业现状切实改进形成创新型人才培养模式。对于关键人才的短缺问题可以建立合理的人才激励与评价标准，特别是对于高级技能人才，考虑以其对企业的贡献与自身能力的大小作为

考核录用的前提，同时为了调动企业员工积极创新的热情，不妨通过创建企业技术大师制度，建立"企业大师工作室"，来建立健全高级技术人才的培养机制。

⑥建设制造业的企业家队伍。在制造业企业经营管理实践中培养和造就优秀的企业家人才队伍，并健全相应的企业家人才发展的激励机制与社会市场环境，为中国制造业的发展造就一批能够开拓国际市场且具有较高国际化经营管理水平的管理者队伍。

⑦人才资源是制造业长远发展的动力源泉，而我国高端人才却十分缺乏。因此培养和吸引高端技术人才是未来我国制造业发展的重要目标。要尽快建立形成结构合理的创新人才队伍；借助国家重大科技计划来吸引高层次的人才；建立高端人才储备库，制定人才引进政策，在重要岗位招聘国际一流人才，必要时建立海外咨询专家。

⑧实施制造业人力资本战略。国家应重视对制造业人才结构的调整，一方面要促进制造业人才在区域间分布结构的合理化，另一方面还要让更多的制造业劳动者受到平等的教育机会，进而提升制造业企业的劳动生产率或是自主技术研发与创新的能力。因此，国家要对我国中西部地区进行教育资源的重点投入，尤其是中西部地区基础教育的投入，让更多的制造业劳动者可以完成义务教育，甚至接触中等或是高等教育；另外，还要促进制造业劳动者各个构成部分的总体协调发展，例如，要重视制造业中低收入劳动者的基础教育，并提高制造业中接受高等教育的劳动者比例，以高等教育人力资本的发展来促进制造业转型升级；在普及基础教育的基础上，注重高等教育与职业教育的市场需求导向，使制造业的人才结构更符合制造业升级的需要；通过提升制造业人力资本来支撑制造业的技术创新；必要时适应制造业转型升级对人才的要求，制定相关的人才引进与开发政策，鼓励和吸引更多的人才进入制造业行业中，来支撑技术密集型制造业或是高端制造业的发展。

⑨提升人才集聚竞争力。我国各省区可以利用制造业产业基地及工业园区、科技创新园等，通过稳定设备、稳定成果转化、稳定人才的方式，来拓宽人才交流合作的空间范围；并不断提升人才引进的信息化水平，加强各省区内外的人才信息交流，使高层次人才可以及时

了解各地的人才缺口情况；同时，在较大范围内宣传人才引进的政策，尤其是在制造业相对发达的地区专门建立海外人才信息网站，广泛吸纳海外优秀人才进行制造业技术研发；为提升区域创新能力，应加大对研发投入的水平，以此优化研发人才的结构，使研发人才占据主导地位，利用政府的优惠补贴政策为优秀人才落户提供积极的保障。

四 第三产业发展滞后，生产性服务体系尚未形成

当前中国制造业正在向中高端制造业转型，而中高端制造业的发展离不开第三产业特别是生产性服务业对制造业生产率的贡献。1997—2010年，生产性服务每投入1%，中国制造业全要素生产率TFP就增加2%。随着制造业的发展，对服务的需求也越来越趋于专业化与差异化，对服务业的需求总量与需求层次会不断提升，而我国由于第三产业发展滞后，目前尚未形成高效的生产性服务体系，影响了服务业对制造业所提供服务产品的质量，更无法保证服务产品的多元化，这是中国制造业转型升级的难点之一。

（一）当前我国服务业的发展现状

我国目前正处于工业化的中后期阶段，制造业正面临着转型升级，制造业吸纳了大量的资源，但由于产能过剩，制造业生产效率不高，尽管第三产业在我国GDP中的占比在不断提升，但是总体来看与发达国家相比，第三产业服务业发展仍然相对落后，特别是没有形成完善的生产性服务体系而影响了制造业发展的效率。

1. 服务业占比不断提升

由图2-2、图2-3可以看出，2013年服务业在GDP中的占比，按照1980年的价格计算明显落后于第二产业以及工业的水平，但是如果按照2013年的当年价格进行计算开始高于第二产业的水平，说明服务业对经济增长的贡献开始高于工业水平。

由图2-4可以看出，2011年我国服务业增加值增速达到9.5%，2012年有所下降，2015年服务业增加值增速达到8.3%，比工业增速高出2.3个百分点，2015年服务业在GDP中的比重为50.5%，同时比GDP的增长速度高出1.4个百分点；2012年，我国服务业增加值增速

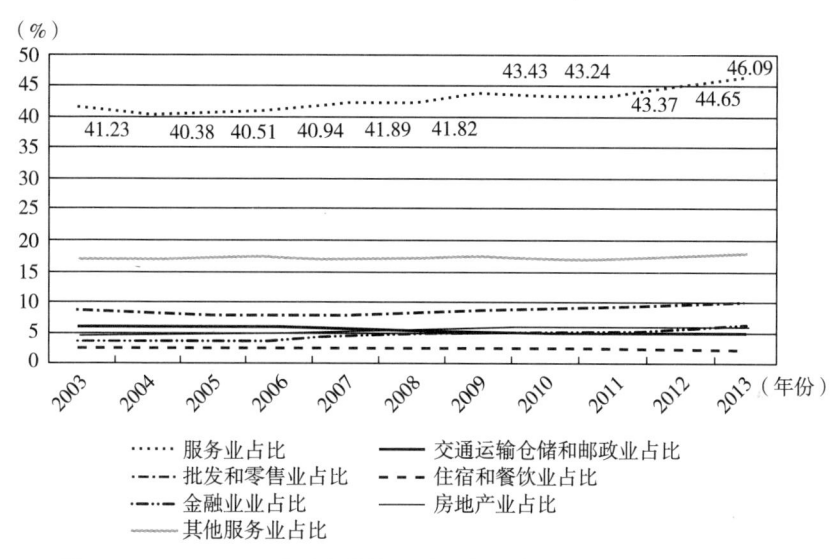

图 2-2　2003—2013 年中国服务业主要行业在 GDP 中的占比变化情况

资料来源：根据《中国统计年鉴（2014）》数据计算。

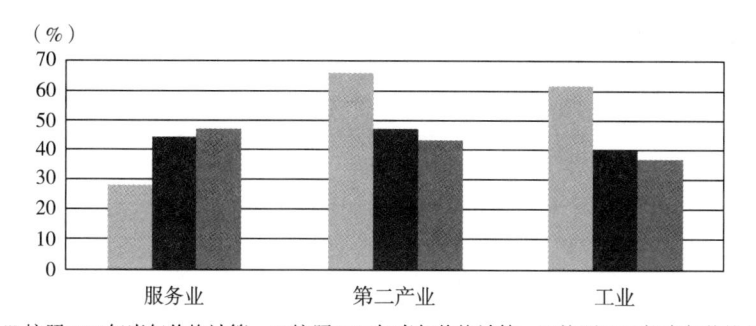

图 2-3　1980 年、2010 年、2013 年中国服务业、
第二产业、工业在 GDP 中的占比对比情况

资料来源：《中国产业发展报告（2016）》，经济科学出版社 2016 年版。

第一次超过工业，2013 年，我国服务业增加值在 GDP 中的占比超过了工业，服务业整体呈良好发展态势；此外，由于工业增长的动力逐渐减弱，服务业却保持快速平稳增长，对我国经济增长的贡献越来越大，2015 年，我国服务业对经济增长的贡献率达到 60.7%，服务业逐渐成为促进我国经济增长的主要力量（见图 2-5）。

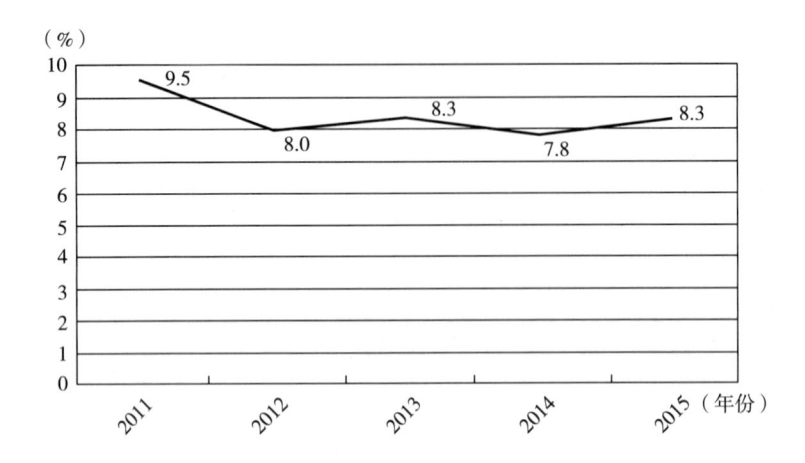

图 2-4　2011—2015 年中国服务业增加值增速变化①

资料来源：2016 年国家统计局发布数据。

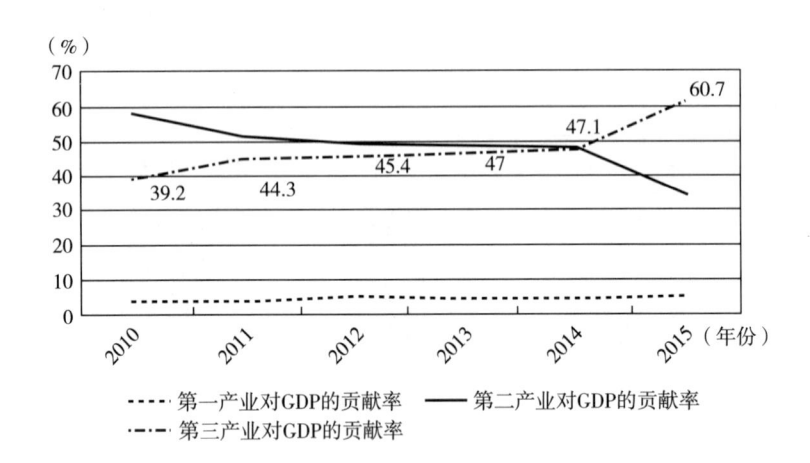

图 2-5　2010—2015 年中国三次产业对 GDP 的贡献率（不变价）

资料来源：国家统计局 2016 年发布数据。

2. 金融业与其他服务业发展较为迅速

（1）金融业的发展。2011—2015 年我国三次产业以及经济转型升级都对金融业提出了较高的要求，随着新一代信息技术在金融业的应用拓展，金融业在逐渐完善其服务能力，同时金融改革也成为促进我国制

---

① 以当年服务业增加值不变价来计算。

造业增长的动力；此外较大规模的股市交易量、相对宽松的货币政策所带动存贷款业务量的增加使金融业增长速度较快，金融业的增速由 2011 年 7.7% 增长到 2015 年的 15.9%，也成为服务业增长的主要推动力。

（2）其他服务业的发展。目前，我国其他服务业在整体服务业增加值中的占比达到约 40%，其主要涉及生产性服务业、生活性服务业以及公共服务业；其他服务业中主要涵盖了较多的新产业与新业态，这些新产业与新业态不仅受到国家政策与体制环境改善等因素的支持，也得到了市场需求与技术进步的推动且大多与我国三次产业的发展密切相关；2011—2015 年我国其他服务业增加值保持较快增长，增速达到 7.3% 以上，成为我国经济增长主要的推动力（见图 2 - 6）。

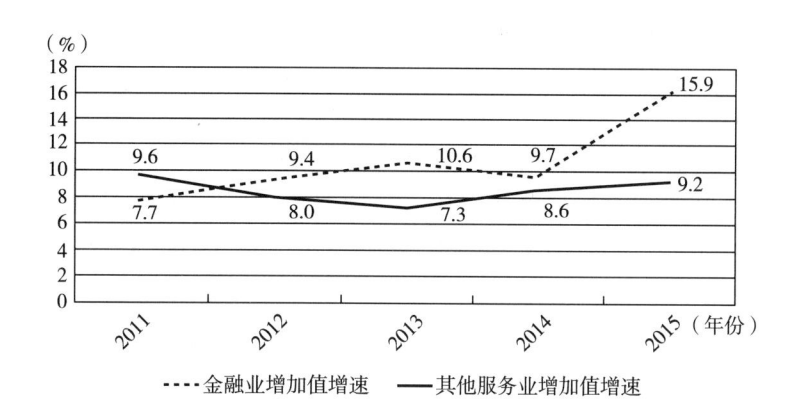

图 2 - 6　2011—2015 年中国金融业与其他服务业增加值增速

资料来源：国家统计局。

3. 三大传统服务业增长缓慢

（1）批发零售和住宿餐饮业。由图 2 - 7 可以看出，2011—2015 年我国传统日用品消费领域由于缺乏高品质与个性化的设计生产，增长速度较为缓慢，特别是新业态、新模式的发展对传统服务模式的冲击，导致目前我国传统零售业发展不景气，零售批发服务业增加值的增速在不断下降，由 2011 年的 12.5% 下降到 2015 年的 6.1%；住宿餐饮业的增加值增速在波动中有所回升，主要是因为高档酒店业、高档餐饮业的收入下降,使2013年住宿餐饮业的增加值增速下滑到3.9%,2015年又开始回升至6.2%。总体来看,2011—2015年我国批发零售和住宿餐饮业的增加值增速降中趋稳。

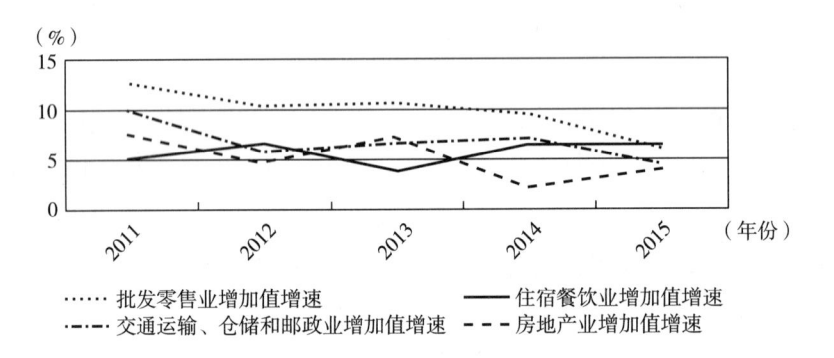

图2-7 2011—2015年中国三大传统服务业增加值增速

资料来源:国家统计局。

(2)交通运输、仓储和邮政业。2011—2015年由于我国的重化工业下行,资源型的物资周转量下降使交通运输、仓储和邮政业的增加值增速在波动中呈现出整体下降的趋势,由2011年9.7%下降到2015年4.6%,行业增长降中趋稳。

(3)房地产业。我国房地产行业的需求指标主要包括房地产施工面积大小、城镇居民对住宅需求强弱、购房人口的多少等,但是由于2011—2015年我国人口结构的变化,使房地产需求指标在2013年达到峰值后就开始不断下降;2013年,我国房地产行业增加值的增速为7.2%,2014年就下降到2.3%,房地产投资以及销售呈下滑趋势。

由以上可以看出,尽管第三产业增加值在GDP中的占比已经超过第二产业,成为国民经济第一大产业,但服务业发展不具有竞争力,现代服务业中在金融服务、物流服务、研发设计服务、咨询服务等方面还较为落后,与发达国家相比服务业增加值在GDP中的占比也偏低,与制造业转型升级的服务需求还存在差距。

(二)生产性服务业对制造业提升效率的作用

生产性服务业既是推动制造业结构调整的主要力量,又是全球增长最快、人才层次最高、知识密集度最高的产业，其对制造业的发展尤为重要，是当前中国制造业转型升级不可或缺的重要组成部分。

1. 可以促进制造业技术创新与降低生产成本

一是可以促进制造业分工深化，第三产业发展会促使服务业生产效率提高，也会促进制造业企业将企业非核心业务环节外包给服务业，制造业因此可以提升自己的专业化程度；二是可以融入创新要素（孔婷，2010），生产性服务业发展过程中吸引了大量的知识资本与人力资本，这些都会促进制造业对这些创新要素的吸纳，会促进制造业产生差异化优势，进而可以提升产业竞争力；三是有利于制造业降低成本，制造业企业非核心业务的外包会使企业获得更加专业化的生产性服务，可以降低生产成本；四是可以减少交易成本，生产性服务业通过承接制造业的非核心业务，发挥着协调整合的业务功能，可以促使制造业企业避免因为过度深化分工而带来的各种交易费用与成本（吕政，2006）；五是可以帮助制造业企业减少额外投资，生产性服务业所构成的高效服务体系可以让制造业企业使用公共设施、技术支持、共享信息，降低制造业企业的投资费用。

2. 通过制造业企业服务外包可实现服务专业化

制造业企业可以通过业务流程再造以及对管理流程进行创新，将企业内部的生产性服务业务环节剥离，一方面可以提高企业效率降低成本，另一方面可以促进社会化专业服务机构的发展，进而助推国内高端生产性服务业的发展。

3. 高端生产性服务业可促进制造业提升附加值

发达国家始终将生产性服务业作为国民经济的支柱产业，特别是研发、金融、物流、通信等生产性服务业在全部服务业中的占比超过一半。我国的物流、仓储、金融等服务业增加值在 GDP 中的占比较低，增长态势不明显。制造业的转型升级离不开生产性服务业的高效发展，因此当前中国有必要重点发展研发、金融、信息服务、现代物流等高端生产性服务业，为制造业的发展融入创新要素，也有利于加快我国制造业企业加速向微笑曲线的两端攀升。

4. 可以提升制造业出口竞争力

制造业出口处于国际价值链分工的低端环节，其中也是由于我国服务贸易发展较为落后，通过发展现代物流业、信息技术服务等生产性服务业，也可以带动制造业出口贸易向高技术含量、高附加值转变，进而提升中国制造业的竞争力。

（三）我国生产性服务业存在的问题

生产性服务业对于制造业的发展尤为重要，可以提升制造业的效率与质量，目前我国生产性服务业在整个服务业增加值中的占比逐渐提高，且表现为稳步发展的趋势。2017 年我国生产性服务业的增速高于 GDP 的增速，营收同比增长 15%；计算机、通信、信息、金融等高附加值生产性服务业的增幅较大。尽管如此，生产性服务业发展中仍存在着问题。

1. 生产性服务业竞争力弱且结构不合理

尽管我国生产性服务业在稳步增长，但却未形成较强的国际竞争力，在高端服务业领域与发达国家差距很大，随着我国制造业向产业链中高端环节攀升，生产性服务业应提升质量水平，才能推动制造业转型升级。我国的生产性服务业还没有获得长足发展，在高端服务业领域国际竞争力较为薄弱，并未真正发挥出对制造业转型升级的显著性推动作用。例如，在技术服务、科技金融服务、研发设计等领域与发达国家相比还较为滞后，2018 年发布的《国家创新指数报告（2016—2017）》中，对 40 个国家进行了创新能力的评选，结果我国的创新指数排名为第 17 名，这说明我国生产性服务业还缺乏对制造业的高端技术服务支持；另外在我国生产性服务业的关键领域，我国服务业机构的市场占有率明显低于美国等发达国家，例如在我国国内的信用评级市场中，由于美国的专业信用评级机构具有国际公认的权威性与市场认可度，因此我国约有 2/3 的信用评级机构都几乎来自美国，这对我国经济安全会带来一定的风险。此外，我国生产性服务业的产业结构不合理，尽管生产性服务业的增加值在 GDP 中的占比不断提高，但这一趋势主要是由于我国金融业的快速发展所推动的，例如在 2017 年 1—6 月，我国金融业增加值在 GDP 中的占比达到了 8.8%，金融服务业发展速度快；但是生产性服务业中的科技服务、商务服务咨询、信息服务等的占比规模还非常小，尤其是这些高端生产性服务业可以大大地提高制造业发展的质量，提升制造业的创新价值，因此我国生产性服务业亟须优化内部结构，拓展高端生产性服务业的发展空间，并不断提升其国际竞争力。

2. 生产性服务业缺乏有效监管与灵活的体制机制

一是缺乏有效的监管。我国生产性服务业中由于技术推动、需求拉动产生了很多新业态新模式，但毕竟由于其发展过快且发展时间较短、不够成熟，相关监管部门对这些新生事物的发展趋势也无法把握控制，就缺乏相应的有效措施来实施监管；另外，也缺乏有效的监管政策与监管制度，使在生产性服务业领域出现的新兴服务市场出现了无序竞争的现象，甚至部分生产性服务领域的新兴服务市场还存在较大风险隐患，影响了与制造业融合的效率与效益。

二是我国生产性服务业改革相对滞后，缺乏灵活的机制体制。主要表现在改革效率低下，对内对外的开放度不够，例如生产性服务业中的金融、电信行业长期处于行业垄断的地位，而科技研发服务领域的市场主体往往也是国有事业单位，在机制体制上缺乏灵活性；此外，生产性服务行业由于各种因素的影响使行业发展受到了制约，例如生产性服务企业由于各项综合成本支出较大影响了利润水平，而压缩投资力度，但生产性服务业是需要不断进行投资的智力资源密集型行业，创新活力的产生是离不开前期的大量投资，同时由于生产性服务企业高端人才聚集，自然所涉及的税负就高，再加上"营改增"后有一部分成本与进项无法抵扣，加重了生产性服务企业的成本，也制约了生产性服务企业的发展。

3. 尚未形成完善的生产性服务体系

服务业的发展有利于我国经济运行效率以及制造业发展质量的提升，尤其是那些高端生产性服务业，例如技术服务、商务策划咨询、法律顾问、金融保险服务等可以帮助制造业产品实现由生产到市场的高效转移，进而提高制造业的发展效率。例如，在大数据条件下，物流服务业可以利用互联网技术，将全球范围内分散的物流资源进行协调统筹，实现更经济更快速的供需对接，突破了过去传统的空间、时间的局限，在最大限度上降低了客户的物流成本与时间成本。但我国的生产性服务业处于市场培育阶段，还不能对我国制造业的技术创新与转型升级发挥重要的推动作用，在国外发达国家生产性服务业增加值在GDP中的占比达到了30%以上，而我国的这一比例仅为15%左右，对制造业发展创新与价值增值的支撑作用较为薄弱。目前，我国生产性服务业还没有形成完善的体系，为增强我国制造业的竞争力，亟须提升生产性服务业为制造业进行技术研发、商务与法律咨询、产品创意、检测认证等的服务能力，将我国生产性服务业融入制造业的转型升级过程中，逐步使服务业中的新技术、新模式、新业态通过市场培育，能够服务于制造业竞争力的提升并帮助制造业节约成本、提高效率；同时，随着云计算、大数据、物联网、互联网等新业态新技术的产生，互联网信息服务业将会成为促进制造业发展的主要支撑力，特别是为智能制造提供信息与软件开发服务，促进制造业改善效率并形成工业互联网，这样就可将互联网中的创新技术贯穿到制造业产业链的各个环节之中，提高制造业的生产力与创造力，由过去单纯的生产型制造转型为服务型制造，利用价值创新获得竞争实力。

（四）完善我国生产性服务体系的措施

我国制造业转型升级需要生产性服务业的快速跟进，但由于目前生产性服务业发展与发达国家相比较为落后，所以应对生产性服务业领域采取创新驱动战略，并重点发展薄弱环节提升竞争力。

1. 促进服务业优质高效发展

我国服务业的发展大多处于"微笑曲线"的两端，通过增强服务业对制造业发展以及制造业融合的引领作用，有利于制造业产业价值链升级。随着我国服务业规模的不断扩大，低水平发展同质竞争日趋明显，服务业低效供给以及无效供给的问题日益突出导致资源浪费。因此，应将服务业对制造业的"补缺型"作用向"引领型"作用转变，特别应结合当前我国先进制造业发展所呈现出的产业低端化、技术空心化、市场边缘化的特点，大力促进服务业优质高效发展，为制造业创新发展提供更多的工业设计服务、技术咨询服务、贸易流通服务、人力资源服务等。

2. 建立生产性服务业集聚区

大力进行现代服务业的改革试点与示范区建设，通过建立生产性服务业集聚区，来推进生产性服务业向价值链的高端延伸，充分发挥生

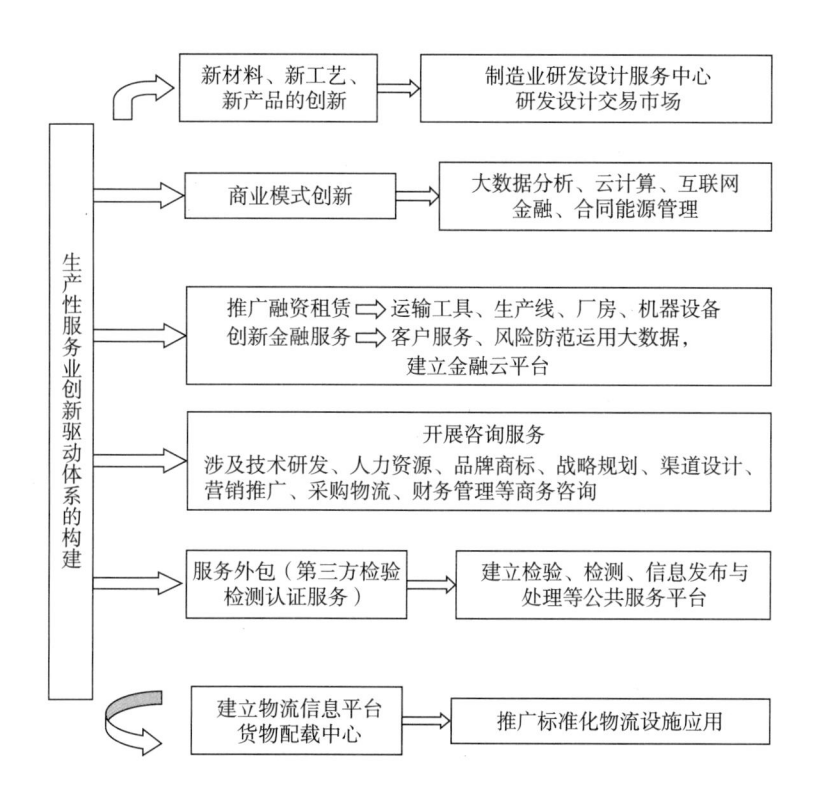

```
                    ┌─────────────────┐      ┌───────────────────────────┐
                  ┌→│新材料、新工艺、  │─────→│制造业研发设计服务中心    │
                  │ │新产品的创新      │      │研发设计交易市场          │
                  │ └─────────────────┘      └───────────────────────────┘
                  │
                  │ ┌─────────────────┐      ┌───────────────────────────┐
   生            ┌→│商业模式创新     │─────→│大数据分析、云计算、互联网│
   产            │ └─────────────────┘      │金融、合同能源管理        │
   性            │                           └───────────────────────────┘
   服            │
   务            │ ┌─────────────────┐      ┌───────────────────────────┐
   业            │ │推广融资租赁     │⇨    │运输工具、生产线、厂房、机器设备│
   创           ┌→│创新金融服务     │⇨    │客户服务、风险防范运用大数据， │
   新            │ └─────────────────┘      │建立金融云平台            │
   驱            │                           └───────────────────────────┘
   动            │
   体            │ ┌─────────────────┐      ┌───────────────────────────┐
   系           ┌→│                 │      │开展咨询服务              │
   的            │ │                 │─────→│涉及技术研发、人力资源、品牌商标、战略规划、渠道设计、│
   构            │ └─────────────────┘      │营销推广、采购物流、财务管理等商务咨询│
   建            │                           └───────────────────────────┘
                  │
                  │ ┌─────────────────┐      ┌───────────────────────────┐
                  │ │服务外包（第三方检验│─────→│建立检验、检测、信息发布与│
                  │ │检测认证服务）   │      │处理等公共服务平台        │
                  │ └─────────────────┘      └───────────────────────────┘
                  │
                  │ ┌─────────────────┐      ┌───────────────────────────┐
                  └→│建立物流信息平台 │─────→│推广标准化物流设施应用    │
                    │货物配载中心     │      └───────────────────────────┘
                    └─────────────────┘
```

图 2-8 我国生产性服务业创新驱动体系的构建

资料来源：根据所收集资料整理。

性服务业集聚区的带动辐射作用。鼓励在一、二线城市发展建立高端生产性服务业集聚区，产业结构以发展生产性服务业为主，而制造业企业可以在周边中小城市发展，一方面中小城市可以承接一、二线城市的产业扩散，通过产业链的衍生与产业垂直分工获得制造业生产优势；另一方面借助于城市间形成的错位分工可以促进制造业与生产性服务业之间的优势互补与配套融合。

3. 将服务业的新兴技术与制造业的业务流程相融合

信息服务提供商、软件提供商与制造业企业联合来提升制造业企业生产经营管理的数字化水平；信息服务供应商将大数据、云计算等信息技术运用到制造业企业中，推动制造业企业的智能制造创新发展，使企业可以实现定制化、柔性化、服务化、智能化生产；加强软件信息业针对制造业领域进行相关软件开发，向制造业企业提供系统解决方案，促进制造业企业的生产流程再造；鼓励软件提供商、信息提供商与制造业企业相融合，在嵌入式软件、高端软件、信息服务、云计算、大数据等新兴技术领域实现技术新突破，进而抢占先进制造业发展的制高点。

4. 促进生产性服务业优化结构提升竞争力

形成我国生产性服务业的竞争力需要注重发展现代服务业，使其能够为制造业企业提供专业化与高质量的商务服务，因此亟须培育一批可以服务制造业实体经济的电子商务、技术研发、金融服务、现代物流、商务策划与战略规划等专业化的生产性服务企业；同时应用大数据、云计算等新兴技术来促进生产性服务业向价值链的高端环节延伸，带动制造业升级；另外还需国家政府部门积极推行制定相关的服务业国家标准与纲领性的发展规划，将生产性服务业中的重点行业如金融、现代物流、电商、科技服务等，以及重点发展领域如会展经济、服务外包、商务咨询等作为首要目标积极进行供给侧结构性改革来提质增效，引导这些重点领域部门提高服务水平、提升附加值与知识含量，形成行业竞争力以保证生产性服务业与制造业产业的深度融合。同时，应打破服务行业中存在的垄断现象、降低进入服务业行业的门槛，对于我国的民用机场、基础电信运营等服务业领域降低监管程度，在规避产业安全风险的基础上进行有序开放；引导外资进入商务咨询、研发设计、电信等高技术生产性服务业，使服务业利用外资的结构得以优化；打造"中国服务"品牌，通过树立品牌形象来不断增强我国生产性服务业的竞争力。

5. 加大对生产性服务业创新发展的支持与监管力度

我国生产性服务业的发展与国际先进水平差距较大，处于产业链的中低端环节，为了突破被低端锁定的格局，需要大力进行生产性服务业的商业模式创新，并鼓励服务业与制造业融合，以制造业企业需求为驱动力，与制造业企业的创新活动相结合，为其提供解决方案，支撑制造业转型升级，因此需要加大对生产性服务业商业模式创新的支持力度，加大对创新型生产性服务业的金融政策支持，并建立健全创新企业贷款风险补偿机制。同时，要加大对生产性服务业新业态的监管力度，形成多元化的监管体系，即鼓励各方参与，包括政府部门、行业协会、第三方机构、社会组织等，实现灵活有效的服务监管体系，保障创新型生产性服务业对于制造业提质增效带来推动力。

小结

中国制造业当前大而不强，所以为了形成中国制造业转型升级的驱动力，需要充分认识中国制造业转型升级的难点。具体表现在：一是中国制造业已经丧失了人口红利，不再具备劳动力的成本优势；二是技术创新的条件不具备，即技术创新需要重视原始创新以及对智能制造创新的投入等；三是制造业缺乏专业的技术人才的储备，且存在地区性与结构性的失衡；四是第三产业服务发展滞后影响了制造业的效率。我国制造业发展的长期因素正在发生变化，即国内劳动力供给短缺、企业创新发展难度增大、制造业高端人才缺乏、生产性服务业体系不完善等问题将会越来越严重，而当所有要素供给开始偏紧的情况下，依赖成本优势保持增长的局面将会越来越难以维持，所以只有改变生产函数，才能促进制造业可持续发展获得新的比较优势。而对资源要素的供给结构进行优化是解决制造业转型升级难题的重中之重，首先，应加大技术创新要素的投入与结构的优化，这就要求政府财政应扩大 R&D 的支出预算，加大 R&D 投入力度的同时提升研发投入的强度，将研发资金运用到制造业转型升级的关键技术领域；建立以制造业企业为中心的技术创新体系，使我国制造业企业能够在数字经济及信息化的推动下发挥出整合全产业链创新资源的主导作用。其次，应加快提升我国制造业企业劳动力的素质，并逐步改善劳动力的供给结构。因为随着制造业企业向智能化、数字化、服务化方向拓展，对能够掌握复杂生产资料的专业技术技能要求越来越高，人力资本的教育水平对制造业长远发展的制约作用将会更加明显。为了促进我国制造业的可持续发展，形成我国制造业新的比较优势，应采取措施提升我国人力资源的技术含量，这样就可以加速生产要素之间的替代，促进劳动密集型制造业向技术密集型制造业转型。而我国当前劳动力的数量与质量都存在不平衡，一方面是劳动力供给数量越来越短缺，另一方面制造业企业的劳动力资源中存在大量的缺乏技术技能的低素质劳动力，拥有技术技能的劳动力供给不足，为提高制造业熟练劳动力的供给数量和质量，应加大人力资本的投入，在我国义务教育的基础上通过各种形式的职业培训与职业教育来提高劳动者的素质，并促进劳动力市场的流动性，特别是为适应智能制造的转型应针对制造业发展中的生产制造环节，加大"智造型"人才的培养，其是新一代信息技术与制造业技术相融合的交叉复合型人才，通过对这类人才进行知识、素质、能力的培养，来解决我国当前智能制造对人才供给结构的挑战。

第三节 制约"中国制造"转型升级的因素分析

中国制造业是世界上制造业产业链条包括高端、中端、低端都相对较为完善的国家，以前中国制造业主要依赖加工贸易承接了世界中低端制造业产业转移，促进了出口增长，但是劳动密集型制造业出口主要是依赖低价与数量增长，产品附加值低，加工程度不深。不仅在关键设备与核心技术方面需依赖进口，而且在建材、煤炭、电力、钢铁、有色金属和石油化工等行业中，整体装备水平低，行业技术水平与发达国家相比，落后近10年，甚至20年。如今成本优势不再且国际环境发生变化，中国制造业应尽快在世界产业分工中明确在高端制造业领域的定位，才能建立新的比较优势，因此首先应明确制约中国制造业转型升级的因素。制造业作为我国的基础产业，在资本、人力资源、技术研发等方面长期以来未得到应有的重视，表现为制造业企业的利润率不断下降、优秀技术人才欠缺。其主要原因在于当前未形成关于制造业的良性循环发展链条以及优良的制造业发展环境。

迈克尔·波特的"钻石模型"从六个方面解释了一个产业形成国际竞争力的条件，即要素条件（产业发展先天拥有的初级要素以及后天创造的高级要素）；需求条件（本国需求结构、需求规模、需求精细化程度、国际化状况）；产业上下游供应商的竞争力与合作；企业战略、产业结构与竞争对手；机遇（技术突破、生产要素供求）；政府（政府决策、制度安排等）。

制造业发展的内外部环境影响因素概括如下：

表 2-2　　　　　　　　　影响制造业竞争力的环境因素

竞争实力	人力	大学文化劳动者比重	竞争能力	市场化能力	经济增长率
		工人素质			市场占有率
		企业家素质			显示比较优势
	财力	产值		资源转化能力	劳动生产率
		总产值			资金利税率
	技术创新实力	研发人员强度			增加值率
		研发经费强度		技术创新能力	创新度
竞争潜力	比较优势	劳动力成本			专利数比重
		资金成本	竞争环境		产业竞争动力环境
		资源禀赋			产业竞争压力环境
					产业竞争活力环境

资料来源：《我国产业国际竞争力评价理论与方法研究》，《宏观经济学》2001 年第 7 期。

从表 2-2 中可以出：第一，当前中国制造业提升国际竞争力，实现转型升级主要取决于制造业企业的市场化能力、资源转化能力以及技术创新能力。这三个影响因素直接关系到制造业能否将企业自身的资源要素转化为高产出率和高附加值的效率与速度；同时也可以直接衡量制造业企业是否具备将企业的高级要素转化为产品创新、模式创新、业态创新、流程创新的能力。第二，海外市场占有率是衡量制造业企业获得国际市场地位的重要指标因素。制造业企业的海外市场占有率直接表明企业对国外高端市场客户接触面的大小，既是了解国外精细化需求客户的机会，同时也是发现企业自身不足与产品缺陷的机会，这样就会在企业内部形成一个产品不断改进创新、企业内部流程不断创新、企业模式不断创新的机会。这也正是海尔集团张瑞敏在二十几年前就主动进攻欧美高端市场、中集总裁麦伯良开发日本最为挑剔的客户的原因。按照波特的需求供给理论，客户端的需求压力会促成制造业企业产品质量与服务流程的转型升级。第三，制造业企业中高素质人才的比例以及技术研发投入能力直接关系到制造业企业在国际市场的生产效率，但是这需要制造业企业在先进生产设备、技术研发与创新、人力素质培训等软硬环境方面进行投入，而这些又有赖于国家政策与制造业的产业政策。

一 环境约束因素

（一）世界经济环境的制约

目前，我国制造业所面临的世界经济环境复杂多变，尤其是国际金融危机之后，世界经济始终处于萎靡不振的状态，这会影响到制造业的结构调整与优化以及对外投资与贸易战略，特别是在新一轮技术革命与产业革命的背景下，使很多发达国家开始振兴实体经济，争夺产业链与价值链的中高端地位，更是给我国制造业发展带来了挑战。

1. 世界贸易与投资持续低速增长

尽管国际金融危机之后，各国都采取了各种刺激经济增长的政策，且世界经济在刺激政策下也曾有复苏的明显迹象，但是在刺激政策的作用逐渐消退之下，世界经济复苏的动力在逐渐减弱，2016年世界经济贸易又跌回4%以下的低增长。2015年世界经济增长3.1%，贸易量增长3.2%（2015年10月国际货币基金组织《世界经济展望》报告）。可以看出，世界经济在国际金融危机之后仍处于深度的调整期，在短期内世界经济难以走出低速增长的局面，但是各国都在积极推行改革措施与政策来促进本国经济复苏，同时国际货币基金组织的中期展望也预测在2020年前世界经济贸易的年均增长速度将很难超过4%和5%，这会低于2008年国际金融危机之前五年的5%和8%的年均增长速度。国际金融危机之后全球投资整体放缓，发达国家的跨国公司对于海外的直接投资以及产业转移的动力明显减弱。主要是因为发达经济体以及新兴经济体增长普遍放缓，加上局部地区的政治持续动荡、地缘政治冲突等，跨国公司投资信心锐减，跨境直接投资的增幅在不断下降，2009—2014年全球跨国直接投资总额每年平均增速仅为7.7%，在2014年出现大幅度下降，降幅达到16.3%。[①] 2015年全球跨国直接投资尽管在新兴经济体的拉动下有所反弹，但是增幅依然低于2008年国际金融危机之前的水平。

此外全球制造业的贸易环境越来越复杂。由于世界经济整体处于较

---

① 联合国贸发组织：《世界投资报告（2016）》。

为低迷的状态且世界贸易已经连续五年处于低增长的态势,导致世界各国贸易保护主义盛行,贸易环境将趋于复杂而多变的局面。一是发达国家将会加大贸易保护的力度。为了保护本国制造业,发达国家的贸易保护手段也将会由传统的"双反"向国家安全审查、汇率制度、宏观经济政策、知识产权等方面拓展,保护的产品领域会由劳动密集型向新能源、高端装备制造、新一代信息技术等中高端制造业领域延展,这会阻碍世界经济的复苏与发展。而我国将会成为各国实施贸易保护政策的重点对象,例如我国已经连续9年成为全球遭遇反补贴调查最多的国家,连续19年成为全球遭遇反倾销调查最多的国家。二是发达国家会进一步推动区域经济合作,例如2015年10月12个亚太经济体在美国主导下达成的TPP谈判,尽管后来美国特朗普政府宣布退出TPP,但是TPP的达成标志着将来国际经贸规则会不断遭遇被改写,这样就意味着在全球贸易增长放缓的情况下,我国制造业企业的经营风险将会被逐渐放大,企业投资也将会面临着更多的不确定性因素。

2. 世界主要经济体的经济走势分化,发达国家与发展中国家差距增大

(1)主要经济体的经济走势分化。2015年后发达经济体的整体经济走势向好,但是新兴经济体的经济增速却有继续回落的态势。当前我国与发展中国家在劳动密集型制造业中存在较强的竞争关系,同时在新能源、新兴信息产业、高端装备制造等方面又同发达国家之间存在竞争;整体来看,与发达国家在资源禀赋及产业结构等方面存在差异,呈现出互补大于竞争的关系,与发展中国家的自然资源及非熟练劳动力的比较优势相比又存在着互补关系,所以我国与其他国家的经济关系表现为"两竞争两互补";此外新兴市场国家加速推进工业化进程,承接国际产业转移的需求动力强劲,而发达经济体经济复苏较为缓慢,政府的债务风险不断加剧,同时大型跨国公司一方面社会资金缺乏,另一方面在发达经济体国家资本回流政策的影响下,大型跨国公司在全球范围内部署产业链的趋势也在明显减弱。

(2)发达国家与发展中国家差距增大。在经济全球化进程中,由于发达国家制造业基地向发展中国家外移,带动了发展中国家制造业的发展,但本质上并未将制造业核心技术与关键技术转移到发展中国家,因此发展中国家制造业增加值的上升主要是基于加工贸易环节的增加

值,同时这样也造成了发展中国家大部分制造业行业处于制造业产业链的低端加工环节,而发达国家始终占领着产业链的高端环节,两类经济体制造业发展的差距进一步加大。目前,在发展中国家经济增长放缓、国内结构调整压力增强的背景下,关键技术与核心技术缺乏的状况越加明显,例如我国制造业中的电子、汽车、装备制造等行业的关键零部件大部分都需要从国外进口;另外,发展中国家发展制造业新技术、新业态的能力较低,发达国家一直主导着制造业的新业态、新技术,发展中国家只能跟随模仿且制造业创新能力缺失。

表2-3　　　　　世界主要经济体经济走势分化

世界主要经济体/国家		政策	经济发展态势
发达经济体	美国	财政货币刺激政策	出口倍增计划;重振制造业战略;加大新能源与新技术产业的扶持	1. 通过结构性调整增强经济复苏,在金融监控、产业回归、去杠杆化等方面出现成效;2. 失业率达到5%以下;3. 国内出口贸易、投资消费等开始逐渐回升
	欧元区/日本		结构性改革	经济增速较为缓慢,但经济有好转;通货紧缩的压力较大
新兴经济体	亚洲新兴经济体	整体	结构性调整政策	经济总体情况较好;但外部需求较弱、内生增长动力不足;出口拉动型的经济增长模式不适应环境变化;经济增速放缓;未来将面临新贸易规则、新产业革命,以及经济增长与经济发展的转变方式问题
		印度		保持7%以上的增长
	欧洲与拉美新兴经济体	俄罗斯	结构性调整政策	地缘政治动荡,石油等大宗商品价格下跌,经济衰退;通胀上升压力,货币贬值、资本外流
		巴西		

资料来源:根据收集资料整理。

3. 国际金融市场调整波动较大

国际金融危机之后世界各经济体的经济走势分化，各个经济体所采取的货币政策也出现了分化趋势。欧洲央行、日本央行实行量宽政策来促使经济复苏，而美国则采取进一步加息的紧缩政策，结果使美元资产收益率与美元汇率开始上升，最终引发国际大宗商品价格调整和波动，除了国际资本加速回流美国可能导致资本外流、货币贬值以及偿债危机外，同时由于大宗商品价格的大幅跌落致使资源出口导向型的经济体经济将遭遇重创。

4. 国际大宗商品价格跌落

国际大宗商品市场由于供过于求，价格的跌落有利于资源进口国降低成本。2016年国际油价曾跌至每桶30美元，此外其他能源商品如铜、锌、铝、铁矿砂等跌幅也都达到了40%以上。基于世界经济增长低迷，大宗商品价格走低的局面在短期内很难改观，这会进一步加剧资源出口国的经济困境。例如，俄罗斯、巴西、南非等以资源出口为主的国家，受到大宗商品价格低迷的影响，经济下滑且通胀的压力较大，制造业陷入衰退的局面，全年大部分月份的PMI指数都在荣枯线的下方。

5. 信息技术催生新的业态

随着移动互联网、大数据、云计算等新一代信息技术在制造业等领域的应用推广，不断出现新的业态与新的模式，也推动了国际新兴产业的迅速发展，尤其是物联网、互联网、3D打印、智能制造、可再生能源等逐渐成为传统产业转型升级的新动能。传统的标准化生产组织将被小型化、智能化、信息化的生产组织替代。由于全球新兴技术不断被突破，各国研发的力度在不断加强，可再生能源产业、移动互联网产业等新兴产业得到快速发展，同时电子商务、移动理财、互联网金融等新业态不断涌现，当前去中心化、网格化的新型生产组织方式（由微型研发企业、中小型智能化制造车间、个人构成）成为主流，并且促进由中小企业与个人构成的较为平等化、分散化、网络化的新型国际分工方式快速发展，成为传统水平型、垂直专门化国际分工方式的补充，这就标志着新兴市场国家参与全球价值链合作的障碍在逐渐减少，同时承接国际产业转移的方式也更趋于多样化，也更有利于全球各类资源实现深度融合发展。由此可以看出，中国制造业企业应积极进行商业模式创新，通过市场采购、跨境电子商务等新兴贸易方式来增强自己的内生动力，转型升级尤为必要。

6. 技术创新应用改变国际产业结构

互联网、新一代信息技术、新材料、新能源等技术创新应用，促使国际产业结构调整，国际分工发生变化，导致全球消费结构发生变化；同时，新技术革命促使全球生产网络发生调整与转变，而东亚作为全球的区域生产网络，在构建新的区域性生产网络中心的过程中，"中国制造"是重要的驱动因素。

7. 全球产业链的改变

随着美国特朗普政府的上台，贸易保护主义会对发展中国家参与全球分工提高标准，特别是美国利用在世界经济中的话语权订立新的国际经济贸易规则，对全球产业进行布局洗牌，这样会影响到发展中国家的产业转移与贸易投资。特别是美国特朗普政府针对中国产品的"贸易战"，以及其他欧美国家防御和转嫁危机的动机，都在加大全球的贸易保护主义色彩。另外，新一轮科技革命以及新兴产业的发展，使新兴经济体能够深入融入全球价值链与创新链中去。

8. 新一轮科技革命与新兴产业加速发展

当前发达国家以及新兴经济体国家纷纷顺应新一轮科技革命的需求，不断推出各种促进信息技术、空间技术、生物技术、海洋技术以及新材料、新能源、3D打印、大数据、云计算、"互联网＋"等的发展战略，并聚焦智能制造、高端制造领域提出相关政策规划，较为典型的就是美国的"重振制造业战略"、德国的"工业4.0计划"、日本的"再生战略"，以及俄罗斯的"2020年前俄罗斯创新发展战略"等，这些举措旨在抢占国际新兴产业发展的制高点，巩固或塑造在新一轮国际产业分工中的强国地位。

(二) 世界政治环境的影响

当前世界政治趋于多极化，国际力量对比改变显著，全球政治格局也在调整。以美国为代表的发达国家通过调整对外发展战略来维护其在全球的经济利益与主导地位，所以影响中国制造业发展的国际政治环境包括各种贸易摩擦、政治纷争等将会更加趋于激烈频繁，甚至一些非经济因素也会对世界经济产生不确定的影响,这样就使世界经济复苏愈加难以预测。

未来中国制造业对外直接投资、对外贸易有可能遭遇三大主要国际风险:一是恐怖主义、地缘政治冲突的威胁;二是保护主义以及民粹主义发酵所导致的对中国制造业国际贸易与投资的安全性审查加大;三是基于大宗商品价格的长期低迷使中国制造业对海外资源出口国的投资贸易将面临较大的市场风险。

当前中国制造业企业通过海外并购成为化解产能过剩的主要方式,据统计,2011—2016年,中国对美直接投资的金额从2011年的18.1亿美元增加到2016年169.8亿美元,平均每年增速高达66.5%。① 而直接投资中对美国企业的并购占据了大部分比例,2016年我国对美国企业的并购达到164件,与2015年相比增加了69.1%。但是随着我国企业对美并购案的增多,美国CFIUS(外国投资委员会)对中国企业的安全审查越来越严格,自2012年开始中国已经连续四年成为CFIUS安全审查最多的国家。例如,2016年12月奥巴马否决中国福建FGC收购半导体供应商AIXTRON;2017年9月特朗普否决了Canyon Bridge收购美半导体芯片设计公司Lattice。两宗涉及制造业技术领域的收购案都遭到否决,这给中国制造业企业的海外并购带来安全审查的压力。

表2-4 2005—2017年我国企业对美收购因安全审查而搁浅的案例

年份	收购方	被收购企业	收购标的所处行业
2005	中海油	优尼科	石油行业
2008	华为与美国贝恩资本	3Com	信息技术服务业
2009	中国西北矿业国际投资公司	Firstgold	金属矿藏采掘业
2010	中国唐山曹妃甸投资公司	Emcore	光通信业
2011	华为	技术开发商3Leaf	电信业

---

① 蒲红霞、葛顺奇:《美国的外资安全审查制度与我国企业跨国并购的对策》,《国际贸易》2018第3期。

续表

年份	收购方	被收购企业	收购标的所处行业
2012	国家电网	AES 风电资产	可再生能源
2015	金沙江创投	飞利浦旗下 LED 和汽车照明业务	半导体芯片行业
2016	清华紫光	美国西部数据	信息技术服务业
2016	华润	仙童半导体	半导体芯片行业
2017	TCL	Inseego Crop 旗下移动宽带业务	信息技术服务业

资料来源：根据收集资料整理。

总之，我国制造业的对外投资与对外贸易所处的外部经济与政治环境较为复杂，但是国际金融危机对经济的影响在短期内不会消除，在世界经济贸易处于增长乏力的大环境下，制造业如何将市场多元化、战略多元化来分散风险显得尤为重要。特别是由于世界经济低迷导致的外部市场需求减弱，会直接影响我国制造业产品的出口，出口增长在一定阶段会比较艰难，所以当前我国制造业企业应加快培育新的出口增长动力并挖掘出口增长的潜力，在全面对外开放、提升出口产品供给质量的前提下，不断调整适应国际市场新的需求结构变化，并通过创新驱动来增强企业对外出口与对外投资的实力，进而发挥对外贸易对制造业产业结构优化的作用。

（三）国际环境对"中国制造"的影响

1. 外部需求的不确定性

当前国际市场的有效需求明显不足，市场整体需求疲弱，同时全球经济增长速度放缓、地缘政治风险加剧、逆全球化思潮以及贸易保护主义势力抬头，都使国际外部市场的需求呈现出不确定的倾向。一是全球主要经济体的市场消费信心疲弱，2015 年第四季度全球消费信心指数[①]比第三季度下降了 2 个点，为 97 点；主要经济体中中国、英国、美国、德国、日本等国的消费信心指数分别为 107、101、100、98、79，除中

---

① 尼尔森消费者信心指数主要衡量当地消费者就业前景、个人财政以及直接支出的意向，该指数高于 100 为消费意向积极，低于 100 则为消极。

国外，其余主要经济体的消费信心指数都有所下降。二是大宗商品价格持续下降，对于资源型的国家经济发展会造成较大影响，因为全球工业需求放缓也使与建筑、基础设施建设有关的原材料价格下降，整体工业增长的动力不足。三是重要工业品的市场需求量开始下滑，2015年全球钢铁的需求量为15.13亿吨，同比下降1.7%[①]；对于晶硅电池、乙二醇、汽车、船舶等重要工业品的供过于求的态势，使工业企业的盈利能力下降，投资意愿明显降低，也制约了全球工业投资的增长。

由于世界经济增长乏力且复苏缓慢，国际市场的经济风险会长期存在，并会对中国制造业产品出口的需求产生较长时间的影响，而其中来自于新兴经济体的风险较大。由于新兴经济体经济增速减缓，对外进口需求较小，国家为了复苏经济，采取措施来恢复国际收支平衡，因此会减少对进口的需求，这会对中国产品出口造成一定的影响。

同时，新兴经济体与发展中国家却对先进制造、技术、管理、资金有着巨大的需求，这些经济体的政府对于吸引外资的需求较为强烈，这就为我国与这些国家展开国际产能合作，输出资本、技术与产能提供了契机。

2. 技术差距加大

国际金融危机后发达国家注重高端制造业的技术研发，加强对战略性新兴产业的投资，旨在提升本国参与国际产业链分工的经济实力，而同时新兴经济体意识到发展制造业实体经济是立国之本，于是在国内进行产业结构性改革以承接发达国家的制造业转移。因此，如果不迎头赶进的话，我国制造业与发达国家在技术创新与先进制造业方面的差距会越来越大，并在新一轮国际产业竞争中传统制造业会被新兴经济体的所替代乃至被淘汰。

3. 对能源上游环节不利

由于国际市场大宗商品价格下降与回落的幅度较大，这样可以降低我国资源能源的进口成本，同时使我国能源与资源的供应得以安全保障；另外因为资源能源价格下降，对于我国资源能源的上游供给行业来说会造成产能过剩、需求放缓的局面，会给开采加工的上游行业带来经

---

① 国际钢铁协会：《2015年钢铁需求预测该报告》。

营困难的局面，从而增加其去产能、降成本的压力。2019年，由于世界经济复苏，国际市场大宗商品价格开始出现整体升温的迹象，原油和煤炭有价格上升的趋势，但金属价格依然走低，所以对于我国钢铁行业产能过剩的化解不利。

4. 贸易摩擦增多

发达国家的贸易保护主义会使我国制造业产品以及对外投资受到影响，贸易壁垒、投资门槛都会相应增加。仅在2013年中国制造业产品就先后遭遇92起来自世界上19个国家和地区的贸易救济调查，而其中来自于新兴经济体和发展中国家的就有2/3，贸易摩擦已经成为影响中国产品稳定出口的最主要因素。所以我国应进一步推进"一带一路"建设，并实施高水平的对外开放战略，加大力度参与国际多边经贸规则的制定，争取在国际贸易制度中的话语权，构建公正、共赢的国际经济新秩序，保证我国经济发展的活力与安全性。

5. 新兴市场国家承接国际产业转移的动力增强

由于新兴市场国家具有丰富的劳动力资源、良好的制造业基础，这些国家充分借鉴中国、日本、韩国的经济发展经验，在不断加强基础设施建设的同时积极推动工业化进程。2011—2015年新兴市场国家越南、印度尼西亚、印度、尼日利亚等实际GDP年均增速分别达到5.9%、5.5%、6.7%、4.7%，都高于同期全球的平均水平。[1] 尽管这些国家目前经济发展水平不高、金融体系还不够健全，工业化进程还面临着资金的缺口，但是这些国家正在积极引进外资，扩大对外开放。例如，印度尼西亚政府的"海上战略支点计划"以及印度的"莫迪新政"，都是通过承接国际市场纺织、石化、钢铁等传统产业转移来弥补国内工业化进程所需的投资缺口，这些国家作为国际产业转移的目的地在吸纳国外投资时必然会对我国制造业企业形成潜在的竞争威胁。

---

[1] http://www.imf.org/external/pubs/ft/weo/2016/02/weodata/weoselagr.aspx.

(四) 国内环境对"中国制造"的影响

1. 经济发展进入新常态

我国经济经过了40多年的快速发展已进入经济新常态，这就意味着我国经济发展将进入中高速增长，结构也将会更为优化，经济增长的动力将会发生转换，即由过去的要素驱动向创新驱动发展。当前我国经济整体平稳，但下行压力仍将存在；我国经济结构调整与转型升级取得成效，企业发展也越来越注重经济效益与产品质量，在供给侧结构性改革中制造业的内生动力增强，但我国经济处在三期①叠加的阶段，制造业发展面临的主要难题是工业产能过剩，因此在新旧动能转换的关键时期，依靠廉价劳动力及资源要素来支撑制造业增长的模式将会发生变化，特别是在当前国内的供给与需求条件都发生变化的情况下，约束条件的变化也将会导致制造业增长的动力发生变化，例如当前我国第三产业发展迅速、消费需求升级、城乡差距在逐渐缩小等都会促进我国制造业产业结构更趋于优化，产业形态将更趋于高端。

2. 出口国际竞争力在减弱

我国劳动密集型制造业因劳动力成本、土地、各项生产要素价格不断上升，使其传统比较优势在逐渐弱化；东部沿海地区过去曾是我国出口贸易的前沿重镇，目前劳动用工成本不断增加，已相当于周边国家柬埔寨、越南、印度的2—3倍，2014年以来劳动用工成本上涨了10%—15%，我国劳动密集型制造业出口价格优势受到影响，使较多的出口订单开始向越南、马来西亚、印度尼西亚等更低劳动力成本的国家转移。中国七大类劳动密集型产品出口日本、美国、欧盟的市场份额在2013年比2010年减少了2.8%；中国高端制造业例如装备机械等出口呈上升趋势，但在国际市场上销售、服务等仍与国际发达国家存在差距，且由于发达国家对先进制造业的注重与扶持，中国装备制造业增加国际市场份额开拓国际市场的难度还会加大。同时应看到，"人口红利"的消失对"中国制造"人力资本产出的投资以及技能工人的培训也提出更高的新要求，即要在创新与效率方面获得国际竞争力，才能抵消国内劳动力成本上升以及人民币升值的压力。

---

① 经济增速换挡期、结构调整阵痛期、前期刺激政策消化期。

3. 人民币升值对出口不利的影响

尽管人民币在 2014 年兑换美元小幅贬值，但自 2010 年以来人民币兑换美元累计升值达到 10%，人民币同周边国家的本国货币的汇率却呈升值趋势，人民币相对于周边国家竞争对手货币升值较大，因此对于劳动密集型产品以及出口收汇周期较长的固定成套设备都会有不利的影响。但是，人民币不断升值的压力可转换为中国制造业参与全球资源重新配置的动力，因为人民币升值有利于增强海外购买力。

4. 支持制造业发展的社会价值观缺失

第一，"中国制造"的良性可持续发展离不开健全的社会价值观的支持。但是当前制造业行业中不乏急功近利、"速度为王"的"中国制造思维"。制造业企业能够成为行业的领跑者需要具备精耕细作的优势与传统的工匠精神，而实践中制造业企业将急速扩张占领市场作为企业的首要目标，忽略了稳扎稳打的工匠思维，在价值取向上注重把握所有套利机会而急速奔跑。例如，北京一家机械公司为意大利的客户做 OEM，但是在客户因为国际金融危机而资金缺乏时顺势推出自主品牌，产品在价格、质量等方面都比客户原有产品低很多，但是凭借低价策略顺利将意大利客户的中国市场、印度市场"掠为己有"[1]，这种短期行为只能维持企业暂时的盈利，不利于长期的发展。第二，制造业企业发展中缺少明确的价值观，同业之间恶性竞争、唯利是图，单方面追逐企业自身利益，忽略了行业整体的发展；同时过于看重企业的经济效益忽略社会效益，盲目扩张生产导致生态破坏、资源浪费、环境污染。第三，在制造业企业中普遍存在轻视技术工人且技术工人工资待遇低下的现象，结果使企业缺少来自生产一线的技术创新动力，企业整体技术研发没有创新活力。第四，在部分国有制造业企业中仍存在创新管理理念缺失的现象，致使企业产业结构调整转型缓慢、企业设备陈旧、缺乏健全的用人机制、生产效率低下。因此制造业要转型升级离不开精益化生产管理与企业创新，创新管理与精益化管理是制造业企业长远发展的有力武器。

---

[1] http//：www.machine.hc360.1.com，摘自《不能量化的工匠精神，为什么在制造业没有，互联网界却普及？》，2018 年 7 月 17 日。

案例二　中国制造业企业精益化生产、创新管理的案例

近年来，中国制造业企业精益化生产与创新管理的案例见表1。

表1　制造业企业精益化生产、创新管理的典型案例

制造业企业	企业的特色优势	精益化生产、创新管理的方式
中国兵器装备集团	拥有"长安汽车""天威变压器"知名品牌；装备体系服务于我国武装力量以及完备的汽车产品谱系；光电、医药化工、机械装备行业有多个"隐形冠军企业"；2017年利润总额达到210.36亿元，营业收入达到3010.17亿元，世界500强企业，中国制造业500强第6位	精益化管理始于2006年，2010年通过精益化管理构建完整的制造标准CSPS；标准涉及与制造相关的12个模块；降本增效与消除浪费为CSPS的精髓，同时CSPS还涵盖1—5级的管理评估标准；精益化管理尤为注重所有利益相关者能够和谐共赢，并强调为提升企业竞争力应做到尽善尽美
中国南车集团（2014年12月与中国北车集团合并为中车集团）	通过精益管理实现低成本高品质的发展目标；改造作业平台实施精益化生产来缩短制造周期；精益化生产促进了主产品生产效率、产品质量大幅度提升	工位制节拍化均衡生产——对工位、生产布局、物流、生产组织、生产现场进行设计策划，并进行评价与改善；在生产管理中强调安全、品质、环境、成本、人事管理；注重全员参与、异常拉动、持续改善
鞍钢集团	鞍钢集团作为东北地区的国有企业，注重"技术+管理+体制"创新，提出"创新才有竞争力"的口号。通过自主创新研发引领行业发展，建立了企业人力资源规划目标——引领世界钢铁工业发展的"人才高地"；将企业目标确定为"建精品基地、创世界品牌"。彩涂板供货北京新机场，用量占80%；作为沪通长江大桥（世界最大跨度钢拱桥）的全牌号供应商，自主研发的Q500qE高于国际标准；多次实现独家供货、打破国外垄断的局面；国内唯一获得F级超高强海	通过创新提升产业竞争力并优化产品结构；通过核级双相不锈钢项目打通各项生产工艺路线，填补核级双相不锈钢的生产空白；将先进制造技术项目——钛及钛合金塑性加工，转换成企业创新成果；2017年鞍钢独有领先产品占企业产品的29.37%，新产品占比为12.03%，战略产品占比为64.02%；注重持续的科研资金投入，保证科研项目、中试线建设、重点实验室的经费需求；并注重吸纳高端成熟技术人才；鼓励群众性技术创新，建立了177个职工创新工作室；制（修）订行业标准和国家标准127项，参与

续表

制造业企业	企业的特色优势	精益化生产、创新管理的方式
鞍钢集团	工钢供货资质的企业；2017年签订62项对外技术合同；2017年鞍钢科技创效超过30亿元	多项国际标准的制修订；2017年受理1600多件专利，其中有1000多件发明专利；注重质量攻关、关键工艺点管控、工艺点检设备挂牌管理；柔性化生产模式应对市场变化

资料来源：根据收集资料整理。

随着国内外发展环境的变化，我国部分传统制造业产能严重过剩，而对外贸易出口又面临着重重障碍与壁垒，传统制造业的发展模式面临的制约因素以及瓶颈日益凸显，制造业增长的动能开始逐渐减弱；同时经济全球化的传统动力也逐渐趋弱，我国依赖既有模式来分享全球化利益的格局被打破，这样我国传统要素禀赋优势不在，所以只有加快对外输出产能、装备、技术、资本等才能成为世界制造业强国，才能增强我国制造业企业的国际竞争力；只有不断提升我国制造业参与全球价值链的层次水平，才能提高在全球范围内优化配置资源的效率。

二　资源约束因素

资源约束是指一个较为宽泛地约束制造业发展的各项资源条件，既包括资源能源、土地、劳动力条件，还包括发展制造业的技能人才、资金、创新效率、制造业国内价值链的构建能力等。在2014年12月的中央经济工作会议中，提出我国环境承载能力已经达到或接近上限，劳动力、土地、环境、资源能源等作为工业投入的要素正在变得越来越短缺，难以支撑工业领域的大量消耗。同时，我国制造业得以保持传统竞争力的各种要素趋紧，过去粗放型的经济发展模式已经不能适用当前制造业转型升级的要求，因此在我国制造业原有比较优势逐渐被削弱，新的竞争优势还未形成的关键时期，制造业亟须加快升级步伐，同时还应注意我国经济由投资驱动向创新驱动转变时，我国制造业在各项要素包括生产性服务业、国内制造业价值链、人力资本、信息化、技术创新、绿色生产等方面与创新驱动的要求还差距甚远。

(一)资源、环境、劳动力、土地等要素对我国制造业升级的约束

随着我国制造业规模的不断扩大,资源、环境、劳动力的消耗也在逐渐增加,且资源、环境与劳动力结构也发生了由量变到质变的转变,表现为资源、环境、人口对制造业单纯追求数量增长模式的承载能力已濒临临界点。

一是资源能源方面。目前,我国的资源相对于日益增长的工业需求已经明显不足,环境承载力极为薄弱,人均森林资源占有量仅相当于世界平均水平的25%,人均淡水占有量仅相当于世界平均水平的28%,人均耕地占有量仅相当于世界平均水平的40%;石油的人均可采储量是世界平均水平的7.7%,铜的人均可采储量是世界平均水平的17%,铁矿石的人均可采储量是世界平均水平的17%。

二是环境方面。长期积累的环境矛盾在逐渐显现,据统计目前全国有17个省(区、市)的约6亿人口受到雾霾天气的影响,全国约有70%的城市不能达到环境空气质量标准;土壤污染、水体污染在逐渐凸显。

三是劳动力要素方面。我国从2012年开始劳动力的供给数量就在逐渐减少,截至2014年年底我国拥有91583万人的劳动年龄人口(16周岁至60周岁),与2013年相比减少了371万人;2014年我国劳动年龄人口在总人口中的比重为67%,比2013年下降0.6个百分点。另外,我国劳动力要素成本开始不断上升,2008—2013年,我国规模以上劳动者报酬的增长速度超过了11%,而同期劳动生产率的增长速度却仅为5%左右,劳动力报酬的增速是劳动生产率增速的2.2倍,表明我国人口红利的消失,同时也大大削弱了我国出口产品的国际竞争力。

四是土地要素方面。一方面,由于受到城市配套用地扩张以及18亿亩"红线"限制的影响;另一方面,由于我国主要监测城市在2014年年底工业用地的平均价格已经涨到每亩49.4万元,所以导致各地在进行招商引资时重点考虑高税收且高技术性的项目,这样一般的制造业企业获得工业用地的难度较大。

五是资本投资效率方面。资本形成对于我国GDP增长的贡献率是逐渐提高的,2001—2013年我国资本形成贡献率的平均值提高到

52.1%，比同期最终消费贡献率的平均值高出 7 个百分点；但长期的高投资率会使投资效率下降，就意味着投资带来经济增长的上升幅度越来越小，在 2001—2012 年我国单位固定资产投资只可以带动 0.12 个单位 GDP 的增长，而 1981—1990 年该数值为 0.49 个单位，所以从投资效益来看，我国固定资产投资效益指数在逐渐下降；同时，我国投资驱动型的经济发展模式约束了经济发展的质量水平，导致我国当前万元 GDP 的污染物排放、能源消费、资源消耗都远远高出发达国家，与美、日、欧盟等发达国家相比能源效率很低，例如 2010 年我国单位 GDP 二氧化碳的排放量是美国的 1.9 倍、英国的 3.1 倍，2011 年我国单位 GDP 能耗是美国的 2.6 倍、英国的 5.3 倍；此外，我国投资的驱动力在逐渐下降，2009 年固定资产投资增长速度为 30.5%，之后逐年下降，2014 年下降到 15.7%。

因为我国制造业领域是进行绿色发展、节能减排的重点领域，所以可以通过对高效节能新产品、节能新技术、先进生产工艺等进行研发来推动我国传统制造业来进行低碳技术改造，尤其是高能耗的钢铁、石化、化工、造纸、建材、有色等行业要重点推进绿色制造以及清洁生产；而汽车产品、电子信息产品等行业需要重点控制生产污染，并要不断加强产品的生态设计。可以通过对制造业投资项目加大审查力度并进行节能评估，来进一步提高制造业新上项目的能效水平，重点对高耗能行业进行限制，为此可以建立制造业行业能效对比信息平台以及对标指标体系，定期通过平台来发布相关的产品能耗数据以及资源综合利用新技术、节能减排的典型企业实例，引导制造业企业不断提高能效水平。

（二）绿色生产对制造业升级的约束

由于经济与社会需要不断持续发展，这样就会导致在国际市场上对于化石能源以及矿产资源的消费会不断增长，但是日益严峻的资源短缺问题对于全球生态环境的破坏也愈加严重，所以在 2009 年的世界气候大会上就明确提出要减少化石能源的消费以及二氧化碳的排放。2014 年世界一次性能源消耗增速（0.9%）比 2013 年的增速（2%）显著下降，同时也比 2004—2013 年 10 年间的平均增速（2.1%）水平降幅较大。尽管可再生能源发展迅速，一次性能源消费增长在不断下降，但是制造业的发展对于传统资源、能源的依赖程度仍然很大，所以制造业面临着资源约束的风险依旧很大。

1. 绿色生产对"中国制造"的要求

低碳环保、能源革命、生态城镇化运动一方面在带来新一代基础设施投入加大的良好机遇的同时,另一方面能源价格的上涨也会对中国制造业及其生产方式造成结构性的冲击。目前,中国一方面正在建设环境友好型、资源节约型社会;另一方面中国制造业又在进行转型升级,对于资源与能源的需求量大,尤其是对于铁矿石、石油、矿产资源的进口需求量处于世界前列。而国际市场上矿石、能源的价格波动会直接影响到国内生产的成本与产品的价格竞争力,且随着国家对于制造业环保低碳标准的要求,制造业对于环境保护、生态环境都将面临更大的压力与更多的成本。另外,随着能源压力的持续,制造业必须对绿色发展提出高要求,要能结合"绿色生产"与低碳循环经济发展的要求,设计生产绿色产品、节能产品,让中国制造能够真正成为国家环境改善与解决就业的重要出口。2017年,我国经济总量居于世界第二,但在中国经济快速发展的背后也面临着生态环境恶化、资源能源消耗大等一系列突出的问题与难题。这就给"中国制造"提出了新挑战,即如何由过去的总量发展向绿色发展转变,这就要求制造业企业除了进行绿色生产方式转型外,还应尽快形成绿色发展的产业体系,这样才能满足国内外消费者日益增长的对绿色产品的消费需求。

在实践中我国制造业行业缺乏在能源消耗、工业环保与排放方面的创新攻关企业,在制造业中还存在"劣币驱逐良币"的行业现象,所以很多企业的环保排放标准在导入制定时,是根据国际标准准则以及当地的实际情况来综合制定,但在企业实际执行时,由于政府监管不力、地方保护主义、社会就业压力以及维稳目标的限制约束,无法严格实施,这就造成企业环保装置成了摆设、工业"三废"仍在偷偷排放等局面,且成为企业生产的常态与企业竞争的潜规则。所以,政府部门的有效监管成为将来制造业企业形成竞争实力的重要保障,因为政府在环保监管方面的职责缺失,本质上阻碍了制造业企业的创新潜力,因为企业若如不能在能源消耗以及工业排废方面进行大力创新,也就意味着企业将来不能适应低碳循环经济的挑战,也不能形成真正的竞争力。

此外,我国制造业的能源资源供需矛盾较为突出,在过去的十几年中我国能源消费量增长超过了100%，铜、粗钢的消费量超过了300%；但是我国重要的矿产资源如石油、铜、铁矿石等的人均可开采量与世界平均水平相比，仅为7.7%、17%、17%，这就意味着满足我国制造业不断发展所需的能源资源将会出现供给不足的趋势，因此资源约束趋紧是制造业发展的主要障碍。

案例三　日本的低碳环保创新

日本当前是低碳环保的技术创新大国。在20世纪80年代至90年代期间，日本将国内的产业结构转型压力以及就业的种种压力，通过在降低能耗以及控制排放等方面的技术创新，将压力转变为国家发展的动力并形成了国家新的竞争优势。70年代的中东危机导致石油价格大幅度上涨，对日本经济与社会发展产生严重冲击，但是在政府政策监管与各个产业的密切配合之下，解决了大幅度降低能耗的难题，而且还创新了由整个生产到整个城市生活的组织过程，开发出世界领先的环境保护与控制排放的创新技术体系，使整个制造业推广使用低碳环保技术，提升了企业在国际上的竞争力。

2. "中国制造"实现绿色生产的建议——鼓励外商投资战略新兴产业以及先进制造业

当前我国制造业的主要问题是产业结构亟须进行调整，因此可以利用外资的效率来发挥外资在制造业产业结构调整中的作用。鼓励外商对我国的新能源、新材料、高端装备制造、新能源汽车等战略性新兴产业进行投资；通过优惠政策鼓励外商对我国投资企业加大技术改造的力度，延伸拓展研发设计、供应链管理等高附加值环节，提高价值创造能力；同时利用外资促进我国重加工工业尤其是装备制造业的发展，这样可以直接促进制造业的设备更新以及技术创新改进，从而提升技术密集型制造业的产出比例以及增长速度。这就意味着通过利用外资对制造业产业结构进行适度的重型化，以此推动制造业高加工阶段向技术集约化阶段转变，进一步提高制造业产业结构的水平；还可以将外商投资与我国经济可持续发展战略结合，积极鼓励外商投资符合我国制造业长远发展的环保产业，来促进我国制造业向绿色、低碳、清洁、安全的方向发展。

（三）"中国制造"严重缺乏技能上岗人才资源

根据《2012年全国教育事业发展统计公报》的数据，我国的高等教育在校规模已经达到3325万人，而2012年我国高职院校达到1297所，占我国高等教育的一半。但是与国外发达国家相比，我国制造业劳动力素质缺乏，特别是制造业企业一线技能人才数量短缺，这并非由于我国在教育与培训的投入方面不足，而主要是由于培育人才的体制与观念缺乏"知行合一"的大思路，与解决实际问题相脱离，致使中国制造业企业对于技能人才的上岗要求无法得到充分满足；整个社会的价值观偏重高学历，忽视对于专业岗位、技能实践的长远眼光，使企业一线操作技术工作岗位的技能工人缺口以及流动率较高。

纵观我国制造业发展的历史，我国原本就是一个工业化传统极为薄弱的国家，这反映在与工业发达国家德国和日本的对比之中。在德国、日本的社会观念中，对于年轻人的职业岗位训练与培养极为重视；我国在计划经济时代，唯有在第一代制造业企业实践"二参一改三结合"的鞍钢宪法精神时，才将工人地位提升，"行行出状元"的社会价值观带动了较多技术能手的出现，而技术工人的社会地位与其他干部群众一样较为平等。但是近些年，中国制造业的发展地位与我国金融、贸易、房地产相比明显下降，因此工厂一线技术工人与初级工程师的收入水平、职业地位随之下降。再加上当前我国整体社会风气（物质享受主义、不劳而获、社会阶层固化等）的消极影响，对于我国制造业创新驱动企业转型升级、发挥企业一线技能工人与工程师红利明显不利。

根据《全球制造业竞争力指数（2013）》显示，在人才驱动创新指数上，排在前三位的全球制造业大国分别是德国、美国、日本；韩国也紧随其后，力图通过创新生态体系来促进制造业发展。由此可以看出，对于工业化程度较高的发达国家，其在利用人才驱动创新方面已经具备显著优势，无论是人才创新驱动的社会体制还是人才创新驱动的社会基础条件都已成熟，具体表现在利用政产学研的创新合作网络达成的效率就可以产生与不断维持较强的创新生产力。

案例四 北京卫星制造厂

北京卫星制造厂即"529"工厂，中国航天事业发展中，近90%的飞行器由该厂进行生产。同时该厂对于一线高技能人才注重长期培养，该厂的厂长孙京认为，厂里的很多高技能人才拥有世界领先的顶级技术，而对于这些高技能人才以"技能院士"来冠名都不为过。所以中国制造业的转型发展离不开一线高技能人才的培育，为了增强投身社会实践与一线工作岗位的技能人才队伍规模，亟须在全社会赋予高技能一线人才相应的社会地位。

（四）"中国制造"需要迫切提升自主研发创新的效率

中国制造业转型升级的最大压力是企业所掌握的核心技术不够多，自主研发的投入不高；整个社会价值观中对于制造业企业研发创新关系国家命运发展的观念较为淡薄；科研体系中产学研结合不到位，参与研发设计的企业寻租严重，即便是国家对于科研投入再大，也无法促成研发成果转化为新兴战略制造业的领先优势，最终导致资源分配的浪费。

"中国制造"迫切需要提高自主研发技术，尤其是当前在移动互联时代数字化浪潮的背景下制造业需要同信息技术密切结合，而美国占据了先天优势——3D打印、大数据技术、软件定义网络、无人驾驶智能交通系统等都源自美国的自主研发，所以占据数字化优势的美国有可能会重新定义新一代制造高地。

发达国家的一些先进技术至今不对中国进行转让，所以中国制造业唯有在技术研发的效率上力争突破，才能助力"中国制造"的长远发展。如城市轨道机车车辆、动车组等现代机车车辆的核心标志性技术，主要是牵引传动技术、网络控制技术，这两大技术被称为"机车之芯"，具有大牵引功率、高速度、环保节能、运营经济等优势，但这两项技术目前只为少数公司如西门子公司、庞巴迪公司、阿尔斯通公司及日本公司所掌控。的核心标志性技术是牵引传动、网络控制，这两大技术被称为"机车之芯"，具有大牵引功率、高速度、环保节能、经济运营的优势，但是这两项技术目前只为少数公司如西门子公司、庞巴迪公司、阿尔斯通公司以及日本公司所掌控。

基于自主研发的重要性与迫切性，应加大研发的投入。就中国政府支持制造业研发创新的投入来看，尽管中国的科研经费总投入已经达到世界第四的地位，总值为每年1万亿元，但是只有40%的研发经费用于实际项目上。其主要原因在于中国的研发经费在链条上始终存在着体制上的漏洞，所以从研发创新项目经费的申请、使用、验收、评价、成果转化之间无法实现研发创新的效率。而在德国和日本主要通过公平的拨款机制以及较为严格的使用审查制度，会使研发创新经费不会产生较大规模的浪费。

技术创新能力并不简单等同于研发预算投入的金额，也不等同于专利发明的数量，从本质上看，制造业企业的创新能力是与资源转化的程度有着紧密联系，即在一个制造业企业中，企业应能够将自己长期积累的知识体系、人力资本体系，借助于清晰的解决客户需求的多种方案，才能形成一个能够知行合一的、良性循环的独特体系。

案例五 思科的技术研发创新

思科（Cisco）是20世纪90年代的创业企业，其管理团队的创新意识较强，一直以来是中国华为公司的劲敌。思科拥有全球强大的技术研发创新转化体系、完善的盈利模式和品牌溢价能力。2012年全球销售额超过华为100亿美元，销售利润率超过华为8%，达到18%的水平，思科的全球地位一直是华为挑战的目标。2017年第二季度的净营业收入达到116亿美元，净利润达到23亿美元；其中无线业务的营收达到6.32亿美元，协作产品业务的营收达到10.62亿美元，安全业务的营收达到5.28亿美元。

2005年10月在中国建立思科中国研发中心，目前成为思科在海外的第二大战略研发中心，涉及中国内地6个城市——北京、上海、深圳、苏州、杭州、合肥，在中国的研发人员达到3200人，当前主要开展面对中国客户的绿色技术创新业务，致力于服务中国绿色经济、节能减排战略。

思科通过在全球进行并购市场与技术遥遥领先的成长型公司不断拓

展公司业务范围，主要为全球运营商、大型与中小型企业提供高端前沿的产品与技术，包括移动互联、网络、安全性、物联网、数据中心与虚拟化、无边界网络、云计算等核心技术、系统、产品、解决方案等。当前思科的技术创新主要体现在云化、大数据、安全、协作四个方面，为客户提供整体解决方案。通过通用设备实现定制化需求，IOS[①] 可以满足客户的不同需要；通过通用设备实现定制化需求，IOS 可以满足客户的不同需要；在中国市场为制造业行业、医疗行业、金融行业等开发 ISV（Independent Software Vendors，独立软件开发商），在 ISV 的基础上还可以进行二次开发；在 ISV 的基础上还可以进行二次开发；思科的 DevNet 平台通过 API（Application Program Interface，应用程序接口）网络设备接口，可以进行开放式客户开发，最终实现定制化。

案例六　德国中小企业的实用创新

德国中小企业擅长实用创新，这也是德国制造业不同于其他发达国家的显著特点，即德国中小企业的创新投资在收入或是附加值中的占比明显高于大的制造业企业，凸显了极强的企业竞争力。具体表现在德国中小企业既注重关于制造业技术开发的"机械智能一体化"，又重视基于"双轨制"职业训练模式而产生的大量实用与复合人才的培养；德国企业一线工人的小时单位工资在全球最高，同时德国工人拥有企业内部转岗训练与岗位培训的待遇，使工人能够成为企业的多面手，既会编程又会开机床，这是德国制造业所拥有的独特社会文化与国家体制干预结合的结果，这让美国制造业都自愧不如，因此从克林顿任期的劳工部长赖希开始就希望能够建立如同德国的职业教育体系，以至于到奥巴马任期所提出的"制造业回归"与"美国工业化"，都可以发现制造业一线工人技能投入体制的重要性。

---

① Cisco 的网际操作系统（IOS：Internetwork Operating System）是一个为网际互连优化的复杂的操作系统。是一个与硬件分离的软件体系结构，随网络技术的不断发展，可以动态地升级以适应不断变化的技术（软件）。

（五）"中国制造"缺乏国内价值链的构建

随着我国对外开放水平的提高，我国吸收利用外资的程度在逐渐加大，因此我国企业参与全球价值链的广度与深度也在不断提升，尤其是我国制造业企业已经成为全球很多行业全球价值链中非常重要的一环。但是可以看出，我国制造业企业参与全球价值链分工，在很大程度上是被动地适应，并主要集中在全球价值链的中低端环节，所以我国企业嵌入全球价值链之后应重点构建国内价值链环节才能提升竞争力。

1. "中国制造"亟须进行品牌建设并提升供给质量

（1）"中国制造"的质量直接决定着"中国制造"的品牌建设。目前，我国缺少在国际市场上有影响力与国际竞争力的品牌。主要原因在于，一是当前我国制造业产品质量整体水平不高，有很多制造业产品在产品的一致性、质量安全性、稳定性上与国外的差距较大，影响到"中国制造"的国际竞争力与产品形象。长期以来我国出口产品处于国外召回问题产品数量首位，每年出口产品因为质量问题造成的直接经济损失达到2000多亿元，间接损失超过了万亿元；我国产品的一次合格率很低，例如大型锻件的一次合格率我国为70%，但日本和法国的产品一次合格率基本接近100%；另外关键零部件的可靠性差，机械基础件的精度保持性与可靠性较低且内在质量不够稳定，因此产品寿命仅为国外同类产品的1/3—2/3。二是在我国国内市场监督抽查的产品质量不合格率高达10%—24%，且质量安全事件时有发生，具体表现在我国缺少完善的质量安全保障体系，首先是产品的质量检测手段与能力不足，其次是质量监督检查不到位。产品质量安全事件既影响到我国制造业的质量形象，又影响到国内外市场消费者对"中国制造"的消费信心。三是我国制造业企业没有强烈的品牌意识，在品牌设计、建设、维护等方面缺乏充分的投入，致使"中国制造"的品牌化发展较为落后。2015年，我国内地只有31个品牌进入"世界品牌500强"，而美国占到了228个。四是"中国制造"在国际市场上缺乏主导制定国际标准的话语权，目前我国主导制定的国际标准还不足1%，仅为0.5%；同时"中国制造"的工业标准更新速度较慢，与发达国家相比远远超过了美国、德国、英国、日本等同类产品的"标龄"，是上述国家的1倍以上。

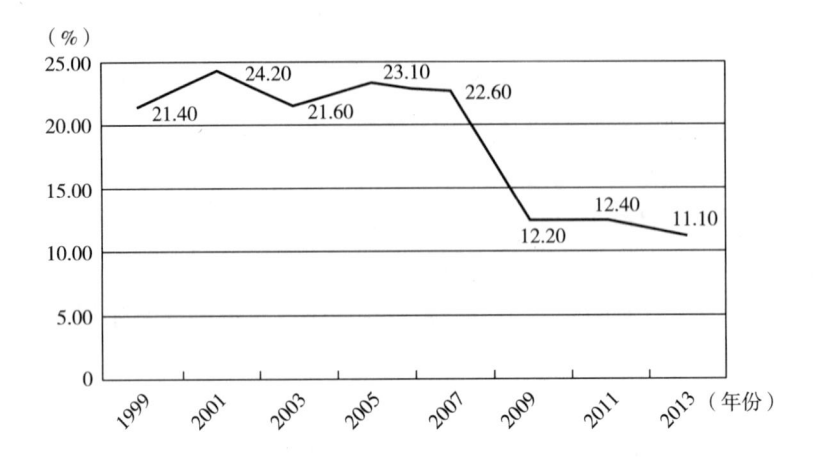

图 2-9　历年监督抽查的制造业产品不合格率

资料来源：《中国统计年鉴》。

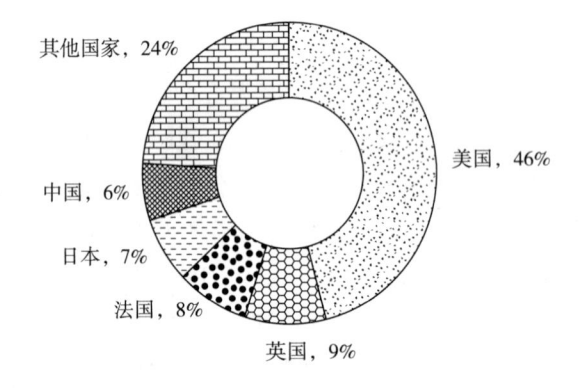

图 2-10　2015 年世界品牌 500 强分布

资料来源：2015 年《世界品牌 500 强》，世界品牌实验室。

（2）中国制造业产品的供给质量和关键性技术与发达国家相比差距较大。"中国制造"的供给质量和产品的关键性技术与发达国家相比差距较大。制造业应加大提升产品的供给质量才能将制造业推向中高端，这样才能实现中国制造向中国智造转变、中国产品向中国品牌升级。首先，"中国制造"面临的国际大环境是经济全球化的不确定、资源环境问题突出、各种要素成本上升，而国内又是高库存、高产能、低效率、低质量；其次，国际市场竞争激烈，各种新产品、新技术、新业态不断出现,"中国制造"需将人才作为第一资源,通过技术研发创新才能带动制造业发展;最后,制造业应加快大数据、云计算、物联网技术、人工智能等新技术与传统制造业结合,通过创新驱动来提高产品质量供给。

(3) 中国制造业提高供给产品与服务质量的建议。

一是高水平的制造业是实现我国高质量发展的基础,只有中国制造业优化升级,并为更多民营制造业创造发展空间,才能振兴我国的实体经济;同时为了提高制造业整体高质量水平,需要建立健全我国产权的保护制度,并使之能够制度化与法治化;国家应努力打破行业垄断为更多的中小型制造业企业创造良好的营商环境与竞争环境;提升金融业服务于制造业的能力,切实为更多的民营中小型企业降低融资成本。

二是国家应促成全面开放的国际格局来推动我国经济的高质量发展,当前基于经济全球化的背景,国内制造业又面临着转型升级的艰巨任务,因此除了加快建设"一带一路"的开放格局之外,还应为我国发展服务贸易创造新的国际大环境,积极开放我国的服务业市场;在开放创新的基础上,加强国际合作与自由贸易发展,进而推经济全球化发展,实现中国制造向中国创造转型。

2. 新型消费市场的建立

目前,我国拥有由大量人口构成的巨大消费市场,这是我国制造业提升高质量产品供给与发展的最大潜力,能够拥有较高比例的居民消费率也将是制造业产品高质量发展的主要特征。2016 年,我国居民消费占 GDP 的比重远远低于美国 70% 的比例,所以从未来消费的增长空间看,我国消费的增长潜力巨大。而随着我国城乡居民收入的不断增加,对于国外高质量的消费产品的需求也在不断提升,中国国内市场在 2017 年达到 5.8 万亿美元的零售额,与 2017 年美国市场的零售总额相当,这无疑说明中国正在孕育着一个无比巨大的潜在消费市场。

制造业通过创新由过去的投资拉动积极向消费拉动转变,促进新型消费与我国消费大市场的结合,就可以在较短的时间内成为全球第一大市场。因此,需要制造业能够从根本上解决供给结构与消费结构不协调的矛盾,促进我国消费结构得到升级,同时我国消费结构升级也是制造业转型升级与高质量发展的内生动力。这就需要社会各类资本能够在引导下进入制造业新兴产业，使制造业产品与服务能够更好地满足各类生产消费与生活消费。可以看出，当前我国迫切需要以消费驱动来促进投资转型，通过消费来调整经济结构，最终最大限度地释放我国的消费市场，以此来拉动我国的经济增长。

另外，当前我国城乡二元结构与我国推动高质量经济发展不协调，随着未来城乡二元结构的改变，人口城镇化所带动的城乡融合发展，势必会增加消费与投资，这会为我国发展高质量经济提供新的动能。

3. 制造业服务化转型

生产性服务业是各种创新技术进入生产过程的媒介，因为大部分生产性服务是以知识资本以及人力资本投资为前提的，随着这种投入，创新技术得以进入到生产过程并物化，一方面可以提高生产效率，同时随着创新技术进入生产过程也促进了分工与技术进步的结合，生产性服务业可以提供市场交易的各项基础设施，降低了交易成本；另一方面由于制造业的生产融入了更多的服务作为中间投入，这样会促使制造业与服务业的界限淡化，两者融合发展、相互渗透为一体化的生产体系，这种生产体系可以为制造业企业提供新的增长点，并直接决定着制造业企业的创新方向。

而"中国制造"向"中国创造"转变的优势没有显现的主要原因在于当前我国生产性服务业发展较为滞后，所以当务之急需要"中国制造"加速由低成本优势向创新驱动优势转变，并以生产性服务业来引领制造业转型，才能将制造业做大做强。制造业服务化转型是进入工业化后期的普遍客观规律，因为我国当前总体来看居民收入水平在提高，物质型的消费需求基本可以得到满足，但是服务型消费需求却随着不断增长的趋势显得供应不足。据估算，在2020年我国可以初步形成消费新结构且以服务型消费需求为主，服务型消费需求的快速增长将会成为影响中国经济增长的重要动力。这样就需要制造业全面提升创新能力，积极向服务型制造业转型，所以制造业服务化转型是中国制造业转型升级的客观要求也是必然要求。"中国制造"发展的大趋势是企业将更为关注设计研发、营销等生产性服务环节，并将这些环节作为企业价值增值、提升国际竞争力的重要途径。

4. 中国制造业构建国内价值链

随着我国改革开放的不断深入，跨国公司进入的同时也可以对我国制造业企业进行知识转移，进而我国企业可以进行知识的吸收与再创造，可以获得国外先进的生产技术、管理经验，实现企业生产流程的升级；同时还可以逐步实现技术设计能力，实现产品升级。产品升级、生产流程升级都符合国外跨国公司追求更好产品质量、更高产品效率的要求，这样会促使跨国公司建立知识转移平台并从事相关指导，但是这种平台的知识转移却不能替代企业生产功能升级以及产业链升级；产品升级以及生产流程升级仅仅满足的是企业生产能力的提升，而更为高级的却是企业战略与企业竞争力的升级，这种升级已经不是简单的生产工艺、生产技术、生产流程、质量控制体系的改进提升，而是对企业关键核心技术、企业创新产品、企业品牌建设推广以及企业形象定位的准确理解及提升，所以在对跨国公司转移的知识学习中较难形成，这要求我国制造业企业在实现产品升级以及流程升级之后应主动进行产业链优化，特别是要主动开发与抢占国内高附加值的终端市场，形成国内的产业价值链。因为在我国境内的外资企业为防止技术外溢，往往会对关键核心技术进行封锁，并不断提高技术标准使我国制造业企业疲于进行产品、生产流程升级而忽略更为高级的国内产业价值链的构建。

案例七　由"苏州模式"看外资制造业撤回对国内制造业的影响

1. 辉煌不再的苏州模式

苏州曾被称为"中国制造业之都"，但从2015年下半年开始，却屡屡出现外资撤回的事件：2015年7月普光电子（三星的专用代工厂）宣布企业倒闭，其在华的其他代工厂以及子公司纷纷陆续开始裁员；2015年8月TAIKE电子科技昆山（美资企业）CD事业部宣布倒闭；2015年8月，富士康对外宣布将对印度投资50亿美元建厂，并计划在2020年之前为当地提供10万个就业机会，同时富士康在苏州的工厂使用机器来代替人工，致使2016年已经裁员将近6万人；2015年12月诺基亚在苏州开办了17年的工厂关闭；2016年6月苏州紫兴纸业有限公司（由世界造纸业巨头芬兰的斯道拉恩索集团投资）停产解散；2017年1月希捷（世界最大的硬盘制造商）关闭了苏州的工厂；2017年9月，在苏州投资建厂有20年的药企GSK（葛兰素史克）关停苏州的工厂；2018年1月日东电工（世界第一大偏光片制造商）宣布解散苏州工厂的偏光片部门，据资料显示，2016年我国偏光片的市场消耗规模达159亿元，2017年预计达200亿元，但是日东电工苏州工厂的偏光片部门却被解散出售，不难看出苏州正面临着外资纷纷有计划撤回、产业空心化的境地，一改往昔"苏州堵车，全球缺货"的鼎盛场面。

辉煌时期苏州的外资吸纳能力极强，2012年全国使用外资达1132.9亿美元，而苏州的占比高达8.1%，达到91.6亿美元，且这些外资主要集中在实体经济，其中67%的外资投资在制造业领域，所以2012年苏州外资企业共计生产电子元件1236亿只，轮胎7018万只。2012年规上外资与港澳台资的制造业企业的工业总产值达18870亿元，占苏州市规上工业总产值的66%；总利润达到937亿元，占苏州市规上工业企业利润的72%。但2012年之后，苏州模式的辉煌不再，2010年苏州市的企业亏损面市16%，2016年7月就上升到32%，这就意味着1/3的企业处于亏损状态；2011年规上外资企业的数量为1.37万个，2016年就降到了9616个企业。

苏州之所以能成为外资投资的主要目的地，主要归因于在20世纪90年代创建的苏州模式，这种模式主要以外商投资（独资、合资、合作）来带动经济增长，是出口导向型的模式。由于当时优惠的税收政策、中国人口红利、工业园区的管理模式促成技术外溢效应，让苏州成为全球IT业领域的代工厂。同时苏州经济高度依赖外资，2000—2010年，有6年苏州的外贸依存度都超过200%，苏州经济发展的一半都是依赖外资制造业。

2. 外资撤资对中国制造业的影响

不仅苏州面临外资撤资，2015年全国也出现了外资撤资的"大事件"。一是全国雇员人数第三的富士康宣布开始向印度投资50亿美元建厂，与印度马哈拉施特拉邦政府签订投资协议，计划在2020年之前新建12家工厂，并为当地提供近100万个就业机会。二是日本松下电器宣布关闭在北京的锂电池厂，并与工厂1300名员工终止合同；在

2012年年底松下电器就曾关闭了上海工厂，在两年间松下电器就先后关闭了在中国投资的3家大工厂。

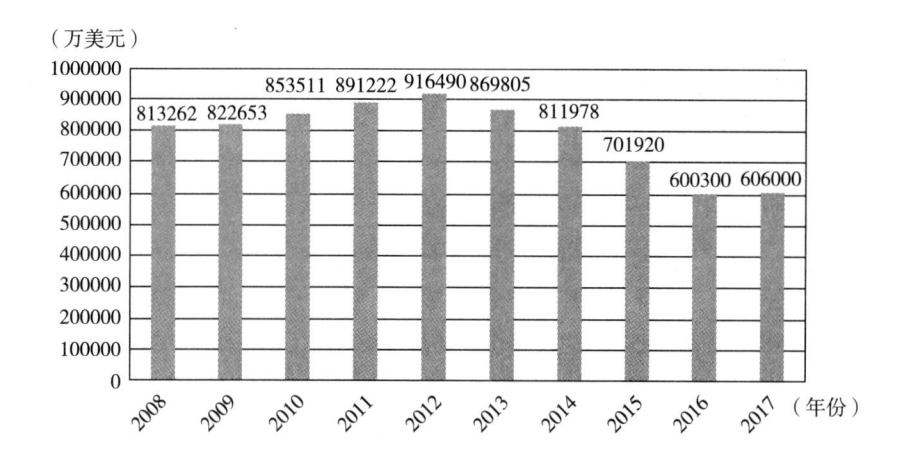

（万美元）

年份	金额
2008	813262
2009	822653
2010	853511
2011	891222
2012	916490
2013	869805
2014	811978
2015	701920
2016	600300
2017	606000

图1　2008—2017年苏州使用外资情况

资料来源：根据收集资料整理。

究其主要原因有以下几点：一是在于中国劳动力成本的上升，导致很多外资企业难以支撑企业运转，因此外资企业纷纷将工厂由中国东南沿海转移到劳动力成本较低的印度以及东南亚国家。2010年中国人口红利开始逐渐消失，劳动力人口比例达72.4%，随后开始下降。二是土地成本上升，苏州紫兴纸业有限公司宣布停产解散就是因为土地价格上升导致难以维持企业正常运营；苏州的房地产价格在8年间涨幅达56.5%，土地成本上升直接影响到苏州工业园区制造业发展的业态，在外资企业撤资后，毛利率较高的新兴企业入驻落户，但是由于供给侧结构性改革以及环保要求的提高，使国内工业原材料的价格上涨，苏州工业园区主要是电子代工企业，且这些企业的生产制造环节属于产业链的低端环节，原材料成本上升会使利润大大降低。三是企业的税负较高。苏州工业企业2010年的总税负达471亿元，2015年达到616亿元，期间的增幅高达31%；2010—2015年苏州工业企业的净利润水平也下降了9%；由于当前苏州取消了对外资的国民优惠待遇，使国内企业与外资企业可以公平竞争，外资企业"望而却步"。随着近期中国采取的针对美国特朗普政府减税行动的外资减税,有可能使外资制造业开始享有政策红利。

由此也可以看出,"中国制造"在迈向"中国智造"的过程中会遇到很多现实问题,但政府应从长远发展战略谋划制造业的发展,不能单纯靠土地财政获得眼前的收入,而应通过招商引资来促成我国制造业发展的良好竞争环境;政府更不能简单放弃低端制造业,尤其是在外资纷纷撤离的背景下,规模较大的外资企业的关闭裁员会直接影响到本土中小微代工企业的生存,而政府应通过引进外资企业的资本、技术、管理等先进的资源,来促进我国制造业逐步迈向中高端。

三 技术约束因素

(一) 中国制造业技术约束的现状

我国制造业自主技术创新能力薄弱。根据《中国创新型企业发展报告(2013—2014)》,创新已经越来越受到我国制造业企业的重视并上升为企业战略发展的核心地位,当前制造业企业正在步入由过去投资驱动、要素驱动向创新驱动转变的转折期;2013年我国企业发明专利申请数量与授权数量高速增长,一批有影响力的中国跨国公司上榜最具有创新力公司的名单,华为、中兴通讯等公司PCT国际专利申请数量居于全球前列,一大批具有国际竞争力以及创新能力的创新型企业逐渐成长起来,但是与国外发达国家相比仍然存在较大差距。一是企业研发强度较低。我国大中型工业企业的研发投入强度①2011年仅为0.93%,2017年达到1.06%,首次突破1%,而发达国家企业的研发强度大多在2%—3%;二是核心技术与关键技术缺乏。2014年,我国有效发明专利在有效专利中的比重仅为13.45%,而同期发达国家的有效发明专利在有效专利中的比重高达80%左右,说明我国创新活动中自主知识产权的核心技术较少,主要集中在一些外围技术;三是涉及产业较为单一。在全球创新企业1000强中,国外发达国家上榜的企业来自多个领域行业,主要涉及通信、电子、机械、化工、飞机制造、汽车等多个领域,但是我国主要涉及数字通信领域。

---

① 研发投入强度是指企业的研发经费与主营业务收入之比。

目前，中国制造业技术发展水平的现状可以概括为"缺芯少智"，尽管我国在高铁、核电、水电、超算、航空航天、路桥等方面具有较为瞩目的成效与优势，但是制造业整体技术水平较为落后，主要原因在于制造业的发展基础比较薄弱，高端装备、关键零部件长期依赖进口。与德国相比，中国制造业产品的质量与整体实力差距较大；与美国相比，信息技术与产业发展较为落后。目前，我国制造业在高端软件、智能传感、集成电路等方面欠缺自主研发技术，设计软件、高端芯片、关键元器件、关键零部件都需要进口，特别是高端电子装备制造上极为缺乏自主研发的核心能力，也缺乏支撑我国制造业智能化发展的关键共性技术。

"中国制造"的产业升级路径先后经历了一般劳动密集型、熟练劳动密集型、资本密集型、技术密集型阶段，每个阶段都发挥着比较优势。但中国制造一直遭遇着国际资本的品牌技术垄断。中国制造业的数控机床、软件、芯片、钢铁、轿车等行业受"市场换技术"的影响，始终是依赖国外的技术，缺乏自主创新能力。中国制造业需要再设计，产品同质化竞争激烈，技术创新能力不强，且缺乏核心技术，产品质量问题较为突出；制造业高能耗高污染高成本问题严重，过分依赖于原始资源型的发展模式，善于跟踪研仿，逆向设计，导致缺乏自主创新；技术储备和基础科研缺乏，不注重对于复杂商品的研制，不重视制造业发展的系统性。

（二）中国制造业突破技术约束因素的途径——发展智能制造

随着《中国制造2025》、德国工业4.0，美国新政府的制造业回归战略等的实施，可以看出各国都将竞争的主战场放在了制造业领域。而新技术的运用有利于提升制造业竞争力，特别是人工智能、大数据、云计算等如何与制造业结合也是构成竞争力的重要部分。中国制造变为中国智造，进行产业升级都需要在智能制造上进行发力。智能制造既是全球制造业发展的大趋势，同时又是我国《中国制造2025》的主要发展方向；我国制造业企业通过对智能制造技术的掌握与突破，就可以在传统制造业技术中将新一代的信息技术进行融合并集成创新，这是我国制造业转型提升，实现智能化、数字化、网络化的重要前提。

1. 中国制造业通过智能制造形成技术后发优势

中国制造业尽管在劳动力成本上不再具有优势地位，在自主研发上也不具备显著优势，但是可以通过发展智能制造来推动制造业的转型升级，这样就可以具备制造业在技术上的后发优势，并应努力在制造业技术创新水平的各项指标方面下功夫（见表2-5）。例如，国外开发蜂窝式移动电话费用是8亿美元，中国开发仅用了7000万元人民币；国外开发程控交换机费用是1亿美元，中国开发仅用1000万人民币。为了中国制造业能形成国际竞争实力，中国制造业一方面应加速劳动密集型制造业转型升级，另一方面应在先进制造业上投入更多人力、物力，包括航空航天、船舶、电子等领域，下大力气扶持拥有独立知识产权的企业。

表2-5　　制造业技术创新水平综合评价指标体系

系统	子系统	因素	解释性指标
技术创新水平	A 创新资源	智力投入	A1　R&D 人员（人）
			A2　R&D 人员全时当量（人/年）
			A3　R&D 经费内部支出（万元）
		财力投入	A4　R&D 经费投入强度（%）
	B 产业基础	经济基础	B1　人均地区生产总值（元）
			B2　工业增加值（亿元）
			B3　规上工业企业资产总计（万元）
		工业基础	B4　规上工业企业有 R&D 活动的企业数占比（%）
		服务业基础	B5　现代服务业增加值占服务业增加值比重（%）
	C 创新绩效	产品创新绩效	C1　规上工业企业新产品销售收入占主营业务收入比重（%）
			C2　高新技术产业出口贸易额（百万美元）
		科技创新绩效	C3　国内专利申请量（件）
			C4　国内专利授权量（件）
			C5　技术市场技术输出合同金额（万元）
	D 环境支持	政府扶持	D1　公共财政科学技术预算支出比重（亿元）
			D2　R&D 经费内部支出政府资金占比（%）

续表

系统	子系统	因素	解释性指标
技术创新水平	D 环境支持	环境教育	D3　普通高等学校（所）
			D4　平均每十万人口在校大学生人数（人）
		文化环境	D5　有线电视入户率（%）
			D6　人均拥有公共图书馆藏量（册、件）
			D7　互联网普及率
			D8　互联网宽带接入用户（万户）

2. 高新技术推动中国制造业转型升级

中国制造业发展的新动能来自新技术——云计算、人工智能，也来自于数据智能，当前只有新技术才能推动制造业转型升级。德国的工业4.0和《中国制造2025》对于制造业转型界定了三个层次：一是销售环节。销售环节的新技术不仅可以加强企业与客户的关系，同时还可以为客户提供个性化服务；二是生产环节。新技术让生产计划、供应链体系、工厂管理、生产更有效率。三是流通环节。能够通过创新技术将产品快速传递到顾客手中。

中国制造业的销售环节由于电子商务的普及，企业可以通过在线销售了解顾客的个性化需求；物流环节借助于B2C、B2B，物流市场快速发展；但在制造环节，中国企业面临较多的问题。这主要是由于长期以来中国制造业是出口导向型的发展模式，企业大多是国外企业的OEM商，一旦存在更低劳动力成本的竞争，就会失去优势条件变得不堪一击，这主要是因为企业在经营中始终未将自主研发作为企业长期发展的战略目标，因此国家提出"中国制造2025"战略，将智能制造作为全国五大工程的重点提出来，将新技术——人工智能、云计算、大数据运用到制造业的生产环节，切实提升制造业的生产效率与技术含量。"智能制造"的根本实质是通过数据来将企业的生产、物流、销售环节贯穿协调，数据已成为企业的一项新能源。未来随着消费个性化的发展，消费体验尤为重要，但是企业如运用数据平台就可以将企业生产的产品在每一个环节——原材料采购、加工生产、质量检验环节、物流环节、销售环节完全数字化管理，这样可以让消费者和客户能够对产品生产流通的全过程有所了解，增强产品的体验性。

3. 通过制造业智能化发展提升全业务流程的效率

在工业4.0的背景下，制造业趋于数字化发展，从生产、流通到市场销售，为数字化人工智能提供了发展空间。通过人工智能平台，利用大数据技术分析企业全产业链的相关信息数据，提升制造业企业设备使用率、库存周转率、生产效率等。在市场销售环节，利用对B2C、B2B大量的交易数据，可以完善企业制订智能化生产计划；在生产环节，通过对生产设备数据收集分析可以实现远程监测设备使用状况；通过对生产环节中的产品数据进行分析，可以自动识别诊断产品的良品率；在产品的流通环节，通过传感器可以收集数据以便于企业进行市场规划、生产决策和企业产品管理。BCG（美国波士顿咨询集团）报告——《工业4.0——未来生产力和制造业发展前景》指出，制造业运用大数据、云计算这些新技术将会提升15%—25%的生产效率，新创4万—6万元的附加值；2015年中国智能制造业销售收入已经超过1万亿元。

案例八　协鑫集团与华中数控的智能制造

1. 大企业利用智能制造实现高效生产管理。协鑫集团是全球硅片产能最大的企业，拥有IT发展的基础，对于云计算、大数据的应用前景较为了解，在人工智能、大数据相关技术的辅助下整个生产环节已经实现数据化和智能化分析，这就大大提高了企业生产环节对良品率的判断效率（因为在光伏行业良品率每增加1‰，就可以节省1000万元的成本）。

2. 中小企业借助制造业基础服务商展开业务。华中数控是国内数控系统的标杆企业，现已和阿里云合作，共同开发基于工业云的大数据智能应用平台，借助于这个平台，将与数控加工、数控设备租赁、数控操作人才服务、资源共享等划分为若干个模块，中小企业只需选择模块接受华中数控服务就可展开业务。

(三) 中国制造业提升技术水平重点发展的领域与措施

中国制造业在发展智能制造，与制造技术、信息技术深度融合的过程中，应将高端电子装备制造作为关键核心，重点在关键共性技术的自主研发上有所突破，一方面应尽快补齐工业制造 2.0，普及工业制造 3.0；另一方面应着实推进工业制造 4.0。

表 2-6　　中国制造业提升技术水平重点发展的领域

十大领域	关键词
新一代信息技术	4G/5G 通信、IPv6、物联网、云计算、大数据、三网融合、平板显示、集成电路、传感器
高档数控机床和机器人	五轴联动机床、数控机床、机器人、智能制造
航空航天装备	大飞机、发动机、无人机、北斗导航、长征运载火箭、航空复合材料、空间探测器
海洋工程装备及高技术船舶	海洋作业工程船、水下机器人、钻井平台
先进轨道交通装备	高铁、铁道及点车道机车
节能与新能源汽车	新能源汽车、锂电池、充电桩
电力装备	光伏、风能、核电、智能电网
新材料	新型功能材料、先进结构材料、高性能复合材料
生物医药及高性能医疗器械	基因工程药物、新型疫苗、抗体药物、化学新药、现代中药；CT、超导磁共振成像、X 射线机、加速器、细胞分析仪、基因测序
农业机械装备	拖拉机、联合收割机、收获机、采棉机、喷灌设备、农业航空作业

资料来源：根据收集资料整理。

1. 加强智能制造的战略布局

由于我国制造业的工业软件设计、操作系统、芯片制造等软硬件能力较为薄弱，因此一是要在工业软件、自主操作系统、大数据、核高基等方面进行自主研发；二是进一步推进智能科学与我国先进制造业的结合，深化人工智能、神经计算、认知科学、仿生制造等基础研究，在智能制造技术中将制造技术、信息技术深度融合，以此推进制造业所涵盖的产品、模式、系统、装备等方面的研发创新。例如，在制造业的设计、生产、控制、分析、检测、模拟、仿真等环节展开人工智能、人机交互、智能感知、高端电子装备制造、极端制造、柔性制造、生物制造、离散制造等。

2. 突破智能制造的共性关键技术

当前我国在高端电子装备制造技术上一直处于劣势地位，但由于高端电子装备技术是发展智能制造的必需条件，因此有必要在芯片制造、自动控制、通信导航、雷达制造、柔性电子制造、天线制造等方面提升自主创新能力，特别是要在共性关键技术上有所突破，例如微电子流片、微组装、高密度封装、电气互联、表面工程技术、共形天线、精密与超精密加工、机电热磁一体化设计等方面进行重点投入重点研发，这些共性关键技术直接关系着中国制造业产品的质量，也影响着智能制造的深入发展。我国应将这些技术的攻关列为重大计划，为解决制造过程中共性关键技术的核心问题提供可以共享的制造业技术与发展的平台。

3. 信息化与工业化的融合

信息技术对于制造业的发展具有较强的辐射性与渗透性，也是促使制造业迈向工业 4.0 的重要驱动器，具体体现在信息化技术以高端电子装备制造为载体，对重点制造业行业进行网络化、数字化、智能化制造的提升上，因此大力发展电子装备信息技术是实现传统制造业转型升级的关键，而发展自主的高端电子装备制造也是引领我国制造业迈向高端智能化的前提。我国颁布的《中国制造 2025》将新一代信息技术产业作为十大重点发展领域之首，其强大的驱动力对于支撑我国轨道交通、航空航天、电力、机械、生物制药等主干制造业的智能化发展，具有不可替代的重要战略意义。

四 需求约束因素

随着世界市场贸易保护主义抬头以及逆全球化思潮的兴起，未来国际市场贸易保护主义政策的实施将会是影响制造业竞争力以及出口增长的主要因素。中国制造业制成品的销售主要面对海外市场以及国内市场两方面的需求，一方面由于世界经济低迷、复苏困难，海外市场总体需求在减少；另一方面由于国内生产制造成本（原料成本、土地成本、人力成本等）的不断上涨，国内销售价格受到影响，进而使国内消费需求也在发生变化。这些都会使制造业企业面对的需求产生不确定性，增加了市场风险。同时消费需求的扩张以及消费结构的变化都会对我国制造业的发展产生强劲的拉动作用，但是在"互联网+"的背景下，商业模式以及消费业态的变化也会对消费需求产生影响，进而影响制造业发展。一是针对终端消费者（2C）的消费总体平稳，随着不断出现新的消费业态，企业会努力重构与消费者的关系以推进企业发展，但制造业企业要受到企业构架以及流程的制约；二是"互联网+"的核心是互联网与传统制造业企业的深度结合，打破了时间与空间的限制，颠覆了原有的商业模式，对制造业企业的生产方式进行了重大变革，但也会受到传统制造业企业因为成本增加而不愿进行改革的制约。

案例九　2015年国际市场需求变化对我国鞋类出口的影响

以鞋类产品的销售为例。据统计，2015年全球服装鞋类产品的销售额达到1.6万亿美元，同比增长4.5%；2016年全球服装鞋类产品的销售额达到1.7万亿美元，同比增长3.8%[①]，2016年的全球销售额是自2008年国际金融危机以来增幅最小的一年，总体来看全球消费下行的状况未见明显的改变。再以我国鞋类出口为例，可以看出，2015年我国鞋类出口整体出口趋势表现为下降，成品鞋的出口总量同比下降8.03%，皮鞋的出口金额同比下降11.73%。在出口目标市场上，除了美国市场的出口金额表现为增长趋势外，其他国外目标市场（欧盟、日本、俄罗斯、中国香港地区等）都表现为下降的趋势。2016年我国鞋类产品出口量达到92.93亿双，与2015年相比增加幅度明显放缓，2016年我国鞋类产品出口金额达到448.78亿美元，与2015年相比销售金额的增幅明显上升，这说明在国外市场消费不景气的大环境下我国鞋类出口的单价却在不断上升；2017年中国鞋类产品出口金额为481.65亿美元，同比增长2%；2018年1—4月，中国鞋类产品出口总金额为142.93亿美元，同比下降3.5%。可见由于受到国际市场需求

---

① Euromonitor International 的数据统计。

因素的影响，出口产品的销售变化趋势在不断调整。

表1　　　　　　　　　　2015年我国鞋类出口情况

出口指标		金额/数量（在我国鞋类出口金额中的占比）	对比情况	出口趋势
出口金额		536.10亿美元	同比下降4.71%	-
出口数量		101.51亿双或千克	同比下降7.82%	-
出口单价		5.28美元/双或千克	同比增长3.38%	+
成品鞋出口金额		511.94亿美元	同比下降4.93%	-
成品鞋出口数量		98.78亿双	同比下降8.03%	-
成品鞋出口单价		5.18美元/双	同比增长3.39%	+
出口品种	塑胶鞋出口金额	252.85亿美元（47.16%）	同比下降7.25%	-
	皮鞋出口金额	121.40亿美元（22.64%）	同比下降11.73%	-
	纺织面鞋出口金额	134.95亿美元（25.17%）	同比增长7.48%	+
出口地区	对美国出口金额	140.94亿美元（25.05%）	同比增长1.77%	+
	对欧盟出口金额	110.62亿美元（19.66%）	同比下降6.19%	-
	对日本出口金额	24.95亿美元（4.44%）	同比下降8.07%	-
	对俄罗斯出口金额	18.46亿美元（3.28%）	同比下降40.39%	-
	对中国香港出口金额	15.87亿美元（2.82%）	同比下降12.17%	-
出口企业	私营企业出口额	351.84亿美元（25.02%）	同比下降6.10%	-
	国有企业出口额	39.75亿美元（7.42%）	同比下降5.69%	-
贸易类型	一般贸易出口额	345.99亿美元（64.54%）	同比下降4.98%	-
	加工贸易出口额	107.06亿美元（19.97%）	同比下降4.78%	-

资料来源：根据商务部网站资料整理。

（一）国际市场需求情况

由于受国际金融危机的影响，国际市场总体需求疲弱，市场销售的不确定性与风险增强，使我国制成品的出口面临着国际市场环境变化的影响。我国制造业的发展在国际金融危机之前主要是出口导向型及投资驱动型，但自2008年之后出口导向、投资驱动来拉动我国经济增长的趋势在不断减弱，而国内的消费需求就成为我国制造业增长的主要动力；从出口来看，由于世界经济复苏缓慢，国际市场需求低迷，表面看我国制造业产品出口一直在增长，但增长速度却在下降，因此国内消费结构升级将为我国制造业发展提供新的市场空间；此外随着我国社会保障体系的完善，我国社会居民的消费潜力将不断释放，消费结构的升级也有利于促进制造业结构的升级优化。所以中国制造业首先应明确制成品出口所处的国内外需求环境条件，才能进一步拓展贸易领域，进而才能推动中国制造业出口竞争力的提升。

1. 国际市场整体需求状况

全球整体经济复苏乏力，由于国际市场需求不振导致我国制造业产品出口减少，2015年世界经济GDP增长为2.4%左右，世界贸易增长的速度为2%，发展中经济体增长缓慢，而发达经济体经济分化加剧。我国制造业大部分商品出口到美国、欧盟、日本市场，美国经济增长速度处于较低水平，尽管需求回升但仍然缺乏后劲；欧元区国家由于欧元走弱对于增加进口不利，再加上英国脱欧的影响，整体经济复苏较为艰难；日本经济中家庭消费支出与个人消费支出都低于预期。总体来看，由于主要需求市场经济增长放缓，市场需求萎缩，直接影响到我国制成品的出口。

2. 欧盟市场

欧盟一直是中国最重要的出口产品目的地，且近些年占中国出口总份额比例较高。但目前由于原油等初级产品价格下跌、欧元走弱、宽松的货币政策等的影响，尽管经济指标总体趋于好转，但是从国外进口对于欧盟国家来说整体都有所下降。德国GDP在2015年增长1.7%；法国经济持续改善，但失业率一路高升；意大利经济刚刚开始好转。欧盟市场平均每年的进口增长，反映了进口需求的情况，一是与欧盟目的地国家的地域需求有关，二是与目的地国家的产品类别的需求有关。而中国制造业对欧盟国家的出口竞争力既受到产品供应能力的影响，又受到产品质量、价格竞争力（单位劳动力成本、汇率变化）的影响。

回顾近年来的趋势，中欧贸易总值在2012年达到5460.4亿美元，在中国外贸总值中的占比达到14.1%，比2011年下降3.7%，但欧盟市场一直以来是中国的第一大进口来源地，始终保持着中国第一大贸易伙伴的地位。另外，欧盟市场源自中国市场的进出口总额在其进出口总额中的占比也达到12.5%，对中国市场的强劲贸易需求使中国保持着欧盟第二大贸易伙伴的地位。这也反映了中国与欧盟的双边贸易在很大程度上是基于贸易的互补性。2011年以来，由于欧债危机升级使欧洲经济前景恶化，与此同时失业率不断提升，中欧贸易遭到重创；欧洲贸易保护主义抬头促使中国成为欧盟反倾销的重点目标。同时，欧盟等发达经济体实行量化宽松政策，致使全球的原材料价格与商品价格上涨，而这种输入性通胀的压力间接导致中国制造业生产成本的提高。因此中国外贸条件恶化、贸易摩擦加强、欧盟市场环境保护要求提高等原因，促使欧盟对中国商品的需求放缓，而中国如何保持在欧盟地区的出口竞争力至关重要。总体来看，中国制造业中的资本密集型货物、高端装备制造业、运输设备具有显著的竞争力，但在消费品方面尽管处于高位但竞争力有所下降。未来的出口战略需要积极调整，要加快拓展新型产业以及多样化产品，以增强需求的适销性与引导性；积极调整适应劳动力成本上涨的环境，通过产品的研发设计投入，带动出口产品的升级，制造业产品出口要立足质量品质优势；根据进口国的需求特点、需求产品类别、欧盟地域特点设立动态目标，制定有效的出口策略。

3. 日本市场

日本是中国出口产品的主要目标市场之一，长期以来在中日贸易中，中国是日本的第二大商品出口国同时又是日本第一大进口国。尤其是在全球贸易摩擦不断升级的背景下两国的经贸交流却呈现出了较好的态势，据统计2018年1—3月，中国与日本的贸易总额达到764亿美元，其中中国对日本出口贸易金额为423.53亿美元，在日本进口总额中的占比达到22.8%，同比增长7.0%；中国从日本进口贸易总额为340.48亿美元，在日本出口总额中的占比达到18.5%，同比增长14.2%。

由于受国际金融危机的影响，日本GDP的增长放缓，经济的复苏也是不断出现反复，一段时间经济数据表明经济开始增长，而另一段时间又表明经济开始萎缩，总体来看，经济数据所传递的复苏迹象较为明显。尽管日本经济发展由于受到内部不利因素——创新缺乏市场性、僵化的企业文化的影响导致制造业经济的成效下滑，在全球范围内的扩张力明显锐减，但是日本在安倍经济政策的影响下，经济恢复已经开始初现成效。例如，随着日本对外贸易的增加，日本的股市行情好于欧美市场；日元的持续走低也促进了日本本土企业与消费者对国外产品的消费需求，使消费信心不断回升、本土需求高涨，为日本整体消费市场的复苏创造了良好的环境；同时以制造业为核心业务的企业运营开始好转，对国内设备投资也在加强，海外扩张不断，主要表现在日本的汽车零部件企业目前纷纷对欧进行收购，掀起了收购潮，日欧之间签订的自贸协定有可能加速汽车产业间的融合。此外日本消费市场由于老龄化问题，市场需求规模也正在不断缩小。

当前中美贸易战正在不断升级，值得注意的是美国一直在限制高新技术对中国的出口，但是中国可以通过与日本加强贸易联系获得制造业升级所需的高端技术。因为中国与日本之间贸易的互补性较强，同时在当前新一轮科技革命的时代背景下，中国与日本可以在多个领域内进行合作，例如高端制造、节能环保、科技创新、金融服务等领域，两国企业之间可以加强第三方市场合作且潜力较大。

4. 新兴经济体市场

（1）新兴经济体国家的市场需求状况。随着新兴经济体国家基础设施以及经济、社会、法制环境的改善，提升了对外资的吸引力，越来越多的跨国公司开始将低端劳动密集型制造业由中国市场迁往新兴经济体国家，尤其是东盟国家。

一是大宗商品价格下跌（铜的国际市场价格下行，供给处于过剩的阶段）、金融市场震荡，经济增速放缓。由于大宗商品价格下跌，凡是依赖出口大宗商品且国内经济结构相对较为单一的新兴市场国家，经济处于低速增长阶段，最为显著的就是巴西的矿产资源出口受到严重影响；还有俄罗斯的石油出口等，致使国家陷入滞胀阶段。

二是新兴国家的货币大幅度贬值。俄罗斯、马来西亚、土耳其、加纳、阿尔及利亚、哥伦比亚等国家较为明显，这些国家的支付意愿与支付能力减弱，同时我国制造业产品出口到这些国家会遭遇外汇结算的风险，一旦这些国家采取外汇管制或是贸易管制措施，都会直接影响到我国出口企业无法及时收汇以及无法履行订单。

三是新兴国家的劳动力成本优势。中国制造业劳动力由过剩到短缺，需要通过提高劳动力工资来促使劳动力的供需平衡，2010年中国制造业工人的平均工资水平已经达到每月378美元，超过泰国每月263美元的平均水平，也超过印度尼西亚每月144美元的平均水平；2012

年中国工资水平比 2005 年涨了 3 倍，比印度尼西亚和柬埔寨的工人工资水平高出 4000—5000 美元；比越南的工资水平高出 3000 多美元；比菲律宾、泰国的工人工资水平高出 2000 美元。东南亚新兴经济体的制造业低成本优势正在不断发挥，而劳动力成本的差距使中国在国内市场潜力、基础设施、政府政策、劳动力素质方面的优势逐渐在抵消。

(2) 新兴经济体的发展对我国制造业出口投资的影响。当前国际市场需求疲弱，影响了我国制造业出口的竞争力，而同时中国制造业在国际市场又遭遇了来自新兴经济体国家的竞争。主要因为新兴经济体国家具有更低劳动力成本优势，致使我国制成品出口在国际市场的份额下降，具体表现在：

一是劳动力成本的竞争。越南等东南亚国家借助关税和人力成本优势，加工贸易代工生产发展较为迅速，尤其是中低端劳动密集型制造业开始向东南亚地区转移，很多贸易订单外移，有很多国际跨国公司对于利润最大化目标的追求，特别是劳动力成本的敏感性较高，因此跨国公司就要求其合作工厂在印度尼西亚、越南、马来西亚等周边国家布局来获得成本优势。所以，以印度尼西亚和越南为代表的国家由于劳动密集制造业的发展扩大，进一步侵占了我国制造业产品在国际市场上的份额，以世界知名运动品牌耐克为例，2000 年耐克公司 40% 的运动鞋在中国生产，只有 13% 的运动鞋在越南生产；而在 2012 年耐克 41% 运动鞋在越南生产，在中国生产的比例下降到 32%。

二是贸易潜力的竞争。我国进出口贸易中外贸红利正在减少，面对全球经济下滑的风险，各国尤其是发达国家的失业率不断上升，各国为扶持本土制造业并缓解就业压力，纷纷推行贸易保护主义，一方面我国高端制造业将面临发达国家制造业回归的打压，另一方面我国传统制造业将会面临来自低成本国家的成本竞争压力。因此在欧美经济疲弱的前提之下，人民币汇率、出口信贷、能效标准、知识产权保护、绿色环保标准等的贸易保护主义浪潮会不断席卷国际市场进而构成我国对外贸易的障碍，特别是对我国当前处于产业链低端环节的那些重规模轻效益的外源型制造业企业造成制约，所以依靠全球市场份额的增加来拉动制造业的快速发展会遇到各种制约。例如，2015 年开始欧盟全面取消了对我国的普惠制优惠，意味着我国产品出口到欧盟不再享有普惠制的优惠待遇，同时我国出口产品经常遭遇贸易壁垒；相反，越南将其加工制造的产品出口到东盟、欧盟、美国时，却享有各种优惠政策措施，是遭遇贸易限制较小的国家之一。从2014年开始，越南出口到欧盟的商品享有GSP；2015年越南与欧盟签署自贸协定；在TPP生效后，越南出口到美国的商品将享有零关税，这样越南出口到欧盟和美国的商品将会具有更大的优势与贸易潜力，不得不说越南目前已构成对我国制造业产品出口的严重威胁。

三是基础设施建设以及投资软环境的竞争。一些东南亚国家政府通过鼓励工业设施投资来吸引外资，例如2010年菲律宾政府开始鼓励公司合作项目，允许私营部门参与运输、能源等关键性行业的建设项目；老挝政府通过签署合作开发项目协议以及经济援助协议，来吸引技术与资本进行基础设施与铁路的修建；2011年年底印度尼西亚政府更是通过批准了一项关于土地征用的法律，旨在提高工业项目的审批效率和执行效率，并推动国内外的投资者更易获得土地的使用权。同时东南亚国家近年来开始加速对内的结构性改革以及对外的经济开放，并开始改善投资的软环境来增强对外商直接投资的吸引力。随着基础设施的改善，一些约束居民消费的基础设施瓶颈也会随之消除，消费水平提升的增长空间背后，所蕴含的消费商机对于国外的跨国公司而言是极具吸引力的。

四是消费市场潜力的竞争。东南亚国家的GDP尽管仅仅相当于中国的27%，但是国内消费却相当于中国国内居民消费的46%。若将东南亚的消费市场看作是单一市场的话，尽管比巴西国内消费市场小，但却比印度国内消费市场大，可以说是世界第十大消费市场，且居民消费占GDP的比例高于中国，这除了较低的收入水平外，主要是因为文化、宗教、基础设施瓶颈等的原因，这样就会导致同样规模的经济增长会带来比中国市场更多的消费成长。同时在东南亚区域以东盟成员国为代表，在2015年开始实行区域内产品零关税制度，这就说明跨国公司在任一个东盟国家内生产的产品就可以零关税销售到其他成员国的国内市场，进而就可以享有巨大的市场购买力，越南就是最受美国公司欢迎的生产基地。

5. 我国制造业拓展海外市场需求的措施建议

面对欧美、日本市场需求的下降，我国制造业应积极拓展东南亚市场，并进行制造业产业升级，通过制造业服务化来增强国际竞争优势，以技术创新来消除劳动密集型外资企业从我国外迁后，对我国就业、经济增长所产生的不利影响。

一是积极投资于东南亚国家的基础设施建设。东南亚国家的基础设施建设不够发达，因此对其投资需求较大。中国可以利用在基础设施建设方面的经验，发挥在运输设备、电气设备、玻璃、汽车、机械、水泥、钢铁等方面的产能优势，一方面可以消化过剩的产能，另一方面可以为中国制造业的转型升级争取更多的时间。

二是积极拓展东南亚的消费市场。由于东南亚经济的增长必然会伴随着内部消费市场的巨大潜力，所以中国制造业可以充分利用这样的机遇，积极拓展消费品市场。东南亚的消费品市场主要在劳动密集型的消费品上实现了国产化，而对于资本密集型或是技术密集型的消费品还需依赖进口，例如智能手机、汽车、空调等这些消费品还不具有较强的生产能力。中国制造业在这些消费品领域具有相比于国外发达国家的显著优势——价廉物美，中国生产企业应重点关注东南亚的市场增长潜力，拓展相关消费品的营销渠道、树立品牌形象，通过对该地区文化消费习惯的掌握开发适销性的消费品，有利于为我国制造业转型升级创造需求条件。

三是中国劳动密集型制造业应顺应国际产业转移的大方向，将国内过剩的产能积极转移到东南亚低收入国家，通过对外直接投资，充分利用当地的资源优势（能源矿产资源等）以及低成本劳动力优势。

四是制造业应扩大海外投资，推动人民币的国际化进程。基于东南亚国家在经济增长阶段急需大量的用于基础设施建设的资金，又同时存在着外汇与储蓄的缺口，因此东南亚国家对资本的巨大需求会为中国制造业"走出去"创造海外投资的目标；另外，很多东南亚国家与中国进行国际贸易以及投资信贷活动，愿意使用人民币进行结算，这样在一定程度上也推动了人民币的国际化进程，有利于中国制造业在东南亚地区的贸易及投资的拓展。

总之，由于世界经济低迷不振、国际形势复杂，要素成本价格持续上升、进口需求减少、产业转移与订单转移速度加快、最终导致外需减少；我国制造业应将出口投资的目标市场多元化分布，以降低外需减少给制造业企业带来的影响。

(二) 国内市场需求状况

中国作为未来的世界第一大经济体，可以为"中国制造"提供巨大的本土需求。中国国内市场的吸引力期望也将持续保持全球第一的规模，而这种吸引力与规模主要源自我国国内城市中产阶级居民的消费需求结构升级，也来自中国制造业转型升级的动力。将来中国国内市场较高的市场开放度以及开放信心将有助于中国制造业的转型升级，但是依然存在来自国内市场需求的新挑战。

1. 国内市场需求的发展现状

（1）全球最大规模的消费市场。我国拥有13亿人口规模的全球最大的消费市场，国内巨大的消费市场为促进我国制造业转型升级提供了广阔的市场空间，也有利于培育我国新产品、新技术、新业态、新商业模式的创新发展。党的十九大以来，党中央、国务院作出了经济社会高质量发展的部署，并要不断增强实体经济的竞争力，这为我国制造业的发展创造了新的需求以及新的市场。随着国内大规模的内需潜力不断被释放，人民群众新的消费需求、各行业新的装备需求、国防建设新的安全需求、社会管理以及公共服务新的民生需求，都对我国制造业在消费品的质量和安全、重大技术装备创新、国防装备保障、公共设施供给等方面提出更高的要求。另外，"一带一路"建设、长江经济带建设、京津冀协同发展等重大区域发展战略，也将会带动基础设施建设、重大装备供给等，进而推动制造业的发展。同时，农业现代化以及城镇化建设也会推动我国制造业发展，对制造业产品产生需求，例如城乡一体化建设将会拉动制造业内需增长，根据测算城镇化率每提高1%，将会带动5万亿元的固定资产投资以及超过1000亿元的消费需求；农业现代化建设会使农业生产条件得以改善，会提高农业技术装备水平，为制造业创造需求。所以我国13亿人口的超大规模国内消费市场，是我国制造业抓住第四次工业革命迈向中高端产业链的绝对优势。

（2）消费需求升级加快。一是人均可支配收入增多。当前我国消费需求正在经历第三次结构升级，第一次与第二次分别是在20世纪80年代与90年代，本次消费升级中，我国消费者增速最快的消费领域主要来自于教育、住宅、医疗保健、旅游、交通、通信、文化等。同时，我国消费者中城镇居民以及农村居民的人均可支配收入都在增加，2016

年城镇居民的可支配收入达到3.36万元,农村居民则达到1.24万元;家庭恩格尔系数也在不断下降,2016年城镇居民的家庭恩格系数为29.3%(与2013年相比下降5.7个百分点),农村居民则是32.2%(与2013年相比下降5.5个百分点)。

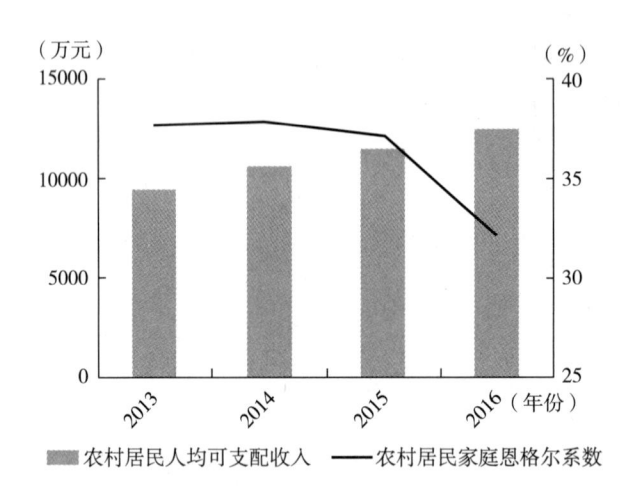

图2-11　2013—2016年农村居民人均可支配收入及家庭恩格尔系数

资料来源:根据收集资料整理。

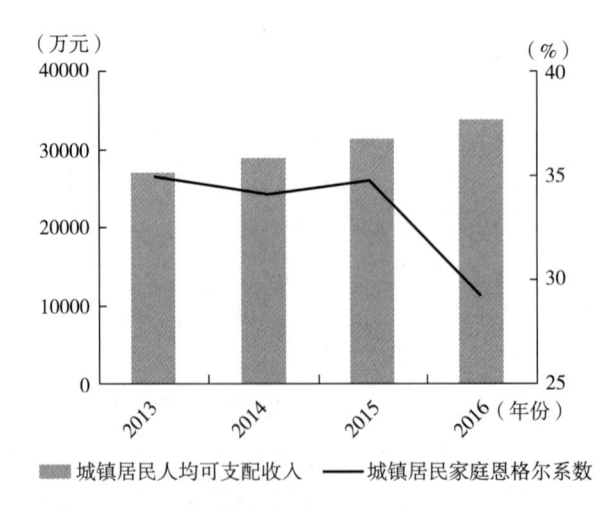

图2-12　2013—2016年城镇居民人均可支配收入及家庭恩格尔系数

资料来源:根据收集资料整理。

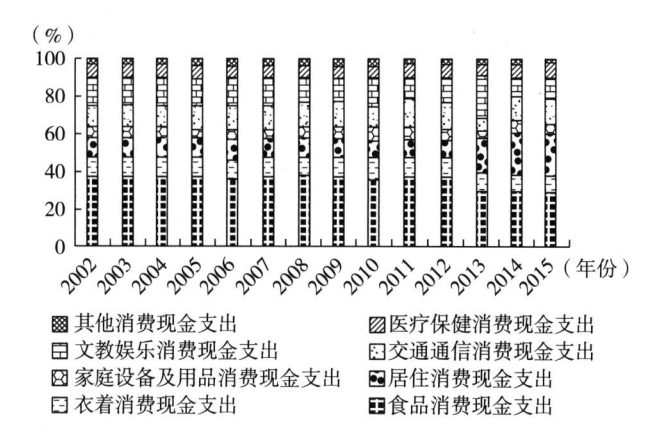

图 2-13　2002—2015 年城市居民各项消费支出占总消费支出的比例变化

资料来源：根据收集资料整理。

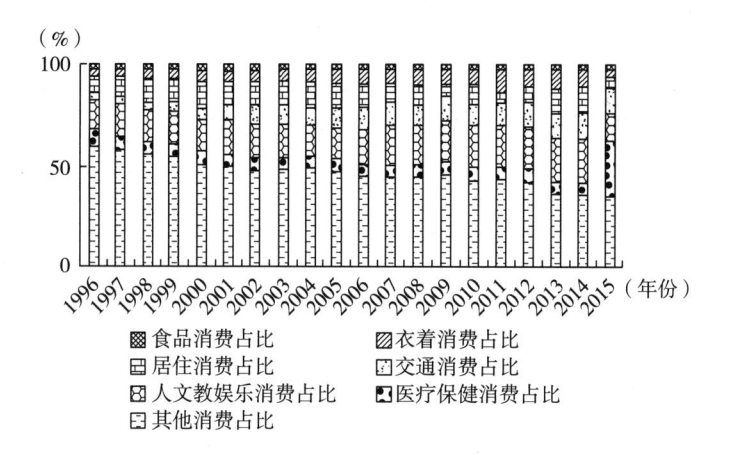

图 2-14　1996—2015 年农村居民各项消费支出占总消费支出的比例变化

资料来源：根据收集资料整理。

二是居民收入提高。2017 年我国居民人均可支配收入达到 2.6 万元，实际增长达到 7.3%；其中城镇居民可支配收入达到 3.64 万元，实际增长 6.5%，农村居民可支配收入达到 1.34 万元，实际增长 7.3%。2017 年我国居民人均工资性收入达到 1.46 万元，增长达到 8.7%，占可支配收入的 56.3%；2017 年我国居民人均经营净收入达到 0.45 万元，增长达到 6.7%，占可支配收入的 17.3%；2017 年我国居民人均财产净收入达到 0.21 万元，增长达到 11.6%，占可支配收入的 8.1%；2017 年我国居民人均转移净收入达到 0.47 万元，增长达到 11.4%，占可支配收入的 18.3%。

三是居民消费支出不断增长。2017 年我国居民人均消费支出比 2016 年名义增长 7.1%，比 2016 年实际增长 5.4%；在 2017 年居民消费支出构成中食品烟酒的支出占比最高达到 29.3%，住房支出排在第二，达到 22.4%，交通通信的消费支出占比达到 13.6%，整体呈现消费支出不断增长的趋势。

表 2-7　　　　　2017 年我国居民人均消费支出情况

	全国居民	全国城镇居民	全国农村居民
居民消费支出（元）	18322	24445	10955
比上年名义增长（%）	7.1	5.9	8.1
比上年实际增长（%）	5.4	4.1	6.8

资料来源：根据公开资料整理。

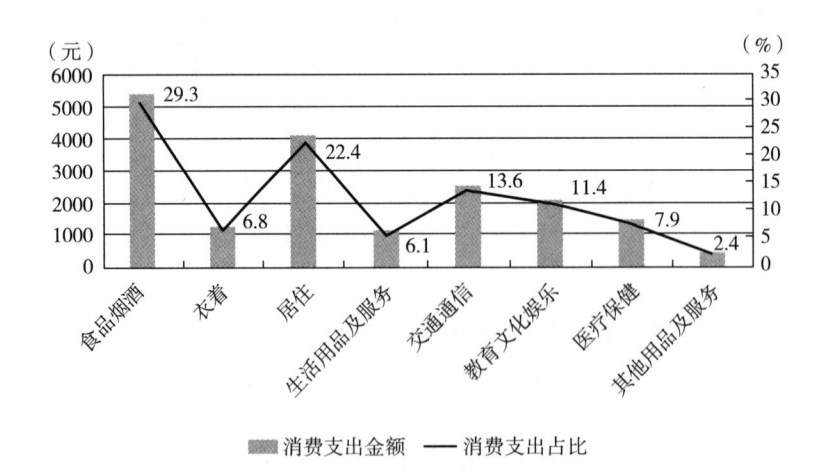

图 2-15　2017 年全国居民人均消费支出及构成

资料来源：根据公开资料整理。

2. 国内市场需求对制造业发展的挑战

我国出口企业利润空间下降，由于外需不振导致订单过于碎片化，客户越来越分散，大的订单、长期合作的订单逐渐被中小订单、短期订单所替代，外贸订单碎片化的趋势越来越显著；国际市场经济低迷，国际竞争加剧，导致企业报价较低，而国内成本的上升，使企业利润明显下降，很多国内制造业企业进退维谷，产业出现转移，劳动密集型的制造业产业开始向东南亚、非洲转移，国内的制造业企业开始向中西部地区转移，所以国内市场需求成为制造业增长的主要动力。

（1）定制化消费需求对生产性服务业提出挑战。当前我国消费者群体对产品的个性化设计、产品的质量、创新独特性都有特殊的要求。尤其是对提供产品的时间以及提供产品的服务质量也要求越来越高。作为制造业企业能否了解消费需求，满足消费者的消费体验是今后赢得市场的关键因素。同时，移动互联网的发展，使其不断与金融、商贸物流、旅游、保险、餐饮、汽车等行业密切融合，形成了第三方支付平台、国际化的数字内容平台等，在一定程度上拓展了消费新渠道，也促进了国内消费者对于移动金融、生态旅游、移动餐饮、移动娱乐、数字家庭、数字穿戴等的服务需求，这就对制造业服务化转型提出了更高要求。

（2）消费结构升级对制造业发展提出高质量要求。中国制造业高质量发展的特征主要表现为较高的居民消费率，而当前中国制造业高质量发展的最大潜力与最大资源则是来源于我国国内拥有大量人口的消费市场。所以通过将新型消费模式与我国国内的消费大市场紧密结合，就会在较短的时间内形成全球第一大市场。2016年我国居民消费在GDP中的占比不高，而美国超过70%，说明我国国内市场具有较大的消费增长空间，消费潜力巨大。这就对我国制造业产品的供给质量提出更高的要求，即要从制造业供给角度来提升产品品质并加大品牌建设，以品牌建设来满足消费需求升级。因此，激发"中国制造"的创牌意识迫在眉睫，一是由于国际竞争加剧，国际消费市场结构在不断调整，品牌价值对于"中国制造"越来越重要；二是在国内市场我国制造业的自主品牌发展创新道路可谓艰难，尽管很多制造业企业的品牌意识已经觉醒，开始通过宣传手段来提升影响力树立品牌形象。但有些品牌的发展却陷入"伊卡洛斯"怪圈，即制造业企业越是提升品牌形象努力树立高端化定位，用户就流失越多，即企业"飞得"越高，与市场的偏离度就越大。2016年6月，国务院印发《关于发挥品牌引领作用推动供需结构升级的意见》，旨在推动我国制造业转型，激发企业的创牌意识以及创造活力，因此需要政府对制造业企业品牌创新环境与文化进行优化，制订培育制造业提升质量、创新品牌、生产工业精品的方案措施，可以在我国制造业领域进行工业设计大赛，鼓励制造业企业进行品质革命、精益化生产，使制造业产品技术与质量攻关、自主品牌培育取得实质性成效；同时随着我国经济战略发展由投资拉动向消费拉动转变，这就会扭转制造业供给结构与消费结构升级不相协调的矛盾，会促使我国消费结构升级逐渐演变为制造业高质量发展的强有力的动力。这样就要求制造业要以我国消费结构升级为目标，对制造业的供给结构进行大力调整，加大对先进制造业、新兴制造业产业的投资力度，即以消费驱动制造业投资转型，以消费来调整制造业的产业结构，进而形成我国制造业转型和升级的内在驱动力。

案例十　中集的技术创新与精益化生产

早在2010年深圳中集就实现完成了一条名为"梦工厂"的集装箱生产线，在这条生产线上集合了该行业中最为先进的自动化技术与工艺，可以实现整个集装箱生产过程中所涉及的物料闭路循环。这就意味着深圳中集可以采用该技术将过去高能耗、高污染、高强度体力劳动转变为精益化制造模式，其结果是将企业产能提高50%，95%的生产用水被直接循环再使用，电能消耗降低30%。

同时，中集非常重视道路运输专用车的业务研发，将研发基地设在澳大利亚，生产能力成为世界第一；中集生产的"天达"品牌飞机登机桥在40个国家的170个机场使用。中集一直强调企业的精益化生产，形成了精益生产的ONE模式（Optimization Never Ending），即持续改善，永无止境。该模式的主要内容包括两个方面：一是围绕产品强调安全、标准、品质、成本、物流计划、制造技术；二是强调日常业务改进（包括创意工夫、QC活动、职层教育、文化）以及效率化工作方法。

（3）国内消费需求环境较为粗糙。根据迈克尔·波特的"钻石模型"可以得出，制造业产业竞争力的形成会受到国内市场需求结构的影响，而国内需求结构越是处于劣势地位就会越影响到消费品制造业企业的竞争力，即消费市场越挑剔，产品的质量就越高，生产商就越有竞争力。当前我国经济处于工业化发展的中期阶段，由于我国还存在城乡二元结构，社会现代化程度、社会消费水平与消费质量相对较为低下。在很多大宗日用消费品中如药品、食品、饮料等的"国内需求精致程度"较低，显然与发达国家存在较大差距，正是因为我国国内的需求环境粗糙，所以难以拉动制造业产品的高质量发展，也难以培养出具有高端品质的制造业品牌。尽管我国国内的外资、合资制造业企业通过新产品能在一定程度上拉动国内消费需求的精益化，但是利益驱动的国内大环境也会影响这些企业的长期行为，这样消费品制造业企业就会面临发展的困境——在高端消费者直接购买进口品牌时，如何获得稳定的消费者群。所以汇源、伊利、双汇等食品行业的领袖企业就会面对国内挑剔消费者的需求，主动提升产品采购、产品生产的透明度管理，并为国内消费者细分出差异化的多品牌选择的产品来获得有价值的消费者群。例如，双汇集团通过在美国市场收购最大的肉类生产与加工企业，旨在消费者群中树立精细化产品品牌形象，通过产品多元化设计与定位提升企业的竞争力。

（4）政府监管不到位影响良好需求环境的塑造。在我国消费品制造业行业存在着较为普遍的"劣币驱逐良币"的状况，所以对药品、食品、饮料等行业塑造良好的需求环境不利；同时，政府在制度法规等方面的监管不力，使整个制造业行业的供给环境在当前的社会转型期中表现为极大的逐利现象，制造商普遍存在投机侥幸心理、行业存在种种潜规则盛行的局面。究其原因一是制造业行业部分生产者缺乏基本的诚信经营、底线遵守的价值观，特别是在药品行业存在掺假行为以及食品行业的食品安全质量隐患，但是这些事件行为并未得到真正有效的治理，影响我国需求消费环境的良好发展；二是在耐用消费品、工业制成品的制造业行业中，也存在劣币驱逐良币的现象，例如，在我国的轮胎制造行业中，尽管我国是世界上最大的轮胎出口国，轮胎出口的质量标准达到国外客户的严格要求，但是在我国国内的轮胎供应体系中却缺乏诚信机制，加上整个行业的潜规则以及政府监管不力，形成低质低价的恶性供给循环，最终造成国内的商用车以及工程机械车辆的配套轮胎不符合标准，甚至成为没有售后"三包服务"的隐患产品，长期下去会造成我国制造业不良的行业风气，会影响供给结构，甚至影响到制造业企业的长期竞争力。

案例十一　海尔的品牌建设经验
——品牌发展的内生动力

中国制造业企业在进行自主品牌创新时，除了要维护诚信品牌生态，还要更多关注用户的忠诚度与黏度，可以利用平台经济以及品牌社群来增添内生动力。

1. 社群化服务

社群化服务要求制造业企业在创牌的同时，注重与用户消费需求的紧密衔接不能出现断层，尤其在网络化战略阶段，企业的品牌理念更应以用户需求为中心。海尔的品牌发展之路特别强调对用户的服务，从一开始强调服务的规范化到服务的个性化，再到如今的社群化服务，海尔始终遵循服务理念的创新。

2016年开始的供给侧结构性改革强调供需两头的协调发展，而海尔从用户需求出发，通过建立大规模定制的互联工厂来激发用户的积极参与度；同时海尔实现了由家电制造商向创客平台的成功转变，尤其是充分发掘用户需求的创客小微的成功，为中国制造业实施品牌战略树立了示范。

社群化服务——"人单合一"的智慧服务模式。海尔进行品牌创新尤其注重"人单合一"，即在用户参与交互的过程中进行智慧服务，展开了"用户画像""用户监督""用户付薪"等模式，让企业的品牌声望与信誉由用户来决定评价。"人单合一"的智慧服务模式从用户需求出发，这种管理模式的创新是对传统生产模式由产到销的逆转，这也是海尔目前品牌管理创新的本质与亮点所在，也正因此才促使海尔集团无论是在"走出去"的"中国制造"行列中还是在今天智能时代的"中国制造"行列中，其都始终处于前列。

社群化服务——以用户为中心。海尔集团之所以能够形成自己鲜明的自主品牌，完全依赖的基础就是不断创造用户的终身价值，建立以用户为中心的价值矩阵，通过物联网以及社群经济创造外部和内部条件环境，使用户参与并融合到企业生产管理的各个环节，以用户需求为企业品牌发展的根基，创造无可替代的独有的品牌价值壁垒，进而形成品牌发展的核心竞争力。其品牌核心竞争力还具体表现在以用户需求为基础建立的白电转型平台（三店合一）、金控大共享平台、投资孵化小管家、COSMOPlat等，这些服务战略的实施进一步增强了海尔品牌的竞争力。

2. 平台经济

海尔的平台经济主要是利用用户的价值矩阵来产生企业品牌发展的动力进而进行战略升级，这种升级主要是由以用户为中心的价值矩阵转变为以社群为中心的价值矩阵，这种转变要求企业要将产品、品牌、用户、经销商等多种元素多元关系进行紧密结合。这也是海尔集团品牌发展的升级战略，即从过去的品牌经济转变到平台经济，从过去的产品经济转变到社群经济，从过去在品牌1.0时代以产品为中心的创名牌战略转变到互联网背景下品牌2.0时代的以用户体验为中心的企业生态圈建设，海尔完成了由生产商向平台提供服务商的成功转型。

3. 品牌的全球布局战略

目前，海尔在全球的主流品牌主要包括海尔、统帅、日日顺、卡萨帝、斐雪派克、GEA、AGUA等，不同的品牌对应于不同的市场定位。海尔的国际化品牌战略并非采取立竿见影的收购方式，而是借助于与品牌经销商、用户共同参与制定销售管理模式而获得共赢，进而壮大充实品牌实力。统帅就是一个典型的盈利驱动的案例，统帅一开始是滞销，后来海尔让经销商先计算盈利空间后再进行订货，因为利润空间较大，使统帅品牌的代理销售远远超过海尔集团其他品牌的销售，而这种盈利驱动的良性循环印证了海尔的品牌战略即多变市场的价值矩阵，其特别强调客户、客户面对的用户之间的多方利益的价值创造，这与追求制造商给代理商销售返利的单边市场不同，在最大限度上调动了产销各方的积极性，找到各方利益的平衡点，最终又促使这种价值创造反哺制造商品牌，产生品牌发展的后续驱动力。海尔的开放式平台模式以及成熟的管理经验将会为中国制造的品牌创新战略增添新的可能。

案例十二　安徽制造业集群与品牌建设

中国制造业当前正在向质量经济与品牌经济转型，制造不断推进制造业的国际竞争力。

1. 安徽制造业集群与品牌建设的现状

第一，建立制造业商标品牌基地。安徽制造业品牌中知名品牌、高科技高端制造业品牌的数量较少且品牌价值低，但随着安徽质量强省战略的推进，在标准、质量、检验检测、认证认可等方面开始形成质量品牌的升级推进制度，同时通过加强商标代理服务体系、质量诚信体系、商标维权保护制度、商标海外注册及维权机制等的建设来推动名牌产品评价，在此基础上安徽布局专业商标品牌基地，使制造业品牌价值再升级。至2016年上半年安徽省有效注册商标共计21.36万件，在全国位居第14位；安徽省目前拥有252件驰名商标、94件中国地理标志商标、6个全国知名品牌示范区、72个省级专业商标品牌基地；至2015年安徽获得2个中国质量奖、7个中国质量奖提名、8个省政府质量奖；奇瑞、江淮、海螺、古井贡、淮南矿业入围"2016年中国品牌500强"，海螺水泥的品牌价值达到310.87亿元，在全国排名第92位；安徽还建立了先进标准体系，重点支撑汽车及零部件、工程机械、新材料、电子信息等制造业优势产业实施商标品牌战略，鼓励制造业企业建立工程研究中心以及技术中心；目前安徽工业品牌体系初步形成，根据全国制造业质量竞争力指数公报，安徽的制造业质量竞争力指数在2011年为82.58，2015年为85.53，由2011年全国的第13位上升为全国的第7位，比2015年安徽工业总产值在全国的排名高出7个位次。为带动制造业产业集群的发展，建立制造业商标品牌基地，安徽不断支持制造业龙头企业通过资源的进一步整合以及"互联网+""走出去"等战略的实施，来促进制造业企业的品牌做大做强，分别在合芜蚌自主创新综合试验区、皖江城市带承接产业转移示范区、皖北加快发展区等培育商标品牌基地。当前安徽纺织业拥有5个中国名牌、5个中国驰名商标、3个全国服装家纺自主品牌、4个产业集群、6个产业转移试点园区；农产品生产加工行业拥有27个中国驰名商标、403个省级著名商标、安徽名牌；茶产业品牌中仅就六安茶谷为例，2015年六安茶谷拥有219亿元区域品牌价值（中国质量认证中心评价），在全国119个品牌示范区中排第7位。2016年拥有98个茶产业品牌、3个驰名商标、5个著名地理标志商标、3个地理标志保护产品、30个著名商标、7个安徽名牌。

第二，建立制造业知名品牌示范区试点。安徽通过建立制造业品牌示范区，旨在以制造业规划与品牌规划为引导，寻求2013年淮南全国防爆电器知名品牌示范区获得国家质检总局批准；2015年马鞍山博望全国折剪机床产业知名品牌示范区、无为全国特种电缆产业知名品牌创建示范区通过验收；2016年开始筹建合肥新型显示产业、滁州智能家电产业、宁国核心基础零部件产业等全国知名品牌示范区；2016年国家工信部授牌叶集经济开发区产业集群区域品牌建设试点单位。

2. 安徽制造业集群与品牌建设中存在的问题

（1）制造业产业集群缺乏产业特色。2015年安徽全省的189个产业集群专业镇拥有4390家规上企业，占安徽全省规上企业数量规模的1/4；2015年共实现增加值1519.2亿元，占全省的15.5%。尽管安徽的制造业集群专业镇具有地域资源特色且依赖专业市场分布较广，但大多是中小型企业，缺乏龙头企业的带动且无产业专业特色。具体表现为在皖北地区主要是再生资源利用产业集群，而在皖中与皖南主要是机械装备制造业以及家电产业集群，目前只有近20%的产业集群形成了由龙头企业带动的结构布局，大多数集群既无产业特色又无品牌凝练，同时集群内部的制造业企业缺乏有效的专业分工协作，对于产品研发、组织管理、品牌资产的积累投入较少，使产业集群内的中小型制造业企业成长较缓、资源整合能力较弱、产业链条延伸不足。

（2）集群内部制造企业品牌建设较为落后。在安徽全省189个集群中共计拥有107个地理标志商标与地理标志保护产品、43个中国驰名商标和40个中国名牌产品，但是大多数集群内的制造业企业是家族式管理模式，企业组织结构不合理致使运营效率低下、盈利能力缺乏后劲，不具备实施品牌建设的制度与经济条件，更是缺乏对于品牌战略的长远规划，面临着产品趋同、附加值低与价格竞争的局面，而对于突破关键技术，形成知名品牌与特色产品的动力不足。

（3）区域品牌的辨识度较低。安徽制造业产业集群主要是以中小企业开展传统制造业为主，且大多数采用的是贴牌生产加工，因此能够实施品牌战略的企业特别是能够联合使用商标的企业不多，集群内部更多的制造业企业因为没有形成专业的分工合作链条，所以各个制造业企业之间在品牌合作方面没有达成显著的意愿，区域集群的品牌培育主要依赖于外部市场。即使有些集群已经实施区域品牌建设，但是品牌创新意识较弱，影响了集群内部制造业转型升级的效率。

3. 安徽制造业集群与品牌建设的发展策略

（1）应在集群内部推进质量标准，借助于品牌经营来促进制造业转型升级；发挥典型品牌的示范作用，例如六安茶谷、博望机床、高沟特种电缆、叶集木材等。

（2）引导规模较大的制造业产业集群进行区域品牌建设；对于规模小但是知名度较高的制造业集群，通过提升质量来强化品牌建设；对于没有龙头企业带动的制造业产业集群，应注册集体商标，不断推进区域品牌建设；促进制造业产业集群的专业化分工协作，通过制造业产业链的合作鼓励上下游制造业企业使用共同商标，最终建立区域品牌。

（3）建立品牌培育机制，建立区域品牌宣传，并建立品牌服务平台，包括质量检测、标准认证、境外注册、优先采购、出口补贴等品牌服务体系，最终能够促使制造业产业链的上下游企业可以在质量、技术、标准等方面实现有效对接；建立完善品牌数据库，科学评价区域品牌的信誉风险与产品质量安全；建立区域品牌管理体系，对品牌的创新与发展进行管理并提供决策服务。

（三）市场需求创新驱动的制造业升级路径

1. 市场需求创新驱动下制造业升级的意义

制造业企业对于市场的开拓即意味着制造业企业对市场需求的不断满足，而市场需求的满足主要在于需求宽度与需求深度两个层面。一是需求的宽度主要是指消费者或是客户的分布广度，依次表现为制造业企业的需求、国家战略安排的需求、国内的普遍需求、国际市场需求；二是需求的深度主要是指需求的客体所表现出来的或是隐含的由浅至深的需求层次，即首次的需求、升级的需求、创造的需求。对于中国制造业而言，在当前消费不断升级的背景下，要不断发现并创造需求，通过各种创新的方式来满足需求，并最大限度地开拓新市场需求，这就要求制造业企业应以满足消费者或是客户多样化、差异化、深层次的价值需求为核心，通过商业模式创新、消费形式创新、体验创新才能实现企业升级。

通过对顾客体验的深入了解，满足或是颠覆原有需求，实现顾客的使用价值，在顾客需求的广度与深度中寻求创新市场需求。制造业中战略性新兴产业在初期发展阶段，需要依赖足够大的市场需求才能逐渐实现产业的规模经济使企业得以扩张；而传统制造业则是通过对原来的市场需求特性进行颠覆，不断进行市场拓展，这样市场需求的创新既可以使传统制造业与新兴制造业、服务业不断融合，也可以促进传统制造业不断向服务化、高端化迈进，因此拓展市场需求、市场需求创新驱动是制造业发展的前提。

表 2-8　需求创新与技术创新的比较（苹果、索尼、三星的比较）

项目		苹果公司 iPad/iTunes	索尼、三星
创新路径		不断满足新需求	研发新技术
创新导向		注重顾客价值的完美实现，不断挖掘顾客的新需求	努力形成差异化竞争优势，借助于技术研发的领先优势，生产多元化的产品
创新形式		重新定义顾客价值，完全颠覆市场对传统产品概念的理解，借助于技术集成以及商业模式的不断创新	追求成本控制以及技术领先，注重渐进式的创新、非突破式创新
需求要素	需求内容	1. 基本功能 2. 质量性能 3. 使用便利性（iTunes 音乐商店提供音乐检索、浏览、购买等自由便利性功能） 4. 情感功能 5. 社会象征性功能（潮流、时尚元素的添加）	需求属性为主： 1. 基本功能（音乐播放的音质与音效等） 2. 质量性能 3. 审美功能
	需求层次	非主流层次	大众主流层次（中低端为主）

续表

项目	苹果公司 iPad/iTunes	索尼、三星
顾客价值	个性化、时尚化、便捷化、高质量的音乐体验	1. 性价比更高 2. 更专注播放功能改善的音乐播放器

资料来源：熊鸿儒、吴贵生、王毅：《基于市场轨道的创新路径研究——以苹果公司为例》，《科学学与科学技术管理》2013年第7期。

2. 市场需求创新驱动的制造业升级路径

大唐电信就是从国家战略需求的层面逐步向国际市场深入发展，通过对客户价值的深入发掘，不断发展4G产业；苹果公司也是如此，通过深度理解顾客的需求差异，引领需求、创造需求，最终形成"最完美的用户体验"。

（1）技术创新。例如，苹果公司在进入手机行业时，诺基亚已经掌握了该行业的核心技术，而苹果公司并没有在核心技术上与之进行角力，而是将零部件与现有的技术进行集成，使iPhone手机将各种硬件功能（音乐播放器、掌上电脑、相机、手机）集于一身，同时将公司软件开发的成果赋予手机用户，使之获得较高的价值体验。

（2）设计创新。制造业企业的设计创新要求制造业企业能够突破产品本身的意义范畴，将产品赋予用户的功能拓展为对其使用的心理、文化层面的发掘与设计，不仅满足用户最基本的使用功能，还要考虑使用产品的语意功能——潜在的心理需求、习俗、社会影响、消费者形象、人文影响等。

（3）模式创新。制造业产品的需求创新应为用户创造更多的价值，要求企业能将各种经营要素进行转变，从转变的企业要素中获取更多的利益，例如海尔不仅是一家家电生产企业，更多的是能为用户进行一体化解决方案的设计者。

（4）用户创新。制造业企业在进行产品设计时用户可以直接参与，使制造商可以按照用户需求来进行定制，最终通过与用户的直接互动来促进产品的商业化。苹果公司就曾将用户的软件创新成果用于产品设计中，并给予该用户长期的利润分成。而当前随着新兴技术的广泛应用，用户通过实际体验进行的创新可以不断与研发机构、生产厂商进行互动交流，使生产商过去传统的标准化的模式转变为个性化、定制化的方式，这样一方面可以使用户个性化的需求得以满足，另一方面促进了制造业企业创新的宽度与深度，用户参与厂商设计的壁垒将会逐步降低。

表 2-9　　市场需求创新驱动下的制造业升级的路径

制造业升级阶段	传统制造业	新兴制造业	
		建立初期	进入成长期
阶段一	深度发掘市场需求	适当的市场规模	新技术商业化
阶段二	技术创新 设计创新 模式创新 用户创新	新技术、新产品的广泛应用	创造新需求
阶段三	与服务业融合 与新兴制造业融合	新技术升级	培育新兴制造业
阶段四	组织结构升级 盈利模式升级 服务方式升级	新兴制造业进入成长期	拓展市场宽度

资料来源：根据收集资料整理。

制造业转型升级离不开对市场需求的创新，随着我国消费市场升级，对制造业产品的高质量要求越来越多。但是对于制造业企业而言，创新需求需要坚守"工匠精神"，这就意味着制造业企业需要展开全员参与的企业全系统创新——研发、生产、管理、销售、财务等各环节的创新，并在企业所涉及的所有平台岗位能够获得相应的认知与专注执行；同时能将生产制造与服务融合，将互联网融入企业各环节，延长企业生产制造的价值链，通过对客户潜在需求的把握，将需求设计成显性化的产品与服务，切合客户的服务需求与体验需求，从而实现需求创新。

五　文化约束因素

中国制造业在发展过程中，企业家对于传统文化的艰苦奋斗以及包容并蓄的精神进行了传承；但是制造业发展也会受到文化观念与固有的价值观的影响，进而约束了制造业发展的活力与竞争力。

(一) 中国制造业发展中文化因素的影响

1. 缺乏支持制造业发展的正确社会价值观

当前缺乏发展制造业正确的社会价值观引导以及发展实体经济所必需的社会氛围的形成，在制造业企业发展过程中仍然存在较多的短期投机行为。例如，当很多制造业企业跻身全球财富500强时，整个社会氛围却未真正意识到"中国制造"大而不强。中国现代化经济体系的建立不仅仅需要石油资源类和金融服务类的巨型企业，更需要作为经济体系建立的基础产业——制造业。但是很多制造业企业发展遇到了转型升级的"瓶颈"——研发设计以及技术人才培养所需的资金不足，且长期以来得不到社会各方面的重视，所以企业的利润率在不断下降、制造业的研发技术人才不断流失。

我国各级政府部门一直以来对于制造业企业发展还未营造出应有的配套环境，例如制造业所需的复合型人才与技能型人才的教育体系建立，以及民营中小型企业转型升级所需资金的支持等。首先，表现在很多制造业企业自身研发的动力不足，行业协会组织也未发挥应有的功能来调动国家与企业的合力来促成技术联合攻关，致使制造业下的一些子行业陷入技术过度依赖的陷阱。例如，机床工业作为制造业的母工业，其在高端机床领域涉及的PLC等的核心部件目前还主要依赖从德国、日本进口，说明我国制造业某些领域存在"开发动力不足，洋大脑统治"[①]的局面。其次，表现在金融体系对于制造业发展的支持不足。金融体系不能只追求自我循环发展，而应注重对我国实体经济的支撑，尤其是对于我国中小型制造业企业的贷款支持，尽管现在金融体系已经建立了分类贷款政策以及准备金差别规定，但由于小微企业的发展环境始终未得到政府部门的重视，最终还是让更多东部沿海地区的实体企业转向房地产以及理财市场。同时，还存在风险投资、私募基金对于实体经济创新创业支持的力度与规模不够稳定，致使很多制造业行业的创业者望而却步。最后，由于制造业实体经济长期以来未得到整个社会在价值

---

① 《第一财经日报》2013年9月25日。

观取向上的正确认识，还有关乎国家战略发展的共同认知，再加上制造业产业协会影响力不足等原因，造成当前我国制造业与政府目标、金融支持、教育体系构建等相背离，无法形成互融互利的良性循环发展体系。

2. 中国制造业企业竞争中的文化劣势

制造业在发展过程中，由于我国整个社会未形成良好的对于制造业关乎国家未来命运的共同认知与价值观取向，致使各级政府政策措施、金融贷款支持、产业协会组织号召力、教育体系职业教育发展等相互脱离，无法对制造业发展形成正向支持与合力。

一是促成当前制造业企业家共识分散，表现在要么单打独斗或是个人英雄主义，要么相互拆台等文化劣势行为。

二是共同的国际化前景以及共同的产业发展大目标并未将制造业企业家凝聚在一起形成合力，不如发达国家日本、德国等的实体企业（包括上下游环节、同一环节制造业企业之间）能够联合走出去共同开拓市场、共同参与行业技术研发。例如，日本产业政策的成功在很大程度上得益于日本特有的社会文化传统——危机意识以及民族共存意识，同时日本的商业文化具有群体文化的显著特征，群体利益高于个体，在商业道德上也崇尚协商、忍让，这样就为日本产业发展形成了特有的行业协调机制、劳资协调机制、官产学研协作体制等，整个产业领域较易接受和执行国家的产业政策，为政策的实施奠定了团结的社会基础。

三是发展制造业的价值观取向偏重于短期投机行为。当国家发展制造业没有形成良性发展的产业链条时，很多制造业实体企业家放弃实体经济转向海外购买资产以及投资热点领域——房地产或是理财领域。

案例十三　三一重工与中联重科的恶性竞争升级

2012年至2013年，由于整体工程机械行业的销售下滑，行业市场在进行调整，三一重工与中联重科之间的竞争也在不断加剧，双方由于缺乏良好的沟通渠道与沟通机会导致恶性竞争不断上演，对整个重型机械制造业造成了不良影响。

先是中联重科被爆出虚假销售，随后三一重工也爆出在销售上进行造假，甚至有媒体直接曝光三一重工在辽宁、新疆、山西销售造假，仅是通过沈阳众森工程机械设备销售租赁公司进行虚假销售的金额就高达4.15亿元，还有爆料甚至声称三一重工的销售造假行为已经导致被机械行业协会清退。[①] 为此三一重工在2013年6月多次声明将对失实报道媒体追究责任；随后三一重工和中联重科的"口水仗"升级，双方各自的财务问题也被频频曝光，双方都通过媒体表明公司不存在"虚增利润"的心理动机。

三一重工与中联重科是我国工程机械制造行业的标杆与龙头企业，双方在行业发展中本应理性竞争，营造和谐的经营氛围，但是双方却选择了在发展中明争暗斗、相互拆台的恶性竞争方式，都不能站位到行业长远发展的高度。中联重科是全球工程机械行业中产业链最为齐全的企业，而三一重工是全球最大的大排量、长臂架泵车的制造企业，双方都具有各自的显著竞争优势。但是双方的恩怨已久，早在2006年就发生过"短信门"事件[②]，当时由于中联的一台泵车发生泵架断裂，随后很多用户就收到了相关事故消息；2010年11月中联重科收购意大利CIFA公司，就收购代价双方高层进行了一场口舌之战，之后三一重工收购德国的普茨迈斯特公司也遭到中联重科的炮轰；随后涉及中联重科80米泵车申请了吉尼斯纪录，而三一重工的86米臂架泵车匆匆下线，却没有申请；2013年3月在日本大地震引发福岛核电站泄漏事件中三一重工的泵车无偿援助了日本，但是灾后重建日方30台泵车的采购却没有购买三一重工的产品，而是选择了中联重科；2013年7月双方都发布了世界最大的履带吊产品——三一的是3600吨，中联的是3200吨，三一重工多出的400吨遭到质疑；还有在泵送设备产品方面，中联一直在玩数字游戏与三一进行竞争抗衡，例如三一推出37米的，中联就推出38米的，三一推出46米的，中联就推出47米的，三一推出48米的，中联就推出49米的，当三一推出72米的时候，中联就此罢手。可见双方的产品设计研发策略、市场营销战略，甚至对外发布新产品的时间策略都极为接近与类似，

[①] 21世纪经济报道，《中联与三一缺乏沟通渠道导致恶性竞争不断》，新浪财经，2013年6月14日。

[②] 中国建筑新闻网，《三一重工与中联重科竞争处于白热化状态》，搜狐财经，2012年11月30日。

业内人士一直认为两家企业的竞争达到了白热化程度。甚至有传言说两家企业之间还进行了"挖角门"、上演了"间谍案"等窃取对方商业机密。总之，为了赢得竞争占有市场，双方企业之间的业务人员都使用了较为过激的销售手段——零首付购机，甚至双方的高管们不惜暴露机械工程行业的收款风险在微博上相互"对掐"搞微博战。

（二）营造有利于中国制造业发展的创新型社会文化

1. 制造业技术创新下的包容文化建设

文化因素会影响制造业企业的特征以及企业行为，进而也会影响到企业的创新成败，发达国家尤其注重创新型社会文化的营造。

首先，发达国家对科学技术的创新发展保持积极的态度。例如，日本对科技创新与科学文明持有肯定态度的人群占比非常高，仅有8%的人认为科学技术带来的负面影响会超过正面影响，大多数民众坚信科学与技术有益于改善人类生活；而在美国80%的民众认为科学与技术已经改善了人们的工作环境；在德国从普通民众到科学家都会用科学的方式来进行思考，并用科学的方法来指导自己的行为。

其次，在发达国家规避风险与承担风险的看法虽不尽相同，但是在对待创新失败的态度上却有共同的地方，即社会具有普遍的容错文化氛围，这种文化氛围鼓励将创新失败看成一种财富，容忍失败并鼓励失败的国家才富有创新精神，因此美国社会的创新力得以保持世界领先地位主要就是基于创新文化的建设，美国试图建成一个宽容的社会，给任何创新者"一个机会"是美国民众的普遍心态。

最后，我国当前正在进行创新驱动发展的经济模式，制造业企业应努力营造一种对待创新的包容性文化氛围，宽容失败才能不断激发创新热情与积极性，企业应形成一种对创新者进行尊重与包容的文化，鼓励员工大胆进行创新，唯有这样才能产出更多的创新成果，最终形成企业的自主研发技术，提升企业的竞争力。

2. 加强"中国制造"的工业文明建设

当前的社会价值观以及对于制造业不够重视的社会氛围，会对中国制造业进一步利用工程师红利以及技能素质来创新竞争力产生不利的影响。但中国已经成为世界工厂，且随着"中国制造"不断"走出去"，还会产生更多的国际化品牌与企业家,所以未来"中国制造"的质量是否能成为国内外消费者认同的标识,是否能够成为真正的"中国创造"至关重要,因为生产更为复杂的产品以及创造先进的工具和环境,研发更为高端的制造业需要更为复杂的学习过程,这期间需要支持制造业发展创新的知识网络以及创新能力。[1]

中国当前要打造"中国创造"以及"中国智造",要积极投入中国工业文明的建设中,将制造业发展的基础夯实,整体社会形成合力助推中国制造业发展,不能停留在要素禀赋的传统优势上,而应加大创新力度,鼓励制造业企业一线的技能工人与技术工程师积累创造,通过"中国质量""中国品牌"来攀升全球价值链,并增强在国际市场中的话语权。

案例十四　中国制造业企业"走出去"的环境差异障碍

中国制造业企业"走出去"在美国本土新建企业,遇到了来自文化与环境、设施的各种障碍,例如福耀玻璃就遇到了很多"水土不服"的情况,一是中美之间存在文化方面的差异导致企业的沟通成本加大,因为美国工厂的劳动效率并没有中国工厂高,中国工人每年平均工作2200 小时,而美国工人每年平均工作 1790 小时,所以在美国新建的中国工厂中,美国工人常被抱怨比中国工人懒惰且多事,而美国工人也常常抱怨中国老板对工人较为苛刻;二是对于像福耀玻璃这样的中国制造业的领军企业而言,很多美国工人的技能根本达不到企业的基本要求,所以福耀玻璃为了更好地培训美国工人学习必要的技能,以此来适应中国工厂的工作模式,就得花费大量的人力、财力派国内员工去美国对美国工人进行业务技能培训,这期间涉及各种问题,包括国内员工去美国进行培训的签证问题。此外,在美国进行制造业直接投资还缺少较为成

---

[1] 引用 Ricardo Hausmann 和 Cesar Hidalgo 关于过去 60 年各个国家经济发展分析研究的结果,《经济复杂性报告:勾画繁荣之路》,2011 年,www. cid. harvard. edu/documents/complexityatlas. pdf。

熟的制造业业态，这在服装制造业企业中表现较为典型，中国服装制造业企业在美对外直接投资新建工厂，需要在美国本土重新建设新的、完整的流水生产线，必要的时候还需美国当地政府迅速改善制造业基础设施并提供良好的资本环境与支持政策。相反，在当前我国外汇管控较为严格的情况下，特别是企业对外进行房地产、娱乐、体育等方面的投资时，我国政府都进行了资金领域的管控，但是对于中国制造业企业"走出去"探索企业的升级之路进行海外实体投资，无论是福耀玻璃还是美的却并未进行干预。

六　中国制造业竞争环境分析

（一）构成制造业竞争环境的驱动因素

由表 2-10 可以看出，构成制造业竞争环境的驱动因素主要来自两个方面：一是来自政府。主要涉及政府对制造业及制造业创新的投入与重视，还包括制造业所处的社会条件——硬件（基础设施）与软件（法律体系、医疗体系、经济体系等），除了软硬条件必不可缺外，政府对制造业的重视与创新投入最为重要，直接关系到制造业的先进程度与发展水平，例如我国政府 2015 年颁布的制造强国战略——《中国制造 2025》主要就是推动我国制造业迈向中高端的战略部署，而美国实施的再工业化战略旨在通过非常规油气资源开发、跨国公司的回流、先进制造业的发展来促进美国实体经济复苏；二是来自市场。主要涉及本地需求先进的程度、供应链的合理布局、各项生产要素成本优势（能源、资源、劳动力、人才创新）等，而其中人才驱动的创新是构建制造业良好竞争环境最为关键的因素，这在欧美发达国家的制造业企业中体现较为明显，例如德国制造业企业的管理者，就较为重视员工的在岗培训与外部轮训，这样一方面可以塑造制造业企业员工的进取心与企业文化，另一方面可以激发企业一线员工的软性技能（产品设计能力、产品多样性开发的潜能等），进而会使企业员工传统的硬性技能、软性技能、企业知识资产积累等相结合，既有利于发挥制造业企业的创新潜力，又能够加大企业的创新力度。中国制造业企业虽然拥有相比欧美国家较低的劳动力成本，但是在每百万人口中研究人员数量、创新指数、劳动生产力、员工培训投入等方面，都低于样本国家的平均值，特别是美国与德国等发达国家制造业企业员工的单位产出明显高于中国企业员工的3—4.5倍。① 因此，政府对制造业的重视与创新投入、人才驱动的创新是影响制造业竞争环境的关键因素。

表2-10　　制造业竞争环境的驱动因素

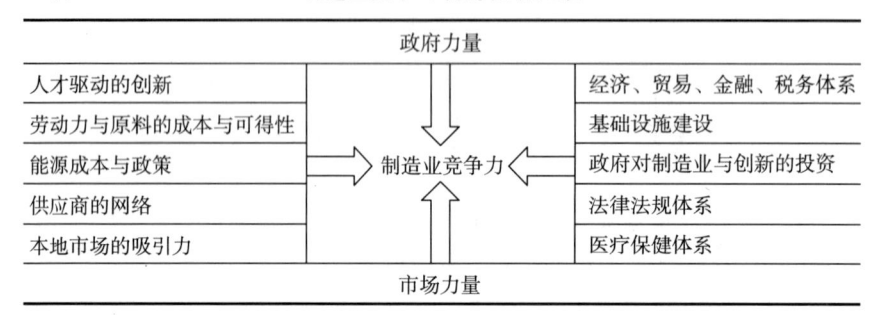

政府力量	
人才驱动的创新	经济、贸易、金融、税务体系
劳动力与原料的成本与可得性	基础设施建设
能源成本与政策	政府对制造业与创新的投资
供应商的网络	法律法规体系
本地市场的吸引力	医疗保健体系
市场力量	

资料来源：德勤有限公司与美国竞争力委员会：《全球制造业竞争力指数》。

（二）中国制造业竞争力驱动的国际比较

通过表2-11可以看出：第一，中国制造业在"人才驱动创新"方面的指数为5.89，而德国为9.47，中国制造业人才驱动创新仅相当于德国的60%；而在政府对于制造业与创新的投资方面，中国为8.42，超过了德国的7.57与美国的6.34，这说明中国政府投入制造业研发的力度较大。而在制造业企业与高校/研究机构的合作成效方面、制造业企业对于高素质人才吸引、制造业企业一线工人的素质方面，仅仅达到德国40%—50%的水平，但是在我国的苏州、无锡、常州等地，以及制造业中的高铁制造、大飞机制造、航空航天等行业，都会超过世界平均水平。

表2-11　　2013年中国制造业转型在竞争力驱动
方面与其他国家的对比

国家	德国	美国	日本	中国	巴西	印度
人力驱动的创新	9.47	8.94	8.14	5.89	4.28	5.82
经济、贸易、金融、税务体系	7.12	6.83	6.19	5.87	4.84	4.01

---

① 资料来源：《全球制造业竞争力指数（2013）》报告。

续表

国家	德国	美国	日本	中国	巴西	印度
劳动力、原料的成本与可得性	3.29	3.97	2.59	10.00	6.70	9.41
供应商网络	8.96	8.64	8.03	8.25	4.95	4.82
法律法规体系	9.06	8.46	7.93	3.09	3.80	2.75
基础设施建设	9.82	9.15	9.07	6.47	4.23	1.78
能源成本和政策	4.81	6.03	4.21	7.16	5.88	5.31
本地市场的吸引力	7.26	7.60	5.72	8.16	6.28	5.90
医疗保健体系	9.28	7.07	8.56	2.18	3.33	1.00
政府对制造业与创新的投资	7.57	6.34	6.80	8.42	4.93	5.09

注：10分为满分，即"最具竞争力"，1分为"最不具竞争力"。
资料来源：德勤有限公司与美国竞争力委员会：《全球制造业竞争力指数（2013）》。

第二，中国制造业在"供应商网络"方面的指数接近德国与美国，超过了日本；同时在"劳动力、原料的成本与可得性"方面的指数、"本地市场的吸引力"方面的指数都位列第一，这为中国制造业提升竞争力、转型升级提供了较为可靠的基础。

第三，中国制造业在"经济、贸易、金融、税务体系"指数方面，中国的排名较后，在德国、美国、日本之后。

在金融支持方面，由于我国在2009年、2010年有较为宽松的货币与信贷政策，还有以政府为主投资的财政扩张政策，都使我国的金融环境对于发展制造业形成了不利的资金挤出效应。据中国人民银行发布的数据显示，我国对于大型项目包括政府项目、基建项目、产能过剩产业的中长期贷款的增长达到了86%，但是对于实体经济企业的短期贷款的增长却不足18%，因此大量的中小型制造业企业只能通过小贷公司（国有小贷公司的平均利率较低，有的甚至不超过10%；民营小贷公司平均收取的利率在15%—20%）等非银行金融机构以及民间融资机构（融资成本较高接近高利贷）来获得金融支持，同时支付的贷款成本是同期银行基准利率的3倍，且年限一般是一年。而德国近40年以来，对于中小型制造业企业的政策性贷款期限一般为8年以上，贷款利息要比同期商业贷款利率低20%—25%，这样就会使德国的中小型制造业企业的研发投入比例远远超过大型制造业企业，这样就可以吸引高素质的研发人员进入中小企业进行研发设计。

在政府干预管理方面，随着政府管理经济力度的加大，以及我国GDP的发展增长、"中国制造"国际地位的提升，各级政府干预企业经营管理越来越多，但是政府进行管理服务于企业的意识欠缺。目前，约33.7%的企业负责人将政府的行政干预看作是影响企业发展经营的主要障碍，这主要体现在对于中国制造业而言，国有企业与民营企业的差别化待遇。特别是国有企业制造业无论是在政府政策还是经营环境、融资条件等方面都明显优于民营制造业；尤其是前些年央企与地方大型国企在地方政府土地财政政策的支持下，可以大规模地进入园区开发项目、房地产项目等，使这些国有企业制造业能够在国家资金贷款以及政策优惠方面获得比民营企业更为优越的支撑。

在企业经营法治环境方面，制造业行业自律以及市场中介组织服务等都在整体上欠缺成熟规范，一方面表现在很多制造业行业龙头企业未积极加入这些组织，使很多行业协会仅仅是政府的下属部门；另一方面不能发挥行业协会的监督与协调作用，仅流于形式，因此出现了行业内造假、质量问题商品。

在政府金融政策方面，利率管制使我国制造业的经营出现了财务成本上升、销售利润率下降的局面。由于利率管制使我国的商业银行享有高达23.6%的利润率，获得稳定的息差；而制造业企业要承担较高的财务成本，中国制造业500强（包括上市、非上市制造业企业）在2007年的平均销售利润率为6.19%，而在2012年下降到2.23%；制造业的毛利因为财务经营成本的上升以及国际市场需求的下降，目前只有15%的水平；2012年在我国主板上市的中国制造业企业的平均毛利率为17.4%，与2010年相比下降了2个百分点。所以除了大型制造业企业在继续经营实体经济外，很多江浙一带的中小型制造业企业由于经营成本的上升，很多选择进入民间借贷市场或是投资房地产行业。

（三）基于竞争驱动下的"中国制造"发展潜力

中国制造业在政府法规、经营环境、要素供给等方面存在不足，但中国制造业仍然具备较好的发展潜力。一是中国制造业企业盈利水平在下降，但这是中国经济结构调整时期出现的短暂性问题，究其原因主要是由于当前中国劳动力成本、能源成本、原材料成本上升及制造业产能过剩、同质竞争所导致的；二是尽管中国制造业处于全球价值链的中低端环节，但中国制造的传统比较优势并未全部丧失，随着我国全球化供应链体系以及国内价值链体系的完善、国内巨大市场的需求拉动，我国发展制造业所具备的交通通信等基础设施、人才知识体系的积累，都可以逐渐抵消制造业所面临的成本压力与不利因素的影响，并产生新的动能进而实现中国制造业的转型升级。

因此，形成"中国制造"新的竞争优势，需要那些基于传统生产要素供给形成价格竞争优势的制造业企业通过创新驱动进行升级转型，不能单纯凭借成本优势与价格竞争来应对当前国内外竞争环境的变化，而应利用企业生产技术创新、产品升级、工艺改造、生产服务化与智能化等来延长产品价值链环节，增加附加值并树立品牌形象。特别是中国制造500强企业则要更多考虑如何在当前国际国内竞争环境发生变化的情况下来获得长期的差异化竞争优势，这就要求中国制造业的领军企业要尽快整合企业的资源，通过创新驱动来提升国际竞争力。

案例十五 赛轮公司

世界上最大的汽车轮胎出口国家是中国，而在中国最大的子午胎技术输出企业就是赛轮公司，其拥有的轮胎工艺与控制工程技术研究中心是我国轮胎行业具有代表性的技术平台。该公司曾参与制定12项技术标准（包含国家标准与行业标准），最有显著竞争力的是赛轮公司的"智能轮胎识别系统"，该系统运用世界领先的技术，将特定芯片置于轮胎内部，可以记载轮胎在生命周期过程中的各种信息，尤其是可以通过记载的信息来判定在使用过程中所发生的事故，相当于轮胎的电子身份证系统。该项技术使赛轮公司在提升客户使用价值的同时，也增强了企业国际竞争力，带动了企业产品利润率的提高。

案例十六 福田汽车

公司通过整合企业产业链的上下游资源，进而提高产品的自制率，带动公司毛利率的提升。目前，福田公司的汽车底盘自制率达到100%；中高端轻型卡车的发动机全部达到自产，这其中的欧马可采用康明斯发动机，奥铃采用奥铃或是康明斯发动机，时代因为属于较为低端的产品，所以发动机主要是外购；康明斯发动机的生产在2015年已经达到40万台，完全可以满足企业中高端轻型卡车的长期需要。在此基础上，公司与奔驰戴姆勒合资生产OM457发动机，产能达到5万台，主要是满足大型工程机械、福田欧曼系列的高端重卡的需要。

案例十七　北车集团（2014年12月与中国南车集团合并）

北车集团通过提高关键部件的自产化率来替代进口，提升企业销售利润水平。2012年北车集团的轨道交通业务下降，营业收入为670.24亿元，主要是因为动车交付量与大功率机车交付量下滑，导致营业收入同比下降5.4%，但是轨道交通业务的毛利率达到17.2%，却上升了2.7个百分点，这是因为牵引制动系统等核心关键零部件的进口替代产生的成本降低。

本章小结

我国制造业发展过程中会受到来自于环境、需求、技术、文化、品牌等多种因素的制约，但是技术创新发展以及消费需求升级会带动我国制造业形成新的增长点。目前，我国制造业技术创新体系已经初步形成，为赶超发展奠定了一定的基础，例如在新能源、新材料、新一代移动通信、高铁、电动汽车等领域已经具备一定的技术积累，有些领域已经达到国际先进水平，接近产业化的临界点；此外，我国消费市场在逐步升级，消费需求已经不再停留在简单温饱方面，而是向更高层次享受型发展，消费结构加速升级，也为制造业增长创造了巨大的需求市场，通过改革开放我国经济快速发展，已经在我国建立了较为庞大的中产消费群体，这个群体对工业制成品的要求也逐渐更注重品质而非数量，这就为制造业创新发展形成了新的转折点；因此制造业应紧紧抓住全球新一轮技术革命，以国内外市场需求为目标，在机器人领域、节能环保装备制造领域、高端机械装备制造领域、新能源领域等形成新的动力。

质量篇

第三章 中国制造业发展现状

第一节 中国制造业发展概况

一 中国制造业整体发展现状

目前,中国制造业基本形成了劳动密集型的低端制造业、技术和资本密集型的中高端制造业、以先进制造业与战略性新兴产业为主的高端制造业的产业格局,这种产业格局以劳动密集型产业为基础形成了不同技术发展水平的多链条、多层级的布局。中国制造业整体发展现状表现为:

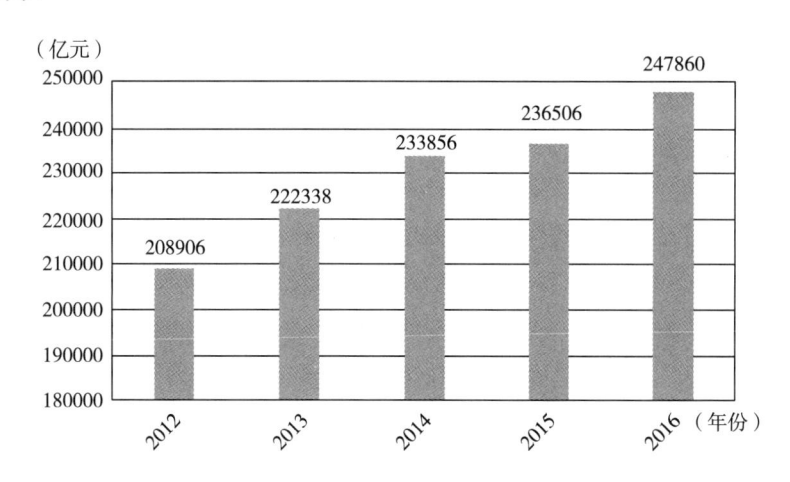

图 3-1 2012—2016 年中国全部工业增加值

资料来源:《中国统计年鉴(2017)》。

（一）制造业产业结构在不断优化

1. 落后产能在逐步淘汰

我国制造业中的有色金属冶炼、水泥、平板玻璃、钢铁等行业的生产呈现出严重的产能过剩，2015 年这些制造业行业的投资增速开始大幅降低，例如 2015 年我国有色金属冶炼行业固定资产投资同比下降 2.8%，共计投资 6718.8 亿元；钢铁制造业的固定资产投资同比下降 12.8%，共计投资 5623 亿元。[①] 制造业淘汰落后产能取得了一定的成效，尤其是各地政府为加快推进淘汰落后产能的工作，制定了相关政策制度，针对制造业中重点行业盲目扩张的趋势，提高了淘汰落后产能的标准，使我国制造业中的平板玻璃、炼铁高炉、炼钢转炉、水泥立窑等达到落后产能界定标准的都按期进行淘汰。

2. 传统制造业转型升级加快

我国传统制造业为实现转型升级，加快了对企业现有的生产工艺、生产设备、技术装备进行改造升级的速度，逐步提高了传统制造业企业新产品的研发生产能力与企业品牌的建设能力，增强了传统制造业企业的竞争力。具体表现在：一是我国的原材料工业通过加大行业的技术进步与研发创新使产业结构得以快速调整，例如原材料工业在煤化工装备、大型石化装备等方面取得了重大成效，在国际市场我国新型干法水泥生产线的市场占有率达到 40%[②]，原材料工业中富氧铜冶炼、电解铝大型预焙槽等的技术水平居于世界前列，此外在环氧乙烷大型反应器、煤制乙二醇成套技术与装备等方面取得突破性进展；二是我国的消费品工业整体技术水平得以改进提升，产品的质量安全程度大大提高。随着我国消费升级的市场环境变化，我国消费品制造业中的智能制造、绿色制造的比例在逐渐提高，尤其是智能节能家电、智能纺织印染、碳纤维装备等不断进步发展，此外消费安全性要求的提高也促使我国食品与药品的质量检测、监测技术不断改进应用；三是重点行业的先进产能比重大幅度提高。例如，在机械制造业中高技术含量、高附加值、高智能化

---

① 资料来源于我国工业和信息化部。
② 苗圩：《把握趋势抓住机遇促进我国制造业由大变强》，《中国工业评论》2015 年第 7 期。

程度、碳量排放少的机械产品比重在逐步提高，微电脑、电子技术、传感器、电液伺服与控制系统集成化在不断更新传统机械制造产品。电子信息制造业中也开始不断提升数字化、自动化、机械化、电气化水平的生产，尤其是消费电子、智能终端电子产品需求的增长助推了我国电子制造业中先进产能的比例提升。

（二）战略性新兴产业增长迅速

我国战略性新兴产业是新形势下推动我国制造业转型升级的重要力量，目前已步入快速发展的阶段，2011—2015年我国战略性新兴产业推动我国GDP增长近1.4个百分点，且战略性新兴产业的增速为GDP增速的2倍，其中新材料、新能源、节能环保、新能源汽车、高端装备、新一代信息技术等战略性新兴产业的年均增速为20%；2015年我国高技术产业增加值比2014年增长10.2%，比规上工业增速高4.1%，在规上工业中的占比达到11.8%（比2014年提高1.2%）。

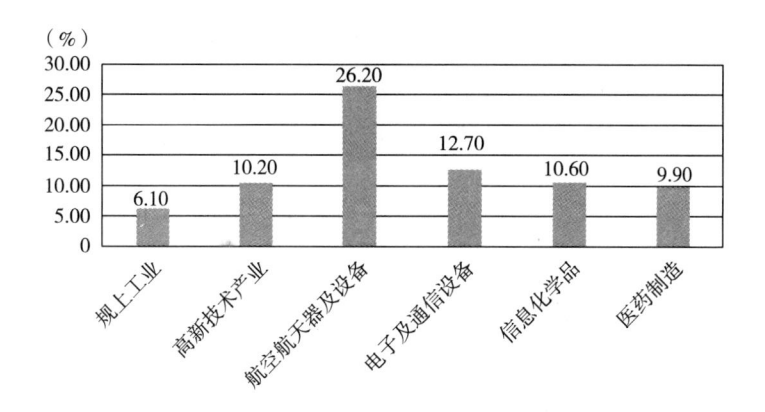

图3-2 2015年中国高新技术产业各行业与规上工业增加值增长率的比较

资料来源：《中国电子报》。

（三）制造业技术创新能力在逐步提高

1. 关键核心技术取得重大进展

我国制造业在关键核心技术方面取得了重大突破，先后在高铁装备、超级计算机、北斗卫星导航等领域实现突破，新一代标准动车组、ARJ21-700新型涡扇支线飞机、运-20大型运输机、C919大型客机等交付商用或成功下线，居于世界领先技术水平的还包括特高压输变电设备、百万吨乙烯成套设备、风力发电设备等装备产品，"981"深水半潜式海洋石油钻井平台成为世界半潜式平台之最。

2. 知识产权战略取得进展

新一代信息技术、高档数控机床是《中国制造 2025》中提出的重点发展领域，这两个领域的知识产权战略取得重要进展，2011—2015 年发明专利年均增长率高于 23%；尤其是在新一代信息技术产业中，对于国际标准化的制定工作也取得了重要进展，如由我国主导制定了第四代移动通信国际标准 TD – LTE，主导制定了 ITU 发布的第一个国际物联网标准——"物联网概述"；2015 年我国境内外专利申请的受理数量为 279.9 万件，受理发明专利申请的数量为 110.2 万件，发明专利授权数量为 35.9 万件，发明专利在专利授权数量中的占比为 20.9%。

3. 企业自主研发能力显著提升

我国制造业企业技术创新主体地位不断增强，研发投入能力也在不断提升。2015 年全国企业研发经费投入达到 1.1 万亿元，在我国研发经费支出中的占比达到 77.4%；2015 年我国规上工业企业的研发经费达到 10150.9 亿元，研发经费的支出达到 14220 亿元，与 2010 年相比提高了 1 倍，成为世界上仅次于美国研发投入的国家，同时研发经费的支出在 GDP 中的占比为 2.1%，与中等发达国家的水平接近；2015 年我国国家级的企业技术研发中心累计数量达到 1187 家，企业研发机构的数量快速增长，2015 年与往年相比增长了 10.8%。

(四) 制造业空间布局趋向合理

1. 集群式发展效果显著

我国制造业产业组织结构进一步优化，制造业企业的兼并重组效果进一步显现。制造业中重点行业的兼并重组促进了制造业行业集中度的提高，例如在钢铁、汽车、集成电路、稀土、婴幼儿配方奶粉等制造业领域通过兼并重组带动了产业组织结构的优化。2014 年我国电解铝行业销量前十名的企业，其生产集中度达到了 68%；我国汽车行业销量前十名的企业，其产量占总产量的 90%。此外，我国新型工业化产业示范基地发展迅速，2014 年其工业增加值增速高于全国平均水平 2.9 个百分点，在全国工业增加值中的占比达到 30.06%，2014 年新型工化产业示范基地共计实现工业增加值 68583 亿元；2014 年国家新型工业化产业示范基地共计实现 21168 亿元的利润总额，在规上工业利润总额中的占比达到 32.71%，与全国规上工业利润增速相比，约为利润增速的 3 倍；2014 年国家新型工业化产业示范基地的出口额在全国出口总额中的占比达到 1/4，示范基地的税金总额在全国税金总额中的占比达到 1/8。

2. 重大生产力布局梯度转移

我国制造业重大生产力通过梯度转移使布局结构得以调整优化，表现为逐步沿我国长江经济带开始向长江流域的中上游转移，形成了"长三角→长江中游地区→长江上游地区"的梯度转移路径与格局。

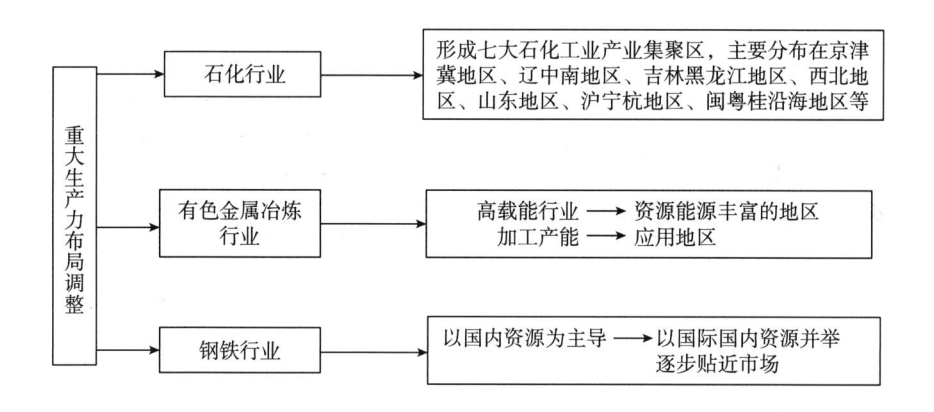

图 3-3 中国制造业重大生产力布局调整

资料来源：根据收集资料整理。

3. 新型工业化产业示范基地发展迅速

目前，我国已将 330 多家产业集聚区或是工业园区批准为国家新型工业化产业示范基地，这些示范基地利用其先进的技术创新能力、高效的资源整合能力为推动区域经济发展、制造业产业升级及制造业嵌入价值链的高端环节发挥着重要的作用。2011—2015 年我国产业示范基地共计投入 4.8 万亿元用于进行技术改造升级，在同期全国工业固定资产投资中的占比达到 40%；2011—2015 年这些产业示范基地的工业增加值增速高于全国平均水平 5.7 个百分点，年均增速达到 14.9%。

（五）制造业国际化进程在进一步深化

1. 对外直接投资增多

随着我国制造业企业国际化程度的加深，我国制造业 OFDI 中的跨国并购日益增多。例如，华为公司的海外业务收入比重已经超过了60%，在全球电信设备市场的国际竞争力大大增强；此外合作园区作为国际产能合作的重要载体，其发展速度加快。截至2015年12月，我国与其他国家之间共有75个园区正在推进建设，其中几乎一半都属于加工制造业园区，这些产业园区的主要作用就是实现国际产能合作，因此有利于我国那些具有传统优势的制造业行业如纺织服装、家电、轻工业等拓展海外市场并进行产能转移。

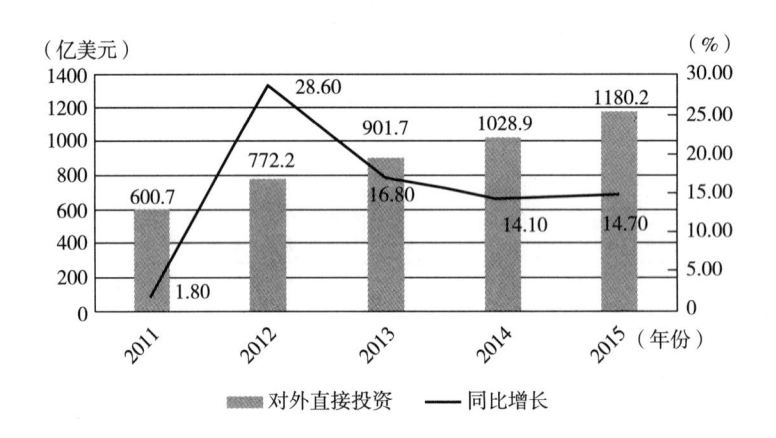

图 3-4 2011—2015 年中国对外直接投资情况

资料来源：中国商务部。

2. 国际产能合作步伐加快

我国装备制造业在进行国际产能合作时彰显了显著的优势，特别是在"一带一路"倡议推进下，装备制造业面临着巨大的国际市场发展空间及良好的机遇。

2015年我国向"一带一路"沿线国家进行的 OFDI 投资额同比增长18.2%，达到148.2亿美元，共有49个沿线国家与我国进行了对外直接投资合作；其中涉及电力设备、通信设备、交通运输设备等优势制造业行业领域的对外直接投资增长幅度较大，2015年这些领域的累计投资额同比增长80.2%，达到116.6亿美元；同时在核电装备制造业领域，我国企业OFDI的目标市场已经向英国、罗马尼亚等国家进军，并借助于良好的产品品质逐渐树立了新的"中国制造"形象；在轨道交通装备领域，我国制造业企业凭借成本优势以及先进的技术，先后获得多个国家包括美国、巴西、土耳其、印度在内的订单；2015年我国非金融OFDI同比增长14.7%，实现1180.2亿美元的投资额并保持连续13年的增长态势。另外，"引进来"的水平也在不断增长，2016年1—6月，我国吸引外商投资中，高技术制造业的外商投资额同比增长6.2%，达到49.2亿美元，其中涉及对我国医药、医疗仪器设备及仪器仪表等制造业领域的投资增幅较大，医药制造业投资增幅同比增长达到107.8%，医疗仪器设备及仪器仪表制造业投资增幅同比增长达到74.9%；此外，外商投资企业在我国设立总部以及研发中心的数量不断增加，到2015年7月，跨国公司地区总部设立在上海的，累计达到518家，设立研发中心的数量达到388家。

（六）制造业整体竞争力在不断增强

1."中国制造"彰显大国优势

当前我国制造业综合实力大幅度提升，2010—2014年规上工业增加值年均增长水平达到9.94%，比同期GDP年均增速高出1个百分点；2015年我国工业增加值在GDP中的占比达到33.8%，为22.9万亿元，是2010年我国工业增加值的1.43倍；2010年我国制造业在全球制造业中的占比为19.8%，居于世界第一，2014年我国制造业在全球制造业中的占比为22%，拉大了其他国家与我国制造业总量上的差距。[①]

2.制造业重点行业国际竞争力显著提高

2015年我国规上工业企业实现了110.33万亿元的主营业务收入，比2014年增长0.8%；2015年规上工业企业的利润水平达到6.4万亿元，比2010年增长46.79%。我国制造业重点行业的国际竞争力也逐渐彰显出来，高铁装备、核电装备、工程机械、通信设备等在全球竞争中显示出"中国制造"的品牌形象。同时2015年世界500强中有56家中国制造业企业入选，入选企业数量居于世界第二，仅次于美国；全球

---

① 美国环球透视咨询机构公司（IHS）报告显示。

工程机械制造商 50 强中我国有 8 家入选；全球 10 强集成电路设计企业中我国有 2 家入选；4 家互联网企业进入全球 10 强；中车成为全球最大的轨道交通装备制造企业；华为、中兴进入全球 5 大通信设备制造商行列。

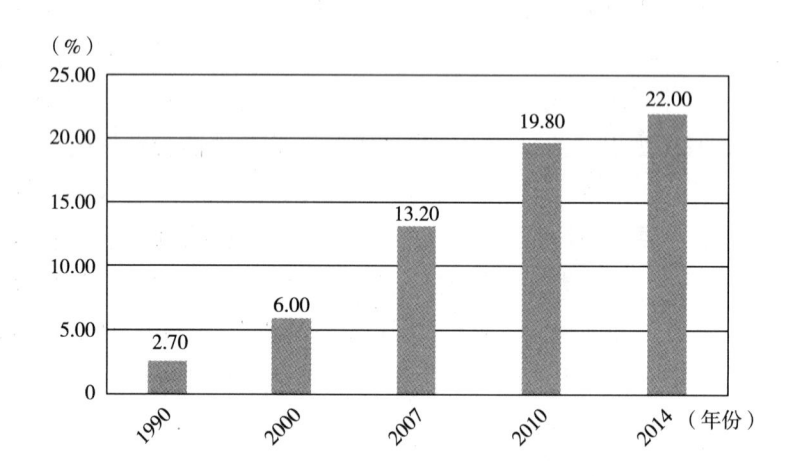

图 3-5　中国制造业产值在全球中的占比情况

资料来源：《中国制造 2025》数据。

3. 制造业重点产品位居世界前列

根据国际工业标准分类，在 22 个工业大类中，烟草、电力装备、纺织品、交通工具等 7 大类行业规模位居全球第一；在我国生产的 500 多种主要制造业产品中，产品产量达到全球第一的就有 220 多种；其中我国汽车产量的全球占比达到 25%，机床产量的全球占比达到 38%，粗钢产量的全球占比达到 49.4%，造船完工量在全球中的占比达到 41%，我国的发电设备、计算机、彩色电视机、手机、水泥等产品产量都达到世界 50% 以上的产量水平。可见，我国制造业行业中重点产品的产量都处于世界前列，同时根据日经新闻显示，对 2014 年全球主要商品与服务的市场份额调查发现，在世界贸易主要交换的 50 个商品中，我国制造业企业有 6 个品类（洗衣机、冰箱、个人电脑、光伏电池、监控摄像头等）的市场份额居于世界第一，而美国拥有 16 个品类的产品居于世界第一，日本拥有 10 个品类的产品居于世界第一，我国名列第三；同时我国制造业企业居于世界前列的还有钢铁、智能手机、平板电脑、平板电视、路由器、风力发电机等产品。

表 3-1　　2014 年全球主要商品与服务市场份额调查　　单位:%

产品领域	第一位	第二位	第三位	第四位
个人电脑	联想集团 19.2	惠普 18.5	戴尔 13.5	宏碁 7.8
洗衣机	海尔集团 18.5	惠而浦 16.6	LG 电子 7.5	美的集团 7.4
冰箱	海尔集团 18.6	惠而浦 16.7	伊莱克斯 7.0	LG 电子 6.7
光伏电池	天合光能 7.0	英利能源 6.5	加拿大太阳能公司 5.9	韩华 5.3
监控摄像头	海康威视 19.9	大华技术 15.3	安讯士 8.7	友讯集团 6.4
路由器	思科系统 61.1	华为技术 15.3	惠普 6.2	博科 5.5
智能手机	三星电子 24.5	苹果 14.8	联想集团 7.2	华为技术 5.7
粗钢	阿赛洛集团 5.9	新日铁 3.0	河北钢铁 2.8	宝钢集团 2.6
平板电脑	苹果 27.5	三星电子 17.4	华硕电脑 5.1	联想集团 4.8
平板电视	三星电子 28.3	LG 电子 15.8	索尼 7.9	海信 5.7
风力发电机	维斯塔斯 12.3	西门子 9.9	通用风能 9.1	金风科技 9.0

资料来源：日经中文网。

二　中国传统制造业发展现状

（一）中国传统制造业的发展现状

1. 2014—2017 年制造业整体发展现状

2014 年中国制造业中的产品例如粗钢、水泥、电解铝、精炼铜、煤炭、化肥、化纤、玻璃等都在世界产量中占有一席之地，除了石油、乙烯外，中国的基础工业产能都居世界前列。汽车产量占世界总产量的 25%、工程机械占世界总产出的 43%、船舶占世界总产量的 41.9%、空调占世界总产量的 80%、计算机占世界总产量的 68% 等。

2015 年，随着我国经济进入新常态，我国钢铁制造业从微利经营进入全面的亏损状态，钢铁行业在高速发展时产生的问题在 2015 年越发突出，整体钢铁行业表现为产能过剩；机械行业经济增速减缓，结构调整加速，转型升级力度加大，从市场需求看，靠投资拉动的行业需求开始下滑，与民生消费有关的行业增长较快，与智能、绿色相关的行业产销较好；汽车行业在2015年产业结构进一步优化，乘用车行业自主品牌的市场份额增多，新能源汽车市场发展较好，2015年生产37.9万辆，同比增长4倍；家电行业由于国内房地产业低迷以及国外经济不振的影响，家电行业一直处于下行的压力，市场需求不足导致2015年家电行业的主营业务收入为14083.9亿元，同比下降0.4%，利润总额993.0亿元，同比增长8.4%。当前家电行业需要创新升级，以此才可以把握消费升级的新商机；食品行业生产增长较为平稳，全国规上39647家企业的增加值同比增长5.7%，实现主营业务收入为11.35万亿元，同比增长4.6%，实现利润总额8028.02亿元，同比增长5.9%，整体市场需求较弱，同时面临着成本上升、食品安全等问题的影响，但整体看我国食品制造业的产品多样性在逐渐增强，产业结构也在不断调整。

2016年，由于我国经济发展势头较好，使制造业的投资总体反弹，例如2016年10月与11月国家发改委先后批复了超过2900亿元的轨道交通为主的投资项目、4829亿元的铁路项目，导致制造业在2016年反弹较大，但这种反弹基于两个原因：一是依赖出口边际效应的改善，二是由于基建的大力推动。2016年前11个月，中国制造业累计投资增长速度为3.6%，其中在2016年11月同比增长速度达到了8.4%，制造业的PMI达到51.7；2016年12月制造业的PMI达到51.9。2016年1—10月，规上制造业企业利润同比增长8.6%，尤其是煤炭、钢铁、有色等上游企业的利润开始增长；2016年，我国整体制造业产业结构有所优化，其中高新技术产业增加值同比增长达到10.6%，而装备制造业增加值同比增长10.5%，NEI（中国新经济指数）为30.4，环比上涨1.2个百分点。

2017年，为了提升整体制造业的竞争力，制造业企业在不断累计强大的发展动能与更有力的升级动力，因此单纯依赖基建投资支撑制造业发展会因驱动力较弱而使制造业大幅度反弹不太可能；2017年制造业整体利润增长的基础不够稳定，2016年制造业利润增长主要是基于国有企业利润的大幅快速增长，但是私营企业利润增速下降，而且国企利润增长是受行政力量驱动的因素较多；同时制造业的盈利改善主要是靠产业链的上游环节来带动，而上游环节的利润增长又要受到上游产品的产量控制而带来的价格上涨,但是这样一来制造业的中游环节利润又要受到挤压,因此制造业整体利润的提高改善所面临的基础较为薄弱。

表3-2　　　2011—2015年中国制造业主要行业发展状况　　　单位:%

制造业传统行业同比增长情况		钢铁		机械制造	汽车	家电	食品	医药
		粗钢	钢材					
2011年	产量	7.3	9.9		0.8			
	销量				2.5			
	主营业务收入						31.8	29.4
	增加值			15.1			15	
2012年	产量	3.1	7.7		4.6			
	销量				4.3			
	主营业务收入			9.8		8.4	19	19.79
	增加值			8.4			12	
2013年	产量	7.5	11.4		14.76			
	销量				13.87			
	主营业务收入			13.8		14.2	14.3	18
	增加值			10.9			9.1	
2014年	产量	0.9	4.5		7.3			
	销量				6.9			
	主营业务收入			9.4		10	8	12.9
	增加值			10			7.8	
2015年	产量	-2.3	0.6		3.25			
	销量				4.68			
	主营业务收入			3.32		-0.4	4.6	9.1
	增加值			5.5			5.7	

资料来源:《中国统计年鉴(2016)》。

2. 我国工业增加值增速与占比呈现下降趋势

我国工业经济发展增速持续回落,经历了高速增长、较高速增长、中高速增长、较低增长的过程。在2008年国际金融危机之前我国工业增加值增速保持着高速增长的态势,之后随着国内增长动能的减弱以及各种要素条件的变化，工业增加值的增速呈现下降趋势，2010年为12.6%，2011年为10.8%，2012年为7.9%，2013年为7.6%，直至下降到2016年的6%。

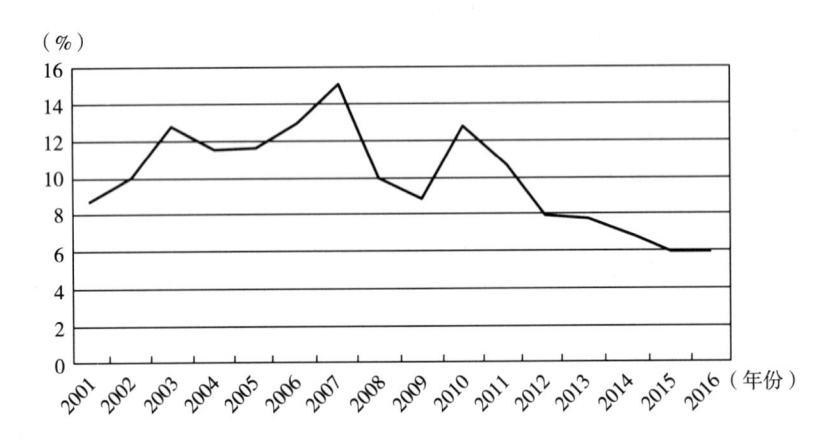

图3-6 2012—2016年中国工业增加值增速变化

资料来源：《中国统计年鉴（2017）》。

同时，我国工业在GDP中的占比也呈现出逐渐下降的趋势。根据国际经验证实，工业在GDP中的占比下降标志着经济高速增长的结束，从2002年开始，由于我国新一轮重工业化的进程加快，工业成为推动我国经济增长的主要动力，在GDP中的占比逐渐上升，对我国经济的高速发展贡献较大；但是自2008年国际金融危机的产生，工业占比开始大幅下降，对经济的拉动作用逐渐减弱，2012年我国工业占比为39.6%，2014年下降为35.9%，下降3.8个百分点。

3. 传统制造业的产业结构调整开始优化

由于受到市场需求接近峰值的压力以及资源环境的约束，初级原材料产业增长放缓，在传统制造业中的比重开始下降；2014年油气开采、煤炭采选、黑色金属矿采选、石油加工冶炼、黑色金属冶炼加工、电力、热力生产供应等行业在规上工业中的占比与2010年相比下降3.41个百分点，占比为20.20%；而针对我国当前消费品市场的高端化、高品质化的趋势，消费品工业的比重逐渐上升，2014年我国消费品工业在GDP中的占比与2010年相比提高2.19个百分点，增速最快的是食品加工业、文教工美体育娱乐用品制造；装备制造业的占比基本不变，2014年与2010年相比下降0.57个百分点；高新技术制造业增长快速，在2011—2015年高新技术制造业增加值年均增长14.28%，主营业务收入在全部工业中的占比达到11.51%。

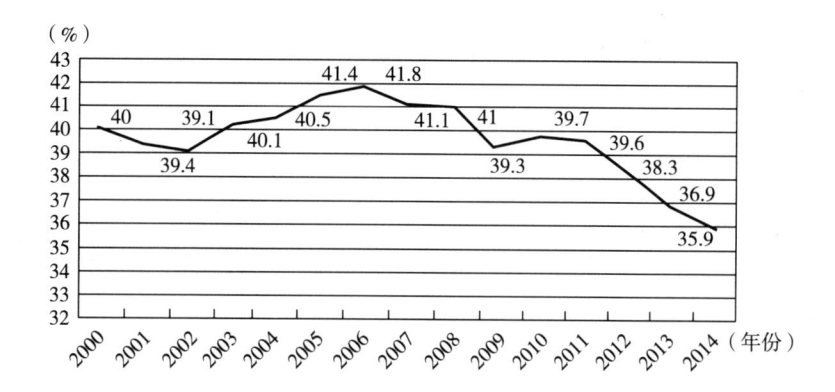

图3-7　2000—2014年中国工业增加值在GDP中的占比

资料来源：《中国统计年鉴（2017）》。

表3-3　2010—2014年中国规上工业行业主营业务收入年均增长情况　　单位：%

	主营业务收入在GDP中的占比		
	2010年	2014年	占比变化
煤炭开采和洗选业	3.38	2.74	0.64
石油和天然气开采业	1.52	1.03	0.49
黑色金属矿采选业	0.88	0.84	0.04
有色金属矿采选业	0.55	0.57	-0.02
非金属矿采选业	0.43	0.48	-0.05
其他采矿业	0	0	0
农副食品加工业	4.97	5.75	-0.78
食品制造业	1.60	1.84	-0.24
酒、饮料和精制茶制造业	1.31	1.48	-0.17
烟草制品业	0.81	0.81	0

续表

	主营业务收入在GDP中的占比		
	2010年	2014年	占比变化
纺织业	4.03	3.46	0.57
纺织服装、服饰业	1.72	1.90	-0.18
皮革、毛皮、羽毛及其制品和制鞋业	1.11	1.26	-0.15
木材加工和木、竹、藤、棕、草制品业	1.03	1.20	-0.17
家具制造业	0.62	0.66	-0.04
造纸和纸制品业	1.46	1.22	0.24
印刷和记录媒介复制业	0.50	0.61	-0.11
文教、工美、体育和娱乐用品制造业	0.44	1.35	-0.91
石油加工、炼焦和核燃料加工业	4.20	3.71	0.49
医药制造业	1.64	2.11	-0.47
化学原料和化学制品制造业	6.80	7.51	-0.71
化学纤维制造业	0.72	0.65	0.07
橡胶和塑料制品业	2.78	2.70	0.08
非金属矿物制品业	4.48	5.19	-0.71
黑色金属冶炼和压延加工业	7.81	6.71	1.10
有色金属冶炼和压延加工业	4.18	4.64	-0.46
金属制品业	2.82	3.29	-0.47
通用设备制造业	4.93	4.25	0.68
专用设备制造业	3.05	3.15	-0.10
交通运输设备制造业	7.89	7.77	0.12
电气机械和器材制造业	6.04	6.05	-0.01
计算机、通信和其他电子设备制造业	7.91	7.72	0.19
仪器仪表制造业	0.91	0.75	0.16
其他制造业	0.82	0.23	0.59
废弃资源综合利用业	0.34	0.33	0.01
电力、热力生产和供应业	5.81	5.15	0.66

续表

	主营业务收入在 GDP 中的占比		
	2010 年	2014 年	占比变化
燃气生产和供应业	0.36	0.47	-0.11
水的生产和供应业	0.16	0.15	0.01

资料来源：《中国统计年鉴》（根据 2011 年、2015 年数据计算）。

4. 中国传统制造业产品出口状况

（1）出口额。中国出口额 2000 年排名在前五位的是电机设备、锅炉、服装、衣着附品、玩具；2014 年机电设备、锅炉、家具、服装（非针织与针织类）出口结构变化不大。2014 年，我国机电产品出口增长 2.6%，在全部出口产品中的占比达到 56%，出口额为 8.05 万亿元；七大劳动密集型产品纺织品、服装、家具、鞋类、箱包、玩具、塑料制品等的出口增长 4%，在全部出口产品中的占比达到 20.7%，出口额为 2.98 万亿元。

（2）出口产品的复杂度[①]。2000 年，中国出口产品对应的收入水平是 14643 美元，2014 年达到 24014 美元；2000 年中美之间出口产品的复杂度差距是 5909 美元，2014 年则是 2926 美元。2000—2006 年中国出口产品的复杂度每年平均为 3.8%，2010—2014 年则是 2.5%。

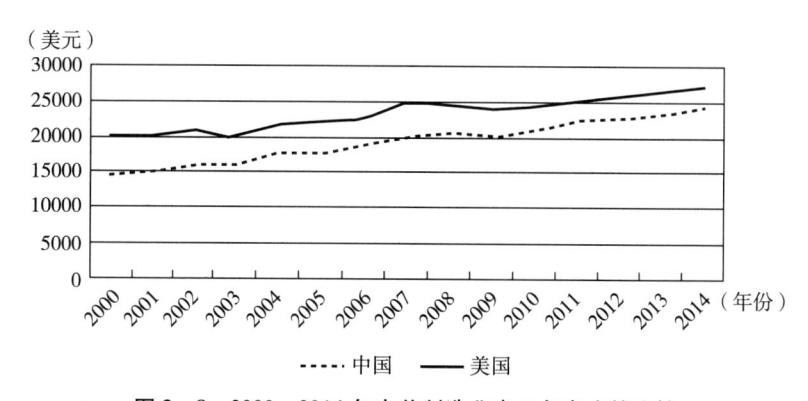

图 3-8 2000—2014 年中美制造业出口复杂度的比较

资料来源：国家统计局。

---

① 出口商品复杂度指数是用来衡量一国出口商品的技术水平与复杂程度，该指数与出口国的经济发展水平呈正相关关系。

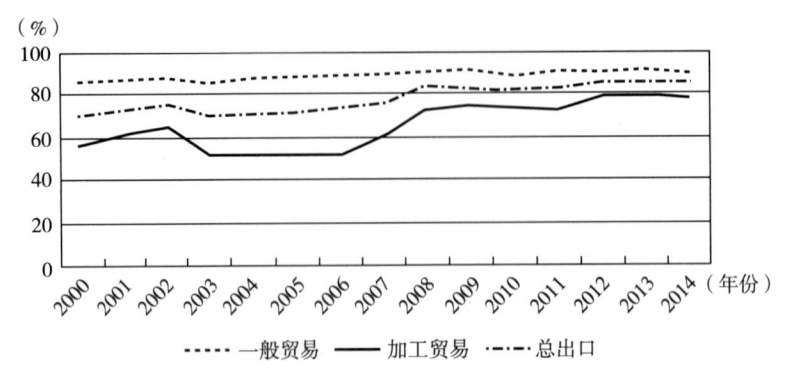

图 3-9　2000—2014 年中国出口产品附加值率的变化情况

资料来源：国家统计局。

(3) 单位出口产品的附加值率（DVAR）①。主要包括两种情况，一是行业内的效应，即在出口同类商品中，国内生产的中间品替代了国外进口的中间产品；二是行业间的效应，即在出口产品中出口附加值率高的行业往往会使行业出口比重上升并引起出口产品结构的变化。2000—2014 年我国制造业产品出口附加值率呈上升趋势，由 69.1% 上升到 84.3%，其中加工贸易由 56.3% 上升到 77.9%；一般贸易由 85.8% 上升到 88.9%。出口附加值率的变化分为三个阶段（见表 3-4）：2000—2006 年前危机阶段，年均出口附加值率上升 0.69%；2007—2009 年危机阶段，年均出口附加值率上升 3.00%；2010—2014 年后危机阶段，年均出口附加值率上升 0.75%。

国际金融危机阶段出口附加值率上升的主要原因是基于外部市场的需求下降对国内的加工贸易出口带来了巨大的压力所致，致使低技术含量的企业大量破产关闭被淘汰所致，而高技术含量的企业得以生存发展，带动了整体我国加工出口贸易的出口附加值率。另外，还有一个原因就是出口退税政策的实施，2007 年 7 月开始实施幅度明显的出口退税政策，"三高" 产品的出口退税率平均下降 11.06%，同时易引起贸易摩擦的产品出口退税率平均下降 5.1%，最终使技术含量低且附加值率较低的加工贸易企业出口减少或是破产，带来了出口附加值率上升。

---

① 单位出口产品的附加值率（DVAR）主要是指每单位出口产品中来自国内产品的比例有多少。

中国制造业企业更加注重中间产品的替代，将技术研发与技术进步投入了中间环节。后危机时代中国制造业29个细分行业中，有14个行业的出口附加值率增加较快，出口附加值率增加最快行业的是电器机械及机械制造、专用设备制造、橡胶制品、塑料制品等行业。

表3-4　　　　2000—2014年我国制造业行业内—行业间
DVAR年均贡献分解　　　　单位：%

年份	2000—2006	2007—2009	2010—2014
总效应	0.69	3.00	0.75
行业内效应	0.72	2.95	0.71
行业间效应	-0.13	0.06	0.04

资料来源：根据统计数据计算而得。

导致出口附加值率上升的因素一是产业升级而引起的附加值率高的产品生产、进口中间产品的替代能力增强；二是汇率的影响，人民币汇率的实际走强会使出口附加值率下降，因为实际有效汇率的升值会导致出口企业更多地选择从国外进口中间产品，但现实是即使在后危机阶段汇率变化非常不利的情况下，产品的出口附加值率依然上升较快，就说明如果和危机前一样汇率不变的情况，那么制造业产品出口的附加值率上升可能会更快；三是FDI的影响，大量关键零部件的生产有助于外资企业在中国延长投资的产业链，可以提高中国出口产品的出口附加值率，所以FDI进入的我国省份中产品出口的附加值率就会越高，原因在于具有零部件研发优势的外资企业会积极对生产基地进行资本投资，或是主导企业布局在中国的市场。2000—2014年我国制造业FDI合同项目数自2008年开始下降，实际使用FDI金额也呈下降趋势，主要基于发达国家制造业回归政策的影响，制造业跨国公司回流使外商直接投资开始下降，所以为提升我国出口产品的出口附加值率，扩大对外开放的力度，吸引关键零部件生产的外资企业进行投资是必要的。

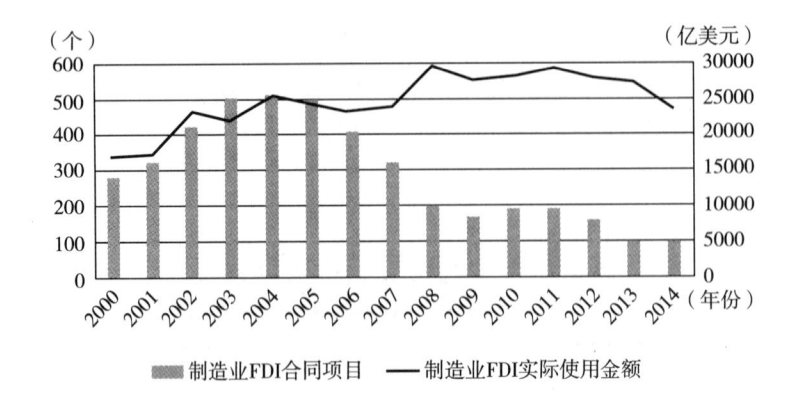

图 3-10 2000—2014 年中国制造业 FDI 合同项目数与制造业 FDI 实际使用金额
资料来源：国家统计局。

5. 传统制造业产能过剩现象明显

由于国际市场需求下滑，再加上国内经济下行压力增加，导致我国制造业中的一些传统行业投资增长过快，形成了巨大产能并处于释放之中。最为典型的就是传统制造业中的一些行业曾是拉动制造业经济快速增长如今产能严重过剩、落后需要进行淘汰的行业，例如我国的钢铁、水泥、平板玻璃、造船、电解铝等行业；另外，在我国传统制造业中有些行业是基于市场外部的优惠引资政策导致投资过度，使该行业的产能无序扩张，缺乏生产要素资源的合理配置，致使土地资源浪费、环境破坏。总之，在传统制造业中主要是钢铁、平板玻璃、水泥、电石、电解铝、铁合金、造船等行业的产能严重过剩，2014 年在我国传统制造业中特别是在原油加工、水泥、电石、电解铝、粗钢、造船等行业的产能利用率明显下降，例如原油加工行业在 2013 年的产能利用率为 68%，2014 年下降为 66%；水泥行业在 2013 年的产能利用率为 75.5%，2014 年则低于 70%；电解铝行业在 2013 年的产能利用率为 73.5%，2014 年下降为 69.7%；铁合金行业在 2011 年的产能利用率高达 83.9%，2013 年则低于 70%。

（二）中国传统制造业发展面临的困境

当前中国传统制造业成本上升，产业利润率明显下降，还面临着资源环境的压力。由于没有在国际分工中掌握主动权，面对高成本的国际资源，总是被资源垄断巨头剥削，我国的铁矿石贸易谈判就是如此，最终导致我国的钢铁行业全面亏损。2009 年世界上 71% 的反补贴案、35% 的反倾销案涉及"中国制造"，"中国制造"已成为世界发达国家贸易保护主义针对的主要对象，中国已经成为连续 15 年遭遇反补贴调查最多的世贸组织成员国。如今"中国制造"既要面对发达国家的贸易壁垒与技术障碍，又要与低成本优势的发展中国家竞争。

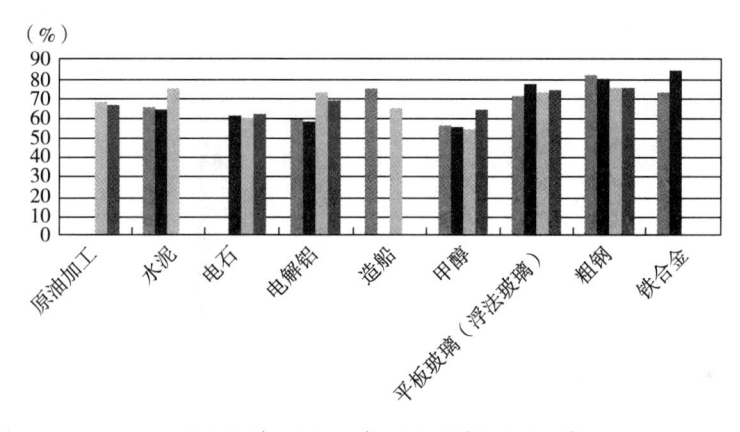

图 3 - 11　2010—2014 年部分传统制造业产能利用率

资料来源：《中国产业发展报告（2016）》，经济科学出版社 2016 年版。

1. 产品附加值较低，缺少品牌价值

以纺织业为代表的传统劳动密集型产业，初加工能力较强，但深加工明显不足；出口产品以价低量大见长，高附加值的品牌商品少；以钢铁为代表的支柱产业：尽管中国钢铁产量世界第一，但钢铁行业的装备水平较低，其中只有 20% 属于国际先进水平，我国钢铁的四大集团——首钢、鞍钢、武钢、宝钢，其销售额的总和只相当于日本新日铁公司销售的 63% 左右；反映国家制造能力强弱的装备制造业中，外资企业产品与进口设备冲击国内装备制造业，在我国固定资产投资中，约有 2/3 的设备投资依赖的是进口，例如 70% 的纺织机械、数控机床、轿车，80% 的石油化工装备，85% 的集成电路芯片制造设备，100% 的光纤制造设备都是依赖进口；制造业劳动生产率较低，2007 年中国制造业劳动生产率只有美国的 1/5，同美国有较大差距，而这主要是由技术水平决定的。美国的"去工业化"仅仅是放弃了利润较低、竞争力较差的中低端制造业,但是对于能够获得最大化利润水平的品牌、设计、专利、标准、军工、高端技术等领域始终作为经济发展的重点。

2. 成本与市场需求约束,企业盈利水平下降

我国传统制造业企业一方面由于部分行业产能过剩存在供给压力,另一方面由于国内外市场的需求低迷存在市场压力,使行业的生产效益持续下降,盈利水平不断下滑。2014年我国规上工业企业的总资产贡献率为13.69%,比2010年下降1.99个百分点;2014年我国规上工业成本费用利用率为6.52%,与2010年相比下降1.79个百分点。2014年制造业中的原材料行业是我国工业成本利润率最低的行业,其成本费用利用率低于4.5%,且低于全部工业平均水平,主要包括有色金属冶炼和压延加工业、化学纤维加工业、黑色金属冶炼和压延加工业、石油加工、炼焦和核燃料加工业等行业,还有初级加工制造业,例如造纸和纸制品业、纺织业、化学原料和化学制品制造业、农副食品加工业等,这些行业的成本费用率也都在全部工业平均水平以下。同时,自2010年以来,我国部分传统制造业行业的生产者出厂价格指数连续下跌,例如2011—2015年,螺纹钢、冷轧钢、热轧钢的跌幅达到3400元/吨、4800元/吨、2400元/吨;同行业内由于产能过剩需求下降,产品的同质竞争加剧,价格战成为制造业企业经营困难、利润下降的直接体现。

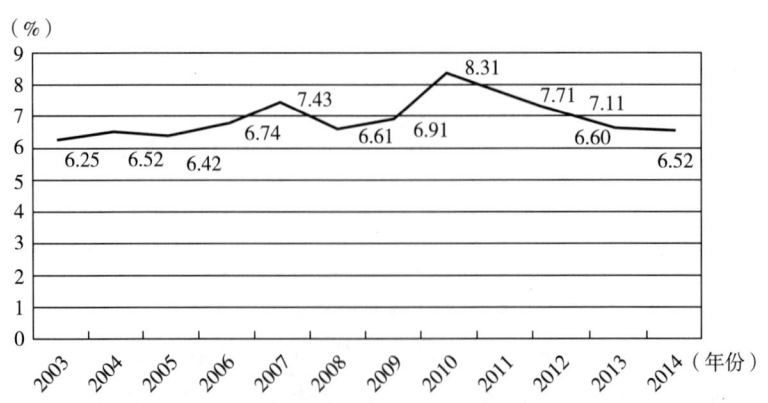

图 3-12 2003—2014 年中国规上工业企业成本费用利用率的变化情况

资料来源:《中国统计年鉴》(2004—2015)。

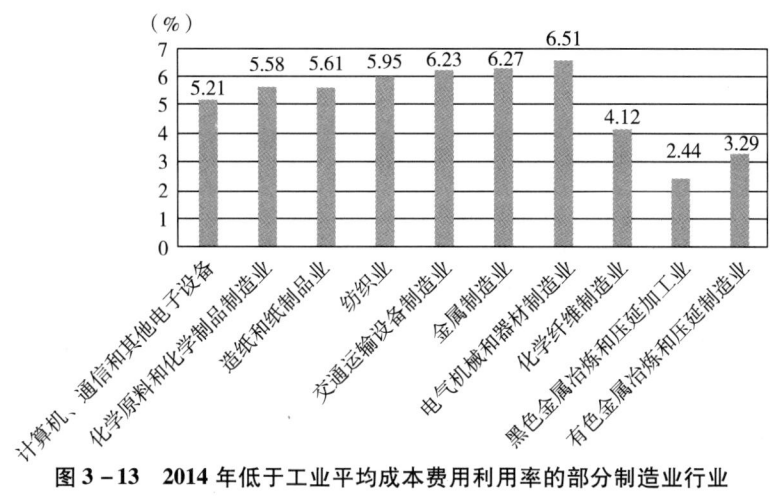

图3-13　2014年低于工业平均成本费用利用率的部分制造业行业

资料来源：《中国统计年鉴（2015）》。

3. 劳动力低成本优势不再

我国制造业的低成本优势正在逐渐消失，并随着国内各项生产要素价格上升，传统制造业的竞争力在下降。尤其是周边国家的更低成本优势使我国传统制造业面临着激烈竞争，长期以来一直处于微笑曲线的底部，转型升级势在必行。尽管我国传统制造业企业一直在探寻自身转型的路径方法，并努力提升产品附加值，但是中国制造业仍是大而不强。最根本的原因在于过去制定的外贸出口战略——价低量增，致使我国传统制造业长期依赖数量增长，忽略了企业长期发展的技术创新力。由中间投入贡献系数可以看出，对于发达国家而言，每进行一个单位的中间投入就可以创造出一个或一个以上单位的新价值；对于我国制造业而言，每进行一个单位的中间投入却只能创造出约0.56个单位的新价值。这说明，中国制造业长期以来追求的仅是数量上的优势，却没有建立起来真正的高附加值、高利润水平的竞争优势。

4. 参与国际分工的价值增值能力不强且缺少产品定价权

我国生产制造的很多工业品产量虽然居于世界第一，但参与国际分工的价值增值能力却不强。主要是因为我国制造业产品的深加工程度不高，产品的技术含量较低，企业研发强度、技术密集度、加工度指数远远落后于发达国家；此外我国参与国际交换的产品缺乏核心关键技术以及品牌价值，使我国制造业处于全球价值链的中下游环节，即使参与国际分工程度日益提高，但还是处于被支配的地位。

表 3-5　中国制造业技术密集度①、加工度指数、研发强度②及与日本、韩国的比较

指标	国家	中国					日本	韩国
	年份	1990	1995	2000	2005	2012	2009	2009
技术密集度（%）	高技术制造业	6.50	8.10	13.80	15.80	12.61	47.00	60.10
	中高技术制造业	31.50	29.70	29.30	30.30	28.26	—	—
	中低技术制造业	26.20	27.10	25.90	29.90	33.32	—	31.60
	低技术制造业	35.80	35.10	31.00	24.00	25.80	27.50	15.20
加工度指数	机械类/粗金属	2.65	3.05	3.82	2.81	2.64	5.94	5.69
	服装/纺织	0.18	0.32	0.44	0.39	0.54	0.56	0.21
	印刷/造纸	0.45	0.41	0.39	0.35	0.36	1.91	1.09
研发强度（%）		—	0.50	0.71	0.76	1.19	3.96	1.81

资料来源：《中国产业发展报告（2016）》，经济科学出版社 2016 年版。

中国传统制造业大多是从事的加工贸易，加工环节的很多关键零部件，由于外资企业对于技术外溢与关键核心技术的保护动机，致使我方的加工企业只是代工生产，对于加工产品的研发设计与营销渠道都是依赖国外企业，这在一定程度上束缚了企业创新的动力，也使我方无形中失去了对产品的定价权。以富士康的加工生产为例，一般都是由美国苹果公司来掌控产品的研发设计环节，并由美日韩等国的生产商来对产品的关键零部件从事相关生产，而富士康仅仅是做代工生产——负责加工组装，因此富士康作为代工生产商在整个生产链中获得的价值仅为每单位商品约 6.54 美元，而苹果公司却可以获得约为富士康 60 倍的产品价值，生产关键零部件的美日韩等公司也可以获得相当于富士康 30 倍的

---

① 不同技术水平制造业产值在制造业产值中的占比；中国数据为总产值技术，而日本和韩国为增加值技术。
② 企业研发投入在销售收入中的占比，中国为大中型工业企业，日本和韩国为制造业企业。

产品价值。

5. 制造业产品出口遭遇贸易保护主义障碍

无论是奥巴马政府还是特朗普政府，都认为"中国制造"的出口产品采取了低价倾销手段，并将美国的大量失业归咎于"中国制造"的不正当竞争，认为中国出口的低价产品是将美国工人饭碗抢走的最主要原因，因此对中国出口产品采取贸易保护主义措施。从 2002 年开始到 2012 年的 11 年间，美国政府先后对我国出口产品发起了 842 起贸易救济调查，共计约 736 亿美元的涉案金额；另外在 2002—2012 年中国出口商品遭遇美国 337 知识产权调查共计 130 起，我国成为连续 18 年世界上遭遇贸易摩擦最多的国家。我国传统制造业过去凭借劳动力的优势资源，在产品生产成本上一直具有显著优势，很多加工企业成为国外企业的代工生产商，国外企业一方面将产业链中的劳动密集型加工生产环节转移到我国，另一方面也将产业链中涉及大量资源消耗与环境污染的加工生产环节转移到我国国内，致使我国经济发展付出了较大的牺牲与代价，既承担了环境被破坏的风险，又造成了国内资源的浪费，尤其是在国际金融危机时期，"中国制造"的价廉物美更是满足了很多美国消费者的需求，所以美国设置的各种贸易壁垒以及反倾销调查措施都是对本国市场的一种贸易保护行为，未来这种贸易战还会越来越激烈。

6. 自主创新能力薄弱

我国传统制造业的发展模式属于粗放型的，长期以来只注重供给数量而忽略质量，尤其是企业不重视基础研究的投入，导致企业缺乏创新效率；也不重视整合产学研资源提升自主技术创新能力，使企业缺乏核心关键技术长期受制于人，制约了我国传统制造业向价值链中高端转型升级的效率。我国规上工业企业研发强度在 2014 年为 0.84%，而发达国家企业的研发强度一般为 2.5%—4%；光是我国企业对于海外技术专有权的使用费及特许费的支付每年都在不断递增，2011—2014 年分别为 147 亿美元、177 亿美元、210 亿美元、226 亿美元，这说明我国制造业企业缺乏自主创新技术，高度依赖从国外引进使用技术，尤其缺乏关键核心零部件与重大技术装备的自主研发能力，大部分都需要依赖进口。随着欧美国家再工业化进程的加快，发达国家纷纷抢占在新能源、先进制造业等领域的制高点，这样又加剧了我国制造业向国际产业链中高端环节迈进的难度。

7. 面临较大的绿色制造压力

自我国全面实施节能减排工作以来，尤其是目前经济增速逐渐放缓使制造业企业开始对能源的需求逐渐下降，但制造业企业却缺乏进行绿色生产、节能减排的持久内在动力，企业进行绿色低碳化生产、对能源消费总量的合理控制等还没有建立起来完善的机制与结构，制造业企业面临着较大的绿色生产压力，尤其是当前工业能耗污染的总量临近上限，更有必要对工业生产实施节能减排工作。在我国污染排放与能源资源消耗的主体都是工业制造业，其能源消耗在全国的占比达到 70% 以上，同时工业资源环境损耗在工业增加值中的占比超过了 10%[1]，且我国单位工业增加值的能耗为世界平均水平的 1.5 倍，在制造业中大量存在着高污染、高能耗的低端技术装备与产品，与发达国家相比我国制造业的能源效率较低，尤其是我国东部沿海发达地区产业向西部进行转移，而西部很多地区由于引资不重视环境污染问题，使高污染、高能耗的项目落地实施，结果导致我国西部地区能源消耗增长过快，所以西部地区的贵州、宁夏、新疆、青海以及云南省区都应充分重视缓解产业绿色低碳化发展，缓解绿色低碳发展标准对于工业制造业的压力。今后应加强对传统制造业进行绿色改造，淘汰对环境有害的工业品，通过开发绿色制造技术，大力发展生产绿色产品，并提升出口产品的绿色含量突破贸易壁垒的限制；使制造业企业成为绿色工厂，在产品的全生命周期实现绿色低碳化，对产品进行生态设计并进行清洁生产以及绿色制造，保证整个生产过程的集约化与清洁化；另外还需推动制造业各行业的能效对标达标，促进工业园区产业布局耦合循环链接。

(三) 中国传统制造业转型升级的必要性

1. 可以提升技术水平转型升级

在我国传统制造业成本优势不再的情况下，应该积极创造新的比较优势，特别是应该通过提升产品的技术含量与附加值，重新塑造"中国制造"的产品形象，及早摆脱低价竞争的局面，为此应该规范我国制造业的市场竞争行为，避免同行业企业之间的价格竞争，并通过各种

---

[1] 《中国产业发展报告 (2016)》，经济科学出版社 2016 年版。

措施促成出口产品形成合理的价格，企业也应尽快由 OEM 商向 ODM 商、OBM 商转型，掌握产品的定价权。此外，为了帮助更多的制造业企业及时掌握了解商品的国际市场行情及价格信息，我国相关政府部门应为制造业企业建立必要的出口价格预警机制，并采取措施促进企业由微笑曲线的底端向两端转移。为此制造业应积极拓展技术创新能力，注重企业的研发与市场销售，发展集约式生产方式，提高全要素的生产效率，增强在产品价值链上的附加值及国际分工中的产品定价权。

2. 可以促进我国对外贸易的发展

通过传统制造业转型升级在一定程度上可以促进外贸的发展，当前我国工业出口产值占工业增加值的 75%，这就意味着用制造业外贸出口的情况也可以对制造业的转型升级进行评价，即制造业行业内较高生产率的企业会将更多产品出口到国际市场。中国制造业产品由于研发、专利数量增加、出口产品的质量提高等因素会导致出口产品的附加值率上升。

对于中国经济增速下行的现状，制造业企业生存面临着挑战，外部市场需求低迷，国内劳动力成本上升，企业融资成本上升，人民币升值，削弱了中国经济增长的潜力。中国处于经济赶超阶段，制造业产业升级可以带来人均 GDP 的增长，不仅仅是带来制造业部门的生产率提高，而且制造业升级带来的收入增加会对我国基础设施建设、服务业的发展提出更高的要求，所以制造业升级会对经济增长做出贡献。

三 中国先进制造业发展现状

先进制造业的发展程度是衡量一个国家国际竞争力以及综合经济实力的标志，在当前全球范围内"制造业回归"的发展背景下，我国加快发展先进制造业是推动"中国制造"迈向中高端的必然选择。尽管我国经济发展还面临着一些下行压力，但是"中国制造"升级的速度却在不断加快，先进制造业领域制造业强企的数量在增加，尤其是智能制造领域也在频频出现新的热点与新的突破。例如，在 2014 年 12 月河南省出台了《先进制造业大省建设行动计划》，旨在助力传统制造业进行转型升级、培育战略性新兴产业发展、促进高成长型的制造业发展，在 2017 年河南省实现规上制造业企业主营业务收入达到 8 万亿元，高成长性制造业以及战略性新兴产业对制造业的贡献率达到70%左右。

（一）中国先进制造业发展现状

1. "中国制造"的国际地位在不断提升

随着我国制造业发展规模的不断扩大，其对我国经济增长做出了重要贡献。2013年中国制造业的产出在世界产出中占比达到20.8%，连续四年保持世界制造第一大国的地位；2014年我国工业增加值在GDP中的占比为35.85%，达到22.8万亿元。同时制造业的发展也增强了我国在国际分工中的地位，我国工业增加值在GDP的占比从1952年的17.6%增加到2014年的35.85%；另外，据世界银行的数据显示，我国工业增加值规模在2010年还落后于美国，但从2011年开始高于美国等发达国家以及新兴经济体的工业增加值规模。

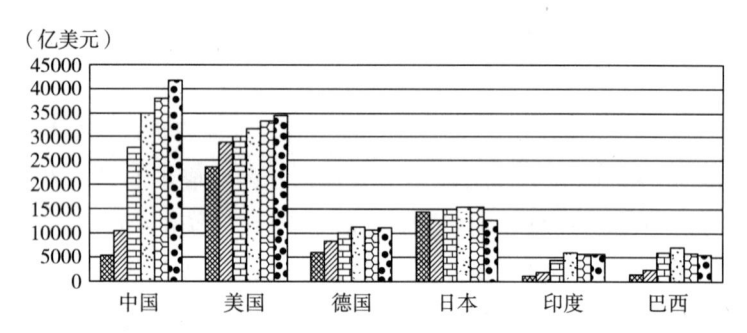

图3-14　2000—2013年中国工业增加值与其他国家的比较

资料来源：世界银行2015年数据。

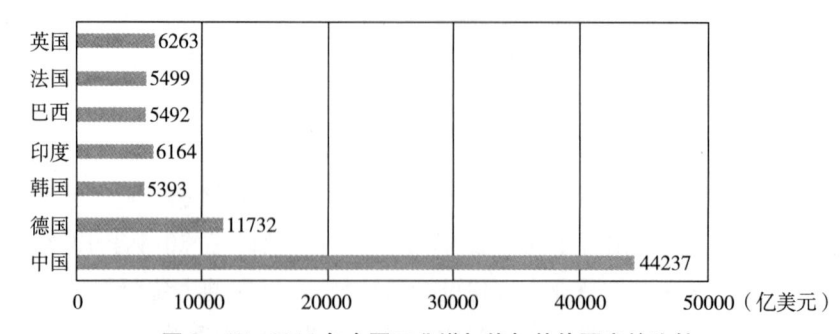

图3-15　2014年中国工业增加值与其他国家的比较

资料来源：世界银行2015年数据。

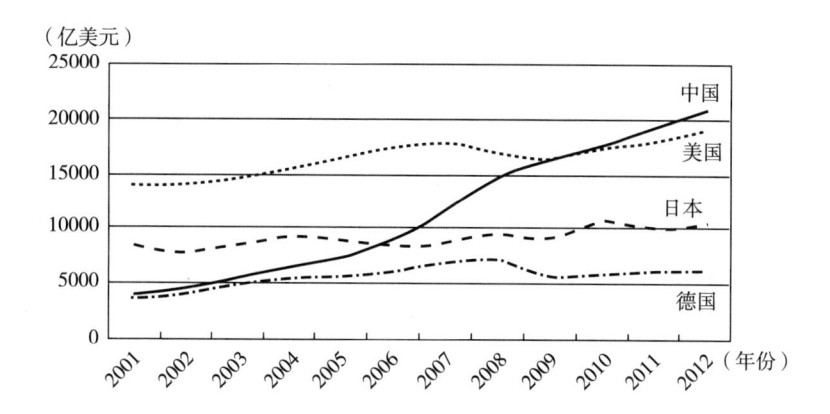

图 3-16　2001—2012 年四国制造业增加值变化曲线

资料来源：根据收集数据计算。

2. 自主创新研发的能力在不断增强

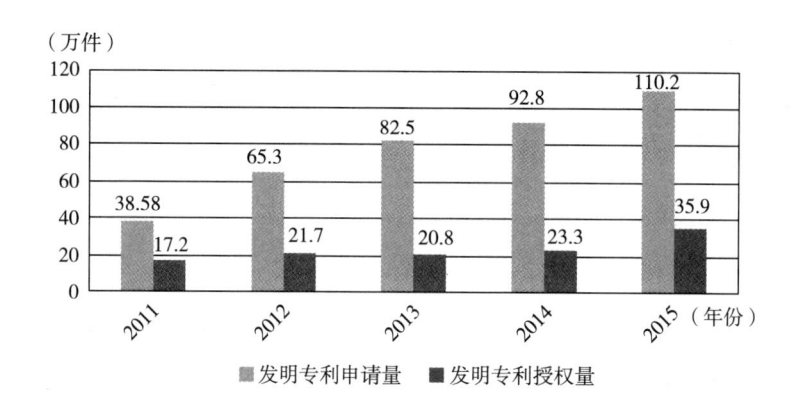

图 3-17　2011—2015 年中国发明专利申请量与授权量

资料来源：国家知识产权局。

在制造业转型升级的大背景之下，中国的先进制造业实施创新驱动战略，研发投入不断增强。2013 年规上工业企业的研发支出达到 8318 亿元，是 2008 年研发支出的 2.7 倍；在 2008 年制造业的研发强度为 0.61%，2013 年达到 0.80%；2013 年规上工业企业拥有科研机构大都 5.2 万个，是 2008 年的 1.87 倍；2013 年规上工业企业申请专利 53 万件，

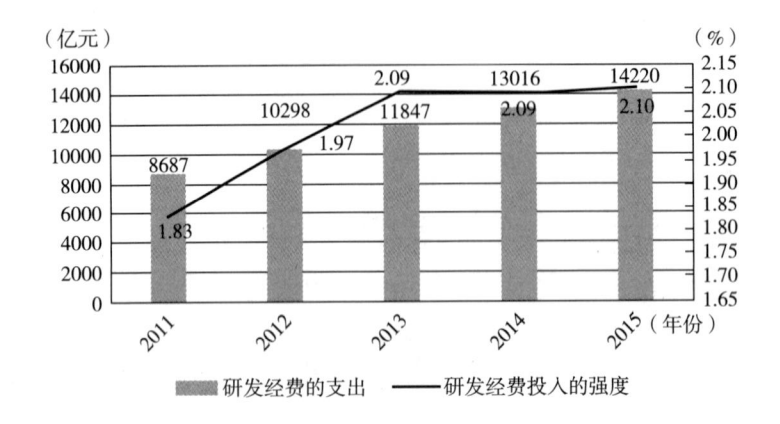

图 3-18　2011—2015 年中国研发经费支出与研发经费投入的强度

资料来源：国家统计局。

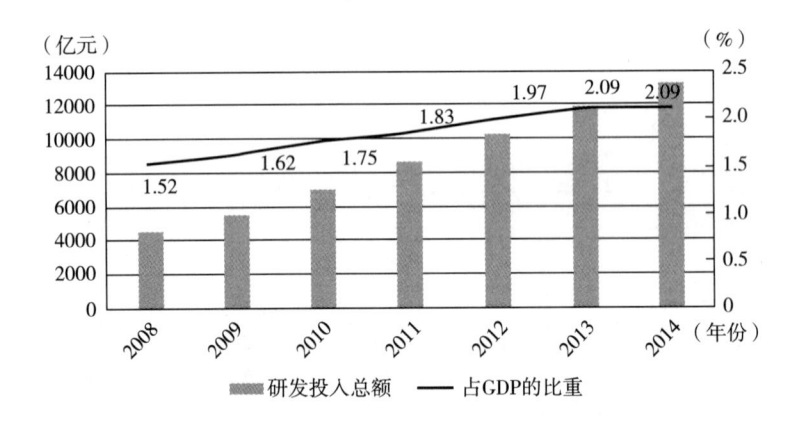

图 3-19　2008—2014 年中国全社会 R&D 经费支出总额及占比

资料来源：《中国统计年鉴（2015）》。

比 2008 年增加了 3.4 倍。其中先进制造业发挥了巨大的技术优势，在新支线飞机、载人深潜、探月工程、载人航天、高速轨道交通、大型液化天然气等方面取得了技术突破与显著的技术进展；同时，我国的风力发电设备、百万吨乙烯成套设备、千万亿次超级计算机、特高压输变电设备等装备制造业产品的技术水平已达世界先进行业。我国的先进制造业是技术创新的主战场，目前已经经历了模仿创新、集成创新、引进消化吸收再创新的多个阶段，技术创新要素在总量上与世界先进水平接近。《中国制造 2025》的战略目标是通过积极海外并购实现先进制造业竞争力的提升，2016 年中国家电生产商美的收购了德国的 Kuka AG，而该公司是全球工业机器人的技术领导者。

表 3-6　　　　　　　中国制造业领域的重大科技突破

项目	重大科技突破
高速铁路装备	已成为世界高铁系统集成能力最强、系统技术最全、运行速度最高的国家，实现了列车控制网络、车载传输网络、物联网、传感网等的多网融合，目前首列智能化高速列车样车正式下线
超级计算机	研发的"天河二号"可以进行千万亿次超级计算，其计算密度和运算速度是世界第一的"泰坦"超级计算机（美国）的 2.5 倍、2 倍
载人航天	"神舟九号""天宫一号"实现载人交会对接，"神舟十号"可以进行航天员太空授课
载人深潜	"蛟龙"号下潜深度达到 7000 米以下，成为世界上第 5 个掌握深海载人潜水技术的国家
探月工程	"嫦娥一号"、"嫦娥二号"卫星可以完成对于月球表面的拍摄工作
北斗卫星导航	我国北斗导航系统应用产业链已经形成，第 16 颗北斗导航卫星升空，可以完成亚太地区组网并进行区域导航与定位服务

资料来源：根据收集资料整理归纳。

3. 先进制造业的产业结构调整加快

先进制造业的发展代表了一个国家的科技实力与制造业的竞争力，我国鼓励先进制造业应用新材料、新设备、新技术、新工艺，来提升制造业整体的技术水平。当前我国先进制造业在整个制造业中的产能占比不断提高，尤其是高端装备制造业如智能制造、高速轨道交通、海洋工程等装备制造业的产值在我国装备制造业中的占比超过了 10%。我国的新型干法水泥生产线在国际市场的占有率达到 40%；国产智能手机在国内消费市场的占有率达到 70% 以上；海洋工程装备的接单量在国际市场的占比达到 29.5%。2013 年全国淘汰落后产能电力行业为 544 万千瓦，煤炭行业为 14578 万吨，炼钢行业为 884 万吨，炼铁行业为 618 万吨。

4. 资源能耗下降，绿色制造得以发展

我国先进制造业的发展以绿色低碳转型为目标，注重制造业的清洁生产、降耗节能以及资源的综合利用。

全国规上工业企业在"十一五"期间年均能耗增长速度为6.98%，低于全国年均11.57%的工业增长速度，"十一五"期间规上工业企业的节能量合计约7.5亿吨标准煤，单位增加值能耗下降26%；全国规上工业企业在"十二五"期间单位增加值能耗下降超过了28%，节能量相当于7亿吨标准煤，实现80%以上的全社会节能目标的贡献率。我国制造业利用先进技术积极推进环保节能、资源综合利用等关键成套设备以及装备产业化示范工程，为环境友好型社会、资源节约型社会提供保证。

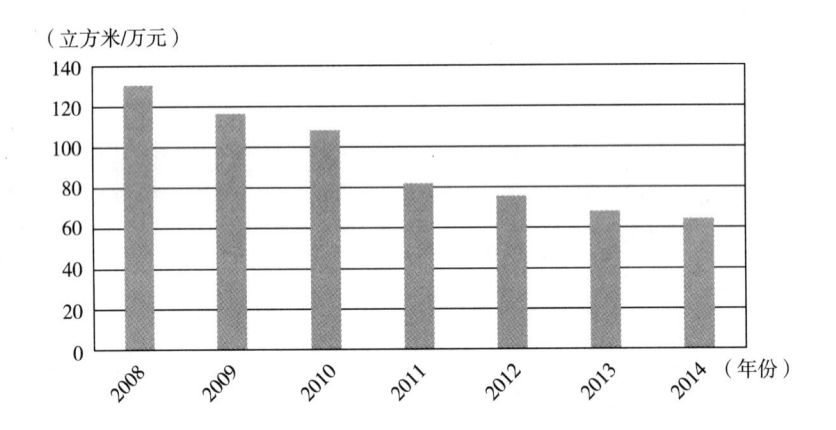

图 3-20 2008—2014 年万元工业增加值用水量

资料来源：《中国统计年鉴（2015）》。

5. 推动优势制造业集聚发展

制造业空间产业布局不断在优化，具体表现：首先，兼并重组使产业结构组织优化。2013年前10名水泥生产企业的产量在总产量中的占比达到37.8%，比2010年提高12.7%；2013年前10名平板玻璃生产企业的产量在总产量中的占比达到53.5%，2013年前10名电解铝生产企业的产量在总产量中的占比达到68%；2014年，中国汽车制造业前10名的企业生产集中度达到90%，比2010年提高4%。其次，制造业

重点产业布局优化并有效推动产业转移,2014年中部地区规上工业企业增加值的增速达到8.4%,高于东部地区0.8%;2014年西部地区规上工业企业增加值的增速达到10.6%,高于东部地区3%。

(二)中国主要先进制造业的现状与问题

发展先进制造业对于提升我国整体制造业的技术水平有着重要的引领作用,同时有利于我国制造业向产业链的中高端环节迈进;《中国制造2025》就强调要重点培育智能机床、工业机器人、航空航天等装备制造业的先进制造技术,所以发展先进制造业对于我国"制造强国"战略有着重要意义,但我国先进制造业在发展过程中也存在着诸多问题,如表3-7所示。

由表3-7可以看出,我国本土先进制造业目前主要面临着产业低端化以及技术空心化的难题。尽管先进制造业的发展符合我国制造业强国的发展战略,同时先进制造业对拉动GDP、增加税收、解决就业等具有显著的效益,但是实际运行中却沿用了传统制造业的发展模式——粗放式,地方政府只是通过简单的招商引资来填补先进制造业的空白,却没有集中各项优势资源来打造具有影响力以及示范辐射作用的标杆龙头企业,结果依然是与国际先进水平差距较大,大部分先进制造业企业仍集中在产业链的中低端环节,导致中低端产品产能过剩,甚至部分先进制造业领域一直被具有技术优势的发达国家企业以及先发企业抢占产业链的高端环节,挤占了我国本土先进制造业企业的发展空间,使我国本土企业发展长期被锁定在低端领域。例如,机器人制造领域,我国本土企业就一直处于产业链的下游环节,且一直扎堆集中在生产制造环节,对于高端的研发、设计、系统操控以及服务环节还是被国际巨头企业所掌控,我国机器人制造企业主要是中小型企业,对于占产业链成本50%以上的关键零部件生产制造因为未掌握技术工艺而没有定价权,而同时外资品牌作为先发企业加快了对我国机器人市场进行布局的速度,主要采取合资/合作的方式来挤压国产机器人的市场发展空间。总之,我国先进制造业发展存在的问题主要体现在:一是欠缺核心关键技术,创新能力较弱,关键零部件与精密零部件主要依赖进口;二是先进制造业的国际竞争力没有形成,很多制造业领域仍然停留在低端应用领域,进入国际主流市场较难;三是尚未形成完整的产业链条,自主知识产权

表 3-7　中国主要先进制造业行业的发展情况

主要的先进制造业行业	发展状况	存在问题
高档数控机床	1. 需求升级。金属加工机床在2015年生产总额下降9.4%，为221亿美元；2015年中国金属加工机床的消费总额为275亿美元，同比下降13.5%。进口机床所占比例为31.3%；中高档数控机床需求增加，低档机床需求减少。 2. 新产品不断涌现。分别在汽车制造领域、航天航空制造领域、船舶制造领域、发电设备领域等提升了创新水平与能力，如超重型数控卧式镗车床、超重型数控立式车铣复合加工机床在核电装备中得到应用；在航空制造领域中立式五轴数控机床主要用作于加工钛合金已经基本成熟，在重点型号中得到应用验证。 3. 数控系统进展较大。广州数控设备有限公司年产10万台数控系统，产量居世界第一位；沈阳机床集团研发了"i5智能数控系统"，并生产出"i智能机床"。目前在航空航天、能源等领域已累计40000多台中高档数控系统得到了应用。 4. 机床生产企业数量增多，行业集中度提升。我国机床行业内有2家企业产值与销售收入超过100亿元，有6家企业超过20亿元，有39家超过5亿元。沈阳机床集团、大连机床集团的销售额已经进入世界机床前5名	1. 行业亏损效益不佳。2015年我国机床工具行业整体效益不佳，2015年1—11月机床亏损企业达到290家，亏损企业占比达到22.09%；16家上市机床企业中5家亏损，沈阳机床亏损最多，亏损金额达到6.4亿元。 2. 机床关键功能部件供应发展落后。我国功能部件产业发展落后，国产中档配套功能部件的市场占有率不足50%，国产高档配套功能部件无论是品种数量都不能完全满足国产配套的市场占有率仅为10%，主要依赖进口，同时这些国产配套功能部件无论是品种数量还是质量都不能完全满足主机配套要求。因此大功率电主轴及驱动装置、全数字高档数控装置、大推力直线电动机及驱动装置、全功能数控动力刀架、大型精密数控轴承等大多依赖进口。 3. 中高档数控机床不具备市场竞争力。我国中高档数控机床缺乏产业化竞争力，品牌还未得到用户的广泛认可，尤其是国内市场金属加工机床、数控机床由于受到日元、欧元贬值的影响，进口量大增，使国产机床受到冲击，市场占有率明显下降，中高档机床主要依赖进口。 4. 产品的可靠性与稳定性不强。国产数控机床与国际产品还存在着较大的差距，平均无故障工作时间（国产为1000小时，工程能力指数（CPK≥1.33等指标明显落后于国际先进水平（无故障时间2000小时，CPK≥1.76，甚至达到2），国产机床的精度保持性周期较短，一般为2—3年，而国际水平达到5—10年

第三章 中国制造业发展现状 | 187

续表

主要的先进制造业行业	发展状况	存在问题
新一代信息技术产业	主要包括电子信息制造业、软件和信息技术服务业、电信业。2015年我国软件和信息技术服务业实现销售收入4.3万亿元，同比增长16.6%，增速低于2014年4.5个百分点；电信业务收入达到11251.4亿元，同比增长0.8%；电子信息制造业的销售产值为12.3万亿元，增速为8.7%，比2014年下降2个百分点。其中，电子信息制造业的产品研制以及科技研发较为活跃，但缺乏代表性、引领性的产品。 1. 传统领域增长较为乏力。我国传统的通信设备、计算机、家用视听产品的生产规模以及产量都居世界首位，但这些行业由电子发展成熟、市场饱和、缺少创新，使传统信息技术产业的增速下滑。2015年通信设备行业销售产值增速为4.8%，比2014年下降2.5个百分点，计算机行业销售产值增速为0.4%，比2014年下降0.6个百分点；电子元器件销售增长7.6%，比2014年下降2.7个百分点；电子器件的销售产值增速为10.5%，比2014年提高0.3个百分点。 2. 投资增长较快。我国电子信息制造业中投及500万元以上的项目，在2015年的固定资产投资额同比增长14.2%，达到13775.3亿元，东部地区成为我国电子信息制造业中投资增长最快的区域，增速达到20.3%，而中部、西部、东北地区电子信息制造业投资增速分别为8.1%、11.8%、2.7%；从行业新开工项目数来看，计算机设备增长35.9%，电子元件行业增长20.6%，通信设备增长32.7%。	1. 基础领域发展薄弱。目前，我国信息技术产业中具有竞争力的基础领域主要体现在平板显示与集成电路等领域，而关键核心产品如IGBT、传感器、电感器等与国际水平存在较大差距，很多核心专用设备如薄膜延展机、平板显示与集成电路等需要从国外引进。 2. 宽带基础设施发展不均衡，4G和5G发展遇到挑战。农村宽带网络建设地区差异较大，东部地区、中部地区、西部地区各之间也存在着宽带建设进度、发展策略、技术选择等方面的差异；4G产业发展主要依赖中国移动公司，竞争失衡状态；4G产业核心元器件、仅表处于薄弱环节；4G还存在着频谱量足但质量不足；5G在高频通信元器件、核心芯片等方面的发展大缺优势、网络提拟化软硬件平台等需要加强研发投入力度，5G产业整体发展薄弱，亟须提升国际竞争力。 3. 产业生态环境不协调。我国信息技术产业领域涌现出很多具有竞争优势的大型企业，但由于我国相关反垄断的法律与审查制度还不完善，使一些大型企业利用自身优势限制了其他中小型企业的创新发展，例如，为击败竞争对手，一些大型通信设备制造商扰乱了公平竞争的秩序，过度使用产品质疑和论证手段、专利保护诉讼等。 4. 产业发展大缺高端人才。我国新一代信息技术产业人才供给不足，尤其是缺乏高端人才也使信息技术产业升级受到影响，当前高端信息技术人才供求应呈现出严重短缺的局面，例如集成电路领域的人才培养若是从2000年才开始的，所以很难满足当前对于集成电路产业快速发展的人才需要，目前该领域

续表

主要的先进制造业行业	发展状况	存在问题
新一代信息技术产业	4. 行业产品进出口增速减缓。由于海外市场需求减少，使我国信息产业产品进出口额增长变为负增长，2014年我国电子信息产品出口同比下降1.1%，为7811亿美元；进口额同比下降1.2%，为5277亿美元。 5. 通信网络设备取得突破。2015年全球运营商数据通信设备规模达到153亿美元，在国际网络设备市场，华为占有16.1%，中兴占有7.7%的市场份额，排名第五；我国国内厂商在数据通信设备整机、核心器件、光通信、移动通信领域在多项技术上达到全球领先水平。例如400G专用芯片已经商用，其他能已经国际领先；但在自主研发高端NP（网络处理器）芯片，附加值高、技术成熟的多为中低端产品，高端产品需要进口	高端人才储备不足，出现了人才供给与产业发展的断层。 5. 新一代信息技术创新投入需要完善。当前传统制造业的大规模生产模式已经不能适应个性化制造的需求，因此需要新一代信息技术创新来促进传统制造企业的转型，通过新一代信息技术创新融合可以实现全业务流程的智能决策、个性化定制、精准营销等，并可以实现全业务创新创新的协同；但是当前我国相关监管手段较为落后，制约了新一代信息技术创新融合发展方面缺少完善的数据保护法、信息安全法、关键基础设施安全保护法等法规，例如在融合发展方面缺少完善的数据保护法、信息安全法、关键基础设施安全保护法等法规，产业中的技术研发、新产品新业态新模式的验证环境等，产业的生态系统建设以及创新平台建设还需完善
机器人	1. 机器人市场规模发展平稳。2015年我国国产工业机器人销售同比增长31.3%，共计销2.2万台；整体市场发展稳定，市场规模达到6.8万台，居于世界第一，约占世界销量的25%，保有量增长了25.8万台。 2. 工业机器人制造具有良好的发展基础。目前我国国内涌现出一大批企业可以开发研制多种类型的工业机器人，这些企业或是自主研发设计生产的机器人，有些是与外资企业或是科研院所合作进行设计与生产。在机器人本体设计生产、控制系统的软硬件、运动规划等相关技术方面拥有自主知识产权。	1. 与发达国家水平存在着差距。国产工业机器人大多是三轴/四轴等中低端机器人，仅可从事上下料或焊接工作的国产六轴工业机器人在我国工业机器人中的占比不足10%，国外发达国家生产或使用的大多是六轴以上的高端工业机器人。另外与发达国家相比，工业机器人的生产从产品设计、材料与工艺、高可靠性基础功能部件到主机批量生产、系统集成水平等都较为落后，技术差距最为显著表现在控制器、伺服电机、伺服驱动器、精密减速器等方面，大多部件需要进口；服务机器人在涉及加工装配工艺以及精密减速器、同服驱动器、多传感器信息融合及智能控制等核心部件方面与国外差距很大。

续表

主要的先进制造业行业	发展状况	存在问题
机器人	3. 本土机器人生产企业快速发展。我国目前已经出现众多的工业机器人生产企业，本土机器人制造企业主要包括新时达、哈博实、沈阳新松、广州数控、埃夫特、埃斯顿等；同时还涌现出较多的服务机器人生产企业，例如一焊接、科沃斯、风行天下、康力优蓝、优必选、纳恩博等；截至2015年年底，我国拥有1026家机器人生产企业，其中广东省（共有285家）的机器人生产企业数量最多，浙江省（共有156家）排名第二，江苏省拥有125家，山东省拥有89家，北京拥有108家，安徽省拥有58家，辽宁省拥有56家，重庆拥有40家。 4. 机器人产业具有良好的市场发展潜力。随着我国劳动力成本上升带来的压力不断增强，很多制造业企业开始实行"机器换人"策略，对于工业机器人的需求大大提高，因此也带动了我国机器人公司大量涌现，这些公司在投资以及孵化政策的鼓励下，科研技术、市场推广、金融管理等业务运作已取得成效并获得了较稳定的市场空间，经济效益与社会效益，机器人产业具有良好的市场发展空间。 5. 外资企业迅速进入我国机器人市场。目前很多外资企业已经进入我国机器人市场，如ABB公司、安川电机建立了整个机器人生产基地。这些外资企业一是利用在我国已有的销售渠道逐渐发展为整个产业链的全面进入，二是在我国先行发展组装整机业务再进一步拓展到对于机器人关键部件的生产投资。江苏常州就是安川电机机器人工厂所在地，主要生产机器人——搬运、涂装、组	2. 国内机器人生产企业面临较大的生产销售压力。总体来看，我国国内90%的机器人生产企业的生产经营规模都低于1亿元水平，企业规模小，经营销售能力有限；目前国内机器人制造规模较大的龙头企业是沈阳新松，但在2015年其销售收入水平较低，仅为16.9亿元，而国外机器人企业如安川、库卡、发那科等年均销售收入都超过了100亿元，差距较大；同时国内机器人本体生产制造企业的盈利水平较低，关键零部件主要依赖进口，例如2015年精密减速器75%的产品是从日本的纳博特斯克、哈默纳科等公司进口，80%的伺服电机和驱动是从日本、欧美发达国家以及我国的台湾地区进口。为了打压国产品牌机器人的竞争力，国外品牌通过降价的价格竞争手段，而国内厂商还要出高价购买同服驱动器、减速器等部件，这样就导致国内本土机器人生产企业的盈利水平大大降低；尽管2015年我国本土机器人生产企业的业务规模在增加，但是70%以上企业处于亏损状态。另外，我国本土机器人生产企业在应用市场推广以实现较受欢迎，国产品牌使用量大且品质要求高的电子工业以及汽车工业外资品牌的认知度较低。 3. 我国机器人行业缺乏行业标准以及认证规范。我国机器人生产企业在进行机器人设计、生产时缺少必要的安全规范指标，技术不成熟就可以上市，机器人质量没有统一的标准；很多国内机器人生产企业并不具有技术优势，其业务是组装为主，由于行业没有必要的进入门槛较低，导致国内机器人产业存在大量的

续表

主要的先进制造业行业	发展状况	存在问题
机器人	装汽车等，同时还进行机器人关键零部件、附属品的设计、研发、生产环节等。安川电机联合美的集团进军中国的家电市场；此外纳博特斯克公司、库卡机器人工程中心分别在珠海、上海、顺德等地建立了机器人生产基地，展开机器人的研发设计与生产	低端产能。为此，国家发改委在2015年设立国家级机器人检测与评定中心来提升我国自主品牌工业机器人的技术水平
航空航天	1. 航空航天装备产业的规模在逐年增加。2015年我国民用航空工业实现2356.7亿元的总产值，比2014年增长1.9%。2015年民用航空产品同比增长26.6%，实现产值735.1亿元；民用飞机零部件产品同比增长3.5%，实现产值112.7亿元；民用飞机（不含无人机）同比增长33.3%，实现产值371.7亿元。2010年我国航空航天产业的市场规模达到1000亿元，2015年航天产业的市场规模超过4000亿元。 2. 航空航天产业的产品创新能力不断增强。2015年11月我国自主研发的国产大型客机C919下线；国产中短程新型涡扇支线飞机ARJ21成功交付成都航空公司使用；2015年我国民用航空产品交付量不断增长，支线客机交付67架，直升机交付10架，通用飞机交付7架；2016年6月我国长征七号运载火箭首次发射取得成功，多项重大技术实现突破。 3. 航空航天企业发展迅猛。我国航空航天装备制造业发展迅速，形成了如中国航空发动机集团、中航工业集团、中国商飞公司等一些大型航空航天企业以及一些地方航空航天的产业基地。中国航空发动机的动力装置以及燃气轮机等、生产销售的主要是军民用飞行器的动力装置以及燃气轮机集	1. 不具备完整的产业链。我国航空航天装备制造业虽然已经形成全球生产体系，但产业链依旧不完善，尤其是在一些如航空航天的研发设计、租赁、维修、产品回收处理、技术人员的培训等高端产业链环节缺乏国际竞争力，其发展落后于发达国家，由于产业链不完善使很多高附加值环节利益流向国外市场；同时我国航空航天产业整体生产制造规模较小，缺少全球性的物流与销售网络；此外在我国航空航天领域中军用航空航天产业发展快速，但民用、商用发展滞后。 2. 航空航天产业配套体系不健全。我国鼓励民营企业进入航空航天发展领域的政策措施不完善，有些航空航天产业园发展缺乏统筹规划导致投资过度；在我国航空领域缺乏配套保障设施，缺乏有效的项目招商管理，使产品链低端单一；在我国航天领域缺少市场竞争观念，基础设施、维修人员、人员培训发展滞后；产业政策易受政治因素干扰，从而影响了产业效率。

续表

主要的先进制造业行业	发展状况	存在问题
航空航天	团是我国ARJ21新支线客机、C919大型客机的主要供应商与设计研发部门，其设计研发、生产销售的主要是航空武器装备产品；中国商飞公司主要从事民用航空产品的生产制造。目前我国航空产品的自主研发设计生产或是从国外引进总装线，另一方面通过自主研发设计生产或是从国外引进机型或知名制造商，来不断巩固和提升企业进行合资合作或是收购国外先进机型/知名制造商，来不断巩固和提升企业的行业地位以及国际竞争力。 4. 产业集聚区的示范作用明显。随着航空航天产业竞争力的不断提升，当前我国已形成6个航空领域新型工业化产业示范基地以及10个航空航天高科技产业基地，同时在环渤海地区、珠三角、长三角、中部地区、西部地区、东北地区等也已形成六大航空航天装备制造产业集群区，其中航空航天装备制造产业链最为完善的地区主要集中在以陕西为核心的西部地区。这些航空航天产业领域的示范基地、高科技产业基地以及产业集聚区的快速发展，为提升我国先进制造业的技术水平树立了典型的示范作用	3. 部分核心产品，核心技术与国外差距较大。虽然有些航空航天产品已经实现了关键零部件的自给，但是在关键零部件制造方面已经落后于发达国家，产品结构设计以及生产技术等方面却远远落后于发达国家，主要依赖从国外购买，而这些关键设计以及生产技术以及关键零部件恰恰降低了产品生产制造的主要成本，由此就大大降低了我国航空航天产品的主要成本优势，关键零部件构成了我国生产企业的竞争优势，所以尽管我国航空航天产品的自主化率在不断提高，但核心产品，核心技术与国外差距较大，对国外技术的依赖性较强，目前制约我国航空航天装备制造发展的主要是发动机、元器件、关键材料等不能实现完全自给。 4. 人才短缺，技术储备不充分。我国航空航天制造业的高端人才短缺，技术储备也不充分，严重制约了我国航空航天装备制造产业自主创新能力的提升
新材料	1. 新材料产业的发展规模在逐渐扩大。2015年我国新材料产业规模已经达到约20000亿元，而2010年我国新材料的产业规模仅为6000亿元，年均增长率达到25%；当前我国新材料的门类较为全面，品种也在不断增多，新材料产能居于世界前列的主要是特种不锈钢材料、光伏材料、稀土功能材料等。 2. 新材料的应用范围在不断扩大。随着我国新能源以及新能源汽车的不断发展，锂电子电池材料得到了广泛的应用；此外稀土永磁新材料被广泛应用于风电、电子信息、节能环保等领域；集成电路以及半导体材料、光电子材料等敏	1. 缺乏产业政策正确引导与合理规划。我国新材料产业整体结构不合理，同一水平重复建设较多，大部分地区的新材料产业发展趋同，技术、人才、土地、资本等要素配置效率不高，低端产品较多，出现产能过剩，新材料企业的规模大多偏小，以生产中低端产品为主的中小型企业较多，产品技术含量低，企业利润低，企业之间的恶性竞争较为普遍。

续表

主要的先进制造业行业	发展状况	存在问题
新材料	应用于电子信息产业；第三代铝锂合金、石墨烯、纳米材料等的应用取得进展；新型轻合金、工程塑料、高性能钢材料等做用作于高铁、轨道交通、海工装备、能源装备等领域，有力地支撑了"这些行业""走出去"。 3. 创新能力不断提升。我国新材料领域在关键重点新材料的制备技术、新产品开发、工艺技术、节能环保等方面不断创新，并在高温合金、稀土稀有金属材料、电池材料、膜材料、碳纤维及复合材料进行产业化与示范应用，2015年我国新材料研发有关的国家工程技术研究中心累计达到60个，还有30个相关的国家重点实验室；目前我国已建立与新材料领域有关的技术创新战略联盟，主要涉及石墨烯、碳纤维及其复合材料、海洋工程用其钢等新材料的技术研发创新，旨在促进我国新材料创新发展。目前我国关键新材料技术取得突破，例如在金属靶材、超导材料、超导材料、第三代铝锂合金、百万千瓦级核电用"U"形管等领域的技术在国内居于领先。 4. 产业集聚效应逐渐显现。2015年在新材料领域已经形成了全国的综合产业集群，主要以我国的环渤海、长三角、珠三角地区为核心；此外还形成了高附加值、精深加工、高技术含量为主的中部地区新材料产业集群、军民共用、资源转化的西部地区新材料产业集群。同时在新材料领域先后7个高新技术产业基地，101个国家高新技术产业化基地、48个新型工业化示范基地获得国家批准，我国新材料领域的产业集聚效应特征得到进一步凸显。	2. 自主创新能力较为薄弱。我国新材料技术大多是引进、消化、吸收、研发能力相对较为薄弱，特别是核心技术与专用装备水平较为落后，很多研发机构的研发成果与实际应用脱节，成果转化率较低；此外我国新材料领域研发配合完善的创新产业链，新材料产业链的上下游企业合作的默契度，使很多新材料难以进行全面推广；同时企业研发创新的投入较少，缺乏创新动力，技术主要依赖模仿。 3. 高端新材料产品欠缺，新材料主要集中满足中低端产能供给。我国新材料产品由于生产加工的装备制造成本、生产加工技术水平较低，缺乏创新能力，使新材料产品加工的可靠性、质量都较为薄弱，处于产业链的中低端环节，造成中低端新材料产品和通用产品的产能过剩；而关键新材料、高端新材料却需要从国外进口，长期以来难以融入到全球新材料供应体系之中，削弱了我国新材料产业的国际竞争力。 4. 新材料领域缺乏统一的标准、计量和管理体系。国家一直未出台统一的标准与统计体系，所以全国各地区之间较难进行数据的对比；同时关于新材料的分类与统计有不同标准，分类变化也使统计标准体系较难建立，所以给了决策部门便于掌握产业发展全局，建立新材料的标准以及统计体系尤为重要

资料来源：根据收集资料整理归纳。

相对较少，在高端应用领域缺乏竞争力；四是产品的同质化趋势明显，主要是很多先进制造业企业主要集中在中低端环节，利用价格竞争来抢占市场份额，使企业利润水平低下，如图 3-21 所示。

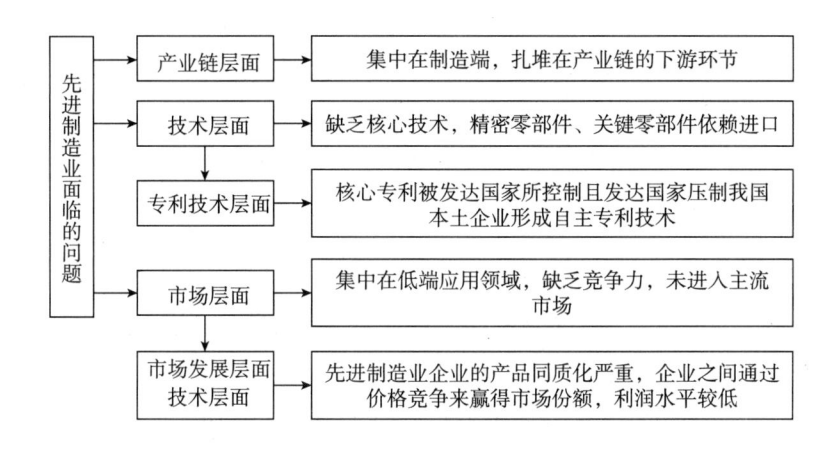

```
                    ┌─ 产业链层面 ─── 集中在制造端，扎堆在产业链的下游环节
                    │
                    ├─ 技术层面 ─── 缺乏核心技术，精密零部件、关键零部件依赖进口
先进制造业          │
面临的问题 ─────────┼─ 专利技术层面 ─ 核心专利被发达国家所控制且发达国家压制我国
                    │                 本土企业形成自主专利技术
                    │
                    ├─ 市场层面 ─── 集中在低端应用领域，缺乏竞争力，未进入主流
                    │                市场
                    │
                    └─ 市场发展层面 ─ 先进制造业企业的产品同质化严重，企业之间通过
                       技术层面      价格竞争来赢得市场份额，利润水平较低
```

图 3-21　中国先进制造业主要存在的问题

资料来源：根据收集资料整理归纳。

四　中国传统制造业向战略性新兴产业的转型升级

（一）传统制造业向战略新兴产业转型升级的演进

1. 传统制造业的筛选

传统制造业经过培育可以发展为战略性新兴产业，一方面是技术容易进行延伸的传统制造业，另一方面是在产品链、产业链、企业销售网络、客户资源等方面与战略新兴产业有融合的传统制造业。这些传统制造业通过产品升级或是产业链升级都可以培育成战略性新兴产业，如传统汽车制造业可以升级为新能源汽车；传统装备制造业可以升级为智能装备制造业；重化工业可以升级为新能源新材料产业等。

2. 传统制造业新兴业务的培育

在传统制造业培育新型业务的时期，应仍以传统业务作为企业发展的基础与企业收益的来源，通过不断进行产品的技术研发、技术引进、工艺改进、生产流程改进调整等来延伸产业链，与新兴产业链接轨，因为很多传统制造业本身的业务就与新兴产业业务密切相连，如医药制造业突破生物医药技术可以嵌入生物产业。

表3-8　传统制造业、高新技术制造业、战略新兴产业的比较

产业类型	要素驱动	辐射范围	主体竞争力	战略目标
传统制造业	一般性要素	集聚区边界	集群竞争力	产业发展
高新技术制造业	技术	区域	区域竞争力	区域发展
战略新兴产业	突破性技术	全球	国家竞争力	全球战略

资料来源：根据收集资料整理归纳。

3. 传统制造业新兴业务的发展

该阶段要求传统制造业的新兴业务无论是销售占比还是销售增长都需在原有传统业务中占据重要地位，这就要求传统制造业企业开始偏重于新兴业务的投资，包括研发投入、生产要素投入、市场的培育等，而传统业务的投资收益开始逐渐下降，传统制造业开始倾向于新兴业务的培育。

当前我国大多数制造业企业还处于第一阶段与第二阶段。尽管许多制造业企业意识到企业转型升级的必要性，但是很多都是基于市场竞争与成本的压力，企业所改进的产品、升级的新业务、引进的生产线所获得的市场收益与盈利水平依然不够稳定，即使是大中型的国有制造业企业也面临着诸多升级所带来的各种挑战。这就对我国制造业转型升级提出更高要求——企业内部的技术创新、组织管理效率应不断进行调整与外部的市场需求进行适应与配置。所以制造业企业应在组织构架、人员培训管理、技术革新、生产过程合理分工等方面进行协调，才能越过门槛降低进入新兴产业的成本，否则当企业面临技术创新无法与外部的市场需求、销售渠道、供应链相匹配时，就会无法实现传统制造业务向新兴业务的跨越。

（二）传统制造业向战略新兴产业转型升级的路径

1. 按照产业链的延伸方向进行转型升级

一是可以向原有产业链的前端延伸。传统制造业企业基于在知识产业链上与新兴产业有关联性，或是进行产业升级所需具备的基础与资金能够得到相应支持，或是进行升级时具有较为良好的创新环境等，传统

制造业可以向前进行延伸。这种升级的路径需要通过研发来掌握关键技术进行创新，所以风险较大，一般是传统制造业企业具有升级转型的稳定的投入支持，或是外部的市场需求发展潜力较大的情况。

二是在产业的中端进行转型，即传统制造业企业应用新技术形成新产品或是开展新业务。这就要求传统制造业企业能够将技术研发转化为新成果，例如通过技术融合开发新产品，或是通过产学研多元化主体协同创新来突破新兴产品的生产工序流程与生产工艺。

三是向产业链的后端延伸，即传统制造业企业将新产品或是新技术能够面向市场，包括商业模式创新、产品创新、产业链再造、服务化转型。商业模式创新要求传统制造业企业能将产品价值、客户价值、销售渠道等进行重新定义来拓展新兴产品的市场发展空间。例如，纯电动汽车的整车造价较高，消费者支付能力有限，可以通过商业模式创新，将纯电动车的电池由专业电池运营商来进行租赁、维护和管理，这样可以带动消费并拓展了产品的市场空间；产品创新要求传统制造业企业通过创新能生产出满足市场需求的新产品；产业链再造是传统制造业企业通过技术改造、业务流程创新对企业产业链进行再造或是延伸产业链，能够为战略性新兴产业提供中间产品；服务化转型，即传统制造业企业可以顺应市场需求，逐渐剥离原有的传统业务，逐渐向服务化转型。传统制造业企业可以通过调整业务范围建立服务于产业链的服务体系。例如，IBM 的转型就是在竞争加剧的市场环境下，逐渐剥离传统的 PC 机的生产开始向软件服务转型，如今 IBM 已经发展为向整个产业链提供高端软件服务、云计划、信息服务的服务型企业。

2. 按照进入新兴产业链的方式进行转型升级

（1）直接嵌入新兴产业链。通过关键与核心技术的引进、消化吸收后进行技术创新以此突破技术上困境，并随着新技术与产品市场的逐渐成熟，再通过技术创新与技术集成，进一步提升技术的竞争力直接嵌入新兴产业链；传统制造业企业还可以在销售模式与管理方式上进行创新，例如通过并购新兴企业的方式嵌入新兴产业链中；传统制造业企业也可以通过自主研发、原始创新来设计新产品、创新新技术，通过技术成果转化在国内外市场上进行新产品新业务的拓展，通过技术优势嵌入新兴产业链中。

（2）融入新兴产业链中。随着传统制造业企业的新兴业务不断展开，在新兴产业链中可以以产业链的中间产品为重点构建横向、纵向以及交叉融合的动态网络组织，并以关键技术与工艺为基础，在产业链的各个节点（包括原材料供应生产、产品模块的加工装配与生产、产品销售、售后服务等）上进行创新，实现传统企业对新兴产业链的融合。例如，陕鼓集团就积极发展与主业相关联的新兴服务业，在服务上进行创新，与全球产业链上的制造业巨头建立供应链协作关系（美国通用电气、德国西门子等），每年向供应链的合作伙伴提供50亿元的采购方案，不断扩大市场的范围与企业边界。

　　（3）发展新兴产业集群。传统制造业企业通过技术创新、模式创新等逐渐形成集群式的升级路径。例如，传统制造业企业可以围绕产业链的上下游企业在资源富集地区形成产业集群来实现资源配置与共享；也可以利用高新技术开发区的优势（人才、政策、技术优势）吸引传统制造业企业的新兴产业集聚，以此提升传统制造业的创新能力，因为传统制造业企业在向新兴产业转型升级过程中，原有的区位不具有显著优势会使企业发展受限，通过集群式路径可以将传统产业的新兴生产线向高新技术开发区集聚，最终会促进传统制造业新兴产业的发展，例如老工业基地的老工业区通过改造，可以向高新技术开发区转移传统产业中的新兴产业生产线。

案例一　陕鼓集团（陕西鼓风机动力股份有限公司）

　　2001年公司开始确定由生产制造鼓风机向服务化转型，并对服务不断进行升级。公司通过建立远程控制中心与企业的使用客户建立联系，对客户在使用产品所出现的问题及时进行解决，做到了对大型成套机器设备的即时监控、即时问诊，同时向客户提供故障诊断与技术支持，并为客户专门设计在不停机的前提下进行检修与更换设备的方案，在提高客户使用产品效率的基础上，也使公司在进行监控诊断过程中可以不断进行产品的质量改进与工艺提升。通过售后服务的创新，在产业链的后端升级，从单纯生产销售鼓风机转变为向顾客提供全套系统服务与解决方案的供应商。企业的盈利模式也由过去的单纯产品销售收入转变为具有高新技术与高附加值含量的高端环节延伸，在产业链中可以获取从供应商采购以及业务分包所获得管理与服务的收益。

小结

尽管我国制造业整体竞争力在不断增强，但是传统制造业却呈现出产能过剩、产品附加值低、盈利水平下降、自主创新能力差的局面，同时我国先进制造业表现为基础技术、关键核心零部件的制造技术、高端技术人才、行业规范与标准、技术储备等都较为缺乏。这样我国传统制造业需要向战略性新兴产业转型，一是按照产业链的延伸方向进行转型，二是按照进入新兴产业链的方式进行转型；而对于我国先进制造业的发展目前需要加快提升高端技术的研发设计，并进行技术人才的培育以及技术储备的增强。总之，战略性新兴产业的发展是提升我国制造业竞争力的关键，所以为了提升制造业关键核心技术、前沿技术、共性技术的突破，我国制造业需要借鉴国外发达国家的经验，围绕当前社会经济发展的重大需求，集中一切资源进行技术攻关，建立制造业创新网络。通过资金引导以及国家政策的支持，使产学研各方资源能够相互融合，建立良性合作机制，因此为了能够形成以企业为创新主体的创新网络，需要积极引导企业资本和社会资本能够对企业技术创新进行大力投入。此外还需强化制造业行业标准体系的建设，不断提升我国制造业在国际市场的行业地位以及话语权，鼓励制造业领域中的优质企业或是龙头企业参与或是制定国际行业标准，进而掌握市场竞争的主动权，我国制造业尤其要建立有利于战略性新兴产业发展的行业标准以及产品技术标准体系；鼓励利用全球创新资源，加强与全球领先企业的技术创新合作，实现我国先进制造业全球技术研发资源的高效配置，为此应积极支持国内外的制造业企业、高等院校、科研机构之间联合进行产品的研发设计合作，并共同制定产品的国际技术标准，尤其支持鼓励国外的研发机构与跨国公司在我国国内设立研发机构；另外还需鼓励支持我国本土制造业企业与研发机构进行全球研发服务外包或是设立研发机构以及科技园区，利用世界先进技术成果，拓宽先进技术的来源。

第二节 中国制造业重点区域发展现状

制造业既是满足各经济主体物质需要最重要的产业部门，又是我国各区域经济发展的主要支柱，而我国制造业发展的竞争力与实力主要体现在沿海发达地区，这些地区拥有发达的工业体系，且制造业是这些地区经济发展最为重要的支撑，在全国范围内具有突出的引领地位，也是中国制造参与国际竞争的重要平台，所以对长江经济带、长三角地区、珠三角地区的制造业发展现状以及出现的问题进行研究考察有着重要意义，对中西部地区制造业发展具有借鉴意义。长江经济带拥有我国36%的人口，聚集着我国46%的GDP，主要包括我国11个省市，分别是四川、重庆、云南、贵州、湖北、湖南、江西、安徽、江苏、浙江、上海，而制造业发展的程度在长江经济带内部差异较大；而长三角地区①又是长江经济带制造业的引领发展区，主要包括上海、江苏、浙江、安徽等省市，在我国对外开放格局中具有重要的战略地位；珠三角地区主要包括广东省的9个城市，分别是广州、佛山、肇庆、珠海、深圳、江门、惠州、东莞、中山等，是我国制造业体系最为先进的代表。

一 长江经济带制造业发展现状

（一）长江经济带制造业整体发展现状

以2000年为基期，2013年作为报告期，以长江经济带所属的11个省市作为制造业发展的指标，具体特点表现如下：

1. 长江经济带制造业发展速度较快

如表3-9所示，长江经济带在2000年工业企业个数、资产合计、主营业务收入、利润总额四个指标分别是70422个、50252亿元、34593亿元、1476亿元，而在2013年长江经济带这四个指标分别达到167473个、346138亿元、425151亿元、24890亿元，年平均增长率已

---

① 根据2016年5月国务院批准的《长江三角洲城市群发展规划》，长三角地区主要包括上海，江苏省的南京、无锡、常州、苏州、南通、盐城、扬州、镇江、泰州、宿迁，浙江省的杭州、宁波、嘉兴、湖州、绍兴、金华、舟山、台州，安徽省的合肥、芜湖、马鞍山、铜陵、安庆、滁州、池州、宣城。

经分别达到 6.66%、14.84%、19.30%、21.73%，高于全国同期的 5.94%、14.68%、19.26%、20.46%，因此可以看出，长江经济带的制造业在规模与速度上比全国平均水平要高。

表 3-9　典型年份长江经济带和全国规上工业企业主要指标①

		企业数量（个）	资产合计（亿元）	主营业务收入（亿元）	利润总额（亿元）
长江经济带	2000 年	70422	50252	34593	1476
	2002 年	83151	58693	45832	2328
	2006 年	150631	123811	133884	6972
	2008 年	212160	180346	203882	10907
	2011 年	152016	277835	346951	23181
	2013 年	167473	346138	425151	24890
全国	2000 年	162885	126211	84152	4394
	2002 年	181557	146218	109486	5785
	2006 年	301961	291215	313593	19504
	2008 年	426113	431306	500020	30562
	2011 年	325609	675797	841830	61396
	2013 年	352546	850626	1029150	62831

资料来源：根据 2001 年、2003 年、2007 年、2009 年、2012 年、2014 年《中国统计年鉴》的数据计算得出。

2. 长江经济带制造业在全国占有重要地位

如表 3-10 所示，长江经济带的制造业在 2000 年、2002 年、2006 年、2008 年、2011 年、2013 年这六年间主要工业指标——企业数量、资产合计、主营业务收入、利润总额等在全国的占比都在 40% 左右，在全国制造业发展中占据重要的地位。另外长江经济带规上企业四个主要指标在 2000—2013 年都呈不同程度的上升态势，分别上升 4.27 个、0.87 个、0.20 个、6.02 个百分点，尽管上升的幅度不大，但是可以看出是稳中有升的趋势。

---

① 2000 年、2002 年国家没有统计规上企业的主营业务收入，采用的是产品的销售收入。

表 3-10　　典型年份长江经济带规上工业企业主要指标占全国的比例　　单位:%

	企业数量	资产合计	主营业务收入	利润总额
2000 年	43.23	39.82	41.11	33.59
2002 年	45.80	40.14	41.86	40.24
2006 年	49.88	42.52	42.69	35.75
2008 年	49.79	41.81	40.77	35.69
2011 年	46.69	41.11	41.21	37.76
2013 年	47.50	40.69	41.31	39.61

资料来源：根据 2001 年、2003 年、2007 年、2009 年、2012 年、2014 年《中国统计年鉴》的数据并计算得出。

3. 长江经济带制造业企业扩张速度快

如表 3-11 所示，将长江经济带的规上工业企业的资产值、主营业务收入、利润总额等分别除以企业数量，得到表 3-11 的数据即企业的平均规模；长江经济带规上工业企业在 2000 年平均每个企业的资产达到 7136 万元、主营业务收入达到 4912 万元、平均利润额达到 210 万元，而在 2013 年平均每个企业的资产达到 20668 万元、主营业务收入达到 25386 万元、平均利润额达到 1486 万元，年均增长率依次是 8.18%、12.63%、15.07%；可以看出尽管长江经济带规上工业企业的规模小于全国水平，但是企业规模的扩张速度较快。

表 3-11　　典型年份长江经济带规上工业企业的平均规模　　单位：万元/个

		平均资产	平均主营业务收入	平均利润
长江经济带	2000 年	7136	4912	210
	2002 年	7059	5512	280
	2006 年	8220	8888	463
	2008 年	8500	9610	514
	2011 年	18277	22823	1525
	2013 年	20668	25386	1486

续表

		平均资产	平均主营业务收入	平均利润
全国	2000 年	7748	5166	270
	2002 年	8054	6030	319
	2006 年	9644	10385	646
	2008 年	10122	11734	717
	2011 年	20755	25854	1886
	2013 年	24128	29192	1782

资料来源：根据2001年、2003年、2007年、2009年、2012年、2014年《中国统计年鉴》的数据并计算得出。

4. 长江经济带制造业企业的运行效率上升速度快

如表3-12所示，长江经济带的规上工业企业在2013年的资产利润率、营销利润率、两者的加权平均值分别是7.19元/百元、5.85元/百元、6.39元/百元，均低于全国同期的7.39元/百元、6.11元/百元、6.62元/百元。在2000年、2002年、2006年、2008年、2011年等典型

表3-12　　　　典型年份长江经济带规上工业企业的

经营效率①　　　　　单位：元/百元

	长江经济带			全国		
	资产利润率	营销利润率	加权平均值	资产利润率	营销利润率	加权平均值
2000 年	2.94	4.27	3.74	3.48	5.22	4.52
2002 年	3.97	5.08	4.64	3.96	5.28	4.75
2006 年	5.63	5.21	5.38	6.70	6.22	6.41
2008 年	6.05	5.35	5.63	7.09	6.11	6.50
2011 年	8.34	6.68	7.34	9.09	7.29	8.01
2013 年	7.19	5.85	6.39	7.39	6.11	6.62
2000—2013 年均增长率（%）	6.88	2.42	4.12	5.79	1.21	2.93

资料来源：根据2001年、2003年、2007年、2009年、2012年、2014年《中国统计年鉴》的数据并计算得出。

---

① 资产利润率 = 利润总额/资产合计；营销利润率 = 利润总额/主营业务收入；加权平均值 = 资产利润率 × 0.4 + 营销利润率 × 0.6。

年份，长江经济带的规模以上工业企业的资产利润率、营销利润率、两者的加权平均值等比全国水平要低，说明其经营运行效率低于全国水平；但是也可以看出，长江经济带的规上工业企业的经营效率增长速度较快，2000—2013年长江经济带的规上工业企业的资产利润率、营销利润率、两者的加权平均值年均增长率分别是6.88%、2.42%、4.12%，比全国水平的5.79%、1.21%、2.93%的增长速度要快。

（二）长江经济带各省市制造业发展的现状

1. 长江经济带各省市之间制造业规模差距较大

如表3-13所示，2013年江苏省规上工业企业的企业数量、资产合计、主营业务收入、利润总额四个主要指标是46378个、92082亿元、132270亿元、7834.1亿元；贵州省规上工业企业的企业数量、资产合计、主营业务收入、利润总额四个主要指标是3139个、9704亿元、6878亿元、477.3亿元；可以看出在长江经济带各省市中江苏省的主要指标位居第一，而贵州省的主要指标在11个省市中位列最后；江苏省规上工业企业的企业数量、资产合计、主营业务收入、利润总额四个主要指标分别是贵州省的约15倍、9倍、19倍、16倍，而贵州省规上工业企业的企业数量、资产合计、主营业务收入、利润总额四个主要指标分别是江苏省的6.8%、10.5%、5.2%、6.1%，可见两省制造业的规模差距较大。

表3-13　2013年长江经济带各省市规模以上工业企业指标对比

	企业数量（个）	资产合计（亿元）	主营业务收入（亿元）	利润总额（亿元）
江苏省	46387	92082	132270	7834.1
浙江省	36904	59633	61765	3385.9
湖北省	13441	30132	37865	2080.7
四川省	13163	34729	35252	2168.4
上海市	9782	33538	34534	2415.2
安徽省	15114	25168	33079	1758.8
湖南省	13323	19032	31617	1585.1
江西省	7601	13640	26700	1756.7

续表

	企业数量（个）	资产合计（亿元）	主营业务收入（亿元）	利润总额（亿元）
重庆市	5237	13136	15417	878.4
云南省	3382	15344	9773	549.1
贵州省	3139	9704	6878	477.3

资料来源：《中国统计年鉴（2014）》。

如图3-22所示，江苏省的工业规模综合指数是贵州省的16.27倍，浙江省的工业规模综合指数是贵州省的8.31倍，湖北、四川、上海、安徽四省市分别是贵州省的4.67倍、4.61倍、4.53倍、4.14倍，而湖南、江西约为贵州的3倍多，重庆与云南约为贵州的1倍多，由此可见11个省市之间的规上工业企业规模差距明显。

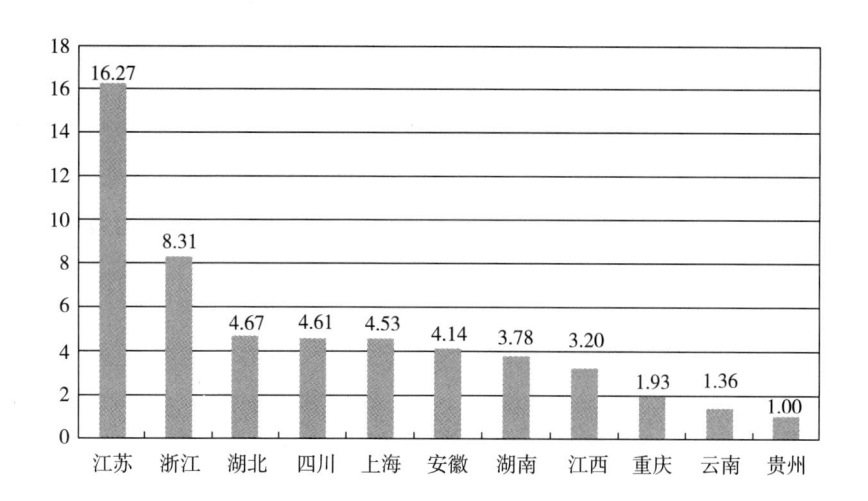

图3-22 2013年长江经济带各省市工业规模综合指数①

资料来源：《中国统计年鉴（2014）》。

---

① 工业规模综合指数是指以贵州省规上工业企业的企业数量、资产合计、主营业务收入、利润总额四个主要指标作为基数，去除其余10个省市对应的指标，然后再按照四个指标的重要性分别取0.1、0.2、0.5、0.2的权重相乘、加总而得到规模综合指数。

2. 长江经济带各省市之间制造业增长速度差距较大

如表 3-14 所示，在 2000—2013 年长江经济带各省市规模以上工业企业年均增长率变化中可以看出，企业数量的年均增长率中，安徽省达到 10.87%，而上海市仅为 1.01%；在资产合计年均增长率中浙江省达到 16.47%，而上海市仅为 9.75%；在主营业务收入年均增长率中江西省达到 26.10%，而上海市为 12.93%；在利润总额年均增长率中江西省达到 38.09%，上海市仅为 14.00%。所以可以发现长江经济带 11个省市的制造业企业增长速度差距较大，发展程度各有不同。

表 3-14　　　2000—2013 年长江经济带各省市规模以上
工业企业年均增长率对比　　　　单位:%

	企业数量	资产合计	主营业务收入	利润总额
江西省	5.86	15.43	26.10	38.09
安徽省	10.87	16.42	22.89	29.45
湖南省	7.84	14.83	23.13	29.45
重庆市	7.25	14.69	21.36	30.98
四川省	8.44	15.57	21.80	26.27
江苏省	7.15	16.28	19.89	23.48
贵州省	3.14	14.27	18.84	27.98
湖北省	5.85	14.17	19.84	22.87
浙江省	7.15	16.47	17.33	17.38
云南省	3.58	14.56	17.10	15.87
上海市	1.01	9.75	12.93	14.00

资料来源：根据《中国统计年鉴》(2001—2014 年) 数据计算得出。

如图 3-23 所示，2013 年长江经济带 11 个省市中，江西省的工业加权年平均增长率达到 24.3%，而安徽、湖南、重庆、四川等省市的工业加权年平均增长率在 20% 左右，江苏、贵州、湖北、浙江、云南等省的工业加权年平均增长率维持在 15% 以上，上海的工业加权年平均增长率仅为 11.3%，说明江西省的制造业增长速度较快，而上海市的制造业增长速度较慢,江西省的增长速度约是上海市的2.15倍。

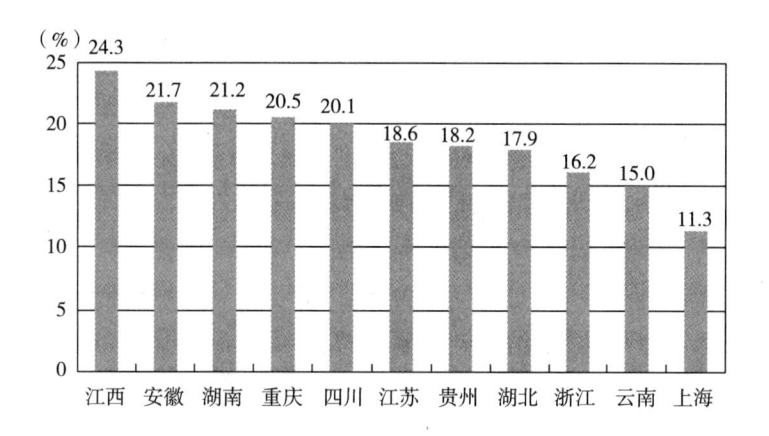

图 3－23　2013 年长江经济带各省市工业加权年平均增长率①

资料来源:根据《中国统计年鉴（2014）》计算得出。

3. 长江经济带各省市之间制造业企业的平均规模差异较大

如表 3－15 所示,用 11 个省市的企业数量分别去除资产合计、主营业务收入、利润总额三个指标,得到 2013 年长江经济带各省市之间制造业企业的平均规模。在资产合计平均规模中,云南省达到 4.5371 亿元/个,企业资产平均规模最大,而湖南省仅为 1.4285 亿元/个,企业资产平均规模最小,云南省约是湖南省的 3.2 倍;在主营业务收入中,上海市达到 3.5303 亿元/个,企业业务收入平均规模最大,而浙江省仅为 1.6737 亿元/个,企业业务收入规模最小,上海市约是浙江省的 2.1 倍;在利润总额中,上海市达到 0.2469 亿元/个,浙江省仅为 0.0917 亿元/个,上海市约是浙江省的 2.7 倍。由此可见,长江经济带 11 个省市制造业之间的平均规模差异较大。

---

① 工业加权年平均增长率是指将长江经济带 11 个省市的企业数量、资产合计、主营业务收入、利润总额分别加以 0.1、0.2、0.5、0.2 的权重系数,再相加得到工业加权平均增长率,是一个反映工业增长速度的综合指标。

表 3-15　2013 年长江经济带各省市之间制造业企业的平均规模对比

	资产合计（亿元/个）	主营业务收入（亿元/个）	利润总额（亿元/个）
上海市	3.4286	3.5303	0.2469
江西省	1.7945	3.5127	0.2311
云南省	4.5371	2.8898	0.1624
重庆市	2.5083	2.9439	0.1677
四川省	2.6384	2.6781	0.1647
江苏省	1.9851	2.8515	0.1689
湖北省	2.2418	2.8171	0.1548
贵州省	3.0913	2.1913	0.1521
湖南省	1.4285	2.3731	0.1190
安徽省	1.6652	2.1887	0.1164
浙江省	1.6159	1.6737	0.0917

资料来源：根据《中国统计年鉴（2014）》计算得出。

如图 3-24 所示，在 2013 年长江经济带 11 个省市规上工业企业平均规模加权指数中，上海市的相对平均规模最大，浙江省的加权平均指数仅为 0.453，制造业企业的相对平均规模最小，上海市制造业企业的平均规模约是浙江省的 2.12 倍，而浙江省制造业企业的平均规模仅占上海市的 47%；云南省和江西省制造业企业的平均规模较大，都在 0.89 左右，重庆、四川、湖北、江苏的制造业企业的平均规模都维持在 0.75 的水平上下，贵州、湖南、安徽制造业企业的平均规模偏小。可以看出，长江经济带 11 个省市制造业企业的平均规模差距较大。

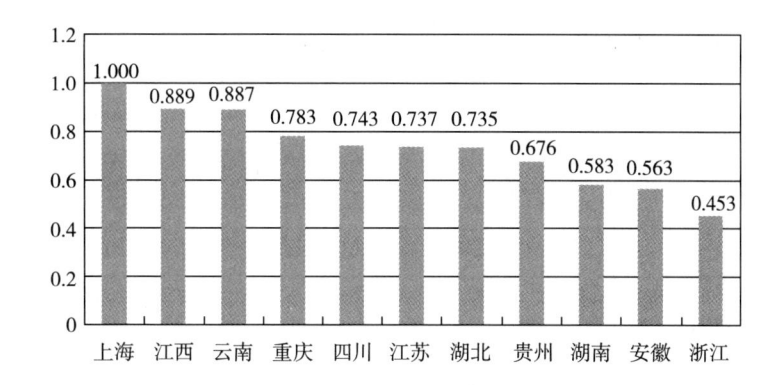

图 3-24 2013 年长江经济带 11 个省市规模以上工业企业平均规模加权指数①

资料来源：根据相应年份的《中国统计年鉴》以及计算得出。

数据（从左到右）：上海 1.000、江西 0.889、云南 0.887、重庆 0.783、四川 0.743、江苏 0.737、湖北 0.735、贵州 0.676、湖南 0.583、安徽 0.563、浙江 0.453。

4. 长江经济带各省市之间制造业企业的经营效率差异较大

如表 3-16 所示，在 2013 年长江经济带 11 个省市中，江西省的规上工业企业资产利润率最高，达到 12.879 元/百元，而云南省的规上工业企业资产利润率最低，仅仅是 3.578 元/百元，江西省约是云南省的 3.5 倍，差异较大；销售利润率中上海市达到 6.994 元/百元，而湖南省为 5.013 元/百元，上海市约是湖南省的 1.4 倍，也存在差异；资产利润率、销售利润率加权平均后，江西省的加权平均值最大，达到 9.099，而云南省的加权平均值最小，只有 4.802，江西省约是云南省的 1.9 倍。可以看出，2013 年长江经济带 11 个省市制造业企业的经营效率差距较大。

总之，长江经济带制造业发展的速度较快，在全国占据重要地位；尽管制造业企业的平均规模小于全国平均水平，但是制造业规模扩张速度快；同时长江经济带制造业的经营效率低于全国平均水平，但是经营效率的上升速度快；长江经济带的 11 个省市无论是在制造业企业的平均规模、经营效率、地区规模方面，还是在制造业增长速度方面差距都较大且发展程度不一。

---

① 工业企业平均规模加权指数是指以 2013 年上海市每个规上工业企业的平均资产、平均主营业务收入、平均利润总额去除 11 个省市的对应数值，然后再以 0.2、0.6、0.2 的权重系数相乘加总，得到 11 个省市规上工业企业的平均规模的加权平均指数，反映 11 个省市制造业企业的相对规模。

表 3-16　2013 年长江经济带规模以上工业企业经营效率①对比

	资产利润率 （元/百元）	销售利润率 （元/百元）	加权平均值
江西省	12.879	6.579	9.099
上海市	7.201	6.994	7.077
江苏省	8.508	5.923	6.957
湖南省	8.329	5.013	6.339
四川省	6.244	6.151	6.188
贵州省	4.919	6.940	6.131
重庆市	6.687	5.698	6.094
湖北省	6.905	5.495	6.059
安徽省	6.988	5.317	5.985
浙江省	5.678	5.482	5.560
云南省	3.578	5.618	4.802

资料来源：《中国统计年鉴（2014）》。

（三）长江经济带制造业转型升级中存在的问题

长江经济带是我国钢铁、石化工业、汽车、电子信息等制造业行业优势产能集聚的区域，其中包含我国制造业行业中的特大型企业以及高新技术制造业企业。长江经济带横跨我国东部、中部、西部三个区域，国家对长江经济带的布局旨在通过创新驱动来促进产业升级。11 个省市中，上海、江苏、浙江属于我国东部区域，安徽、江西、湖北、湖南属于我国中部区域，重庆、四川、云南、贵州属于西部地区，尽管 11 个省市都属于长江流域，但制造业发展差距较大，转型升级中出现的问题也不尽相同。

1. 上海、江苏、浙江在长江经济带制造业升级中存在的问题

（1）上海、江苏、浙江在长江经济带制造业升级中的优势。江浙

---

① 资产利润率 = 利润总额/资产合计；销售利润率 = 利润总额/主营业务收入；加权平均值在计算时分别对于资产利润率、销售利润率给予 0.4、0.6 的权重系数，然后计算两个指标的加权平均值。

沪在长江经济带中具有显著的先进制造业发展优势，例如2012—2014年上海先进制造业的主营业务收入一直维持在7000亿元左右，尤其是在"海洋石油981号"钻井平台、ARJ-21新支线客机、C919大型客机等重大装备制造业方面取得重要进展；江苏省将智能制造装备、云计算、大数据、物联网、先进轨道交通、新能源等15个产业作为培育新兴产业、实施先进制造业转型升级的重点突破领域；浙江省则显现出较为典型的制造业产业集群特色、外向型经济特色以及民营经济特色，为制造业转型升级规划出了组合方案，例如浙商回归战略、"四换三名"（空间换地、机器换人、电商换市、腾笼换鸟；名企、名品、名家）战略、"六创新"（产业创新、科技创新、管理创新、要素利用方式创新、商业模式创新、组织创新）战略来推动浙江制造业转型升级。

（2）上海、江苏、浙江在长江经济带制造业升级中存在的问题。

一是制造业成本优势明显减弱。由于劳动力成本上升，各地最低工资标准不断提高，导致用工成本上升；同时可以利用的土地资源在减少，国家又对建设用地的供应进行严格控制，导致土地供求关系失衡，其中上海成为全国房价最贵的三个省市之一；环境约束不断增强，上海、江苏、浙江等地经济由于在前些年是跨越式发展的，能源、资源的供求矛盾较为突出，工业污染较为严重，环境约束江浙沪制造业的长远发展；国家环保政策促使企业环境成本逐步提高，而同时物流成本上升，使江浙沪一带的制造业企业对内向中西部转移，对外向东南亚国家、美国等发达国家转移。

二是区位优势在弱化。江浙沪拥有大量的优质海港，为制造业企业节约了大量的原材料进口成本、运输成本，但由于制造业企业本身运营成本上升，区位优势在逐渐弱化。国际金融危机之前，江浙沪等东部地区的净出口对经济的贡献率可以达到20%以上，但2015年我国整个东部地区工业出口出现下滑趋势，出口贡献率的下降弱化了江浙沪地区的区位优势。

三是对外开放度需要进一步提高。由于江浙沪地区在改革开放初期拥有国家对外开放的政策红利，使外商投资成为经济发展的重要推动力，但是在我国全面对外开放的条件下，我国中西部地区也享有了政策倾斜的优惠措施，所以江浙沪地区的政策红利优势消失，未来需要通过自贸区的形式来进一步扩大开放。

四是没有形成具有国际竞争力的产业集群。尽管在江浙一带已经形成一批特色鲜明的产业集聚区，但并未与我国其他省区，尤其是沿长江经济带流域一带其他省市形成关联度高、分工协作强、具有国际竞争力的产业集群。因此，江浙沪地区需要以制造业龙头企业为核心，引领相关产业链的上下游企业之间协同创新，最终实现长江经济带的整体价值链升级。江浙沪地区当务之急是要培育具有国际竞争力的制造业产业集群，并提高重点产业的集中度，形成以江浙沪为重点区域，带动长江经济带其他省市共同发展的合力，推动制造业升级。

五是江浙沪地区向中西部地区产业转移的进程缓慢。江浙沪地区为摆脱传统制造业的束缚，为实现"腾笼换鸟"腾出土地、人力、资金等资源来发展新兴产业，向中西部地区进行制造业转移，但由于江浙沪地区制造业下行压力较大，同时产业转移又会导致经济增速下滑，所以江浙沪地区就减弱了向中西部转移制造业的动力，效果不明显。以纺织业为例，纺织业是江浙沪地区产业转移的重点，但纺织业目前仍然集聚在浙江、江苏、山东、广东等地，所以如何形成江浙沪地区向中西部地区产业转移的推动力尤为重要，特别是沿长江经济带流域向中西部发展转移，同时注重转移的质量，不增加中西部地区生态环境的压力，进而提升中西部制造业产业优势尤为重要。

六是产业结构趋同。江浙沪地区的汽车、钢铁、电子、石化产业较为集中，容易形成同质竞争，不利于形成长江经济带下游区域的地区比较优势，因此有必要向长江经济带的上中游转移，来减轻下游地区制造业下行的压力。

2. 安徽、江西、湖北、湖南在长江经济带制造业升级中存在的问题

（1）安徽、江西、湖北、湖南在长江经济带制造业升级中的优势。

一是工业增长速度较快。2015年湖北、湖南工业总产值超过10000亿元，安徽、江西有所落后，分别是9660.5亿元、7268.9亿元；2015年湖北、安徽、江西规上工业增长率维持在8%以上，湖南的规上工业增长率达到7.8%，高出全国平均水平8个百分点。

二是产业结构调整效果显著。2015年湖北省有11个1000亿元产业，在工业总营收中的占比达到91%，电子信息、汽车行业的规模超

过 5000 亿元，同时高新技术产业的比重在不断提高；2015 年湖南省高加工度工业比 2014 年增长 8.7%，高技术制造业比 2014 年增长 13.3%；安徽省新兴产业中，有 14 个行业的主营收入超过 1000 亿元；2015 年江西省高新技术产业增加值增速达到 1869.7 亿元，增速达到 10.4%，高出全国平均水平。

三是高能耗、资源密集型产业增长放缓。2009—2014 年，湖南省汽车、专用设备、通信、计算机等行业在规上工业中的占比增加，纺织、黑色金属冶炼和压延加工等传统支柱产业占比大幅度下降；2015 年安徽省黑色金属冶炼和压延加工业增长同比下降 4.6 个百分点；2015 年江西省规上高能耗行业在全省规上工业增加值中的占比为 37.8%，下降了 1.7 个百分点，六大高能耗行业实现增加值增速低于全国平均水平 1.5 个百分点。

四是新兴产业发展态势好。湖北省高技术制造业对规上工业增长的贡献率达到 10.9%，2012—2014 年电子信息制造业行业平均增速达到 20% 以上；湖南省汽车制造业增加值同比增长 18.1%，南车时代电动汽车公司成为国内最大的电动客车电驱动系统以及关键零部件供应商；安徽省装备制造业发展快速，2015 年装备制造业增加值实现 3507.7 亿元，增速达 11.1%；江西省电子信息、先进装备制造、航空、新能源等 26 个新兴产业集群增长 16.1%，实现主营收入达 4025.4 亿元。

五是制造业创新能力得以提升。2015 年江西省科研经费投入 165.6 亿元，在 GDP 中的占比为 1.0%，增长速度达到 8.2%；安徽省科研经费投入 432.0 亿元，在 GDP 中的占比为 2.0%，增长速度达到 9.8%；湖南省科研经费投入 377.6 亿元，在 GDP 中的占比为 1.3%；湖北省科研经费投入 565.0 亿元，在 GDP 中的占比为 1.9%，增长速度达到 10.0%。

六是绿色制造取得一定成效。湖南省的绿色制造发展较为突出，2015 年规模工业的综合能源消费量不断下降，消耗总量为 6060.1 万吨标准煤，比 2014 年下降 5.9%；江西省、安徽省的工业增加值能耗显著下降，2015 年江西省万元规模工业增加值能耗为 0.68 吨标准煤/万元，下降 6.7%；2011—2015 年安徽省能源消费年均增速为 4.1%，规上工业增加值能耗累计下降 36.6%；2015 年湖北省规上工业增加值能耗为1.37吨标准煤/万元，综合能源消费量下降10.3%。

七是"两化融合"速度较快。湖北积极实施信息基础设施升级战略，推动了宽带普及提速、"三网融合"、下一代互联网建设等工程，构建信息基础设施服务体系；湖南省数字化建设发展较快，以三一重工、中联重科、南车时代电气、山河智能为核心的装备制造业企业已经对接移动互联网；2015年安徽宽带普及率达到44%，移动互联网用户普及率达到60%；江西省两化融合发展指数为70.13，在全国居第13位。

八是形成一定规模的产业集聚。湖北拥有97个重点成长型产业集群，2015年实现15100亿元的销售收入，同比增长15.3%；湖南省在长沙形成工程机械、电子信息、新材料产业集群，在岳阳形成石化产业群，移动互联网、集成电路等新兴产业集群正在逐步发展；安徽省大力推进战略性新兴产业集聚产业基地，建立了合蚌、两淮、马鞍山、芜湖、沿江、蚌埠等装备制造业集聚区，2015年安徽省装备制造业增长11.1%，高于全国4.3个百分点；江西省加快技术创新与产业升级，拥有60多个省级重点工业产业集群，2015年实现主营收入达到10361亿元，占全省规上工业31.2%。

(2) 安徽、江西、湖北、湖南在长江经济带制造业升级中存在的问题。

一是整体制造业水平较弱。2015年全国人均工业增加值为16657元，湖北省人均工业增加值达到19709元，高于全国平均水平；但湖南、安徽、江西的人均工业增加值都低于全国水平。制造业产业规模有限，湖北、安徽、湖南省的制造业企业数量较多，但江西省的制造业企业数量较少。

二是制造业主要以劳动密集型、资源密集型为主。湖北省食品、建材、纺织、石化等传统产业的比重高于汽车、电子信息等新兴产业；湖南省的主导产业中只有两个产业是与战略性新兴产业有关，即计算机、通信和其他电子设备制造业，专用设备制造业，而烟草制品业、农副产品加工业、化学原料和化学制品制造业、非金属矿物制造业都为资源密集型或是劳动密集型制造业；安徽省的新兴制造业主要是汽车制造业，计算机、通信和其他电子设备制造业；江西省的新兴产业份额较低，其余多为传统的劳动密集型或是资源密集型制造业,同时江西省的有色金属、钢铁产能严重过剩。

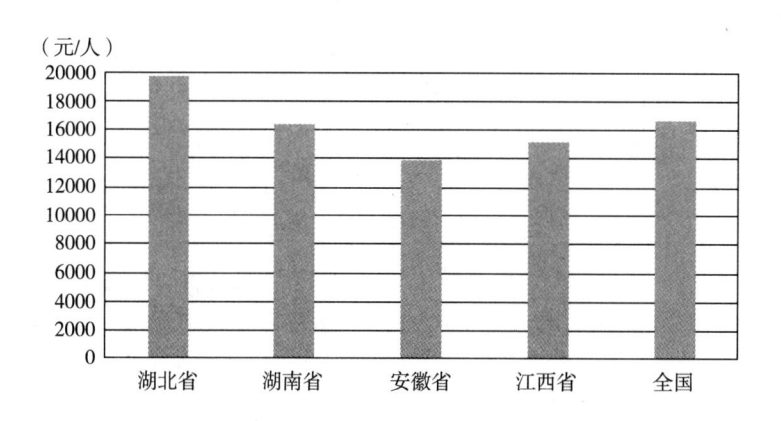

图 3-25 2015 年长江经济带四省人均工业产值

注:江西省为 2014 年数据。
资料来源:中国统计年鉴。

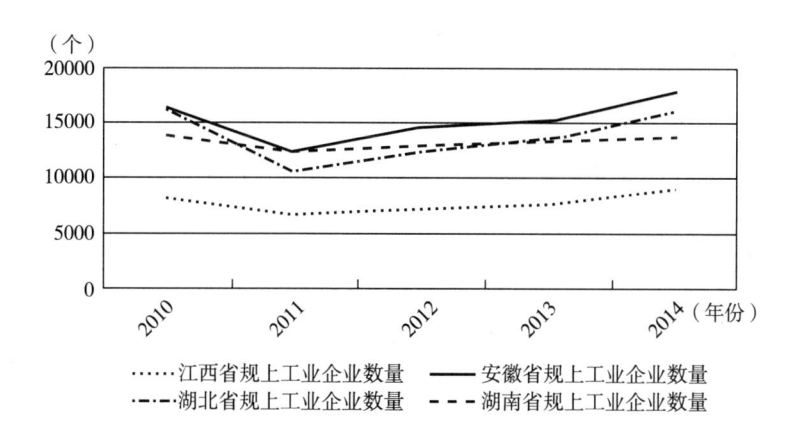

图 3-26 2010—2014 年长江经济带四省份规上工业企业数量

资料来源:《中国统计年鉴》。

三是加大力度发展战略性新兴制造业。2015 年湖北省高技术制造业增长 12.5%,在规上工业增加值中的占比为 8.8%,低于全国水平 3.8 个百分点;2015 年湖南省高技术制造业增长 13.3%,在规上工业增加值中的占比为 10.5%,低于全国水平 1.3 个百分点;安徽省汽车制造业发展迅速，2015 年规上汽车产品增速达到 31.4%，高于全国平均水平 28.1 个百分点，但是与上海等地相比，新能源汽车发展有较大差距；江西省 2015 年十大战略性新兴产业实现工业增加值 1097.5 亿元，增长 11.6%，在全省规上工业增加值中的占比为 16.1%，但是与长江经济带的东部省份江苏省相比差距较大，2015 年江苏省高新技术产业产值比重达到 40.1%，比江西省高出 24 个百分点。

3. 重庆、四川、云南、贵州在长江经济带制造业升级中存在的问题

（1）重庆、四川、云南、贵州在长江经济带制造业升级中的优势。

一是制造业发展速度较快。2015 年重庆全部工业增加值为 5557.52 亿元，同比增长 10.5%，规上工业增加值增长 10.8%，规上工业实现总产值达到 21404.66 亿元，同比增长 12.4%，高技术制造业总产值实现 4028.4 亿元，增长 12.6%，汽车制造业的总产值达到 4707.87 亿元，同比增长 20.2%，电子制造业的总产值达到 4075.56 亿元，同比增长 10.4%，装备制造业的总产值达到 3390.73 亿元，同比增长 9.9%；四川省 2015 年全部工业增加值达到 12084.9 亿元，对经济增长的贡献率为 45.6%，汽车制造业的工业增加值增长 10%，纺织业增长 13.2%，计算机、通信和电子设备制造业增长 2.5%；贵州省规上工业增加值达到 3550.13 亿元，同比增长 9.9%，对 GDP 的贡献率为 31.8%，装备制造业增加值与 2014 年相比增长 24%，对工业经济的贡献率为 15.6%，高技术制造业的产业增加值比 2014 年增长 22.5%，对工业经济的贡献率为 10.4%，电子产业增加值比 2014 年增长 102%，对工业经济的贡献率为 6.7%；云南省具有良好的制造业体系，拥有烟草、冶金、电力、化工、生物资源开发等产业，2015 年实现全部工业增加值为 3925.18 亿元，同比增长 6.7%，制造业增加值增长 6.0%，达到 2731.98 亿元。

二是战略性新兴产业发展速度加快。2015 年重庆市智能终端产品实现 2.7 亿台（件），笔记本电脑的年产量占全球产量的 1/3，电子信息产业规模达到 5700 亿元，汽车产业优势地位凸显，年产值超过 4700 亿元，装备制造业、化工、医药、能源等行业保持持续增长，有利于与长江经济带产业升级进行良好的对接；云南省的轻工业占比达到 46%，烟草工业在全部工业中的占比达到 33%，其他轻工业的占比仅为 13%，

重化工业的占比为54%，主要以基础材料为主，因此云南省主要是以资源型传统产业格局为主，而新兴产业发展明显不足，需要结合地区特点积极承接东部发达地区的产业转移，承接转移与自主创新并举；贵州省新兴产业发展迅速，尤其是以大数据引领的电子信息业、医药产业、新型建材产业等新兴制造业发展较快，2015年贵州的电子信息业以37%的高速进行增长，新一代信息技术、新材料、大健康新医药、高端装备制造业等新兴产业工业增加值同比增长28.64%；四川省装备制造业具有一定的实力，拥有德阳、自贡、成都等三大装备制造业基地，其中在大飞机、歼-20战斗机、高档数控机床、机器人领域，航空航天装备领域都具有显著的优势，同时电子信息业居于全国领先地位，包括软件业、军事电子设备、信息安全产业、微型计算机、航空电子、新型平板显示、卫星应用、北斗导航等整体实力在全国位于前列，此外新材料制造业主要包括成都、自贡、乐山、攀枝花、德阳、绵阳等已经建成一批新材料研发基地。

三是产业集聚在重庆市表现较为突出。尽管云南省拥有烟草、电力、有色、钢铁、化工5个超过1000亿元的产业，但是新兴产业发展不足；而重庆市却在电子制造行业、汽车行业形成了产业集群，例如电子制造行业中形成了"5+6+860"的智能终端产业集群，"5"是指5家品牌商（惠普、宏碁、东芝、思科、华硕），"6"是指6家代工企业（富士康、仁宝、光达、英业达、旭硕、纬创），"860"是指800多家零部件供应商，同样在汽车行业领域，重庆也形成了"1+10+1000"的汽车产业集群，主要围绕长安汽车建立了涵盖轻、重、客、微、轿全谱系产业链条，2015年全市汽车产量达304.5万辆，在全国汽车产量中的占比达到1/8。

（2）重庆、四川、云南、贵州在长江经济带制造业升级中存在的问题。

一是产业结构不合理。四川省钒钛钢铁、食品饮料、油气化工等劳动密集型、资源密集型产业占比较大，在四川省规上工业中的占比达到50%，而计算机、汽车、装备制造、医药等资金密集型、技术密集型制造业的占比为30%，新兴产业在规上工业中的占比与我国经济发达地区相比低了约20个百分点，且大部分企业处于产业链的中低端加工环节、未涉及高端研发设计销售等环节；贵州省具有显著的矿产资源优势，已经形成以能矿产业为主的产业结构，但能矿产业的经营效益不佳，在贵州轻工业领域中，除了烟草、白酒之外，没有形成贵州制造业有力的支撑，新兴产业、装备制造、高新技术占比较小，需要发挥长江经济带东部制造业发达地区对贵州的引领带动作用；云南省形成了"轻工靠烟草、重工靠资源"的产业结构，整个产业结构中产业链条短、创新能力缺乏，同时云南省制造业的发展正处于动力转换的关键时期，尤其是传统重化工业已经遇到发展转型的"瓶颈"期，而先进装备制造、生物医药、新材料等战略性新兴产业亟须成为制造业新的增长点。

二是自主创新能力不足。四川省对于研究与试验发展的经费投入在GDP中的占比为1.52%，大中型企业的研发投入在销售收入中的占比不足1%，四川省每年的发明专利在所有授权专利中的占比不足15%，同时科技成果的转化效率较低；2015年云南省R&D的投入强度为0.7%，低于全国2%的平均水平，规上工业研发经费的占比为0.45%，低于全国8%的平均水平。

三是人才保障与配套政策不完善。重庆、四川、云南、贵州等省市制造业人才储备明显不足，制约了与长江经济带其他省份的产业衔接互动，例如云南省专业人才拥有130万人，高技能人才62万人，高层次人才有8000多名，工业人才培养投入不足；长江经济带发展旨在通过驱动创新带动各省市产业升级，需要以智能制造、绿色制造为目标开展新一轮工业投资与技术改造，例如四川省2025年前实现新一轮技术改造需要投入2.2万亿元，但在当前经济下行的压力下，政府的资金配套政策不给力，资金保障的困难较大，也制约了长江经济带的整体协同发展。

(四) 长江经济带制造业协同发展的战略布局

长江经济带是我国制造业参与新一轮全球制造业竞争的重要产业带，与我国沿海地区共同构架"中国制造"转型升级的动力体系。根据《中国制造2025》规划，到2020年要建成15个国家级制造业创新中心，需要分层次分阶段在长江经济带流域的重要城市建立制造业创新中心，并对周边省市进行延伸覆盖，最终在长江全流域形成制造业创新网络，以此为基础进行政策支持与区域协同创新，通过政府在创新主体、人才政策、经费投入等方面进行制度建设，引导全流域地区的优势资源包括资金、人才等集聚创新，发挥我国长江经济带创新中心在全国的引导示范作用。

表3-17 长江经济带地区制造业发展定位

长江经济带地区	制造业产业优势	发展定位
上海	技术创新优势，人才、技术资源，政策创新优势	带动长江经济带制造业发展的龙头，成为集信息技术、高端装备制造、智能制造等综合型制造业创新中心
苏州杭州合肥	产业集中度较高，产业集群发展较成熟，行业龙头企业较多，国家级工业园区较多，可对周边省市产出溢出效应	建立世界级制造业创新中心，成为制造业重点产业领域高端装备、汽车、家电、纺织服装等的制造业产业集群
苏州	拥有制造业领域的前沿技术，涉及云计算、光伏、纳米、机器人等，自主创新科技型企业较多	世界级制造业创新中心
杭州	专业镇较多，产业集群发展具有新业态、新模式	倾向于消费流通的世界级制造业创新中心，定位于"电子商务+产业集群"
合肥	新兴产业如电子信息、光伏、新能源汽车、节能环保、智能制造发展迅速	倾向于产业集群的国际制造业创新中心
武汉重庆成都	老工业基地多，工业基础较好，有一定的技术资源优势，制造业转型成效显著	国家级制造业创新中心，为长江经济带中上游地区制造业整体转型提供动力
武汉	GDP水平居于全国前列，在长江经济带50个城市中制造业创新驱动显著，光电子产业具有优势	为长江中上游地区制造业转型起到示范作用，带动中上游地区光电子产业发展
重庆	物流成本低，面向国际市场的战略型新兴产业较多	长江上游地区制造业转型高地，形成集群化、高端化制造业布局，建立电子信息产业创新中心，引领长江上游地区产业国际竞争力的提升
成都	轨道交通产业发展	建成全球轨道交通装备制造业创新中心，促进长江上游地区向西、向南全面开放

资料来源：根据收集资料整理归纳。

(五)推进长江经济带制造业协同发展的措施策略

1. 推动长江经济带区域间制造业的协同发展

结合我国推动长江经济带发展的战略部署,加快推进沿长江经济带东部与中西部地区的特色产业集群化布局,形成各省市之间产业互撑产业联动的优势、设施资源共享的协同发展格局。发挥长江经济带东部流域地区先进制造业的优势,与中西部流域地区交流合作,推动东部地区技术、知识、信息等无形要素优势与中西部地区的自然资源、劳动力优势相结合,形成东部与中西部制造业良性互动的局面;并加快中西部传统产业改造升级,化解产能过剩,尤其是要对中西部地区的制造业进行新一轮技术改造,并推进智能制造扩大先进产能,改造传统与创新升级并举;为了培育中西部地区的重点产业领域,要积极利用东部地区技术创新优势,带动中西部地区培育发展航空航天装备、高档数控机床、机器人、新能源汽车等产业发展,加强研发技术成果的转化与应用,促进四川、重庆等地云计算大数据、平板显示、集成电路、智能终端等快速发展。

2. 突破协同发展的障碍因素进一步促进产业转移

针对阻碍长江经济带东部地区向中西部地区有序转移的地方保护主义、现行的财税制度要进行突破改革,特别是对长江经济带东部区域一些地方政府担心产业空心化、财政税收减少、本地资金外流等所采取的阻碍产业转移的做法要进行引导疏通;为促进长江经济带地区制造业协同发展,要重点考虑中西部地区制造业发展的长远利益,确保中西部地区的环境不会因为承接东部地区产业转移而被污染,在中西部地区资源有效利用的前提下,东部向中西部地区转移劳动密集型、资源密集型产业,在此基础上,考虑长江经济带中西部省份的区域优势,结合其资源、人力、技术、基础设施等优势,积极承接医药、汽车、机械、电子信息等中高端制造业。

3. 建立长江经济带东部与中西部省份产业链的协作配套体系

长江经济带的中西部地区应依托东部地区产业转移,尤其是依托东部地区的制造业产业的龙头企业,带动中西部地区进行产品的研发与生产,品牌建设,提供生产性服务,系统集成等产业链的整合,推动长江经济带区域间龙头企业的示范带头作用,最终形成跨区域、跨行业的协同发展，将经济带上不同区域间业务相关联、产业较相近、优势能互补的企业之间进行整合，并提高产业的集中度，促进制造业规模化、集约化经营，加强经济带中跨区域的龙头企业之间、龙头企业与中小型企业之间的合作，在制造业整个产业链上进行合理分工，形成产业链的协同创新能力与协作配套体系。

4. 强化长江经济带创新驱动战略带动制造业升级

目前，长江经济带的东部区域无论是政策红利还是区位优势都有所下降，为了重构东部区域的产业竞争优势，需要进一步提高对外开放水平，加快自贸区的建设，并依托"一带一路"倡议促进制造业的对外合作，推进制造业产品、技术、装备、标准、服务"走出去"，并加快发展跨境电商业务，积极建立海外营销的网络，提升我国制造业全球价值链的竞争力；长江经济带中西部区域要利用东部地区的产业转移，加快改造传统制造业，促进传统制造业信息化、智能化，满足老工业基地转型需求，突破技术"瓶颈"，通过运用与推广新技术、新工艺、新流程、新装备、新材料对于中西部区域的重点行业、关键环节进行技术改造，推动中西部地区钢铁、石化、工程机械、纺织、轻工等行业向价值链的中高端迈进；此外，长江经济带中西部区域利用承接东部地区制造业转移的机遇，重点发展战略性新兴产业，进一步优化中西部地区的投资环境，完善创新风险补偿机制，促进东部地区的优质资源集聚中西部区域，推动中西部地区制造业的技术研发与产业化，形成中西部地区新产业的集聚优势，进而与东部地区齐头并进，为此长江经济带中西部区域要加强自主技术研发创新，开展重大技术研究与产业化应用示范，实现在重点领域、关键技术上的重大突破能够与东部地区衔接，并积极推进"物联网＋制造业"，促进两化融合，以东部地区的制造研发优势带动辐射中西部区域发展智能制造。

5. 长江经济带区域应对接国家各项政策加快制造业"走出去"的步伐

主动把握国家"一带一路"倡议的机遇，将长江经济带西部区域的四川、重庆、云南、贵州逐渐打造成经济带的重要工业基地，并与经济带的中部地区、东部地区进行制造业产业链的有效衔接，进而形成我国制造业的优势产业链，并加大力度培育优势品牌，在高端装备、汽车、电子信息领域提升高品质，扩大企业规模，推动富余产能向发展中国家进行转移，布局国际产能合作的工业园区，支持我国过剩产能走出去，例如太阳能光伏、钢铁、平板玻璃等，并推进制造业对外开放，建立长江经济带各省市的制造业合作机制，借助于多方平台推进制造业开展对外合作。

二 长三角地区制造业发展现状

长三角地区是连接"一带一路"与"长江经济带"的重要纽带，主要包括上海市、江苏省、浙江省、安徽省，是我国制造业发展最为活跃的地区之一，长三角地区作为我国东部的先进发达地区，当前制造业主要面临着加快向创新驱动发展转型，并培育具有国际竞争力的产业集群。

表 3-18　　　　　　长三角地区支柱产业分布概况

城市	支柱产业
上海	精品钢材制造业；成套设备制造业；汽车制造业；电子信息产品制造业；生物医药制造业；石油化工及精细化工制造业
南京	汽车制造业；化学原料及化学制品制造业；计算机通信和其他电子设备制造业
苏州	电子、钢铁、电气、化工、纺织、通用设备制造、新材料、高端装备制造业
无锡	机械装备、高档纺织、电子信息、新材料、新能源和生物医药制造业
常州	工程机械车辆及配件制造、输变电设备制造业；汽车及配件制造；新型纺织材料制造
南通	纺织服装；精细化工制造业；船舶海工
镇江	化工、造纸、建材、铝业
杭州	纺织、机械、电子、化工、医药、轻工、食品
宁波	纺织服装、日用家电、输变电设备、机械、汽车配套制造业
嘉兴	毛纺针织、化学纤维、丝绸服装、建筑材料
绍兴	现代纺织、机械电子、医药化工、节能环保
舟山	船舶修造、石油化工、水产加工
金华	装备制造、汽车、电子信息、生物制药

续表

城市	支柱产业
衢州	建材、化工、装备制造
台州	设备制造、医药制造、橡胶和塑料制品、汽车制造
丽水	医药制造、文教工美体育和娱乐用品制造、非金属矿采选
连云港	医药、新材料、石油化工、钢铁
盐城	汽车、机械、纺织、化工
扬州	交通运输装备制造、石油化工、机电设备
淮安	冶金、机械、纺织、化工
宿迁	酿酒食品、纺织服装、林木加工、机械电子
合肥	平板显示、电子信息、汽车及零部件、家用电器、装备制造、光伏及新能源
芜湖	汽车及零部件、新型材料、电子电器、生物制药
淮南	装备制造、煤炭、化学原料及化学制品
马鞍山	装备制造、钢铁、汽车、精细化工、建材
滁州	家用电器、硅玻璃、盐化工、装备制造、新能源

资料来源：《上海科技统计年鉴（2015）》。

(一) 安徽制造业发展现状

1. 安徽制造业产业结构优化的步伐加快

安徽制造业从2015年开始产业结构优化调整的效果显现，特别是对于存在过剩产能的制造业不断在出清，但是钢铁、水泥、平板玻璃、船舶等制造业行业经济增长上行的压力仍然较大，工业品出厂价格指数始终为负，主营业务收入较低；而高新技术产业、装备制造业、六大工业主导产业都呈现出较快的发展势头，工业提质增效的进程加快。2015年安徽电子信息业工业增加值高于全省工业增加值的25.7%，其中华米智能穿戴手环单月销量就曾达到100万只，排名居全球第二；另外，在安徽省制造业领域，先后开发出大功率LED芯片、1600吨数控液压机床、CVT汽车变速器等新产品，同时还有埃夫特机器人、船用低速柴油机等多项产品的技术在全国领先，制造业转方式、调结构的效果明显。

2. 战略性新兴产业发展分化较为明显

从总体来看，安徽战略性新兴产业发展较好。从企业分布来看，合肥共有战略性新兴产业的企业数量为421家，芜湖共有331家，宣城共有204家，安庆共有201家，这四个城市拥有的企业数量占全省的50%；从区域总量来看，合肥战略性新兴产业的产值达到1268.3亿元，芜湖的产值达到589.5亿元，合计共占全省的46.8%；从产业总量来看，新材料与新一代信息技术的合计产值占全省战略性新兴产业的50%，而新能源汽车产业的产值却不足150亿元，分化较为明显；从产业增速来看，新一代信息技术产业超过30%，而剩下的战略新兴产业的增速都低于20%，全省共61个战略新兴产业分类，其中41个产业的增速都低于全省平均增速，且有12个产业增速出现下降，分化也较为明显。

3. 建立制造业产业集群

安徽省立足比较优势，综合考虑本省发展制造业的产业基础、支撑条件、市场需求，引导建立制造业产业集群。一是平板显示产业基地。安徽建立了多条高世代LCD以及OLED面板项目，延伸产业链促进建立新型显示及电子信息产业集群；目前，合肥彩虹正在建设国内第一条8.5代液晶玻璃基板生产线，其已建成的国内第一条6代液晶玻璃基板生产线的良品率一直保持在70%以上；合肥三利谱已建成国内最大的宽幅偏光片生产基地；合肥京东方的产能目前居世界前三且盈利能力居世界第一，相继投产了6代线、8.5代线、10.5代线。二是合肥还打造了国内最大的特色集成电路制造基地及世界级量子通信产业集群。发展特色芯片设计与制造，培育关键材料和核心装备制造业。三是全球最大的家电制造基地。安徽培育智能家电产业集群，结合家电发展新趋势注重节能、人性、智能等要素，推动家电制造业升级。四是智能装备产业集群。通过智能制造研发设计、系统集成、工程建设安装调试等形成全产业链的制造体系。五是光伏新能源产业集群。以太阳能应用为主，综合各种可再生能源，构建完整的太阳能光伏产业链。六是生物医药产业集群。安徽发挥亳州以"药"立市的比较优势，将传统制药向新兴产业转型，加快中药产业集聚发展。

(二) 上海市制造业发展现状

1. 工业经济降幅收窄

2016年前三个季度，上海市规上工业企业实现工业总产值同比下降1.3%，比上半年收窄3.1个百分点。主要工业行业中，医药行业产值增长3.6%，汽车行业产值增长9.5%。

2. 工业经济质量效益提升

2016年前三个季度，上海市规上工业企业实现工业税收达到2084亿元，同比增长2.6%；2016年6月底，规上工业企业资产负债率达到48.2%，与上年同期相比下降0.9个百分点；2016年1—7月规上工业企业销售利润率为8.6%，高于东部地区平均水平（6%）以及全国平均水平（5.7%）；同时，工业产销率为100.3%，工业企业去库存化状况良好；2016年1—7月工业企业成本费用利润率达到9.46%，高于全国标准值3.71个百分点，企业成本在不断下降。

3. 工业经济的新动能不断增强

2016年1—8月，上海市战略性新兴产业制造业的总产值同比增长1.6%，比上海市工业总产值高出3.9个百分点；新能源汽车的产值增速达到44.9%，新能源领域的产值达到22.4%。

4. 制造业产业结构调整力度不断加大

制造业中高能耗、高污染的产业逐渐被出清，因此导致2016年前三个季度石化工业产值下降1.8%，建材工业产值下降5.4%，钢铁行业产值下降7.3%；同时，由于制造业转型升级的压力，一些低产低效的劳动密集型制造业开始加快向中西部转移，所以上海市2016年前三个季度机械行业的产值下降2.2%、纺织行业的产值下降5.9%、电子行业产值下降9.7%，轻工业行业的产值下降1.2%。

5. 制造业"走出去"的步伐不断加快

2016年前三个季度，上海围绕"一带一路"与"长江经济带"建设的机遇，加快实现"上海品牌，全球制造"的制造业新格局，积极促进钢铁、化工、汽车、轻工等重点支柱产业开展国内外的并购投资；上海纺控集团在孟加拉国的纺织产业合作项目不断推进，华谊集团在泰国投资的橡胶轮胎制造项目签约成功，上汽集团在泰国直接投资所建的整车制造工厂开始启动运行，由上海10家民营纺织服装企业在缅甸联合投资建设的马乌宾经济技术开发区开始启动建设。

6. 新兴工业增长不足以弥补传统制造业的回落

2016年前三个季度，上海市传统制造业继续回落，六大重点行业工业总产值同比下降0.5%，电子信息产品制造、精品钢材、石化及精细化工、成套设备均呈现出负增长，只有汽车制造产值增长9.5%、生物医药产值增长3.6%；而上海市2016年1—8月，战略性新兴产业制造业总产值同比增长1.6%，但是由于产值规模仅占工业总产值的25.5%，所以传统工业行业的经济回落，即使是新兴工业产值增长也无法形成有效的支撑，上海市制造业下行的压力依然存在。

7. 加工贸易出口疲弱

2016年9月，上海市加工贸易出口额同比下降13.2%，2016年1—8月加工贸易出口额累计下滑10.4%，同比降幅增加1.5个百分点；2016年1—7月规上工业企业出口交货值下降7%，由于产能转移导致上海市电子信息产品制造业、纺织服装等行业的订单转移。

（三）江苏制造业发展现状

1. 制造业出口竞争力不强

江苏省制造业主要表现为出口量较大但出口竞争力不强，同时生产量大但附加值较低的局面；同时制造业规模优势在全国较为突出，但是生产性服务业发展却较为落后；智能化水平在不断提高但配套能力较弱；人才资源优势明显但制造业企业的创新能力不强。所以未来江苏省提升制造业竞争力重在智能制造、服务型生产制造、品牌建设、技术标准与产品质量，力图建成具有国际竞争力的制造业基地。

2. 制造业国内竞争力较强

表3-19　2013年江苏省制造业劳动生产率的国际比较

单位：万美元/人

地区	江苏省	俄罗斯	巴西	发达国家
制造业劳动生产率	3.50	0.67	0.89	7—9

资料来源：《江苏省统计年鉴（2014）》。

江苏省是我国的制造业大省，制造业基础较为雄厚，且制造业企业的劳动效率较高，同时民营制造业企业在我国制造业中具有一定的优势，2015年共计有53家制造业民营企业入围中国民营企业500强，仅次于浙江，浙江共计有79家制造业民营企业入围，山东有40家入围，广东有15家入围；2017年江苏省共有41家制造业民营企业入围中国民营企业500强，其中有7家制造业民营企业入围前100名。

表3-20　　2015年江苏省入围中国民营企业500强的前100名的制造业企业及营业收入

排名	企业名称	所属行业	营业收入（万元）
6	江苏沙钢集团有限公司	黑色金属冶炼和压延加工业	24853607
9	恒力集团有限公司	化学原料和化学制品制造业	16352810
15	中天钢铁集团有限公司	黑色金属冶炼和压延加工业	10520502
29	盛虹控股集团有限公司	化学纤维制造业	7384208
43	江苏金峰水泥集团有限公司	非金属矿物制品业	5512430
46	海澜集团有限公司	纺织服装、服饰业	5230881
62	红豆集团有限公司	纺织服装、服饰业	4712826
67	江阴澄星实业集团有限公司	化学原料和化学制品制造业	4503512
75	江苏新长江实业集团有限公司	黑色金属冶炼和压延加工业	4224963
81	江苏永钢集团有限公司	黑色金属冶炼和压延加工业	4124747
88	亚邦投资控股集团有限公司	化学原料和化学制品制造业	4012780
91	亨通集团有限公司	计算机、通信和其他电子设备制造业	3833692
92	江苏西城三联控股集团有限公司	金属制品业	3833506

资料来源：根据收集资料整理。

3. 国际竞争力较弱——全球价值链定位、中间品进口比重

（1）制造业处于全球价值链的下游地位。江苏省制造业主要行业部门处于全球价值链的下游地位，由表3-32可以看出，与发达国家和地区（美国、德国、日本、韩国、中国台湾地区等）相比，江苏省制造业在全球价值链中居于劣势地位，尤其是在先进制造业部门中这种劣势表现尤为明显，例如交通运输设备、电子及光学设备、通用与专用设

备制造业等部门；同时在食品、纺织等传统制造业行业中也居于全球价值链较下游的地位。

表3-21　2017年江苏省入围中国民营企业500强的前100名的制造业企业及营业收入

排名	企业名称	所属行业	营业收入（亿元）
14	江苏沙钢集团有限公司	黑色金属冶炼和压延加工业	1983.40
27	中天钢铁集团有限公司	黑色金属冶炼和压延加工业	1013.36
31	海澜集团有限公司	纺织服装、服饰业	933.05
33	盛虹控股集团有限公司	化学纤维制造业	880.40
67	扬子江药业集团	医药制造业	597.69
72	江阴澄星实业集团有限公司	化学原料和化学制品制造业	581.45
96	亚邦投资控股集团有限公司	化学原料和化学制品制造业	473.66

资料来源：根据收集资料整理。

表3-22　2012年江苏主要制造业部门全球价值链定位比较[1]

部门	德国	美国	日本	韩国	中国台湾	江苏
食品饮料烟草	-0.077	-0.002	0.414	-0.185	-0.184	-0.023
纺织及制品	-0.109	0.078	0.633	-0.035	-0.068	-0.090
木材及制品	0.091	-0.025	0.146	1.222	-0.171	-0.134
造纸及印刷	0.043	-0.021	0.164	-0.120	-0.316	-0.010
化学原料及制品	-0.077	-0.014	-0.011	-0.254	-0.334	-0.133
非金属矿物制品	-0.029	0.027	-0.070	-0.023	-0.195	-0.085
金属压延及制品	-0.109	0.021	-0.120	-0.224	-0.323	-0.170
通用及专用设备制造	-0.100	-0.109	-0.011	-0.120	-0.118	-0.218

[1] 根据江苏省投入产出表以及WIOD数据库数据测算，其中美国、德国、日本、韩国、中国台湾地区的数据为2011年；全球价值链定位主要是指数据越小越位于价值链的下游，越大则越处于价值链的上游（我国投入产出表是每5年公布一次）。

续表

部门	德国	美国	日本	韩国	中国台湾	江苏
电子及光学设备	-0.055	0.043	0.098	-0.113	-0.213	-0.311
交通运输设备	-0.074	-0.199	-0.042	-0.189	-0.102	-0.251
其他制造业	-0.088	0.024	0.110	0.116	-0.285	-0.111

资料来源：根据江苏省投入产出表与 WIOD 数据测算。

（2）制造业对于中间产品的进口比重较大。通过对比江苏省2002年、2007年、2012年投入产出表以及测算发现（见表3-23），江苏省制造业主要部门处于全球价值链的下游地位，不断从上游发达国家进口中间产品然后进行加工，实现制造业产品的最后一道组装工序然后再进行出口。在交通运输设备制造业、电气机械以及电子通信设备制造业行业中中间产品的进口比重较大，说明在很大程度上这些部门的生产制造主要依赖国外进口。

表3-23　　　江苏省主要制造业部门中间品进口比重　　　单位:%

部门	2002年	2007年	2012年
食品制造及烟草加工业	8.16	8.11	8.99
纺织服装业	8.53	5.02	3.67
木材加工及家具制造业	11.82	11.18	9.96
造纸印刷及文教用品制造业	11.73	8.76	8.03
化学工业	12.94	12.96	12.44
非金属矿物制品业	12.24	5.63	5.69
金属冶炼及制品业	13.70	13.70	15.61
机械工业	11.97	8.10	9.67
交通运输设备制造业	14.91	8.98	10.03
电气机械及电子通信设备制造业	22.61	22.83	19.69
其他制造业	8.56	8.60	7.63

资料来源：根据江苏省投入产出表与 WIOD 数据测算。

(3) 制造业产品的服务含量较低。制造业产品中的服务含量越高越说明制造业的技术水平越高,增值能力越强。如果从制造业产品的需求角度来看,越是处于价值链上游环节的生产工序对技术要求就越高,技术含量就越大,同时对于生产性服务的需求强度就越高;而处于价值链下游环节的加工组装等劳动密集型产业却对生产性服务需求不高。从表3-24可以看出,江苏省制造业主要部门对于服务中间品的投入远远低于发达国家或地区,特别是在新兴制造业部门(主要包括通用及专用设备制造、电子及光学设备、交通运输设备)的服务投入占比较低,说明这些部门的服务含量较低。

表3-24　　2012年江苏省主要制造业部门的服务含量比较　　单位:%

部门	美国	德国	日本	韩国	中国台湾	江苏
食品饮料烟草	24.84	36.49	25.16	15.79	32.42	12.71
纺织及制品	27.64	38.91	30.20	17.92	33.68	9.51
木材及制品	32.93	29.01	27.85	17.31	31.30	10.62
造纸及印刷	49.55	45.08	31.94	22.53	34.74	13.22
化学原料及制品	30.81	43.82	24.32	12.50	11.81	13.77
非金属矿物制品	39.85	43.74	36.58	23.44	22.87	17.87
金属压延及制品	30.48	20.29	18.56	18.09	18.52	11.08
通用及专用设备制造	32.19	26.35	26.72	22.91	21.64	14.42
电子及光学设备	42.41	32.65	26.30	22.38	28.12	13.57
交通运输设备	27.16	23.51	14.62	18.18	29.59	13.22
其他制造业	37.19	35.23	39.17	26.60	32.92	12.84

资料来源:根据江苏省投入产出表与WIOD数据测算。

4. 以智能制造为突破口,推进制造业结构调整

一是以智能制造为突破口,加速两化深度融合,发展先进制造业,重点发展新一代信息技术、海洋工程装备及高技术船舶、先进轨道交通装备、高档数控机床和机器人、节能和新能源汽车、电力装备等做大做强"江苏制造";二是发展面向制造业的工业设计、第三方物流、互联网金融、管理咨询、电子商务等生产性服务业,促进制造业的服务化,加快江苏制造业向价值链的高端攀升。

5. 江苏省制造业竞争力现状

江苏省在20世纪90年代由于发挥低成本优势以及良好的区位优势，承接了发达国家的制造业转移。在2015年江苏省的制造业产值占全国制造业总产值的11.8%，全国排名第二，达到3.2万亿元，仅次于广东省的制造业产值；2015年江苏省的外贸进出口总额达到33870.6亿元，在全国排名第二；当前与全国其他省份相比，江苏省的制造业部门形态较为高级，主要是计算机、通信与电子设备、通用及专用设备、电气机械及器材、生物医药、汽车以及零部件等生产，先进制造业在全省制造业中的占比较高，尤其是海洋工程装备、集成电路、碳纤维、工业机器人、节能环保等战略性新兴产业发展较快，对江苏省制造业的升级转型贡献较大。具体从RCA指数来看，江苏省制造业中的传统制造业如纺织服装、木材加工及家具、文教用品、造纸印刷、金属冶炼及制品等具有较为稳定的国际竞争力；而江苏省新兴制造业主要包括电子通信设备、交通运输设备、电气机械、机械工业等行业的国际竞争力在不断增强。从出口增加值来看，江苏省传统制造业部门如纺织服装、食品制造及烟草加工、木材加工及家具、文教用品、造纸印刷、非金属矿物等在全球价值链分工体系中的收益能力较强；而新兴制造业主要包括电子通信设备、交通运输设备、电气机械、机械工业等制造业行业在全球价值链分工体系中的收益能力较小。由此可以看出，江苏省主要在传统制造业行业具有较强的国际竞争优势，尽管江苏省战略性新兴产业发展速度较快，但从全球价值链分工中的增值水平及收益能力来看仍属于国际竞争力较弱的制造业部门。

6. 江苏省发展制造业的优劣势分析

表3-25　　　　　　江苏省发展制造业的优劣势条件

江苏省制造业的 优劣势条件		具体表现
优势 条件	本土制造业具 有竞争力优势	江苏拥有大批经济效益好、规模大的本土制造业企业；2017年入围中国民营企业500强的有75家企业，其中制造业企业41家

续表

江苏省制造业的优劣势条件		具体表现
优势条件	智能化水平居于全国领先	由于政府部门鼓励提升智能制造装备水平，所以江苏省制造业的技术装备及信息化水平较高。其中高端装备制造业的产值在2014年达到了1.74万亿元，数控成型机床在全国的市场份额达到41%，数控金属切削机床在全国的市场份额达到12%，2014年江苏省共拥有150多个拥有自主知识产权的首台套装备，70%填补了国家空白；江苏省智能制造项目占全省技改项目的43.7%；同时在江苏省常州建立了"机器人及智能装备产业园"，徐工集团拥有4个智能化制造基地，江苏高端装备产业基地主要集中在南京、苏州、无锡等城市
	技术人才资源丰富	江苏省是全国的教育大省与人才大省，2014年R&D经费投入1630亿元，全省拥有118.89万科技人员，90名中国科学院和中国工程院院士；148个独立研究与开发机构，97个国家或省级重点实验室，278个科技服务平台，2748个工程技术研究中心
	信息基础设施完善	信息基础设施完善，有利于智能化生产与大数据营销，目前江苏省拥有2000万宽带用户，家庭普及率达到80%；拥有5000万移动互联网用户，用户普及率达到65%
劣势条件	全球价值链分工地位偏下游	处于全球价值链的下游地位，加工贸易模式使进口关键零部件以及技术装备的比重较大，高端装备制造业发展较为落后。具体表现为制造业部门中70%的汽车制造关键设备、80%的集成电路芯片生产装备、40%的大型石化装备、65%的工业机器人都依赖国外进口；90%的船舶电子产品都需从国外进口，同时高端机床市场几乎被国外品牌所占据；一些重大工程如集约化农业装备、核电等的自动化成套控制系统也需要从国外进口
	生产性服务业相对落后	制造业的竞争力在很大程度上取决于制造与服务的结合程度，但是江苏省在生产制造环节集聚了大量高级生产要素，而生产性服务行业却缺乏优势资源，2014年生产性服务业在全省服务业中的占比为40.1%，而北京同期的占比为66%；与浙江的电子商务、北京的金融服务、上海的商贸物流、广东的工业设计等特色工业服务业相比差距较大。且江苏省生产性服务业大多处于中低端环节，规模较大的生产性服务业表现为金融业、交通运输业与房地产业、仓储与邮政业，资本与技术密集程度较低，而高端生产性服务业——科技服务业仅占地区生产总值的1%

续表

江苏省制造业的 优劣势条件		具体表现
劣势 条件	技术创新能力需要提升	基础研究的投入不足，2014年江苏省基础研究的投入占R&D的比重不到3%；同时江苏省的智能制造更侧重于技术引进与技术追随，缺乏原始创新技术，关键技术薄弱，体现在系统软件与控制系统技术（智能控制技术、智能化嵌入式软件、精密测量技术）缺乏自主研发与创新，主要依赖进口
	科技成果质量与品牌价值需要提升加强	江苏昆山富士康2014年拥有669件有效发明专利，而同时期华为拥有18880件、中兴通讯拥有12902件；2015年中国品牌价值100强中仅波司登、恒顺、小天鹅三家制造业品牌入围，与浙江、广东、山东相比远远落后
	加工制造企业信息化与智能化水平较低	江苏省劳动密集型与资本密集型的加工制造企业对智能化需求较低，2014年全省制造业平均生产设备数字化率为32%，大型规上企业达到50%；制造业企业关键生产工序数控化率平均为27.8%，大型规上企业为49.9%；数字化生产设备联网率平均为23.9%，大型规上企业为40.4%

资料来源：根据收集资料整理。

（四）浙江省制造业的发展状况

随着全球新一轮产业变革以及科技革命的兴起，我国制造业开始向更高形态、更精细分工、更合理结构阶段逐渐演进，而浙江作为我国制造业强省，其制造业发展也正在经历着从增量扩能向调整存量、做优增量并存的方向转变调整，浙江省特别是以信息经济、高端装备等行业为代表，在积极加快培育发展新的动能，同时以特色优势产业为代表对传统制造业的动力进行修复，并通过"四换三名"① 工程完善制造业转型升级。

---

① 浙江省经济转型的一项政策措施，"四换"是指腾笼换鸟、机器换人、空间换地、电商换市；"三名"是指大力培育名企、名品、名家。

1. 浙江省制造业发展的现状

（1）制造业转型升级加快。由表 3-26 可以看出，2015 年浙江省完成指标中，与质量效益、自主创新、结构调整、"两化融合"、绿色发展相关的指标，同 2014 年相比全部有所提升；2015 年规上工业企业主导产品采标率、工业固定资产投资与主营业务收入的比例、每百万人拥有工业有效发明专利授权数、规上工业新产品产值率、高新技术产业增加值占规上工业增加值的比重 5 个指标完成情况较好，实现程度均达到 90% 以上。人均工业增加值、规上工业全员劳动生产率、每百个规上工业企业研发机构数、主导产业工业增加值占规上工业增加值的比重、规上工业单位工业用地增加值、规上工业单位能耗工业增加值 6 个指标完成情况不够理想，均在 60% 以下，尤其是规上工业单位工业用地增加值、规上工业单位能耗工业增加值两个指标的完成程度仅在 30%—50%。

表 3-26　　2015 年浙江省制造强省主要指标完成情况

指标名称	单位	指标值 2014 年	指标值 2015 年	完成程度（%）2014 年	完成程度（%）2015 年
人均工业增加值	万元	3.1	3.2	55.9	57.5
工业固定资产投资与主营业务收入的比例	%	12.2	13.8	100	115.3
规上工业增加值率	%	19.4	20.3	64.7	67.6
规上工业主营业务收入利润率	%	5.8	6.1	57.9	60.7
规上工业全员劳动生产率	万元/人	18.0	19.2	51.4	54.9
规上工业研发经费支出占主营业务收入的比例	%	1.2	1.4	59.7	67.5
每百个规上工业企业研发机构数	个	22.3	23.7	49.5	52.6
每百万人拥有工业有效发明专利授权数	个	5.2	5.8	86.5	96.9
规上工业新产品产值率	%	28.3	31.9	80.9	91.0
主导产业工业增加值占规上工业增加值的比重	%	24.9	25.6	41.5	42.6
战略性新兴产业增加值占规上工业增加值的比重	%	25.2	25.5	62.9	63.9

续表

指标名称	单位	指标值 2014年	指标值 2015年	完成程度（%）2014年	完成程度（%）2015年
高新技术产业增加值占规上工业增加值的比重	%	36.1	37.5	90.1	93.7
装备制造业增加值占规上工业增加值的比重	%	35.9	37	79.8	82.2
规上工业企业主导产品采标率	%	58.0	61.8	96.6	103.0
信息化指数	—	0.89	0.92	49.4	50.9
企业"两化"融合应用指数	%	86.3	—	86.3	—
规上工业单位工业用地增加值	万元/亩	89.3	93.9	44.6	46.9
规上工业单位能耗工业增加值	万元/吨标准煤	1.3	1.3	31.9	32.2
单位水耗工业增加值	元/立方米	300.6	333.6	75.2	83.4

资料来源：浙江省统计局、浙江省转型升级办公室。

（2）整体工业发展水平稳增长。2016年浙江省全部工业增加值达到17974亿元，比2015年增长6.2%；规上工业增加值达到14009亿元，增速与2015年相比高于1.8个百分点；2016年浙江省的重工业增长速度快于轻工业，重工业增加值增长8.6%，而轻工业增加值增长3.0%；汽车制造、石油加工、仪器仪表、通信电子的增加值增长分别达到24.5%、18.0%、11.1%、19.4%。2016年在浙江省31个制造业行业中，有25个行业保持正增长，其中汽车制造、通信电子、石油加工、仪器仪表、专用设备、医药、电气机械等行业的增加值增长较快。

（3）规上工业增加值与利润增速高于全国水平。2016年浙江省规上工业企业增加值增速与全国相比，高出0.2个百分点；规上工业企业实现利润总额为4323亿元，利润增速与全国相比，高出7.6个百分点；利润比2015年增长16.1%，高于江苏省10%的水平、山东省1.2%的水平、广东省11%的水平；主营业务收入利润率达到6.6%，比2015

年提高 0.7 个百分点，比全国水平高出 0.6 个百分点，高于广东省 6.3% 的水平、山东省 5.8% 的水平、低于江苏省 6.7% 的水平；31 个制造业行业大类中整体盈利，其中有 26 个分行业利润增长。

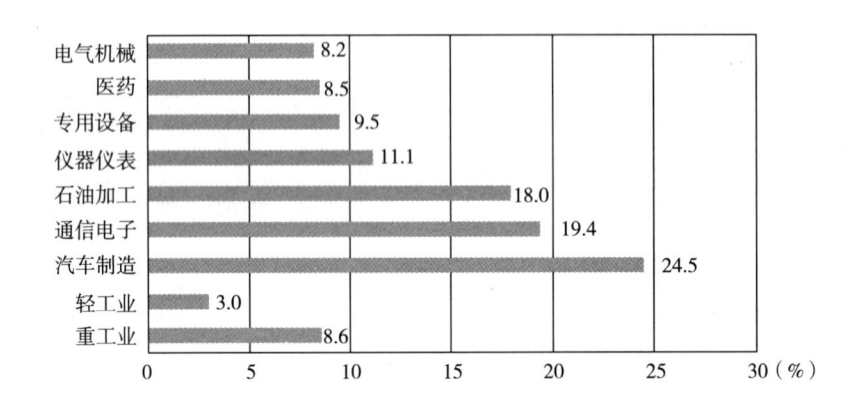

行业	增速(%)
电气机械	8.2
医药	8.5
专用设备	9.5
仪器仪表	11.1
石油加工	18.0
通信电子	19.4
汽车制造	24.5
轻工业	3.0
重工业	8.6

图 3-27　2016 年浙江省制造业增加值增速情况

资料来源：《浙江省统计年鉴》。

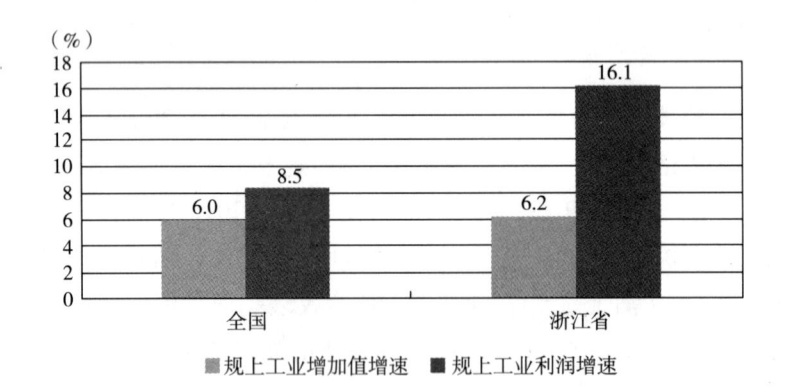

地区	规上工业增加值增速(%)	规上工业利润增速(%)
全国	6.0	8.5
浙江省	6.2	16.1

图 3-28　2016 年浙江省与全国规上工业企业经济指标增速对比情况

资料来源：《浙江省统计年鉴》。

（4）出口增速较快。2016 年浙江省进出口总额为 22202 亿元，比 2015 年增长 3.1%；出口额为 17666 亿元，出口增长 3.0%，增速与全国相比，高出 4.8 个百分点，出口额在全国的占比为 12.8%，比 2015 年提高 0.6%；进口额达到 4536 亿元，由 2016 年前三个季度下降

0.9%变化为增长3.7%，2016年11月开始浙江省进口额结束了自2014年7月以来连续27个月始终下降的态势。

（5）新产业加快增长。如图3-29所示，在浙江省七大产业中，信息经济核心产业、高端装备制造业、健康产业制造业的增加值增长速度较快，分别达到13.6%、9.6%、8.9%；2016年高新技术产业、装备制造业、战略性新兴产业增加值在浙江省规上工业企业增加值中的占比分别为40.1%、38.8%、22.9%，分别达到5624亿元、5430亿元、3206亿元，与2015年相比分别提高2.0个、2.0个、0.5个百分点，同时三个产业对规上工业增长的贡献率分别为68.5%、65%、31%。其中，信息经济核心产业成为浙江省经济发展的支柱产业，2015年浙江省信息制造业新产品产值率达到52.2%，高出规上工业20.3个百分点，已经成为浙江省工业新产品的高产区。

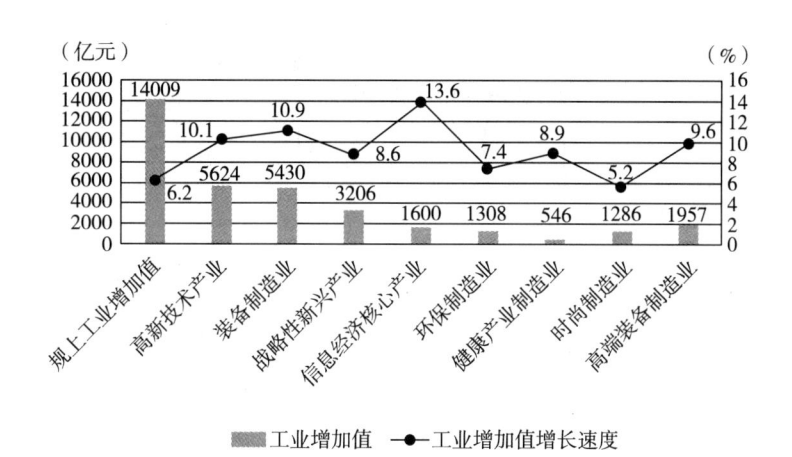

图3-29 2016年浙江省规上工业分产业增加值及增速

资料来源：根据收集资料整理。

（6）新产品与研发投入增长较快。2016年浙江省列入国家"三新"统计[①]的10种新产品中，有6种新产品的产量与2015年相比达到

---

① "三新"主要是指新产业、新业态、新商业模式，重点体现为《中国制造2025》中"互联网＋"、"大众创业、万众创新"、跨界综合管理"三新"活动。

了两位数的增长，新能源汽车增长19.9倍，生产工业机器人达到3169套。2016年浙江省规上工业新产品的产值率达到34.3%，比2015年提高2.3个百分点；新产品产值增长11.6%；对规上工业总产值的增长贡献率达到90.2%。

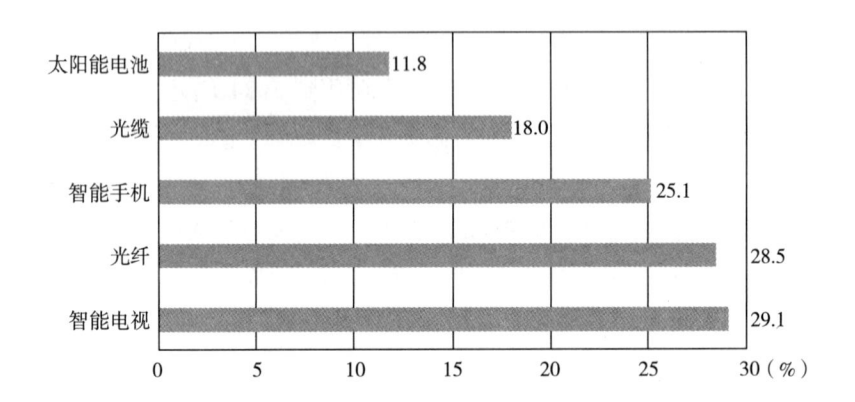

图3-30 2016年浙江省三新产品产量增长情况

资料来源：根据收集资料整理。

2015年浙江省工业企业作为投资主体对研发投入增长的贡献最大。2015年规上工业企业研发投入经费达到854亿元，比2014年增长11.1%，是2010年研发投入经费的2.1倍，年均增长15.9%，2011—2015年规上工业企业研发投入经费对浙江省研发经费增长的贡献率达到86.3%；2015年规上高新技术企业投入研发经费达到508亿元，在规上工业企业研发投入总量中的占比达到59.6%，该比重比2014年的比重提高了0.9个百分点；2015年浙江省规上工业企业中主要涉及汽车制造业，计算机、通信和其他电子设备制造业，通用设备制造业，电气机械和器材制造业，化学原料和化学制品制造业5个行业的研发投入超过了50亿元，共计投入研发经费达到459.4亿元，在所有规上工业企业研发投入总量中的占比达到53.8%，研发经费投入强度最高的三大行业——通信和其他电子设备制造业（3.87%），仪器仪表制造业（3.45%），医药制造业（2.93%）等；同时，2015年大中型工业企研发人员的研发质量较高,企业研发人员人均研发经费投入高于小微企业3.1万元。

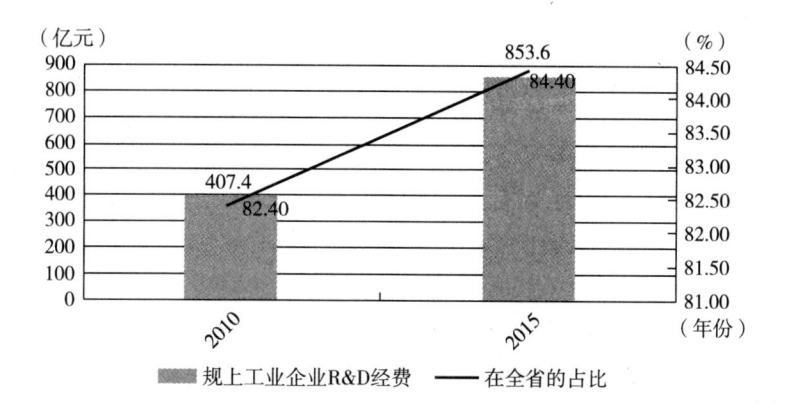

图3-31 2015年规上工业企业研发投入经费及在全省的占比

资料来源:浙江省统计局。

表3-27　　2015年规上工业企业R&D经费投入强度前8名的制造业行业

排名	制造业行业	R&D经费投入（亿元）	R&D经费投入强度（%）
1	计算机、通信和其他电子设备制造业	110.5	3.87
2	仪器仪表制造业	27.1	3.45
3	医药制造业	33.9	2.93
4	专用设备制造业	40.6	2.62
5	通用设备制造业	89.8	2.19
6	电气机械和器材制造业	124.5	2.08
7	铁路、船舶、航空航天和其他运输设备	19.4	2.04
8	汽车制造业	64.2	1.84

资料来源:浙江省统计局。

表 3-28　2015 年浙江省工业企业 R&D 经费投入及人均 R&D 经费投入情况

	R&D 经费投入（亿元）	R&D 人员投入（万人/年）	人均 R&D 经费投入（亿元）
规上工业企业	854	31.7	27
大中型工业企业	542.6	19.3	28.2
小微工业企业	311	12.4	25.1

资料来源：浙江省统计局。

（7）开发区制造业发展势头较好。浙江省级及以上开发区在 2014 年实现工业总产值为 48556 亿元，与 2013 年相比增长 12.4%；开发区内工业企业税收达到 1523 亿元，同期增长 7.8%；2014 年区内工业企业实现进出口额达到 1836 亿美元，增长 10%，其中出口额为 1337 亿美元，增长 16.3%；2014 年工业企业税收在全省的占比为 51.7%，出口额在全省的占比为 48.9%。2015 年浙江省开发区的经济运行状况好于全省平均水平，工业、出口、投资等指标稳中有升，转型力度加大；2015 年开发区工业总产值达到 49770 亿元，比 2014 年增长 2.8%，增幅比规上工业总产值高出 2.0 个百分点；从浙江省 11 市的工业总产值来看，其中有 4 个市的工业总产值超过了 5000 亿元，分别是宁波、杭州、绍兴、嘉兴；而舟山、温州、金华的工业总产值增幅居于浙江省的前三名，分别是 16.0%、7.9%、7.7%；2015 年开发区的工业企业营收达到 46568 亿元，比 2014 年增长 1.9%，新产品的销售收入达到 14436 亿元，增长 18.4%，高新技术产业营收达到 16078 亿元，增长 14.6%；2015 年开发区的工业企业利税总额达到 4955 亿元，比 2014 年增长 9.8%，其中开发区的利润总额为 2713 亿元，增长 11.1%，占规上工业企业利润总额的 73.0%，从地区来看，杭州、宁波的开发区的利润总额超过 500 亿元，这两个地区的利润总额占浙江省开发区利润总额 42.3%；2015 年开发区的进出口总额达到 1728 亿美元，出口额为 1268 亿美元，进口总额为 460 亿美元，在全省进出口总额、出口额、进口额中的占比分别为 49.7%、45.8%、65.1%。

表 3-29　　2015 年浙江省开发区工业总产值和利润总额情况

地区	工业总产值 绝对值（亿元）	比上年（%）	占比（%）	利润总额 绝对值（亿元）	比上年（%）	占比（%）
全省合计	49770	2.8	100	2713	11.1	100
杭州	7687	-0.1	15.4	614	10.4	22.6
宁波	9541	-1.3	19.2	535	28.5	19.7
温州	4182	7.9	8.4	234	11.3	8.6
嘉兴	6715	3.9	13.5	298	6.8	11.0
湖州	4739	6.8	9.5	209	11.0	7.7
绍兴	6988	2.3	14.0	358	3.1	13.2
金华	4336	7.7	8.7	194	5.3	7.1
衢州	880	-2.7	1.8	28	-25.7	1.0
舟山	1218	16.0	2.4	30	54.6	1.1
台州	2126	4.7	4.3	123	10.7	4.5
丽水	1359	-5.7	2.7	92	-1.4	3.4

资料来源：浙江省统计局。

表 3-30　　2015 年浙江省开发区进出口情况

指标	开发区（亿美元）	全省合计（亿美元）	占比（%）
进出口总额	1728	3474	49.7
出口额	1268	2767	45.8
进口额	460	707	65.1

资料来源：浙江省统计局。

(8) 制造业去产能与降成本取得新成效。

①制造业去产能情况。2016 年浙江省用一年时间完成国家下达的 5 年钢铁压减任务，压减 388 万吨的钢铁产能；淘汰 2000 多家落后与严重过剩产能企业，整治 30000 多家"低小散"的钢铁企业/作坊，处理 555 家僵尸企业。2016 年浙江省规上工业产品中，纸浆的产量下降 19.5%、水泥熟料的产量下降 9.9%、人造板的产量下降 7.8%、水泥的产量下降 4.1%、粗钢的产量下降 1.6%。2016 年第四季度浙江省工

业企业的平均产能利用率达到80.7%，比第一季度高出2.4个百分点、比第二季度高出0.7个百分点、比第三季度高出1.8个百分点。2016年12月底，浙江规上工业产成品的存货比2015年增长1.7%，比主营业务收入低2.4个百分点。

②制造业降成本情况。浙江省制定实施了降低成本的50条政策措施，2016年规上工业每100元主营业务收入中的成本降到84.1元，比2015年每100元主营业务收入中成本为84.7元减少了0.6元，比全国平均水平要低1.4元，同时与制造大省——江苏（85.8元）、山东（87.9元）、广东（84.5元）相比要低；2016年浙江省制造业成本费用利润率为7.1%，比2015年提高0.8个百分点；财务费用下降12.1%，每百元主营业务收入中财务费用为1.3元；企业税金增长6.1%，税金在主营业务收入中的占比为4.2%。

2. 浙江省制造业发展中存在的问题

尽管2016年浙江省制造业发展整体较好，但是还存在着一些问题，例如受到国际国内经济环境的影响，民间投资、工业投资增长较缓；新旧动能处于持续转换过程，省内各地区、制造业各行业企业还存在着分化情况；传统产业占比较高的地区经济增速减缓，纺织服装、皮羽毛、食品饮料、化纤、橡胶、塑料、金属制品等行业产值利润下滑，同时国内外市场需求减少，前景不容乐观。

(1) 出口和工业回稳的压力较大。尽管2016年浙江省出口增速快于全国平均水平，但是由于当前国际形势复杂、市场需求减少、大宗商品价格处于低位，特别是拉美、非洲等新兴经济体的经济持续下降，加上中东政局不稳定，这些因素都会对浙江省的外贸出口带来影响。2016年浙江省对拉美、非洲、中东的出口分别下降了22.2%、10.5%、12.1%，共计减少出口额达到158.6亿元，影响全省出口下降达到4.2个百分点。同时，由于劳动密集型产业的劳动力成本优势在不断被弱化，2016年第一季度浙江省的纺织服装、箱包、鞋类影响全省出口下降达到1.2个百分点，在第一季度有15.5%的企业出口遭遇国外客户的订单转移①。2016年第一季度尽管规上工业增加值增速迅速，但是规

---

① 浙江省商务厅对近10000家企业的调查显示数据。

上工业企业增加值中直接出口/间接出口的比例却占50%左右,这样就意味着国际市场需求的减弱,将会直接影响浙江省的工业增长与工业的持续回升。

表3-31　　2015年浙江省各开发区的主要经济指标　　单位：亿美元

指标 地区	工业总产值	利润总额	投资总额	进出口总额	实际到位外资
全省合计	49770	2713	7403	1728	98.9
杭州	7687	614	661	250	26.4
宁波	9541	535	895	583	25.5
温州	4182	234	1119	69	0.8
嘉兴	6715	298	1343	259	26.0
湖州	4739	209	573	100	7.1
绍兴	6988	358	1005	174	6.7
金华	4336	194	1085	114	1.8
衢州	880	28	174	21	0.3
舟山	1218	30	177	36	0.5
台州	2126	123	252	102	2.6
丽水	1359	92	119	19	1.3

资料来源：浙江省统计局。

(2) 制造业中部分行业的经营出现困境。2016年浙江省制造业中一部分企业依赖科技创新、机器换人等措施成功进行了转型升级,市场份额在不断扩大;但也有部分企业生产经营出现困难,尤其是规下工业生产呈现出低速增长的态势,此外部分规上企业也出现了亏损状况。2016年第一季度,规上工业企业的亏损面达到25.7%,有近10572家企业亏损,同比扩大0.1个百分点,亏损企业的亏损额占利润总额的19.1%。2016年第一季度规上工业企业应收账款增加9.5%,达到9903亿元,增加幅度高于主营业务收入增加水平8个百分点,部分制造业企业的资金回笼出现问题。

（3）制造业企业中技术工人较为缺乏。2016年规上工业企业用工人数达到677万人，比2015年下降1.6%；当前制造业企业缺乏技术人才，35%的调查企业感到最缺普通技术工人，25.3%的调查企业感到最缺高级技工，24.5%的调查企业感到最缺企业研发人才，15.2%的调查企业感到最缺经营管理人员；在企业招工难的问题中，有20.2%的调查企业认为是符合企业岗位要求的员工数量较少，有19.7%的调查企业认为是求职者的薪酬要求过高。

（4）各开发区的制造业发展不均衡。由图3-32可以看出，尽管2015年浙江省开发区的整体集聚能力增强，保持了较快的经济增长，但是浙江省各地区与各园区之间制造业发展不平衡。根据11个市来看，杭州、宁波、嘉兴的开发区工业、投资、进出口发展较快，主要经济指标在全省的占比位于前列，温州、湖州、绍兴在杭州、宁波、嘉兴之后，这6个市的开发区工业总产值、利润总额、投资总额、进出口总额、吸引外资规模等在全省开发区中的占比分别为80.1%、82.8%、75.6%、83.1%、93.5%，各项经济指标的占比都在75%以上。

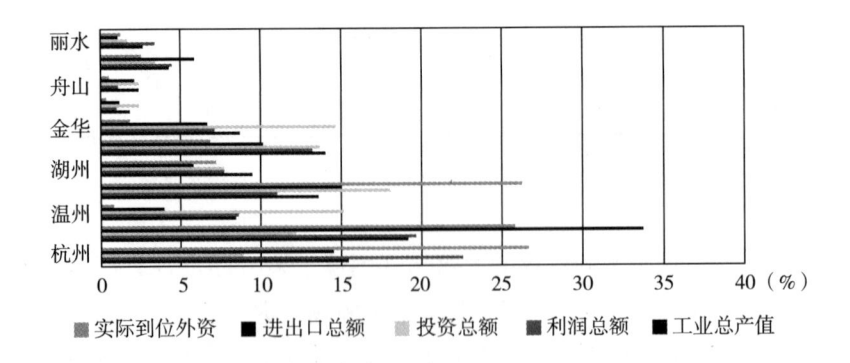

图3-32　2015年浙江省分市开发区主要经济指标占全省开发区的比重

资料来源：浙江省统计局。

3. 浙江省发展制造业的措施建议

（1）加快形成开发区的集聚整合力。一是要在开发区内加快实现园区与功能区的相互融合，优化园区发展的各项软环境，根据所确定的主导制造业产业，在区内考虑制造产业的关联度来培育制造业企业群，进而形成制造业规模优势；二是要对相同制造业产业进行空间上的整合，使规模较小的制造业企业能够与规模较大的制造业企业进行同类集聚，发挥园区经济的规模效应；三是大力提升园区内的技术创新能力，引进培育高新技术制造业，加快制造业转型发展。通过这三项措施使开发区能够真正成为浙江省招商引资的洼地与制造业产业的集聚地。

（2）加大制造业企业技术研发的力度。浙江省制造业企业的研发活动较多地投入到制造业产业链的中低端环节，涉及价值链高端环节领域的不多，同时关键技术领域、基础领域、前沿技术领域的投入还有待加强。为提升制造业的创新水平与研发质量，有必要鼓励高校、科研机构与有实力的制造业企业联合开展关于基础领域、前沿领域的创新研究攻关，让产学研协同创新机制贯穿到制造业企业的研发活动中，以制造业的大产业、大平台、大项目、大企业为出发点将产学研进行精准化对接，来突破研发"瓶颈"，提升研发质量；政府通过建立扶持技术创新的政策，在项目、人才、资金上给予保障，使浙江省的制造业企业可以产出一批具有国际竞争力、国内领先且具有自主知识产权的关键核心技术与研究成果，进而形成"浙江制造"的技术研发优势。

（3）发挥大城市的辐射带动作用进而形成优势特色产业。浙江省的制造业产业集聚效应较为明显，特别是以杭州、宁波等为代表的大城市，其制造业的研发实力、人才实力、经济实力都优于周边城市，这为浙江省制造业加快转型升级且提升国际竞争力提供了重要支撑。因此，为了能够全面实现浙江省制造业转型发展，就需要加快浙江省制造业的梯度转移，并发挥先进地区的辐射作用，从而带动周边地区能够培育出符合本地区特色的优势产业。这就需要浙江省能够加快创建高新技术产业园区和研发支撑平台，协调不同地区的优势，进而实现融合发展。

案例二　浙江省新增企业[①]促进制造业转型升级

浙江省为进一步推进制造业企业转型升级，积极培育并发展新动能。2016年规上工业新增企业发展迅速，增长动力较强，为促进浙江省制造业向新兴产业、高新技术产业转型集聚了新动能与新优势。

一　浙江省新增企业发展特点

（一）新增企业行业集中度主要体现在制造业行业

2014—2016年浙江省新增企业主要集中在制造业行业领域，2014年新增制造业企业5081家，2015年新增制造业企业4853家，2016年上半年新增制造业企业3751家，在浙江省2014—2016年全部新增企业数量中分别占99%、98.3%、98.3%；此外新增制造业企业的主营业务收入在浙江省2014—2016年全部新增企业主营业务收入中分别占97.9%、96.5%、96.9%（见表1）。

表1　2014—2016年浙江省新增制造业企业数量与主营业务收入在全部新增企业中的占比　　单位：%

新增制造业行业	2014年 数量占比	2014年 营收占比	2015年 数量占比	2015年 营收占比	2016年上半年 数量占比	2016年上半年 营收占比
新增制造业企业	99	97.9	98.3	96.5	98.3	96.9
新增采掘业企业	0.4	0.5	0.6	0.7	0.5	0.7
新增电力、热力、燃气及水生产和供应业	0.6	1.6	1.1	2.8	1.2	2.4
纺织业	12.5	8.1	9.9	7.7	10.1	9.5
通用设备制造业	9.8	6.9	9.5	6.4	8.7	6.6
电气机械和器材制造业	8.8	7.8	11.3	10.1	11.2	9.6
纺织服装、服饰业	7.1	4.5	8.9	5.5	8.6	5.0
橡胶和塑料制品业	6.4	4.3	6.8	4.6	5.8	4.4
金属制品业	6.2	3.9	6.5	4.4	6.7	5.8

---

① 当年新纳入规上企业库的"小升规"企业以及新开工的企业。

续表

新增制造业行业	2014 年		2015 年		2016 年上半年	
	数量占比	营收占比	数量占比	营收占比	数量占比	营收占比
皮革、毛皮、羽毛及其制品和制鞋业	5.9	2.9	6.2	3.4	5.7	3.2
汽车制造业	4.8	11.5	5.2	18.8	5.4	16.0
专用设备制造业	4.5	2.7	3.6	2.6	4.2	3.8
非金属矿物制品业	3.9	2.9	3.5	3.2	3.5	3.1

资料来源：浙江省统计局。

在新增制造业企业数量中，2014—2016 年主要集中在纺织业、通用设备制造业、电气机械和器材制造业三个分行业中，这三个行业的新增制造业企业数量约占新增总数的 1/3；2014—2016 年在主营业务收入占比方面，汽车制造业、纺织业、通用设备制造业、电气机械和器材制造业四个分行业的主营业务收入占比较高；2014—2016 年新增汽车制造业企业的数量占比每年基本为 5% 左右，但是主营业务收入占比方面，2014 年为 11.5%、2015 年为 18.8%、2016 年上半年达到 16%，在新增制造业行业中居于第一。

（二）新增企业分布与规上企业区域分布基本一致，但户均规模差异较大

2014—2016 年浙江省新增企业数量的分市占比情况与规上工业企业数占比基本保持一致，新增企业主要分布在杭州、宁波、温州、嘉兴、绍兴、金华、台州 7 个市，且宁波新增企业数量呈逐年上升的状态；而湖州、衢州、舟山、丽水 4 个市的新增企业数量较少。如果从户均规模来看，杭州、宁波新增企业的户均规模较大，而温州相对较小。2014 年杭州、宁波新增企业数占比为 14.4%、14.6%，而营收占比却达到 21.9%、15.7%；2015 年杭州、宁波新增企业数占比为 11.3%、18.5%，而营收占比却达到 18.0%、25.1%；2016 年上半年杭州、宁波新增企业数占比为 11.6%、19.6%，而营收占比却达到 12.9%、16.6%；2014—2016 年，温州新增企业数占比为 11.4%、19.9%、16.0%，而营收占比却仅为 6.0%、11.7%、8.7%，由此可见，杭州

与宁波两市新增企业的户均规模要比温州大（见表2）。

表2　2014—2016年浙江省分市新增企业数占比与营收占比情况　单位:%

地区	2014年 数量占比	2014年 营收占比	2015年 数量占比	2015年 营收占比	2016年 数量占比	2016年 营收占比
杭州	14.4	21.9	11.3	18.0	11.6	12.9
宁波	14.6	15.7	18.5	25.1	19.6	16.6
温州	11.4	6.0	19.9	11.7	16.0	8.7
嘉兴	12.2	10.7	13.1	12.2	12.3	11.3
湖州	5.8	4.6	5.6	7.9	6.0	7.6
绍兴	11.6	21.1	9.5	8.9	11.6	12.8
金华	13.9	9.0	9.7	6.5	9.9	19.7
衢州	2.5	2.1	1.6	1.8	1.5	1.3
舟山	0.8	1.0	0.6	0.6	0.9	1.0
台州	10.0	5.4	8.8	6.1	8.2	6.0
丽水	2.9	2.5	1.4	1.1	2.2	1.9

资料来源：浙江省统计局。

（三）新增企业主要以私营、小微企业为主

2014—2016年浙江省新增企业主要是以私营企业为主，2014—2016年新增私营企业数量分别为3763家、3849家、3025家，在全部新增企业数量中占73.3%、77.9%、79.3%，主营业务收入的占比分别为47.1%、62.2%、72.4%，呈逐年上升的态势；2014—2016年新增企业中有限责任公司、三资企业的数量仅次于私营企业的数量；国有企业数量很少，2014年为1家、2015年为3家、2016年上半年为3家，经济总量很小（表3）。

2014—2016年浙江省新增企业从分企业的规模来看，主要是以小微企业为主，2014年新增小微企业4959家，在2014年浙江省新增企业中的占比为96.7%，主营业务收入占新增企业的71.0%；2015年新增小微企业4859家，在2015年浙江省新增企业中的占比为98.4%，主营业务收入占新增企业的87.9%；2016年上半年新增小微企业3711家，在2016年上半年浙江省新增企业中的占比为97.3%，主营业务收入占新增企业的 76.6%。而新增的大中型企业数量在 2014—2016 年分别为 173 家、80 家、103 家，在浙江省 2014—2016 年新增企业数量中的占比分别为 3.3%、1.6%、2.7%；主营业务收入占比分别为 29.0%、12.1%、23.4%。

表3　2014—2016 年浙江省分经济类型新增企业的数量占比与营收占比情况　　单位:%

经济类型	2014 年 数量占比	2014 年 营收占比	2015 年 数量占比	2015 年 营收占比	2016 年上半年 数量占比	2016 年上半年 营收占比
国有企业	0	0	0.1	0.2	0.1	0.3
集体企业	0.1	0	0.2	0.2	0.1	0
股份合作企业	0.5	0.2	1.0	0.5	1.2	0.5
有限责任公司	15.5	28.3	13.1	26.1	10.7	12.6
股份有限公司	0.9	5.5	0.6	0.6	1.3	2.7
私营企业	73.3	47.1	77.9	62.2	79.3	72.4
其他企业	0	0	0	0	0.1	0
港澳台商投资企业	5.2	8.5	3.4	4.9	4.3	7.2
外商投资企业	4.4	10.4	3.7	5.4	3.0	4.2

资料来源：浙江省统计局。

表4　2014—2016 年浙江省分规模新增企业的数量占比与营收占比情况

单位:%

规模	2014 年 数量占比	2014 年 营收占比	2015 年 数量占比	2015 年 营收占比	2016 年上半年 数量占比	2016 年上半年 营收占比
大型	0.3	12.3	0	5.2	0.2	11.5
中型	3.0	16.7	1.6	6.9	2.5	11.9
小型	90.4	67.8	91.7	83.5	88.9	71.1
微型	6.3	3.2	6.7	4.4	8.4	5.5

资料来源：浙江省统计局。

二　浙江省新增企业对制造业转型升级的作用

（一）新增企业成为推动制造业增长的新动力

2014年浙江省规上工业新增企业达到5132家，在浙江省规上工业企业数量中的占比为13.3%；工业增加值为751亿元，在浙江省规上工业企业增加值中的占比为6.0%；主营业务收入为3962亿元，在浙江省规上工业企业主营业务收入中的占比达到6.3%。2015年浙江省规上工业新增企业达到4939家，在浙江省规上工业企业数量中的占比为12.3%；工业增加值为593亿元，在浙江省规上工业企业增加值中的占比为4.5%；主营业务收入为2828亿元，在浙江省规上工业企业主营业务收入中的占比达到4.5%。2016年上半年浙江省规上工业新增企业达到3814家，在浙江省规上工业企业数量中的占比为9.6%；工业增加值为210亿元，在浙江省规上工业企业增加值中的占比为3.2%；主营业务收入为957亿元，在浙江省规上工业企业主营业务收入中的占比达到3.2%。2014—2016年上半年"小升规"企业数量总计为12636家。

2014—2016年上半年浙江省规上工业新增企业对规上工业增加值增长的贡献率分别为35.4%、45.2%、22.3%，拉动规上工业增加值增长分别为2.4个、2.0个、1.5个百分点，新增企业对制造业转型发展的拉动作用明显，成为推动制造业增长的新动力。

表5　2014—2016年浙江省新增企业数量、工业增加值及其占比

年份	企业数量（家）	新开工（家）	"小升规"（家）	增加值总量（亿元）	增加值占比（%）	主营业务收入总量（亿元）	主营业务收入占比（%）
2014	5132	544	4588	751	6.0	3962	6.3
2015	4939	527	4412	593	4.5	2828	4.5
2016上半年	3814	178	3636	210	3.2	957	3.2

资料来源：浙江省统计局。

此外，新增企业对制造业产品的销售产值以及出口交货值的增长起着重要的推动作用，例如新增企业对2015年规上工业销售产值以及2016年上半年出口交货值的增长由负值变为正值起着显著的拉动作用。

2014—2016年上半年新增企业销售产值同比增长分别达到67.2%、98.2%、138.1%，拉动规上工业销售产值分别增长2.7个、2.2个、1.9个百分点；2014—2016年上半年新增企业出口交货值同比增长分别达到57.2%、65.5%、135.0%，拉动规上工业出口交货值分别增长1.6个、0.4个、4.3个百分点。

表6　2014—2016年浙江省新增企业销售产值、出口交货值及其拉动增长情况

年份	销售产值 总量（亿元）	销售产值 增长速度（%）	销售产值 拉动增长（百分点）	出口交货值 总量（亿元）	出口交货值 增长速度（%）	出口交货值 拉动增长（百分点）
2014	4058.0	67.2	2.7	602.6	57.2	1.6
2015	2904.0	98.2	2.2	420.0	65.5	0.4
2016上半年	992.9	138.1	1.9	161.3	135.0	4.3

资料来源：浙江省统计局。

（二）新增企业推动制造业提升效益

2014—2016年上半年浙江省新增企业的主营业务快速增长的同时，利润水平也不断提升。2014年浙江省新增企业利润总额同比增长96.7%，达到163亿元，使浙江省规上工业利润总额增长2.4个百分点，对浙江省规上工业利润总额增长的贡献率达到了47%；2015年浙江省新增企业利润总额同比增长2.2倍，达到81亿元，使浙江省规上工业利润总额增长1.6个百分点，对浙江省规上工业利润总额增长的贡献率达到了31.4%；2016年上半年浙江省新增企业利润总额同比增长5倍，达到33亿元，使浙江省规上工业利润总额增长1.6个百分点，对浙江省规上工业利润总额增长的贡献率达到了11.3%。

（三）新增企业促进制造业升级转型以及结构优化

2014—2016年上半年浙江省新增企业中装备制造业企业的占比较大。2014年新增企业中装备制造业的主营业务收入为1547亿元，在新增企业主营业务收入中的占比达到39.1%，比2014年规上工业装备制造业的占比高出6.1个百分点，同比增长65.0%，增幅比新增企业高

出 1.9 个百分点；2015 年新增企业中装备制造业的主营业务收入为 1330 亿元，在新增企业主营业务收入中的占比达到 47.0%，比 2015 年规上工业装备制造业的占比高出 12.2 个百分点，同比增长 96.8%，增幅比新增企业高出 11.1 个百分点；2016 年上半年新增企业中装备制造业的主营业务收入为 442 亿元，在新增企业主营业务收入中的占比达到 46.2%，比 2016 年上半年规上工业装备制造业的占比高出 10.2 个百分点，同比增长 135.9%，增幅比新增企业高出 17.7 个百分点。

表 7   2014—2016 年浙江省新增企业营收、利润总额及其拉动增长情况

年份	主营业务收入			利润总额		
	总量（亿元）	增长速度（%）	拉动增长（百分点）	总量（亿元）	增长速度（%）	拉动增长（百分点）
2014	3962	63.1	2.5	163	96.7	2.4
2015	2828	85.7	2.1	81	219.6	1.6
2016 上半年	957	118.2	1.8	33	497.2	1.6

资料来源：浙江省统计局。

2014—2016 年上半年浙江省新增企业中高能耗制造业企业的占比逐年下降。2014 年在浙江省新增企业中高能耗制造业主营业务收入为 1151 亿元，在新增企业主营业务收入中的占比为 29.1%，比规上工业高能耗行业占比低 11.4 个百分点；2015 年在浙江省新增企业中高能耗制造业主营业务收入为 737 亿元，在新增企业主营业务收入中的占比为 26.1%，比规上工业高能耗行业占比低 12.5 个百分点；2016 年上半年在浙江省新增企业中高能耗制造业主营业务收入为 233 亿元，在新增企业主营业务收入中的占比为 24.4%，比规上工业高能耗行业占比低 13.9 个百分点，可见新增高能耗行业的主营业务收入占比在不断下降，新增企业的结构在不断优化。

三　浙江省新增企业发展中存在的问题以及解决措施

（一）浙江省新增企业发展中存在的问题

1. 新增工业企业的经济效益还需进一步提升

新增工业企业的盈利水平以及成本控制还需要进一步加强，2014—2016年上半年新增企业中亏损的企业较多，2014年有691家企业亏损、2015年有855家企业亏损、2106年上半年有926家企业亏损，在当前全部新增企业中的占比分别达到13.5%、17.3%、24.3%，与全省规上工业企业的亏损比例相比，分别高出0.7个百分点、2.8个百分点、4.9个百分点；同时新增工业企业的主营业务收入的利润率水平较低，2014年为4.1%、2015年为2.9%、2016年上半年为3.4%，与全省同期规上工业企业主营业务收入利润率相比，分别低1.5个、3.0个、2.9个百分点。

表8　　2014—2016年浙江省新增企业中装备制造业、高能耗行业的主营业务收入变化情况

年份	装备制造业			高能耗行业		
	总量（亿元）	占新增企业（%）	增长速度（%）	总量（亿元）	占新增企业（%）	增长速度（%）
2014	1547	39.1	65.0	1151	29.1	67.4
2015	1330	47.0	96.8	737	26.1	108.7
2016上半年	442	46.2	135.9	233	24.4	126.3

资料来源：浙江省统计局。

2. 新增工业企业的技术水平有待进一步提高

新增工业企业中高新技术产业的占比较低，2014—2016年上半年新增高新技术产业主营业务收入占比分别为16.3%、21.1%、15.6%，与规上工业中高新技术产业占比相比较低；同时在当前国家倡导"大众创业、万众创新"的情况下，新增企业应努力提升技术创新能力，增强企业产品在价值链上的技术含量，这样才能增强制造业的发展动力，促进浙江制造业的转型升级。

3. 新增工业企业数量与经济总量在逐年下降

2015年新增工业企业数量由2014年的5132家降至4939家，2016年上半年变化为3814家，尽管新增企业数量下降的幅度不大，但是工业增加值减少较多，2015年工业增加值在规上工业增加值中的占比由

2014年6.0%降至4.5%；同时2016年上半年减去新开工的企业，"小升规"企业的数量达到3636家，与2014年4588家、2015年4421家的"小升规"企业数量相比，差距较大，因此"小升规"企业的规模还需加大力度进行培育；新增企业中的新开工企业的占比较低，2014年与2015年新开工企业的占比在10%左右，2016年上半年新开工企业数量仅为178个，占比不足5%；新增企业中大部分是小型企业，大中型企业的数量占比较低。

（二）浙江省新增企业存在问题的解决措施

1. 通过提高新增工业企业的技术水平来保证企业经济效益

为了使新增工业企业成为推动制造业经济增长的新动力，应鼓励企业采用新技术、新工艺、新方法，并积极推广新一代信息技术、应用"互联网+"的平台来增强企业技术创新能力；同时发挥新增企业处于发展上升期的优势，加快技术进步，通过创新驱动形成增长动力，并深入贯彻《中国制造2025》，推动制造业的产业结构向产业链的中高端环节迈进，由传统生产方式向智能制造转型；此外企业通过引进培育高端技术人才，增强企业产品的设计研发能力，提升产品附加值与技术含量，形成产品的国际竞争力并树立品牌形象，保证企业经济效益与产品质量更上新台阶。

2. 通过挖掘新增工业企业的潜力促使小微企业转型升级

当前在优化规上工业企业存量的基础上，要大力挖掘新增工业企业的潜力，并重点做好小微企业的培育升级，通过建立有效的小微企业成长升级平台与机制，使成长性较好的小微企业能够逐渐发展为创新型、科技型的企业，并最终发展为规上工业企业，进而才能带动制造业产业结构的优化调整；此外政府应重视招商引资工作，通过对大项目、好项目的引进，来促使新开工企业能够发挥拉动地方经济发展的作用。

3. 通过淘汰落后产能提升新增工业企业的供给效率

新增工业企业的培育应与淘汰落后产能结合，这样就可对经济效益低下、产能过剩、高污染高能耗的企业进行淘汰，同时加大力度培育发展技术创新能力强、产出效益高的新增企业，促进浙江制造业企业的供给结构优化、供给质量与效率提升。

案例三 杭州市高技术、新技术推动制造业发展

在我国制造业转型升级的关键时期，杭州市通过加大两化融合的力度，充分利用"互联网+"的平台，使高端制造业迎来快速发展时期。

（一）杭州高端制造业发展迅速

2016年前三季度，杭州市高新技术产业、装备制造业、战略性新兴产业的工业增加值分别达到941.2亿元、874.0亿元、573.3亿元，高新技术产业增长11.2%、装备制造业增长15.5%、战略性新兴产业增长11.2%，其中高端制造业对经济的拉动作用较为明显。计算机通信和其他电子设备制造业以大华、海康为代表，工业增加值增长22.9%，达到307.9亿元；汽车制造业以比亚迪、长江、福特为代表，工业增加值增长82.8%，达到114.3亿元。2016年前三季度，杭州市新产品产值达到3244.5亿元，对杭州规上工业总产值的贡献率达到169.4%；其中符合升级换代要求的智能产品、高技术产品、高端产品保持较快的速度增长，例如智能手机的产值增长62.1%、太阳能电池产值增长61.4%、工业机器人产值增长83.1%；而传统制造业中服装制造业的产值下降5.4%、家用洗衣机下降8.2%、橡胶轮胎外胎下降6.2%。

（二）杭州传统制造业的提升

当前杭州的高端制造业快速发展，但是传统制造业如纺织业、家具业、化学原料和化学制品制造业利润下降明显，所以传统制造业升级的压力较大。因此一是要加大对传统制造业改造升级的力度，提升传统制造业产品的质量并强化传统制造业的品牌建设，从产品技术与标准上下功夫进行质量管理，打造杭州质量过硬的"拳头产品"与"明星产品"，例如杭州的传统优势产业——纺织业，纺织业可以通过技术改进来开发新产品，研发设计新型纺织纤维材料，并对高端纺织装备进行研发制造，实现纺织企业的升级换代；二是可以利用"互联网+"来提升传统制造业的竞争力，通过网络技术与传统制造业的结合，使传统制造业能够加快转型升级，例如"互联网+制造业"，使杭州的传统针织服装企业对产品设计开发、生产、销售的整套流程进行了调整，不定期

进行产品发布会，优化商业模式，在逆势环境下实现增长。

（三）杭州滨江区高端企业优势显著——滨江现象

1. 高端企业优势

在杭州新经济发展中，以杭州高新区（滨江）为代表的创新示范作用较为明显，目前杭州滨江区已成为我国重要的高新技术产业基地、技术创新基地、高新技术产品出口基地；在科技部举行的全国高新区（共计 115 个）综合评价中，杭州滨江区排名第六。杭州市与信息技术相关的移动互联网企业中，滨江区占 44.8%，信息软件企业的数量占全市的 34.2%，物联网占 47.4%，云计算占 57.0%，互联网金融占 31.8%，滨江区彰显了杭州的高端企业优势。2015 年杭州总投资最高的浙江正泰新能源开发有限公司落户滨江；2016 年前三季度，总投资额排名前五的企业之一——浙江阿里巴巴机器人有限公司落户滨江。滨江区内共有 232 家亿元以上科技型企业，34 家各类上市企业，在资本市场中"杭高新"板块不断扩大，在杭州上市企业数量中的占比达到 39.08%；区内有 535 家高新技术企业，行业领军型企业的影响力不断增强。

2. 高新技术产业优势

2015 年滨江区规上工业增加值达到 391.1 亿元，增长 17.8%，比杭州市平均水平高出 12.4 个百分点，其中高新技术产业增加值增长 22.8%，达到 370.8 亿元，先进装备制造业增加值增长 23.8%，达到 349.4 亿元，战略性新兴产业增加值增长 21.2%，达到 292.6 亿元；规上工业销售产值达到 1183.5 亿元，比 2014 年增长 16.2%，比杭州市平均水平高出 15.7 个百分点。在滨江区拥有阿里、网易、大华、华三、海康威视等行业的领军企业，例如海康威视就凭借持续的大量研发投入，将视频监控产品的行业涵盖范围由安防行业延伸到了可视化工厂管理、机器视觉、智慧视频等领域。2016 年上半年，海康威视的海康系列产品销售产值同比增长 31.9%，达到 176.0 亿元；利润总额增长 12.9%，达到 31.4 亿元；研发经费投入占营收的 6.0%，研发人才成为企业创新发展的主力；而大华作为全球领先的监控产品的供应商以及解决方案的服务商，在产品的多元化设计上有着显著的优势，主要包括视频存储、前端、显示控制以及智能交通等一系列产品。2016 年上半年大华产品的销售产值同比增长37.7%，达到62.4亿元；利润总额同比增长45.6%，达到7.4亿元；研发经费投入占营收的8.5%，支出5.4亿元。

3. 制造业与服务业的融合互动

滨江区的经济结构逐渐转变为"产品+服务"的模式，产生了2.5产业，即以战略性新兴产业、高新技术产业为基础，既拥有核心技术产品、研发中心，又有生产加工、集成，还拥有技术培训、技术服务、维护、结算、贸易、物流等多个业务模块，通过这些业务模块将产业的价值链连接在一起，实现产业融合与产业延伸。2.5产业充分体现了技术化、知识化、创新化，一方面高新技术产业、战略性新兴产业发展迅速，新技术新产品层叠更新，为现代服务业的安全性、便利性、高效性发展提供了可靠的支撑，例如2015年以工业为主的物联网产业营收达到742.2亿元，增幅为21.4%；以工业为主的电子信息产业营收达到840.8亿元，增幅为20.5%；以工业为主的机器人产业营收达到3.2亿元，增幅为49.5%。另一方面，科技型服务业也为制造业发展提供了前所未有的发展空间与技术保障，例如2015年以服务业为主的电子商务的营收达到224.1亿元，同比增长57.7%；以服务业为主的信息软件的营收达到878.5亿元，同比增长27.5%；以服务业为主的移动互联网的营收达到235.7亿元，同比增长56.3%；以服务业为主的互联网金融的营收达到39.4亿元，同比增长67.9%；以服务业为主的智慧物流的营收达到61.3亿元，同比增长14.0%。

（四）创新主体与创新平台不断发展

2016年前三季度，杭州拥有2534家高新技术企业，占浙江全省的32%；拥有6069家科技型小微企业，占浙江全省的24.2%；拥有182家高新技术企业研发中心、14家省级重点研究院，占全省的56%；拥有44个特色小镇，其中有19个省级特色小镇，在全省中的占比达到25%，成为双创的主要平台。国家首批双创示范基地不断推进，杭州的未来科技城已经累计引进海外人才1997名，涉及5000多个创新创业项目；未来科技城共有14个众创空间被列入到国家孵化器，中国移动的第一个众创空间——和创空间也在未来科技城落户；菜鸟网络科技总部、光启全球未来谷等约25个重点企业签约入驻；阿里集团所部署的

26家创新中心已经累计孵化了400多家移动互联网初创企业。杭州市的"两廊一湾"①、特色小镇、众创空间等平台建设速度不断在加快。

（五）新经济发展遇到的问题与解决思路

杭州市是我国新旧动能转换较快，转型升级排在全国前列的城市，但杭州的新经济发展也遇到了一些问题。一是尽管在高端产业发展中计算机、通信和其他电子设备制造业，电气机械和器材制造业，汽车制造业发展较快，但由于外部市场环境复杂，增效速度开始放缓。二是小微企业作为创新创业的主体，2016年前三季度工业增加值增长1.7%，低于全国平均水平5个百分点，比2015年的年均水平下降2.6个百分点。三是科技成果转换中发明性的专利比重较低。因此，杭州制造业发展应按照《中国制造2025》杭州行动纲要、杭州"十三五"纲要所提出的要求要加快推进新型工业化，在制造业的关键领域形成新的增长点与核心竞争力，加快推进制造业信息化、服务化、绿色化；加大知识产权保护的力度，建立规范有序、公平竞争的市场环境；利用创新创业平台，将企业的研发成果尽快应用到生产中去；加快完善对小微企业的服务配套支持，提高小微企业创新生产的积极性。

案例四 宁波制造业新动能不断加快成长

新兴产业增长迅速。2016年宁波高端装备制造业增加值增长10.2%，时尚制造业增长10.0%；战略性新兴产业中，新能源汽车增加值增长9.5%、新一代信息技术增加值增长30.6%、新材料产业增加值增长7.5%、生物产业增加值增长7.9%，增速均高于2016年宁波规上工业增加值平均水平。

新产品发展较快。2016年宁波规上工业新产品产值率比2011年提高13.1个百分点，达到32%；在列入国家"三新"统计的新产品中，新能源汽车的产量增长11.8倍，智能手机增长32.1%，太阳能电池增长16.8%，生产工业机器人达2158套，光缆产量增长60.5%，碳纤维

---

① 是杭州市政府做出的重大战略决策，主要包括杭州城东智造大走廊、G60科创大走廊和钱塘江金融港湾。

增强复合材料产量增长 67.2%。

制造业转型升级稳步推进。2016 年宁波推进制造业结构转型，实施"四换三名三创"① 工程，工业增加值提高到 3766.6 亿元（2011 年宁波工业增加值为 2559.4 亿元），年均增长 7.7%。推进制造业转型主要体现在两个方面：一是将临港工业向"集群化、高端化、循环化"发展；二是将传统优势产业由块状经济发展模式向制造业集群发展。目前宁波已经成功引进中国南车、上海大众等投资金额达到上百亿元的重大项目；汽车制造业已成为宁波工业第一大行业，2016 年宁波汽车制造业增加值达到 2011 年水平的 3.7 倍，为 403.6 亿元，占宁波规上工业增加值的 14.4%，比 2011 年提高 9.2 个百分点。同时宁波制造业结构开始向高层次递进，2016 年装备制造业增加值占规上工业增加值的 47.2%，比 2011 年提高 10.3 个百分点；高新技术产业增加值占规上工业增加值的 41.2%，比 2011 年提高 8.0 个百分点。此外制造业的经济效益水平也在不断提升，2016 年规上工业企业利税总额达到 1746.9 亿元，比 2011 年增长 7.9%；规上工业利润总额达到 993.8 亿元，比 2011 年增长 9.5%。由于受到降本增效政策的影响，2016 年规上工业企业单位成本下降较多，每百元主营业务收入的成本是 82 元，比 2011 年下降 4.1 元；制造业企业的经济效益较好，2016 年规上工业企业主营业务收入的利润率为 7.5%，与 2011 年相比提高 2.1 个百分点；2016 年规上工业成本费用利润率为 8.3%，与 2011 年相比提高 2.6 个百分点；2016 年规上工业企业劳动生产率提高迅速，由 2011 年的 14.3 万元/人增加到 2016 年 19.7 万元/人，年均增长 9.5%。②

案例五　温州制造业的转型升级

（一）温州制造业的转型升级

1. 高新技术产业的比重在上升

---

① 浙江省经济转型的一项政策措施，"四换"是指腾笼换鸟、机器换人、空间换地、电商换市；"三名"是指大力培育名企、名品、名家；"三创"是指龙头企业创一流、高成长企业创新、小微企业创业。

② 按照可比价格进行计算。

发展先进制造业是温州制造业升级的主要方向，目前温州在高新技术园区建设以及新兴产业项目引进上取得了较大的成效。2015 年温州高新技术制造业增加值在规上工业中的占比为 43.4%、装备制造业增加值在规上工业中的占比为 36.8%、战略性新兴产业增加值在规上工业中的占比为 21.8%；规上工业新产品产值率比 2010 年增长 13.9 个百分点，达到 23.9%；2015 年温州省级以上高新技术企业比 2010 年增加 518 家，达到 831 家；科技活动人员与科技活动企业比 2010 年增长 76.3%、90.2%，科研经费投入比 2010 年增长 85.0%，专利的申请数量、新产品产值比 2010 年增长 1 倍多，温州制造业企业的科技创新能力在逐步提升。

表 1　　　　温州市企业科技活动与科技投入情况

指标	2010 年	2015 年
R&D 活动企业数量（家）	848	1613
R&D 活动人员数量（人）	22971	40508
R&D 经费内部支出（亿元）	32.24	70.6
新产品产值（亿元）	445.5	1195.0
专利授权数量（项）	10544	27098

资料来源：温州市统计局。

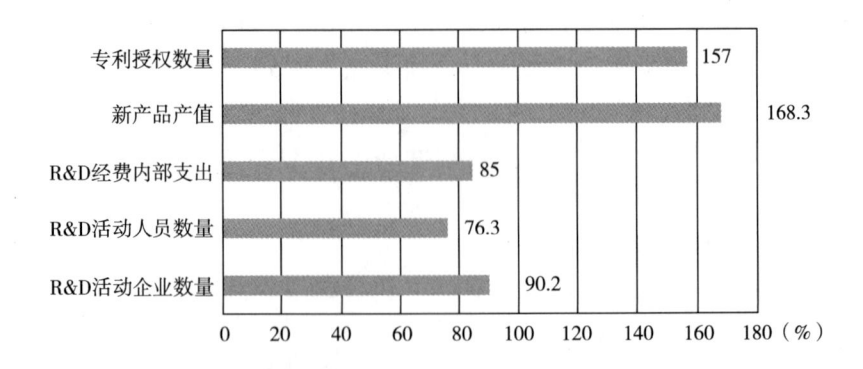

图 1　2015 年温州市企业科技活动、科技投入情况与 2010 年相比的增长率

资料来源：温州市统计局。

2. 制造业的要素构成向资本密集型与技术密集型转变

温州制造业的产业结构主要以劳动密集型为主，但随着"机器换人"工程以及企业装备的迅速更新，制造业的技术水平在提高，很多制造业企业开始逐步向集约经营进行转变。2015年温州规上工业固定资产达到1041亿元，人均固定资产原值为21.5万元，与2010年相比增长50.2%；同时企业的技术改造规模也在不断提高，2010—2015年温州工业技改的投资年均增长31.4%，累计达到2130亿元；2015年温州工业技改的投资比2010年提高了13.7个百分点，占整个工业投资比重的75.8%；2015年温州规上工业企业中1744家企业有科技研发经费的支出，同时有1229家企业设置了研发机构，研发人员达到5.96万人；2015年温州规上工业企业全员劳动生产率达到14.7万元/人，比2010年增长45.7%，年均递增7.3%。

3. 制造业的产业集中度在提高

2011—2015年，温州制造业开始向集群化、规模化发展的态势逐渐显现。2015年温州共计有5013家规上工业企业，比2010年增加1005家；2015年规上工业产值在全部工业产值的占比为66.2%，与2010年相比提高4.0个百分点；2015年共有963家工业产值达到亿元以上的企业，与2010年相比增加了181家；亿元以上工业产值在全部规上工业产值的比重达到70.2%；2015年温州拥有44家大型工业企业，与2010年相比增加了26家。温州通过不断地整合提升优势产业，使一批高能耗、高污染的劣势企业逐渐淘汰，行业结构改善的同时又促使温州制造业行业的集中度提高。2010年，温州制造业企业中超过百亿元产值的行业主要是皮鞋、电气、塑料制品等11个行业，这些行业的产值在全部规上工业产值中的占比为79.5%；2015年，温州工业产值超过百亿元的行业比2010年增加了3个行业——专用设备制造业、有色金属、黑色金属，共计有14个行业，主要包括皮鞋、电气、通用设备、服装制造业等，这14个大行业产值在全部规上工业产值中的占比达到86.1%；同时2015年温州制造业中新能源、新材料、医药、电子仪器等新兴制造业产业得到了良好发展。

表 2　2015 年温州市工业企业结构与 2010 年的对比情况

企业结构分类	2010 年 企业数量 总量（家）	2010 年 企业数量 占比（%）	2010 年 工业产值 总量（家）	2010 年 工业产值 占比（%）	2015 年 企业数量 总量（家）	2015 年 企业数量 占比（%）	2015 年 工业产值 总量（家）	2015 年 工业产值 占比（%）
全部工业企业	155101	100	6516.5	100	136853	100	7555.5	100
规上企业①	4008	2.58	4048.5	62.13	5013	3.67	4997.9	66.15
亿元以上企业	782	0.50	2733.9	41.95	963	0.7	3509.5	46.45
规模以下企业	151093	97.42	2468.1	37.87	131840	96.34	2557.6	33.85
个体户	122969	79.28	1425.5	21.88	86933	63.53	1085.4	14.37

资料来源：《温州统计年鉴》。

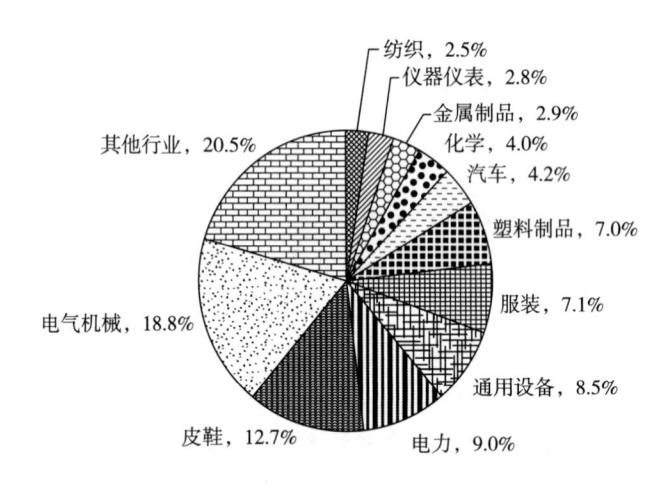

图 2　2010 年温州制造业分行业产值比重

- 纺织，2.5%
- 仪器仪表，2.8%
- 金属制品，2.9%
- 化学，4.0%
- 汽车，4.2%
- 塑料制品，7.0%
- 服装，7.1%
- 通用设备，8.5%
- 电力，9.0%
- 皮鞋，12.7%
- 电气机械，18.8%
- 其他行业，20.5%

资料来源：《温州统计年鉴》。

4. 制造业产品出口结构升级

温州制造业的产业结构升级也推动了温州产品出口的升级，2015年，机电类的产品在全部出口产品中的占比为42.4%，与2010年相比提高3.7个百分点，而对于服装、鞋类等传统产品的出口占比与2010

---

① 2010 年规上企业的标准调整为 2000 万元以上。

年相比都有所下降。

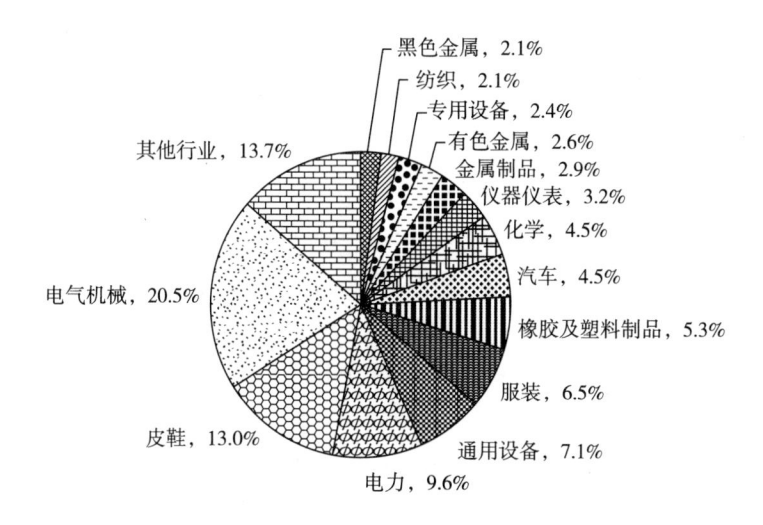

图3 2015年温州制造业分行业产值比重

资料来源：《温州统计年鉴》。

5. 制造业的综合经济效益显现

（1）先进制造业的效益。先进制造业在温州GDP中的占比逐步提高，制造业的经济效益在改善提升，2005—2015年，温州新产品的产值占比由2005年的6.1%上升到2015年的24.6%；2015年高新技术产业、战略性新兴产业、装备制造业的销售利润率分别达到8.2%、7.3%、6.8%，比同期温州市企业平均销售利润水平分别高出1.8个、0.9个、0.4个百分点。

（2）制造业发展的集群效益。随着温州产业集中度的不断上升，制造业的龙头企业以及产业链上下游的相关企业发展快速，使制造业集群性的大行业形成，同时也带动了配套行业的发展，进而形成集群效应，为中小型制造业发展与创收创造了有利的条件。2005—2015年，温州百亿行业产值占规上工业企业总产值的比重由2005年72.6%上升到86.1%；2015年百亿行业的利润总额为250亿元，在规上工业企业利润总额中的占比达到90.4%，与2010年相比，提高了4.4个百分点；在百亿行业中温州制造业中的电气、皮鞋皮革、服装、汽车摩托车配件、泵阀等支柱行业的销售利润额为147亿元，在温州规上工业企业销售利润中的占比达到53.1%。

（3）制造业规模发展的效益。2010—2015年温州规上企业中主营业务收入达到2000万元以上的企业数量由4008家增加到5013家，主营业务收入在2000万元以上的规上企业工业总产值由2010年的4048亿元增加到2015年的4998亿元；温州规上工业总产值在全部工业产值中的占比由2010年的62.1%上升到2015年的66.2%，可以提升工业增加值率0.26个百分点；2015年规上工业中大型企业、中型企业、小型企业的销售利润率分别是11.3%、6.4%、4.9%，虽然大中小型工业企业差距较为明显，但是表明大型企业的规模发展产生的效益较高。

表3　　2005—2015年温州制造业主要经济效益指标情况

年份	GDP（亿元）	新产品产值在工业总产值中的占比（%）	百亿行业产值在规上工业总产值中的占比（%）	大中型企业利润（亿元）	外资与港澳台企业的利润率（%）
2005	1590.8	6.14	72.57	59.39	5.61
2006	1826.9	11.30	70.78	70.55	5.75
2007	2146.6	10.40	72.44	95.77	4.93
2008	2407.5	8.75	79.44	95.55	5.06
2009	2520.5	9.76	79.30	105.42	5.37
2010	2918.8	10.50	85.52	151.32	6.34
2011	3408.0	8.06	86.11	142.87	5.21
2012	3670.6	14.76	81.74	128.36	5.43
2013	4024.5	18.71	86.01	133.46	6.22
2014	4303.0	20.47	86.04	159.06	9.08
2015	4619.8	24.56	86.12	148.90	9.48

资料来源：温州市统计局。

（4）外向经济的出口效益。因为出口贸易具有利润率较高、资金回笼快的优点，且可以为温州经济融入国际市场提供发展空间，所以温州外向型经济发展对于温州总体经济的拉动作用较大。2010—2015年温州外资经济发展较快，外资经济效益优于内资企业。2015年温州外商投资企业成本费用利润率达到7.9%，港澳台投资企业成本费用利润率达到14.2%，比2015年温州平均成本费用利润率6.4%的水平要分别高出1.5%、7.8%；尽管温州的出口贸易受到国际市场需求波动的影响，但是2015年温州工业产品出口在温州全部规上工业销售产值中的占比达到15.8%。

（二）温州制造业转型升级中的问题

1. 受国际国内宏观环境的影响较大

长期以来，传统制造业在温州经济结构中的占比较大，同时制造业的低层次、低效益制约着温州经济整体运行质量的提升。此外由于受到国内外市场需求下降的影响，再加上国内产能过剩、劳动力成本不断上升、工业品出厂价格不断下降，致使制造业企业的盈利空间不断被挤压，2015年温州规上工业企业的销售利润率仅为6.4%，利润总额为254亿元，同比增长1%；规上工业企业中有456家企业亏损，亏损额为19亿元，亏损增长53.2%，亏损面为9.5%。因此，温州制造业发展中产业布局方面还存在"低小散"的格局，经济效益方面还存在投入高但效益低的状况。

表4　　　　　　　　2015年温州亏损制造业行业情况

制造业行业	企业数量（家）	工业产值（亿元）	产值占规上工业的比重（%）	成本费用利润率（%）	亏损率（%）
木材加工和木、竹、藤、棕、草制品业	6	3.3	0.1	3.0	52.6
铁路、船舶、航空航天和其他运输设别制造业	47	24.2	0.5	3.6	61.4
有色金属冶炼和压延加工业	85	122.0	2.5	1.7	66.3
橡胶和塑料制品业	368	264.1	5.3	3.8	64.2
金属制品业	264	151.0	3.1	3.5	65.5
非金属矿物制品业	95	98.6	2.0	3.6	68.3

资料来源：温州统计局。

2. 传统产业升级难度大

当前温州传统制造业升级的难度较大，2015年在温州33个工业行业中，就有23个行业的成本费用利润率低于温州平均水平，在各项成本都不断上升的背景下，这些行业消化成本的能力较差，大多数企业都处于微利保本的状况；在这23个行业中有11个行业的企业亏损面超过10%，包括纺织业、非矿物质制造、金属制品、有色冶炼、黑色冶炼等行业，这些行业升级的难度较大。

3. 区域不同主导产业导致经济效益差距大

在温州不同地区由于经济发展条件不同，制造业产业结构不同，因此经济效益的差距也较大。例如永嘉县的主导制造业产业是鞋革、泵阀、服装，2015年规上工业的利润水平分别是平阳县的2.07倍、苍南县的1.28倍；乐清市制造业主导产业是电子元器件、电气，由于行业集中度较高、企业规模较大，2015年乐清市的规上工业产值水平是瑞安市的1.45倍、利润水平是瑞安市的2.2倍。

表5　2015年温州市8个县（市、区）规模工业经济效益情况

地区	主导制造业行业	规上工业产值（亿元）	在全市的占比（%）	规上工业产值（亿元）	在全市的占比（%）
温州市	鞋革、服装、泵阀、电气、汽摩配	4944.2	100	276.82	100
鹿城	服装、鞋革	309.1	6.2	11.35	4.5
龙湾（含开发区）	黑色金属、塑料制品、泵阀	803.9	16.1	31.38	12.3
瓯海	服装、鞋革	494.0	9.9	22.6	8.9
瑞安	汽摩配、高分子材料、机械	885.8	17.7	40.9	16.1
乐清	电子元器件、电气	1286.9	25.7	89.9	35.4
永嘉	鞋革、泵阀、服装	365.2	7.3	25.21	9.9
平阳	制革、塑料	284.9	5.7	12.2	4.8
苍南	包装、纺织、印刷	289.3	5.8	19.74	7.8

资料来源：温州市统计局。

4. 出口中的无序竞争导致企业利润下降

温州的出口产品主要集中在轻工业产品，这些出口产品的附加值较低、技术含量较小，大多都处于产业链的低端层次，因此在国际市场中缺乏有效的竞争力。尤其在当前贸易保护主义盛行的背景下，各国贸易壁垒加强，再加上国内外市场需求疲弱、外需不足，同行业之间的竞争压力较大，所以导致企业之间压价竞争来保住外贸订单，最终使企业出口利润下降。

（三）促进温州制造业转型升级的措施

1. 合理调整区域产业布局

杭州拥有产值超过500亿元的工业企业10家，宁波拥有产值超过500亿元的工业企业10家，绍兴拥有产值超过500亿元的工业企业5家，嘉兴拥有产值超过500亿元的工业企业4家，温州却只拥有3家；温州规上工业企业利润水平居于全省第5位，达到254亿元。因此温州应进行产业带的规划建设，并加大对产业布局的调整力度。一方面要使温州各区域能够结合本地区的资源禀赋优势形成高增长性、高效益的行业，并积极淘汰落后产能；另一方面要加强对"低小散"企业以及"四面开花"企业的清理，并重点清除温州市生态县的高污染、高能耗的工业企业；同时还要清理那些只有产值却没有长期发展效益的落后产能企业，使温州制造业企业能够注重经济效益并将其作为制造业升级的新导向，最终能够形成温州各地区制造业的合理布局。

2. 培育先进制造业

温州制造业主要是以传统产业为主体，技术含量较低，产业转型升级缓慢，2015年战略性新兴产业、高新技术产业、装备制造业的产业增加值在规上工业增加值中的占比为21.8%、36.8%、43.4%，分别居于浙江省的第7位、第8位、第4位；2015年温州新产品产值率为23.9%，居于浙江省的第10位。因此温州经济发展中应重点培育与发展先进制造业，并充分立足温州制造业的产业特征，不断提升优势产业——电气、泵阀、汽摩配行业；鼓励发展战略性新兴产业——新能源、新材料、化学环保、电子信息、健康产业、时尚产业等；引进培育新技术，鼓励传统制造业进行技术创新，最终可以转型为新兴产业。

3. 重点发展出口导向型企业

大力发展对外贸易可以促使温州外向型经济的质量得以提升，因为出口导向型企业是温州对接国际市场的"排头兵"，而出口导向型经济也是温州参与国际价值链分工、实现国际化的重要方式与途径；温州要加强沿海产业平台建设，使温州制造业能从"公路经济"转向"港口经济"，从园区外向园区内发展；并鼓励上规模与上档次的企业作为温州外贸发展的龙头企业，带动相关配套企业实现出口附加值的提升；并鼓励外贸企业主动向生产制造型与服务型企业发展，实现设计研发、生产、销售、服务的一体化，通过延长产业链来获得更多的附加值与出口效益。

4. 重点扶持高附加值的制造业企业

温州工业经济增长质量与浙江省的先进城市相比差距较大，2015年规上工业增加值居于全省第5位，达到1091亿元，位于杭州、宁波、绍兴、嘉兴之后；规上工业增加值占全市工业增加值的比重为62.0%，比杭州低21.0个百分点、比宁波低12.4个百分点、比绍兴低19.1个百分点、比嘉兴低24.9个百分点。因此，温州要重点扶持高附加值的制造业企业，近年来温州制造业企业通过在企业管理上进行创新，使温州的皮鞋、服装等传统制造行业开始不断获得较高的投入产出。尤其是温州制造业企业开始注重品牌运作、网络营销、总部经济、虚拟经济等手段，使很多规上企业如奥康、森马等积极运作企业产品的产销链，不断向"微笑曲线"的两端延伸，实现价值增值。未来温州制造业发展更应重视制造业集群效应的发挥，努力建成以行业龙头企业为核心，整合带动相关配套企业共同发展的产业链，最终构建规模较大、功能齐全的制造业集群，从而提升温州制造业的影响力与效益水平。

（五）长三角地区整体制造业发展现状

1. 长三角开发区转型升级带动制造业发展

2015年长三角开发区共拥有国家级开发区53个，随着开发区的转型升级带动了制造业的发展。

表3-32　　长三角国家级开发区的数量及在全国的占比　　单位：个、%

年份	国家级经济技术开发区					国家级高新技术产业开发区				
	江苏	浙江	上海	全国	占比	江苏	浙江	上海	全国	占比
2005	5	4	4	52	25.0	4	2	1	53	13.2
2010	13	10	4	114	23.7	6	4	1	83	13.3
2015	26	21	6	219	24.2	15	8	2	145	17.2

资料来源：根据收集资料整理。

表3-33　　　　　　　　长三角开发区的发展格局

	开发区的发展格局
功能配套	经济技术开发区；高新技术产业开发区；自由贸易区；综合保税区；保税港区；出口加工区
园区体系	创新型园区；特色产业园区；海关特殊功能区；生态工业园区；新型城区
建设重点	科技创新；人才集聚；产学研合作；孵化平台建设；软环境建设
中外合作园区	苏州新加坡工业园；中韩盐城产业园；中德（太仓）合作基地；中新苏通科技产业园；中瑞镇江生态产业园；中德扬州工业园；中新（杭州）产业合作园；中德（嘉兴）产业合作园；中日（平湖）产业合作园；镇江北欧工业园
境外产业集聚区	柬埔寨西港特区（江苏）；埃塞俄比亚东方工业园；印尼东加里曼丹岛农工贸经济合作区

资料来源：根据收集资料整理归纳。

2. 长三角地区装备制造业发展现状

（1）装备制造业区域竞争力评价。

表3-34　　　2014年长三角地区全口径装备制造业竞争力排名

评价指标	装备制造业区域竞争力评价
全口径装备制造业创新能力	江苏（全国第二）；上海（全国第六）；浙江（全国第三）
区域综合竞争力评价	江苏（全国第一，连续多年）；上海（全国第三）；浙江（全国第五）
规模实力	江苏（全国第一，连续多年）；上海（全国第六）；浙江（全国第四）

资料来源：机械工业信息研究院：《2014年装备制造业区域竞争力评价报告》，2016年。

（2）装备制造业存在的问题以及原因分析。一是产业层次不高，大部分装备制造业处于产业价值链的中低端；二是装备制造业缺乏自主创新能力，技术创新观念淡泊；大多数装备制造业企业处于一种"小、散、低"的局面，不具有国际竞争力。究其原因主要在于：当前制造业面临着"第四次工业革命"，3D打印、新型材料、人工智能、机器人技术等都对长三角地区装备制造业升级提出了新一轮产业变革的要求，同时我国又处于新时期供给侧结构性改革的关键时期，所以粗放式的制造业发展方式以及政府采取的一哄而上的刺激政策必然会导致处于产业链低端的制造业产能过剩，目前要求制造业面对需求质量不断提高的条件，应加快提高制造产品的装备水平，在产品的研发设计、质量性能上得以升级，提升产能的供给质量与效率。

（3）长三角地区装备制造业转型升级的路径。

①关键核心技术需要突破。第一，要建立技术创新体系或是技术创新联盟，通过多方参与组织对装备制造业的关键技术或是共性技术进行联合攻关，对装备制造业的重大技术装备进行设计、生产、系统集成，特别是应关注高端制造业，重点在智能制造装备的研发创新方面有所突破，包括基础制造装备、高档数控机床、高性能数控切削与成型机床、增材制造装备（3D打印）、工业机器人、柔性制造单元、多轴联动加工中心等装备制造领域。第二，应积极鼓励制造业企业对新材料、新工艺、新技术等进行研发创新，特别是轻工、电子、纺织、包装等制造业行业的专用装备的研发；为提升装备基础配套能力应注重改进锻造、铸造、热处理、表面处理等基础工艺水平。第三，要推进创新成果转化，加快装备制造业的科技成果、专利技术等向现实生产力转化，推进实施装备制造业高新技术成果产业化项目。第四，对于不能自产又急需的重大技术装备应鼓励装备制造业企业开展国际合作引进技术或是联合设计研发、生产，尽快突破一些共性技术与关键技术，例如在线远程诊断技术、智能数控技术等；重点针对制造业控制系统的核心技术包括核心算法、数据采集、实时处理等技术进行开发，并加大对数字化设计、仿真分析、关键设计工具等配套软件的研发；此外对于智能传感器、精密轴承、精密减速器、液压电子控制器等关键功能部件进行开发应用。

②需要建立制造业产业集群。第一，应建立"龙头企业+零部件

生产中小企业"的协同制造模式，即龙头企业拥有整机集成制造的优势，而中小企业拥有加工生产零部件的优势，龙头企业着重进行整机设计、技术研发攻关、市场拓展，而中小企业制造零部件，两者间可以采取分包协作的方式；还可以建立"龙头企业＋科技型中小企业"的协同创新、协同制造模式，并形成统一的品牌。第二，应建立"制造＋服务"的新型合作模式，装备制造业企业应与工程总承包公司进行制造与服务的合作，开展交钥匙工程，凡是能与装备制造业企业签订购买成套装备合同的工程总承包公司给予一定的资助。第三，应鼓励建立"装备制造设计销售企业＋装备制造业企业"合作模式，装备制造业企业可以通过外包设计服务，承接装备制造产品定制业务；对于装备制造设计销售企业能与装备制造企业签订合同购买成套装备的，应给予一定的资助。另外，还应培育装备制造业的龙头企业推进制造业的梯度发展。通过装备制造业品牌骨干企业的引领，培育具有地方特色优势与竞争力的名牌装备；同时进行装备关键部件研制的中小型科技企业，若是技术含量高、专业特色鲜明、配套能力强、市场前景好的企业就应大力进行扶持；重点培育那些集系统设计、系统集成、系统服务、工程总承包于一体的工程公司，鼓励其参与国家、省级重点工程项目的建设管理，并积极参与国外工程招标，将我国的重大成套装备制造产品销往到国外，树立装备制造业的产品形象。第四，应建立智能制造产业集群，结合长三角地区制造业的重点领域、企业与产品，编制智能制造产业集群发展的产品指导目录；并加快建设智能制造业工业园区，引导具有创新能力的中小型智能制造业企业向园区集聚；在智能制造产业园区内合理分工建设上下游配套产业链利益协调机制，同时培育高端智能制造产业示范基地。

③开发绿色制造技术。绿色制造技术直接关系着制造业的可持续发展问题，因此装备制造业在实现转型升级时应以环境优先、绿色制造为发展原则。第一，应是制造业组织方式与工艺流程的绿色化，即要对印刷制造、食品制造、包装行业、纺织制造、铸锻造行业、机械制造等制造业行业中所存在的高能耗、性能差的生产设备进行更新淘汰，鼓励采用购买自动化专用设备、多轴联动加工中心、高性能数控机床等先进设备，在企业的组织方式以及工艺流程中实现核心设备与关键工序的升

级，并积极推广实施数字化装备。第二，实施绿色化回收处理方式，鼓励在制造业企业中使用诸如稀土永磁无铁芯电机、节能环保锅炉等符合绿色发展的先进高效设备，并及时更新淘汰低端落后装备以及生产线；鼓励企业使用低碳节能、可循环利用、清洁安全的成套工艺及技术装备，提升企业在余热利用、有毒废水处理、工业固体废物回收利用等方面的效率。第三，应用信息技术绿色化，即将资源节约技术、资源综合利用技术、信息技术与环境友好技术融合发展；企业应对环境、能源、资源等信息进行分析监测，以此提高企业能源集约利用、排放综合治理、能源消费优化等环节的信息技术应用分析能力；通过对制造业企业中高污染、高能耗、高物耗的行业进行信息化改造来实现节能环保公共服务信息平台，通过智能控制系统以及数字化技术设备来加强对制造业企业污染排放、能源利用等的精细化管理与实时监控；在制造业企业中建立能源管理体系，提升能源利用效率，并大力支持制造业企业运用新一代信息技术来整合新能源技术，实现新能源共享的网络系统，促进新能源的智能化、信息化。第四，应要求制造业企业生产方式的低碳环保绿色化，要加大制造业产品的生态设计，特别是要加大那些有毒有害物质的替代品的研发设计生产，倡导实施工业绿色发展工程科技战略；在制造业企业中以那些资源消耗型的高能耗、高排放的企业为主要目标，加大推广节能技术，如热电联产、分布式能源、能源梯级利用等。

④装备制造业应开放合作。第一，长三角地区的装备制造业企业应积极开拓国内外的市场，在国内应努力支持长三角地区的制造业企业使用国产装备产品，并对重点建设项目所需的装备产品的招投标进行监督；鼓励长三角地区装备制造业企业向国际市场提供高端的装备产品、技术与服务，支持装备制造业企业的自主知识产权技术标准能够在国外市场应用推广；鼓励长三角地区的装备制造业企业进行联合来参与国内外的重大工程项目的投标；鼓励高技术含量、高附加值的高端装备制造产品的出口销售；大力支持长三角地区装备制造业企业对外直接投资建厂或是并购国外企业、承揽大工程大项目，以此来推动装备制造产品与技术的输出；积极配合装备制造业企业在国外建立企业的自主品牌销售渠道以及服务网络。第二，应促进长三角地区制造业企业与国际制造业

企业联合进行技术开发或是资本合作。鼓励长三角地区的制造业企业并购国外的具有先进技术或是知名品牌优势的制造企业,将本土的制造优势与国外制造企业的研发技术优势结合,带动国际竞争力的提高;鼓励制造业"走出去",在国外建立研发中心或是海外销售服务中心;促进长三角地区制造业企业与跨国公司合作,利用其在国外的销售网络与服务网络来扩大在国外市场的生存发展空间;扩大长三角地区制造业企业的服务外包业务,促进其向检验检测、工业设计、生物医药研发等国际高端领域发展,最终推动长三角地区制造业国际服务能力的提高。第三,制造业应形成战略联盟。为了提升长三角地区整体装备制造业企业的发展水平,应进行全球布局,即长三角地区的制造业企业应加强与世界500强的对接,通过引进制造业行业的领军企业与有影响力的知名企业,在全球范围内与上下游企业之间通过重组、联合、兼并、上市的方式形成战略联盟促进优势互补,最终形成制造业的规模效应提升整体竞争力;鼓励长三角地区的制造业企业并购、参股国外的先进制造业企业,通过利用其品牌优势、核心技术优势来进一步开拓国际市场。

⑤树立新型制造模式。第一,长三角地区的制造业应加强智能制造的生产模式。以装备制造业为突破口提升制造业的服务化水平;为提高制造业企业的经济效益与生产效率,应进一步加大企业的信息技术改造的力度,通过两化融合来优化企业业务全流程;加强与国际智能制造先进企业的合作对接,深化智能制造的技术合作;利用先进信息技术改造传统制造业,尤其是通过智能车间的建设示范,促进整体制造业个性制造、柔性制造、零部件定制、产品定制等,在促进制造业智能化、网络化、数字化发展的基础上,形成批量化、规模化生产,来满足不断升级的消费需求;制造业应积极使用云计算、大数据平台,将新一代信息技术深入运用到企业的设计研发、生产销售、售后服务中去,并对商业模式进行不断创新;为加快长三角地区装备制造业企业信息管理系统的升级,应进一步加强装备制造业智能化系统解决方案供应商与装备制造业企业之间的合作。第二,加强装备制造业系统解决方案试点示范,在重点装备制造业企业中,选择一批在智能工厂、智能服务、智能装备、智能供应链等具有示范引领作用的行业系统解决方案试点制造业企业,进

行示范应用推广。第三，鼓励长三角地区的装备制造业企业在系统解决方案上进行协同创新。利用工业转型升级的财政资金一级智能制造投资基金，促使装备制造业企业、智能制造系统解决方案企业、互联网企业之间建立协同创新机制；建立制造业创新中心，以工业传感、人机交互、物理仿真、敏捷网络、系统架构为核心内容，对智能制造系统解决方案的关键共性重大技术进行产业化研究。第四，建立信息物理系统测证平台。促进长三角地区第三方机构建立 CPS 安全测试平台，对智能制造所涉及的 CPS 关键软件、移动终端设备、工业网络、传感器的安全性能进行测证。

⑥"互联网+装备制造"。第一，应推动制造业的智能化发展，将信息技术深入应用到制造业中去，发展智能装备与智能产品，使制造业生产过程实现智能化，加快传统制造向智能制造转型。因此对于制造业而言当前要重点突破数控设备、核心工业软件、工业控制芯片以及工业机器人生产核心技术，同时应重点研制高端数控产品、流程工业成套装备、自动化生产线、工业机器人等智能装备，大力研制生产汽车电子、船舶电子、家电等领域的智能化工业产品，提高这些行业的产品的智能技术含量以及附加值；同时在制造业生产过程中应不断改进提升产业链的协同能力，加大信息共享、协同制造、智能控制以及系统整合的力度，使制造业能够实现柔性制造、精准制造、敏捷制造；政府应建立制造业设计以及产品开发的公共技术服务平台，并推进建设制造业企业信息系统集成及示范应用，支持制造业企业对现有设备进行智能改造，使制造业企业在生产设计服务等环节能够运用智能控制系统、工业应用软件、故障诊断软件以及传感和通信系统软件等。第二，应不断对制造业企业进行智能化改造，鼓励制造业企业提升智能决策水平、生产管理精细化水平以及实时在线优化水平，为此制造业企业应首先形成大数据服务、智能管控、联网协同的制造模式；制造业企业还应建设"智能工厂"以及"数字化车间"，在企业生产的关键环节与关键工序上进行工艺流程改造、装备智能化升级；鼓励制造企业推广机器人应用计划，使重点制造业行业的机器人使用密度能够达到 200 台以上，尤其是在汽车、机械加工、船舶制造、食品加工、纺织服装、医药制造、轻工家电等制造业行业对于部分技术要求高、劳动强度大的生产环节使用工业机

器人来替代换岗,通过装配、焊接、分拣、涂装、搬运等机器人的使用,来保证产品质量的一致性与生产效率的提高。第三,应促进信息技术在生产性服务业中的应用,建立制造业行业的电子商务平台,促进电子商务与制造业实体经济结合,鼓励制造业企业运用电子商务创新商业模式,并大力促进智能卡、传感器、二维码、RFID 等新技术在供应链管理、物流、金融服务等领域的广泛应用,同时推动信息化在生产性服务业如工业设计、制造业会展、装备租赁等领域的深度应用。第四,推动大数据在制造业中的商业化应用。通过制造业相关的行业协会或是中介组织开发制造业数据库,通过建立制造业以及制造业商业服务大数据服务平台,为制造业尤其是中小型制造业定制大数据应用解决方案;另外,培育制造业企业在生产过程中应用大数据,进行定制化、个性化生产,降低成本,进行生产管理模式的创新;还应加快建设制造业相配套的商业大数据,提高流通、销售、服务等环节的效率,进行制造业商业模式的创新。

3. 长三角地区战略新兴产业的发展

(1) 长三角地区战略新兴产业的重点领域。长三角地区结合各地的发展优势与特色,在选择新兴产业时各有侧重。

表 3–35　　　　　长三角地区战略新兴产业的重点领域

上海	江苏省	浙江省
新一代信息技术	新材料产业	生物产业
高端装备制造业: 1. 民用航空产业包括机载系统设备以及零部件、商业飞机的发动机、干支线飞机; 2. 航天产业促进卫星及应用; 3. 智能制造设备包括数控机床、特高压、轨道交通、精密仪器仪表	新能源产业: 1. 太阳能光伏; 2. 生物质能装备; 3. 风电装备; 4. 低成本高效晶硅电池; 5. 薄膜电池; 6. 核电装备产业; 7. 集成系统与装备; 8. 生物质能发电机组; 9. 大功率发电机组; 10. 核电装备关键零部件; 11. 新能源汽车	物联网产业

续表

上海	江苏省	浙江省
生物产业	节能环保产业	新能源产业
新能源产业： 1. 聚焦核电、太阳能、风电的智能电网； 2. 大功率海上风电机组； 3. 电力储能设备； 4. 太阳能核心设备	生物科技和新医药产业	海洋新兴产业： 1. 海洋工程装备； 2. 高端船舶； 3. 海洋生物医药
新材料产业	物联网和新一代信息技术产业	高端装备制造业
节能环保产业	高端装备制造业	节能环保产业
新能源汽车产业	光电产业	新材料产业
	海洋工程装备产业	新能源汽车
	智能电网产业	核电关联产业

资料来源：根据收集资料整理。

（2）长三角地区（上海、江苏）战略新兴产业的产值与比重。

表3-36　　2012年上海、江苏省战略新兴产业的产值与比重

（单位：亿元;%）

产业	产值 上海	产值 江苏省	比重 上海	比重 江苏省
节能环保	393	2990.81	5.0	13.1
新一代信息技术	2194.62	3356.28	28.1	14.6
高端装备制造	2300.84	4995.62	29.5	21.9
新能源	423.44	3056.61	5.4	13.4
新材料	1707.82	6064.83	21.9	26.5
新能源汽车	39.87	30.78	0.5	0.1
生物医药	745.66	2357.7	9.6	10.3

资料来源：《长三角地区经济发展报告（2013）》。

(3) 长三角地区新兴产业的发展成效。

由表 3-37 可以看出,除上海外,江苏与浙江战略新兴产业的增长速度快于地区经济增长速度,说明战略新兴产业是地区经济增长的重要推动力。

表 3-37　2011—2013 年长三角地区战略新兴产业总产出的增速

地区	新兴产业发展成效	地区总产值增速(%) 2011 年	地区总产值增速(%) 2012 年	战略新兴产业总产出增速(%) 2011 年	战略新兴产业总产出增速(%) 2012 年
上海	1. 2012 年上海新兴产业规模达到 7805.25 亿元; 2. 通过实施物联网、云计算,建成一批国际战略新兴产业示范基地; 3. 在 LED、大飞机、核电设备领域具有显著优势	8.2	7.5	12.2	-1.4
江苏省	1. 国际重点企业——苏州阿特斯、江苏林洋、常州天合光能,形成产业链完整的产业集群; 2. 成立国家级"中国物联网发展研究中心"; 3. 首个国家传感网创新示范区; 4. 中国云计算示范城市	11.0	10.1	26.4	19.6
浙江省	民营企业较多,凭借民间资本优势,战略新兴产业发展活力较强	9.0	8.0	—	9.2

资料来源:《长三角地区经济发展报告(2013)》。

(4) 长三角地区新兴产业发展的困境。长三角地区新兴产业发展的困境主要表现在三个方面:一是国际竞争环境恶劣,而国内产能过剩。战略新兴产业领域是发达国家在国际市场主要争夺的目标。例如,新能源产业,全球已经有 40 多个国家将其作为新兴产业的支柱,在加大投入的同时政府也给予资金、法律政策、技术方面的支持,甚至建立技术性贸易壁垒来阻止国外同行业的介入,而长三角地区尽管新兴产业发展走在全国的前列，但新兴产业缺乏主导品牌和关键核心技术，最终导致新兴产业发展受制于人。二是战略新兴产业发展中有些部门仍然以劳动力低成本的优势嵌入价值链环节，使产业发展停留在低端环节被低端锁定。例如，长三角地区大飞机的生产研发发展，在20世纪70年代受到欧美发达国家的技术封锁，关键零部件主要依赖进口，上海与成都负责发动机研制与生产，大型客机设计院负责研发设计，整机组装由上海负责，由于嵌入国际产业价值链的最初状态是低端环节，所以尽管近年来大飞机生产制造技术有所突破，但仍被低端锁定。长三角地区的光伏产业发展也是如此，由于进入国际产业链时光伏产业嵌入的是中低端环节，所以受到上游企业的制约，高端技术不会转移到中低端环节的长三角地区的光伏企业，苏州阿特斯生产薄膜电池、晶体硅电池，浙江昱辉进行硅料加工、硅片、制造设备的生产。三是长三角地区的战略新兴产业过于依赖国际市场与政府的补贴。长三角地区的光伏产业发展就是例子，这些企业过度依赖国外市场，在欧洲市场需求锐减的情况下，导致很多光伏企业亏损，江苏无锡尚德公司破产倒闭就说明过度依赖国际市场的弊端。另外，加上美国太阳能制造企业对于我国光伏企业实施的双反制裁，使光伏企业雪上加霜。同时战略新兴产业在发展初期总是受到政府的补贴，但是市场化之后政府补贴的保护空间应缩小，否则会引发产业内的恶性竞争，过度的政府补贴保护会大大降低企业研发创新的动力，因为企业只关注成本来应对价格战，自然忽略了企业技术创新的重要性。

（5）长三角地区制造业重点行业的发展。由表3-38可以看出，上海与江苏在通信设备、计算机及其他电子设备制造业领域增长迅速，而浙江转型升级的压力较大；在汽车制造业领域浙江具有显著优势，出口交货值超过上海、江苏；在化学原料、化学制品制造业领域，江苏的销售总值占长三角地区的60%，具有超过上海、浙江的显著优势；在医药制造业领域，江苏具有显著优势，产值增长速度较快。

表 3-38　　2014 年长三角地区制造业重点行业的发展状况

制造业产业发展	上海	江苏省	浙江省
通信设备、计算机及其他电子设备制造业	实现产值 5234.2 亿元，同比下降 2.9%；手机产量 5484.8 万台，比 2013 年增长 11.1%；集成电路产量达到 223.3 亿块，比 2013 年增长 13.3%	实现产值 10855.9 亿元，增长 4.1%；集成电路产量达到 328.9 亿块，增长 11.3%	出口交货值增长速度下降 1.4%，与 2012 年相比，转型升级压力较大
汽车制造业	实现产值 5319.0 亿元，比 2013 年增长 10.5%（轿车为主，研发较强，集聚国内外汽车领先企业）	实现产值 6448.8 亿元，比 2013 年增长 13.4%（大中型客车、载货车、专用车、农用运输车为主，发展快、企业效益好）	实现增加值增长 18.5%，出口交货值超过上海与江苏（重点以零部件生产配套、加工装配为主，汽车制造业发展速度最快）
化学原料和化学制品制造业（2012 年）	销售总值 2241.9 亿元，同比下降 1.6%	销售总值 11835.7 亿元，同比增长 11.8%，占长三角地区的 60%	销售总值 2241.9 亿元，同比下降 1.6%
医药制造业	实现产值 621.1 亿元，同比增长 4.1%	实现产值 3136.4 亿元，同比增长 13.7%	出口交货值 245.6 亿元，增长 5%

资料来源：《长三角地区经济发展报告（2013）》。

三　"制造业大省"广东省与珠三角地区制造业发展现状

（一）广东制造业发展的历程

珠三角地区是我国重要的制造业基地，也是全球制造业基地之一，另外是我国进行对外贸易活动的重要阵地。珠江三角洲北起广州，向西南与东南呈扇形辐射，主要包括广东省的 9 个市——广州、深圳、中山、佛山、东莞、肇庆、珠海、江门、惠州，该地区的经济总量占广东省的 80%，人均 GDP 是全国平均水平的 2 倍。珠三角地区位于我国南部沿海地区,是我国改革开放的前沿,由于与港台地区地理位置毗邻,因此享有得天独厚的贸易与信息通道,进而获得了制造业发展所需的优势资源并形成出口导向型加工制造业集聚区。珠三角地区尽管拥有坚实的制造业基础,但是随着人口红利的消失,传统制造业生存危机加大,面临着转型升级的迫切任务,而先进制造业通过技术创新也在不断崛起。广东省制造业发展的历程如表3-39所示。

表3-39 广东省制造业发展的阶段与主导产业情况

发展阶段	制造业主导产业	制造业发展态势
第一阶段（1978—1990年）	日用消费品业（纺织服装、食品、饮料等轻工业产品）；家用电器业（彩电、冰箱、空调等）	制造业起步发展阶段；工业增加值增长较快,工业增加值年均增长15.1%
第二阶段（1991—1997年）	电气机械、电子信息业	制造业高速发展阶段；提出广东要用20年时间赶上"亚洲四小龙"
第三阶段（1998—2007年）	受国际金融危机的影响,广东的轻工业发展不能支撑整体工业的增长,开始由食品饮料、纺织服装、建材业向重工业领域发展,包括石油化工、装备制造、能源、原材料等	制造业调整发展阶段；提出广东工业要适度重型化,工业增加值年均增长15.5%
第四阶段（2008年至今）	以加工贸易生产为主的外向型经济向内生型发展转型	制造业转型发展阶段；重点以内生发展为主,并要不断降低外商投资在工业整体投资中的占比,工业增加值年均增长10.9%

资料来源：根据收集资料整理归纳。

在20世纪90年代中后期,珠三角地区承接了国际制造业产业转移,主要涉及轻型制造业,与国际跨国公司制造业向低成本的中国转移正好切合,正是因为采取了OEM代工生产、海外上市、融资租赁等国际化方式,使珠三角地区的制造业企业成为较为典型的由外资企业主导的外向型企业；另外,在改革开放初期我国政府采取了东部地区优先开放的政策,也使珠三角地区的制造业优先享有了政府政策的红利,使外资企业大量集聚在珠三角地区,外商投资企业是珠三角地区制造业发展的重要推动力,最终形成政策优惠、外资资金向珠三角地区倾斜的特征。但随着我国全面开放政策的实施,珠三角地区不再拥有率先开放的政策红利,劳动力低成本优势也逐渐在丧失,因此珠三角地区应进一步利用自贸区的形式加强对外开放,以形成新的比较优势。

(二)珠三角地区制造业发展现状

珠三角地区制造业的发展促进了广东省经济的快速增长,连续26年广东省的经济规模总量在全国位于第一;2014年广东省全部规上制造业企业的增加值达到2.64万亿元,如果按照单独经济体来进行计算,广东省的制造业增加值在世界排名将是第5位。珠三角地区制造业的优势主要体现在以纺织服装、家用电器、家具制造、建筑材料、食品饮料、轻工造纸、金属制品、中成药制造8个行业所构成的传统制造业以及以装备制造业为支柱产业的先进制造业。2017年世界500强企业中,广东就有4家制造业企业(华为公司、广汽集团、正威国际集团、美的集团)上榜,这也说明广东制造业企业、珠三角制造业企业在世界的影响力与国际竞争力。

2018年广东省制造业协会发布了《2017年广东省制造业500强企业研究报告》,500强企业中有449家制造业企业均来自珠三角地区,占比达到约90%;广州市与深圳市成为广东省百强制造业企业的主要集聚地,也是拥有广东省500强制造业企业数量最多的城市;其中珠三角地区入选的制造业企业,其营收平均水平居于广东省前列;深圳市入选的制造业企业,其营收平均水平超过百亿元,达到131.8亿元,而广州、珠海、佛山、惠州入选的500强制造业企业的平均营收超过50亿元;此外入选的500强制造业企业涉及的行业领域分布广泛,主要分布在6大制造业行业(电子信息、装备制造、金属与非金属制造、石油化工、日用轻工、生物医药)的27个细分行业,特别是在电子信息与装备制造行业,广东省入选中国500强的企业数量最多,一共有271家,占500强的54.2%;从细分行业看,广东省入选中国500强的企业主要集中在装备制造业中的电气机械和器材制造业以及电子信息制造业中的计算机、通信和其他电子设备制造业行业中,企业数量共计是186家,在中国500强中的占比达到37.2%。从以上可以看出,广东省在制造业的大部分行业中都拥有竞争力较强的企业，这是广东省多年来不断优化制造业产业结构、提升制造业竞争力，进而推动制造业转型升级的结果。

1. 珠三角地区传统制造业发展现状

当前珠三角地区传统劳动密集型制造业转型的代价较高，尽管不少传统制造业企业在政府的引导下进行转型，但是从转型的质量与数量上看效果并不理想，因此传统制造业升级不容乐观。

珠三角地区的传统制造业中，专业镇的发展是支撑广东经济发展的主要源泉，目前20世纪八九十年代专业镇的"辉煌"已成为过去式。为了激发专业镇传统产业集群的发展，促使低端劳动密集型制造业转型升级，广东省通过扩大公共产品与服务供给，通过技术创新推动传统制造业向中高端转型，使广东省380个专业镇得以蜕变，2015年中山市小榄镇高新技术企业数量增长69%，发明专利的申请数量增长113%。而传统制造业的转型升级需要新业态、新模式来进行带动，应与大数据、高端服务、信息产业相融合才能提升传统制造业的竞争力。但是传统制造业基于本身技术水平有限很难实现智能技术的运用，所以传统制造业应在现有资源的基础上，利用大数据与企业高新技术人才来实现升级转型。

（1）结构性劳动力短缺明显。传统制造业企业用工短缺且用工成本较大，经营面临困难。由于各项成本增加导致企业的利润空间在减少，甚至很多民营企业不得不将厂房通过转让来维持企业生存，有的制造业企业直接将企业迁到劳动力成本较低的广西、贵州、东南亚等地，有的转行从事房地产投资，因此成本上升成为直接阻碍传统制造业转型发展的因素。例如，广东中山市的服装企业过去每个工人的工资是2000元/月，2017年上涨到4000元/月，用工成本上涨近2倍，即使如此，工厂也很难招到工人，很多农民工在家乡发展副业就可以获得较高的收入，农民工数量短缺在一定程度上也约束了传统制造业转型升级，所以珠三角地区传统制造业转型升级面临的问题主要是缺乏创新型技术人才的同时，结构性劳动力明显短缺。表现在新常态下中国经济开始复苏发展，而传统制造业企业中缺乏充足的劳动力，且这种用工荒体现在结构性短缺并非季节性短缺，根据资料显示，2014年2月珠三角地区劳动力普通工人的缺口较大，达到81.2万人，广东省的劳动力普工缺口达到139万人，珠三角地区的普工缺口占广东省的68%，珠三角地区的技术工人缺口占广东省的32%。珠三角地区的用工难不仅仅体现在劳动力工资上升的问题上，还体现在企业面临着要为员工支付社保的问题，如果企业为员工支付缴纳全额五种保险金的话，几乎相当于工资水平的40%。因此随着劳动力成本上升以及用工短缺，珠三角地区的制造业企业通过增加资本设备投入，来提高单位劳动的产出，通过提高劳动生产率来抵消工人工资上涨的不利影响，甚至很多制造业企业将技术复杂度较低的生产线进行外包来减少用工量。

（2）生产经营成本上升。珠三角地区传统制造业的生产经营成本上升较快抑制了企业转型的步伐，企业由于原材料价格、土地租金、融资成本高等成本压力加大，使过去的劳动力优势逐渐转变为企业发展的障碍，盈利空间在逐渐压缩，因此珠三角地区制造业出现了"空心化"的趋势，很多传统制造业企业逐渐外移到生产经营成本较低的地区或国家——一是外移到东南亚国家，主要包括菲律宾、柬埔寨、越南、孟加拉国等国家，搬迁到孟加拉国可节省人工成本约50%，而搬迁到柬埔寨可节省用工成本约45%；二是外移到广东西部、湖南、湖北、江西、广西等地以及我国的中西部地区，通过搬迁可节省劳动力成本在10%—40%，平均节省成本为16%的水平。尽管劳动力成本上升使很多珠三角地区的制造业企业不得不转移产能到劳动力相对便宜的地区，但是通过工资套利对于制造业企业长远发展并非是长久之计，因为本身企业搬迁的成本巨大，还要承担远离客户与供应商的较高的交通成本。

由于国内经济发展下行压力较大，再加上企业生产经营成本上升，自2015年开始珠三角地区就有部分制造业企业关门倒闭，2015年10月深圳福昌电子有限公司（华为、中兴手机的一级供应商）、东莞金宝电子有限公司倒闭关门，据统计，2015年珠三角地区共有76家企业关门倒闭，东莞市27家企业倒闭，占倒闭企业总数的1/3以上。珠三角地区的电子、家具制造、LED行业、陶瓷制造、纺织服装、钢铁、水泥、玻璃、有色金属等行业处境艰难，制造业整体发展不容乐观，因为倒闭的企业中主要属于劳动密集型制造业，集中在电子、玩具、服装、陶瓷、家具等行业。2015年珠三角地区陶瓷制造行业产能过剩高达40%，有12家陶企先后关门倒闭，且主要集中在肇庆、清远、佛山等地；2015年我国房地产市场发展萎靡不振，也影响到了家具行业、

LED 行业，珠三角地区有 6 家 LED 生产企业、10 家家具生产企业倒闭；2015 年珠三角地区造纸行业产能过剩，有 10 家纸品包装企业倒闭；2015 年珠三角地区有 14 家电子企业倒闭关门；2015 年珠三角地区有 11 家服装、鞋子生产企业（集中在广州与惠州）倒闭。

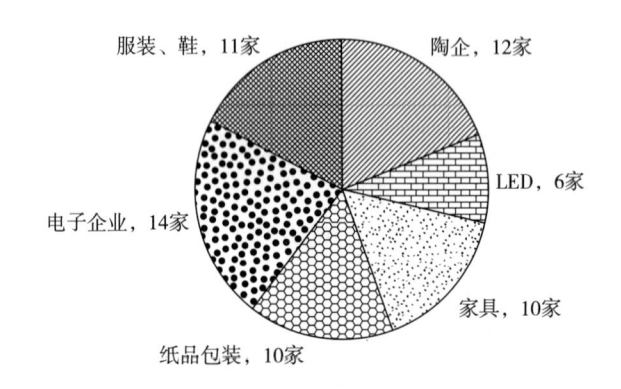

图 3-33 2015 年珠三角地区劳动密集型制造业企业"倒闭潮"情况

资料来源：《每日经济新闻》统计结果，2015 年 11 月 12 日。

（3）缺乏自主技术创新能力。珠三角地区的制造业企业中，中小微企业的占比较大，且这些企业的生产经营模式主要是加工贸易的代工生产模式，即模仿创新型生产方式来完成贴牌加工，尽管这种 OEM 模式可以促进企业逐渐发展成为规模较大的制造业企业，但是由于缺乏自主创新能力，产品在国际市场上缺少竞争力，在国际产业链中居于价值链的低端环节；这种代工生产的模式使企业较为被动，不能掌控生产制造的主要关键核心技术，再加上是贴牌生产，始终无法形成品牌的优势，利润的发展空间有限，终究不能实现利润的最大化。因此珠三角地区的传统制造业企业转型迫切需要形成研发优势、品牌优势，突破过去的数量优势，提升产品的质量与层次。尽管传统制造业转型需要企业付出较大的代价，但是形成创新能力是制造业企业升级的必要环节，例如珠三角地区的佛山、东莞等地，一些传统制造业企业在生产中开始注重产品的差异性来增加设计元素，并通过购进先进技术设备来提升企业竞争力，这些趋势都会促进传统制造业企业逐渐积累技术力量、形成品牌优势，最终立足整体行业。由于珠三角地区中小微传统制造业企业较多，而制造业转型升级又势在必行，广东省政府部门应充分考虑这一特点，通过制造业行业协会或是投资公司为中小制造业企业搭建融资平台或是技术扶持的平台，使中小型制造业企业能够利用平台建立企业联盟，通过"抱团取暖"获得在政策、融资、技术、市场等方面的扶持，从而尽快渡过转型期进入升级阶段。

案例六　珠三角地区传统制造业企业的成功转型案例

1. 广州天赐高新材料股份有限公司

传统制造业转型升级的代价较高，进行创新发展中克服成本障碍是首要的，因为传统制造业企业不具有技术上的显著优势与产品差异化优势，所以利润空间与市场空间都在大大缩小。但是，广州天赐高新材料股份有限公司却通过企业创新成功进行了转型，该公司成立于2000年，是一家专业化公司，主要生产有机硅橡胶材料、锂离子电池材料、个人护理品功能材料等，公司于2014年在深交所中小板成功上市。公司为了创新，设立了博士后工作站培养人才，并将数字信息与生产制造相结合，在生产过程中采取了自动化与智能化模式，逐渐实现了由传统化工制造业向高新制造业的转型。

2. 广州爱丽思生活用品有限公司

该公司2016年成立，是进驻珠三角地区的家电制造商之一，在我国家电制造业整体遭遇市场需求锐减的大环境下，开始积极进行技术创新、产品创新以及品牌塑造。据统计，该公司每年生产的产品种类达到10000种以上，且每年新产品的投入比例占30%；公司十分注重产品的研发设计，从市场需求的角度来开发新产品，通过产品的差异化特征实现品牌的竞争力，进而赢得了市场份额与品牌的忠诚度。

因此，珠三角地区传统制造业的转型既要落脚到技术与产品的创新，还要充分注重传统经营管理观念与生产模式的创新，并要结合时代的大背景——物联网、大数据、智能制造等，使传统制造业能够适应变化具备现代经营理念从事升级转型。

案例七 2015年珠三角地区劳动密集型制造业倒闭的原因

2015年珠三角地区多家劳动密集型制造业企业倒闭，主要涉及家具、纺织服装、钢铁贸易等传统制造业行业，这些企业原来是依靠"人口红利"获得的市场竞争优势，但是随着国外市场需求的锐减，国内经济增长由高速转向中低速，企业各项成本的增加，东南亚国家低成本劳动力的竞争压力，尤其是珠三角地区这些传统劳动密集型企业对国外市场的依赖度较大，再加上缺乏长远的规划与品牌竞争力，"内忧外患"导致经营出现困境。

1. 劳动力成本上升

珠三角地区80%以上的企业为加工贸易企业，当劳动力等各项成本上升时，订单就大量转移到生产成本较低的其他国家，2015年在服装加工制造业中，无印良品、优衣库、honeys、东京style等的代工生产的订单大幅度向印度、东南亚国家转移，而对中国的订单却在大量减少。2008年广州最低工资标准为860元/月，2015年最低工资标准为1895元/月，工资上涨幅度达到120%；2008年佛山、东莞的最低工资标准为770元/月，2015年最低工资标准为1510元/月，工资上涨幅度达到96%；2015年中国制造业成本与美国相比几乎相差无几[①]，即同样的产品，美国的制造成本为1美元，中国的制造成本为0.96美元，中国制造业的人力成本优势已经丧失，2004年中国制造业的人力成本为每小时4.35美元，2014年中国制造业的人力成本已经达到12.47美元/时，上涨幅度达到187%。很多东莞的服装加工厂主要业务是进行服装外单的加工，但是由于越南等东南亚国家的竞争（柬埔寨、孟加拉国的工人工资成本为130美元/月左右，而国内工人的工资成本为600—800美元/月），使企业的外单数量明显减少（2015年比2014年减少30—40%），同时外单价格被压低，工厂工人的工资水平提高（2015年东莞工厂的工人工资比2008年水平提高1倍，目前平均工资水平处于3000—5000元/月的水平）使企业的利润在缩水。

---

① 摘自BCG（美国波士顿咨询集团）2015年的《全球制造业的经济大挪移》。

2. 中小企业融资困难

2015年东莞服装加工企业的贷款难度明显增加，中小企业融资困难，所以服装等劳动密集型的加工制造业缺乏较为充足的银行信贷，有的企业资金链断裂导致倒闭关门；还有的加工企业由于面临银行抽贷导致资金紧张，最终被拍卖重组。这样在珠三角地区很多中小型加工贸易企业在融资方面与银行就形成了一种恶性循环，银行在市场风险加大时就抽贷，中小型加工企业就会资金链断裂，面临倒闭关门的风险；而银行对大中型企业贷款较为容易，对小微企业就较难，这样就促使小微企业开始寻求融资成本较高的民间借贷来补充流动资金，而民间借贷的成本为银行贷款成本的5—10倍，所以小微企业的高成本融资加大了企业经营的难度与风险，具体表现在中小微企业由于劳动力成本提高、融资成本加大，企业利润明显下降（2015年珠三角地区很多劳动密集型制造业行业的利润率维持在2%—3%的水平），就产生了较大的现金需求，但是珠三角地区大部分加工贸易企业缺少贷款抵押物进而从银行贷款难度加大；同时很多中小微加工贸易企业的财务管理缺乏规范性，现金流的控制也缺少较强的能力，凭借政府政策的扶持发展起来，企业管理包括财务管理等不够健全规范，所以向银行贷款时企业固定资产以及相关信用体系等都无法支持银行向其放贷。

2. 珠三角地区先进制造业发展现状

（1）珠三角地区先进制造业发展现状。珠三角地区先进制造业的发展成为推动《中国制造2025》战略的重要支撑。相比于传统制造业，珠三角地区先进制造业的发展较为迅速，已形成了珠江西岸与东岸各具特色的先进制造业的产业布局——珠江西岸目前形成了先进装备制造业产业带，珠江东岸形成了新型高端电子信息产业集群。

①珠江西岸先进制造业发展。广东省政府在2014年8月开始启动对珠江西岸先进装备制造业产业带的建设，并将"六市一区"（中山、佛山、珠海、阳江、江门、肇庆、顺德）纳入产业带的建设范围；广东省政府在2015年1月出台《珠江西岸先进装备制造产业带布局和项目规划（2015—2020年）》，目标是到2020年珠西的装备制造业产值实现20000亿元；2016年1—10月珠西装备制造业增加值实现2279.9亿元，

增长 13.8%，投资总额达到 1145.9 亿元，增长 38.6%，珠西装备制造业的税收水平高于广东省的平均水平，呈稳步增长的态势；当前珠西已成为广东省装备制造业的聚集区并保持着较快的发展态势，出现了很多竞争优势显著且具有支撑带动作用的主导产业，包括智能制造、海洋工程、电器机械、通用航空等。

但是珠西装备制造业发展也存在较为明显的问题，一是聚集区中缺少大型的龙头企业带动，产业链不完整，2016 年珠江西岸只有 7 家年销售额超过 100 亿元的装备制造业企业、16 家年销售额超过 50 亿元的装备制造业企业；二是产业布局不具有个性定位，整体的规划性欠缺；三是聚集区内部人才引进难度较大、产业发展的资金使用缓慢、土地资源供给不足等。为此广东省政府为进一步推进珠西装备制造业产业带的发展，力争要加快富士康 10.5 显示器、珠三角北斗卫星应用示范、华星光电 11 代液晶面板、广东石化等重大项目的建设，并重点发展工作母机类的制造业，培育先进装备制造业骨干企业 100 家（产值超 10 亿元）、先进装备制造产业集群 20 个（产值超 100 亿元）。

②珠江东岸先进制造业发展。珠江东岸主要发展的是高端新型电子信息产业等战略性新兴制造业，2016 年机器人制造、3D 打印、LED 制造等智能环保制造业发展迅速。但是，很多战略性新兴制造业发展处于起步的初级阶段，规模小，因此还无法做到对外移的传统制造业企业的空位填补。因此广东省政府对于"腾笼换鸟"中的"换鸟"采取的政策一方面是从国外、省外引进大型的企业；另一方面是通过政策优惠来扶持珠东的中小型制造业企业发展。

（2）广东省先进制造业的发展状况。从 2012 年开始广东省先进制造业的发展增速不断加快，在整体经济形势放缓的情况下广东省先进制造业在整个工业的占比却在增加，表明广东省制造业转型升级的步伐在加快、制造业优化升级的成效也越加显著。当前广东省制造业的产业结构不断优化，制造业整体发展既实现了量的规模扩大又保证了质的提升，先进制造业的发展迅速，重点建设了珠江西岸先进装备制造产业带，制造业领域涉及机器人、新能源汽车、高端海洋工程装备、海上风电装备、工作母机、轨道交通装备、光电装备等。珠西产业带目前累计引进 709 个项目，投资共计 6495.4 亿元。2017 年珠西产业带装备制造业增加值达到 3129.7 亿元,同比增长 12.5%;珠三角地区的电子信息产业主营收入为 3.27 万亿元,在全国的占比达到 33.2%。

①先进制造业的产业增速快于规上工业增速。2016 年广东省全省规上先进制造业增加值为 1.57 万亿元,在广东省规上工业增加值中的占比达到 49.3%,在广东省规上制造业增加值中的占比达到 54.67%;2016 年广东省全省规上先进制造业增加值同比增长 9.5%,与广东省规上工业增加值相比高 2.8%。由图 3-34 可以看出,2016 年广东工业投资规模总量达到 1.1 万亿元,但是与 2015 年相比增幅下降 11.9%;2016 年广东省先进制造业投资达到 4329.19 亿元,与 2015 年相比增幅下降 25.4%,整体制造业投资下行压力较大。

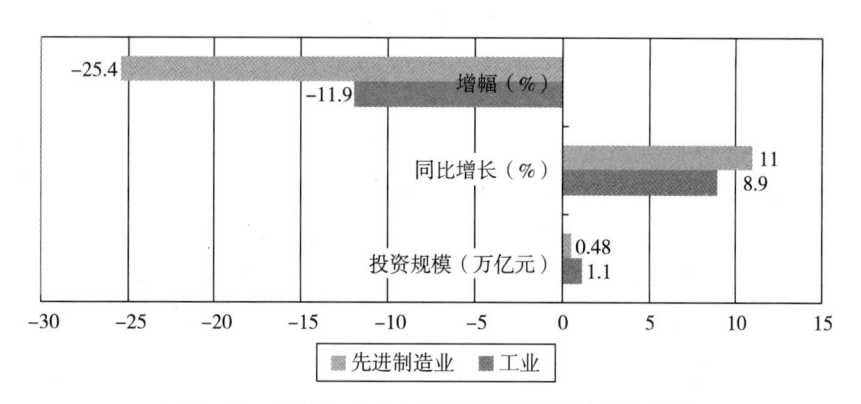

图 3-34　2016 年广东省先进制造业投资规模与增速

资料来源:根据收集数据整理。

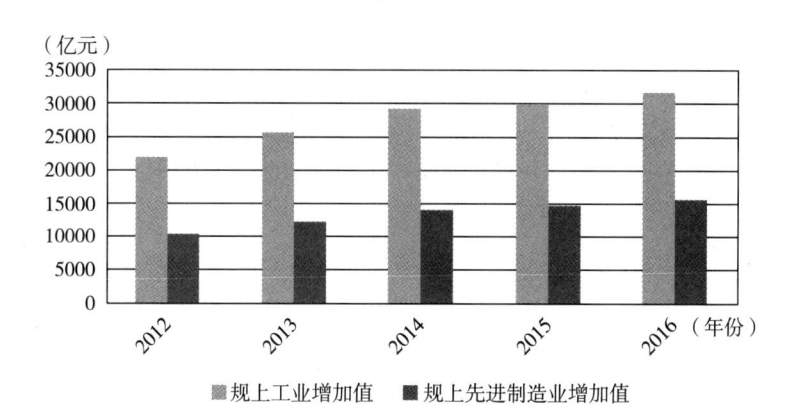

图 3-35　2012—2016 年广东省规上工业与规上先进制造业增加值情况

资料来源:广东省统计信息网。

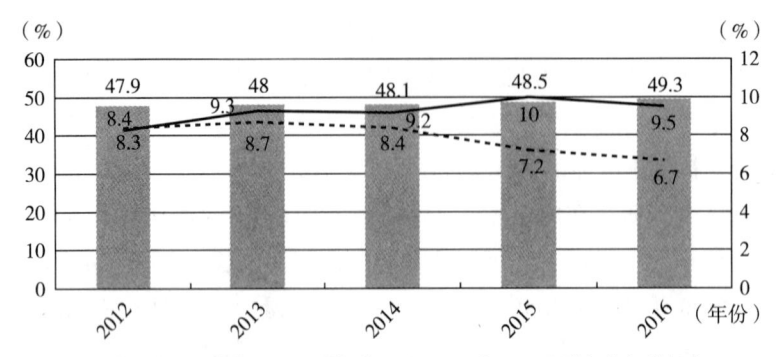

图 3-36　2012—2016 广东省规上工业增加值年增长率与
规上先进制造业增加值年增长率

资料来源：广东省统计信息网。

②装备制造业竞争力较强。广东省装备制造业的发展在全国具有显著的竞争力，其是广东省制造业的主要支撑，也是先进制造业发展的重点行业，广东省装备制造业的竞争力排名在全国仅次于江苏省，位居全国第二。[①] 同时，广东省装备制造业的竞争优势主要体现在轻型装备制造业领域，尤其表现在计算机及系统、通信设备、医疗器械、输配电及控电设备、办公机械制造业、特种船舶及汽车制造等领域。2016 年广东省装备制造业增加值同比增长 11.1%，达到 1.28 万亿元，在规上工业增加值中的占比达到 40.2%，在规上先进制造业增加值中的占比达到 81.43%，增幅与规上工业增加值相比高出 4.4%，装备制造业保持了平稳快速发展的势头。

③汽车制造业成为广东工业经济发展的主要力量。广东省是我国重要的汽车生产基地之一，主要以珠江三角洲为主要核心形成了汽车制造业产业集聚区，拉动了广东经济的快速发展，尤其是在新能源汽车方面在全国处于领先地位。目前，广东新能源汽车制造业主要是以广州、深圳为中心，并以广汽集团、比亚迪两大汽车企业为龙头企业，带动形成了规模较大的新能源汽车产业集群。2016 年广东省汽车制造业发展迅

[①] 根据我国 2016 年发布的《2014 年我国（全口径）装备制造业区域竞争力评价报告》的结果，广东全口径装备制造业规模实力排名在全国第二，仅次于江苏省。

速，汽车产量同比增长 15.6%，达到 280.25 万辆，成为全国产量第一，特别是比亚迪新能源汽车的销量达到 10 万辆，又成为全国新能源汽车销量第一。2016 年广东省汽车制造业增加值达到 1664.51 亿元，高于广东省工业行业平均增加值水平，同比增长达到 14.2%，而新能源汽车的产量实现 7.08 万辆，与 2015 年相比产量基本翻了三番。

④智能制造与绿色制造成为先进制造业的焦点。从 2014 年开始广东省就对工业企业进行技术改造，年均技术改造投资增长保持在 25%以上，当年完成投资总额约 9000 亿元。2015 年广东省为了贯彻实施《中国制造 2025》，出台了相关促进制造业发展的行动计划与智能制造相关规划①，并提出要在广东建成全国智能制造发展的示范引领区，将智能制造作为广东制造业转型升级的重点。2015 年广东经济和信息化委员会在广东选择 10 个地区的优势产业作为主导产业提升基地，并在广东重点行业中选取 3 家企业作为"设备换人"的示范改造，同时选取 10 条生产线进行智能化改造。2016 年年底美的集团以 292 亿美元的价格收购了德国的库卡公司，该公司是全球四大机器人公司之一；格力电器也在全国布局建立了自己的智能工厂，这为广东的家电企业进一步推动智能制造、智能化生产发挥了重要作用。2016 年广东省共建成 10 个智能制造示范基地，产值同比增长 10.7%，达到 9300 亿元；同时 2016 年珠江西岸先进装备制造产业带新增引进亿元以上投资项目额达到 1921 亿元，共计 226 个投资项目，项目培育机器人骨干企业达到 15 家。此外，2016 年广东省工业机器人的产量达到 60000 台，在全国保有量中的占比达到 20%，其中新增产量为 22000 台，产量整体增长 45.2%，在全国居于领先水平。为推动"互联网＋制造业"的发展，广东省先后培育了融合发展试点示范项目 40 个，并建设了珠三角制造业与互联网融合发展示范城市带。截至 2018 年 4 月，广东省拥有 245 家两化融合贯标国家级试点企业、1100 家省级贯标试点企业、6 家贯标示范企业，在全国名列前茅。

广东省通过建立绿色制造试点体系也推动了广东制造业工业能效的

---

① 主要指《广东省工业转型升级攻坚战三年行动计划（2015—2017 年）》和《广东省智能制造发展规划（2015—2025 年）》。

提升。目前广东省拥有国家首批绿色制造示范体系，包括1个园区、5条供应链、35家工厂、67个产品等，数量在全国位居第一；2018年新增国家绿色制造系统集成项目11个、国家绿色数据中心8家、工业节能与绿色发展评价中心7家，并在新增25家省级循环化改造试点园区的基础上，对广东省404家重点企业进行了清洁化改造，使184家企业获得第九批清洁生产伙伴标志。

⑤智能手机的品牌全球影响力与技术创新能力在增强。移动互联网的迅速发展带动了广东省电子信息制造业的崛起，自1988年开始广东省已经连续28年在电子信息制造业领域位居全国领先。当前在智能手机的生产与品牌影响力方面更是走在国际前列，广东省智能手机的代表品牌包括华为、中兴、OPPO、vivo、魅族等。其中2016年华为、OPPO、vivo的销售量分别位于全球销量的第三名、第四名、第五名，中兴、魅族等品牌的手机在全球范围内的销售量也进入了前十名；同时国内十大品牌智能手机中就有以华为为首的七个品牌来自于"广东制造"。此外，以华为和中兴为代表的广东智能手机生产厂商在产品技术创新上也不断突破，例如2016年华为推出的Polar码被国际移动通信标准化组织定为5G标准，既增强了我国通信设备制造商在国际市场上的行业话语权，又提升了我国智能手机品牌在国际市场上的影响力与竞争力。

案例八　华为的双品牌战略助力销售高增长

在2018年第二季度华为公司智能手机的全球销量超过了苹果公司[①]，共计销售5400万部，与2017年相比增长了41%，华为成为全球第二大智能手机供应商，仅次于三星电子公司。华为的销量中有一部分是靠旗下的低端机品牌——荣耀带动的，2018年第二季度荣耀在海外的销量达到400万部，与2017年相比增长了50%，这是华为公司大规模低端机提升销量的决策结果，主要表现在东欧市场、印度、俄罗斯市场的销售增长显著。目前，华为公司的智能手机在欧洲

---

① 根据市场调研公司Canalys的数据。

的品牌识别度越来越高，同时可以在多个价位层次的细分群与三星智能手机进行竞争。另外，中国市场中 2018 年第二季度智能手机同比下滑 7%，华为是我国唯一一家手机出货量同比正向增长的品牌，第二季度手机出货量同比增长 22%，旗下低端机品牌荣耀 7C 手机在该季度销量排名第五。华为销售的强劲势头给三星电子、苹果公司带来了不小的竞争压力。

案例九　深圳传音控股公司的自主组合品牌战略

深圳传音控股公司成立于 2006 年，目前是一家以移动通信为主的多元化发展的高科技企业，目前公司将提高消费者满意度作为重点，在全球 40 多个国家设立了办事处，并在全球建立了 5 家生产工厂。其涉及的手机品牌主要包括 Infinix、itel、TECNO 等，目前传音双卡手机在全球的销量超过了 2 亿台，智能手机的生产与销售在全国具有影响力，2016 年手机出货量位于全球第七名、非洲第一名，且在非洲市场的市场占有率达到 40% 以上，特别是手机品牌 TECNO、itel 在非洲的受欢迎程度较高，2015 年 TECNO 品牌手机在非洲成为消费者喜爱的品牌（排名进入前 20 位），itel 品牌手机位列第 51 位。[①] 此外，传音公司旗下还包括家电品牌 Syinix、照明品牌 iFLUX、手机配件品牌 Oraimo、售后服务品牌 Carlcare 等多元化品牌；传音公司还拥有 Afmobi 移动互联公司提供移动互联产品与服务，包括即时聊天工具 Palmchat（目前拥有超过 1 亿的注册用户）、应用下载市场 Palmplay、新闻门户网站 www.helloAf.com 以及快捷搜索网站 www.af1234.com 等。目前，传音在北京、上海、尼日利亚的拉各斯、肯尼亚的内罗毕建立了企业的研发中心；在世界范围内拥有 5 家生产中心；在 4 家维修工厂的基础上通过 Carlcare 售后品牌建立了超过 1000 家的服务网点。传音公司每天的手机产量达到 30 万台，同时与世界知名品牌企业（例如，微软、英特尔、索尼、Google、Facebook 等）保持紧密的合作关系，正是因为传音公司构建了如此完整的产业链，才使传音公司从研发设计、生

---

① 非洲商业杂志 *African Business* 的统计。

产销售到售后服务都具备了较强的产业链把控能力；也正是因为传音公司不断创建自主品牌组合，才使公司能够在世界范围内形成独有的影响力。

(3) 广东省先进制造业的发展趋势。

①广东省先进制造业将会保持稳步增长的态势。为了支持广东省先进制造业的发展，广东省先后出台了一系列政策措施。

表3-40　　2016—2017年广东省出台的促进先进制造业发展的政策措施

时间	政策文件	政策内容
2016年	《广东省促进民营经济大发展的若干政策措施》	优先支持先进制造业以及战略新兴产业中的民营企业做大做强，特别是重点解决民营企业融资难的问题
2016年	《广东省工业企业创新驱动发展工作方案（2016—2018年）》	发展广东省智能制造，并给予企业开展技术改造所需的资金以及服务等方面的支持
2017年	《广东省先进制造业发展"十三五"规划》	将广东省建成世界先进制造业基地，并构建广东省先进制造业产业体系
2017年	《广东省降低实体经济企业成本工作方案》	优化实体经济企业的发展环境并降低实体经济企业的各项成本

资料来源：根据收集资料整理。

同时，广东省先进制造业的发展也具有良好的发展预期。2016年广东省先进制造业增加值增速高于规上工业增加值增速；先进制造业的生产活动开始回暖，制造业技术改造投资也连续保持高速增长；2016年12月广东省制造业PMI达到52.2。可以看出，影响广东省先进制造业发展的因素呈现利好面，可以预期先进制造业的发展将会稳步上升。

②智能制造将是广东省先进制造业发展的重点。广东省是全球的重要制造基地又是我国的制造大省，2016—2017年广东省先后出台了各项支持先进制造业发展的产业规划，旨在促进制造业实体经济的发展以及制造业的转型升级，并将该项工作作为进一步推进广东省经济发展的

重点,同时智能制造又是经济发展的重点领域,因此未来智能制造将是广东省"制造业立省"的重要环节。特别是在新一轮科技革命的背景下,广东省发展工业机器人、企业智能化改造、工业物联网、智能终端制造、"互联网+先进制造"等都将成为广东省发展先进制造业的重要举措。

③粤港澳大湾区建设将促进先进制造业的深度合作。当前"湾区经济"已成为世界经济发展不可或缺的经济形态,特别是以先进制造业为基础来推动的技术革命与技术进步,更是集群经济发展必不可少的重要环节。2017年我国政府就制定了国家级战略规划——粤港澳大湾区城市群发展规划,在2015年粤港澳大湾区的经济规模就达到了1.36万亿美元,规上制造业增加值就超过了4000亿美元,从产业规模上看粤港澳大湾区已经涵盖了联合国产业分类中几乎所有的制造业门类;同时该规划中明确以雄厚的珠三角地区九市制造业、发达的港澳地区服务业为基础,在产业结构方面力图构建粤港澳大湾区产业体系,即"先进制造业+现代服务业"。所以,在将来随着粤港澳大湾区的建设,势必会深化广东省先进制造业区域合作与发展,促进先进制造业在更深层面上的升级。

(三)珠三角地区制造业发展的"瓶颈"与问题

珠三角地区制造业发展主要以劳动力与资源优势来获得国际竞争力,但随着人口红利的消失以及各项生产成本的提升,推动珠三角地区制造业发展的传统要素资源——廉价劳动力、土地、资源的比较性优势正在丧失,也面临着来自两方面的压力:一是欧美发达国家的制造业回归、"再工业化";二是发展中国家的更低成本优势、政策吸引优势所导致的制造业转移。因此珠三角地区制造业在各项成本要素上升、土地与环境约束加剧、人口红利消失的状况下,如何能持续保持"中国制造"的领先地位,又如何能在新一轮国际分工中找到合适的位置进而发挥潜在优势是珠三角地区制造业迫切需要解决的问题。

从广东省来看,2015年1—6月,粤东与粤北的规上工业增加值增速比全国平均增速、珠三角地区的增速低,尤其是粤东的西北地区,其先进制造业、高新技术制造业在工业中占比较低且资源与能源性产业的比重较高，所以经济下滑时这些产业的压力较大。与2016年同期相比，2015年1—6月广东省的粤东、粤北、粤西工业增加值增速分别下降4.9个、7.1个、5.5个百分点，平均下降幅度高于珠三角地区0.6个百分点。所以广东省制造业发展面临着较大的障碍与困境。

1. 国际外部环境的影响

从广东省的市场需求来看，在国际层面，世界经济好转的迹象不够明显，特别是"逆全球化"风潮的兴起以及贸易保护主义抬头，使国际外部环境不确定性因素进一步增强，这会影响广东省先进制造业产品的出口；在国内层面，随着车辆购置税的调整以及网约车新规的出台，在一定程度上会对汽车的消费需求产生抑制作用；同时，在华为、OPPO等智能手机的销量快速增长之后也将会迎来销量的回落，这也会影响广东智能手机的市场需求。

2. 增长动力转换困难

在珠三角地区传统制造业也面临着巨大的"瓶颈"即增长动力在进行转换。例如广东三大优势传统劳动密集型制造业——纺织服装、食品饮料、建筑材料的发展也遇到了困境与问题。2015年1—5月广东工业主要产品的产量同比增长仅为1.2%，传统家电行业2015年1—6月的产量也不容乐观，除了美的集团营收1—6月实现同比增长7%、归属母公司净利润同比增长26%外，广东省其他白色家电企业的营业收入都明显下滑。由图3-37和图3-38可以看出，2015年上半年广东省主要工业品产量增长乏力，除了生陶瓷制品、水泥产量小幅度增长外，平板玻璃、糖、啤酒、纱等主要工业品产量同比下降幅度较大。过去这些传统制造业凭借劳动力、土地、成本、环境等要素优势进行加工贸易，以低成本优势获得了工业积累，以外向型经济实现地区经济增长，但这些优势与红利逐渐消失后，广东省传统制造业不得不进行增长动力的转型，目前广东制造业的很多工厂都在进行内迁外移。例如，东莞就是广东省加工贸易最为集中且对外依存度较高的地区，也是进行制造业转型较早的地区，但是2015年1—7月东莞市工业增加值同比增长仅为4.4%，这说明广东制造业转型的增长动力不足。

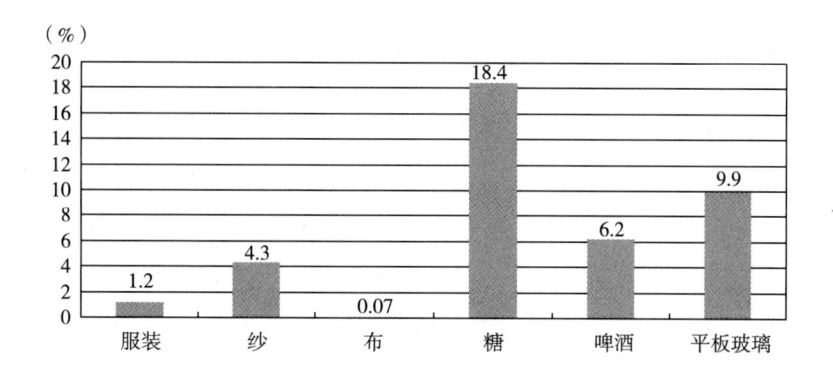

图 3-37 2015 年上半年广东省主要工业品产量同比下降幅度

资料来源：根据收集资料整理。

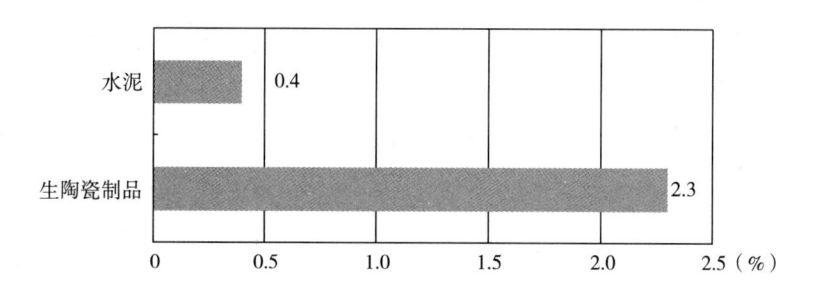

图 3-38 2015 年上半年广东省主要工业品产量同比增长幅度

资料来源：根据收集资料整理。

3. 制造业发展的地区不均衡性

珠三角地区是广东省制造业最为发达的地区，广东省的优势制造业主要集中在珠三角地区，该地区经济总量占广东省的 80%；而粤东西北地区的人口占广东省的 46.3%、面积占广东省的 69.5%，但是经济总量却达不到 20%；即使在珠三角地区内部也存在着制造业分布不均衡的状况，深莞惠（深圳、东莞、惠州）、广佛肇（广州、佛山、肇庆）两个地区的规上制造业增加值远远超过珠中江（珠海、中山、江门），珠中江地区的制造业增加值不及以上两个地区的 1/3。地区制造业发展的不均衡性是广东制造业发展的"瓶颈"之一。

4. 产业结构不合理导致效益低下

由于国家产业布局不合理以及广东省的产业结构不合理导致广东省

制造业整体效益不高；制造业企业自主创新能力不强，缺乏关键核心技术，制造业的创新驱动力薄弱；装备制造业发展较为落后，体现在专用装备以及通用装备的"工作母机"的生产较为薄弱。与江苏省相比在工业投资方面较少，2014年江苏省的固定资产投资达到广东省的1.6倍，工业投资达到广东省的2.4倍；与江苏等工业发达省份相比，尽管广东省的工业投资效率较高，但是广东省缺乏工业投资的驱动力（由于土地等资源在不断减少，缺乏投资的吸引力），投资增速在不断下降。例如，佛山地区制造业企业在发展先进制造业方面就存在着生产管理与设备研发的问题，很多制造业企业产品附加值较低，研发投入的占比较低，企业生产的信息化水平与自动化水平较低，高精尖的设备过多依赖进口，自主研发能力不足。所以广东先进制造业发展还需要一是加强研发投入，在丰富产品线的同时拓宽产品的应用领域，借助校企合作的平台提升科研成果的转化率；二是将信息化技术、先进制造技术引入企业生产中，提高企业的核心竞争力；三是为扩大市场占有份额应积极参与国内、国际标准的制定，通过绿色生产打破技术壁垒的限制。

表3-41　　　2013年广东省主要制造业工业增加值增长比率

主要制造业	2013年规上工业增加值同比增长率（%）	与全国同行业相比
电子信息产业（全国第一）	9.0	低于2.3个百分点
电气机械和器材制造业（全国第二）	7.9	低于3.7个百分点
交通运输设备制造业（全国第六）	0.2	低于4.6个百分点

资料来源：根据收集资料整理。

5. 产业集中度不高且缺乏配套能力

广东制造业中民营企业数量较多，大多都集中在专业镇中，也是推动广东经济发展的重要支撑，但是广东省与江苏省、山东省相比，大型规模企业较少，且都集中在珠三角地区；同时广东制造业的产业配套能力不及长三角地区，主要体现在机械制造业、装备制造业领域，这些重点制造业的产业链上下游之间以及关联产业之间的发展不协调。例如，装备制造业中控制件和机加工等关键核心部件与生产环节、精密驱动件、高端原材料主要靠进口或是省外加工；部分大型装备的配套主要依赖国企或是外企所形成的内部垄断供应；全国汽车零部件和整车的产值比为 0.42∶1，而广东省汽车零部件和整车的产值比仅为 0.12∶1。

6. 广东省制造业企业转型升级面临着多重困境

具体体现在企业生产经营中——中小企业固定资产贷款难，融资成本过高；企业收费项目过多，隐性收费负担过重；劳动密集型制造业企业用工成本增长过快，对于高技术人才与一线技术工人的需求量较大，但这类人才短缺；国内外市场需求量的下降使制造业企业的出口出现困难，库存大、订单少；工业企业的用地审批手续繁杂且用地指标明显不足；制造业企业进行转型升级的动力欠缺，进行技术改造的意愿不强，且投资动力不足；政府部门给企业提供的公共服务较少，便企性不大。

案例十　广东省部分制造业企业的经营困境与对策措施

表1　　　广东省部分制造业企业的经营困境与应对措施

制造业企业	企业优势	经营困境与应对措施
广东中山市力泰电子工业有限公司（劳动密集型制造业）	生产高质素音频和视频产品	1. 用工成本较高，玩具、制衣、制鞋、电子加工企业外迁，本企业没有外迁； 2. 购买自动化设备； 3. 生产高附加值的产品
广东广州市安婕妤生物科技有限公司（劳动密集型制造业）	生产化妆品，拥有30年的专业护肤品牌	1. 用工成本上涨，招工难； 2. 制造业企业向内地转移导致内地工人回流； 3. 一线生产工人较少

续表

制造业企业	企业优势	经营困境与应对措施
广州台一铜业有限公司 广州台一江铜有限公司 （劳动密集型加工企业）	铜为导体的深加工企业，在珠江三角洲具有优势行业地位	1. 国内外需求减少； 2. 企业销量明显下降
广州长兴电子材料有限公司 （劳动密集型制造业）	生产印制干膜光阻剂（电路板的关键材料）	为应对行业的发展困境，将企业总营收的3%用于技术改造的投入，企业2015年的总营收达到10亿元
深圳都市丽人实业有限公司 （劳动密集型制造业）	大型品牌内衣企业，集研发、生产、物流、仓储、销售等于一体，在国内拥有广泛的销售网络，全国最大的品牌渠道运营商，国内的门店数量达到8000家	为实现企业转型升级，由深圳迁到东莞，实现由"生产+销售"到"品牌+服务"的转型
深圳市通产集团有限公司 （劳动密集型生产性服务业）	主要提供玻璃瓶包装与塑料包装，是啤酒行业、化妆品行业的主要国际品牌首选包装供应商	2012年企业的玻璃厂从深圳外迁到四川南充与广东肇庆；塑料厂从深圳外迁到增城与苏州吴江；另一个分厂向广州与苏州外迁，通过产业转移实现企业业务的转型升级
广东揭阳凯链不锈钢公司 （劳动密集型加工制造业）	不锈钢加工的老企业	1. 利润不断下降（由过去每吨400元下降到2015年每吨200元）； 2. 与德国工业机器人企业合作对生产线进行改造
广东中集集团 （劳动密集型制造业）	世界范围内集装箱生产的龙头企业，全球高端海工装备企业	1. 企业面临转型升级的困境； 2. 收购国内外10多家拥有关键核心技术的企业

资料来源：根据收集资料整理。

（四）广东省制造业转型升级的策略

针对广东省制造业发展遇到的"瓶颈"与问题，应重点从四个方面入手来解决：第一，通过加强企业技术改造，实现企业的转型升级；第二，通过产业转移（一是向中西部转移，二是向国外转移）来实现制造业新的竞争优势；第三，发挥智能制造在全国的优势；第四，政府政策的扶持。

表 3-42　2015—2017 年广东省推进制造业企业发展的措施

制造业企业面临的问题	广东省政府的措施
中小企业融资难问题	完善中小企业投融资体制：2015—2017 年安排 66 亿元支持中小企业投融资；制定《关于创新完善中小微企业投融资机制的若干意见》，在政府基金支持、平台建设、直接融资、间接融资、政府服务等方面给予中小企业支持
企业负担过重的问题	贯彻国务院清理规范涉企收费精神，减免和取消行政事业性收费，对涉企中介服务收费进行规范清理
企业用工难的问题	投入财政资金 3 亿元来推广机器人应用，对于工作环境差且高重复性劳动的行业（家电、汽车摩托车制造、电子信息、纺织服装、五金、建材等行业）实施机器人应用，并在这些行业支持企业使用智能化装备技术
内需减少问题	为扩大内需促进消费，制定"互联网+"行动规划以及智能制造发展规划，通过新产业、新业态的培育，来促进内需
工业用地紧张问题	为先进制造业用地开辟"绿色通道"，保障先进制造业的工业用地，并实施土地优惠政策；保障先进制造业中的重大项目以及优质工业技术改造项目的建设用地
企业缺乏投资动力	引导企业利用信息技术实现转型升级，对 50% 以上的规上企业实施新一轮技术改造，来激发企业的投资动力

资料来源：根据收集资料整理归纳。

1. 技术改造

过去众多加工贸易企业的发展促进了广东经济的腾飞，但是当前在更多企业面临转型升级的困境时，都选择了技术改造来提升竞争力与活力。2014 年 10 月广东省就开始对制造业企业进行技术改造，并颁布了《关于推动新一轮技术改造促进产业转型升级的意见》，鼓励支持制造业企业进行智能化改造、设备更新、绿色发展、公共服务平台建设、扩产增效。2015年3月广东省印发《广东省工业转型升级攻坚战三年行动计划（2015—2017年）》，将发展高端化、智能化、绿色化制造业作为主要目标，努力提升国际价值链中的分工地位，构建具有国际竞争力的现代工业体系。2015年1—6月，广东省投资1220.9亿元用于工业企业进行技术改造，同比增长达到80.1%，在广东省工业投资中的占比达到30.5%；共有3339家规上工业企业进行了技术改造，其中有1748家主营业务收入超过5000万元的工业企业。

案例十一　华星光电公司通过汇聚全球智力资源实现集成创新

全球的液晶产业在2008年国际金融危机之后进行了产业调整，尤其是很多同业企业之间的合并使该产业的技术人才在不断流动。因此广东省抓住平板显示产业的发展机遇，结合广东省彩色电视机生产装配的行业优势，快速出台发展平板显示产业的方案，成立华星光电公司（由TCL集团与深超科技投资有限公司共同投资组建），并通过8.5代液晶面板项目的上马来吸纳来自韩国与中国台湾的技术人才，提升企业技术研发团队的实力。8.5代液晶面板项目属于国际高端项目，难度高、投资大，但是华星光电公司的成立借助了深超科技投资有限公司的资金优势以及良好的创新创业环境，同时也发挥了TCL集团研发项目的组织能力与行业经验，通过对两家企业资源优势的优化配置，最终实现项目的快速上马与投资生产——在深圳建前段面板、在惠州由TCL来负责后段模组与整机，利用企业的装配优势，TCL集团实现了企业产品的升级换代，成为我国国内第一家具有液晶电视模组到面板和整机完整产业链的企业，也使TCL集团的液晶彩电销售在逆市中获得了销售量的快速增长。2014年TCL集团的营业收入超过1000亿元，企业净利润增长46%，并推动珠三角地区形成了平板显示产业群。这期间广东省省政府和深圳市为企业创造了良好的产业环境与创业氛围，共计投资50亿元用于企业建设厂房，并在企业达到量产要求的前提下可以予以偿还豁免，同时给予华星光电公司减免税费约30亿元，在保障企业财务负担减轻的情况下，可以较为轻松地与国际大企业相抗衡。华星光电的产业升级之路与国内很多制造业企业不同，没有按照先引进国外先进技术然后进行高投入的惯有模式,而是通过汇聚韩国与中国台湾的高端技术人才,通过项目引进全球智力资源,然后实现集成创新与产业的升级换代,在项目建成的同时即实现生产,为企业节约技术转让费用的同时还掌控了技术升级的主动权。当前珠三角地区的电子信息产业具有规模大、门类齐全的优势,未来可以在专用材料、专用设备、产品应用等方面进行全产业链的协同攻关,进而形成自主技术与自主品牌的平板显示产业链,实现广东省液晶面板的产业布局以及自主创新的良性循环体系。

2. 智能制造

广东省制造业在转型升级过程中注重智能制造应用发展,并将智能制造作为制造业转型升级的主要方向,通过"互联网+"为制造业发展注入了新技术、新模式、新理念,同时产生了诸如智能家电、智能移动终端等智能产品;在此基础上,随着制造业智能化水平的提高,大数据、云计算、物联网、移动互联网等不断与现代制造业相融合,促进了广东省智能制造服务体系的建立。

另外,制造业对工业机器人的需求量大幅增加,特别是在电子电器、摩托车、汽车及零部件、金属制品等制造业行业,广东省工业机器人的市场需求量在全国约占1/3,工业机器人市场需求的年均增长率达到40%以上,在珠三角地区工业机器人的使用量年均增速达到30%。但是广东省工业机器人的生产市场多数为国外品牌,国产品牌也开始逐渐崛起,逐步形成了一定的规模生产能力。2015年广东省拥有120多家机器人制造重点企业,这些企业主要是生产工业机器人并提供相应服务,生产特种机器人本体以及零部件的研发、生产、维修、系统集成等。

广东省为促进智能制造业的发展先后出台了专项政策——《广东省智能制造发展规划（2015—2025年）》《广东省机器人产业发展专项行动计划》；同时,积极为制造业企业搭建智能装备公共服务平台,先后成立了广东省智能机器人研究院、华南智能机器人创新研究院、广州智能装备研究院等；此外,广东省积极培育智能制造的骨干企业,2015年广东省先后培育智能制造骨干企业42家,高端装备制造骨干企业19

家，重点支持工业机器人骨干企业15家，进行工业机器人整机及关键核心部件的研发生产与产业化应用；在此基础上广东省注重建设相关智能制造示范基地，2015年广东省被列入工信部智能制造试点示范的项目共计达到5项。

案例十二 广汽乘用车智能生产线与美的的生产车间

广汽乘用车生产线中使用AGV无人车，在生产车间完成各种零部件以及车身组件的搬运、上料、取件等的工作，同时根据机器人的不同车型各有分工、各司其职。这条智能生产线实现了设备智能化、生产线自动化、物流信息化，并利用信息互联技术使整个车间操作简单化，最大程度实现生产效率，满足客户个性化的定制要求。美的家电的生产车间内通过使用"AIR PICK"机器人，实现了重物的起落升降，并进行点到点的传输，通过智能技术形成高效安全的智能物流。

3. 产业转移

2008年以来，广东省开始实施"双转移"战略，一是转出低端、落后产能企业；二是转入高新技术产业。"双转移"战略的推进一方面使珠三角地区低端劳动密集型制造业的扩张得到有效抑制，另一方面又使珠三角地区制造业的整体发展水平得到了显著提高。从2008年至2015年累计转出企业8000多家；涉及关停并转淘汰落后产能的企业达到7万多家，投资总额共计600多亿元。同时珠三角地区通过招商引资引进3万家新企业，引进的企业中60%主要是先进制造业企业和高新技术制造业。珠三角地区转出的制造业企业中一部分转移到了粤北地区，大部分转移到省外，承接转移企业的省份主要是在广东省的周边，包括江西、湖南、广西，这些省份积极承接广东省产业转移的有利机会，通过与制造业企业进行对接，建立转移产业工业园，带动了周边地区制造业的产业升级。其中最有代表性的是深圳的制造业转移，2010—2015年深圳通过优势产业转移内地中西部地区，加大了对内地制造业转型升级的支持力度；同时深圳市在本省与河源、惠州、东莞等进行了产业的对接，促进了深汕特别合作区的发展建设。

广东省通过实施"双转移"，一是产业转移工业园形成了新的产业集聚区，促进了园区内制造业的转型发展，产生了制造业企业转向、升级、集聚、转化的效应，扭转了广东省制造业过去依赖外向出口、低端制造、劳动密集的传统发展模式，提升了广东制造业的技术升级与产业结构优化。二是通过产业转移使珠三角地区的优势产业在外围地区进行了空间转换与提升，且发挥了粤西、粤东与粤北山区的比较优势与资源，激发了广东省制造业的新动能，2015年广东省企业的技术自给率达到71%，研发支出在GDP中的比重达到2.5%，成为创新型地区，进入创新驱动发展阶段。

4. 政策扶持

广东省鼓励发展智能制造业与高新技术制造业，2016年广东省规上工业中高新技术制造业的增加值比重达到28%；2017年1月广东省政府为促进制造业发展，在政府工作报告中强调坚持制造业立省，并注重提高制造业投资在固定资产投资中的比重，并积极培育国家级的智能制造试点示范项目；同时以龙头骨干制造业企业、"互联网+先进制造"专业镇为核心，进行融合创新试点。为此，广州市黄埔区、经开区在2017年2月出台《促进先进制造业发展办法》，对制造业发展的重点项目进行资金配套与重点扶持，并分别设立了制造业转型升级奖、经营贡献奖、项目落户奖、产业联动发展奖等。其中，对于转型升级改造的先进制造业企业奖励最高达到1.5亿元；并对落户广州经开区、黄埔区的先进制造业企业给予最高奖励1000万元，最高可以获得落户地区20%的经济贡献；对于获得国家、省市奖励、扶持的先进制造业项目（包括智能装备与机器人、电机能效、节能、技术改造、信息化和信息产业、汽车及零部件出口基地等），分别按照资助金额给予不同程度的配套。

东莞市在2017年2月发布了扶持制造业发展的文件——《关于实施重点企业规模与效益倍增计划全面提升产业集约发展水平的意见》，在文件中东莞将实体经济，尤其是先进制造业的战略发展纳入经济发展工作中的核心，将先进制造业发展看作东莞经济发展的新动能；同时将制造业划分为四个类别——已上市或是已挂牌的"新三板"企业、民营制造业企业、高新技术高成长性企业、外商投资企业，并分别选取50家优势企业进行培育，通过技术创新、产业链整合、兼并重组、资本运作、总部经济等来加强综合优势，进而推动企业实现效益倍增、规模倍增的目标，这些重点培育的企业都将纳入东莞政府的绿色通道——"一企一策、一事一议"，精准满足不同制造业企业的个性发展与个性需求，切实解决这些试点企业所出现的具体问题。

由此可以看出，广东省政府支持制造业发展的政策不同以往，过去主要是以资金支持（科技专项、产业专项等）、税收与土地优惠政策等，但是当前广东制造业面临的问题是珠三角地区发展产业的土地面积越来越少，税收压力较大很难再做到税收方面的优惠，资金的支持也很难形成对国外与省外先进制造业企业的吸引力。所以将来政府发展制造业的政策更应倾向于为制造业企业提供良好的营商环境以及创新政策，营商环境包括金融服务、知识产权维护、法治环境等，而政府的创新政策更应体现在政府效率方面为企业提供便捷式引导与服务，这样才能引进先进制造业并扶持传统制造业。

案例十三　东莞制造业的转型升级

20世纪80年代，香港地区的传统制造业如纺织服装、玩具、箱包、制鞋等劳动密集型制造业开始向内地转移，东莞利用地理位置优势积极承接了制造业转移；发展到20世纪90年代，东莞就开始形成大规模的以代工生产为主的外向型经济发展模式，主要承接了来自日韩、中国台湾地区的IT制造业，并逐渐建立了世界工厂的地位；2008年由于国际金融危机致使"东莞制造"一落千丈，随着欧美国外订单的减少、用工成本的上升、人民币升值的压力等因素的影响，长期以OEM生存发展的"东莞制造"既没有自主品牌，又没有销售渠道，更没有研发能力，最终陷入了经营发展的困境。

面对国内外的困境——国际需求下降、国内经济低迷、制造业劳动力成本上升、土地价格上涨等，东莞的制造业企业开始将企业或是企业的生产线外移。位于东莞厚街镇"世界鞋都"的华坚集团目前已经将企业的鞋材厂与6条制鞋生产线外迁到非洲的埃塞俄比亚，在当地雇佣较为低廉的劳动力从事相关生产，在东莞除了华坚集团，其他很多制鞋企业要么外迁到用工成本较低的东南亚，要么外迁到国内的中西部地区。经历了自2008年开始的"腾笼换鸟"，东莞制造业出现了明显的分化：一是部分在2008年国际金融危机时就开始转型的制造业企业目前已经实现由工业1.0到工业2.0、工业3.0，逐步开始迈向中高端；二是部分制造业企业原来从事国际代工生产，开始外迁到成本低廉的地区（国内中西部）或国外（东南亚、非洲），旨在获得低成本的优势；三是部分制造业企业由于受到各项成本因素的影响，开始寻求企业转型；四是部分制造业企业由于利润下降导致无力转型进而倒闭；五是一些制造业企业基本停产或是半停产，也处于无力转型的状态。这五种类型的制造业企业中，外迁寻求低成本优势的企业或是关停产的企业大多是承接香港、台湾地区纺织服装、鞋帽、家具等的传统加工贸易企业，还有少部分是电子信息行业的代工生产企业。据统计，东莞的外资企业超过10000家，自2008年国际金融危机之后每年都有外资企业外迁或是关停，而这些外迁/关停的外资企业主要是一些从事低端代工生产的企业；2015年台资企业联胜、万士达、普光（为三星代工生产）等相继停产；2015年诺基亚东莞工厂关闭，2016年在原来诺基亚东莞工厂的的生活区已经被改造成电商产业园，园区内共计有100多家涵盖通信、电子、家具、服饰等的行业。

尽管经济不景气、国内制造业压力重重，但是东莞却走上了中国制造业转型升级的最前列，在重压之下却催生了新技术革命与制度创新——互联网与制造流程融合、智能制造设备更新、机器换人、商事制度变革等。制造业的发展可以借助于网络技术产生新模式、新业态，据统计，当前在东莞从事跨境电商交易的制造业企业达到7000万家，东莞的跨境电商企业超过4000家，此外东莞具有专业镇的显著特色，因此东莞产业集群优势明显，主要是充分发挥大朗镇、虎门镇、长安镇、塘厦镇、松山湖镇等优势特色，进而在广东省全省范围内构建出制造业产业链上下游紧密合作的产业集聚区。

东莞石碣镇是中国电子产业镇，集聚着全国众多的电子企业，一大批电子制造业企业通过技术升级、装备自动化、机器换人等措施进行着制造业升级。例如，广东的五株科技有限公司，这是一家专门生产柔性电路板、HDI手机板、高端多层电路板的企业。2008年的国际金融危机促使企业着手转型升级，为快速消除国际金融危机给企业造成的负面影响，企业一方面注重控制生产成本，另一方面改进生产工艺提升产品品质；2010年企业在东莞成立东莞五株电子科技有限公司，积极引进最新设备，换掉了企业近1/3的工人，通过机器换人、使用机器手在车间进行操作生产，显著地提升了产量水平，企业改造前每天的产量是7200支，通过机器换人使得每天的产量达到11.7万支，产品的合格率也在提升，改造前为90.2%，改造后达到了98.5%。此外投资10亿元生产HDI电路板的高端产品，企业通过生产高端产品、提升产品质量与生产效率实现了转型升级。

在东莞的制造业行业中，规模较大、具有资金实力、拥有品牌与销售渠道优势的企业通过购买先进设备、技术与工艺流程升级，提升了企业的竞争力；而中小型制造业企业如果欠缺资源、资金、品牌、市场等要素优势则会被大企业兼并收购，成为品牌制造业企业产业链上的代工工厂；那些没有资金、资源、品牌、市场优势的小企业要么外迁，要么关停。

东莞的大朗镇是生产羊毛衫的专业镇，大朗镇生产世界上约30%的羊毛衫，目前很多生产企业都将传统织机改换为半自动织机，又改为电脑织机，通过更新设备，使用工数量大大减少；在大朗镇的生产企业车间中，工人可以通过操作电脑来控制多台织机，既可以满足小批量个性化定制订单的需求，又可以通过电脑织机等自动化控制设备来改进生产工艺流程，保证产品的质量的同时提升了企业的生产效率，并大大降低了人力用工成本。

2014年东莞投资62亿元开始启动"机器换人计划"，共计减少约4万人的用工数量；2015年东莞约有60%的制造业企业实施了机器换人；该计划的实施促进了东莞高新技术制造业与先进制造业的快速发展，2015年东莞高新技术制造业工业增加值增长7.5%，先进制造业工业增加值增长6.2%，两者在规上工业增加值的比重分别达到36%和47%；东莞的"机器换人"计划，一方面解决了制造业企业劳动力不足、劳动力成本上升的问题；另一方面企业通过引进自动化设备，也促进了制造业企业与工业互联网、生产性服务业的融合，这样就使制造业企业从产品的设计研发、生产、销售、物流、管理等环节形成完整的产业链并能实现产业链的向下延伸展开增值服务。由于实施"机器换人计划"使东莞当地的制造业企业对工业机器人的需求逐步增多，为了能够适应不同制造业消费集群的需求，国内外生产工业机器人的企业不断迁入到东莞本地来设计生产工业机器人设备，旨在更好地接近目标客户；2015年年底，东莞生产机器人的企业数量在全国的占比达到10%，生产工业机器人的装备制造企业、从事设计研发工业机器人的企业超过70家，其中东莞的松山湖正在努力打造国际机器人产业基地，同时松山湖也形成了广东智能制造装备研发集聚区，在引领广东智能制造方面发挥着重要作用。

东莞在制造业转型过程中为了引进国外先进技术，并将国外技术能与中国制造业的基础装备、中国市场需求相结合，能够引进的同时进行消化吸收创新，采取了中外合作工业园区的方式，例如东莞的松山湖镇、清溪镇分别建立了中以合作产业园、中英低碳产业园等。而中德创新产业园的建立旨在将德国的新技术能够与中国制造业相衔接，同时能将中国制造业的制造体系嫁接德国的工业4.0，在园区内建立德国先进装备国产化中心、德国先进技术推广中心；目前该园区已经引进由60多名工程师组成的德国机器人开发团队，专门为中国制造企业设计开发定制化的机器人装备；该园区将会与占德国90%数量且拥有80%发明专利的家族式中小企业进行合作，通过技术孵化，实现"东莞制造"的技术提升；同时引进德国工程师培训中国制造的技术人才，并建立培训学校，按照欧洲的标准培训技术人才服务于工业园区，从全方位来嫁接德国制造业的技术、品牌、管理、智力等资源，该园区的建立为东莞制造业升级提供了新思路。

当前东莞很多民营制造业企业缺少转型升级的资金、技术、人才以及有利于企业升级的制度环境，使企业缺乏创新的积极性；很多企业既面临着较高的交易成本（生产流通的成本以及较高的税费），又面临缺乏融资渠道以及高额的贷款成本的现状，而金融机构往往又存在着创新激励机制缺位和金融抑制的局面，所以很多制造业企业尤其是民营企业的融资渠道不畅，因为民营企业没有资金进行研发，再加上缺乏良好的引进技术的政策环境，民营制造业企业转型升级难；而国有制造业企业虽然有资金的实力进行研发，但是由于制造业竞争加剧，技术的生命周期在逐渐缩短，如果按照过去项目从立项、研发、临床试验再到大面积推广，技术研发周期的过长影响了技术的竞争力与差异性。

因此，东莞制造业升级的难点一是在于政府制度的创新，应该为制造业企业创造良好的制度环境，拓宽融资渠道，降低企业发展的成本；二是在于制造业整体产业链的升级，加强大中小微制造业整体的产业配套能力，通过产业链整体的上下游协作，共同向中高端迈进；三是要解决制造业企业的技术工人问题，因为随着机器换人的推进，对于一线高危险、低技能的用工尤其是那些劳动密集型的一线流水线工人需求在逐渐减少，而对于那些机器维护保养、机械调试与操作控制的蓝领工人需求在逐步加大。而我国教育体系还存在亟须改革的问题，特别是职业教育体系始终未与我国制造业的转型升级结合起来，也没有在全国范围内树立"工匠精神"的价值观。

东莞政府针对上述情况应采取措施拓宽对民营制造业企业的融资渠道，通过金融产品的创新设计来支持制造业对国外高新技术的购买以及对国外高端制造业企业的并购，这就要求这些制造业企业能够在前期获得充分融资的情况下，积极引进高端项目才最终获得竞争力提升；同时政府应加强对知识产权的保护，并通过措施来降低企业的运营成本，在此基础上提升制造业行业标准，促进制造业的创新发展。为此东莞政府与金融机构采取了一系列措施来推动中小制造业企业进行技术革新。

案例十四　广东政府与银行促进中小企业创新发展的措施

表1　　　　广东政府与银行促进中小企业创新发展的措施

部门	解决中小企业创新发展中的问题	促进中小企业创新发展的措施
广发银行东莞分行	为中小企业提供设备按揭贷款	实施"机器换人技改前"
	为东莞重点行业设备抵押贷款	实施"特色行业设备贷款"
	为补充中小企业技术改造后经营性流动资金缺口	实施"机器换人技改后贷"
	为支持智能装备制造业的发展	实施"智能装备企业贷"
东莞政府	为帮助中小制造业企业技术更新、设备改造	采用股权投资基金、融资租赁等资本运作方式
东莞政府	为鼓励金融机构在融资租赁方面对智能装备制造业升级的改造支持	建立"省市共建专项资金"

续表

部门	解决中小企业创新发展中的问题	促进中小企业创新发展的措施
广东省财政厅	为解决中小企业设备融资租赁的资金问题	每年拨款1亿元进行贴息补助
广东省财政厅	为降低中小企业融资租赁的风险	每年匹配1亿元建立中小企业融资风险池
东莞政府	为推动中小企业的设备升级改造	融资租赁业务奖励、融资租赁风险补偿、融资租赁补贴
东莞政府	为解决东莞高技能技术工人短缺问题	新莞人培训工程（新莞人主要是指800万外来人口）

资料来源：根据收集资料整理归纳。

小结

我国的长江经济带、长三角地区、珠三角地区等的制造业发展现状主要表现在：一是长江经济带整体制造业发展快，但各省市制造业发展状况差距较大，总的来看，长江经济带制造业规模扩张速度较快，且制造业经营效率上升速度也较快。二是长三角地区，安徽省制造业产业结构优化的步伐在不断加快，且战略性新兴产业发展分化较为明显，制造业产业集群的构建是安徽省促使制造业转型升级的重要举措；上海发展制造业的新动能在进一步增强，制造业调整的力度较大，制造业"走出去"的步伐加快，但加工贸易出口较为疲弱，利用新兴制造业的发展来弥补传统制造业回落是上海促进制造业发展的重要举措；江苏制造业出口竞争力不强，但在国内市场产品具有竞争力；浙江制造业转型升级的速度加快，尤其是规上工业的增加值及利润增速都高于全国平均水平，浙江制造业产品的出口增速也在不断增长，但制造业企业经营较困难且缺乏技术工人，制造业发展的压力较大。总体来看，长三角地区装备制造业发展的层次不高，缺乏自主创新能力，需要在核心技术上进行重点突破，而长三角地区的战略性新兴产业表现为对国际市场、政府补贴的依赖，且以低成本劳动力嵌入产业价值链，在新能源产业表现为国内产能过剩。三是珠三角地区，广东省是我国的制造业大省，而珠江三角地区制造业主要表现为劳动力短缺、劳动力成本上升较快，制造业产业结构不合理，增长动力转换较为困难，且制造业缺乏自主创新技术，因此发展珠江西岸、东岸先进制造业，对制造业进行技术改造，制造业产业转移，发展智能制造是珠三角地区促进制造业转型升级的重要举措。

第三节 中美制造业发展的对比

当前全球制造业面临着新一轮产业革命，而美国在2008年国际金融危机之后，通过实施再工业化战略，以先进制造业的高新技术发展为重点目标，初步实现了制造业的智能化转型，日本也紧随其后，将智能制造作为本国制造业发展的方向；而我国的《中国制造2025》规划提出，中国制造业要借助于高新技术实现由制造业大国向制造业强国的转变，在中共十八届五中全会上也明确提出了制造业转型升级的大方向是要发展"智造业"，国家主席习近平也提出了要建设中国科技强国的号召，所以在当前我国传统制造业面临着转型升级、发展绿色制造业的关键时期，我国制造业能否顺应当前新一轮产业革命实现制造业升级，并重构价值链实现产业链的升级尤为重要。另外，根据德勤公司以及美国竞争力委员会的竞争力指数排名，到2020年美国有可能再次超过中国，成为全球制造业的第一，同时目前高新技术密集型产品出口比例较高的国家中，美国排名第一（比例为58%）、日本排名第二（比例为55%）、德国第三（比例为53%），我国为42%，印度为43%，尤其是美国在创新生态系统研发投入较高，2013年相关投入达到4570亿美元，在GDP中占比达到2.8%，因此有必要对中美制造业的发展进行对比，了解中国制造业的发展优势的同时也发现中国制造业与美国的差距。

一 中美制造业整体发展的比较

（一）中美制造业分行业总产值的比较

2005年中国制造业的总产值超过了德国，2008年中国制造业的总产值超过了日本，2010年中国制造业的总产值超过了美国；2016年中国制造业的总产值在全球制造业总产值中的占比达到了30.9%，制造业实际增加值为 2000 年的 7 倍；2017 年中国制造业总产值是美国的 2.58 倍，在全世界制造业生产总值中的占比达到 35%；制造业 19 大类行业中，中国制造业与美国相比，有 18 个行业超过了美国。

表 3-43　　2017 年中美制造业分行业总产值的比较　　单位：亿美元

制造业分行业	制造业总产值 中国	制造业总产值 美国	中国/美国（美国=100）
木材加工和木、竹、藤、棕、草制品业	2070	1128	183.53
家具制造业	1350	809	166.88
食品、饮料和烟草制品业	17034	10000	170.34
纺织业	5644	601	939.03
纺织服装、服饰、皮革机器制品和制鞋业	5438	432	1258.90
造纸和纸制品业	2275	1903	119.55
印刷和记录媒介复制业	1205	778	154.88
非金属矿物制品业	9156	1272	719.77
金属冶炼和压延加工业	18284	2357	775.75
金属制品业	5532	4025	137.45
通用和专用设备制造业	12566	3876	324.21
计算机、通信和其他电子设备制造业	15775	4230	372.94
电气机械和器材制造业	11032	1225	900.55
汽车制造业	12791	7013	182.39
铁路、船舶、航空航天和其他运输设备制造业	2156	3238	66.59
石油加工、炼焦和核燃料加工业	6098	5187	117.56
化工产品制造业	18450	8373	220.35
橡胶和塑料制品业	4729	2355	200.81
其他制造业	4270	1545	276.40
合计	155855	60347	258.27

资料来源：国家统计局、美国商务部经济分析局。

（二）中美制造业整体竞争优势的比较

当前美国制造业的优势主要体现在先进制造业方面，包括芯片设计制造、航空航天、精密仪器、新材料与化工制造；而我国制造业的优势主要体现在拥有制造业较大的规模优势以及完整的制造业产业体系，高素质的产业工人、巨大的消费市场方面。

表3-44　　　　　　　　　　中美制造业整体优势对比

	美国制造业优势		中国制造业优势
芯片设计制造	尽管中国在集成电路方面的总产值远远高于美国，但是先进芯片的设计生产却不具有优势，特别是在行业标准的制定上缺少话语权，与美国的差距在5年以上	产业规模	中国制造业拥有世界第一的产业规模，足以满足世界各国对机电产品、玩具、家具、纺织服装等需求
航空航天	美国航空航天业的总产值远远超过中国，中国航空航天业的产品在世界中的占比极低，大型客机以及主流战机的生产不具有优势，仅出口小型支线客机、教练机、无人机等产品，尤其在航空发动机的研发上缺少竞争力	产业体系	中国制造业的产业门类最为齐全，拥有十分完善的工业体系，生产企业与配套工厂形成产业集聚区，且制造业上下游产业链较为完整
汽车	中国汽车工业的总产值远远超过美国，但中国汽车产业中合资企业较多，因此外资品牌占据的市场份额较大，整体竞争力落后于美国，尤其是无法进入到高端汽车的研发生产领域	产业工人	制造业产业工人的用工成本在不断提高，但是与美国相比，中国的产业工人的工作效率、工作技能、职业吃苦精神等形成了非常高的性价比
精密仪器	高端精密仪器、生产材料、加工制造工艺共同决定了制造业产品的技术含量以及质量，但是中国制造业与美国的差距很大，大部分精密仪器需要从国外进口	消费市场	中国目前是世界第二大经济体，到2035年中国货的消费市场将会是美国2倍
新材料和化工	中国制造业在新材料与化工领域同美国相比，就总产值而言差距较小，但是美国却在世界高端化学领域、新材料供应领域具有显著的技术研发优势，拥有如杜邦、3M这样的跨国公司		

资料来源：根据收集资料整理归纳。

(三) 中美制造业对全球制造业的影响

1. 中国制造业对全球制造业的影响

(1) 中国制造业引领了全球制造业竞争力版图的变化。21 世纪以来以中国为代表的新兴经济体国家包括印度、土耳其等国的制造业国家在全球制造业中的市场份额逐渐上升，而美国、日本、德国等发达国家在全球制造业中的市场份额却在下降。所以评价一个国家制造业的竞争力如果主要考察制造业的生产成本（生产单位价值产品所需耗费的劳动力、资本）的话，则生产成本越低，竞争力就越强，通过考察世界上主要 19 个制造业国家的 19 个主要制造业行业的单位劳动力成本，即生产每个单位实际增加值所需支出的劳动成本（ULC）即名义劳动成本，可以发现全球制造业竞争力的格局。

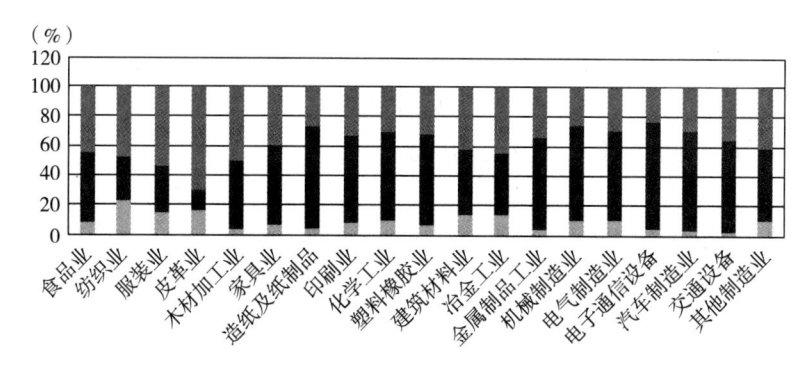

图 3-39　2000 年中国、美国、日本、德国以及其他国家制造业主要分行业的实际增加值

资料来源：根据第一财经研究院的数据测算。

由图 3-39 和图 3-40 可以看出，在 2000 年中国制造业主要分行业的实际增加值与美国、日本、德国相比，远远低于这些发达国家，只有纺织业、服装业、皮革业、建材业、冶金工业的实际增加值水平（在世界中的占比超过 10%）较高外，其余制造业分行业的水平都较低；2016 年中国制造业主要分行业的实际增加值与美日德三个发达国家相比，远远高于这些发达国家，皮革业、纺织业、服装业、木材加工业、建材业、冶金工业、电器制造业、机械制造业等实际增加值水平，在世界中的占比都超过30%，皮革业都超过了50%，凸显出了较强的国际竞争力。

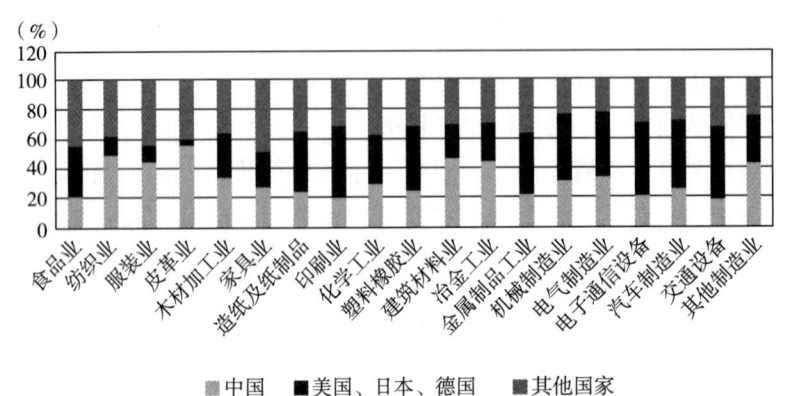

图 3-40　2016 年中国、美国、日本、德国、其他国家制造业主要分行业的实际增加值

资料来源：根据第一财经研究院的数据测算。

（2）中国制造业推动了全球制造业的技术进步与劳动生产率的提高。

一是推动了制造业技术进步。由于中国制造业更多地参与到国际分工中的加工贸易环节，使中国制造业企业在加工原材料、能源的获得上具有较强的议价优势；另外随着信息技术的发展，也导致标准零部件、组装、整体的成本不断下降，促进了终端消费的增长，特别是促进了具有高端技术领先优势的发达经济体的研发设计成本的下降，进而推动了全球技术进步。在这过程中形成了全球不同制造业部门之间、主要生产国之间的专业化分工以及完整的生产供应链，使全球制造业获得了更快的发展速度以及更广的发展深度。

二是提高了制造业的劳动生产率。国际金融危机之前的 2000—2008 年，全球制造业增加值的年均增长速度为 2.7%，其中全球就业增长的贡献达到了 60%，而中国制造业吸纳的就业人数，不仅补偿了其他国家制造业就业的减少量，还成为全球就业增长的主要来源，因为中国制造业就业增长推动了全球制造业劳动报酬提高了近 1/3，使全球平均劳动力成本下降了近1/4；2008年国际金融危机之后，全球制造业增长的速度由过去的年均2.7%提高到3.3%，中国制造业的增长对其的贡献主要体现在劳动生产率的提高方面，但是因为劳动生产率的提高速度慢于劳动成本上升的速度，因此由于中国制造业的加入，全球制造业的平均劳动力成本以及平均劳动力报酬由2008年之前分别下将1.4%、0.4%，至2008年之后分别上升1.8%、2.3%。

表3-45　2000年、2016年中国制造业劳动成本与劳动生产率在全球制造业增速中的权重

	2000年 全球(%)	2000年 全球(除中国)(%)	2000年 中国权重(%)	2000年 中国权重占比(%)	2016年 全球(%)	2016年 全球(除中国)(%)	2016年 中国权重(%)	2016年 中国权重占比(%)
实际增加值（GDP）	2.7	1.1	1.6	59	3.3	1.3	2.0	61
劳动就业数量	1.6	-0.4	2.0	125	0.5	0.9	-0.4	-80
劳动生产率	1.0	1.5	-0.4	-40	2.9	0.4	2.5	86
劳动报酬总额	4.4	3.3	1.1	25	2.3	-0.4	2.7	117
平均劳动成本	2.8	3.7	-1.1	-39	1.8	-1.4	3.2	178
单位产出劳动成本	1.7	2.2	-0.5	-29	-1.0	-1.7	0.6	-60

资料来源：第一财经研究院。

（3）中国制造业平均劳动力成本增长速度为主要制造业国家的最高水平。2008年国际金融危机之后，中国制造业劳动力成本上升，制造业成本竞争力的相对优势逐渐下降。从我国制造业主要分行业来看，2000—2016年汽车制造业的劳动力成本年均增速达到10.5%，增长速度最快，排在第二的是电子通信设备制造业；尽管中国制造业的单位劳动力成本竞争优势在2000年为全球第8位，2016年上升为全球第4位，但绝对竞争优势却大幅下降，主要表现在我国制造业单位劳动力成本与全球平均水平的差距越来越小，主要是名义劳动力成本的上升导致的；2008年国际金融危机之后，全球主要制造业国家的平均劳动力成本上升趋势逐渐放缓，但我国制造业平均劳动力成本的增速却由国际金融危

机之前的 11.0% 上升到国际金融危机之后的 13.1%，达到了全球主要制造业国家的最高水平。

表 3-46 全球主要制造业国家单位劳动力水平（ULC）[①] 以及分期年均复合增长率

2016年 ULC排名	主要制造业国家/地区	2000年（ULC）	2008年（ULC）	2016年（ULC）	2000—2008年（%）	2008—2016年（%）	2000—2016年（%）
	全球平均水平	0.359	0.404	0.329	1.5	-2.5	-0.5
1	土耳其	0.056	0.348	0.122	25.7	-12.3	5.0
2	马来西亚	0.116	0.125	0.131	1.0	0.6	0.8
3	印度	0.101	0.153	0.190	5.3	2.7	4.0
4	中国	0.177	0.199	0.227	1.5	1.7	1.6
5	墨西哥	0.156	0.195	0.240	2.8	2.6	2.7
6	印度尼西亚	0.162	0.270	0.242	6.6	-1.4	2.5
7	中国台湾	0.512	0.312	0.262	-6.0	-2.2	-4.1
8	韩国	0.216	0.225	0.287	0.5	3.1	1.8
9	西班牙	0.652	0.567	0.337	-1.7	-6.3	-4.0
10	巴西	0.068	0.271	0.363	18.8	3.7	11.0
11	日本	0.943	0.572	0.425	-6.1	-3.6	-4.9
12	俄罗斯	0.046	0.406	0.435	31.1	0.9	15.0
13	法国	0.543	0.691	0.486	3.1	-4.3	-0.7
14	美国	0.479	0.499	0.517	0.5	0.4	0.5
15	意大利	0.385	0.706	0.535	7.9	-3.4	2.1
16	南非	0.204	0.390	0.535	8.4	4.1	6.2
17	德国	0.418	0.738	0.545	7.4	-3.7	1.7
18	英国	0.403	0.761	0.560	8.3	-3.8	2.1
19	澳大利亚	0.333	0.658	0.730	8.9	1.3	5.0

资料来源：第一财经研究院。

2. 美国制造业对全球制造业的影响

（1）2020 年美国制造业竞争力将居于全球第一。根据《2016 全球

[①] ULC 是指生产每个单位实际增加值所需支出的劳动成本。

制造业竞争力指数》①，可以看出影响制造业发展的驱动型因素主要体现在成本竞争力、人才、劳动生产率、供应商网络、法律及监管体系、教育基础设施、经济贸易金融和税收体系、物理基础设施、创新政策、能源政策、市场吸引力等多个因素。同时根据该指数预测，2020年中国制造业竞争力会由全球第一的地位变为全球第二，美国将取代中国成为全球制造业竞争力第一的国家。

表3-47　　《2016全球制造业竞争力指数》② 中前20名国家的变化情况

2016年排名			2020年排名预测			
排名	国家/地区	指数	排名	2020年相比于2016年	国家/地区	指数
1	中国	100	1	+1	美国	100
2	美国	99.5	2	-1	中国	93.5
3	德国	93.6	3	=	德国	90.8
4	日本	80.4	4	=	日本	78.0
5	韩国	76.7	5	+6	印度	77.5
6	英国	75.8	6	-1	韩国	77.0
7	中国台湾	72.9	7	+1	墨西哥	75.9
8	墨西哥	69.5	8	-2	英国	73.8
9	加拿大	68.7	9	-2	中国台湾	72.1
10	新加坡	68.4	10	-1	加拿大	68.1
11	印度	67.2	11	-1	新加坡	67.6
12	瑞士	63.6	12	+6	越南	65.5
13	瑞典	62.1	13	+4	马来西亚	62.1
14	泰国	60.4	14	=	泰国	62.0
15	波兰	59.1	15	+4	印度尼西亚	61.9
16	土耳其	59.0	16	-1	波兰	61.9
17	马来西亚	59.0	17	-1	土耳其	60.8

① 《2016全球制造业竞争力指数》主要是由美国竞争力委员会与德勤有限公司联合发布，对全球超过500名制造业行业的CEO和高管进行调研分析的基础上得出的预测。

② 指数最高为100，最低为10。

续表

2016 年排名			2020 年排名预测		
排名	国家/地区	指数	排名	2020 年相比于 2016 年	国家/地区	指数
18	越南	56.5	18	−5	瑞典	59.7
19	印度尼西亚	55.8	19	−7	瑞士	59.1
20	新西兰	55.7	20	+3	捷克共和国	57.4

资料来源：Deloitte Touche Tohmatsu Limited and US Council on Competitiveness, 2016 Global manufacturing competitiveness index [R], http：//www2.deloitte.com/us/en/pages/manufacturing/Article/global-manufacturing-competitiveness-index.html。

表 3-48　　中国与美国、日本、德国制造业相关指标对比

国家	2013 年制造业 GDP（10 亿美元）	3 年复合年均增长率（%）	2015 年制造业劳动力价格（美元/小时）	2013 年每百万人中研发人员数量（人）	2014 年劳动生产率（美元/人）
中国	1756.8	8.60	3.28	1089	22407.7
美国	1820.0	0.80	37.96	4019	110049.5
德国	663.0	2.80	40.54	4472	87208.30
日本	1000.8	0.20	23.95	5201	71433.8

资料来源：Deloitte Touche Tohmatsu Limited and US Council on Competitiveness, 2016 Global manufacturing competitiveness index [R], http：//www2.deloitte.com/us/en/pages/manufacturing/Article/global-manufacturing-competitiveness-index.html。

由表 3-48 可以看出，中国与美国 2013 年 GDP 水平较为接近，且中国 GDP 三年复合年均增长率为 8.60%，明显高于美国 0.80% 的水平，同时根据世界经合组织以及世界银行的预测，中国 GDP 的增长依然会较高；中国制造业劳动力价格水平较低，2015 年美国为 37.96 美元/小时，而我国制造业劳动力价格为 3.28 美元/小时，即使将来中国制造业劳动力价格会有持续上升的趋势，但是与美国、德国、日本相比依然会处于较低的水平；2013 年中国每百万人中研发人员的数量为 1089 人，而美国达到 4019 人，远远超过中国的水平，但是 2014 年中国工业从业人数为 23099 万人，其中制造业的从业人数约占 2/3，所以中国制造业从业人数的总规模较大，而 2015 年美国制造业的从业人数

为1218万人，因此可以看出，中国制造业研发人员的总量实际上远远高出美国的水平；此外2015年中国开始实施《中国制造2025》规划，所以制造业的研发人员数量还会进一步增长，但中国制造业当前需要重点解决的是如何提升制造业劳动生产率的问题。

（2）美国先进制造业的竞争力始终居于全球第一。目前，在全球范围内正进行着以新材料、新能源、智能制造、信息网络为代表的新一轮产业革命，而美国通过对先进制造业发展制定重大举措，整合产学研各方资源在全国范围内形成了先进制造业创新研究网络，不断巩固美国制造业强国的地位，因为美国制造业的发展主要在于先进制造业竞争力。在奥巴马执政期间尽管联邦政府财政紧缩，但仍加大了对先进制造业研发的计划拨款，重点支持先进制造业创新性制造流程，特别是加大对先进设计、3D打印、工业机器人、生物制造、纳米制造、新一代信息网络、物联网等的重点投资。先进制造业的发展对美国经济、就业的增长产生了重要影响，目前美国技术密集型制造业在整个制造业附加值中的占比达到了50%，在就业中的占比达到了40%，尤其是随着美国先进制造业创新研究所的不断成立，过去美国中西部传统制造业的集聚地将会逐渐转变为科技地带，会直接带动当地的生产研发与就业的增加，并提高出口竞争力。如果美国制成品的贸易逆差能够降低到1990年的水准，则到2020年美国将会创造就业岗位达到180万个，GDP将会增加5900亿美元/年；如果美国知识密集型制成品的贸易逆差在GDP中的占比能够下降到2020年的1.3%，则会在2020年创造就业岗位达到60万个，GDP将会增加2000亿美元/年。[①] 美国先进制造业的竞争力主要体现在3D打印、机器人等技术使美国更多的普通制造业转型为科技型制造业，美国各地的创新中心不断涌现，使更多的"铁锈地带"转变为"科技地带"；同时，美国一直着眼于第四次产业革命，产学研资源的整合使科技创新不断被突破，也在催生着大批的新兴行业，并改革着制造业的格局。因此，美国先进制造业的地位仍然不可撼动，尤其在航空航天、汽车制造、半导体制造等居于世界第一，同时世界500强品牌中美国仍然能够占有绝大多数。在2017年世界财富500强企业中，

---

① 美国麦肯锡全球研究所的估算。

营收在 1000 亿美元以上的共有 53 家，其中美国制造业拥有 9 家，分别是 2 家汽车公司（福特、通用）、4 家医疗器械和制药公司（康德乐、美源伯根、麦克森、快捷）、1 家电气公司（通用电气）、2 家高科技型企业（苹果公司、亚马逊公司），另外美国波音公司的营收达到了 900 多亿美元。可见美国先进制造业的竞争力主要源自工业 4.0 的变革，并通过大数据以及自动化来进行精益化生产提高生产效率，进而具有全球领先的先进制造业优势。

（3）美国制造业的生产研发处于世界领先地位。2008 年国际金融危机之后美国制造业开始进入再工业化阶段，2009 年美国发布《美国制造业振兴框架》，系统强调了再工业化战略；2012 年美国总统报告中强调在政府、各行业、学术界的协同下，美国可以保持在先进制造业上的领先地位；2016 年在奥巴马的国情咨文中描述了美国振兴制造业的举措。制造业是美国经济中最有活力的行业，美国制造业工厂平均每年创造产值超过 2 万亿美元，是德国、日本、韩国制造业产值的总和；2015 年美国制造业总产值达到 6.2 万亿美元，在 GDP 中的占比约为 36%；2015 年美国制造业研发投入的费用占美国私营企业总量的 77%；2015 年美国耐用消费品的出口量达到 20 年前的 2 倍，创下历史新高，同时电子零部件、机械制造业产品、机动车辆的生产接近或处于历史高位水平；2015 年美国服装行业的出口跌幅超过 80%，但是医药产品生产、飞机制造、汽车制造、精炼石油生产、塑料制品生产、有机化学和石化产品制造等都处于世界领先水平。目前，美国制造业发展良好，不断创造了新的就业机会，2011—2016 年美国制造业创造了约 90 万个新的就业岗位，同时还减少美国约 75% 的赤字，特别是 2016 年美国汽车制造业创造了历史上最为辉煌的一年，汽车销售量创造了历史新纪录，达到 1759.33 万辆，比 2015 年汽车销量增长 0.5%，这主要是基于 2009 年奥巴马政府所采取的经济救援与修复政策，使美国汽车的销量连续 6 年保持增长态势。

案例十五　中国制造业劳动生产率的提高

目前，我国制造业劳动生产率增速逐渐放缓，使我国经济增长面临着较大的下行压力，主要原因在于重点行业的产能过剩、不断上升的要素成本、全要素生产率转为负数。

1. 产能过剩。产能过剩是当前我国制造业发展的主要问题，例如在我国传统制造业中钢铁制造、造船、汽车制造、电解铝等产能过剩严重，即使在我国新兴战略性产业中如光伏、风电、碳纤维、多晶硅等行业中也存在着过剩产能问题。产能过剩会导致制造业行业的产品市场整体趋于疲软、价格下降、盈利能力下降，还会占用设备资本使企业劳动生产率大大降低。

2. 制造业综合成本上升过快。由于我国制造业用工成本增加、原材料与资源价格上升、环保成本上升，使制造业企业生产的各项综合成本增加，利润空间缩小，最终导致制造业企业的产值增加率不断下降，同时也使劳动生产率的增长逐渐放缓。

3. 全要素生产率转负。从我国制造业整体发展来看，单纯技术效率的增长率为负数，创新驱动对制造业发展的贡献明显不足；2001—2007年我国实际全要素生产率的平均值为3.3%，2007—2012年我国实际全要素生产率的平均值为-0.9%，自2008年国际金融危机之后，我国的全要素生产率成为负增长，这就说明技术进步与技术创新对我国经济增长的贡献在逐渐减少，同时我国经济增长主要还是依赖投资驱动以及规模扩张，而资本的报酬收益递减使我国经济发展进入"瓶颈"期。

促进我国制造业劳动生产率增长的措施具体表现在以下三个方面：

1. 通过创新驱动来实现制造业生产效率的提升。加大制造业自主品牌建设与自主技术研发，通过技术创新、管理创新、模式创新等加快提升制造业企业的核心竞争力，进而使制造业企业在不断提升生产效率的基础上增加产品的附加价值，使我国制造业迈向全球产业链的中高端水平；同时鼓励具有优势产能的制造业企业积极"走出去"，借助国外市场资源实现制造业的转型升级。

2. 政府应为我国制造业企业创造良好的政策环境。为了鼓励中小型制造业企业发展，政府应通过财税改革政策来减少中小型制造业企业的税负负担，并利用政府资金切实推动制造业转型升级，推动制造业新模式、新业态的发展；政府要制定政策对生产要素的价格进行改革，并规范各种资源、能源等价格形成机制，最终形成合理的定价。

3. 将劳动生产率的提高作为我国制造业转型升级的重要指标。在制造业转型升级过程中，将劳动生产率作为核心指标构建制造业转型升级的监测指标体系，通过提高劳动生产率目标来制定制造业发展的方向、战略、路径，以提质增效作为制造业的发展方式。

二　中美先进制造业发展比较

2009年11月美国政府提出要建立以制造业增长与出口推动型增长为主的发展模式，通过发展新兴制造业并加强科技创新，旨在促进美国制造业能够实现高级化、现代化、清洁化，以重塑美国制造业在国际上的领先地位。

美国高端制造业优势主要是源自自主创新技术与研发，自主品牌与知识产权；中国高端制造业的技术源自"引进消化吸收再创新"的结果。核心技术与关键部件依赖进口与国外，由于自主创新技术的供给率较低，导致产品的可靠性较差，缺位高端产业链；美国高端制造业的劳动生产率是中国的23倍，且拥有世界上最完备的金融服务以及领先世界的研发机构与基础，新技术的产业化经验也尤为丰富，可见与美国高端制造业相比中国高端制造业具有较大的差距。

（一）美国制造业的发展现状

1. 美国制造业对国民经济的贡献以及产业布局

（1）美国制造业对国民经济的贡献。美国的产业优势主要集中在服务业，但是制造业却有着不可或缺的作用，从美国东海岸至西海岸，美国500多个县的主要产业仍然是制造业，尽管制造业仅提供了美国约9%的就业，产值在GDP中的占比仅为11.7%，但是美国制造业却对生产力增长贡献了35%，同时美国60%的出口源自制造业产品，驱动了75%的美国私营领域研发投入，美国制造业还吸引了59%的IFDI（2013—2016年）。自2009年美国实施再工业化战略后，美国制造业总产值开始不断上升，由2009年的1.73万亿美元上升到2015年的2.17万亿美元，增长了25.4%；2015年美国制造业带动了

1500万人就业,美国制造业为美国经济带来了巨大产值。[1]

（2）美国制造业的产业布局。美国制造业产业布局主要分为三大部分：第一部分在美国的东北部,尽管面积只占美国总面积的8%,但是美国制造业的50%都集聚在这里；第二部分在美国的西部,西部地区的工业产值在全美工业产值中的比例为10%,主要涵盖了造船业、航空业、电子制造业、导弹等行业；第三部分在美国的南部,这部分的工业产值在全美产值中的比例为20%,主要涵盖了造船业、化工业、石油等行业；目前,美国制造业的分布开始向西部与南部转移,尤其是美国的传统制造业为追求较为低廉的成本,开始向南部转移,这就促使美国南部的制造业发展加快。

2. 美国制造业失业人口与就业人口的变化

2008年国际金融危机对美国制造业的就业人数产生重要影响,2008年美国制造业的失业人口达到94.5万人,2009年上升到189万人,失业率的上升幅度高达100%；2009年美国政府开始实施再工业化战略,促使美国制造业逐渐复苏,也因此对制造业失业率的下降产生较为显著的影响,促使制造业就业人口开始逐渐增加。2015年美国制造业

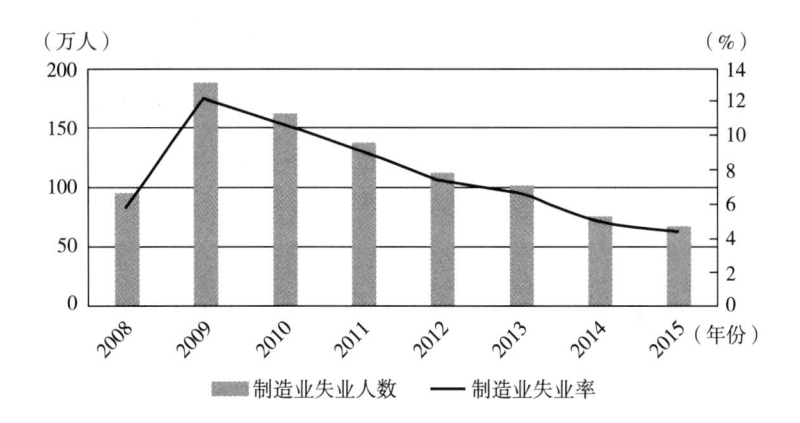

图3-41　2008—2015年美国制造业失业人数与失业率

资料来源：http：//www.bls.gov/cps/tables.htm,2016-5。

---

[1] Bureau of Labor Statistics：Labor Force Statistics from the Current Population Survey,2016-3-24。

的失业人数比 2009 年下降 64.2%，制造业的失业率由 2009 年 12.1% 下降到 2015 年 4.3%，失业人口也由 2009 年的 189 万人下降到 2015 年的 67.7 万人。

美国制造业就业人口在 2000 年开始出现大幅度下跌之后，在 2009 年开始出现微弱反弹。从 2006—2015 年美国制造业就业人口的整体变化趋势来看，先是快速下降后又缓慢上升，尽管美国制造业近些年的就业人口在不断增加，但仍未达到 2008 年以前的水平。总的来看，美国再工业化战略缓解了就业压力，2010 年以后美国制造业就业人数是逐年上升的，2010 年、2015 年美国制造业就业人数分别达到 1150.0 万人、1533.8 万人，在美国总就业人数中的占比分别为 8.5%、10.3%，与 2010 年相比，2015 年美国制造业就业人数上升了 33.3%。①

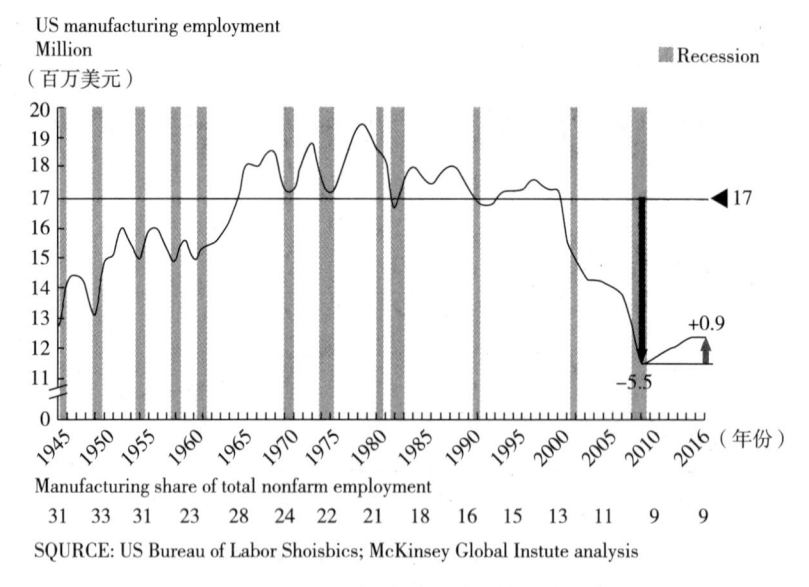

图 3-42　1945—2016 年美国制造业就业人口变化趋势

资料来源：麦肯锡全球研究院，2017 年 11 月 16 日。

---

① Bureau of Labor Statistics：Labor Force Statistics from the Current Population Survey, 2016 - 3 - 24.

(万人)

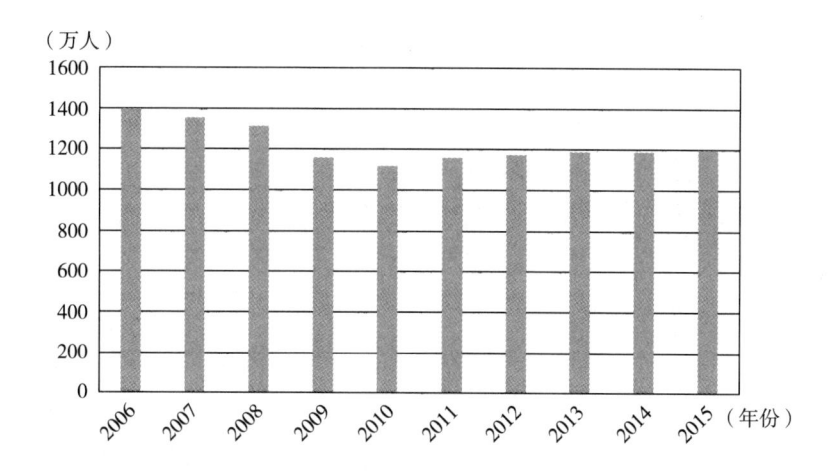

图3-43　2006—2015年美国制造业就业人数

资料来源：美国政府官方网站。

由图3-44、图3-45可以看出，2006—2015年美国制造业中，交通运输设备制造业、化学制造业、金属制品业、非金属矿物制品业、塑料和橡胶产品制造业、木材产品制造业、食品制造业、机械制造业、电气设备和家电及组件产品制造业的就业人数在不断增加，这表明该制造业行业可以吸纳更多的劳动力，行业潜力与前景较好，有更多的劳动力愿意加入该行业进行工作；而在2006—2015年美国制造业中，计算机

(万人)

…… 食品制造业　　　　　　—— 木材产品制造业
—·— 化学制造业　　　　　　--- 塑料和橡胶产品制造业
—··— 非金属矿物制品业　　　—— 金属制品业
　　　机械制造业　　　　　　—·— 电气设备、家电及组件产品制造业
---- 交通运输设备制造业

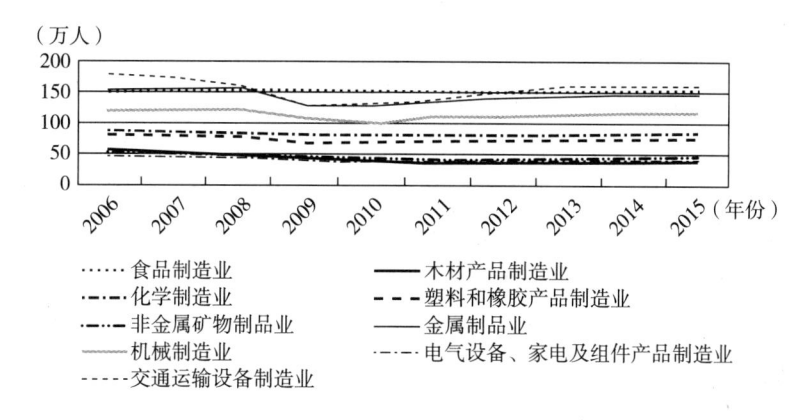

图3-44　2006—2015年美国制造业就业人口上升的行业

资料来源：美国政府官方网站。

（万人）

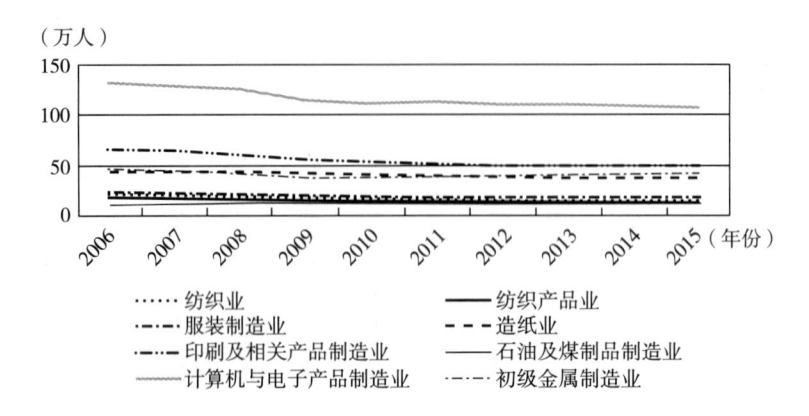

图3-45　2006—2015年美国制造业就业人口下降或趋平的行业

资料来源：美国政府官方网站。

与电子产品制造业、印刷及相关产品制造业、初级金属制造业、石油及煤制品制造业、造纸业、纺织业、纺织产品业、服装制造业等行业的就业人数在不断下降或是近年来基本持平，这表明该行业有可能是行业发展不景气或是该行业机械化程度在不断提高，对于工人的使用率在下降。就业人数持续下降较为明显的制造业行业主要是计算机与电子产品制造业。

3. 美国制造业工资水平变化

由图3-46可以看出，2006—2015年美国制造业平均工资在不断上升，影响制造业不同行业工资水平高低的因素较多，主要包括行业差异与行业的盈利水平。目前低于美国制造业平均工资水平的行业主要有食品制造业、纺织业、纺织产品业、服装制造业、木材产品制造业、印刷及相关产品业、塑料和橡胶产品制造业、非金属矿物制品业、初级金属制造业、家具及相关产品制造业等；高于美国制造业平均工资水平的行业主要有交通运输设备制造业、电气设备和家电及组件产品制造业、计算机与电子产品制造业、机械制造业、石油及煤制品制造业、造纸业等。

4. 美国制造业劳动生产率的变化

2003—2016年制造业发达国家中，美国制造业每名工人的制造业产出增长了40%，英国增长了30%，德国增长了25%；在发展中国家中国、印度的劳动生产率提高了1倍，但是与美国相比，美国制造业劳动生产率仍然比中国高出80%—90%。①而正是因为美国较高的劳动生产率使美国制造业的生产成本被压低（包括工人产出的工资也被压低）；由于美国制造业拥有廉价的能源资源、庞大的国内市场、相对灵活的劳动力市场、全球排名第一的劳动生产率，使美国制造业不断受益。随着技术进步，制造业劳动生产率会不断提高，但是劳动生产率也会受到企业规模、企业经营管理水平、劳动者积极性等因素的影响；2006—2015年，美国制造业个别行业的劳动生产率在下降，例如服装制造业、金属制造业等，美国大部分制造业企业因为2008年的国际金融危机，2009年制造业企业的劳动生产率有所下降，但是目前很多制造业行业的劳动生产率开始上升，表现较为突出的行业是交通运输行业。

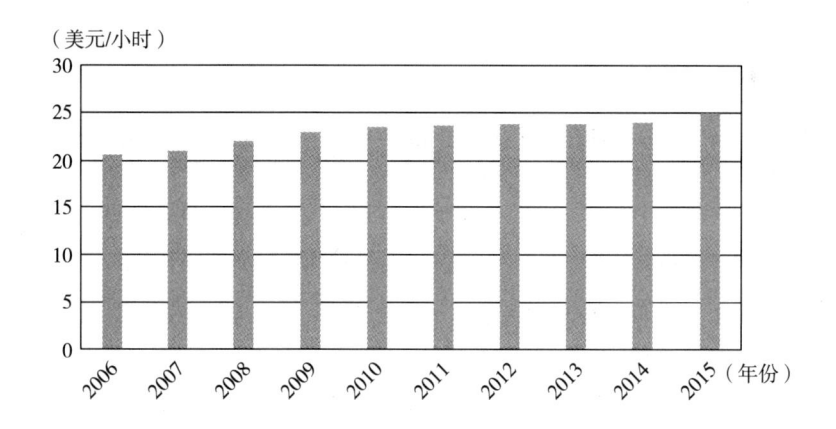

图3-46 2006—2015年美国制造业平均工资

资料来源：美国政府官方网站。

5. 美国制造业增长趋势与制造业GDP变化

1990—2008年、2011—2016年美国制造业创新研发主要集中在计算机等高科技产品、药品、医疗设备等方面，由图3-47可以看出，实线是没有剔除计算机、药品、医疗设备的美国制造业总体增长趋势线，

---

① 根据美国彭博社的网站报道，2016年3月17日。

下面的虚线是剔出之后的美国制造业增长趋势，剔出这几个高科技产业之后，美国制造业的增幅大大下降。

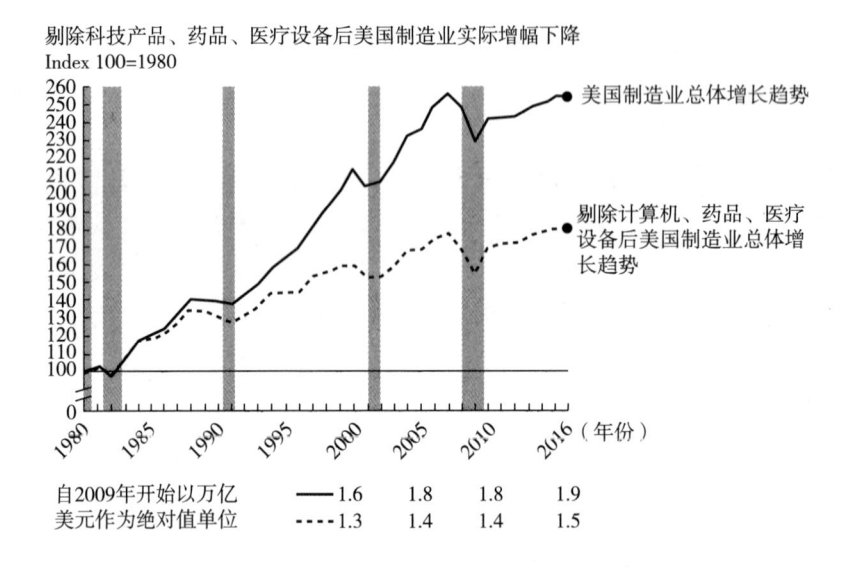

剔除科技产品、药品、医疗设备后美国制造业实际增幅下降
Index 100=1980

自2009年开始以万亿美元作为绝对值单位	—— 1.6	1.8	1.8	1.9
	---- 1.3	1.4	1.4	1.5

图 3-47　1980—2016 年美国制造业增长趋势（1980 年为增长基数 100）

资料来源：麦肯锡全球研究院，2017 年 11 月 16 日。

由图 3-48 可以看出，美国制造业 GDP 在 1980—2008 年是不断上升的，但是在 2008 年国际金融危机之后都有所下降，2010 年之后又开始上升，其中车辆与重型机械制造业（主要包括机械装备、发动机、车辆、飞机等运输工具制造业）增长幅度较大，如果以 1980 年为基数 100，2016 年美国交通运输制造业的 GDP 相当于 1980 年的 243 倍，其次资源密集型商品（包括初级金属制造、矿物、焦炭、石化、木材、纸等）制造业的 GDP 增长相当于 1980 年的 196 倍；而美国本地加工品（包括家居日用品、食品饮料、金属制品、塑料橡胶等）的制造业 GDP 相当于 1980 年的 142 倍；基本消费品（包括皮革制品、服饰、家用电器、电子设备等）的制造业 GDP 相当于 1980 年的 90 倍。所以美国技术资本密集型制造业以及资源密集型制造业的 GDP 产值增长较快，而本地加工品以及基本消费品制造业的 GDP 产值增长较缓。

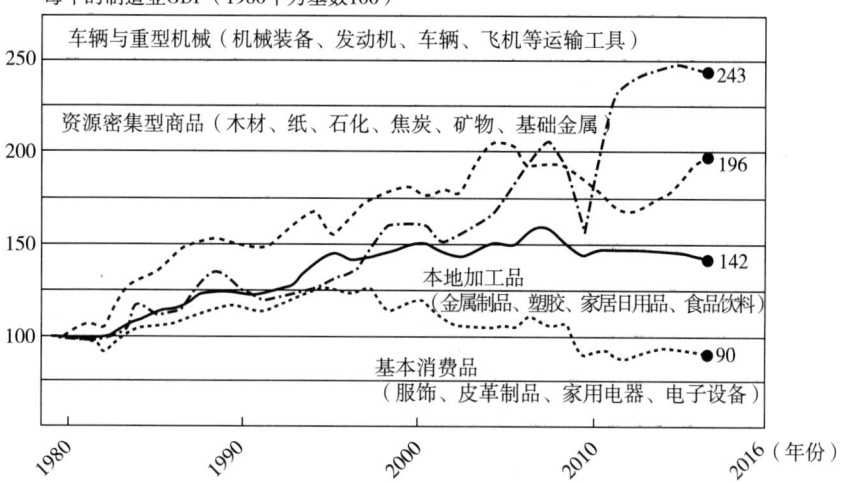

图3-48　1980—2016年美国制造业的GDP

资料来源：搜狐财经，2018年3月3日。

6. 美国制造业总产量、总产值、增加值占GDP的比重

（1）2005—2015年美国制造业总产量与总产值变化。由图3-49可以看出，自2008年国际金融危机之后美国制造业的总产量开始大幅度下降，2008年美国制造业的总产量为5.46万亿美元，2009年的总产量就下降到4.47万亿美元；2009年美国政府开始实施再工业化战略，促进了美国制造业的振兴与复苏，也带动了制造业总产量上升，在2014年制造业总产量达到6.18万亿美元，2015年达到5.94万亿美元；从2009年到2015年制造业总产量上升了32.9%；同时美国制造业总产值也开始上升，由2009年的1.73万亿美元升至2015年的2.17万亿美元，增长了25.4%。

（2）1950—2015年美国制造业增加值占GDP的比重变化。20世纪60年代，美国制造业由于遭遇到"亚洲四小龙"的冲击，一方面使美国制造业的资本利润率水平不断下降，另一方面也使美国制造业增加值在GDP中的占比呈现出逐年下降的趋势，1950年美国制造业增加值在GDP中的占比为26.8%，2006年占比为15.1%，2015年仅为12.1%，从1950年至2015年下降了54.9%。因此美国政府开始振兴制造业，

330 | "中国制造"转型升级研究

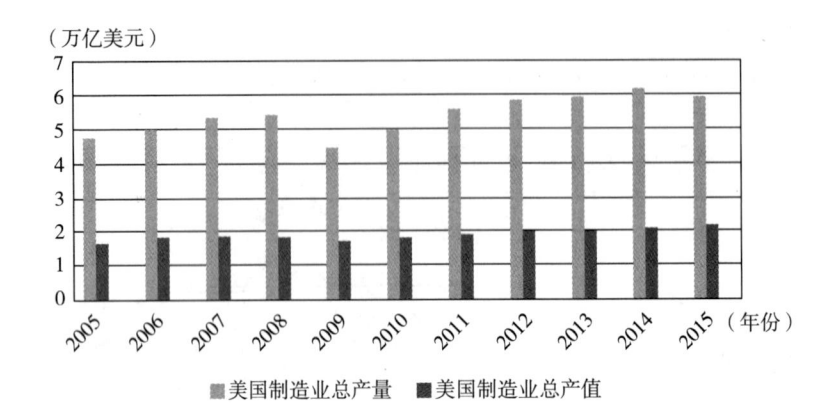

图 3-49　2005—2015 年美国制造业总产量与总产值变化

资料来源：U. S. Bureau of Economic Analysis，2016-5。

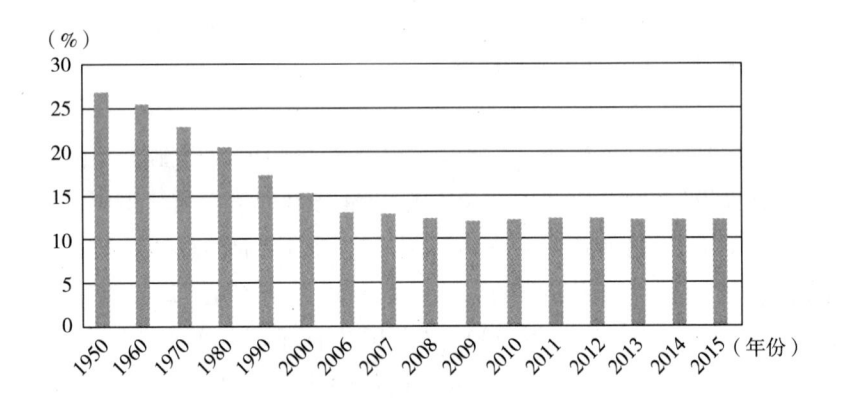

图 3-50　1950—2015 年美国制造业增加值占 GDP 的比重

资料来源：U. S. Bureau of Economic Analysis，2016-5。

通过再工业化战略的实施来提升实体经济的竞争力，为在新一轮国际分工中抢夺制高点，尤其注重本国先进制造业的发展。

7. 美国制造业产能利用率

2008 年国际金融危机使美国制造业的产能利用率开始下降，在 2009 年最低值达到 63.8%，之后美国开始实施制造业振兴计划，随着美国制造业的逐渐复苏，2015 年美国制造业的产能利用率增加到 75.5%；2016 年 3 月美国制造业的产能利用率与 2015 年 3 月同期相比上升了0.8%。

表3-49　　　　　　美国制造业产能利用率变化情况

产能利用系数	产能利用率（%）					产能增长（%）
	1988—1989年（最高）	1990—1991年（最低）	1994—1995年（最高）	2009年（最低）	1972—2015年（平均）	2015年3月—2016年3月
美国制造业	85.6	77.3	84.6	63.8	78.5	0.8

资料来源：http://www.federalreserve.gov/releases/g17/Current/default.htm，2016-5。

8. 美国对外贸易出口情况

（1）美国对外贸易出口总金额。由图3-51可以看出，2005—2015年美国货物贸易出口整体呈上升趋势，期间由于受2008年国际金融危机的影响，导致当年货物贸易出口总金额迅速降低，随着美国对制造业开始实施振兴计划，在2009年美国货物贸易出口总金额开始上升；2015年美国出口贸易（货物与服务贸易出口）总金额为2.2万亿美元，包括食品、饲料和饮料、消费品、汽油、汽车与配件等产品在内的货物贸易出口金额达到1.7万亿美元，2015年的出口总金额与2009年相比增长40.5%，其中货物出口金额增长41.4%，增长显著。根据美国商务部的数据表明，2015年年初至2016年3月，加拿大、墨西哥、中国、日本、英国是美国整体保持稳定的前5大出口国，可以看出美国出口地区的多元化趋势；同时美国对其他国家和地区的出口量也总体表现出多元化上升的趋势；2015年在货物贸易出口方面，与2009年相比，美国对加拿大出口金额为2810亿美元（比2009年上升了36.8%），美国对墨西哥出口金额为2365亿美元（比2009年上升了83.0%），美国对中国出口金额为1168亿美元（比2009年上升了65.4%），美国对日本出口金额为636亿美元（比2009年上升了20.3%），美国对英国出口金额为568亿美元（比2009年上升了21.1%），可以看出2015年与2009年相比，美国对墨西哥的货物贸易出口额增幅较大，上升了83.0%；2015年美国对中东地区的货物贸易出口增幅达到最大，

2011—2015年年均增长率为3.9%[①]；与2009年相比，2015年美国货物贸易出口到沙特的总金额增加了76.8%。

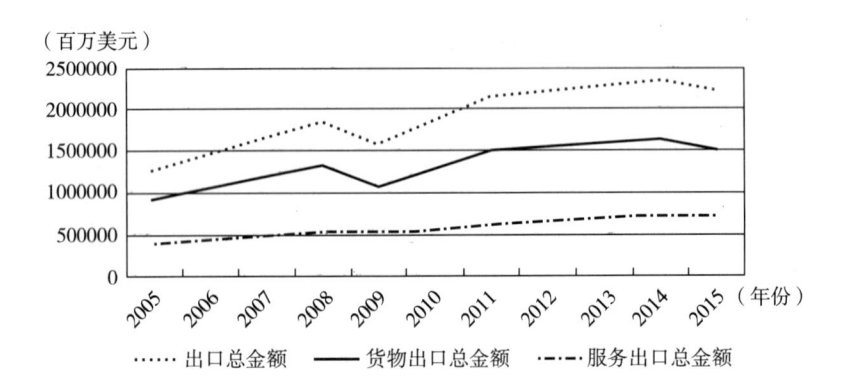

图3-51 2005—2015年美国出口总金额、货物出口总金额、服务出口总金额

资料来源：U. S. Bureau of Economic Analysis, 2016-5。

（2）美国制造业出口总值与出口增加值。由图3-52、图3-53可以看出，1995—2011年中国制造业的出口总值及出口增加值在国际市场的份额呈不断上升趋势，而美国制造业的出口总值及出口增加值在国际市场的份额整体呈下降趋势，在2008年国际金融危机之后，美国振兴制造业战略使制造业出口总值的国际份额有小幅回升的趋势；中国制造业出口总值国际市场的份额（11.64%）在2008年就超过美国（9.82%），但是中国制造业出口增加值国际市场的份额（11.79%）在2011年才超过美国（11.77%）；同时中国制造业出口总值在国际市场的份额比出口增加值在国际市场的份额要高，但美国制造业出口总值在国际市场的份额比出口增加值在国际市场的份额要低，说明美国在制造业贸易出口中获得的贸易利益要高于中国。

---

① United States International Trade Commission：U. S. Trade by Geographic Regions, 2016-5.

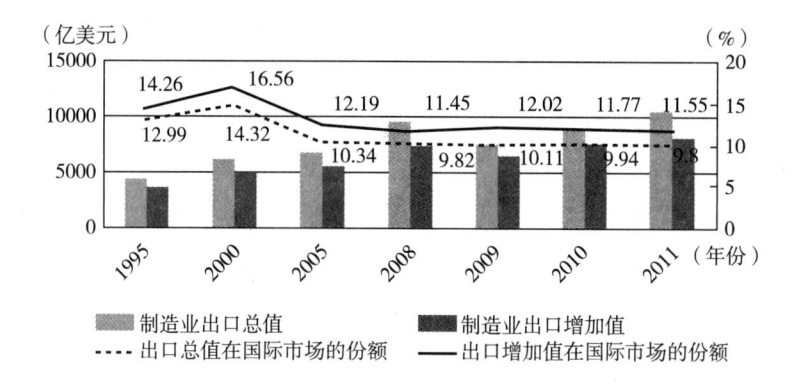

图 3-52　1995—2011 年美国制造业出口总值、出口增加值及
在国际市场中的份额①

资料来源：根据 OECD 的 TIVA 数据库数据计算。

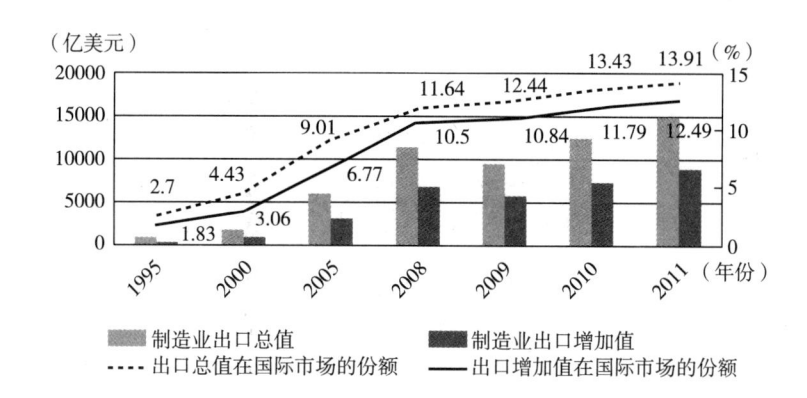

图 3-53　1995—2011 年中国制造业出口总值、出口增加值及
在国际市场中的份额

资料来源：根据 OECD 的 TIVA 数据库数据计算。

（3）中美制造业出口竞争力的对比。由图 3-54、图 3-55 可以看出，中国制造业中纺织品、皮革与鞋类，其他制成品及回收设备等劳动密集型行业的 RCA 指数较高，都大于 2.5 的水平，具有极强的出口竞争力，也推动了中国制造业出口的整体竞争力；2008 年、2009 年、2010 年、2011 年中国制造业中的电子、电器与光学设备制造业的 RCA

---

① 根据 OECD 的 TIVA 数据库数据计算，最新更新到 2011 年数据。

指数都大于2.5，机械与设备行业的RCA指数在1995年、2000年是明显低于美国的，但在2005年就开始超过美国，直至2011年RCA＝1.97，同期美国机械与设备行业的RCA指数为1.06，说明技术资本密集型比较优势开始在中国制造业出口产品中显现；此外美国在木材、纸质品、印刷与出版业，化学品与非金属矿产品制造业，运输设备制造业等资本技术密集型或知识密集型行业却具有优于中国制造业的比较优势。

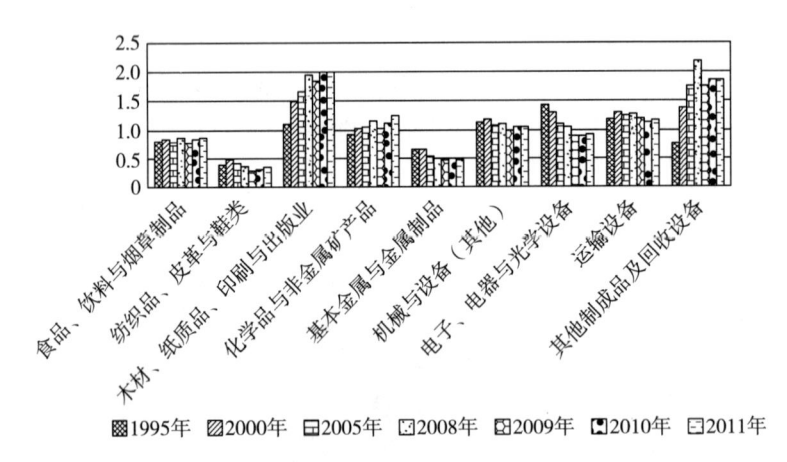

图3－54　1995—2011年美国制造业分行业的RCA指数

资料来源：根据OECD的TIVA数据库数据计算。

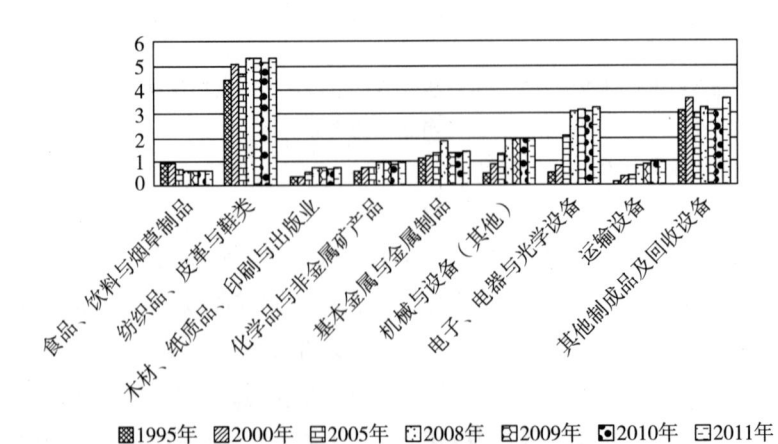

图3－55　1995—2011年中国制造业分行业的RCA指数

资料来源：根据OECD的TIVA数据库数据计算。

由图 3-56 可以看出，中国制造业 RCA 指数从整体看是大于 1 的，除在 1995 年 RCA 等于 0.97 外，其余年份都大于 1，且在 2008 年达到 RCA 等于 1.85 的最高水平，而美国制造业 RCA 指数从整体看是在 RCA 等于 1 的水平上下浮动，说明中国制造业出口竞争力较强，美国制造业出口在国际市场上的比较优势不明显，接近中等水平；同时中国制造业在 2008 年国际金融危机之后 RCA 指标有所下降，但下降幅度不大，中国制造业出口竞争力大于美国。

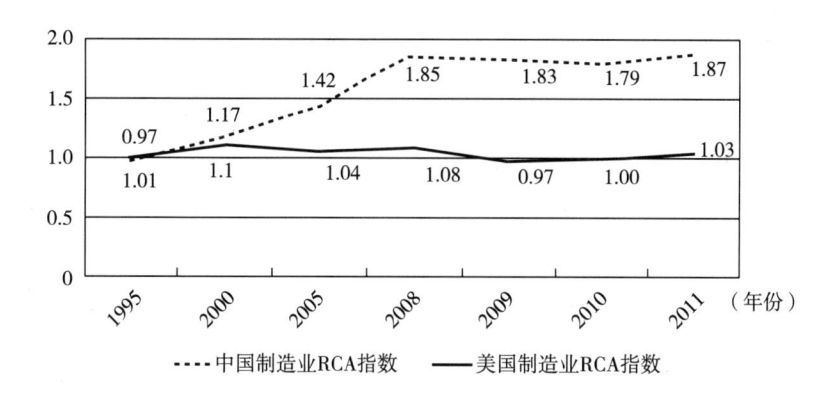

图 3-56 基于贸易增加值的 1995—2011 年中美制造业 RCA 指数对比
资料来源：根据 OECD 的 TIVA 数据库数据计算。

9. 美国制造业利用外商直接投资的规模

根据美国商务部的数据显示，美国制造业在 2000—2005 年利用外商直接投资的平均年增长率不足 3%，上升速度较为缓慢；2008 年国际金融危机之后，美国开始实施再工业化战略，该战略促使美国制造业 IFDI 的规模上升，一方面是美国本土的制造业跨国企业逐渐回归美国，另一方面是再工业化战略让外资企业对美国制造业进行投资；2009 年美国制造业的 IFDI 金额为 6982.40 亿美元，比 2008 年上升了 7.4%，而 2014 年美国制造业的 IFDI 金额比 2008 年上升了 60.8%，达到了 10455.22 亿美元，可以看出美国推行的再工业化战略在一定程度上促进了制造业 IFDI 的增长。

(二) 美国先进制造业的发展状况

1. 当前美国先进制造业发展的背景

长期以来美国先进制造业的发展备受政府重视，国家通过各种鼓励与扶持政策不断投入大量的研发资金，并吸引优秀的高科技人才进入美国先进制造业的行列中，促使美国先进制造业具有较强的国际竞争力。美国制造业在20世纪初期就走在世界前列，如今美国的计算机、汽车制造、飞机制造等先进制造业行业仍然处于世界领先水平。

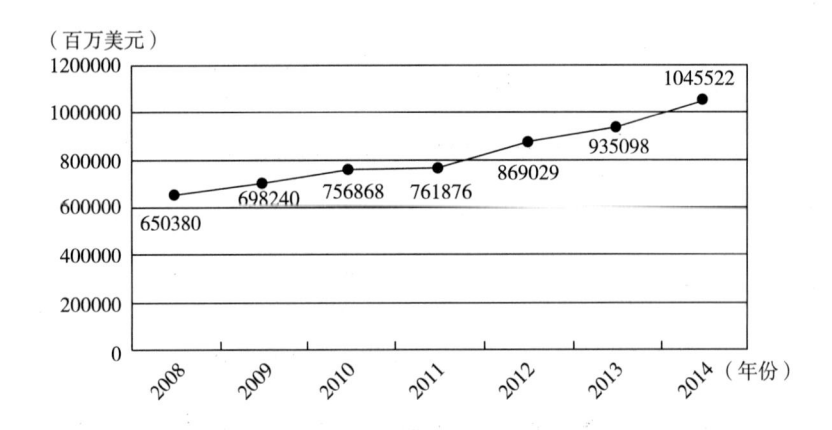

图3-57 2008—2014年美国制造业利用IFDI金额

资料来源：U. S. Bureau of Economic Analysis, 2016-5。

奥巴马执政期间提出"制造业复兴"，特朗普竞选总统时将"要把制造业工作搬回美国"作为口号，尽管当前美国制造业没有产生实质性的复兴与回归，但是美国政府的支持、美国对制造业复兴不断上涨的信心、国际经济增长对美国产品的需求，都在无形中助推美国制造业复兴，尤其是美国先进制造业的发展，因此随着美国工业机器人制造技术的成熟、页岩气技术使美国能源价格降低，以及美国政府政策对先进制造业支持，美国先进制造业彰显出了显著的创新力与竞争力。2017年以来美国新增14万个制造业就业岗位，这些岗位主要雇用的是使用机器人的技术工人，同时这些新增的制造业工作领域主要集中在尖端电子设备与金属制品制造业，这些行业既是高度自动化的制造行业也是制造机器人的行业，因此自动化、先进化构成了美国制造业的核心组成部分。

2. 美国先进制造业的发展状况

（1）先进制造业回归美国的速度加快。奥巴马执政期间主张"重振制造业"战略的实施，并通过各种奖励与优惠措施来鼓励高端制造业回流，一些高端制造业企业纷纷从国外回流；同时特朗普上台后，一方面针对本土制造业企业进行税改方案，将企业所得税由35%调低到15%，降低在美建厂的税收成本；另一方面针对美国制造业企业的海外分公司，为鼓励其海外资金回流进而促进在美国本土的再投资，美国政府对海外累积的利润提取回国只征收一次性10%的税收。美国再工业化战略以及制造业回归政策的实施，美国利用IFDI的规模不断上升，同时也带动了美国制造业就业人数的迅速增加，尤其是鼓励制造业跨国公司回归美国本土的政策，使很多国际知名的跨国美资企业纷纷迁回，这些企业主要是软件、传感、自动化、信息、网络等先进制造业领域的企业，劳动密集型制造业跨国公司并未出现大量迁回美国的现象，而这些回归的先进制造业企业与传统制造业企业相比，更为注重在新能源、新材料、信息技术、人工智能、自动化、网络技术等领域进行技术创新，由此也进一步推进了美国制造业产业结构的升级。

表3–50　　　　　　　　　　美国高端制造业回流

高科技制造业企业	回归美国的发展战略
惠而浦（Whirlpool）	在美国田纳西州的克里弗兰新建工厂，主要在美国组装手持式搅拌器
卡特彼勒（CAT）	将工程机械、矿山设备生产厂由墨西哥迁回美国本土，从事设备的整体组装
通用电气（GE）	在美国的肯塔基州路易斯维尔市新建工厂，将生产线由墨西哥迁回美国；获得美国政府2480万美元的减税优惠以及3700万美元的州政府、市政府的奖励
福特（Ford）	迁回美国的工作岗位超过10000个
IBM公司	准备在美国投资10亿美元，新增2.5万个工作岗位
英特尔（Intel）	准备在美国亚利桑那州的钱德勒投资70亿美元新建半导体工厂，并生产纳米芯片

续表

高科技制造业企业	回归美国的发展战略
惠普（HP）	在美国工厂生产商用笔记本与部分商用台式机
谷歌（Google）	将谷歌眼镜迁回美国硅谷进行组装
星巴克（STARBUCKS）	在美国进行陶瓷杯的生产

资料来源：根据收集资料整理归纳。

根据美国波士顿咨询集团公司对在中国进行生产制造的美资制造业企业回归调查发现，2015年有17%的在中国的美资企业将在中国生产制造的业务部分搬回美国本土；2013年采取实际行动的美资企业占比为13%，2012年的占比仅为7%，可以看出在中国进行生产制造的美资企业回归美国的意愿在逐年增强。所以当更多的机器设备制造商、高端制造业企业选择在美国进行生产制造时，美国制造业的格局将会发生变化，尽管当前美国制造业还未复兴，但不得不承认美国制造业已经走在自动化重组的道路之上，并在获得政府政策支持以及主流民意的基础上开始抢占国际先进制造业的高地。

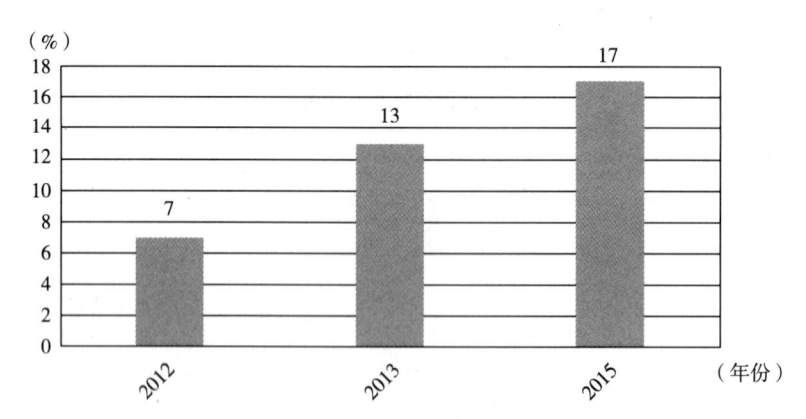

图3-58 实施行动将生产制造从中国迁回美国的美资企业数量占比

资料来源：BCG Manufacturing Survey, http://www.bcg.com/d/news/11dec15-revival-of-american-manufacturing-is-underway-23564，2016-5。

（2）设计创新机构与数字化制造助力美国先进制造业。2012年美国科学顾问委员会向奥巴马递交报告，阐明美国在先进制造业方面落后于其他发达国家；同年美国政府宣布设立"国家制造创新网络计划"，该计划旨在以公私合营的方式建立多家"制造创新机构"；2014年由美国国防部牵头成立了"数字制造与创新机构"，该机构主要研究数字化数据如何在企业供应链以及产品的全寿命周期中流动，目前该机构拥有80多家商业企业、研究院所、政府机构，主要包括微软、西门子、罗尔斯罗伊斯、通用、波音等在内的企业；当前以设计技术和数字制造为标志的智能制造，使美国制造企业生产产品的方式得以改变，通过实施数字化的设计与制造，使产品的全寿命周期与全价值链实现数字化与智能化，重点关注四大技术领域：先进制造业、智能机器、先进分析以及赛博物理系统安全，将在基于机器人的制造网络开发、基于模型的设计方法学、虚拟制造工具等方面进行重点创新。

2014年由美国能源部牵头组建"智能制造创新机构"，旨在将信息、通信技术与制造环境融合，实现企业能量、成本、生产率的实时管理；2015年美国数字制造与设计创新机构发布首批招标书，都是围绕"智能制造"展开，目的在于将研究成果转化为工业应用，促使美国企业能够优化生产流程，促进美国制造业发生变革。"数字制造与创新机构"与"智能制造创新机构"分别从基础技术与关键技术、技术集成、资源平台建设等方面有效互补、多方面多角度发力，共同助力美国智能制造发展与美国制造业的变革。2016年美国在高级"柔性制造"商品上与瑞士、欧盟、日本的贸易逆差达到41亿美元，美国生产商对美国缺乏自动化设备供应商感到焦虑，因此美国通过对生产设备的创新来实现制造业产品的数字化、定制化、小型化。

(3) 先进制造业产业发展快速。

①工业互联网的广泛应用。美国的软件产业与工业互联网行业一直以来都居于世界前列，在美国的能源、运输、基础设施、智慧城市、生态农业等多个领域被广泛普及。同时，美国将工业互联网的发展定位于服务全球市场与跨国企业，在2013年美国政府就投资10亿美元组建美国制造业创新网络，以推动美国云计算、无线网络技术、智能制造的发展，另外美国大型制造业企业如IBM、英特尔、通用电气等都建立了工业互联网联盟，目的在于实现各个厂商之间的数据共享，即通过制定通

用标准，消除各个企业之间的技术壁垒，利用互联网来整合不同企业的资源，激活传统的制造过程，以推动制造业的升级；在此基础上，工业互联网可以满足不同客户的个性化定制要求，还可对制造业生产过程有节能减排的效用。例如，美国通用电气公司测算，如果15年内工业互联网可以减少美国航空业1%的燃料，则会为美国航空业节约300多亿美元，如果工业互联网可以提高电力行业1%的效率，就可以节约660多亿美元，如果工业互联网可以减少石油天然气1%的资本支出，将为石油天然气行业节约900多亿美元。

②智能制造成为美国制造业的创新驱动力。美国制造业通过不断创新研发新产品促进了智能制造产业的形成，当前在美国工厂中大约有23万台机器人在代替人类进行生产；另外美国智能制造产业的发展使物联网、大数据等智能系统平台得以不断完善，使美国制造业的生产流程趋于智能化，生产效率不断提高，例如特斯拉公司的全自动化超级工厂，使用机器人生产一辆技术领先的电动车只要5天时间。智能制造主要包括先进制造测试设备、先进传感器、工业机器人等，美国智能制造产业一直在国际上保持领先地位，且智能制造在美国制造业发展中具有重要的战略地位，也是美国制造业发展的主要驱动力。美国是世界上最早研究控制论、人工智能、物联网等基础理论的国家，同时美国企业研发机构与高校的实验室研发出了世界领先水平的智能制造产品，例如无人驾驶汽车、智能手机、PLC、集成电路、数控机床等，这与美国制造业大量的研发投入有关，例如2013年美国英特尔公司的研发经费就达到了106亿美元，在全球半导体研发经费中的占比为19%。此外，美国中小型制造业企业也为美国先进制造业发展发挥了促进作用，美国的中小型企业在全部企业数量中的占比为98%，数量为2500万家，其中有30万家中小型制造业企业，例如在智能制造领域具有全球显著优势的Alien公司（超高频RFID行业全球领先企业）、Dytran公司（加速器传感器行业全球领先企业）等中小型制造业企业就通过技术创新优势，为美国先进制造业的发展增强了整体竞争实力，同时也完善了美国先进制造业的产业链条，促进了美国智能制造产业的创新突破。

③新材料产业成为美国先进制造业发展的重点领域。美国再工业化

战略的提出使新材料产业成为美国经济发展的重点领域，而且是关系美国国家安全以及经济发展的关键技术领域之首。美国新材料产业在全球具有领先优势，主要分布在美国的太平洋沿岸地区以及五大湖地区，全球领先的材料公司主要有波音、3M、杜邦、美铝、陶氏公司、埃克森美孚等；同时，美国新材料研究领域拥有 210 所研究机构，例如橡树岭国家实验室、埃姆斯实验室、阿贡国家实验室等全球领先的国家实验室。目前，美国新材料产业已经将生物材料、纳米材料、信息材料、极端环境材料、材料计算科学等作为产业发展的主要研究方向，并保持在这些研究领域的世界领先地位。

案例十六　美国 Vickers Engineering Inc. 公司的竞争力

Vickers Engineering Inc. 公司表现出美国制造业的发展潜力，这是一家机械设备公司，向客户主要提供精密零部件，包括大众汽车和丰田汽车，另外产品也向加拿大和墨西哥出口。自 2006 年从日本购入工业机器人后，该公司陆续购买了机械臂以及从数控机床到复杂的包装系统等先进设备，这些来自日本和德国的工业机器人入侵了美国的制造业厂商，因为美国的先进设备不具有这些国家的竞争力。

案例十七　谷歌公司服务制造业的新模式

新技术、新模式的开发有利于促进制造业的发展。随着信息技术的发展，可以将信息技术融入制造业中，即将软件设计融合到硬件制造中，以软件设计来带动整合硬件制造业，由软件设计商创立产品的标准，并指定原材料以及制造商。美国的谷歌公司就是利用自己的操作系统进入制造业，谷歌是全球信息技术服务的领导者，主要提供搜索和广告等服务，谷歌将这种服务与互联网、移动通信设备相结合建立了企业超强的综合商业服务能力，这种能力远远超越了制造商自己的生产服务能力，因此谷歌对于制造业企业的自身服务具有替代以及扩大效应，最终形成制造业企业对其商业服务的依赖性。谷歌与制造商合作将自己开发的 Android 操作系统应用于手机、平板电脑、汽车等，并自己进行外包制造，获得了巨大的利润。另外自 2009 年谷歌就开发自动无人驾驶汽车，Google Driverless Car 就是谷歌公司自己研发的全自动驾驶汽车，这款汽车可以利用雷达感应器、照相机、激光测距机等判断交通情况，并设置有惯性导航系统 GPS。由于面临 Uber 和其他汽车制造商的竞争，谷歌的独立实体公司 Waymo 汽车于 2017 年 12 月从谷歌 X 实验室中剥离，这家公司是无人驾驶汽车的技术公司，并非汽车制造公司，即只研发无人驾驶汽车的技术，不生产汽车，这是谷歌无人汽车走向商业化的非常关键的一步。

（三）中国先进制造业发展与美国的差距

1. 中国先进制造业发展的战略地位

在全球产业链竞争格局中，只有高端制造业才可以带来战略价值。因为以中国高铁、商用飞机为代表的先进制造业如果能够在欧美市场之外的东南亚、南美、非洲等市场上形成一定的市场影响力与稳定的资源配置链，则会在满足国际市场需求的同时，又能提升中国经济的能级，从而在全球高端产业竞争中占有一定的地位。尽管当前我国制造业劳动成本的竞争优势有所下降，但是中国高新技术制造业（电子通信设备制造业、电气制造业、机械制造业、汽车制造业和其他交通设备制造业）的竞争力排名却在不断上升，根据高新技术制造业单位劳动力成本竞争力的排名，从表 3-51 可以看出，2000—2016 年中国制造业竞争力的整体排名在上升，但主要是基于在 2008 年国际金融危机之前的劳动成本优势，所以 2000—2008 年我国 5 个高新技术制造业单位劳动力成本竞争力排名都在显著上升，但 2008—2016 年，只有电气制造业的排名基本保持不变外，其他 4 个高新技术制造业的劳动力成本竞争力都出现了下降。

2. 中国先进制造业的全球布局

（1）建立全球性的资源配置体系。我国先进制造业将用 8—10 年的时间占有全球 40% 的高铁市场；以核电成功输出到阿根廷与巴基斯坦作为基础，发挥核电的优势制造能力展开全球范围的大面积输出；随着在核心技术方面的提升，已经占有世界 50% 市场份额的中国造船业有望在未来获得更大的收益并增强竞争力；中国商用飞机签下 400 架

C919 客机的订单,尽管与美国签下 2000 架波音 737MAX 客机的全球订单无法比拟,但中国飞机制造正在不断增强实力。

表 3-51　　中国主要高新技术制造业单位劳动力成本(ULC)
　　　　　　竞争力的排名及分期排名变化

中国主要高新技术制造业	2000年全球排名	2008年全球排名	2016年全球排名	2000—2008年排名变化情况	2008—2016年排名变化情况	2000—2016年排名变化情况
机械制造业	9	5	9	+4	-4	0
电气制造业	8	2	2	+6	0	+6
电子通信设备制造业	12	4	9	+8	-5	+3
汽车制造业	9	5	6	+4	-1	+3
其他交通设备制造业	15	6	16	+9	-10	-1

资料来源:中国第一财经研究院。

(2)形成全球供应链的管理能力。我国先进制造业将国内的技术创新、产业配套、人才培养、金融服务、国际合作等方面的资源进行整合,系统集成高端制造业产品的设计、生产、服务,构建国际项目的运营管理能力。

(3)"让'高大上'中国装备享誉全球"——李克强总理。中国的高铁、工程机械设备频频亮相于拉美市场,为习近平总书记访问拉美期间增光添彩;上海振华重工生产的吊车被英国建造"女王"号航母所使用,这些表明"中国制造"并非等同于过去的低技术含量与简单的代工生产,"中国制造"在蓄力迈向先进制造。

(4)形成战略性新兴产业的竞争力。各国经济竞争的焦点都围绕着能否在全球价值链分工中占据优势地位,而"中国制造"能否赢得这种竞争力,则来自对战略性新兴产业在全球的布局。2014 年中国制造业的年产值已达到 2 万亿美元,规模世界第一,竞争力却并非世界第一(尽管 BCG 报告称中国制造业全球竞争力排名世界第一)。但是,以华为、三一重工、振华重工、中船重工、中国北车、江南造船为代表的先进制造业正在树立"中国制造"的鲜明形象。华为已经在固定宽带、移动宽带等领域为全球提供1/3的产品与服务。2013年创造388亿美元的营业收入，其中52.3亿美元的欧洲市场收入；公司拥有65%的海外业务占比；2013年研发投入为307亿元，在销售收入中的占比达到12.8%。华为等一批先进制造业在国际市场的崛起源自于企业对先进技术的自主创新；中英签署核电联合声明，也表明英国对中国高端制造业技术能力与产业化能力的认可。

3. 中国先进制造业与美国之间的差距

目前，我国已在多个先进制造业领域取得重大创新成果，例如高性能计算、量子信息、纳米科学、载人航天等，这些技术创新成果将助力我国先进制造业竞争力的提升。另外，随着制造业技术创新能力的增强，我国已经迈入先进制造业大国的行列，有些制造业企业已经成为具有较强国际化经营能力的跨国企业，甚至我国先进制造业领域部分产品技术已跃居世界前列，但是我国先进制造业与美国还存在较大差距。

（1）先进制造业企业研发投入低且创新能力弱。我国制造业通过多年的追赶，制造业增加值规模已经跃居世界第一，但是人均制造业增加值与美国相比差距较大，美国2015年的人均制造业增加值为6630美元，中国人均制造业增加值为2364美元，美国的人均制造业增加值是中国的2.8倍，接近于3倍，这也说明两国之间制造业要素禀赋结构的差异；如果中国按照现行的制造业增长方式所决定的增长速度来达到美国一半的水平，还需要几十年的时间，显然不可取，因此就需要中国制造业要建立起以发挥创新优势为核心的增长方式，即将制造业的创新技术与市场密切结合，通过创新优势才能将我国制造业的比较优势转换为竞争优势。我国制造业主要依靠改革开放政策以及过去的人口红利才得以在国际市场中占有一定的市场份额，而美国发展制造业首先是从先进制造业入手，通过研发资金与高端人才的投入来不断带动技术创新，构筑高新技术与知识专利的壁垒，获得高溢价的核心技术以及关键零部件研制的垄断地位，进而占领国际分工中高端环节。

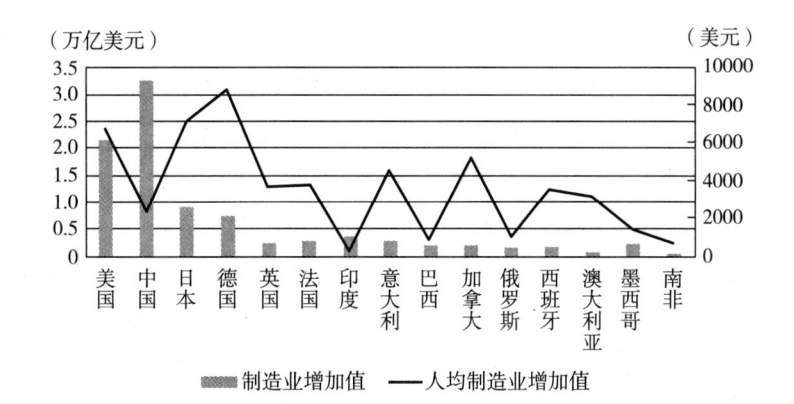

图 3-59　2015 年中国与美国等国家制造业增加值以及人均制造业增加值的比较

资料来源：根据收集资料整理。

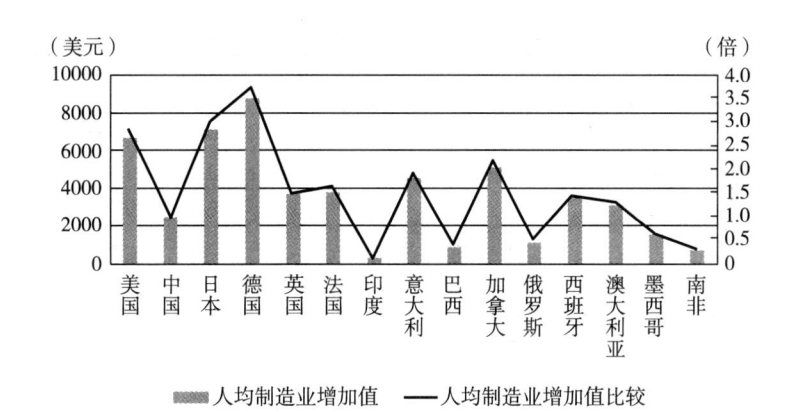

图 3-60　2015 年中国与美国等国家人均制造业增加值以及比较

注：假设中国人均制造业增加值为 1。

资料来源：根据收集资料整理。

在 2011—2013 年的"全球创新企业百强"[①] 中，连续三年我国内地无一家先进制造业企业入围榜单；在 2015 年的"全球创新企业百强"榜单中，我国内地企业也无一入围，而美国有 35 家企业入围；在申请国际专利合约数（PCT）方面，2012 年我国的申请数量仅是美国

---

① 由英国汤姆森路透社评选。

的 1/3，其中交叉许可专利与同族专利数量较少；2015 年我国 PCT 申请总量为美国申请数量的 1/2；我国先进制造业技术创新能力不强，高端芯片、通用芯片、高档数控系统等对外依存度较高，发动机、高档液压件、密封件几乎全部需要从国外进口；技术研发只重视研发不重视应用，特别是在具有颠覆性以及关键性的重大技术创新方面与美国差距较大，例如风电机组传动齿轮产品，美国等发达国家生产的产品寿命超过 20 年，而我国生产的产品保修期却仅为 2 年，此外还有我国高端机械装备主轴承的平均寿命是 300 小时，仅相当于 20 世纪 60 年代美国水平的 1%，而且频发故障，所以我国先进制造业薄弱的技术创新能力以及基础能力制约了整机能力的提升。

表 3-52　　　　　　　　中美专利以及企业研发状况比较

专利指标（PCT）	美国	中国
2015 年 PCT 申请总量（件）	57385	29846
2015 年 PCT 前 50 强入围（件）	11	6
2014 年 R&D 投入前 100 强入围（件）	37	4
2014 年 R&D 投入前 2500 强入围（件）	829	301
2014 年 R&D 投入最多的企业（亿美元）	微软 99.2	华为 54.4

资料来源：WIPO（世界知识产权组织）数据库，2016 年 5 月。

（2）缺少具有国际竞争力的大型先进制造业企业。美国经济的标志是在先进制造业领域拥有大量的世界性领导公司，这些大型先进制造业企业也是美国经济增长的核心动力，为美国创新技术的应用提供了最初的资本保证；同时这些大型制造业企业之间通过研发竞争传播新知识，使新技术与新工艺得以应用于新商品中；这些大型企业通过对创新型小企业的收购成为推动技术进步的动力，也不断改变着产业形态；同时这些大型制造业企业也是产业集群的核心，与相关联的配套企业一同借助于产业集群，扩大生产经营规模，最终构建国际化的新组织与产业链条。例如，在 19 世纪末，美国大型工业企业根据空间布局实践创造了"M"形组织结构和管理理论，福特汽车就创造了流水线生产方式；

在20世纪60年代末与80年代末时期，美国制造业中出现了诸如微软、IBM、英特尔、戴尔、苹果等公司，代表着新一代信息技术产业的发展，这些公司的采购、生产、销售等网络遍布全球，推动了全球的信息化；21世纪美国制造业中的苹果、通用、福特等企业，通过其商品与经营模式的创新不断改变传统的商业模式，重塑消费新观念。所有这些大型制造业企业都处于国际产业价值链的高端环节，主导着美国先进制造业的发展方向，并改变着国际分工的规则，通过企业自身的国际竞争力支撑着美国经济战略。

尽管我国大型先进制造业企业在国际市场国际化经营能力不断得以提升，但是与美国大型企业相比差距甚大。一是我国先进制造业企业的利润水平低，2012年我国百强电子信息业企业的利润总和为141亿美元，而美国苹果公司2012年的利润额高达417亿美元；二是我国先进制造业企业缺乏较强的品牌影响力，在2013年世界品牌500强（由世界品牌实验室公布）中，我国内地入围的25个品牌中只有7个是制造业企业，而美国有232个品牌入围，2015年世界品牌500强中，我国内地也只有34个品牌入围，总体来看，我国先进制造业品牌建设相对滞后；三是大型先进制造业企业的国际化经营能力不强，在企业组织管理、自主创新、资源整合等方面与美国跨国公司的差距明显，较难融入国际先进制造业的制高点范畴展开竞争进行角力。

（3）先进制造业的行业标准化与规范化水平不足。我国先进制造业的行业发展环境亟须进行优化，一些行业的产品标准、检测方法标准与新产品研发的速度脱节，使产业链上下游企业之间难以进行有效对接，难以满足产品参与国际竞争的需要，目前我国制造业国际互认校准测量能力仅相当于美国的53%，另外支持先进制造业发展的关键计量基准较低，影响了我国先进制造业的发展。为了促进我国先进制造业的国际竞争力，应制定相关的质量安全、技术、环保、能耗等方面的行业标准，并建立国家统一的产品认证体系，积极引导先进制造业企业开发设计与行业标准相符合的产品以及技术，与国际接轨形成行业竞争力。

（4）先进制造业企业缺少企业家精神。制造业领域的企业家本质上就意味着创新精神，企业的创新精神可以推动技术进步，技术进步又是促进经济增长的关键因素，因此只有具备创新开拓意识的企业家才能将技术进步的成果转换为新工艺、新产品、新模式，才能推动制造业转型升级。从美国制造业的发展历程来看，可以发现很多制造业技术发明（如汽车技术、钢铁技术等）并非最初出自美国，而是出自将这些创新技术进行规模化、产品化的美国企业家。即使当前也可以看出，在先进制造业领域美国企业家们通过创新精神不断推进信息技术、互联网技术、物联网技术、智能制造技术等向制造业更广的领域扩展，创造出提高生产效率与附加值的新产品、新服务、新业态、新模式。在历年汤姆森路透评选的"全球创新企业百强"中，美国拥有的上榜企业最多，这些都表明美国是当今世界最具有企业家精神的国家，这也是美国先进制造业保持国际竞争力并占据产业价值链最高端的原因。我国先进制造业企业与美国企业差距很大，缺乏更多的企业家精神，尽管出现了像任正非、李书福、张瑞敏等一批优秀的企业家，但是制造业行业是否能够将企业家精神转换成一种创新意识，进而推动企业技术进步，带动我国制造业企业实现价值链的升级尤为重要。

（5）政府的激励政策。美国的先进制造业一直以来都受到政府政策的激励，尽管美国先进制造业的发展是遵循要素禀赋的比较优势，但是政府力量的支持也不可或缺。从美国制造业的发展可以看出，正是通过政府的干预美国才建立起先进制造业发展的基础并保持长期的增长势头，例如美国政府频繁使用关税壁垒、进口禁令等政策来保护国内幼稚工业的发展；通过各种补贴政策、垄断授权、政府投资、税收减免等政策来促进先进制造业发展；为促进先进制造业获得技术创新优势，积极为公私合作、产学研合作搭建桥梁，鼓励产学研协同创新，并投资建立创新网络组织；为保持先进制造业的技术优势，设置各种进口壁垒、投资限制等手段；为先进制造业创造良好的市场环境，建立工业园区或开发区来招商引资。我国对于先进制造业的政府支持主要是《中国制造2025》规划以及各级地方政府发展先进制造业的政策措施，但是对于先进制造业的支持力度包括资金投入、政策引导等措施不及美国政府全面深入。

4. 中美发展先进制造业的措施对比

目前，新一轮产业革命使各国在以智能制造、新材料、新能源、信息网络为特征的先进制造业领域的竞争加剧,而美国政府为了使新一轮产业革命首发于美国,提出了重振制造业战略并采取措施来重点促进先进制造业的创新发展,为此重视整合产学研以及社会资源,并通过构建先进制造业创新网络中心,来进一步巩固加强美国在先进制造业领域的主导地位。为将我国制造业做大做强迈向制造业强国行列,我国大力发展先进制造业,并为抓住新一轮产业革命所带来的有利机遇,制定了相关战略——《中国制造2025》,来打造中国制造升级版,通过实施创新驱动战略,进一步提升我国制造业的国际竞争力。所以如表3-53所示,可以看出中美两国发展先进制造业的目的、目标不同,措施策略的重点也不尽相同。

表3-53　　　　　中美发展先进制造业的政策措施对比

国家 政策	美国	中国
发展先进制造业的政策措施	1. 提升先进制造业竞争力措施:鼓励公私进行合作来研发前沿交叉技术,努力实现在GDP中公私投入研发占比达到3%的目标;开发可以提高生产产品效率以及减少生产障碍的方法;政府重点支持新设计方法、新技术在工业体系中的应用;为提升中小企业参与全球竞争的能力条件,可共享使用基础设施与设备。 2. 促进先进制造业创新的措施:建立创新网络中心;加强产学研在先进制造业领域的合作研发;加大先进制造业前沿交叉技术研发的经费投入;建立全国范围的先进制造业网站;培育良好的先进制造技术商业化环境。 3. 加大先进制造业劳动力培训:提高美国公司雇用国外高技能、	1. 建立先进制造业的支持发展体系:通过立法确定先进制造业在我国国民经济发展中的地位,并制定相关战略促进先进制造业技术创新、要素保障、发展方式等的相互协调。 2. 转变先进制造业的资源配置方式:创造发展先进制造业的良好市场环境,保障公平竞争;发挥市场配置资源的作用;建立透明的市场准入制度,使更多创新型企业能够进入先进制造业领域;并建立以企业为主体的投融资体系。 3. 强化先进制造业的创新驱动战略:先进制造业技术竞争激烈、成果应用迅速,加快建立先进制造业创新体系,引导创新要素集聚;通过推进产学研用相结合,促进创新成果转化;塑造发展先进制造业的良好创新环境,调动产学研创新的积极性;努力降低先进制造业企业的创新成本,通过开放国家大型科研设施设备,为先进制造业企业提供技术创新平台。 4. 加速"两化"融合提升先进制造业的技术创新能力:利用互联网技术、物联网技术改变产业

续表

国家 政策	美国	中国
发展先进制造业的政策措施	高水平劳动力的数量；在国民教育中强化技术、科学、数学、工程教育；强化与先进制造有关的大学项目；加强资质认证、技能认证之间的关系；纠正公众对制造业的错误看法，增加对社区大学的投资来提升教育水平；提供全国制造业奖学金与见习。 4. 改善商业环境与税收政策：修订能源政策、改善贸易政策并简化市场监管政策。延长企业研究开发的税收抵免；将企业信贷提高到17%；采用的边际税率与其他OECD国家相同，并改革公司收入税	竞争模式，提高信息技术在工业领域中的集成应用，并加速信息化与工业化的融合创新；大力提升先进制造业全产业链的信息化程度，使生产制造模式趋于数字化、智能化、网络化、服务化；重点突破工业软件、应用电子、三维图形等的关键技术；通过物联网运营服务，提升信息技术服务商业模式创新，并为先进制造业企业的新型业务提供技术支持。 5. 建立先进制造业多元化投资融资体系：鼓励社会资本参与到先进制造业的发展；通过政策措施促进金融机构优先支持先进制造业、中小型企业的技术研发创新，拓宽先进制造业的融资渠道，解决中小企业融资难的问题。 6. 培养先进制造业创新人才：建立产学研相融合的人才培养模式，建立先进制造业技术人才、创新人才综合培训基地与实践基地；大力发展技能培训、职业教育，针对先进制造业中技能劳动者短缺问题，应重点培养技术技能劳动者；此外注重培养先进制造业的技术创新领军人才，并建立高水平先进制造业研发设计团队

资料来源：根据收集资料整理归纳。

小结

目前，我国制造业总产值已经超过了美国，且彰显出了自身的显著优势——巨大的消费市场、完整的制造业产业链以及制造业的规模优势；美国制造业的优势主要体现在：制造业拥有众多的自主品牌与知识产权、自主创新技术，自振兴制造业战略实施以来，制造业出口贸易量上升、利用外资金额不断提高，产能利用率也较高，尤其是通过数字化制造、智能制造以及建立设计创新机构、政府实施激励政策等推动了美国先进制造业的发展。而我国制造业与美国的差距主要在于研发投入以及创新能力不足，特别是在发展先进制造业方面我国大型先进制造业企业缺乏竞争力、行业标准化与规范化不足，政府政策支持的力度也不够等。总之，通过对中美先进制造业进行对比，不难发现，虽然我国制造业尤其是先进制造业在很多方面与美国差距较大，但我国制造业如果能够依托全球最大的国内市场规模、不可替代产业工人素质、完备的制造业产业体系，并利用我国研发技术人员数量全球第一的人力资本优势，以战略性新兴产业为发展龙头，从控制制造业产业价值链的中高端入手，就可以重塑我国制造业的竞争优势，也可以创造我国制造业自主创新、跨越式发展的绝对优势，进而在第四次工业革命中赢得国际竞争力。

第四节　中国制造业跨国公司发展

跨国公司是各国参与经济全球化的主要力量，同时也是新产品、新技术、新理念的创造者。目前，我国在制造业领域涌现出很多有竞争力的跨国公司，并在新兴经济体和发展中国家处于领先地位，但与欧美发达国家相比，我国制造业跨国公司的核心技术以及国际化经营的能力还存在较大的差距，因此为了推动我国制造业转型升级并推动制造业迈向中高端，加快培育一批具有国际竞争力的跨国公司具有重要的意义。例如，我国制造业中的汽车企业可以通过对外直接投资在海外建厂使中国汽车自主品牌快速走向世界；轻纺行业应通过对外直接投资力求发挥比较优势提升国际合作水平；通信行业应该通过对外直接投资增强国际竞争力；航空航天装备制造业通过对外投资来增强国际影响力；船舶制造业通过对外直接投资来开拓高端装备的市场。当前经济全球化是我国制造业企业制定企业长期发展规划中重要的一部分，通过改革开放40年，我国已成为世界第二大经济体、第二大对外直接投资国、第一大货物出口国、第一大外汇储备国，企业也由输出产品向输出产业资本阶段演进，从对海外跨国公司引进转变为对本土跨国公司的培育输出；2014年我国首次成为资本的净输出国，境外投资总额超过外资流入总额。据预测，我国未来十年对外投资会处于10%以上的增长速度，这样在2020年我国对外投资总额将超过 2000 亿美元[①]，特别是那些正处于工业化快速推进阶段的非洲国家、南亚国家、东盟国家与中亚国家，将会为我国制造业跨国公司提供输出资本、技术、中高端产品的有利市场条件。

一　中国制造业培育跨国公司的重要性

（一）跨国公司国际竞争力的衡量

在全球产业价值链中，国际制造业企业呈现出全球化分工的趋势，将研发设计、资本运作、生产、销售、服务等各环节在全球进行布局，实现异地设计研发、生产制造、远程销售。跨国公司为了对全球制造资源进行有效配置，采用全球化战略将资金流、信息流、物流、人才流、技术流等进行优化，最终形成完整的由研发、生产、销售、出口、服务等构成的全球性产业价值链。跨国公司是在全球价值链分工下进行生产制造并进行销售，并非在独立的一个国家内部完成，而是由参与价值链分工的各个国家的跨国公司共同完成，基于分工角色的差异会使每一个参与国家只需完成某一道生产工序或是销售环节，同时由于在生产过程中会存在大量的中间产品的进出口，所以这样就会导致在衡量全球价值链分工体系中，某一个跨国公司的生产量或是出口销售额并不能去直接衡量该公司的国际竞争力，即在当前由跨国公司所主导的国际价值链分工与运营体系中，所参与的跨国公司仅仅实现的是某一个价值链环节，而该环节对整个价值链增值的贡献决定了其所分享的贸易利益，因此一个跨国公司在参与全球价值链过程中所实现的价值链增值水平以及相应的贸易收益才是衡量跨国公司国际竞争力的重要指标。

表 3-54　　　　中国制造业具有国际竞争力的跨国公司

	制造业领域	对外直接投资的龙头企业分布
1	钢铁	上海宝钢集团
2	有色金属	中国有色矿业集团
3	建材	中国建筑材料集团

[①] 商务部：《中国资本走出去　机遇与挑战并存》，2015 年 1 月 14 日。

续表

	制造业领域	对外直接投资的龙头企业分布
4	铁路	中国铁路总公司
5	电力	中国华能集团
6	化工	中国化工集团公司
7	轻纺	中国中纺集团公司
8	汽车	中国第一汽车集团公司
9	通信	中国通信建设集团公司
10	工程机械	中国机械工业集团公司
11	航空航天	中国航天工业集团公司
12	船舶和海洋工程	中国船舶工业集团公司

资料来源：根据收集资料整理。

(二) 中国制造业培育跨国公司的国际背景

2008 年国际金融危机的深层次影响使全球贸易处于持续低迷的状态，尤其是发达国家的贸易保护主义不断抬头，全球对外直接投资对实体经济的带动作用明显在减弱，全球经济处于一个时间较长的低速增长期。2014 年全球对外直接投资为 1.23 万亿美元，流入量下降了 16%；2015 年全球对外直接投资为 1.76 万亿美元，流入量上升了 38%，是 2008 年国际金融危机以来的最高水平；其中，跨国并购的金额从 2014 年的 0.43 万亿美元增加到 2015 年的 0.72 万亿美元；2015 年绿地投资的金额达到 0.77 万亿美元；2015 年发达经济体的 FDI 流入量达到 0.96 万亿美元，占全球 FDI 流入量的 55%；2015 年发展中经济体的 FDI 流入量达到 0.76 万亿美元，增长 9%；2015 年发达经济体对外投资额达到 1.1 万亿美元，增长 33%；2015 年亚洲 FDI 流入量达 0.54 万亿美元，增长 16%，非洲 FDI 流入量达 0.054 万亿美元，下降 7%；拉美和加勒比海地区（不包括离岸金融中心）的 FDI 流入量达 0.17 万亿美元，与 2014 年相比基本持平；南美洲地区由于经济不景气以及大宗商品价格下跌致使 FDI 流入量大大下降；但是制造业外资增长却使中美洲的 FDI 流入量大大增加，而转型经济体由于国内市场不景气、初级商品价格下跌、限制性政府政策、地缘性政治因素都促使 FDI 流入量下降。

1. 发达国家大型跨国公司对外产业转移的动力减弱

发达国家跨国公司一直是跨国直接投资的主力军，但是由于2008年的国际金融危机使发达国家大型跨国公司的资产负债表进入了较为漫长的修复期，国际资本相对短缺；另外，以美国为代表的发达国家积极推行再工业化战略，又使国际资本产生了大量的回流现象，这样大型跨国公司在全球范围内进一步进行产业链战略部署的局面就逐渐在削弱；但是发展中经济体却对先进制造、先进技术与管理、资金的需求在逐渐上升，尤其是各国对于利用外资的需求在不断增加，这样对于我国跨国企业输出优势产能、成熟的技术以及丰富的资本是极为有利的。

2. 新兴国家加速工业化进程促进了国际产业转移的需求动力

当前新兴经济体国家（包括印度尼西亚、越南、尼日利亚、肯尼亚、哥伦比亚、印度等）借鉴日本、韩国、中国经济发展的经验，发挥制造业基础良好、劳动力资源丰富的优势，积极推进工业化进程，2011—2015年新兴经济体的GDP年均增速高于同期全球水平，印度尼西亚年均GDP的增速达到5.5%、越南达到5.9%、尼日利亚达到4.7%、印度达到6.7%；但是这些新兴经济体国家由于金融体系不发达、经济发展水平不高，工业化面临着显著的投资缺口，因此这些国家不断通过扩大开放来引进外资，例如印度尼西亚的"海上战略支点"计划、印度的"莫迪新政"等，都是借助于承接国际传统产业（石化、纺织、钢铁等）的转移来弥补国内经济建设资金短缺的困境，因此就为我国制造业跨国公司的产业转移带来了契机，我国制造业跨国公司可以通过直接投资进入新兴经济体国家市场，转移优势产能、技术管理经验等。

3. 新型国际分工的背景使承接国际产业转移的方式多元化

国际金融危机之后，各国纷纷推出促进高新技术、新兴产业发展的战略规划与政策，目的在于能够抢占技术变革以及新兴产业发展的制高点，同时随着全球高新技术的发展突破，新兴业态如"互联网＋"、电子商务等，新兴产业如可再生能源产业、移动互联网产业等，新型产业组织方式如微型研发企业、中小型智能化生产车间等网格化组织形式快速发展，这样新型国际化分工方式就表现为分散化、网格化、平等化的特征，比起传统国际分工方式来说，大大降低了新兴市场国家参与全球价值链分工合作的门槛与标准，有利于全球各类资源要素实现高效配置与深度融合。因此，使承接国际产业转移的方式趋于多元化，也有利于我国制造业跨国公司可以更多地参与全球价值链的分工，发挥各种要素资源的优势，进而形成国际竞争力。

4. 我国制造业跨国公司开始向"两竞争两互补"格局转变

21世纪以来在世界经济格局中，最为突出的变化就是在传统的发达国家与发展中国家的二元结构中出现了第三极力量，即以金砖国家为代表的新兴经济体的出现。这样在世界经济中就形成了三个梯队——欧美日等发达经济体、中俄印巴南非新兴经济体、亚非拉欠发达经济体，而我国与其他经济体的关系也随之变为了"两竞争两互补"[①]格局，一方面我国既可以向发达经济体进行开放，另一方面又可以向新兴经济体以及发展中国家拓展对外发展的经济空间；我国资本较为充裕，这样就可以满足国际上大多数国家招商引资的需求，为我国制造业跨国公司"走出去"进行对外直接投资、利用当地市场资源并提升国际化程度带来了新的机遇，尤其是可以利用"一带一路"倡议以及国际产能合作带来的新动力，使我国制造业跨国公司能向国际产业链分工中的领跑者靠拢。

（三）中国制造业培育跨国公司的重要性

由于全球发达经济体以及新兴经济体经济增长普遍放缓，国际投资需求明显收缩，另外地缘政治冲突以及局部地区的政治动荡，使全球跨国公司投资信心下降。2009—2014年全球跨国直接投资总额年均增速为7.7%，2014年出现跨国投资额大幅下降的局面，降幅达到16.3%；2015年尽管在新兴经济体的带动下全球跨国直接投资有所增长，但是增幅明显低于2008年国际金融危机之前的水平。而国内由于我国经济处于"三期叠加"时期，且经济进入新常态，全球化传统动力显著下降，我国亟须改变制造业传统模式才能继续分享全球化的利益。

---

① "两竞争"是指劳动密集型产业与发展中国家竞争、资本与技术密集型产业与发达国家竞争；"两互补"是指要素禀赋、产业结构与发达国家总体是互补的，而完整的工业体系、强大的制造能力等又与大多数发展中国家形成明显的互补。

1. 可以增强输出优势产能、装备、技术、资本等的动力

过去我国在劳动力、土地等资源上拥有比较优势，但是欠缺技术与资本，主要是通过大量地吸引外资来弥补国内资本的不足，同时通过出口发展外向型经济来换取外汇；但现阶段由于我国的资源禀赋发生了显著的变化，这就标志着我国已经具备了在技术、资金、管理经验等方面进行输出的良好基础，制造业跨国公司的培育正好可以发挥我国的资源优势，在要素资源不存在壁垒的前提下，生产要素会从相对丰裕的国家流向相对欠缺的国家，这就说明我国可以通过培育制造业跨国公司将资本和技术等优势资源向新兴经济体国家以及发展中国家转移，且这是不可逆的大趋势。2016 年 1—9 月我国非金融类的对外直接投资规模为1342.2 亿美元，同比增长 53.7%，超过同期利用外资的规模，成为对外直接投资的净输出国。

表 3 - 55　　　　　与"一带一路"沿线国家相比的中国资本与技术的比较优势

相对优势 \ 对比的要素	2005 年 劳动力	资源	土地	2013 年 劳动力	资源	土地
技术的比较优势	0.25	0.62	0.98	1.04	2.4	3.57
资本的比较优势	0.28	0.71	1.12	1.18	2.74	3.97

资料来源：根据《中国统计年鉴》数据计算。

2. 可以突破外贸出口中的贸易壁垒输出过剩产能

现阶段我国经济发展中投资与消费不均衡，表现在 1981—2014 年，我国固定资产投资的名义值年均增速为 20.96%，比名义 GDP 的年均增速高出 5 个百分点；在我国成为世界第二大经济体的同时，固定资产投资的长期高增长具有重要贡献，但是也使我国传统制造业产业如建材、钢铁、有色金属等盲目过度扩张，导致结构性产能过剩；2014 年我国制造业中的钢铁、成品油、玻璃、水泥、铝、纸制品等的产能过剩规模分别为 3.27 亿吨、2.3 亿吨、2.15 亿重量箱、8.5 亿吨、920 万吨、2100 万吨。

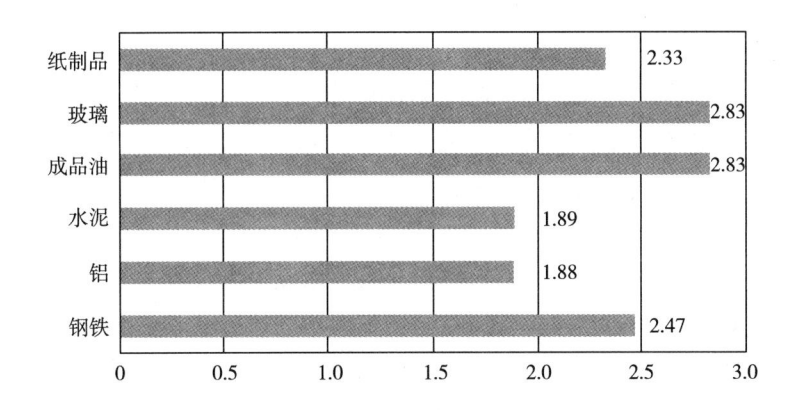

图 3－61　2014 年我国 6 大资源型产品产能过剩规模

资料来源：根据《中国统计年鉴》数据测算。

产品	过剩规模
纸制品	2.33
玻璃	2.83
成品油	2.83
水泥	1.89
铝	1.88
钢铁	2.47

另外，新兴市场国家却在大力推进工业化进程，对于资源型产品以及装备制造的需求在不断增加，尤其是对化工、建材、钢铁、纺织等优势产品的供给存在巨大的市场需求，这样就为我国传统制造业产能过剩找到了出路，即应大力培育我国制造业跨国公司，通过直接投资开展国际产能与装备制造的合作。但是资源型行业往往是一个国家的支柱产业，所以有些新兴经济体国家为了保护本国产业发展、创造税收以及拉动就业，会对我国资源型产品出口实施贸易保护措施，仅2015 年我国出口商品就受到了来自欧盟、美国等发达国家以及墨西哥、印度、泰国、秘鲁等发展中国家的反倾销调查案件多达 71 起，主要是针对资源型产品如石化产品、钢铁制品、塑料制品等，我国遭遇的反倾销调查案件居全球之首，因此为了在贸易摩擦不断的国际背景下使我国制造业能积极输出优势产能，大力培育制造业跨国公司尤为重要，这样就可以避免出口贸易壁垒，还可以为东道国增加就业与税收。

3. 可以增强制造业企业在全球配置资源的效率

我国制造业跨国公司将是我国产能输出的重要载体，通过企业跨国投资与贸易可以提高制造业企业的市场空间以及生产能力的利用效率；通过制造业跨国公司在世界范围内配置劳动力与技术资源将有利于企业提高技术创新能力；通过制造业跨国公司与低梯度发展中国家进行合作，将有利于我国制造业企业注重研发与生产环节中高附加值的提升，注重产品品牌建设与产品全周期的服务，进而提升我国制造业跨国公司在全球产业链的地位；通过制造业跨国公司与高梯度发达国家进行合作，有利于我国制造业企业适应全球商业规则并参与制定国际行业技术标准；通过制造业跨国公司在全球合理布局加工生产基地、研发中心、营销网络，将有利于国际化经营能力的提升，获得更多的国际化收益。

2014年美国《财富》杂志评选的世界500强企业中，我国内地就有90家企业入选，仅次于美国；与巴西、印度、俄罗斯、土耳其等大多数新兴经济体相比具有显著的国际竞争优势；因此，随着我国制造业企业自身核心竞争力的提升，国家应鼓励制造业跨国公司进行对外直接投资来开拓市场，进而实现全球配置资源的能力、达到降低交易成本的目的；目前，我国制造业企业通过绿地投资、并购、工程建设等方式，在海外市场建立企业的研发中心、资源深加工中心、加工组装基地、区域经营总部等，提升了企业的经营效率，也推动了我国制造业的富余优势产能在全球的对外输出。例如，我国大型央企中石油、中石化，民营企业联想、华为、三一重工、红豆等都已经在世界范围内形成了企业的生产营销网络，一方面加强了与海外其他国家的经贸往来，另一方面又推动了我国制造业各项生产要素在国际范围内的有序流动，资源达到了高效配置，与海外市场进行了深度融合。

4. 可以有利于提升我国制造业企业在国际分工体系中的地位

目前，从全球价值链来看国际分工体系主要表现为三个层级：第一层级位于链条的最高端，主要是由美国、德国、法国、英国等发达国家构成；第二层级处于次高端，主要由日本、韩国等国家构成；最底层即第三层级是由新兴经济体以及大多数的发展中国家构成，该层级的国家参与国际分工的程度相对较低，主要是资源型产品供给、最终产品加工组装等中低端环节的业务链。可以看出，全球价值链的主导权在于少数发达国家的大型跨国公司，发展中国家的企业只能获取较低的利润，根据数据显示，印度单位出口所创造的附加值仅为0.17，远远低于美国、日本等发达国家，比我国的水平还要低。但是随着新兴产业的发展以及新一轮科技革命的突破，传统型的垂直分工将会被新型的网络化、相对平等国际分工体系所取代；在传统国际分工体系中，我国制造业企业处于中低端的加工组装环节，目前正在向中高端的高附加值零部件生产环节以及高技术含量的研发环节迈进，在全球价值链中的地位逐渐上升，成为新兴经济体以及发展中国家的"领头羊"；所以将来通过大力培育制造业跨国公司，可以将我国制造业优势产能对外进行转移，进而可以逐步建立在亚洲（东南亚、南亚、中亚）、非洲（北非）、欧洲（中欧、东欧）等区域的跨国生产与销售贸易网络，并有利于推进我国制造业产业递次升级以及在全球价值链中的位势提升，为建立新型国际分工体系提供坚实的基础。

5. 有利于实现贸易转换以及投资转换

通过培育我国制造业跨国公司，可以通过对外投资来扩大装备技术产品与服务的输出，并提升东道国制成品的生产加工能力，推进我国制造业的对外转移，这在很大程度上可以减轻我国国内的资源环境承载压力并促进国内制造业的转型升级；通过制造业的对外直接投资可以将以官方外汇储备形式的资本外流转换成企业的自主对外投资行为，并将对外投资由以债权类为主的形式转换成以股权类为主的形式，这样制造业跨国公司就可以参与优势要素资源配置，并不断提高制造业跨国公司的生产效率以及投资收益。

二　中国制造业跨国公司的发展

（一）中国制造业跨国公司发展的优势与劣势

1. 中国制造业跨国公司发展的优势

（1）中国制造业跨国公司"走出去"优势逐渐显现。当前中国制造业跨国公司"走出去"的优势包括技术优势、管理优势、服务优势等逐渐凸显，企业的国际竞争力在增强。在我国制造业中有很多企业具有较大的规模优势以及竞争力，拥有大量的生产设备存量，这些设备主要是以出口的方式来实现国际转移，随着我国制造业比较优势的升级，越来越多的制造业企业通过对外直接投资来实现设备产品的境外生产，同时我国装备制造业竞争力的增强，对企业的对外直接投资也创造出新的优势。例如，我国装备制造业具有资本技术密集型的特征，所以轻工装备、纺织装备、机床工具、电力装备等开始成为我国制造业跨国公司对外投资生产的新比较优势,这些装备制造业企业可以通过对外投资将国产装备转移到国际市场,利用国际市场发挥我国装备制造业上下游联动、设计安装调试维修等一系列全程服务、价格竞争的优势,既满足东道国当地的设备需求,又拓展了我国装备制造业行业的发展。目前,我国装备制造业建立了完整的产业体系,在国际市场上表现出一定的技术水准、成套水平以及门类相对齐全的特点,轻纺、建材、化工、汽车、有色金属、工程机械、船舶、钢铁、铁路等行业都具有较为显著的产能优势,因此随着我国制造业在国际分工中的地位不断提高,我国在高端装备制造以及轻纺、钢铁、有色金属、建材等领域具有显著的资本优势、技术优势、规模优势,出现了大批具有国际竞争力的跨国企业。这些制造业行业的跨国企业在新兴经济体国家以及发展中国家不断得到认同,尤其是中国技术、中国装备、中国资本、中国经验越来越受到这些国家的欢迎,为中国制造"走出去"提供了坚实的基础与条件。

(2)"一带一路"倡议为中国制造业跨国公司提供广阔的发展空间。"一带一路"沿线国家主要涉及东亚、东南亚、西亚、中亚、南亚、独联体、中东、非洲等一些国家,这些国家制造业落后、产能偏低、基础设施建设不足,多数国家缺少完善的基础工业体系,因为本国政治、基础设施建设等的因素影响,对外资的吸引力缺乏;我国作为制造业大国,尽管制造业整体处于国际产业链的中低端,但已经具备了装备制造能力以及较为完善的工业体系,2014年我国全部出口收入中的17%是由装备制造业出口实现的,其出口收入达到2.1万亿元,因此与"一带一路"沿线国家的互补性明显高出日本等发达国家;同时"一带一路"沿线国家正在融入经济全球化进程中,也亟须利用外部资金、技术等资源,2010—2014年"一带一路"沿线国家的外资流入以及对外贸易的年均增速比全球平均水平要高出近4个百分点。

此外,俄罗斯的欧亚经济联盟、哈萨克斯坦的"光明之路"、蒙古的"草原之路"等发展战略与我国的"一带一路"倡议高度契合,促使很多"一带一路"沿线国家以及国际组织参与其中,且这些国家都将推进自身国家的工业化进程放在重要的位置。例如，哈萨克斯坦的"光明之路"新经济计划明确提出加强交通基础设施建设，巴基斯坦的《2030年远景规划》中明确提出发展铁路、能源电力、电信、公路以及地铁轻轨等的建设；俄罗斯的《2020年前俄罗斯社会经济长期发展构想》就强调要对传统工业进行升级改造并要加大基础设施建设等。这些都表明我国周边国家工业化程度较低，但在劳动力资源或是自然资源上却具有显著的优势，这样就与我国制造业发展的优势——产能优势、技术优势、资本优势、服务优势形成较大的互补性与对接性，也标志着未来中国制造业跨国企业可在这些"一带一路"沿线国家拓展更大的发展范围、更深的发展层次。例如，轻纺织业等劳动密集型产业可以向东南亚部分工业化水平较低的国家进行转移；金属制品、化工、能源等资本密集型的制造业可以向西亚、中亚等部分矿产资源与油气资源丰富的国家进行转移，并可以扩大技术资本密集型产品对这些国家的出口；装备制造业等技术密集型制造业和高附加价值产业可以向中欧、东欧部分处于工业化后期的国家转移，实现制造业的技术转移与产业升级。

（3）多个机制平台助力中国制造业跨国企业的发展。我国已经与30多个国家和地区（包括哈萨克斯坦、塔吉克斯坦、科威特、卡塔尔等）签署了共建"一带一路"谅解备忘录，与20多个国家和地区签署了国际产能合作协议。例如，中国与哈萨克斯坦就签署了28个重大产能合作项目文件，涉及投资金额超过230亿美元；中巴经济走廊涉及的签约项目就高达460亿美元；此外，我国建立了50多个境外产业园区和经济合作区，例如中白工业园、中哈霍尔果斯国际边境合作中心、中印（印度尼西亚）综合产业园等多个跨境经济合作区；中泰铁路、中老铁路已经动工；一批在国际上有影响力的项目逐步落地，例如中国与印度尼西亚的雅万高铁就采用了中国设备、中国技术、中国标准。由此可以看出，我国资本相对较为丰裕，中国制造业跨国企业完全可以通过对外直接投资来发挥产能与技术优势，并通过利用现有的机制平台、各种双多边合作基金（丝路基金、亚投行、金砖国家银行）来推动我国制造业跨国企业拓展更宽的合作领域。

2. 中国制造业跨国公司发展的劣势

（1）中国制造业跨国公司的创新能力有待提高。中国制造业跨国公司在国际产业链中由于缺乏核心与关键技术、缺乏品牌优势、缺乏高效的营销渠道，仍然处于价值链的中低端环节。尤其是在高端产品与技术研发方面，80%的关键新材料、基础元器件、重要零部件等不能自主进行生产，同时70%的技术需要外源来支撑；我国规上工业企业的研发投入在销售收入中的占比仅为1%，发达国家平均水平达到2%；2014年世界前100家专利申请最多的公司中，在机械制造领域主要集中在德国、日本，而新材料、通信、石化、计算机领域主要集中在美国；我国制造业跨国公司中只有通信领域的华为公司、中兴通迅具有一定的专利申请优势外，其他领域基本上都处于劣势地位，这也说明中国制造业跨国公司的创新能力有待提高，特别是需要重点增强跨国公司的国际化经营能力以及品牌建设。

（2）中国制造业跨国公司在海外基础设施建设方面面临困境。"一带一路"倡议的提出使很多制造业跨国公司将在海外进行基础设施投资放在了企业战略中的重要位置，因为基础设施的建设既可以降低未来交易物流的成本，从而促进我国对外贸易与投资的发展，同时又可以促进我国装备产品的出口，进而可以提升我国制造业在全球价值链中的地位。但是首先，这其中会出现"搭便车"的现象，即基础设施的改善不仅有利于我国与合作国家的经济贸易投资的发展，还会出现第三方其他国家从中获利更多的现象；其次，涉及基础设施建设投资时，有些国家严格限制外资与私人资本的进入，由于又缺乏良好的盈利模式，该项目进行融资时往往陷入困境。所以，中国制造业跨国公司只有确定了资金供应机制、良好的盈利模式之后才能真正提升在全球价值链中的地位。

（3）我国的合作协调组织对中国制造业跨国公司的服务水平不高。中国制造业跨国公司要在国际市场形成显著的竞争力离不开我国合作协调组织的服务能力，即要不断提升政府组织、非政府组织、金融机构、设计研发机构、咨询机构的服务水平，但由于这些合作协调组织的配合协调缺失，导致中国制造业跨国公司在境外恶性竞争、各自为政，不利于我国跨国公司在海外的形象与声望；同时，我国国内地方政府和有关部门对国外的投资环境、国际规则缺乏深入的了解，制定的政策碎片化，缺乏针对性，政策合力不足，正是由于未形成有效的协作机制以及精准化政策，使很多"走出去"的制造业跨国公司缺乏强有力的支持，难以快速成长。

（二）中国制造业跨国公司的发展

1. 中国制造业跨国公司对外投资的国别分析

（1）消费品的跨国投资。中国制造业跨国公司为了能向国际市场销售消费品，跨国投资的目标市场：一是重点在美国、英国、德国，这些发达国家在消费品零部件方面具有先进的技术水平以及超强的制造能力，因此我国制造业跨国公司可以与这些国家展开并购业务，通过并购零部件生产基地，最终在海外形成由中国制造业跨国公司主导的高端消费品制造基地；二是在越南、印度、巴基斯坦、印度尼西亚、埃塞俄比亚等劳动力充裕、劳动力成本低的国家，通过我国制造业跨国公司的绿地投资建厂，可以利用这些国家的低成本优势，当地生产、全球销售，建立中低端消费品的加工生产基地，发挥东道国当地的资源优势。所以，消费品制造业企业对外直接投资主要是基于规避贸易壁垒、提高要素的配置效率，提升国际化水平。

案例十八　对越南纺织业的投资

TPP的原产地规则、关税减让措施的规定使越南发展纺织服装业具备了很多优势，也成为包括我国在内的很多国家重点关注的投资目标国，但是越南纺织业上下游产业链发展不够完善，在产业链中坯布、纺织原料的生产以及印染加工等都较为薄弱，所以这也为我国纺织业进入越南市场提供了契机。2015年，越南纺织业的外资项目就涉及纺织业全产业链的投资，具体包括纺纱、织染、成品等产业链环节，其中规模达到1亿美元的项目就有3个，主要包括投资金额6.6亿美元的土耳其Hyosung项目、2.7亿美元投资金额的中国台湾Polytex远东项目以及1.6亿美元投资金额的中国香港Worldon项目。目前，纺织业仍然是越南吸引外资的重点领域，纺织业与服装业在越南发展的潜力巨大，也使我国纺织服装行业的企业加大了对越南进行对外直接投资的意愿，国内的雅戈尔、华孚、溢达、鲁泰、百隆东方、申洲国际等纺织企业已经在越南进行了纺织业投资的布局，但是目前越南的部分省市如头顿、岘港已经开始限制那些技术落后又高污染的印染行业项目的审批。

（2）资源型产品的跨国投资。中国制造业跨国公司通过跨国合作，利用海外市场的优势资源进行加工生产，向全球提供资源型产品。一是重点在俄罗斯、印度尼西亚、巴西、伊朗、伊拉克、哈萨克斯坦等发展中经济体进行直接投资，加强产品生产能力相关的国际合作；二是对美国、澳大利亚、德国等发达国家进行投资，这些国家资源丰富，但在政治、技术方面的投资壁垒与投资风险较大，与我国制造业跨国公司合作的空间相对有限；三是可以对阿联酋、安哥拉等经济体进行对外直接投资，这些经济体虽然规模较小，但具有显著的资源优势，对这些国家进行直接投资，未来合作的市场空间较大。

（3）基础设施的跨国投资。通过我国制造业跨国公司对外直接投资，与东道国进行基础设施建设合作，将我国的装备制造业产品进行销售，发挥我国制造业在装备技术上的比较优势。这些可以进行对外直接投资的国家主要表现为对外直接投资的技术准入门槛较低，国内基础设施建设又相对较为落后；同时，这些国家的人口规模大，对于基础设施建设的需求又相对较大，所以对这些国家可以选择优先进行装备产品与基础设施建设的跨国合作；这些国家主要是印度尼西亚、巴基斯坦、埃塞俄比亚、印度、尼日利亚、伊朗等国。

（4）资本品的跨国投资。发达经济体国家在资本品以及相关零部件产品领域具有显著的优势，因此我国制造业跨国公司通过并购，在美国、德国等这些具有资本品研发生产优势的东道国进行投资，可以提升我国制造业在关键零部件生产上的研发设计能力；另外，有些国家如俄罗斯、印度、印度尼西亚等处于工业化发展的加速时期，国内储蓄率较高，对我国的资本品需求较大，对这些国家展开对外直接投资，在境外进行资本品的产能合作，有利于我国制造业跨国企业资本品生产与销售的效率。

表 3-56　中国制造业跨国公司对外直接投资的国别分析指标体系

制造业产品投资类型	中国制造业跨国公司对外直接投资的东道国指标
消费品对外直接投资	政治与地缘的稳定性
	外交与地缘的重要性
	劳动力成本
	劳动力丰裕程度
	连续 5 年 GDP 的平均值
	连续 5 年人口平均值
	对我国消费品进口的需求大小
	营商环境
	是否与我国签订有 FTA[①] 合作
资源型产品对外直接投资	政治与地缘的稳定性
	外交与地缘的重要性
	对我国投资依赖程度
	资源的充裕度
	我国对该国的资源依赖程度
	技术标准类准入门槛
基础设施类对外直接投资	政治与地缘的稳定性
	外交与地缘的重要性
	技术准入门槛
	与我国基础设施建设的合作基础
	基础设施水平
	未来对基础设施建设的需求
资本品对外直接投资	政治与地缘的稳定性
	外交与地缘的重要性
	营商环境
	对我国资本品的需求
	技术标准的门槛
	储蓄率

资料来源：根据收集资料整理。

[①]《自由贸易协定》(Free Trade Agreement)。

2. 中国制造业跨国公司发展的重点领域与模式

根据我国制造业的比较优势以及东道国的特点，我国制造业跨国公司可以选择不同的领域进行重点投资，并根据当地的需求及区位优势采取不同的发展模式，如表3-57所示。

表3-57　中国制造业跨国公司投资的重点领域及发展模式

产品类型	投资重点领域	发展模式
消费品的对外直接投资	电子、家电、通信、汽车、纺织、轻工业品	绿地投资建立消费品零部件生产基地
		绿地投资建立消费品加工组装基地
		并购/股权投资海外消费品/消费品零部件生产企业
		以BOT方式①参与海外国家消费品的生产基地建设
		以租赁或是直接出口的方式向境外提供消费品生产设备
资源型产品的对外直接投资	有色金属、钢铁、石化、建材、能源、食品	绿地投资建立海外油田、矿山等的资源生产设施
		并购海外油田、矿山等的资源生产设施
		绿地投资建立海外资源深加工基地
		并购/股权投资海外资源深加工企业
		以出口/租赁等方式向境外提供相关生产设备
		以EPC②方式参与海外资源型中间产品生产基地建设
基础设施的对外直接投资	铁路、公路、港口、码头、船舶、海工、机场、通信、装备制造	通过绿地投资、并购、股权投资等方式获取铁路、公路、码头、港口等基础设施的所有权
		以PPP、BOT、EPC等方式参与境外基础设施建设
		以出口/租赁等方式向境外提供资本品（船舶、海工、机车、工程机械等）

---

① Build-Operate-Transfer，基础设施投资、建设和经营的一种方式，东道国政府和投资企业间达成协议，由政府向投资企业颁布特许，允许其在一定时期内建设某一基础设施并管理和经营该设施及其相应的产品与服务，不具有所有权，特许期结束将项目转交给东道国政府。

② Engineering Procurement Construction模式，又称设计、采购、施工一体化模式，按照承包合同规定的总价，由工程公司负责对工程项目的进度、费用、质量、安全进行管理和控制，并按合同约定完成工程。

续表

产品类型	投资重点领域	发展模式
资本品的对外直接投资	机械、运输设备、船舶	以绿地、并购、股权投资等方式直接获取境外船舶制造、机械制造等生产企业的所有权
		以出口/租赁的方式输出生产资本品及零部件用的专用设备
		以 PPP、BOT、EPC 等方式参与境外资本品及零部件生产基地建设

资料来源：根据收集资料整理。

(三) 中国制造业跨国公司发展方向

1. 将"一带一路"沿线国家作为对外直接投资的重点

(1) 重点加强对能源资源的投资与合作。通过对俄罗斯、伊朗、哈萨克斯坦等国家的对外直接投资，利用当地丰富的资源条件，重点加强对煤炭、页岩气、石油、天然气、有色金属的资源投资合作，并鼓励我国制造业跨国公司以出口、绿地投资、并购、承包工程等方式在东道国建立钢材、炼钢、炼铁基地，特别是在资源丰富且市场需求大的国家进行资源能源上下游产业链的深加工，以此来拓宽产业链；通常是鼓励我国具有产业优势的光伏企业、风电企业、生物质能企业、智能电网等"走出去"，在"一带一路"沿线国家和地区布局新能源产业基地。

(2) 推进劳动密集型制造业的合作。在"一带一路"沿线国家和地区，依托东道国当地的畜牧业以及农产品优势资源通过绿地投资建立轻纺工业加工厂，充分发挥当地的劳动力资源充足、生产成本低、规模效益高的优势，重点投资棉纺织、毛纺织、化纤、丝绸、纺织品、印染业等轻纺业，以此进一步增强我国轻纺制造业的国际竞争力。例如，可在中俄现代农业产业合作区、越南龙江工业园、巴基斯坦海尔—鲁巴经济区、泰国泰中罗勇工业园、柬埔寨西哈努克港经济特区等经贸合作区内，建立上下游配套、集群式发展的轻纺产品加工基地。

(3) 推进资本密集型制造业的合作。通过加大对我国周边新兴大国、"一带一路"沿线国家的开发力度以及合作深度，重点推动我国制造业中的化工、石油、冶金、机械制造等行业通过对外投资"走出去",建立产业园区或是新建工厂,例如在资源丰富、市场需求大、配套能力强的国家建立钢铁生产基地,并结合不同东道国的自身资源优势进行有色金属的冶炼与深加工,建立石化、化肥、煤化工等的生产线以及上下游的精加工产业体系,以此来提升我国资本密集型制造业在国际市场的占有份额。

(4) 推进技术密集型制造业的合作。针对我国周边新兴大国、"一带一路"沿线国家的投资需求、营商环境、规模效益等情况,来确定我国技术密集型制造业对外直接投资的力度,特别是要重点发挥我国在高铁、航空航天、核电领域的显著优势,形成技术密集型制造业全产业链的投资合作,构建以我国制造业跨国公司为主的产业生态链,可以按照制造业产品出口、技术标准输出、研发技术输出、资本输出、服务输出的对外直接投资的路径,开展制造业高层次领域的国际合作;可以根据东道国经济发展状况,开展 BT、BOT、BOOT、TKP 等项目融资方式,对于自然资源丰富、资金实力不足的国家,可以进行"技术"(核电技术、航空航天技术、高铁技术)换"资源"(油气资源、矿产资源)的方式,来对投融资方式进行创新;在此基础上,考虑到"一带一路"沿线有些国家基础设施落后,为了增强我国制造业跨国公司对外直接投资的效率,降低交易成本,增强生产销售的配套能力,可以在东道国当地建立物流园区,构建支持制造业对外直接投资发展的物流通道——方便快捷的陆地运输、高校通畅的空中运输、经济安全的海上运输。

2. 将欧美、日韩澳、拉美非等国家作为对外直接投资的延伸

(1) 加强制造业高端技术的研发合作。我国制造业跨国公司通过对发达国家进行直接投资,顺应技术流动的新趋势,创新技术研发合作的新机制。例如,我国制造业跨国公司通过对发达国家进行对外直接投资,充分利用与发达国家制造业企业合作研发、联合开发、委托研发的形式,实现我国制造业企业在核心关键技术上的突破,尤其是在我国制造业中的装备制造业、电子信息业、通信行业等领域,逐步实现先进技术的引进、输出与转化;通过我国制造业跨国公司在海外设立研发中心,与发达国家先进制造业企业、世界级大学、世界著名制造业研究机

构共建研发中心、技术中心、制造业产业技术研究院等,推动制造业高端技术的不断突破。

(2) 推动开拓第三方市场合作。我国制造业跨国公司通过"走出去"发挥我国制造业的资金与产能优势,而对东道国进行投资可以利用其技术与品牌优势,通过对外直接投资可以共同开发第三方市场;可以利用双方产业优势互补的特性,开展联合生产、联合投资、联合投标等,将基础设施、装备制造、能源化工等行业的投资合作作为重点,对上下游产业进行整合,向产业链的深层次合作,进而促进我国制造业企业迈向中高端水平。

(四) 中国制造业跨国公司发展中存在的问题

1. 中国制造业跨国公司的发展受到东道国宏观政策的影响

随着"一带一路"倡议的推进,我国制造业向沿线国家进行投资合作日益重要,其中沿线国家中印度尼西亚、印度、俄罗斯是三个经济体量最大的国家也是最为重要的国家,但是这三个国家对于"一带一路"倡议一直心存疑虑,同时对于中国制造业企业的对外直接投资也十分谨慎。

表 3-58　　东道国对中国制造业企业对外直接投资的影响作用

东道国	对中国制造业企业对外直接投资的影响	
	积极的表现	消极的表现
印度尼西亚	印度尼西亚海上高速公路计划与中国 21 世纪海上丝绸之路战略构想契合,将中国视作海洋发展的伙伴,并不排斥与中国进行海上投资合作	对中国倡导的"一带一路"倡议持谨慎态度;与日本的政治关系较为密切,投资合作要多于与中国的合作,且与日本的产业链联系较为密切;2008 年国际金融危机之后日本加大了对印度尼西亚的对外直接投资,两国在自由贸易区的安排部署也较多,印度尼西亚更容易接受日本的产业转移而非中国的产业转移与直接投资
印度	印度对中国的对外直接投资不持反对态度	印度位于南亚地区的核心地位,对于中国是否加入南盟有所顾虑,担心中国的加入会削弱其影响力;对中国倡导的"一带一路"倡议不积极,提出了"季风计划"、"香料之路"计划

续表

东道国	对中国制造业企业对外直接投资的影响	
	积极的表现	消极的表现
俄罗斯	俄罗斯对中国的对外直接投资不持反对态度	对中国主导的"一带一路"倡议存有疑虑，最后一个加入亚投行；最关心的是能否加入全球产业链中去，不愿接受中国转移的有污染的产业，也不愿作为中国向欧洲运输货物的过境国家；极力推进欧亚联盟的建设，旨在促进独联体的经济一体化

资料来源：根据收集资料整理。

2. 中国制造业跨国公司投资利益的不确定性

首先，表现在基础设施合作方面。日本曾经利用本国的技术领先优势以及不断的创新研发能力，通过开展制造业对外投资获得了产业利润与规模经济效益，利润与效益的增加又不断推动技术创新，最终形成良性循环。当前我国主要是借助于对"一带一路"沿线国家进行制造业对外直接投资，通过基础设施建设合作来带动国内制造业产业升级，具体表现为通过基础设施的互联互通来降低交易的物流成本，进而促进我国整体贸易投资的增多，主要是带动我国装备产品的出口，最终使我国制造业在全球价值链中的地位得以提升。但是在"一带一路"沿线国家进行基础设施投资时，有些国家规定限制外资进入；另外，基础设施具有非排他性的特征，在我国通过投资改善东道国基础设施条件的同时，也会存在"搭便车"的现象，即也促进了其他国家与东道国的贸易投资而使其获得了比我国投资企业更多的利益。例如，日本与东盟国家签订有自由贸易协定，所以日本汽车进入东盟市场实施的关税水平远远低于对我国汽车征收的关税，而我国在东盟投资改善的基础设施反而对日本的产品出口带来了更多便利与利益；还有印度本是一个基础设施较为落后的国家，但是我国通过投资为印度改善了基础设施条件，印度可以凭借这些优良的基础设施条件来吸引更多的其他国家的投资，成为我国的竞争对手。

其次，表现在装备制造的技术水平方面。我国制造业发展所需的技术装备大多是依赖从国外进口，而国产装备设备的技术水平与发达国家的差距还较大；我国制造业跨国公司通过对外直接投资来带动国产装备出口到东道国，如果东道国对中国国产装备的需求主要是内部需求则会受到其国内收入水平的限制，另外我国国产装备水平难以满足东道国发展制造业的装备要求时，东道国有可能会从德国和日本等国进口装备产品，这就说明在我国制造业中不具备竞争优势的领域，我国制造业跨国公司的对外直接投资并不一定能够带动国产装备的出口。

最后，表现在制造业产业链层级的提升方面。中国制造业跨国公司通过对外直接投资，不断培育东道国对我国资本的需求，在扩大当地就业水平以及税收收入的基础上，扩大制造业海外市场的发展空间，但能否带动我国制造业在国际产业链层级的提升，具有一定的不确定性。因为制造业的产业升级主要依靠的是企业技术创新的力度，制造业的技术创新能力又需要不断扩大市场空间获得更多的产业利润，通过利润的获取进而投入技术研发，但事实上我国制造业企业通过对外直接投资，在海外市场扩大的同时也没有刺激企业创新能力的提升，因此制造业企业对外直接投资也面临着产业层级提升不确定性的问题。

3. 中国制造业跨国公司对外直接投资中对外合作组织的能力需要提高

中国制造业跨国公司对外直接投资中对外合作组织的能力与其他发达国家相比极为落后，对外协调的效率较低，导致我国制造业企业对外直接投资时企业各自作战与恶性竞争。日本的经验值得学习，日本企业要在亚洲进行对外直接投资，对外协调组织一般会将各种金融、智力支持与政府间的协议进行衔接，在对项目进行规划中嵌入日本的标准与参数，将竞争对手排除在外。例如，亚洲开发银行为斯里兰卡做绿色能源规划，该项目主要是帮助斯里兰卡降低电力损耗，因为该项目在发布国际招标条件中有一项规定是投标企业需要具备15年海外经验，尽管中资企业完全有能力中标，但是因为日本的对外合作组织事先将标准嵌入大规划设计中，就意味着将中国企业排除在门槛之外，所以中国企业在海外投资需要中国的协调组织发挥效力，而不是单枪匹马与日本对外合作组织的链条抗衡。

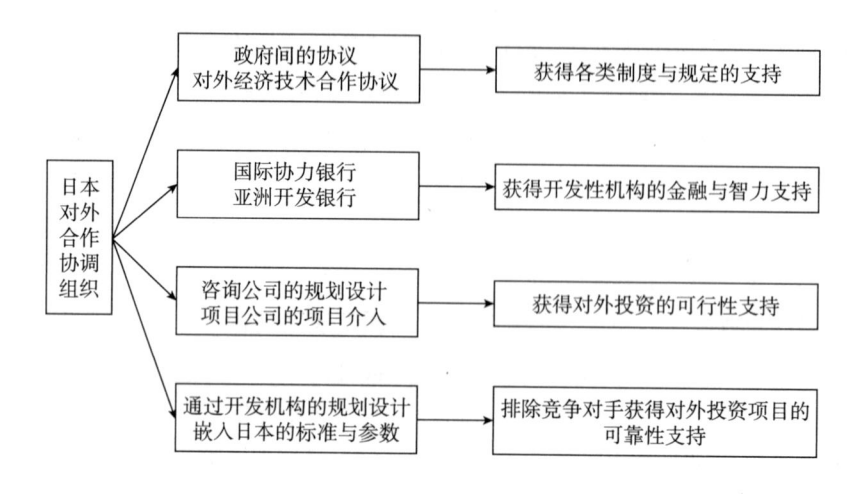

图 3-62　日本对外合作协调组织对国内企业直接投资服务的链条体系

4. 中国制造业跨国公司对外直接投资中国际化经营能力不足

中国制造业跨国公司对外直接投资主要是建立在东道国对我国技术、资金的依附性上，而技术是决定我方制造业企业在对外直接投资中能否获得长久竞争力的关键，当我国制造业企业具有显著的技术领先优势时，就可以使我国的装备技术产品以及相关服务获得东道国的认可。在实践中，我国一直采取的是出口导向战略，重点发展的是加工贸易，所以尽管我国制造业长期进行代工生产积累的加工组装能力排在世界第一，但是企业的技术创新能力以及国际化经营能力欠缺，无论是产品的品牌建设还是必要的销售渠道管理，都缺少自主品牌，因此即使是国内规模较大的国有企业也缺乏国际市场上的品牌运营以及品牌推广意识，削弱了企业的国际竞争力。例如，以品牌价值高低进行排名的 2016 年全球最有价值的 100 个品牌[1]中，我国企业中没有一个上榜，美国上榜的企业占 50% 左右，德国有 11 家企业上榜，日本有 8 家企业上榜；以创新能力进行排名的《2015 年全球创新企业百强》[2] 中，主要依据企业成功以及全球化影响指标、专利标准、专利数量，中国没有一个企业上榜，美国上榜企业达到 35 家，而日本达到 40 家，位居第一。

---

[1]《福布斯》2016 年公布的结果。
[2] 汤森路透评选结果。

（五）中国制造业跨国公司发展的建议措施

1. 根据制造业不同行业的投资需求确定对外直接投资的类型

在我国制造业跨国公司发展中应充分考虑我国制造业不同行业的竞争优势以及投资需求来确定对外直接投资的类型。按照我国制造业跨国公司不同的投资需求，基本上可以划分为四种类型，即拓展市场型、追求成本型、利用资源型、转移产能型。

表3–59　　　　　　　中国制造业跨国公司的投资需求与类型

类型	行业特点	投资需求	投资类型
拓展市场型	技术密集型制造业，出口易遭到东道国的贸易障碍，既包括各种关税壁垒、非关税壁垒，还包括各种技术壁垒与安全壁垒，或是本身行业的可贸易性不强	以对外直接投资的方式进入东道国的市场或是提升在东道国的市场占有率；东道国市场的综合成本并不低于我国国内的水平，但直接出口会遭遇贸易壁垒或是与东道国没有签署自贸协定，通过在境外设厂进入该国市场或是与该国签订有贸易协定的国家市场	绿地投资模式：东道国应选择经济增长速度较快、市场规模或潜力巨大、贸易壁垒较高的国家；还可选择参与自贸协定较多的国家，通过在该国获得原产地证明，还可以进入该国所签贸易协定其他成员国的市场；可选择具有生产基础、投资环境好、相关配套条件好的国家
追求成本型	集中在劳动密集型制造业行业，一种是产业链较短且大部分环节都是劳动密集型的纺织服装、五金玩具、箱包鞋帽等，大部分行业需要外移来实现降低成本；另一种是产业链较长，只有少部分环节是劳动密集型的家用电器、电子信息等行业，这些行业只需转移成本较为敏感的加工组装环节	以对外直接投资产生的新的生产能力来逐渐代替国内逐渐减少的生产能力，在降低成本的基础上提高利润水平，保持企业整体的价格竞争优势。由于这种类型制造业的生产设备具有较强的国际竞争力，因此通过对外直接投资也可以带动设备的出口	绿地/并购模式：将制造业的全部/部分生产力转移到综合成本较低的国家，通过对外直接投资来代替贸易出口，在境外建立区域性/全球性的生产基地。投资目标主要是低成本国家，投资主要考虑东道国的投资软硬环境、配套条件，若投资配套条件缺乏的情况下，可以进行"主导产业＋配套产业"转移

续表

类型	行业特点	投资需求	投资类型
利用资源型	主要是加工制造业行业以及资源开采业，主要是钢铁、化工、冶金等对资源依赖程度较大的行业	通过对外投资可以化解国内产能过剩，因为资源加工业占有过多资源设备、资金，且人员存量较大，开工率不足，还易引发环境污染，通过海外投资可以降低出口规模、减少贸易摩擦，有助于转移部分产能。资源加工企业通过对外转移产能，可以促进装备制造、工程承包等优势产能"走出去"，并利用上下游的产业关系，带动相关产业的出口，进而形成我国成套设备在国际市场上的新优势	直接投资（新建、并购）或是对外工程承包的模式：主要是通过对外直接投资来充分利用东道国的资源优势，在海外国家进行资源能源的境外开采和加工，并延长产业链。同时还可以提高我国资源能源的保障程度，因为投资的东道国往往是资源富裕的国家，作为我国高能耗行业的境外投资也需要考虑东道国的交通等基础设施，若其欠缺，可以延长我国资源加工制造业在海外的产业链，向产业的精加工方向转移
转移产能型	主要是产能过剩的制造业行业，这些行业因为盲目投资积累的产能显著过剩，大多是资本密集型重工业化产业如建材、钢铁、煤炭等行业；这些行业的生产设备价值很高，且产品运输的成本较高，比较优势的生产成本低于运输成本，生产地要靠近消费地，出口规模较小	将国内过剩的产能转移到国外，一是可以将设备最大化利用，发挥效用减少损失；二是凭借在东道国的技术优势以及产业优势获得较高的市场份额，提高利润水平	新建/并购模式：东道国需要具备的条件是处于工业化的中前期、市场需求较大、缺乏相关产业基础的国家。对外直接投资的模式可以是通过新建或并购将国内的设备与技术外移，可以将设备和技术作为直接投资的股份，保持设备的利用水平以及盈利能力，形成对海外企业的控制力

资料来源：根据收集资料整理归纳。

2. 针对不同投资市场的差异化特征来进行对外直接投资

我国制造业企业应根据企业自身的投资诉求结合投资目标市场的区域特点来进行投资。首先，针对东南亚、南亚地区，我国制造业与这些地区产业具有一定合作基础，且双方的比较优势具有较强的互补性，投资具有显著的可行性，但是在投资中应重点解决东道国当地劳动力成本较高的问题，同时还要关注解决融资渠道不畅的问题；其次，针对非洲地区，尽管我国制造业企业对这些地区的投资在逐渐增多，但总体来看经贸合作的基础还不够雄厚，往来还不够密切，但是对这些地区的直接投资潜力巨大，因此当务之急是需要解决企业间信息不对称的问题，通过举办各种技术培训班、大型展会以及示范性项目的实施来树立我国制造业企业在当地的影响力与知名度，为我国制造业企业直接投资奠定基础；针对中东欧地区的投资，因为东道国当地的法律法规较为复杂，为了降低投资风险，我国投资企业可以采取以资本品入股的方式来降低风险；针对东南亚国家的投资要充分防范发达国家的经济干预给我国投资带来的障碍。

3. 增强我国制造业企业的国际竞争力并发挥我国政府的作用

我国制造业在对外直接投资中，国际化经营能力、制造业产品的质量与技术水平相对落后，制约了我国制造业对外直接投资的效率，因此需要加大制造业企业的研发力度，并要不断强化对研发项目的金融方面的支持，提升我国制造业企业的创新研发能力；积极对接东道国产品标准化体系，并加强产品质量标准体系建设与产品质量监管，提升改进制造业产品的质量；大力发展生产性服务业，为制造业跨国投资提供法律、会计、金融、管理咨询、销售等业务服务，使制造业投资能够与国际先进规则、先进准则相接轨，实现制造业企业国际化经营的水平。另外，还要发挥我国政府在制造业企业对外直接投资中的作用，因为对发展中经济体进行投资中，会遇到东道国市场经济体系不够完善、整体营商环境较差的局面，因此政府应主动来实施那些短期利润与直接回报率较低，但是对未来影响重大的大型基础设施项目建设；我国政府还应积极推动东道国政府对我方投资企业的支持，特别是提高对我国制造业企业对外直接投资所需的土地、人力、资金等支持力度；我国政府应与东道国政府共同制定相关投资合作机制，对重点行业和重点区域进行重点投资合作，并为我国制造业"走出去"搭建合作平台，并要减少我国制造业企业走出去的审批手续，降低我国企业对外直接投资的各项制度成本。

4. 重点掌握投资东道国的国家安全审查制度为制造业"走出去"提供精准服务

由于中国制造业企业对外直接投资的快速增长，使各国对我国的投资加强了限制，很多东道国通过调整相关政策，来加强对我国制造业企业投资的安全审查与监管，包括美国、澳大利亚以及一些发展中国家。在正常情况下，中国对美国直接投资仅需常规性的审查，一般不涉及安全审查，但是由于中国对美直接投资的数量增加，导致美国开始加强安全审查以此增加进入美国市场的壁垒与门槛，这样就使我国制造业企业对美的并购案大多以失败告终，例如海尔在美并购家电生产商美泰克、西北有色并购美国优金公司、中海油并购优尼科等；澳大利亚市场相对于外资的进入较为开放，但也开始逐渐收紧对矿业投资的市场准入标准，要求外资投资比例要在15%以下，新的矿业项目投资不能超过50%；还有发展中国家也加强了对外资进入的限制，例如巴西就收紧了对土地进行投资的规定。所以，对于我国制造业对外直接投资需要重点考虑东道国的安全审查制度，清楚掌握对方国家的安全审查政策以及审查的程序，尽可能降低对我国企业对外直接投资的不利影响，将国别投资政策以及安全审查制度作为对外投资的重要考察因素。

5. 关注国别投资政策以及地区、行业要求为制造业"走出去"提供指导

关注投资国别的政策以及地区、行业的要求，可以确定我国制造业企业对外直接投资的可能性与可行性，因为不同东道国对我国资本设立的投资要求不同，对我国制造业不同行业的国际投资合作的影响大小也不同。例如，越南就对外资的进入出台了一些优惠措施，对于外资的管理也愈加精细化，主管部门会在项目许可证上注明登记有关的优惠措施，对是否需要申请投资许可证的项目、能否享有投资优惠措施的项目、可以给予投资优惠的行业和地区都做出了较为全面的指南。因此，我国制造业企业要去越南投资，要先掌握相关规定，然后根据越南的投资要求来制定可行的投资规划与具体计划，目的是能够契合东道国的投

资战略，并符合东道国的发展需要。

6. 我国政府应签署更多高水平的投资协议以促进制造业投资的便利化

在国家之间所签署的投资协议中更多的是涉及如何促进投资的措施，涉及如何使投资趋于便利化的措施却很少，因此为了使投资可以高效顺利达成，不仅需要在国家间建立促进投资和保护投资的机制，还需建立协调投资促进投资便利化的机制体系。所以，随着我国制造业技术优势与资本优势的逐渐增强，我国政府在对外签署各项投资协议时，应关注投资便利化的各项措施的达成，使双边或是区域投资协定能够与国际投资协定的内容更为靠近，也为我国倡导的国际投资合作提供稳定的制度保障。尽管当前统一的国际投资体系还没有建立，但我国正处于对外投资的高速增长期，因此随着国际投资体系的变革发展，我国应争取在国际投资协议谈判中发挥重要作用，并提高在谈判中的话语权，增强对我国企业对外直接投资利益的保护，制定有利于中国对外直接投资的国际规则。

7. 提高市场与资源的整合能力，推进我国制造业跨国公司"走出去"

明确我国跨国公司是对外投资的主体，简化制造业跨国公司进行海外投资的审批手续，积极鼓励我国制造业跨国公司"走出去"进行产品生产、技术合作、资本投入等领域的海外投资，推动跨国公司在海外进行绿地投资或跨国并购或在海外设立研发/营销中心，使其能够在全球范围内配置资源、整合全球价值链；同时，应建立制造业跨国公司"走出去"相关的投融资以及贸易的综合服务平台，组织企业抱团"走出去"，加快境外经贸合作区的建设；为促进我国产品、服务、技术、设备等的出口，鼓励优质的制造业跨国公司积极承建与能源、矿产资源、通信、大型制造业、大型基础设施有关的海外建设开发项目；为提升我国重化工业的海外发展空间，鼓励制造业跨国公司对海外资源丰富且环境容量大的国家/地区进行冶金、化工、建材等重化工业领域的投资，特别是通过对海外进行矿产资源、能源的开发，进一步保障我国能源资源的供给水平；鼓励我国制造业跨国公司在技术水平先进的发达国家设立合资企业、研发中心，投资海外高新技术项目及先进制造业项目，通过开展跨国研发设计来提升我国制造业跨国公司的整体研发水平。

案例十九 2015年江苏省制造业对外直接投资情况

江苏省通过政策引导本省制造业的优势富余产能积极向印度尼西亚加里曼丹岛农工贸经济合作区、埃塞俄比亚东方工业园、柬埔寨西哈努克港经济特区等海外产业集聚区转移。2015年江苏省制造业富余产能对外直接投资涉及838个项目，中方协议额达到68.2亿美元，占江苏省全省制造业对外投资总量的67%、78%；纺织行业2006年和2010年共计投资0.65亿美元在柬埔寨新建两家纺织企业，目前运营状况良好；2015年太阳能光伏领域，常州天合光能有限公司总投资10.35亿美元分别在波兰、印度、马来西亚等国建立5个光伏组件项目（500MW）、1个电池项目（500MW）；家电领域，江苏汇鸿公司在尼日利亚投资，建立了遍布1个首都区和36个州的销售与售后服务网络，年出口额已超过1000万美元，其中汇鸿公司的SKYUAN品牌已经进入东道国当地十大家电品牌的行业；建筑材料行业，江苏恒远国际已投资1.5亿美元在坦桑尼亚建立日产达3000吨的水泥生产线。2015年9月江苏省政府颁布了《江苏省推进国际产能和装备制造业合作行动方案》，该方案明确提出要大力发展江苏轨道交通、工程机械、船舶和海洋工程、新型电力等重大装备制造业，并提出要发挥江苏石化、纺织、冶金、建材等行业的传统优势，在2020年要在海外建立一批境外装备制造业基地，并形成具有国际竞争力的装备制造跨国公司。

案例二十 2015年安徽省制造业对外直接投资情况

安徽省积极推动制造业对外直接投资，引导装备制造、汽车、钢铁、有色金属材料、家电、生化、纺织等优势制造业产业向海外经贸合作区转移，通过政策鼓励制造业在境外建立生产加工基地、物流配送等生产性服务业基地、为本省出口产品提供服务的销售展示中心等。2015年安徽省全省对外投资比2014年增长1.1倍，达到9.7亿美元；对"一带一路"沿线国家投资比2014年增长5.7倍，达到4.0亿美元；新签46个1000万元以上的项目，比2014年增长15%，项目合同金额比

2014年增长26.1%，达到29.7亿美元。在资源型制造业方面，2015年中铁建与铜陵有色按照3∶7的股份比例成立合作公司，对厄瓜多尔的铜矿进行开发；在建材方面，安徽的海螺集团在印度尼西亚的孔雀港、西巴布亚、南加里曼丹以及缅甸的皎施的项目均已开工建设；汽车制造业方面，江淮汽车与奇瑞汽车分别投资2.5亿美元、4亿美元在巴西建设汽车生产项目，奇瑞汽车的项目一期产能为年产5万台汽车；另外，安徽中鼎集团通过成功收购美国的高仕利公司、库伯公司，进入到世界高端装备密封产品领域；安徽马钢成功竞标法国瓦顿公司，通过跨国并购获得高铁车轮技术。企业联盟是安徽省制造业"走出去"的重要创新方式，该种方式降低了"走出去"的成本、提升了"走出去"的抗风险能力以及效率，将安徽省制造业"抱团""走出去"的组织化程度大大提高。最有代表性的就是安徽农垦集团牵头组织成立的"皖企赴津巴布韦合作开发联盟"，该联盟包括奇瑞重工、安徽华星化工、安徽建工集团、安徽云森物联网科技等41家成员单位，这些成员涉及与农工贸上下游产业相关的各个领域，推动了安徽制造业、农业、贸易流通行业"走出去"的协同发展效率。2015年12月安徽省颁布了《安徽省人民政府关于推进国际产能和装备制造合作的实施意见》，该意见明确提出安徽省将制定激励扶持政策重点推动汽车零部件、有色金属、钢铁、光伏、工程机械等重点发展行业进入我国周边亚洲国家、欧洲国家、南美洲以及非洲国家开展境外合作。

案例二十一　安徽海螺水泥集团海外投资的经验

一　海螺水泥集团对外直接投资的情况

安徽海螺水泥集团1996年成立，1997年10月在香港挂牌上市，2009年出口732万吨水泥熟料，在我国水泥熟料出口中的占比达到60%以上；2011—2015年共计出口2661万吨水泥熟料，其产品销往海外70多个国家和地区，是全球最大的单一水泥品牌出口商，其品牌被世界上很多国家认同。目前，海螺水泥集团为了将产品输出、技术输出转变为资本输出，先后向印度尼西亚、老挝、柬埔寨、缅甸、俄罗斯等国家进行布局规划，2014年11月海螺水泥集团第一个海外项目的生产线在印度尼西亚南加里曼丹投产运行，日产水泥熟料3200吨，随后在印度尼西亚西巴、巴鲁、孔雀港、马诺斯等的项目先后开工；在缅甸与其工业部合作的皎施生产线项目开工生产，日产水泥熟料约5000吨；海螺水泥还和老挝签署了万象、琅勃拉邦水泥合作项目；与柬埔寨签署了马德望水泥项目；还分别与俄罗斯的车里雅宾斯克州以及乌里扬诺夫斯克州签署了水泥合作项目。

二 海螺水泥集团对外直接投资遇到的问题

（一）海外投资风险问题

1. 政治法律风险

因为海螺水泥集团主要投资地点在东南亚的发展中国家，这些国家的共同特点是整体营商环境较差，有些国家政局不稳，特别是一些国家存在腐败与政治势力的偏见，这样就会影响我国企业投资的持续性。海螺水泥集团首先对东道国的社会情况做出了分析研判，并对当地的法律法规作出了充分了解，以此来规避政治法律的风险。例如，柬埔寨对外资投资有明确的规定，外资比重超过50%，该公司就不能成为柬埔寨土地的所有者，因此中资企业都会选择低于50%，结果中方在投资合作中就失去了对合资公司的主导权与话语权；但是实际上中资投资占比即使超过50%，也可以通过土地特许的方式来获得当地70年的土地使用权，但是大多数进行对外直接投资的企业却根本不了解。

2. 海外建设风险

海螺水泥对外直接投资还面临生产建设最为基本的问题——水、电、土地、道路等一系列资源的使用问题，因为东南亚国家实行的土地私有制使企业征地时往往遭遇高价，谈判交易的成本不断增加；还有一些国家的道路运输标准也差距很大，例如，柬埔寨规定货车的最大承载量不能超过40吨，而俄罗斯规定不得超过50吨，每年的4—5月融雪季节货车上路还需要政府的批准文件。

3. 环保与税收、汇率风险

海螺水泥的海外投资经常遭遇东道国政府环保压力，在东南亚国家进行绿地新建时，项目环评增加了企业的时间成本，项目实施前需要经历很多不断重复的环评程序，使投资企业的议价能力大大削弱；另外，东道国的税收体系与国内不同，例如，印度尼西亚就对外资矿产资源投资者股权转让征收较高的所得税，会使项目在运营中增加税收负担；由于东南亚国家经济发展较落后，易遭受国际资本市场的影响与冲击，货币币值经常发生大幅度波动，因此企业如果缺少对外汇风险的防范措施，就会造成投资企业的汇兑损失，影响投资企业的投资收益。

4. 人力资源风险

海螺水泥对外投资往往遇到海外人才缺乏的问题，尤其是缺乏既懂得经营管理与技术，又通晓国际规则，具备国际投融资经验的复合型人才，同时在很多国家如菲律宾、印度尼西亚等对非本国公民入境进行工作实施用工配额制，企业在不同期限内所获得的工作签证数量经常发生变化，给企业对外直接投资带来了不确定与一定的风险。

5. 恶性竞争的风险

随着中资企业海外投资的增多，在东道国国内经常会出现中资企业或中资品牌相互压价、相互拆台的恶性竞争行为，既影响了投资企业的利益又损害了我国的整体形象。

(二) 政府政策、服务体系的构建问题

中资企业"走出去"除了要克服上述海外投资风险之外，还要注意政府政策的有效落地措施，因为中资企业走出去应尊重市场，并按照国际惯例与商业基本规则展开合作，但是实践中政府政策的门槛过高，对于境外投资的企业来说无法触及、无法享有政策的优惠支持，例如海螺水泥的员工在东道国工作时，当地政府对因公护照的工作人员不发放工作签证，而我国对持因私护照工作的人员不报销差旅费，所以这就要求我国各政府部门外交部、公安部、财政部之间协调政策，给予对外投资企业员工一定便利性，中央与地方各级政府部门也应形成合力来发挥对对外直接投资开展国际经济合作的政策效力。

三 海螺水泥集团对外直接投资的经验

(一) 借助国际市场形成新优势

对于那些具有国际化发展实力的制造业企业应通过国际市场培育新优势来实现企业的转型升级，因此制造业企业应积极拓展国际发展空间，寻求国际竞争与合作。特别是那些在国内产能富余的制造业行业，应在国外市场积极寻找产能短缺的国家，通过输出富余产能来缓解国内产能过剩局面，同时又使企业获得国际市场的发展空间。例如，缅甸人口数量为6100万，国内基础设施建设相对缓慢，处于起步阶段，因此水泥的需求潜力较大；同时缅甸国内的水泥工业发展落后，全国共有14家水泥厂，水泥熟料生产线的日产规模为1000吨以下，全国现有水泥供应量为每年不到600万吨，不能很好地满足国内经济发展的需要。再看印度尼西亚市场也是如此，2014年印度尼西亚水泥的消费量为5991万吨，水泥价格为85—100美元/吨，远远高于世界平均水平；印度尼西亚全国共有17家水泥厂，水泥的产能为每年6600万吨，在建的水泥厂共有8家，新增水泥产能为每年3260万吨，加总之后的总产能为每年9860万吨，因此印度尼西亚的水泥供给缺口较大，市场潜力巨大。因此，通过考察两个国家的市场需求，海螺水泥集团决定利用不平衡的水泥产能输出，形成互补实现"双赢"，先后投资印度尼西亚与缅甸，在不平衡中谋求企业发展的空间，通过对企业的技术、管理、资本的输出，形成了新的优势。

（二）借助先进产能输出形成国际竞争力

海螺水泥集团一直坚持向国外输出先进产能来获得东道国的认可与持续的合作。海螺水泥集团通过对先进技术的引进消化、自主研发、集成创新，拥有多项自主知识产权的先进技术，例如日产5000吨新型干法生产线成套技术，打破国外技术垄断；另外在芜湖、铜陵建立了3条日产12000吨、全球规模最大的新型干法水泥熟料生产线，代表着世界水泥生产的先进水平；同时海螺水泥还将先进技术作为企业的核心竞争力来应对国际竞争，将国际先进技术（如烟尘处理技术、大型干法水泥生产线技术、水泥窑低温余热发电技术等）融入海外投资项目中去，保证合作项目的高技术水平、高规格与高标准，以此树立企业形象与品牌价值。

（三）与东道国当地优质资源结合实现共赢

企业对外直接投资进入海外新市场时，由于对当地各种环境因素缺乏了解，很难融入当地的经济发展中，因此海螺水泥也意识到这一点，通过寻求当地优质资源并与之结合来实现共赢。在进入印度尼西亚市场时，海螺水泥集团与香港昌兴公司（熟悉东南亚市场的国际企业）合作成立了印度尼西亚南加里曼丹海螺水泥有限公司，该合作项目具体包括2条日产达3200吨的水泥熟料生产线、年产水泥粉磨310万吨；一个 2×35MW 燃煤电站、一个 12MW 余热电站；生产和生活辅助设施等。2012 年一期工程开工，2014 年二期工程开工。在进入缅甸市场时，海螺水泥集团就与当地的 MYINT 投资集团合作，借助于海螺集团的技术、资本优势以及 MYINT 集团的社会资源优势，中标皎施水泥项目，后又获得缅甸政府签发的投资许可证、生产经营许可证、进出口许可证等，使海螺水泥在缅甸的投资项目与建设工程逐渐推进。

（四）注重国际化人才的培养、社会责任的履行

为了能够适应东道国市场国际化经营的需要，海螺集团组建国际化经营、技术、管理团队，将企业的优质人才进行培训成立海外合作项目团队，在海外市场中将这些骨干分派到关键岗位进行"干中学"。所以在印度尼西亚与缅甸的投资项目中，海螺水泥集团组建的团队规模不大，仅数十人，但是却担负起了项目考察、建设、设备、生产、管理等一系列职能，通过实地的专门培训，提升了团队人员的综合素质与技能；另外，海螺水泥集团对海外团队的管理实施扁平化结构，根据每个项目的进度集中团队重要力量来解决系统环节上的关键问题，实现高效管理运作；随着合作项目的推进，海螺水泥集团注重本土管理技术人员的使用，使海外项目中的本土化管理水平大大提高。此外，海螺水泥集团还较为重视履行在东道国当地的企业社会责任，海螺缅甸公司就曾为皎施工业园园区的医院捐赠药品、为当地公路修缮进行资助、为当地建立庙宇进行捐款；还在当地组织环评、社评现场审查会，解答居民的疑虑，融洽了跨国企业与东道国本土居民的关系，使合作项目得到了支持与接纳。

小结

中国制造业培育跨国公司主要是基于我国跨国公司开始向"两竞争两互补"的格局转变，通过培育制造业跨国公司可以输出我国制造业的优势产能、装备、技术、资本等，突破国际贸易壁垒，在全球范围内配置资源，并改善国际分工地位；我国制造业跨国公司"走出去"已经彰显了较强的优势——技术、管理、服务等优势，而且"一带一路"倡议也为我国制造业跨国公司"走出去"提供了较为广阔的市场空间，但我国制造业跨国公司在技术创新能力与海外基础设施建设方面

存在"短板",未来需要重点在消费品、资本品、资源型产品、技术设施建设等方面展开对外直接投资;同时,随着"走出去"战略的实施,我国制造业跨国公司对外直接投资也存在投资利益不确定、易受东道国政策的影响、欠缺国际化经营能力、对外合作组织能力较弱等问题,因此今后我国制造业跨国公司需要根据投资需求来确定投资类型,深入了解投资市场的差异化特征,积极发挥政府的作用,并注意东道国国家的安全审查制度对我国跨国公司的投资障碍。

总之,制造业"走出去"并非简单地向全球输出多少产品(制造业国际化的初级阶段),更重要的能够输出多少资本(制造业国际化的高级阶段),并通过这些资本来深刻影响全球的经济规则以及贸易格局。所以在当前经济全球化的大格局下,各种生产要素包括人力资源、技术与资本、管理模式等都可在全球范围内进行流动,我国制造业跨国公司可以整合并充分利用国内的优势资源,通过对技术、装备、标准、服务等加大对外投资力度,完善以我国制造业企业为主导的国际生产协作网络,推进制造业技术升级与产业升级。一是在制造业较为发达的国家,通过各种投资方式如并购目标企业或是合资建厂,或是投资建立研发中心,或是建立技术公司等,充分利用东道国先进的技术创新资源、市场资源等领先优势,逐步解决我国制造业升级过程中存在的中高端技术资源短缺的难题;二是在制造业落后的发展中国家,充分利用东道国当地的资源、人力等生产要素的成本优势,在当地投资建立加工组装基地或是加工厂,逐步转移我国制造业中的过剩产能,使那些不具备比较优势的传统制造业产业的生命周期可以在发展中国家得以继续延长。因此,我国制造业中"走出去"的重点行业部门应是那些具备先进技术水平以及全产业链集成优势的装备制造业、优质产能等,包括钢铁、有色金属、建材、高铁、通信设备、工程机械、电力等。

第五节 发达国家制造业升级的经验与启示

自从工业革命以来,在世界范围内曾出现过三次有代表性的制造业强国——第一次工业革命的英国、第二次工业革命的美国与德国、在20世纪70年代崛起的日本,这些工业制造业强国生产与出口密切结合，彰显出制造业显著的国际竞争力，能够提供先进的制造业产品、占据国际市场大部分市场份额、拥有发达的制造业生产技术。例如，第一次工业革命后的英国通过机器化大生产向世界各国提供价格低廉的优质纺织品，在全球制造业中占据 32% 的份额（1870 年）；第二次工业革命后的美国通过先进技术可以向世界生产提供电报机、电话机、汽车，在全球制造业中占据 35.8% 的份额（1929 年）。2008 年国际金融危机使欧美国家的虚拟经济泡沫破灭，欧美国家纷纷重拾制造业实体经济，美国、德国、英国、法国、西班牙等国家制定了制造业发展计划以期重新获得在国际市场中的竞争地位。在欧美发达国家制造业发展规划中，都将制造业的创新驱动放在了核心地位，最有代表性的是美国制造业创新网络计划和德国"工业 4.0"计划，这对我国发展制造业无疑具有较强的借鉴意义。

一 与德国"工业 4.0"、美国制造业创新网络计划的比较

（一）美国、日本、德国制造业的比较

再工业化是欧美国家发展经济的共同选择，美国在制定制造业回归战略时，欧盟各国政府也在积极实施重振工业的政策，尤其是在 2017 年 1 月，欧元区的 PPI 指数达到 5 年最高，欧元整体制造业反弹，德国、意大利、法国、西班牙等国家的制造业在 2016—2017 年都处于持续增长状态。在欧债危机最为严重的 2011 年，欧元区各国开始实施重振制造业的政策，起初是为了应对亚洲新兴经济体制造业对欧洲的冲击，后来经过测算发现，欧洲工业产值虽然在欧洲 GDP 中的占比只有 15%，但欧洲出口的 75%、创新的 80% 都来自于制造业领域，所以欧洲各国纷纷推行振兴工业的计划，其中以德国"工业 4.0"国家战略计划最具代表性。

制造业竞争能力在不断下降，新兴经济体造成了对英国整体工业体系的威胁，但由于英国的区位优势再加上金融底蕴，目前在高端产业体系中仍具有一定的竞争力；德国整体国家竞争力与工业竞争力要高于英国，长期以来德国推行国际化的贸易体系并着眼于向全球提供优质的工业品，当前德国一直保留着欧元区经济强国的地位；日本在 20 世纪 80 年代与美国形成竞争对峙的格局，但最后还是在美国金融的有力打压

下，日本制造终究没有超越美国。

表 3-60　美国、日本、德国制造业发展综合比较

国家	制造业增加值及占本国 GDP 的比率	制造业主要优势产业	政府推动制造业发展的规划措施政策
美国	2005 年美国制造业增加值为 16628 亿美元，世界第一；制造业增加值占美国 GDP 的比重为 14%	新材料 新能源 新技术（生物技术、信息技术） 汽车	先进技术计划 先进制造技术计划 "下一代制造——行动框架" 国家信息基础设施计划（NII） 集成制造技术路线图计划 鼓励制造业创新 2004 年制造技术竞争能力法
日本	2005 年日本制造业增加值为 9544 亿美元，世界第二；制造业增加值占日本 GDP 的比重为 21%	新材料 纳米技术 机器人 机床 汽车 燃料电池 信息家电	科学技术创造立国 制造业基础技术振兴基本法 新产业创造环境调整计划 智能制造系统计划 极限作业机器人研究计划 新产业创造战略 制造技术国家战略展望 技术创新 25
德国	2005 年德国制造业增加值为 5844 亿美元，世界第四；制造业增加值占德国 GDP 的比重为 23%	机械制造 电子 汽车 化工	制造技术 2000 年框架方案 2000 年度德国综合技术创新能力报告 微系统 2000 计划 面向未来的生产 德国 21 世纪信息社会行动计划 欧洲信息高速公路 欧盟框架计划

资料来源：World Bank, World Development Indicators Online。

（二）中国制造业发展与德国"工业 4.0"的比较

智能制造是核心，强调数字与制造结合，生产与服务结合，以人为基本核心、数字化互联、新要素等。制造业发展的驱动力、技术条件、路径、产生的影响，由于各国的发展阶段不同，技术条件差异大，工业

化进展程度也不同，实现的路径不同。

1. 对照德国"工业4.0"中国制造业表现出的特点

一是制造业从整体来看，由于地区之间、行业之间差异较大，处于"工业2.0"到"工业3.0"的过渡阶段；二是全面推进"工业4.0"的能力条件尚不具备，尽管在中国制造业行业中成长了一些"单项冠军"，但严重缺乏"全能冠军"，即同时兼具各种能力的世界顶尖一流企业，所以要在制造业全部生产环节、整个产业链上推进"工业4.0"客观条件不具备；三是制造业发展经营状况欠佳，基于两个方面的挤压，即来自低端制造业与高端制造业两个方面的竞争，推行"工业4.0"的进程放缓；四是制造业企业的发展经营状况各不相同，特别是中小企业的信息化能力不足影响"工业4.0"的推进实施；五是制造业整体缺乏完善的系统体系支撑，缺乏相应的制度、政策、管理、标准和技术。

2. 对照德国"工业4.0"中国制造业发展需解决的问题

中国制造业转型升级要借鉴国外先进的经验，但一定要符合自己发展特色的转型之路。重点要解决三个关系：德国经验与中国道路之间的关系；政府引导与企业主体的关系；人与机器的关系。德国"工业4.0"的实施是一个由下而上的体系：先由企业提出，再由德国工程研究院、行业协会加入，然后获得政府的许可。政府引导与企业主体的关系中，《中国制造2025》则是由上而下进行。人与机器的关系，德国"工业4.0"是以人为中心，并非大量使用机器人替代劳动，否则会导致大量工人失业，造成社会不稳定因素。

表3-61　《中国制造2025》与德国"工业4.0"、
美国智能制造的比较

类别	《中国制造2025》	德国"工业4.0"	美国智能制造
时间	2015年	2013年	2011年
性质	国家中长期制造业发展战略	国家工业升级战略	国家"制造业回归"战略的重要部分
发起部门	中国工信部与中国工程院	德国工程院、弗劳恩霍夫协会、西门子公司	智能制造领袖联盟-SMLC、8个生产财团、26家公司、1个政府实验室、6所大学

续表

类别	《中国制造2025》	德国"工业4.0"	美国智能制造
特点	信息化和工业化的深度融合	制造业和信息化的结合	人、数据、机器的交互
目标	2025年迈入制造业强国行列；2049年成为世界强国	提升制造业整体竞争力	增强在制造业、企业创新、自由贸易、出口等方面的国际竞争力
重点	智能制造、"互联网+"	智能工厂、智能物流	智能制造
重点技术	制造业互联网化	CPS	工业互联网
方式	以智能制造来推动产业数字化与智能化水平的提高	以价值网络来形成横向集成、垂直集成、数字集成等网络化制造系统	注重对工业领域的服务方式进行革新，强调大数据、网络、软件等"软"服务
途径	有目标，但没有具体途径	一部分目标有具体途径	有具体途径
进展	规划出台阶段	已在某些行业实现	已在某些行业实现

资料来源：根据收集资料整理。

（三）美国制造业创新网络计划

1. 美国制造业创新网络计划提出的背景

美国科技委员会提出《先进制造业的国家战略计划》，而美国国家制造业创新网络计划隶属于此，充分体现了美国通过创新驱动来发展制造业的路径。自工业化以来，制造业始终是美国经济发展的支柱产业，一方面制造业促进了美国经济的发展，另一方面又支撑了美国的创新体系，正是因为制造业的发展使美国的创新能力在世界范围内极具竞争力，同时美国也建立了完善的区域创新系统。最有代表性的区域创新系统是美国硅谷、128号公路高技术园区，在推动美国区域创新中发挥着巨大的作用。但在20世纪80年代，美国的虚拟经济逐渐占据了主要地位，致使实体经济开始走下坡路并不断萎缩，最为典型的便是美国采取的国内研发、国外制造的经济发展模式，该模式使美国制造业不断衰退。2011年美国的制造业就业岗位不断大幅度下降，近1/6的美国制造业停业关闭；在美国主要的19个制造业行业中，就有11个制造业行业的产值低于2000年的水平；美国高新技术产品出口也在不断下降，这样就导致美国传统创新优势不断被削弱。正是因为国内研发、国外生产的模式使美国缺少了制造生产环节，这样美国企业从基础研究到产品产业化就缺少了中间环节，结果就是产业链的两端吸纳了美国大量的研发经费，其产生的后果就表现为：一是削弱了美国企业创新的基础，使企业的研发机构跟随制造部门转移到国外，制造环节的空心化严重影响了美国制造业的产业链；二是由于制造在外，使本土的研发优势产生了外溢效应，国外的生产部门优先将技术产业化并将创新技术模仿学习；三是生产制造环节的缺失使企业从基础研究到产业化过程大大减缓，短期内研发成果很难实现产业化，降低了创新成果的转化效率。

自2008年国际金融危机使美国虚拟经济泡沫破灭之后，美国意识到制造业空心化的弊端以及实体经济的重要性，通过制定《重振美国制造业框架》《制造业促进法案》等来振兴制造业实体经济，同时又先后制定实施"先进制造业国家战略计划""先进制造伙伴计划"，此外2012年奥巴马政府积极推行国家制造业创新网络计划，并将该计划视作创新驱动制造业发展的重要举措，以弥补现有创新体系的空白，并将其看作连接基础研究与产业化的重要桥梁，希望其能够突破研发创新应用与本国产品之间的障碍。

2. 美国制造业创新网络计划的内容

（1）美国制造业创新网络计划的构成机制。美国制造业创新网络计划的实施是借助于多个美国制造业创新研究院来完成的，制造业创新研究院由美国商务部、国防部、国家航空与宇航局、能源局、国际科学基金会、国家标准和技术协会组成，并由先进制造业国家项目办公室进行管理。美国制造业创新研究院是一个开放式的进行创新合作的平台，这个平台将政府、高校、企业连接在一起，在特定的领域进行共同研发投资，最终形成一个产业的共同体。

（2）美国制造业创新网络计划的特点。美国制造业创新网络对于每一个制造业创新研究院,在其成立之初会进行约 0.7 亿—1.2 亿美元的联邦政府资助,其他政府机构也会进行不同金额的资助;制造业创新研究院在其成立之后的 2—3 年,联邦政府会减少资助金额,研究机构或是企业则开始增加资助金额;制造业创新研究院在其成立之后的 5—7 年要实现自负盈亏。美国制造业创新研究院是由先进制造业国家项目办公室来负责遴选,并对其研究计划的标书进行评审;美国制造业创新研究院采取独立董事会的管理形式,并实行政产学研共同管理的方式,以使各方的利益都可得到保障。2012 年 8 月,美国第一个制造业创新研究院即国家增材制造研究院成立,主要由 5 个部门(商务部、国防部、能源部等)共同出资 4500 万美元,并由"俄亥俄—宾夕法尼亚—西弗吉尼亚"技术带的 40 家企业、9 个研究大学等共同出资 4000 万美元,包括 94 个合作伙伴。美国政府 2012 年计划投资 10 亿美元建立 15 个制造业创新研究院,2013 年宣布 10 年内建立 45 个制造业创新研究院。

3. 美国制造业创新网络计划的作用

美国制造业创新网络计划在创新驱动美国制造业发展中发挥了一定的作用,并已取得一定的成效。

(1) 使创新成果的转化效率大大提高。美国制造业创新网络将全国各个不同的创新个体集聚在一起,有利于异质性知识的扩散与传播,加速了创新效率并使科技成果转化的速度大大提高。

(2) 使区域创新系统得以更加完善。制造业创新研究院向创新企业提供设备与基础设施、技术培训与技术援助等,帮助企业发展;通过各个创新领域交叉融合促进多学科背景的专家团队的形成;使创新人才能够在多领域多机构任职,进而成为领军人才。

(3) 研发活动能够衔接从基础研究到商业化的中间环节。美国制造业创新网络计划主要支持从基础研究到商业化之前的研究活动,基础研究阶段可以得到美国政府大量科研经费的支持,并主要由研究型大学来展开活动;基础研究到商业化之前的中间阶段主要由企业来完成,美国制造业创新网络计划将这两个阶段进行了衔接,从而形成研发活动的完整链条。

4. 美国制造业创新网络计划对中国制造业的启示

尽管我国制造业总量已经居于世界第一，但与美国制造业发展相比，在自主创新能力、资源利用效率、产业结构水平、质量效益、信息化程度等方面差距较大，因此以要素驱动的传统制造业模式面临巨大挑战，我国制造业发展如何向创新驱动转型，如何构建制造业创新路径都是摆在中国制造业面前的艰巨任务，因此美国振兴制造业计划的创新路径对我国发展制造业具有借鉴意义。

首先，美国制造业创新网络计划注重加大技术创新投入力度，加强基础研究投入，鼓励企业进行研发投入。虽然我国制造业研发投入的规模在 GDP 中的占比逐年在上升，但与美国相比差距较大，因此我国应加强基础研究的投入，因为基础研究的水平直接决定了一个国家整体科技水平与竞争力，美国经济的发展正是基于强大的基础研究，也正是基础研究支撑了美国科技强国的地位。尽管我国在高铁装备、北斗卫星导航、超级计算机、百万千瓦级发电装备、万米深海石油钻探设备、大型飞机、载人航天、载人深潜等领域已经达到国际领先水平，基础研究的重要性已经显现，但是，由于基础研究的周期往往较长、风险高且经济效益不显著，因此基础研究需要国家进行资金投入。此外，也可以鼓励企业自身进行研发投入，据国外发达国家经验，企业的研发强度在 5% 以上时才具有竞争力，而我国大多数企业的研发投入占比较低，即使是中国企业 500 强（2014 年）的平均研发强度也仅仅为 1.78%，因此中国制造业企业应加大研发投入并提高研发投入的产出水平，这样才能提升企业的创新能力，我国政府也应制定相关鼓励企业增加研发投入的政策，使制造业企业能够自觉进行研发投入进而实现技术创新。

其次，美国制造业创新网络计划是在原有技术创新优势的基础上对创新路径的选择。美国当前的问题是制造业空心化造成的基础研究与产业化的脱节，而美国本身就具有显著的科技优势、商业优势，因此通过制造业创新网络计划可以将基础研究与产业化连接在一起；美国制造业创新网络计划更注重的是对前沿技术的突破，同时通过振兴制造业来优化制造业领域的投资环境，并降低制造业投资的门槛将更多更优质的资源引入先进制造业去；美国制造业创新网络计划的重点是让美国的制造业企业可以突破并使用先进制造业的技术与制造工艺。因此，我国发展制造业既要加强基础研究，不断实现对先进制造业前沿技术的突破，又要注重科技创新成果的产业化应用推广。

最后，美国制造业创新网络的实质是将高校、科研机构、企业实体等各方优势资源集聚在一起，对明确的研发目标进行技术攻关，这样既完善了研发的链条，提高了研发的效率，又使不同创新环节得以最大限度的资源整合，有利于产出成果的转化。我国先进制造业的技术创新能力较为薄弱，为了提升先进制造业的创新能力，我国可以借鉴创新网络计划的做法，由政府进行牵头建立制造业创新中心，通过整合官产学研各方资源，就我国制造业发展中所遇到的共性技术、重大技术方面的难题进行攻关克难，在研发的基础上进行成果转化，提高我国制造业创新能力并加快研发成果转化的速度。需要注意的是，美国制造业创新网络建立的前提是雄厚的基础研究底蕴以及科研成果商业化、产业化的能力，因此美国更注重从基础研究到商业化的中间环节，我国制造业创新中心更应重视从研发到商业化的各个阶段来凝聚各方资源，提升攻关技术难题、成果转化的效率。

二 德国工业发展经验

（一）德国制造业的"隐藏的冠军"现象

1. 冠军企业对德国经济增长的贡献

德国人口约为世界人口的1.1%，且制造业在德国GDP中的占比也仅是25%，但是世界中等规模的市场领袖企业中约有48%来自德国，可以说这些中等规模的世界领袖企业是"隐藏的冠军"。这些企业对德国经济增长的贡献表现为：企业平均每个员工的专利数量为大型企业的5倍；这些企业为德国贡献了超过150万个新的工作岗位；特别是在2008年国际金融危机之后，这些企业近100%的员工在经济衰退中保留了下来，这对德国就业率的影响是巨大的；同时，这些企业也通过产品的出口参与了新兴国家的经济增长。这些隐形冠军企业的成功，使很多其他国家的政策制定者试图复制来为本国的包容性经济增长寻找路径。

2. 德国冠军企业的标准

德国冠军企业有三个标准：一是公司处于世界排名前三的行业；二是公司收入低于 50 亿欧元；三是一般公众知之甚少。目前，全世界共有这样的隐形冠军企业 2734 个，而其中 1307 个企业在德国，日本约有 220 家，法国约有 100 家。

3. 德国出现冠军企业的原因

一是 1918 年德国是由 3 个共和国和 23 个君主制组成，很多企业国际化展开较早。二是传统领域的手工艺发展，精细的机械制造、钟表制造发展为 450 家医疗技术公司（手术器械制造商）。三是科学的力量。哥廷根大学数百年在数学方面的成就造就了测量技术公司集群的产生，弗劳恩霍夫研究所成为联系科学理论与实践应用的桥梁，世界专业电影摄影机的领导者——Hidden Champion Arri，进行了模拟技术到数字技术的过渡。四是双学制。这是德国较为独特的优势，即将非学术领域的应用实践与理论培训结合，调查发现"隐藏的冠军"公司比德国普通公司的职业培训投入的资金要多 50%。五是税收优势。德国并未采取如同美国和法国的高额资产税与继承税，这样可以使德国企业较易形成中等规模企业所必需的资本积累。六是社会与教育的国际开放度。德国比起其他工业化大国具有较强的精神国际化，例如大学学习与学生交流的国际经验、语言能力等比法国、意大利、韩国、日本等国开放度要大。

（二）德国支持制造业研发的政策干预

1. 建立政策性金融体系

德国拥有 18 个政策性银行，而国家复兴开发银行以及工业贷款银行则是这些银行中的领袖，由公共财政形成注册资金。这些政策性银行为制造业企业提供了近 25% 的长期贷款，尤其是国家复兴开发银行的带头示范效应，使德国大型商业银行对制造业企业 4 年以上的贷款比例由 20 世纪 50 年代的 5% 增加到 90 年代的 59%，同时合作社银行体系的长期贷款比例也由 7% 增加到 70%。德国的政策性银行对于那些为国家经济出口贡献较大的中小型企业（500 人以下），在资金需求方面给予大力扶持，包括提供 10 年期的长期贷款以及低于同期市场水平 20% 的利率，德国通过这样的扶持政策来帮助中小型企业化解融资难的问题，带动了德国中小型企业将资金投入技术创新、流程创新、高技术人才培养等领域的积极性，而德国的小型企业（100人以下）在技术创新与研发中，表现出了很强的活跃性，研发支出在销售支出中的占比达到5.6%，高于德国全国工业企业4%的平均水平。

2. 产学研一体化合作的体系

（1）德国政府为了平衡基础研究与产业化应用研究的差距，逐步加大与工业界实体的互助合作，通过采取PPP模式加强管产学的合作。国家财政给技术研究院下设的40多个研究所只拨付基本运营费用，但是这些研究所的设备投入以及课题研究费用都是由德国的大型制造业企业以签订研发合同的形式给予支持，这样就可以保证研究人员既可以完成基础性研究，又能将研究成果与制造业发展结合进行转化。

（2）在制造业行业如果出现带有共性的技术难题时，中小型制造业企业将与德国政府共同分摊中期的研发费用，这主要是通过德国的工业研究协会联合总会机构来实现的，该机构主要由德国联邦经济部以及德国工业协会共同成立，旨在解决协调制造业各行业的科技进步活动。政府拨付资金的前提是行业协会需要以50∶50的比例来承担研发费用。

（3）通过上述两个渠道的制度安排以及政府资金的拨付，使德国制造业企业自身能够保证研发费用不断增加，研发能力建设不断增强。2010年德国的研发投入达700亿欧元，在德国GDP中的占比达2.82%；而德国工业企业自己的研发投入就达到469亿欧元，在GDP中的占比达1.89%，比2009年增加3.7%，其中汽车制造业增长最快，达到7.2%，机械制造、电子技术、医药等领域增长比2009年有所下降。所以可以看出，在德国无论是技术研究院（Fraunhofer）还是行业研究协会联合总会（AiF），都发挥了德国第三方专业机构的作用，在协调研发、分配研发经费、推广研发成果转化等方面以较为专业的角度实现了政府和社会的干预目标。德国的这种以专业机构来推进研发创新政策的制度安排值得借鉴。

3. 公平公正的社会价值观

德国社会价值观导向始终遵循着勤劳务实、踏实工作的倾向，正因如此，德国的制造业企业包括中小型企业才能够拥有大量的优秀人才。再加上德国国内高额的财产税、遗产税、收入累进制度等的政策安排，使50%的国民收入进入国家再分配的环节，因此各社会阶层之间的实际可支配收入的差距不大。德国企业 CEO 的年薪仅是同类型美国企业 CEO 年薪的5%—10%，且各个行业之间的薪酬差距也不大；另外，在德国有近50%的中学生愿意进入职业教育体系，而非高等教育体系；理工科学生的毕业论文选题能够与社会实践中具体中小型企业的技术难题有关，旨在帮助中小型企业解决实际问题。

（三）德国"工业4.0"战略对中国制造业发展的启示

1. 德国"工业4.0"战略制定的背景

德国制造业的显著优势主要体现在机械制造业领域，包括汽车、电子、化工、机械产品等，同时也是世界上最为重要的装备制造业的生产国与出口国、高端制造业的领先国家。因此，在2008年国际金融危机中，德国凭借着制造业实体经济的竞争优势，较早走出国际金融危机带来的影响。但是德国制造业也面临着挑战与威胁，一是世界整体经济发展低迷，很多国家都面临着高失业、低增长的局面，致使德国制造业的发展速度开始减缓、出口下降；二是德国的制造业也面临着来自世界各国振兴制造业的影响，例如，美国的"先进制造业国家战略计划"、日本的"日本再兴战略"、英国的"强劲、可持续和平衡增长之路"计划、法国的"新工业法国计划"、西班牙的"再工业化援助计划"等。

为应对其他各国制造业的挑战，2010年7月德国发布了《高技术战略2020》报告，旨在推行创新驱动发展战略，来重点培育和发展重大技术，促使德国可以应对其他各国的挑战，同时在21世纪亟待解决的问题方案上能够走在世界前沿；该报告重点选取了面向未来社会的五大重点领域——气候与能源、安全、信息通信、交通、健康与营养，优先开展示范项目；2013年德国将"工业4.0"概念纳入《高技术战略2020》的十大未来项目中，所以可以看出"工业4.0"计划实际上是五大领域之——信息通信领域中的重点项目，其反映了德国试图在制造业领域进行新一代革命性技术的研发创新。

2. 德国"工业4.0"战略的内容

（1）德国产业创新模式的特点。德国产业创新模式的特点表现为不断提升产品质量的渐进式创新，所以制造业竞争优势绝不是依赖低成本的投入，而是对产品进行持续的开发创新，使产品质量符合精细化的要求。该特点与德国的历史传统、民族秉性、制度框架有很大的关系，例如德国政府对劳动者的工作条件、薪酬、社会保险、裁员等均有严格的要求与管制，旨在保障劳动者的基本福利，这样对于制造业企业而言就无法降低成本，只能在产品的质量、产品的工艺、员工的技能等方面下功夫进行创新。

这种创新模式使德国企业具有制造技术优势以及信息通信技术优势。因为企业不断投入研发创新制造技术，会促使复杂制造的过程管理水平不断进步，最终形成装备制造业的优势；此外还推动了解决方案供应商、软件供应商的发展，最终使德国在嵌入式系统与企业管理软件方面拥有很多经验。因此德国"工业4.0"计划本质上就是将制造业的制造技术与信息通信技术相融合来提升德国的产业竞争优势。

(2) 德国"工业4.0"战略的内容。德国"工业4.0"概念源自于2011年4月的汉诺威工业博览会，并于2013年4月在报告《保障德国制造业的未来：关于实施"工业4.0"战略的建议》中概括成形，2013年12月在德国电器电子和信息技术协会的"工业4.0"标准化路线图中被细化。

①德国"工业4.0"战略是由德国的官、产、学、研以及社会组织共同制定并实施的创新驱动制造业发展的战略。制造业以及信息通信产业中的领先企业对该计划积极实施并提供资源保障，高校与研究机构为该计划提供解决方案，行业协会组织也参与该计划，为计划实施提供信息交流与组织协调，国家工程院、联邦教育研究部参与制定计划并提供政策支持。

②德国"工业4.0"战略的实质是将制造技术与信息通信技术（物联网技术、M2M技术、制造系统应用软件）紧密结合，形成"实体+虚拟"系统，最终实现智能制造。

③计划主要包括三个方面的内容：一是制造环节的智能化，在制造环节的原材料、零部件、制造设备、生产设施上植入智能终端，利用物联网技术实现各个终端的实时信息交换，实时智能控制，达到制造环节个性化管理；二是利用制造系统的智能化来推进全社会的智能化管理，利用制造环节的产品研发、应用、标准化来提升分工合作的有效性，进

而探索新的商业模式、实现全社会的可持续发展。利用互联网与物联网技术，智能工厂连接智能产品、智能物流、智能电网、智能建筑、智能交通等，通过制造业的智能化推进国民经济体系的智能化；三是为实现上述目标，德国实施了双领先战略——"领先供应商"与"领先市场"，即德国通过"工业4.0"计划要实现智能制造设备的领先供应商、领先使用者。

目前，有很多的德国制造业企业以及研究机构开始实施工业4.0战略，例如博世公司将"工业4.0"技术应用到生产系统，戴姆勒公司应用于新型卡车的研发，西门子公司将"工业4.0"概念引入到生产系统、软件开发，都产生了良好的效果。

3. 德国"工业4.0"战略的作用

（1）提升德国渐进式创新模式下对激进式创新模式的包容度。德国原来在生产技术、信息与通信技术、服务研究、生物技术、材料技术、空间技术、光学技术、纳米技术、微电子与纳米技术等拥有世界领先地位，现在通过"工业4.0"计划旨在能在这些领域中进行激进式创新，从而在新产品、新服务、新工艺上保持原来的领先地位。

（2）巩固原有的在制造业领域的优势。通过"工业4.0"计划，将原有的制造业优势与信息通信技术优势融合，形成合力的前提下实现高层次的制造业创新，进而在生产方式与商业模式上领先。

（3）完善区域创新系统。"工业4.0"计划涉及了完善创新体系的措施，如包括建立工业宽带基础设施、信息安全保障机制、提升资源利用效率、创新工作的组织和设计方式等，这些措施举措有利于实现智能化生产以及区域创新系统的完善。

（4）促进创新成果的转换。"工业4.0"计划由官产学研等各个组织制定，跨学科多部门协同合作，因此在计划实施过程中必然会加速创新成果向市场以及终端用户进行转换；另外，德国政府也制定措施来促进成果转化，如政府支持中小企业、科研机构申请专利、应用专利，促进学术成果产业化，升级校园资助项目等。

4. 德国"工业4.0"战略对中国制造业的启示

（1）德国保持着制造业实体经济的发展，始终也保持着制造业世界领先的地位，而其最强的优势在于制造技术与信息通信技术，因此德国通过"工业4.0"计划将两者进行结合。

（2）德国"工业4.0"战略强调对现有创新优势的发展，德国制造业发展计划一是注重促进制造业投资，二是更注重高层次产业创新发展，通过新技术创新、推广技术革命成果，在生产方式与商业模式上领先世界。

（3）启示：①完善的区域创新系统是制造业实现创新能力提升的重要前提，德国制造业具有完善的区域创新系统，而我国的区域创新系统较为落后，因此我国可以借鉴德国的经验，通过加快推进信息化基础设施建设来为制造业企业搭建技术共享平台、信息共享平台、示范推广平台等，帮助我国制造业企业获得高效畅通的信息与技术；同时，借鉴德国的做法，重视创新人才的培育，尤其是工程教育人才的培育，创新高校与制造业企业联合培养人才的机制，并在企业中积极营造创新文化的氛围。②借鉴德国的做法，大力发展智能制造。德国"工业4.0"战略的本质是将制造技术与信息化技术融合发展智能制造，最后推广到促进德国整个国民经济整体实现智能化，这样就正好契合了我国新型工业化道路战略的内涵。因此，大力发展智能制造是我国制造业未来发展的大方向，但是也要注意德国"工业4.0"计划实施的前提是德国发达的、世界领先的制造业技术与信息通信技术，而我国在这两方面与德国相比十分落后，因此在将信息技术与制造技术融合实现智能制造的同时，也要注意对这两项技术本身的研发投入，这样才能取得理想的两化融合的效果。

三 日本工业发展经验

（一）日本促进工业发展的制度安排

1. 产业研发联合体模式

对于那些工业企业转型升级急需导入的关键核心技术没有掌握时，日本政府的经济管理部门就会组织各个相关企业成立研发联合体来共同进行难题攻关。同时，这些参与的企业需要按照分工进行资源的投入，主要是涉及与技术难题相关的知识资产，而技术难题解决之后，各个企业可以在共享的知识平台上继续进行与企业发展有关的专利研发或产品改进型研发，研发联合体随之解散，而企业之间又恢复到原来的市场竞争状态。日本政府通过这种研发联合体的模式，有利于促进工业行业整体研发技术水平的高起点的形成，并在这个高起点上展开有效竞争，最终使工业企业之间避免了低水平的重复投入，同时也解决了各个企业自主研发的资源不足问题。

2. 企业共生主义（Corporation）的价值观

日本的经济体制被形容为"企业主义"或"会社共同主义"，这种特殊的价值观被日本的精英们看作比社会主义国家更为灵活又带有社会主义国家干预以及民众福利的特征。例如，三井财团系的丰田公司董事长就十分注重劳资关系，也提出了重视人性的市场主义理论。日本企业整体合作的意识较强，特别是企业共生主义意识使产业研发联合体这种临时性的安排也能够形成参与的高效率和执行力。从1959年开始至1992年在政府主导下共有237个研发联合体的项目，其中涉及铝合金表面处理技术、汽车排放和控制系统、直接出钢技术等，共有1181家企业参与，政府对于研发联合体的补贴平均占66%。[①]

3. 综合商社的作用

日本综合商社的作用在于协调产业全球化战略并对资源进行整合，它的建立基于日本资源匮乏的原因，也基于历史文化的基因，同时还有追赶超越其他发达国家的"野心"。在日本规模巨大的财团和综合商社可以看作政府的制度安排，也可以看作国民企业，即民有国营的经济制度，它们在为日本制造业的全球化扩张发挥着不可替代作用——战略部署、金融支持、资源协调。例如，东芝、索尼、NEC、松下、丰田等综合制造业企业得到了三井—住友财团体系的支持发展成为大型跨国企业。综合商社的作用表现在：

（1）产业组织者。通过对制造业企业进行入股来参与企业的技术与市场开发，在获得制造业企业贸易代理权的基础上，为方便贸易流通的需要而对企业进行金融融资服务，综合商社扶持的重点在于追求产业发展的长远空间。

（2）制造业的中介。综合商社利用自己的庞大信息网络，为制造

---

① Mariko Sakakibara and Dong-Song Cho, "Cooperative R&D in Japan& Korea: A Comparison of Industrial Policy", *Research Policy*, 2002, 31: 673-692.

业企业提供大规模的技术引进,通过对不同市场信息的比较以及不同技术的整合,实现集成创新,综合商社发挥着对制造业企业技术研发与创新的产业协调作用,利用市场信息与反馈实现技术逆向突破。

(3) 全球情报输送。综合商社发挥着全球综合情报输送以及构建全球通信网络的作用,例如早在1971年三井物产就建立了全球通信系统,该系统在东京、纽约、悉尼、伦敦、巴林5个电脑控制中心连接着国外149个事务所,通信线路达44万千米,光每年在信息通信方面的费用就相当于人工费用的1/3。正是由于综合商社所建立的庞大信息情报网络以及全球交易渠道网络,还有物流网络以及贸易能力等,使商社可以将产业资本、商业资本、金融资本等相结合再逐步渗透到制造业产业链的上下游环节,为日本制造业的全球化战略实施高端布局。

4. 突破关键核心技术,振兴装备制造业

日本为了振兴本国的装备制造业发展,采取了"嫁接的方式"将本国已有的技术嫁接上从国外引进的必要设备以及关键设备,注重装备制造业的高技术水平。据资料显示,1950—1979年,日本投资100亿美元从国外引进3.4万项技术,这其中装备制造业引进的技术项目最多。在此基础上,日本强调自主研发装备制造业技术,在2001年用于装备制造业研发投入的费用占其销售收入的4.16%,可见日本在突破装备制造业核心关键技术时,既注重引进嫁接又注重自主研发。

(二) 日本支持产业优化升级的政策

1. 日本支持产业优化升级的产业政策

日本政府在本国产业发展的不同阶段,提出产业发展的重点以及产业结构目标,并通过产业立法使某些产业享有"特别折扣"以及金融机构的优待。

2. 日本支持产业优化升级的信息化政策

日本在20世纪70年代就抓住了信息技术产业发展的市场机遇,通过采取各项鼓励措施来发展半导体工业、计算机工业,例如技术引进、技术研发投入、技术研发补贴、保护国内市场等;20世纪80年代日本在笔记本型计算机、存储芯片等领域具有世界领先水平,但美国却通过加大研发,90年代终于在微处理器、软件等核心技术领域领先于日本。

表 3-62　　　　　日本支持产业优化升级的产业政策

产业发展不同阶段	支持产业优化升级的产业政策	
劳动密集型阶段向重化工业阶段升级	产业政策	1. 扩充"瓶颈"产业的生产。1955—1958 年，将产业发展中的"瓶颈"产业——电力、钢铁、运输等产业的生产能力进行扩充，并作为产业政策的重点加大资金的投入；1958—1962 年，将重化工业、基础产业列为产业发展重点。2. 培育新技术产业。1955—1958 年，将石油化工、电子、合成橡胶等产业作为重点，加大资金投入支持。3. 通过扶植计划与产业立法对支柱产业进行重点扶植。主要对飞机、造船、汽车、电子、橡胶、机械、化工、钢铁等产业予以立法支持，同时还制定了技术集约化政策以及产业组织合理化政策，对这些行业的企业予以在税收、金融、固定资产折旧等方面的优惠，促进重化工业的规模化经营以及技术创新活动
	政策效果	1. 1950—1970 年，重化工业在工业产值中的比重由 44.2% 上升到 62.2%；出口中的比重由 30.8% 上升到 85.45%；2. 技术集约化政策以及产业组织合理化政策促进了企业技术创新能力的提升，并加速了企业之间的兼并重组，尤其是提高了企业的管理水平，提高了劳动生产率；3. 提升了发电设备、精密机械设备、冶金设备、大型石化设备、电子计算机设备在世界工业领域的地位
重化工业阶段向高加工度化阶段升级	产业政策	为缓解因为石油危机导致的重化工业成本上升以及需求下降的压力，促进重化工业向高加工度产业升级，主要采取的产业政策集中在促进能源节约以及振兴知识密集型产业、技术密集型产业等。1. 大力发展节能型产业。限制高能耗产业，提出能源种类分散化以及进口分散化的能源战略；2. 振兴知识密集型以及技术密集型产业。产业政策的重点集中在促进电子、计算机等产业，并划拨大量财政资金用于支持超大型集成电路项目的研发，用以支持信息产业、飞机制造、集成电路产业等发展
	政策效果	高能耗产业中除了钢铁行业由于受到机械、汽车等行业的拉动实现了较快增长外，其余如化工、石油、煤炭、非金属矿物制品等高能耗重化工业在产业结构中的占比开始下降，而如电子、信息、机械、汽车等高加工度、高附加值的产业发展迅速

续表

产业发展不同阶段		支持产业优化升级的产业政策
高加工度化阶段向技术集约化阶段升级	产业背景	20世纪80年代，由于受到美国的竞争与压制，再加上日本高新技术产业本身信息化水平较低、自主创新能力较弱的问题，日本的产业发展政策主要集中在建立自主研发技术为基础、软件技术为中心、高新技术与富有创造性劳动力结合的创造性知识密集化产业结构
	产业政策	1. 技术立国战略。建立产学研政相结合的科技创新体系，并以企业为主体、产学研政相结合。2. 加大研发投入。加大对研发机构以及企业研发活动的支持力度，主要采取低息贷款、税收优惠、专项资金支持。3. 建立科技园区。通过专门法律设立科技创新型园区，提升企业的自主创新能力，并大力培育战略性新兴产业。4. 制定知识产权战略。通过知识产权政策保护创新者的合法权益，并鼓励创新
	政策效果	1. 产业结构向知识密集型以及服务业为主转型，第三产业在GDP中的比重由1985年的61%上升到1998年的71%；2. 贸易流通业、金融保险业等在经济泡沫时期实现了快速增长；3. 第一、第二产业在GDP中的比重不断下降

资料来源：根据收集资料整理归纳。

表3-63　日本支持产业优化升级的信息化政策

信息化政策		信息化政策内容
IT立国战略	政策	1. 21世纪初期制定《IT基本战略》。通过实施IT立国战略，在2005年将日本建成世界上最先进的IT国家；2. 制定《IT基本法》。实施IT立国战略，制定e-Japan战略、IT新改革战略、IT新改革战略政策纲要、e-Japan重点计划，并积极推进这些信息化发展的计划和战略予以实施；3. 推出《U-Japan构想》。在2010年开始建设网络社会，消除数字鸿沟，使日本可以实现城市与地方的共同发展，通过利用各地的IT基础设施来建立机会均等、信息均等的上网环境

续表

信息化政策		信息化政策内容
IT立国战略	效果	通过IT立国战略以及其他战略计划与构想，有力地推进了日本信息社会的发展，为日本信息产业的发展创造了有利的政策环境
信息化建设	政策	1. 以建立高度信息通信网络社会为目标，推进信息化进程。围绕建设高速与现代化信息网络的目标，将政府信息水平、企业信息建设、家庭信息化三者结合，全面促进全社会的信息化建设。2. 制定《U-Japan战略》《U-Japan政策》，将信息化的建设重点放在有线与无线兼顾，建设有线与无线基础设施、有线与无线网络，进而覆盖全国的信息化基础网络，将信息化基础设施建设由超高速宽带网转向泛在网络。3. 通过税收优惠鼓励企业对信息化领域的投资，并对信息化投资领域扩大财政建设电子政务
财税扶持	政策	1. 直接资助有发展前景的信息化领域企业进行技术研发、信息技术推广应用；2. 在软件行业建立免税储备金制度、意外损失储备金制度，并对软件企业免征7%的技术研发资产税、增加25%的科研税务贷款；3. 对信息产业提高折旧率、减免固定资产税收、扶持与资金补助

资料来源：根据收集资料整理归纳。

表3-64　　　　日本支持产业优化升级的金融政策

产业发展不同阶段	支持产业优化升级的金融政策
劳动密集型阶段向重化工业阶段升级	1. 构建政府集中控制的政策性金融体系。第二次世界大战后由于国内物资不足以及通货膨胀，实施了《日本银行卷存入令》《金融紧急措施令》，旨在减少货币供应量并封锁存款。2. 实施与倾斜生产方式配套的金融政策。例如，1946年12月实施以煤炭、钢铁生产为主的倾斜生产方式；1947年1月政府出资建立复兴金融库，为日本基础工业复兴提供资金；1947年3月实施金融管制优先保证重要产业的贷款；1955年上调再贴现率，对超出贷款限制的金融机构实行高利率适用制度，金融政策开始发挥作用

续表

产业发展不同阶段	支持产业优化升级的金融政策
重化工业阶段向高加工度化阶段升级	1. 以主银行制度为主的间接融资体系推动产业结构升级。进行金融政策改革，推进民间金融机构发展，形成专业化银行。2. 央行放开对商业银行的资金分配管理。通过市场机制配置资金，提高了配置效率并推动产业升级。3. 央行通过变动存款准备金率、窗口指导等金融工具控制银行信贷量、保证贷款方向。凡是政策支持的产业保证优先获得商业银行的资金支持。4. 央行采取低利率政策（公司债券、金融债券、长期借贷等），支持设备投资以及出口创汇
高加工度化阶段向技术集约化阶段升级	1. 以金融自由化作为金融改革政策来推动产业结构升级。主要是大量发行建设债券、国债，利率自由化。2. 央行实行浮动汇率制，配合加大对外投资的产业政策，推动利率自由化进程，也推动了债券市场、股票市场、短期金融市场资金流动速度以及配置效率，特别是促进了知识密集型、技术密集型产业以及生产性服务业的快速发展。3. 广场协议签署后，为减日元升值给出口带来的冲击，央行连续5次下调再贴现率，使资金大量流入房地产市场以及股票市场，经济泡沫开始形成。4. 紧缩的货币政策以及对土地融资的总量控制。1989年央行改变货币政策方向，基于对资产价格影响物价的考虑，结果导致股票市场与房地产市场价格暴跌，居民消费低迷、金融机构破产、设备投资减少，经济泡沫破灭。5. 推进日元国际化。放宽国内外资本进出金融市场，并开展金融业务与投资活动的限制，1986年设立东京离岸金融市场，由于日本的金融国际化战略使日本国内出现"产业空心化""金融泡沫化"，导致日本经济的脆弱性，以致产业升级受到严重影响

资料来源：根据收集资料整理归纳。

(三) 日本促进工业发展的政策对中国制造业发展的启示

日本通过技术创新抓住了新科技革命的机遇成功实现对英美的成功追赶，其追赶超越的发展道路不外乎在于保护国内市场、限制外商直接投资、创造产业绝对优势，这也是突破"中等收入陷阱"的唯一道路，所以日本促进工业发展的政策对中国制造业发展的启示表现在：

1. 依靠技术创新以及人力资本提升来实现产业优化升级

(1) 日本的政策与做法。日本在国家进入中等收入阶段之后，就放弃了以低成本优势来进行出口的战略,转而重点提升科技创新能力并重点对制造业企业发展的人力资本进行大力投入,成功实现产业优化升级。日本制造业成功升级的策略主要表现在:一是通过科技创新来带动产业升级,并促进技术的本土化;二是通过缩小收入差距来促进国内中产阶层的形成,进而使国内需求结构升级转型;三是不断提升收入水平以及人力资本投入,形成一个不断循环的过程,不断影响国内市场需求结构、科技创新水平,最终使国内产业得以优化升级,构建了高效的国内价值链,正是因为国内具备高效完善的产业价值链作为前提,加入全球创新链相对较为容易。

(2)对我国制造业发展的启示。整体来看,我国在发展制造业时缺乏充分的人力资本投入,在制造业科技创新方面也欠缺较为高效的产出机制。一是企业科技创新的风险较大,包括市场风险以及系统风险,主要是因为当前我国知识产权保护机制不健全,创新风险的转移系统不完善,社会信用体系建设落后,导致对于科技创新投入、人力资本投入的主动性意愿不强;二是央企与国企凭借相对垄断的资源优势可以获得对于要素价格的控制权,进而依赖低成本与垄断形成超额利润,不会针对技术创新、人力资本进行大规模的投入,而私营企业因为享有国家的各项优惠政策以及低成本劳动力优势,所以也无须对科技投入以及人力资本投入过度关注;三是我国社会未建立起规模较为庞大的中产阶层,相对而言各地区、各行业之间收入差距较大,中产阶层所占比例较小,国内的需求结构转型升级相对缓慢,内需发展不足;四是由于我国贫富差距较大,处于最低阶层的大多数人不会主动进行人力资本的积累,长此以往又会加大贫富差距,使国内消费需求升级转型的基础薄弱,也影响了国内创新的主动性。

所以当务之急需要我国尽快采取措施在收入分配上缩小贫富差距,培育较大规模的中产阶层,促进国内需求真正的升级转型,以此推动更多的技术创新投入以及人力资本投入,从而构建国内完善的价值链体系,并以此为基础来融入国际价值链的中高端。

2. 通过政府、金融财政部门对产业优化升级给予资金支持

(1)日本的政策与做法。产业政策被日本政府看作增强产业国际竞争力,赶超发达国家的主要手段,所以在各个阶段对国家基础产业与

主导产业实行优惠政策，特别是为新兴产业部门以及政府重点发展的产业部门提供低息贷款，并加强对中小企业的资金支持力度；引导衰退企业逐渐退出市场，并引导民间资本投向国家基础产业与主导产业；控制政策性金融体系，利用窗口指导以及变动存款准备金率引导资金的流向，将有限的资金流向国家重点扶持的产业。但是日本的产业政策在实现目标后，却继续被沿用，在较为健全的市场机制下必然会妨碍企业之间的竞争；同时在日本金融监管放宽后，金融政策部门却对资金流动性以及金融衍生品造成的市场变动缺乏必要的政策操作手段，尤其是缺乏必要的政策制度进行衔接，使金融监管过于松懈。

（2）对我国制造业发展的启示。从以上日本金融当局采取的金融政策可以看出，金融当局对经济形势的判断以及政策操作直接决定着金融改革的效果，同时金融自由化不等同于放松金融监管。所以在我国运用金融政策时，可以对国家快速发展又重点支持而企业不愿进入的行业（如高新技术产业）进行必要的引导；同时在我国发展制造业时，要充分意识到市场是资源配置的主体，产业政策仅仅是对无法适应市场机制进行资源配置的环节或是部门进行引导，因此在市场机制较为健全的情况下产业政策所涉及的领域应重点突出，不能面面俱到。相反，产业政策所干预的领域范围越小，越有利于集中稀缺资源解决关键问题，产业政策的效果也会越明显。

3. 银行主导型金融体系促进战后日本产业结构升级

（1）日本的政策与做法。日本银行主导型金融体系对战后产业优化升级有着重要的影响，这种金融体系可以通过金融中介来引导资金流向，还可以通过信贷直接将资金配给政府需要支持的行业，并为这些行业提供政策性的金融贷款优惠；另外通过法律政策来保证政策性金融的实施，同时财政投融资模式又保证了政策金融的资金来源，最终使政策性金融能够有力地促进产业优化升级。银行主导型金融体系在日本赶超发达国家时发挥了巨大的作用，但是在日本成为先进国家之后，这种体系也存在缺陷，一是银行主导型金融体系不利于银行与企业各自独立性、灵活性、创新性的发挥，反而导致企业创新性下降、资金使用效率低的局面；二是银行主导型金融体系下金融机构总是将资金投入投资风险小、资产担保高的项目，或是财务标准化程度高的客户以及有密切往来的老客户等，忽略了那些虽然风险高但是回报率较高的创新性项目，这就导致后来当日本的信息产业被美国超越之后，日本的制造业就逐渐丧失了优势，这主要是因为美国市场主导型的金融体系比日本银行主导型的金融体系要更适用于新兴产业。

（2）对我国制造业发展的启示。我国制造业在改革开放初期抓住了国际产业转移的良好机遇，利用劳动力的低成本优势承接产业转移，通过引进外资、技术与设备发展劳动密集制造业，将制造业的产业结构与当时的要素禀赋很好地契合，实现了制造业的腾飞；但整体来看，我国金融市场却缺乏活力，主要是国有大银行主导的金融体系、多层次资本市场以及中小银行发展落后，使我国的金融体系结构不能与产业结构优化发展相适应，最后产生了我国制造业领域中中小型企业融资难、制造业企业创新发展缺乏充足资金来支持等问题，所以为带动我国制造业创新发展以及为大型企业资产重组提供必要的资金支持，当前需要大力发展多层次的资本市场以及中小型银行业务来增强我国的金融市场体系的活力。

四　发达国家发展制造业的经验对中国的启示

（一）欧洲各国联合研发空客打破航空制造垄断的启示

第二次世界大战之前德国的航空技术在全球领先，拥有军用与民用飞机制造的技术研发积累，但是在第二次世界大战后美国将德国最优秀的航空领域的专家以及设计师带回美国本土，且不允许德国从事中大型飞行器的研发制造，旨在保障美国波音公司和麦道公司的垄断地位。而在20世纪70年代，由法国牵头，德国、西班牙、英国等国的政府控股航空公司参与，组建欧洲空中客车工业公司，经过努力除了打败美国的麦道公司外，还成为美国波音公司的劲敌。尽管欧洲空客在起步发展阶段研发投入大、生产批量小，商业化亏损较为严重，但参与的各国通过政府干预都给予了各种补贴与支持。2003年欧洲空客在全球的交付量第一次超过竞争对手美国的波音公司，成为世界民用飞机制造领域的第一。可以看出，在政府干预以及社会共识主导的情况下，完全可以改变全球市场中高新技术行业被个别国家所垄断的局面。

（二）美国军民技术转换的制度安排的启示

1. 军民互通体制

美国政府为了助力波音公司与欧洲空客进行竞争，将开发的军民共用技术平台用作于支持美国民用飞机发动机的发展，但是民用发动机更强调运营以及经济性、环保性、安全性等，这与军用飞机发动机强调性能有所不同，所以要实现军民技术互通，难度较大。为此，美国政府在研制发动机时就格外注重基础的底层技术，而不涉及任何军民型号。1998—2006年先后耗资60亿美元，实施了综合高性能涡轮发动机技术计划以及通用的经济可承受航空涡轮发动机计划。

2. 军民转换研发体制

波音公司的飞机波音-777运用新的数字化整体设计技术实现了世界上首个大飞机数字化产品定义信息化制造项目，通过军民转换研发体制以最快的速度应用到了美国第四代战斗机F-22、F-35的设计中，这样F-22就会以最快的历史速度服役，而F-35战斗机也实现了三维数字化设计制造一体化以及虚拟制造，在全数字化协同网络的条件下，就会使研制周期大大缩短近50%以上。

3. 军方背景的研发孵化机构支持小企业的技术研发

美国国防部每年的研发预算高达760亿美元，通过建立"小企业创新研究计划"以及"小企业技术转移计划"来支持具有高科技创新活力的小企业。而1958年成立的孵化基金公司（DARPA），更是每年将美国国防部研发预算25%的费用（合计约30亿美元）、约200个项目以合同的方式外包给国家一流实验室来进行创新研发，例如GPS、隐形技术、互联网技术等重大突破性技术都诞生在DARPA孵化基金公司。

（三）发达国家发展制造业的启示

1. 建立制造业产业集群

全球装备制造业从20世纪90年代以来就开始不断形成集群化的趋势，表现为同种产业或相关联的制造业企业有机地集聚在一起，通过不断创新、龙头引领、协同推进来获得竞争优势，这种集聚式的制造业产业集群即使是在国际产业转移时也是整个产业链整体的转移。

表 3-65　　　　　　　　　国际制造业产业集群

国家	制造业产业集群
英国	北部汽车制造业产业集群；金属加工制造业产业集群
美国	硅谷电子业集群；128 公路电子业集群；明尼阿波利斯医学设备业集群
德国	斯图加特机床制造业集群

资料来源：根据收集资料整理归纳。

2. 注重绿色制造技术的战略地位

绿色制造技术是发达国家强化技术创新的重要内容，也是我国制造业实现制造业转型升级的重要途径。

表 3-66　　　　　　　发达国家绿色制造技术的战略地位

国家	绿色制造技术的战略地位
英国	《未来制造》指出实施绿色制造来重新建立完整的英国可持续工业体系；提高现有产品的生态性能；实现节约材料 75%；温室气体排放减少 80%
美国	《先进制造伙伴计划 2.0》中振兴制造业的 11 项关键技术之一
德国	将绿色制造看作环境影响的一部分，会影响到"资源效率"，而"资源效率"是德国"工业 4.0"的八大关键领域之一

资料来源：根据收集资料整理归纳。

3. 制造业服务化转型

国际制造业服务化趋势的加强，主要是因为制造业企业的销售额中全球服务所占的比重在不断提高，服务对于企业的营业利润率以及毛利润率的提高具有关键作用。所以为提升制造业的附加价值，不仅仅要提升制造业核心技术的水平，还应大力发展服务型制造，即以客户需求为前提建立形成以智能制造为中心的新型制造业模式。例如，日本的机械工程产业所创造的产值在日本机械工业总产值的占比达到 80%，专业的或是兼业的工程服务企业遍布日本装备制造业的各个行业，形成了装备制造业的服务产业集群。在发达制造业国家，具有工程总承包能力的"交钥匙工程"的企业，通过对关键设备的制造、工程总体设计环节进行把控，将设计和制造企业联合起来。正是因为如此，日本三菱重工、法国阿尔斯通、德国西门子、美国通用电气、美国IBM等公司都是可以为客户提高一整套全系统服务解决方案的装备企业。

4. 注重高新技术与制造技术的融合

西方发达国家注重将高新技术融入制造业技术中，使制造业产品能够实现信息化、数字化、智能化，例如不断推进软件技术、计算机技术、传感技术等在制造业产品中的应用，美国在制造业中提出了建模与仿真的可靠制造、制造的网络化与柔性化理念、制造装备的高精度与智能化。

5. 重视创新集群的建设

（1）创新集群。创新集群主要是指由科研机构、企业、大学、风险投资机构、中介服务机构通过知识链、产业链、价值链所形成的战略联盟，其实质是一种技术——经济创新网络组织，具有知识溢出和集聚经济的特征。国家的创新体系应包括规模不同的产业集群创新，创新集群可以进行知识的转移扩散，并加速创新、增加生产能力、催生新的创新活动，还会产出增加专利申报率等较为明显的经济效益。

（2）美国的硅谷与研究三角园区。发达国家普遍将创新集群作为提升区域竞争力的战略重点。美国硅谷就是进行创新的前沿阵地，在新工艺、新产品、新技术方面一直处于先进领先地位，尽管硅谷非美国政府主动进行干预与设计，但却受到政府的研究资助，同时美国政府也是硅谷最大的风险投资者。而其他创新集群主要是由政府主导建立的，例如具有代表性的美国的研究三角园区，1956年由州政府牵头成立，在发展中州政府不断加大对园区内基础设施、园区附近大学、孵化器等的资金投入，鼓励产学研政之间的合作，使三角园区成为美国东部技术创新的领导者。此外，美国为了吸引新兴高技术企业集聚，各州和部分城市建立了科学园，为从研究机构衍生出新企业而提供服务；在2010年美国小企业管理局推出了"集群计划"，旨在以创新集群的方式对各类创新主体所出现的创新难题进行共同解决，共同攻关。

（3）德国的高科技综合体。1982年德国建立了60多个技工贸金融相融合的高科技综合体，为德国产业集群内的科研成果转化以及高新技术的发展创造了条件；1995年德国开始推行集群化发展的政策来推进合作创新，旨在不同企业间、企业与中介支持机构间形成新的知识与能力的组合，在德国的企业集群中由政府推动的企业数量占70%。

总之，当前我国制造业正在提升自主创新能力，而创新产业集群的构建有助于我国制造业创新生态体系的发展，特别是要借鉴发达国家建设制造业创新集群的经验，形成制造业创新集群引领自主创新能力的有效机制，也要为创新主体营造有利于自主创新的市场制度与市场结构。

小结

美日德发达国家对于发展制造业的侧重点不同，美国强调发展先进制造业，鼓励制造业进行创新；日本更强调科学技术创造立国，重点发展制造业的基础技术；德国更注重对制造技术的提升，强调面向未来的生产。中国发展制造业需要借鉴国外的经验，但是也要走出一条符合自己发展特色的转型之路而不能盲从。例如，德国"工业4.0"，其实质是以人为本的，并非要大量使用机器人来代替劳动力，充分考虑到社会稳定因素，否则会造成失业；美国的创新网络计划旨在通过发展制造业来促进美国经济的发展，并有力支撑美国的创新体系；德国在发展制造业时产生了大量的隐形冠军企业，并在全社会建立了公平公正的价值观；日本主要是建立了产业研发联合体模式进行技术难题攻关。因此，从发达国家发展制造业经验可以得到启示，我国发展制造业应注意建立制造业产业集群来发挥规模经济效应，并注重绿色制造技术的研发运用，促进制造业突破环境资源的约束，将高新技术与制造业技术融合促进制造业的智能化、服务化、数字化，提高企业效率以及满足差异化定制需求的能力。

总之，通过对发达国家发展制造业的政策措施总结，可以发现这些工业发达国家在不同阶段利用产业政策来弥补市场机制的缺失。日本发展工业的产业政策往往与贸易政策、外资政策结合起来，根据国际竞争及社会经济的发展变化进行调整，因此产业政策成为本国制造业产业结构升级的有效手段。尤其是在第二次世界大战后日本经济发展落后的时期，通过政府干预以及倾斜式的政策扶持，限制进口来保护本国的工业；工业发展形成一定基础之后，又放开市场发挥市场机制作用，从政府干预供给转向干预需求，尤为重视产业技术创新，早在20世纪60—70年代，日本就提出了"以促进工业化为中心，振兴科学技术"、培养科技人才，并制定了产学合作的体制，以此来带动产业核心竞争力的提升。

美国则通过实施双重标准的贸易保护政策来保护本国产业发展，同时一直注重引导新兴产业发展，并利用科学技术政策保持产业在技术上的世界领先地位，不断对研发进行加大支持，为核心技术竞争力的塑造提供技术环境与基础，例如在航空航天、国防等领域通过鼓励技术研发始终保持产业的技术竞争力，由此产生的技术溢出效应也促进了民用企业的发展，并激励企业不断进行技术创新，持续保持产业竞争力；美国政府尤为重视中小企业的发展，为促进中小企业竞争力的提高及技术创新，不断为中小企业提供金融、保险、信息、技术等的政策保障；同时，美国为了达到促进本国产品出口的目的，一方面倡导自由贸易，另一方面一旦国外产品威胁到本国产品时，就开始滥用贸易保护政策，并制定外资投资限制政策，抬高市场准入的门槛。可见，美国产业发展中较为重视产业供给与需求两个方面，积极引导新兴产业发展来保持国际竞争力。

德国发展制造业将原有的制造业优势与信息通信技术优势融合，在形成合力的前提下实现高层次的制造业创新，进而在生产方式与商业模式上领先，此外更加重视创新人才的培育，尤其是工程教育人才的培育，创新高校与制造业企业联合培养人才的机制，并在企业中积极营造创新文化的氛围。

第四章 探寻中国制造业新比较优势与新动能

转型升级是我国制造业获得可持续发展的动力来源，同时也是代表更高生产力水平的新产品、新技术、新模式、新产业替代旧产品、落后技术、落后产能，进而攀升高端价值链的过程，这期间往往也伴随着制造业空间布局的调整变化。尽管中国制造业正面临着来自低端制造业与高端制造业的双向挤压，又要应对各国贸易保护主义的挑战，但是随着要素成本的上升必然会带来经济结构与生产方式的调整与提升，"中国制造"依然存在新的比较优势——巨大的国内市场、完整的产业链（基础设施、产业基础）、优质的劳动力资源、良好稳定的政治经济环境等生产要素条件。中国在投资环境方面具有的优势：据科尼尔公司（国际咨询机构）的报告称，自2002年以来中国的FDI信心指数一直保持世界第一；而东南亚各国虽然劳动力成本等生产要素成本比中国具有优势，但柬埔寨、越南、缅甸等国的投资环境整体薄弱，如基础设施不健全、政策随意性较大，申报手续程序复杂等。因此，中国制造业要培育新的以质量、技术、品牌、服务为核心的出口竞争优势，将我国的要素禀赋结构尽快进行升级，突破"中国制造"迈向高端产业的"瓶颈"。

第一节 中国制造业新比较优势的建立

1990年中国制造业产值占全球产值不足3%，2015年中国制造业产值占比接近25%，全世界60%的鞋子、70%的手机、80%的空调都由中国生产制造。中国制造业在全球价值链中的地位促成了东南亚供应链的形成，全球近50%的商品都由"亚洲工厂"来生产，东南亚很多国家拥有比中国更为廉价的生产要素，这就造就了更为强有力的"亚洲工厂"的地位；国际金融危机后，发达国家实施再工业化战略，对我国制造业的影响既有机遇也有挑战，因此我国制造业应在第四次产业革命与技术革命中寻求制造业发展新的比较优势，才能实现"制造业强国"的目标。

一 中国制造业建立新比较优势的基础

当前中国制造业的比较优势表现在：第一，双向并行发展——迈向高端，低端不弃。中国制造业在发展高新技术促进高端制造业发展的同时，仍然注重劳动密集型低端产业的转型升级。以服装为例，2011年中国服装出口在全球服装出口中的占比是42.6%，2013年增加到43.1%；同时生产的商品中本国生产的零部件占比增加，20世纪90年代，中国制造业出口商品中进口的零部件占比高达60%，2013年降到35%。中国制造业拥有目前世界上最为完善的制造业供应链体系，基础设施健全；尽管由于用工成本上升，但是很多企业通过运用自动化技术来抵消这部分成本上升带来的负面影响。

第二，中国成为"亚洲工厂"的核心。一方面，尽管劳动力成本上升使较多的劳动密集型企业转移到东南亚市场，但随着这些低成本制造业活动的转移，却在另一方面强化了以中国为核心的"亚洲工厂"供应链。此外，当前亚洲许多新兴经济体国家正在推进信息化、工业化、城市化建设，所以工业产业园区、基础设施的建设会成为我国与这些国家进行合作的重点，而我国具有完备的工业体系以及产业配套能力，且积累了丰富的建设经验，与这些新兴经济体国家在消费、技术偏好方面具有相似性，所以未来在产能合作以及对于新兴市场的拓展方面，我国都具有显著的竞争力。

第三，中国市场存在巨大的市场需求。尽管我国经济增速逐渐放缓，但是2014年我国经济增量达到约8000亿美元，超过中等发达水平国家土耳其2014年全年GDP的总量；2014年我国进口额达到20000亿美元，与世界第十大经济体的经济总量相当，说明我国拥有足够的市场消费潜力；随着中国消费者的经验与能力的增强，"亚洲工厂"正在为中国消费者提供更多的销售与服务；同时，中国巨大的消费市场也加强了亚洲供应链的能力，在中国的国内市场拥有很多竞争力的供货商。

第四，灵活的政策优势。东南亚国家与中国在劳动密集型低端制造业的竞争，使中国出口美国的鞋类份额由2009年的87%下降到2014年的79%；如果越南、印度尼西亚、柬埔寨能够达成地区性的区域协议，中国制造业的网络将会顺利地扩散到周边国家。泰国就因为采取了灵活的政策，将外国零部件进口的限制取消，促进了本国汽车制造业的发展。因此，在当前中国制造业转型升级的关键时期，政府采取了产业支持政策。一是为了实现中国制造业的转型升级，实现由制造业大国向强国的转变，2015年国家颁布了《中国制造2025》的10年规划，向中国制造业提供财政支持，促进企业生产高质量的产品，将中国经济增长的模式由量的扩大向质的提高转变。二是为了重振效率低下的国有企业，国家在2015年开始启动新一轮的工业合并来提升制造业竞争力。《中国制造2025》的重点在于核电与高铁这样的关键行业在海外市场的发展，而且提高关键行业的国有经济的效率尤为重要，中国经济中约有1/3是国有经济企业，而国有经济企业中约有1/4处于亏损。《中国制造2025》打造全球竞争力的大型企业集团以及更多的冠军企业，同时振兴高端装备的出口。2015年2月，国家核电技术公司和中国电力投资集团公司合并，拟建立一个产国960亿美元的集团企业；2015年3月作为中国最大的轨道交通装备制造商——中国南车与北车合并方案通过。中国通过合并的方式，力图在造船、电子等行业打造更多的冠军企业。

二 中国制造业新比较优势的建立——提升自主创新能力

（一）实施自主创新战略

美国通过曼哈顿工程带动了技术的发展，通过星球大战计划实现航空航天技术的突破，通过信息高速公路工程带动电子信息的创新。为此要注重研发数量的积累与技术研发投入的增加；还可以通过外部资源获得技术创新能力的提升；通过对国外企业并购或是控股获得技术能力提升；建立战略联盟，实现技术资源互补；跟踪目标技术的发展轨迹，与目标企业加强技术合作；通过重大工程进行技术研发与系统集成，带动关键技术与核心技术的突破。

(二) 建立鼓励自主创新的政策体系

通过建立鼓励自主创新的政策体系，包括优惠的财税政策与金融扶持政策，完善中小企业的贷款担保体系，并建立相应的风险投资机制。为了鼓励国内自主品牌发展应制定相关政府采购法，政府采购首选国产货；在国家创新体系中纳入知识产权战略，利用产学研合作，形成制造业产业链上下游的集成合作；采用逆向收购，利用劳动密集型企业并购国际技术密集型企业以获取核心技术。如浙江的万向集团收购美国公司、飞跃缝纫机厂收购日本企业，杭州华立集团收购美国飞利浦下属拥有手机芯片生产技术的公司，都属于逆向收购。

(三) 建立网络状产业链创新模式

传统线性产业链创新模式是核心产品制造商（链主）与外围制造商基于稳定的合作关系，以核心制造商创新为主；而网络状产业链创新模式更强调产业链上每个制造商都具有自主创新能力，链主主要协调价值创造过程，在进行自主创新的同时，与产业链上外围制造商之间形成"多赢"局面，形成制造业产业链协同创新联盟，推动制造业全产业链的升级。

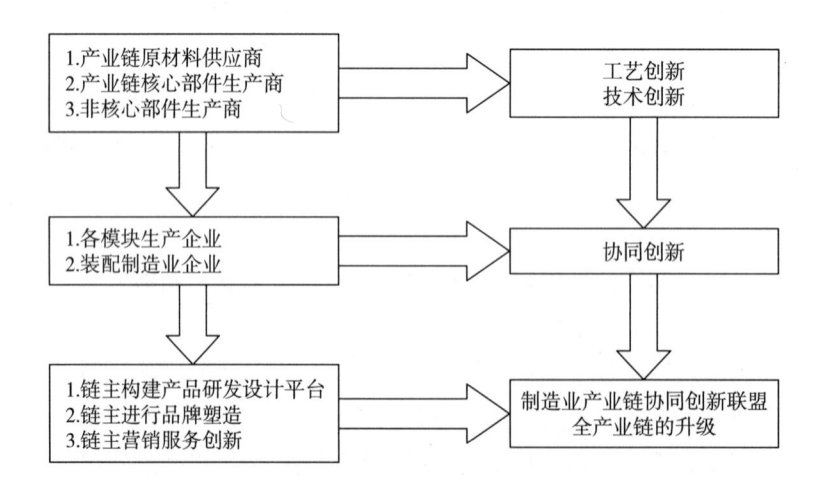

```
┌─────────────────────────┐         ┌─────────────┐
│1.产业链原材料供应商      │────────▶│  工艺创新    │
│2.产业链核心部件生产商    │         │  技术创新    │
│3.非核心部件生产商        │         └─────────────┘
└─────────────────────────┘
            │
            ▼
┌─────────────────────────┐         ┌─────────────┐
│1.各模块生产企业          │────────▶│  协同创新    │
│2.装配制造业企业          │         └─────────────┘
└─────────────────────────┘
            │
            ▼
┌─────────────────────────┐         ┌─────────────────┐
│1.链主构建产品研发设计平台│────────▶│制造业产业链协同 │
│2.链主进行品牌塑造        │         │创新联盟         │
│3.链主营销服务创新        │         │全产业链的升级   │
└─────────────────────────┘         └─────────────────┘
```

图 4-1 网络状产业链创新模式

资料来源：根据收集资料整理。

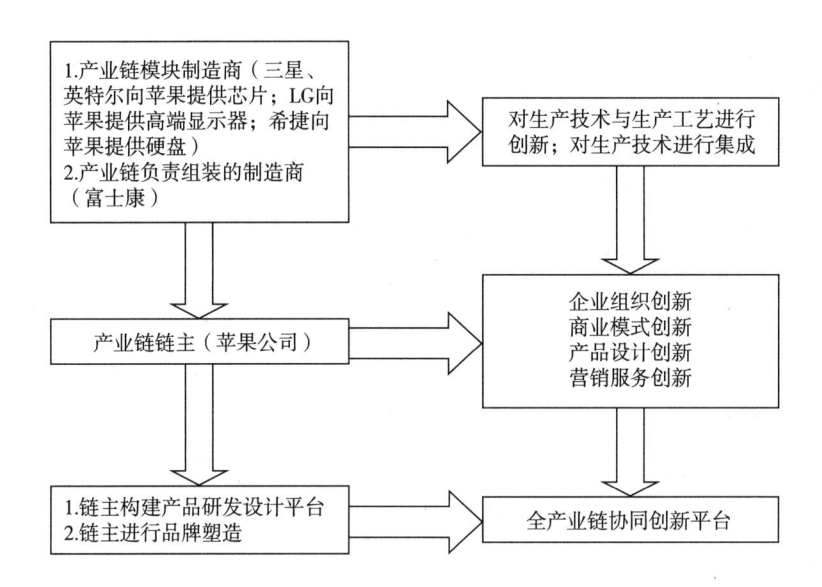

```
┌─────────────────────┐
│ 1.产业链模块制造商（三星、│
│ 英特尔向苹果提供芯片；LG向│──→ ┌──────────────────┐
│ 苹果提供高端显示器；希捷向│    │对生产技术与生产工艺进行│
│ 苹果提供硬盘）        │    │创新；对生产技术进行集成│
│ 2.产业链负责组装的制造商 │    └──────────────────┘
│ （富士康）            │
└─────────────────────┘
         │
         ↓                    ┌──────────────────┐
┌─────────────────────┐       │ 企业组织创新      │
│ 产业链链主（苹果公司）│────→ │ 商业模式创新      │
└─────────────────────┘       │ 产品设计创新      │
         │                    │ 营销服务创新      │
         ↓                    └──────────────────┘
┌─────────────────────┐
│ 1.链主构建产品研发设计平台│──→ ┌──────────────────┐
│ 2.链主进行品牌塑造    │    │ 全产业链协同创新平台│
└─────────────────────┘    └──────────────────┘
```

图 4-2　苹果公司的全产业链创新平台

资料来源：根据收集资料整理。

我国制造业企业在全球网络状产业链中处于"链主"的企业较少，因此在全球制造业产业链中不具有整合全球资源以及全球供应商的能力。目前，我国大多数制造业企业还处于向高端价值链环节攀升的阶段，代工企业数量居多、正在进行品牌塑造的制造业企业居多、正在探索创新路径的居多。

因此有必要改变传统制造业创新模式与创新战略，实现制造业升级。一是要进行以用户为中心的综合价值创新改变过去的价值创造模式，传统的价值创造仅仅是满足顾客的需求，而综合价值创新则以满足顾客综合价值为目标，超出了顾客需求的范畴，着眼于产品与服务的更多附加值的设计体现，进而获得稳定的顾客群来巩固"链主"的核心协调地位；二是通过建立全产业链新技术标准实现开放式创新[1]，"链主"通过自己的核心地位通过制定并推广产业技术标准来促使技术的先进性，最终实现全产业链系统的最大化价值与利益；三是进行企业组

---

[1] 姚凯、刘明宇、芮明杰：《网络状产业链的价值创新协同与平台领导》，《中国工业经济》2009 年第 12 期。

织结构的创新，全产业链的业务运营需要在全球范围内高效地配置资源，而国际环境的多变性与复杂性使企业组织结构设置应能适应外部市场需求的变化与调整，所以全产业链的组织结构创新应围绕着新产品的研发销售以及管理展开，同时政府应通过建立完善的知识产权保护法律体系来维持全产业链的竞争秩序，这样可以促进共赢的格局之下整个产业链的知识共享。

当前对于大多数我国制造业企业来说仍需通过技术创新与自主品牌的建立，向全球价值链高端进行攀升。尤其是进行代工生产的制造业企业（OEM 企业），目前处于价值链的低端环节，一方面可以实施技术创新战略，通过引进国外的技术或是生产线来提高产品质量树立品牌形象，在全球利用技术创新优势进行布局，最终在全产业链上进行技术输出与技术服务；另一方面可以实施并行战略即通过贴牌生产由 OEM 到 ODM 再到 OBM，最终走国际品牌战略。

三 中国制造业新比较优势的建立——培育新一代产业工人

（一）工业机器人对中国制造业产业工人的挑战

自动化技术给传统制造业带来挑战，工业机器人可以替代简单的工业制造操作，甚至是高端的数据与金融分析。自动化导致美国中产阶级的空心化，1968 年处于黄金年龄的 25—54 岁的美国人中只有 5% 的失业率，当前在美国这个数字变为 15%；而且这个年龄段的群体劳动参与率为 80.9%，比起其他欧洲发达国家要落后很多，据推测按照这种趋势延续到 2050 年，这个年龄段将会有 1/3 的人群不参加工作，所以工业自动化会给制造业的工作岗位带来较大的冲击。我国是制造业大国，推动劳动力就业的产业主要是中低端制造业，而工业自动化势必会对中低端制造业的普通就业岗位带来挑战，但工业自动化既可以提高企业的生产效率，又可以大大降低企业的生产成本，从总体上也带动了与机器人相关的产业工人的收入，增加了就业。尽管工业自动化不能解决所有产业问题，但却是未来工业发展的大趋势。

（二）中国制造业培育新一代产业工人的意义

要提升"中国制造"的竞争力，就需要做强中国制造业，因此"中国制造"的生产经营模式需要由粗放向精耕转变，加工企业需要由

OEM 商向 ODM 商、OBM 商转变，这样拥有自主设计自主品牌才能做大做强，中国制造业新比较优势的建立既需要大量的高端技术研发人才，也需要培育大量的新一代的产业工人。

1. 培育新一代产业工人是"中国制造"升级的重要前提

"雁行模式"是东南亚国家发展工业的一种模式，即本国掌握了工业品的生产技术且本国市场具有一定需求时，企业会自己生产产品占领国内市场并进行出口，类似于由"雁尾"到"雁首"。我国制造业中很多加工生产企业在掌握了一定的产品生产技术后，经营模式开始由代工（OEM）转向自主品牌（OBM），从硬件上看，国内较多的制造业企业已经具备优良的生产条件，无论是厂房还是生产线都具备国际先进水平，但对于掌握技术与操作技能的技术工人较为缺乏，同时在产品研发与销售渠道的构建上仍然需要大力度的发力，这就需要国家加强技术人才与产业工人的培育，以此促进制造业企业转型升级。

2. 提升产业工人的质量决定了"中国制造"的生产效率

据数据（欧洲商情调研公司）显示，2016 年中国制造业工人平均每小时工资为 3.6 美元，与 2011 年相比达到 64% 的增幅，超过了葡萄牙与南非，是印度工人工资的 5 倍。国家统计局的数据显示，2015 年城镇制造业工人年均工资为 55324 元，与 2011 年相比增加了 51%，高于 2015 年城镇企业平均 48.4% 的涨幅。目前，中国制造业工人的平均工资高于建筑业、农林牧渔、餐饮业、居民服务业等，属于高薪蓝领工人。制造业的生产成本是由劳动力成本、劳动生产率等一系列因素所决定；制造业的利润与产品数量规模、产品附加值大小有关；而产品的附加值是由管理经验、知识产权、技术水平等决定，也由营销、人工加工、设备加工所创造的增加值所决定。尽管当前中国产业工人的工资已经不具备绝对的成本优势，但是从工作技能、工作效率、职业精神以及对待工作压力的承受度来看，中国产业工人具有最高性价比。

中国制造业转型升级的本质就是不能再处于全球价值链的最底端，要提升产品的质量。2016 年 1—11 月，全国工业对技术改造的投资为 83468 亿元，占同期工业投资总额的 40.4%，比去年同期提高 3.1%。工业投资技术改造一方面会使企业生产效率提高，另一方面也会减少企业用工人数。浙江省计划到 2020 年企业使用工业机器人达到 10 万台。

这就意味着在企业工人工资成本不增加的情况，而高技术技能的工人工资会大幅提高，因为企业使用机器人带动生产效率提升，会使产品的附加值增加，企业的利润水平会上升。

（三）中国制造业产业工人的新比较优势

我国劳动力素质在不断提高，每年拥有大学及以上学历的人员数量超过了700万，每年还有200万人在接受继续教育，人力资本的质量优势可以逐渐抵消我国人口红利下降带来的经济影响；同时在国内有很多人员符合国际跨国公司的用人标准，这也是吸引跨国公司选择在我国建立研发总部的原因，因此高素质的人才队伍是制造业参与国际竞争的新优势。另外，当前中美贸易战愈加激烈，国内很多制造业企业纷纷转移到东南亚市场以此规避出口关税的影响，但对于国内劳动密集型制造业企业来说，尽管国内劳动力成本与东南亚国家相比在不断上升，但由于东南亚国家的劳动力并不拥有中国工人所具有的生产技能，同时，由于我国制造业企业长期积累的生产水平以及一体化、流程化工序等，东南亚工厂在短时期内还是难以超越的，中国制造业的优势仍然不可替代。

1. 中国制造业拥有高素质的产业工人

目前，基于成本因素以及中美贸易摩擦的考虑，很多企业纷纷去东南亚国家进行投资建厂从事代工生产，但是由于越南等国家的工人素质较低，不具有中国产业工人长期积累形成的生产技能，所以加工生产的产品质量较为粗糙，特别是一些高端的、功能性较强的、工艺水平要求较高的产品根本无法与中国产业工人的生产水平相比。同时，虽然东南亚国家的劳动力平均成本仅仅相当于中国劳动力成本的20%，但并不意味着美国加征关税就会促使所有的制造业工厂外移到东南亚国家，因为产品的生产既需要一定的生产技术能力，还需要有质量的保证，这就对工人提出了较高要求。

在美国也是如此，对于国内劳动密集型制造业企业（玩具、服装等），尽管国内劳动力成本在不断上升，但与美国相比仍然较低，但美国当地的劳动力并不拥有中国工人所具有的生产技能，此外中国制造业工厂如服装制造业企业长期积累下的生产水平以及一体化、流程化工序等，美国工厂在短时期内还是难以超越。另外，美国工厂的劳动效率并没有中国工厂高，中国工人每年平均工作2200小时，而美国工人每年平均工作 1790 小时，所以在美国新建的中国工厂中，美国工人常被抱怨比中国工人懒惰且多事，很多美国工人的生产技能也达不到投资企业的基本要求，还要花费成本对美国工人掌握必要的技能而进行培训。

2. 中国制造业拥有完备的产业链

目前，由于劳动力成本、汇率的变化、美国加征关税等各方面因素的影响，中国国内的一些企业（包括外商投资企业）开始将工厂从中国迁往越南等东南亚国家或地区，例如嘉里物流已经将生产线由中国内地迁到马来西亚；在中国国内市场拥有多个工厂的美国玩具制造商孩之宝（旗下拥有变形金刚、培乐多、彩虹小马等多个特许经营品牌），在 2017 年 2 月就因中国劳动力成本上升，试图减少中国工厂的生产量在总产量中的比例（由 2017 年 2 月的 88% 打算降到 67%），现在基于对中美贸易战加征关税对生产成本影响的担心，拟将更多的工厂转移出中国，在全球范围内扩展更多的第三方工厂，但是孩之宝的大部分第三方供应商与工厂都在中国，其在中国市场已经建立了较为完备的产业链。

随着中国制造开始向产业价值链的上游转移，中国制造业越来越多地转向更自动化的生产线，中国是世界上最大的制造装配线机器人生产商之一，当前由于中美贸易战不断升级，传统劳动密集型制造业企业开始向外转移，低成本制造业涌向东南亚国家。但中国制造业在基础设施以及供应链上的优势是很多东南亚国家的工厂无法相比的；中国制造业产业链十分完备，原材料市场与制成品加工地极为靠近，运输成本以及时间成本都较低，因此从原材料采购、工厂生产样本、批量加工，已形成高效的标准化的流程。现在已经转移到东南亚国家的一些加工制造企业，尽管当地的劳动力成本较低，但是原材料需要从中国国内市场采购，然后再在东道国进行加工生产，生产成的制成品运往海外其他国家，货运线路又非常有限，例如在越南通往美国的货运路线较少，且时间周期较长。所以东南亚国家产业链以及加工制造的基础设施不完备反而导致企业的成本上升，据估算东南亚国家制造业产业链的完备至少需要 20 年。[①]

对于一些产品技术要求较高的制造业行业，从事代工生产既需要具

---

① 《环球时报》2018 年 8 月 4 日。

备一定的生产能力（能保证产品质量、能保证产品的规模产量才能大批量出货），还要具备一定的资金能力才能垫付生产。此外，任何一家代工工厂需要完备的配套设施，需要有基础设施支持包括交通通信供电等，还需要有产业链相关的上下游供应商，才能保证产品快速交货、旺点销售，进而减少资金的占压。这样就可以看出，制造业的产业链是一个较为庞大的体系，其形成需要时间的沉淀，同时还需要有稳定的政治经济环境以及充足的人才才能得以保障。这样就可以得出结论，如果制造业企业都追求低成本纷纷去东南亚进行生产加工，很多东道国的生产条件不具备这些能力，同时投资企业增加的费用远远会超过美国所加征的25%的关税。

（四）新一代制造业产业工人的培育措施

1. 加大对产业工人的职业教育及技能培训

通过建立工程创新训练中心，打造一批为制造业服务的高素质产业工人，强化职业教育以及技能培训；鼓励企业与培训机构进行合作，培养制造业急需的产业工人；注重引导技术学校或是职业培训学校向制造业应用技术类学校转型，通过政策优惠、资金支持鼓励建立一批与制造业发展有关的实训基地；努力开展现代学徒制的试点示范，为制造业发展提供门类齐全、技术过硬的技术技能专业人才；有必要以PPP模式建立校企合作的集技术技能人才培养、继续教育、技术研发创新、科技服务于一体的产业技能人才培养机构集群。

2. 建立制造业专业技能培训教师基地

结合制造业制造技术尤其是智能制造技术发展要求，分类制定培训教师考核标准，依托大中型企业以及职业技术学校，共建培训教师专业技能培训基地，鼓励培训教师到国外进行学习培训，掌握先进制造技术与生产结合的操作技能并进行传授，带动培训人员新技能水平的提高。

3. 构建高素质产业工人信息发布平台

加强制造业产业工人需求预测，完善各类产业工人的信息数据库，构建高素质的产业工人信息发布平台；定期对制造业产业工人的供给数量、行业分布、结构、流向等进行实际调查，对制造业产业工人的需求结构、需求层次等开展分析，通过完善高素质产业工人信息数据库，为我国先进制造企业培养、引进各类各层次的制造业产业工人提供准确的数据支撑，便于企业合理调配人力资源。

4. 完善制造业高素质产业工人的评价与激励机制

建立制造业企业高素质产业工人的考核和评价体系，完善市场化的分配机制，必要时通过年薪制、年度奖励机制来吸引高素质产业工人进行业务创新，鼓励产业工人结合具体生产流程与生产业务进行发明创造，对表现优秀的制造业产业工人予以奖励，激发其创新的活力；建立完善制造业高素质产业工人的服务机构，发挥市场在人力资源配置中的作用，使制造业产业工人得以合理高效地流动；并对制造业高素质人才总供给量年均增长率、制造业高素质人才人均工资的年均增长率、制造业培养高素质技能产业工人的投入资金规模等进行动态监控与评估。

5. 通过制造业高素质产业工人队伍挖掘新的人力资源优势

通过建立强大的制造业高素质产业工人队伍，进一步树立"工匠精神"的典范，在全社会形成"尊重劳动、尊重创造"的良好风气；围绕我国制造业转型升级急需大量有技能、有创造力的产业工人的现实，抓好制造业领域产业工人的培育工作，尤其是在当前全球制造业发生深刻变革的背景下，要充分发挥我国制造业产业工人发展的潜力与优势，积极挖掘新的人力资源优势，使产业工人能结合生产一线的业务在实践中进行技术改造与发明创造，为制造业形成新的比较优势提供坚实的基础。

小结

随着新技术的推广应用以及新模式、新业态的产生，世界消费需求格局发生了显著变化，全球制造业技术的范式也正在发生变化，即由过去那种标准化、机器化、规模化生产为特征的传统制造方式逐渐向柔性化、信息化、智能化为特征的现代智能制造方式转变。目前很多发达国家已经建立了先进制造业的生产模式（如虚拟制造、远程网络制造、极端制造等模式），而我国制造业要形成不同于发达国家的新型制造体系，就需要建立我国制造业新的比较优势，即立足自身产业基础与产业条件，进行新型制造方式的推进部署，而首要的就是需要加快提升自主创新能力并培育新一代产业工人。因此，以制造业生产方式为核心加快向生产的精细化、柔性化、智能化转变，并努力培育新一代产业工人，使人才、信息与生产机器等各项资源高效配置，进而提高生产率、降低生产成本，这些问题的解决是我国制造业形成新的比较优势进而提升国际竞争力的前提。

第二节　中国制造业梯度转移
——区域协同发展的新优势

一　中国制造业区域协同发展的动因与空间转移

（一）中国制造业区域协同发展的动因

1. 制造业的要素流动

在我国一定的区域范围内，制造业的要素流动主要是各种生产要素包括原材料、技术、劳动力、资金、信息等跨区域的空间转移，制造业生产要素流动的广度与深度决定了该区域制造业发展的水平与层次。例如，在我国的长三角地区由于经济一体化发展的进程较快，促进了与制造业相关的要素——技术、人才、资金等的深入与广泛的流动，加强了长三角地区制造业间的关联度。同时，在我国的不同区域间如沿海地区与内陆地区之间也会产生制造业生产要素由价格低的区域向价格高的区域流动，由欠发达地区向相对发达的地区流动。而当制造业发展到一定阶段，当其他地区的经济、技术、人力资源达到一定水平后，一些制造业的生产要素又会从发达地区向欠发达地区流动，进而随着经济发达地区的要素流动，其他较为落后的地区又会吸引生产要素的聚集，从而促进制造业在该地区的重新发展与繁荣。

2. 制造业的产业转移

在我国制造业的产业转移主要是由于资源供给与产品需求条件发生变化，从东部沿海地区向中西部地区转移，制造业的产业转移是我国经济发展到一定阶段才出现的，其主要原因在于制造业发展总是在最大限度利用和发挥各个不同区域之间的比较优势。所以，我国制造业的产业转移也可以看作我国不同地区之间制造业分工的结果，同时也是制造业移出地区与移入地区制造业结构调整与制造业升级的重要途径。

制造业产业转移的动因体现在：一是制造业产业分工、专业化生产的需要，特别是随着制造业全球化产业链的形成，在我国东南沿海地区形成了专业化生产加工的优势，而这种优势伴随着制造业要素的集聚又进一步得到了加强，即生产成本逐渐降低、生产工艺逐渐提升，这又会促使一些制造业企业将相对具有优势的生产环节进行转移，转移到能凸显优势条件的特定区域，进一步发挥自己的竞争力。例如，位于我国长江上游地区的四川省，面对传统 PC 机销售下降的局面，意识到平板电脑未来发展的趋势，积极承接全球产业转移，成为全球电子信息产业的新高地，当前四川省承接的产业转移主要集中在移动互联终端产品上，这已经成为四川省发展制造业专业化生产的新优势。2012 年成都市便携式电脑的出口量达到 3400 万台，比 2011 年同期增长 80.7%，销售价值达到 128.5 亿美元，同比增长 71.4%。二是市场扩张的需要。随着制造业相关要素集聚于同一地区，会使该地区的生产资源（环境、土地、资源等要素）产生供应短缺、成本上升的局面，这就会促使部分制造业企业将产业链较为低端的环节转移到我国其他较为落后的地区。例如，我国东南沿海地区的制造业企业，随着技术更新换代速度的加快，产品的生命周期在不断缩短，需要制造业各项要素的高效配置才能迅速占领市场，但是由于受到资源、环境、人力成本、市场竞争等因素的制约，使一些制造业企业只能将较为低端的制造业逐步转移到我国的中西部地区，来获得利润和新的市场空间，所以这就表现在东南沿海地区原来发展较快的 PC 机制造、笔记本制造等逐渐向中西部转移，而长三角地区的制造业逐步向物联网、大数据、云计算等"智能制造"靠拢，向产业链的中高端迈进。

3. 制造业的产业联盟

制造业的产业联盟是指制造业企业之间的合作达到一定水平时，会着眼于共同的战略利益而进行的优势互补与风险共担，因此会形成资源、要素等在一定范围内的共享，通过制造业各种要素在我国不同区域之间的转移从而在更大范围内实现优化配置，来获得更多的竞争优势。制造业的产业联盟从制造业的内部来看，是制造业发展到一定程度由于企业竞争加剧而产生的，特别是企业同质化竞争导致的价格竞争使制造业企业只能加大创新投入形成差异化优势，但是创新往往要面对其他竞争企业模仿带来的威胁，以及创新所需人力、技术、资金的不足，因此基于这些使制造业企业会形成产业联盟；若从制造业的外部因素看，产业联盟的形成是基于产业外来压力与竞争环境，使制造业企业在面临进一步技术改造、产业升级时，需要借助于制造业企业之间产业联盟来共同实现技术创新与长远发展。目前，在我国江苏省已经形成较多的以政府为主导的技术联盟，例如"江苏省信息产业协同创新联盟"等，这些联盟的建立可以有效推进江苏省的重大产业创新与技术攻关，提升产业整体竞争力。

4. 制造业的产业联动

制造业的产业联动是指在制造业的产业链上同一环节或是不同环节的企业之间形成的产业协作，这种协作体现在制造业之间的产业关联，可以是水平型联动，也可以是垂直型联动。水平型的联动主要表现在制造业企业之间的技术创新合作、市场共同开拓、信息的共享与传递等水平方向的合作与联动。在水平型的联动中，我国不同地区制造业的产业互补性得到加强，同时区域之间的技术扩散与共享也在进一步推进与深化，这些形成制造业企业之间合作竞争的基础。在此基础上，企业之间可以达成在投资、销售、出口贸易、技术开发与创新等方面的高效合作，其中技术联动是创造制造业企业竞争力的主要形式，因为技术本身是驱动制造业长远发展的重要因素。因此，这种跨区域的制造业技术联动，可以形成跨行业跨地区的产学研结合的创新平台，促进制造业进一步打造自主知识产权、形成产业标准、提升专有技术与专利技术，最终创造我国区域制造业的技术联盟与制造业的竞争力。而垂直型的制造业联动主要表现在制造业产业链上的上下游合作，这种联动主要基于制造业产业内的垂直分工，即在制造业价值链不同环节上的地域分工与合作，最为代表的就是经济全球化背景下的产业转移，具体到我国制造业就主要体现在制造业不同地域之间的分工。例如，全球信息产业中，美国逐渐将半导体产业转移到中国与韩国，本国却主要把控电子商务、网络产业、软件产业等；而我国制造业逐渐将劳动密集型的产业向中西部转移以此获得廉价劳动力与巨大的市场需求，东部沿海发达地区仍将把控高新技术制造业以此发挥技术优势。

（二）中国制造业的空间转移

制造业的联动发展又在不断促成区域之间制造业的空间格局，根据弗里德曼（Friedman，1966）的空间组织理论，制造业空间转移的演化可以划分以下几个阶段。

1. 制造业发展的低水平分散阶段

该阶段由于制造业企业在区域较小的范围内发展，处于较为分散、孤立、封闭的状态，所以无法产生较大范围的空间聚集效应。在此阶段，制造业主要产生在我国相对工业基础较好、生产技术水平较高的地区，例如江浙沿海地区。但该阶段制造业企业由于经营较为分散，所生产的产品以及服务范围也较为有限，企业的组织管理形式也较为简单。这个阶段所表现出来的状态是属于中国前工业社会的特征，与中国整体经济水平不够发达，制造业企业的生产规模有限，企业的经济活动范围较小的现实相适应。该阶段中国制造业的发展影响在空间上是相对稳定的均衡状态。例如，在中华人民共和国刚刚成立之初，全国只有几家规模较小的工厂主要进行修配业务，零部件主要是从国外进口，共有职工4000多人；到1957年，通过技术改造，在我国的北京、上海、南京、成都、沈阳等地初步形成制造业的基地。

2. 制造业的集聚式发展阶段

由于我国各地的自然条件与资源禀赋差异较大，制造业在我国不同地区的发展也存在差异性，制造业在一些经济较为发达、交通基础设施较为便利、生产技术与人才优势较为显著的省区发展壮大，然后形成点状制造业集聚地，再形成空间上的制造业集群，长三角地区、珠三角地区、环渤海地区成为我国制造业发展较快的集聚区域，通过集聚式发展，为制造业创造了优势条件。首先，通过价格低廉的土地供给、充足而便宜的劳动力供给、较低的环境保护成本、宽松的税收政策为制造业企业的长期发展带来了竞争力；其次，由于制造业企业的集聚活动带来了范围经济、规模经济、外部经济等形成的低成本优势；最后，由于制造业集聚区相对经济较为发达、交通较为便利等因素促使产业链其他环节以及集聚区外部的资金、技术、人才等要素，不断向制造业的集聚区涌进，成为带动与促进区域制造业发展的增长极。该阶段主要是基于我国改革开放实施的产业发展优惠政策，进而加快了我国制造业发展的速度与规模。20世纪80年代我国长三角地区、珠三角地区利用良好的人才优势、技术优势、地理自然优势，加上政府发展产业的政策，形成了制造业发展的集群，使制造业企业数量逐渐增多，企业间的联系逐步加强，该阶段制造业对应的是集聚形态的空间结构。

3. 制造业发展的扩展式阶段

制造业产业在该阶段处于快速联动发展阶段，长三角地区、珠三角地区、成渝地区由于经济发达、交通便利，使制造业产业深度发展，且规模与发展空间不断扩大，并形成了大量的呈几何倍数增长的制造业节点，进而使制造业产业的集聚范围不断增大，制造业产业的空间结构也随之向多极化发展，进而形成不同的等级体系。在该阶段，由于制造业企业的数量与规模的剧增，促使我国不同区域之间制造业产业空间联动的网络化发展。21世纪初期，随着对外开放以及我国加入WTO，使我国制造业发展进入全球化发展的崭新阶段。该阶段制造业集群在工业产值与空间分布上都呈现出快速增大的趋势。我国制造业产业规模不断扩大，产业结构不断优化，制造业产品开始由数量向质量扩增。目前，制造业的产业集群模式规模效应显现，已形成从原材料供应到制成品出口加工、生产性服务业等完整的产业链，这些集聚区不断以扩展的方式向中西部地区转移。

4. 制造业的高水平发展阶段

该阶段是我国制造业联动发展的成熟阶段，主要特征表现为多中心、多域面、均衡化、网络化发展，相应的空间结构也表现为均衡性。若进入该阶段则制造业生产所需的各种要素会表现为流动的自由化与平衡化，最终使制造业的转移处于相对稳定的状态，制造业产业链的分工会趋于完善，制造业与其他各产业的联系将会进一步深入与密切。在此阶段制造业集聚中心、发展节点、空间结构形态逐渐演变为纵横交错的网络状结构，最终达到高水平均衡发展状态。

（三）中国制造业空间布局中存在的问题

1. 东部与中西部的制造业合作机制尚未形成

由于我国较为发达的制造业企业主要分布在东部，中西部相比较为落后，东部与中西部之间还未形成较高效率的区域合作机制，致使区域之间的制造业没有得到均衡发展。从当前来看，各区域制造业企业之间的合作较为薄弱，尤其是各地区之间还没有建立起高效的协调合作机制，也没有从全国整体的角度进行明确的定位分工。东部、中部、西部相比较，由于东部地区经济发达，人才与技术具有显著优势，其制造业基于当前的国内国外环境，在人口红利消失、成本不断上升的背景下应加大与中部、西部地区之间的区域合作，促进东部各项制造业资源产生流动的动力，进而能够带动提升中西部制造业发展的质量与规模；而我国的中西部，尤其是西部地区由于经济基础薄弱、工业化程度低，发展制造业需要人才、资源与资金投入，还需要东部地区优势资源的支持。

2. 东部与中西部的制造业之间产业结构未得到优化组合

东部制造业发展速度快，倾向于资本或技术密集型的制造业，也更为注重制造业的服务化转型。从整体看，东部地区制造业的产业链层次较高，而西部地区以劳动密集型的居多，处于价值链的低端环节，人才、资金、技术投入，企业创新能力等明显不足。这就要充分考虑各个区域市场的自身条件与市场环境，在东部与中西部之间进一步通过政府引导与规划，形成制造业产业结构的优化组合。即中部如何成为东部与西部的链接，使制造业能够由东部向中部、西部进行空间的梯度转移，实现区域之间制造业之间的互补优势，从而避免我国制造业发展的资源浪费、同质竞争以及低水平重复建设。

3. 东部与中西部的制造业在空间发展上不平衡

东部与中西部地区制造业发展所需的资源要素条件、经济基础在空间上不平衡，在东部沿海制造业发展拥有良好的基础条件，在实现制造业的转型升级过程中，由于利益驱动，能够较快地吸引资金、技术、人才，通过良性循环拉开了与中西部制造业发展的距离；另外，东部地区制造业的规模、结构、价值链等级较高，而中西部地区制造业由于发展规模较小、产业结构不合理、低端价值链环节等因素，致使中西部地区制造业发展难以与东部地区达成空间发展的平衡；再加上中西部地区制造业发展的产业政策、政府扶持的力度与东部不同，最终导致制造业发展水平在我国东部与中西部之间形成显著的差异与不平衡。

4. 东部与中西部制造业人才的空间分布不均衡

随着国家供给侧结构性改革政策的推进，更多强调制造业转型升级要重视发展质量与层级，这就要求制造业发展更多应集聚知识、高端技术、智力等要素，而这些要素与高端制造业人才密不可分。但是制造业的人才流动必然会受到区域经济的发展水平、社会基础设施等条件的影响。东部地区的经济发展水平高、设施完备、工资报酬高，吸引制造业的高科技人才流向东部地区；相反，中西部地区较难集聚高端制造业人才，因此这也成为中西部制造业发展的约束条件。

二 东部地区制造业向中西部转移

2008年国际金融危机之后，国际市场需求疲弱，再加上我国国内劳动力、土地资源价格上涨等因素，改变了中国制造业发展的趋势，同时也改变了我国中西部欠发达地区承接东部产业转移的方式与步伐，国家先后出台了关于加工贸易西进、万商西进的政策措施。2010年我国东部沿海地区主要是上海、浙江、福建、广东转出的产业产值达到1.4万亿元；2008—2012年珠三角地区六个产业共计转出传统产业高达6000多家，而东部地区有70%的纺织服装企业发生转移，珠三角地区有40%左右的企业发生转移。[①] 根据产业经济的梯度转移理论，当我国制造业的劳动力工资上涨促使某个地区综合成本上升时，制造业企业会选择向综合成本较低的地区转移。长期以来，我国东部沿海制造业发达地区的很多企业对外贸出口依存度较大，而当前国际市场需求减少，使企业将生产销售等环节开始向中西部转移，但向中西部转移的前提是物流、管理、人力等构成的综合成本要有竞争力。整体来看，我国中西部与东部地区的制造业在经济条件、资源条件、技术创新条件等方面发展不平衡，需要构建与不同地区相适应的制造业发展模式。

东部地区主要包括经济意义上的区域划分，即江苏、浙江、福建、广东、海南、辽宁、河北、山东、北京、天津、上海11个省级行政区。2000年东部地区人口占全国的38.64%，区内GDP在全国的占比达到58.21%；2012年东部地区人口占全国的41.44%，区内GDP在全国的占比达到55.06%。中部主要包括山西、湖北、湖南、河南、安徽、江西6省份；西部主要包括新疆、西藏、青海、宁夏、甘肃、陕西、内蒙古、重庆、四川、贵州、广西、云南12个省区。

（一）当前东部地区制造业转型升级面临的困境

东部地区在国家改革开放40多年来，以其所具有的独特区位优势、

---

① 《沿海地区传统产业转移进入新阶段》，《经济日报》2013年10月15日。

国家的政策优惠，承接了国际产业转移，进而实现了经济快速增长。珠三角地区大量吸纳了从港澳台转移的加工制造业，在2006年仅是广东省就有70000家企业开展加工贸易，加工贸易的进出额占全省进出口总额的65.7%，达到3461.2亿美元。但自2008年由于制造业发展所需的各种生产要素供给价格的上涨使制造业产品的竞争力在不断下降，制造业企业的经济效益不佳，再加上东部地区环境、资源承载能力的下降，最终导致东部地区制造业发展面临困境与压力。表现在以下几个方面：

1. 劳动力资源供给短缺

在过去40年来以珠三角地区加工贸易为代表的制造业企业通过代工生产，赚取的主要是加工费用，但是随着劳动力成本的上涨，再加上国家取消农业税，推行农民养老保险、医疗保险、最低生活保障等一系列政策措施，东部沿海地区出现了大量的"用工荒"，致使劳动密集型制造业企业的承受能力大大减弱，劳动力成本的竞争优势不再凸显。

2. 能源资源供给不足

东部沿海地区与中西部相比资源能源的供给明显不足，尽管国家在实施推进"西气东输""西电东输""西煤东运"等一系列缓解供给不足的项目工程，但是却无法满足东部经济日益增长的能源需求，东部地区不断出现"电荒""煤荒""气荒""油荒"的现象。

3. 土地资源供给紧张

由于国家实施的耕地保护制度，非农用地的供需矛盾较为突出。珠三角地区的发达城市由于土地资源供应紧张有限，对于较为高端的制造业项目的上马推进形成了较大的障碍，影响了制造业的转型升级，尤其是广东地区全部土地资源中，目前可供开发的仅仅占7.5%，根本无法满足经济增长对土地资源的需求。

4. 工业污染严重

由于改革开放40年来东部沿海地区加工制造业发展过度膨胀，在很大程度上对于当地的环境造成了污染，包括空气质量、江海湖泊的河流污染等。而随着国家环保标准的不断提高，从事加工贸易的制造业企业的边际利润在不断下降，2010年加工贸易企业的边际利润为18%而在2015年下降为10%。

5. 国家政策给制造业企业带来的压力

从 2011 年 7 月开始，国家公布了《加工贸易限制类商品目录》，将 1800 多种商品列入出口限制类的范围内，并对这些商品实行银行保障金台账实行"实转"管理，这就加大了企业的资金占用，意味着加工贸易企业在出口之前需要将出口退税的保证金预先交足，但是国家对于东部与中西部地区实行差别政策，凡是中西部地区的 A 类与 B 类加工贸易企业仍然可以实行银行保障金台账"空转"管理。该政策的实施使东部沿海地区港资加工贸易企业中就有 1500 家企业不得不停产，珠三角地区有将近万家加工贸易企业面临困境，更有 20000 家加工贸易企业拟向外进行转移。

可以看出，东部沿海地区劳动密集型制造业由于受到劳动力要素价格上涨、能源资源供应紧张、土地稀缺等的影响已经没有进一步发展的比较优势，投资环境发生转变，那些依赖低素质劳动力、加工程度较低、附加值较低的劳动密集型制造业企业生存发展的空间越来越小，比较利益越来越少进而面临生存发展问题，在企业利益以及外部市场的驱动下，这些制造业企业需要向中西部进行转移；同时，随着当前国内外产业分工的调整，我国区域范围内制造业结构在不断进行调整，东部沿海地区制造业向中西部转移在不断提速，中西部地区也迎来了承接制造业大规模转移进而制造业结构不断优化的局面。

(二) 东部地区制造业转型升级面临的机遇

1. 第四次工业革命的推动

随着第四次工业革命的到来，新一轮国际产业结构调整，以美国为代表的发达国家将高新技术产业作为重点，将国际产业发展的重心由原材料向加工工业、初级产品向新兴工业、制造业向服务业转移，且转移的层级越来越高。东部沿海地区应充分把握这一机遇，为承接国际高端制造业转移腾出更多空间，进而加速推进制造业的升级。

2. 国家相关政策的推动

国家对中西部地区实行的政策"反哺"，也在不断引导东部地区将加工贸易向我国中西部地区转移；特别是国家正在推动建设的支持中西部地区承接东部地区加工贸易转移的产业集群，也会加快东部沿海地区劳动密集型制造业向中西部转移。

表 4–1　　　2006—2014 年我国产业转移的相关政策文件

出台时间	政策文号	政策文件
2006 年 5 月	国办函〔2006〕38 号	《国务院办公厅关于落实中共中央国务院关于促进中部地区崛起若干意见有关政策措施的通知》
2008 年 9 月	国发〔2008〕30 号	《国务院关于进一步推进长江三角洲改革开放和经济社会发展的指导意见》
2009 年 5 月	国发〔2009〕24 号	《国务院关于支持福建省加快建设海峡西岸经济区的若干意见》
2010 年 6 月	中发〔2010〕11 号	《中共中央国务院关于深入实施西部大开发战略的若干意见》
2010 年 8 月	国发〔2010〕28 号	《国务院关于中西部承接产业转移的指导意见》
2011 年 6 月	国发〔2011〕21 号	《国务院关于进一步促进内蒙古经济社会又好又快发展的若干意见》
2013 年 1 月	国发〔2013〕45 号	《国务院关于印发全国资源型城市可持续发展规划（2013—2020 年）的通知》
2014 年 5 月	国办发〔2014〕23 号	《国务院办公厅关于印发 2014—2015 年节能减排低碳发展行动方案的通知》
2014 年 8 月	国办发〔2014〕38 号	《国务院办公厅关于进一步推进排污权有偿使用和交易试点工作的指导意见》

资料来源：中国产业转移网。

表 4–2　　　2009—2012 年我国产业转移相关战略规划

出台时间	规划文号	战略规划
2009 年 6 月	发改西部〔2009〕1500 号	《国家发展改革委关于印发关中—天水经济区发展规划的通知》
2009 年 12 月	发改地区〔2008〕3027 号	《国家发展改革委关于印发黄河三角洲高效生态经济区发展规划的通知》
2011 年 12 月	国发〔2011〕47 号	《国务院关于印发工业转型升级规划（2011—2015 年）的通知》

续表

出台时间	规划文号	战略规划
2012年7月	中发〔2012〕28号	《国务院关于印发"十二五"国家战略性新兴产业发展规划的通知》
2012年8月	甘办发〔2012〕121号	《甘肃省承接产业转移协调推进领导小组工作规划》

资料来源：中国产业转移网。

(三) 东部地区制造业向中西部转移的意义

东部沿海地区制造业向中西部转移顺应了我国制造业产业结构调整的趋势，也是实现中西部制造业崛起的重要路径，同时也是后发地区实现经济跨越式发展的重要方式；东部地区制造业向中西部转移一方面可以使东部地区制造业形成新的发展空间，另一方面也可以推动中西部地区制造业提升发展层次与发展质量，进而优化中西部地区制造业产业结构，可以培育我国制造业发展的新动能及新的增长点，对于全国制造业的协调发展产生重要的促进作用。目前，在西部地区60%以上的省外资金都来自东部发达地区，而中部地区的产业比重也开始上升，工业增加值在2004年为14.07%，2013年达到19.33%。

1. 有利于带动中西部制造业的快速发展

推动中西部地区承接东部地区制造业转移，可使中西部地区的资源、劳动力、土地等具有比较优势的生产要素进行高效配置和合理流动，并通过聚集生产要素，来提升制造业规模，加快中西部地区制造业产业结构升级；另外，又可以促使东部地区顺应新的更高要求，提升制造业发展的国际竞争力与质量，实现可持续发展。一方面，东部地区制造业发展到一定阶段，会面临着劳动力成本、土地、资金、国际竞争环境的制约，制造业迫切需要升级转型，就需要中西部腹地的大力支撑，通过向中西部转移，可以延续发挥东部的带动力与辐射力，又促使东部地区寻找更高层次的制造业发展空间；另一方面，中西部通过承接东部的制造业转移，可以整体提升中西部的制造业产业规模以及技术研发水平，最终构架出东部与中西部相互促进、良性互补、协同发展的新局面。

2. 有利于推动中西部地区制造业产业结构优化升级

通过承接东部地区制造业转移，可以带动中西部地区积极参与东部沿海发达地区的制造业发展分工，可以提升中西部地区劳动力、资金、技术的使用配置效率，优化制造业的价值结构与空间结构，增强中西部地区制造业的配套能力、自主创新能力，优化制造业的产业布局，有利于中西部地区制造业转型升级，并建立中西部地区的现代制造业体系，进而带动绿色制造业、战略性新兴产业的发展。

3. 有利于中西部地区创新制造业转移的模式

中西部地区承接东部地区制造业转移，招商引资规模明显扩大，但也面临诸多问题，例如，中西部地区未能充分发挥地区的比较优势，承接的制造业项目无序竞争、重复建设，且承接项目的总体质量水平不高，因此承接东部地区制造业产业转移需要探讨新的有效模式。这就需要大力推进中西部地区承接东部制造业转移来开拓创新出一条最佳路径，为中西部制造业的发展提供支撑与动力。

4. 有利于增强中西部地区经济发展的开放度

中西部地区通过承接东部地区的制造业转移，可以稳定扩大中西部地区的就业水平，同时在国际市场外需逐步放缓疲弱的情形下，可以激发内需的潜能，为中国制造业再次腾飞积蓄潜力与动力，可以拓展中西部制造业发展的空间与层级，还可以加强中西部地区对国内外资本的承载能力，由此进一步深化国内外的经济技术交流与合作，促进中西部地区经济发展的开放度。

（四）东部地区制造业向中西部转移的形式

1. 生产转移

生产转移是东部制造业向中西部转移较为简单和低级的形式，也是制造业转移的典型。一般是东部制造业企业在市场机制或是当地政府的引导下从沿海地区向内陆转移。有两种方式，一是制造业企业整体搬迁，即东部制造业企业整体向中西部地区转移，这类企业多数为劳动密集型或是资源消耗型的中小规模的制造业企业，例如纺织服装、化工、陶瓷等行业。例如，在江西省的高安市和丰城市就承接了来自广东佛山的建筑陶瓷与生活陶瓷产业，佛山陶瓷企业主要考虑到江西省的资源条件、劳动力与土地成本、区位条件等进行转移，目前已经形成以欧雅、东鹏等国内知名品牌为龙头的陶瓷生产基地。二是部分搬迁，即制造业企业仅将研发设计、生产、销售等某一个环节向中西部地区进行转移，这类制造业企业往往是具有一定技术含量的深加工企业或是外向型企业，例如家电、机械、电子等，通常将生产环节转移到中西部地区，将研发和销售环节仍留在东部沿海，这些企业规模较大，技术要求高、生产工艺较复杂，所以对于生产要素的配置要求也较高，通常转移到中西部基础设施健全或是资源条件较好的地区。

2. 资本转移

资本转移是制造业转移较高层次的方式，主要是通过对承接地企业进行注资、股权控股、风险投资等方式得以实现产业转移。一是直接对承接地的相关企业进行投资，东部地区的中小型采掘加工业往往采用这种方式进行资本转移；二是股权控股，即东部地区大型的制造业企业通过对承接地的企业进行兼并或是控股来实现资本的转移；三是风险投资，即对承接地相对具有成长优势的企业直接进行风险投资，帮助承接地的企业成功上市来转移资本。例如，中西部各省每年组织的知名风险投资机构与拟上市企业洽谈会，都是旨在为本土的科技成长型制造业企业进行融资。

3. 技术转移

技术转移是产业转移的最高阶段，主要是东部地区制造业企业将产业链中附加值最高的部分——研发设计转向中西部地区，并以此为核心来发挥产业的集聚效应，最终形成产业规模。例如，东部地区将光电产业转移到中西部地区，主要是转移 LDK 技术；将光伏产业转移到中西部地区，主要是转移多晶硅生产技术来降低成本，然后以技术为核心带动中西部光电产业、光伏产业的发展。所以，技术转移对于中西部地区而言，最大的优势在于通过东部地区技术的转移可以迅速形成产能，并使承接地的制造业企业能够具备创新能力，实现生产技术的本土化，可以带动产业升级。

4. 战略合作

战略合作一是指承接地本土大型制造业企业与东部大型制造业企业之间形成战略联盟来提升中西部地区制造业的竞争力。例如，江西的江铜集团与东部沿海山东的黄金集团达成战略合作强强联手，共同开发稀有金属旨在形成国际竞争力；二是指中西部承接地的政府与东部地区的制造业企业之间形成战略协议，借助于东部优势制造业企业技术、资金、人才、完整的产业链优势来提升本土制造业的发展，例如，江西省政府分别与中国五矿集团、中国中材集团签署经济技术合作协议，目的在于提高矿产资源开发的效率以及新能源关键配套材料的生产；山西则是借助于政府的力量，在装备制造业上重点承接载重汽车、高速动车机械轮对、纺织机械等，旨在形成分工协作的产业集群；湖北宜昌则是承接了南玻集团的多晶硅材料项目，带动了本土光伏产业的发展，目前已经建立了宜昌光伏产业园，为湖北高科技制造业的发展奠定了基础。

（五）当前东部地区制造业向中西部转移的原因与发展趋势

1. 当前东部地区制造业向中西部转移的原因

（1）受制于东部地区的原材料的约束。发展制造业需要大量的天然资源以及原料，而东部地区的煤炭、石油、天然气等资源的储量在全国较低，2013年东部地区的煤炭、石油、天然气等的储量在全国的占比分别为7.61%、29.65%、2.81%，这对于东部地区发展化工业、加工业等都存在资源约束。

（2）基于我国当前发展绿色制造的要求。东部地区制造业企业存在环境管制约束较强的情况，所以企业迫于节能减排的压力以及降低环保成本，将高污染、高能耗的制造业产业转移到中西部地区；基于东部地区劳动力资源短缺成本较高，例如装备制造业、家电产业、电子信息业等都需要较大的劳动力投入，而目前东部地区劳动力成本的上升促使更多劳动密集型制造业企业将产业转移。

2. 东部地区制造业向中西部转移的发展趋势

东部地区制造业向中西部地区转移的趋势将会加强，且制造业转移的层次将会逐步提高，2005年开始转移的主要是劳动密集型制造业，2013年后东部地区转移的产业逐渐集中在技术密集型与资本密集型领域；中西部地区承接东部制造业转移既有机遇又有挑战，挑战一是表现为中西部地区承接劳动密集型制造业转移，需要具有劳动力优势、区位优势等，转移的方式为梯度方式；二是表现为中西部地区承接技术密集型与资本密集型制造业转移，需要具有体制政策、基础设施、技术水平、高端人才等方面的优势，且转移的方式不同于劳动密集型制造业转移，大多为跨越式方式，这就加大了中西部地区承接制造业转移的难度。东部地区过去向中西部制造业转移主要是为了降低生产成本而转移低端加工制造环节，但是由于中西部地区内需市场的扩大以及产业结构的调整，目前东部地区逐步将转移的产业扩展到装备制造业、新能源、电子信息等高端产业。随着中西部地区不断优化经济发展环境，东部沿海地区的制造业转移也呈现出层次不断提高、规模逐渐加大、方式不断创新的趋势。

（六）当前东部地区制造业向中西部转移的特点

1. 东部地区制造业转移的速度与规模正在上升

当前东部地区面临要素供给紧张，制造业转型升级压力增大的局面，且全国80%的加工制造业都集中在东部地区，因此东部地区"腾笼换鸟"成为必然趋势，东部地区加工制造业向中西部转移的趋势日益明显且规模不断增加，转移的制造业主要表现在劳动密集型以及资源依赖型的加工制造业，制造业产业链整体转移、抱团转移的趋势也较为明显。2018年中西部地区居民人均收入以及消费支出的增速将会继续领先于东部地区，同时中西部经济将保持增长势头，社会消费品零售总额增长也快于东部地区，中西部的投资快速增长；经济增长的重心向中西部转移，2017年中西部工业生产增加值增长速度快于东部地区，且增速明显高于全国水平，因此中西部地区争夺制造业转移的竞争也日益加剧。

2. 东部地区制造业转移主要集中在低附加值的劳动密集型产业

由于东部地区制造业主要面临着转型升级的压力，而劳动力成本、土地价格、国际需求锐减等因素的制约，正在逐步削弱东部地区制造业的优势，所以东部地区利润水平较低、位于价值链中低端环节的劳动密集型制造业产业已加快转移的速度与力度，例如，我国珠三角地区的电子产品、家电、纺织、服装、食品、玩具、皮革、制鞋等制造业产业向中西部地区转移的速度较快且最为迫切。据统计，深圳的仪器仪表制造、机械制造等行业向中西部外迁的数量占整个深圳外迁总数的50%以上；广东的佛山市将陶瓷产业外迁到中西部，以此进行转型——由过去的陶瓷生产基地转变为陶瓷研发、会展、物流基地，将陶瓷生产环节转移到中西部地区而只保留价值链盈利高的环节来降低成本压力。同时，我国东部地区凡是依赖资源进行加工制造的家具制造、竹木加工等制造业行业都在向中西部转移。未来东部地区低附加值的劳动密集型制造业以及加工企业向中西部转移的幅度会进一步加大，集中体现在纺织服装业、家电制造业、汽车零部件制造业、化学工业等。

3. 中西部地区争夺东部制造业转移的竞争加大

东部制造业转移对中西部地区经济增长的拉动作用将会增强，中西部地区通过承接东部制造业转移，一方面会增加就业量，另一方面可带动中西部地区制造业优化产业结构，此外，还会带动关联产业的发展，因此中西部地区承接东部地区制造业转移中，各区域之间会借助于自身优势而进行相互争夺项目。例如，有的中西部地区借助于自己的区位优势（与东部地区位置接近）、有的借助于自己的制造业产业集聚优势、有的借助于自己的资源优势、有的借助于中西部开发的优惠政策优势，积极承接东部制造业转移的同时，也加大了区域之间的竞争。目前，中西部地区有的已经承接了高质量的制造业转移项目，发展水平较高，推动了当地经济的快速发展。而东部地区除了积极向内地转移制造业外，还将转移目标锁定在东南亚国家，因为东南亚国家具备制造业生产的优势条件——廉价的劳动力成本、丰富的资源条件。

4. 东部地区制造业转移主要以龙头企业为核心

东部地区制造业转移主要以制造业产业链整体进行转移，且以行业的龙头企业或是大企业为核心，抱团进行转移的趋势较为明显。同时，龙头企业考虑到接近需求目标市场、降低生产成本，会对整个产业链各环节的合作商进行大规模整体转移，无论是供应商、渠道商、物流企业，还是研发设计部门、售后服务部门等一起向中西部进行转移。所以，龙头企业转移到中西部地区，既有利于发挥龙头企业的社会化协作能力，又可以发挥其在产业链中的影响力，也会相应带动和引导配套企业的转移投资，进而形成良性循环的格局，有利于形成中西部承接地区的制造业产业集群，进而形成规模效应。

5. 东部地区制造业转移主要转向具有特色制造业优势的地区

东部地区制造业转移主要转向具有制造业高度集聚优势的中西部地

区，因为制造业集聚优势越显著，就会产生制造业网络效应，并能进行优势整合产出知识溢出效应及创新激励效果。所以，东部地区制造业转移主要流向那些具有制造业特色优势、配套产业基础良好的中西部地区，吸引制造业转移的重要条件是能否形成制造业的集聚优势，而非劳动力等资源的低成本优势，此外与东部地区地理位置毗邻且交通条件发达的中部地区也具有较好的吸引产业转移的明显优势。

案例一

表1　　我国东部地区承接国际产业转移的成功经验

东部地区	承接国际产业转移的经验
长三角地区（制造业基地）	最初进行贴牌生产、加工贸易，逐步发展到可进行国产化与自主生产，最终发展到劳动密集型制造业加工组装基地，这为我国制造业转型升级奠定了基础；将贷款权、引资审批权、联营权下放到县、镇一级；建立科技服务体系、中介所、交易所等促进自主创新成果转化；建立产权交易市场、要素市场、商品流通市场，形成产业整合协调机构，延长产业链促进制造业升级；政府产业规划中提出向中西部地区转移制造业，并对转出企业提供相应的优惠政策与信息指导、网络沟通；采取法律、经济、行政等手段推动高能耗加工制造业向资源丰富的中西部地区转移，在本地区限制高能耗加工制造业生产
珠三角地区（最具经济活力的地区）	以承接外商加工贸易、贴牌生产、补偿贸易为起点，发展为自有品牌与自主知识产权；不断完善市场机制、市场秩序，构建资本市场，加速与国际市场接轨，建立技术引进机制，提高劳动者素质；凭借香港地区转口贸易与金融中心的优越条件展开与跨国公司的竞争，制造业逐渐由过去的加工贸易型向自主制造型转型，现代制造业（机械装备、电子信息等）发展迅速，建立了完备的制造业产业结构；基于当前各项生产成本（物流、环保、生产等成本）不断提高，劳动密集型制造业包括家电、机械、纺织、服装、造纸等行业开始向低成本的中西部转移；为促进制造业向中西部转移，政府制定优惠政策大力鼓励向中西部进行投资转移，此外政府还积极开展区域分工合作、举办投资洽谈会来促进转移

续表

东部地区	承接国际产业转移的经验
闽三角地区	三个阶段：一是20世纪80年代，闽东南地区（福州、厦门、泉州等地）承接来自港澳台地区、东南亚地区的劳动密集型轻纺工业，主要凭借的是闽三角地区的低劳动力成本、原材料优势、优惠的外商投资政策，主要形式是"三来一补""大进大出，两头在外"等加工贸易；二是20世纪90年代中期开始，外商将电子信息产业链中的低端加工组装环节进行分拆后转移至闽三角地区，闽三角地区主要承接低附加值、低技术含量的加工环节，并形成了垂直分工的加工形式；三是20世纪末期，闽三角地区的劳动力、技术、资本等要素质量提升，主要承接重化工业，凭借地区的港口资源促进了临港型工业（石油化工、机械装备、冶金、造船）的发展，同时闽三角地区承接地的要素禀赋、区位条件、经济政策、国际分工中的地位直接影响承接产业转移的效果

资料来源：根据收集资料整理归纳。

（七）东部地区制造业转移的现状

1. 总体特征

从东部36种工业品在2000年、2012年在全国的占比变化趋势来看，①东部大多数工业品的产量在全国呈现出下降的趋势。在所研究的36种工业品中，2000—2012年有22种在下降，14种在上升，其中下降幅度较大，超过10%的工业品就有8种，可以看出，对于东部地区来说，大多数工业品的生产已经向外部转移。②东部地区的一些工业品产量在全国的占比高于东部地区GDP在全国的占比。2000年东部地区有20种工业品的产量在全国的占比（平均占比59.88%）高于东部地区GDP在全国的占比（58.21%）。2012年东部地区有22种工业品的产量在全国的占比（平均占比56.59%）高于东部地区GDP在全国的占比（55.06%），这样可以看出东部地区的制造业产业仍然发挥较为显著的产业集聚[①]优势。③2000—2012年大多数工业品的产量在全国的占比变化平均幅度不大，为-5.14%，平均的转移强度为-0.37%，进

---

① 产业集群的程度通常用区位商来表示，这里主要引用东部地区工业品的产量在全国的占比与东部地区GDP在全国的占比进行相比，实质与区位商相同。

一步表明东部地区的产业转移有出有入。

表4-3　　　　2000年、2012年东部地区36种工业品
产量全国占比及变化幅度　　　　单位:%

序号	产品	2000年	2012年	变化幅度	序号	产品	2000年	2012年	变化幅度
1	布匹	44.13	80.11	81.54	19	啤酒	58.73	52.47	-10.66
2	汽车	36.56	50.83	39.06	20	塑料	72.61	64.86	-10.67
3	焦炭	30.28	36.9	21.87	21	烧碱	63.74	56.78	-10.91
4	纱	56.04	68.23	21.75	22	移动手持机	100	86.95	-13.05
5	彩色电视机	71.85	85.15	18.51	23	发电量	49.24	42.56	-13.58
6	平板玻璃	56.99	65.51	14.96	24	家用洗衣机	78.44	67.46	-13.99
7	纸及纸板	65.32	72.64	11.2	25	拖拉机	78.05	66.52	-14.77
8	化纤	83.41	91.85	10.12	26	家用电冰箱	64.64	54.65	-15.45
9	生铁	55.35	60.63	9.53	27	原盐	68.49	54.31	-20.7
10	卷烟	29.65	32.38	9.18	28	化肥	33.98	25.36	-25.38
11	乙烯	70.57	76.6	8.54	29	水泥	52.19	38.7	-25.86
12	粗钢	58.62	62.35	6.37	30	微型计算机	102.36	74.07	-27.64
13	钢材	63.75	65.68	3.03	31	纯碱	68.25	49.19	-27.92
14	原油	42.7	42.82	0.29	32	房间空调器	86.64	61.97	-28.47
15	轿车	61.33	58.79	-4.15	33	成品糖	20.3	14.25	-29.78
16	机床	80.35	76.38	-4.94	34	水电	18.28	12.68	-30.66
17	农药	69.34	65.54	-5.48	35	硫酸	40.28	22.64	-43.81
18	集成电路	96.2	86.79	-9.79	36	天然气	26.95	12.51	-53.56

资料来源:根据《中国统计年鉴(2013)》数据计算。

2. 东部地区制造业转出的行业趋势

东部地区制造业转出的行业主要集中在电子信息业、化工产业、白色家电产业、水泥工业、能源产业、装备制造业、农用化工产业、食品加工业等。由表4-3可以看出,36种工业品中,转移强度超过10%主要有8种,这8种工业品分别涉及制造业的四大产业。一是电子信息业(微型计算机、移动手持机、集成电路等),微型计算机的转移强度达到-20.47%、移动手持机的转移强度达到-11.35%;二是化工产业

（纯碱、原盐、硫酸、烧碱等），纯碱的转移强度达到 -13.73%，原盐的转移强度达到 -11.24%，硫酸的转移强度达到 -10.00%；三是白色家电行业（房间空调器、家用洗衣机、家用电冰箱等），房间空调器的转移强度达到 -17.64%，家用洗衣机的转移强度达到 -10.00%；四是水泥工业，水泥产品的转移强度达到 -10.01%。同时，还有 12 种制造业产品的转移强度较大，分别涉及能源产业、装备制造业、农用化工产业、食品加工业等行业。具体如表 4-4 所示。

表 4-4　　　　　东部地区制造业转出趋势较强的行业　　　　单位:%

转出趋势较强的行业	制造业产品	转移强度
电子信息业	微型计算机	-20.47
	移动手持机	-11.35
化工产业	纯碱	-13.73
	原盐	-11.24
	硫酸	-10.00
白色家电产业	房间空调器	-17.64
	家用洗衣机	-10.00
水泥工业	水泥产品	-10.01
能源产业	天然气	-6.70
	发电量	-5.78
装备制造业	拖拉机	-9.83
	机床	-3.77
农用化工产业	农用化肥	-6.44
	农药	-3.59
食品加工业	啤酒	-5.59
	成品糖	-4.24

资料来源：根据《中国统计年鉴（2013）》数据计算。

（八）中西部地区承接东部地区制造业转移的政策建议

1. 产业布局方面

（1）中西部地区应以发展中低端劳动密集型制造业为主。东部沿海地区经济发达，具备发展制造业的优势资源——基础设施、人才、科技研发等，但由于在环境与资源等方面的承载力已经趋于饱和，所以面临着较大的发展压力——制造业转型与制造业的可持续发展问题。同时，东部沿海地区从制造业的发展程度来看，已经实现由"要素驱动"向"效率驱动"的跨越，未来应以"创新驱动"作为制造业长期发展的导向，力争在技术研发创新、人才培养、对外开放度等方面加大投入力度，为制造业转型发展提供高端服务业——金融业、高科技产业、现代服务业等。在建立制造业集群的基础上，发挥在全球制造业中的影响力，并形成与制造业相配套的航运枢纽与全球金融中心，让东部地区的制造业成为国家对外开放的龙头行业，因此中西部地区应以发展中低端劳动密集型制造业为主，发挥中西部地区的劳动力成本与资源优势，逐渐向中高端技术资本型制造业迈进。

（2）中西部地区应为消化制造业过剩产能创造市场需求条件。中西部地区当前面临的"三农"问题较为突出，扶贫开发任务因此也较为重大，同时城镇化与工业化水平较低，所以中部地区未来发展制造业要充分利用自身良好的地理区位优势与较大的生态环境容量，借助于较为雄厚的科教基础与工业基础，发挥自然与文化资源的潜力，大力开发制造业的消费市场，为消化制造业的过剩产能创造需求条件。西部地区与东部沿海地区相比，在发展制造业的经济基础、产业结构、基础设施、制造业服务投入等方面差距较大，因此西部地区未来发展制造业应以劳动密集型为主，主动承接东部地区制造业梯度转移，利用充裕的自然资源优势开拓广阔的制造业消费市场。

由上可以看出，中西部地区与东部地区相比，制造业发展仍处于"要素驱动"向"效率驱动"转变的阶段，所以制造业发展应以提高资源配置与要素使用的效率为前提，积极淘汰落后产能，提高资本的使用效率，在承接东部沿海地区制造业转移的同时，发展现代服务业、战略新兴产业、先进装备制造业。

2. 金融政策方面

金融政策对推进制造业发展会起到重要的支撑作用，因此应充分重视不同地区的金融政策改革。由于东部地区积极推进金融改革措施，带动了东部地区的金融创新，尤其是人民币的国际化可以促进东部地区制造业扩大区域进一步开放合作，可以较深层次地参与全球制造业价值链分工中。而在中西部地区通过实施不同的金融信贷政策，可以重点支持中西部承接东部地区制造业转移，有利于中西部地区克服基础设施等的不利条件，逐步缩小与东部地区制造业的差距，进而为中西部地区制造业培育新的区域增长点。

3. 对外开放方面

（1）长江经济带的带动。以上海自贸区为起点，并以上海、南京、武汉、重庆为支点形成制造业长江经济带，将东部地区制造业参与全球化带来的红利通过长江流域的带动，推向中部、西部地区，最终形成在全球有影响力的先进制造业基地、技术创新研发基地、现代服务业基地。

（2）陆上"丝绸之路"的构建。在西部地区构建新的"陆上丝绸之路"，分别以西安、兰州、乌鲁木齐为支点，利用高铁连接欧亚大陆桥，积极发挥西安"陆上丝绸之路"桥头堡的作用，使制造业的产能向我国西部国家地区延展。

（3）海上"丝绸之路"的辐射。在我国东南部地区以广东、香港、澳门、厦门、海口、北部湾地区为支点，形成我国的"海上丝绸之路"，加大我国南方对外开放的幅度范围，将制造业的优势产能通过"海上丝绸之路"发挥出去，进而不断辐射我国东南地区、中南地区、西南地区制造业的发展。

（4）东南亚、南亚经济走廊的发展。以我国昆明、南宁为支点形成我国连接东南亚、南亚的经济走廊，利用陆地交通和东盟泛亚铁路以及"中印缅孟经济走廊"的优势交通地理条件，形成我国西南地区制造业向东南亚、南亚对外开放与合作的力度。

4. 主导产业选择方面

中西部地区应立足现有的资源优势以及制造业产业基础，发掘东部地区制造业转移的承接点，这就需要中西部地区既要在本地区现有的制造业资源环境承载能力、产业布局的前提下，发挥本地区特色制造业、优势制造业的产业强项，又要承接东部地区带动性较强的制造业转移项目，只有这样才能提高中西部地区制造业的竞争力，扩大技术密集型与资本密集型制造业的产业规模、延长制造业的产业链，进而形成中西部地区特色制造业的产业集群。例如，湖南省结合本地区制造业基础与产业优势，抓住东部地区制造业转移的机遇，充分考虑本地区现有主导产业、承接产业之间的可获得性，对装备制造业承接转移进行了空间布局，既提高了湖南省制造业整机及关键零部件研发、生产制造的能力，又使湖南省装备制造业成为"湖南制造"的核心产业与支柱产业。

表 4-5　　　　湖南省承接产业转移装备制造业空间布局

地区	主要承接产品
长沙	机械通用基础件；中小型水电发电机组；工程机械；专用车；汽车新型材料；汽车基础件；汽车二、三级零部件配套产品；轨道交通装备；新能源设备制造企业
株洲	汽车电子仪表；汽车灯具；自动变速器；重型齿轮；汽车轴承等关键汽车零部件；风电能源设备
湘潭	汽车冲压结构件；内饰件；自动变速器总成及配套产品；发动机配套零部件；风电能源设备；耐火材料；新型金属材料
衡阳	车桥；变分器；电控泵及共轨喷射系统；转向泵等关键汽车零部件；小型农机具
永州	黑色铸造件；锻造件（工艺协作件）；电镀件（工艺协作件）；机械通用基础件；五金机件
常德	小型农机具
娄底	小型农机具；机械通用基础件

资料来源：根据收集资料整理归纳。

5. 承接转移与自主创新并举

中西部地区承接东部制造业转移，其本质是将制造业的生产要素与制造业的产业条件在技术以及空间上得以最佳的匹配组合，其目的在于实现技术自主创新。自主创新技术可以增强制造业企业的知识创新能力，一方面可以提升传统制造业发展的层次与质量，另一方面又可以提高先进制造技术的产业化水平，这样会使中西部地区在发展特色优势制造业的同时又促进战略性新兴产业的发展，推动中西部地区整体制造业产业结构升级，也会对东部地区向中西部地区制造业转移产生正向的激励作用。

6. 中西部地区政府应完善宏观调控

中西部地区政府应对本地区制造业企业承接转移提供政策支持，还应完善各项措施鼓励区域间制造业进行转移，在提供制造业转移的产业配套措施的基础上，加大为企业提供各项信息的支持力度，此外政府应完善宏观调控，建立健全区域协调机制，应对制造业转移进行合理安排布局，结合各地区合理分工情况推进制造业产业转入引进，避免各地区间进行重复引进与建设所导致的无序竞争。

7. 中西部地区应创新引资模式

中西部地区承接东部地区的制造业转移，其主要途径是招商引资，而对于东部制造业转移的地区而言，制造业转移的方式主要是制造业组团式、产业链整体转移。所以，这就要求中西部地区为吸引更多的投资，应对招商方式进行创新，还应建立健全招商平台，可以对制造业整体产业链进行招商或是采取组团式招商引资，还可利用网络进行招商，或是蹲点招商、多次多批招商；制定优惠政策鼓励吸引东部地区将产品配套、生产加工、生产性服务等制造业业务环节转移到中西部地区，尤其是那些技术含量高、附加值高的产品研发环节、营销服务环节等，以此推进中西部地区制造业的升级转型；举办"欧洽会""厦交会""高交会""广交会""科博会""东盟博览会"等来扩大招商引资的力度。

8. 中西部地区应改善投资环境

加大中央财政对促进中西部地区承接长三角、珠三角、闽三角地区制造业转移的综合交通发展建设投资；并扩大中西部地区与东部沿海地区通关的适用范围，实现与长三角、珠三角、闽三角地区的通关、检验等贸易监管的一体化，推进海关、检验检疫、边检等实现"一站式"通关检查，扩大贸易便利措施的适用范围。同时，中西部地区在承接东部地区制造业转移时应注重改善投资环境，一是要加强基础设施建设，构建立体式交通网络，并加快建设物流服务业，为贸易通关提供便利化措施；二是要提高政务办事的效率，促进人力资源素质的提高；三是创造良好的投资软硬环境条件，为吸引产业转移应采取金融税收等的优惠政策，并进一步完善生产性服务业，为承接高水平与高质量的制造业转移提供保障。

9. 中西部承接制造业转移应走绿色发展之路

中西部地区在承接东部地区制造业转移时，应考虑经济效益与社会效益的协调发展,走绿色发展之路,倡导高效、节约、环保理念,在转移过程中应始终贯彻生态环保理念;既不能承接高污染、高耗能制造业的转移,还要考虑中西部地区的环境资源承载能力,也不能采取先污染再治理的方法。因此,中西部地区在承接转移时应考虑本地区制造业的长期可持续发展,将产业转移与新型工业化道路相结合。

三 中部地区承接东部地区制造业转移

制造业产业转移是推动我国各区域之间协同发展、优化制造业空间布局的重要途径,对我国建设现代化经济体系有重要的推进作用。我国东部地区制造业转移的承接地主要在中部地区,包括湖北、湖南、山西、安徽、江西、河南六省份。因为中部地区具有毗邻东部的优越地理位置,同时具有资源丰富、要素成本低的优势,所以通过承接产业转移可以推动中部地区制造业高质量发展并可以加强中部地区之间的制造业开放合作。

(一)中部地区承接制造业产业转移的现状

1. 总体规模

(1)承接国际产业转移方面。2014年中部地区外商投资企业投资总额为3440.55亿美元,实际利用外商直接投资为572.68亿元;2015年

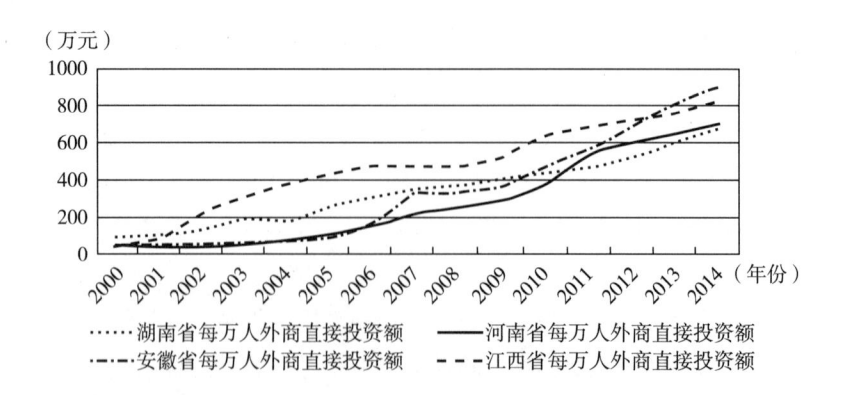

图4-3 2000—2014年中国中部地区四省份每万人外商直接投资额

资料来源:《中国统计年鉴》《中国金融统计年鉴》(2001—2015年)。

中部地区外商投资企业投资总额为4302.59亿美元，实际利用外商直接投资为648.29亿美元；2016年中部地区外商投资企业投资总额为4222.22亿美元，实际利用外商直接投资为778.23亿美元。

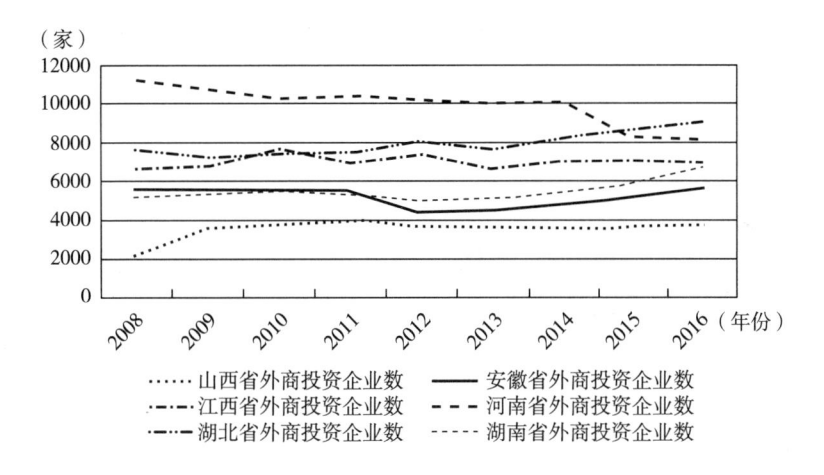

图 4-4　2008—2016 年中国中部地区外商投资企业的数量分布

资料来源：《中国统计年鉴》（2009—2017 年）。

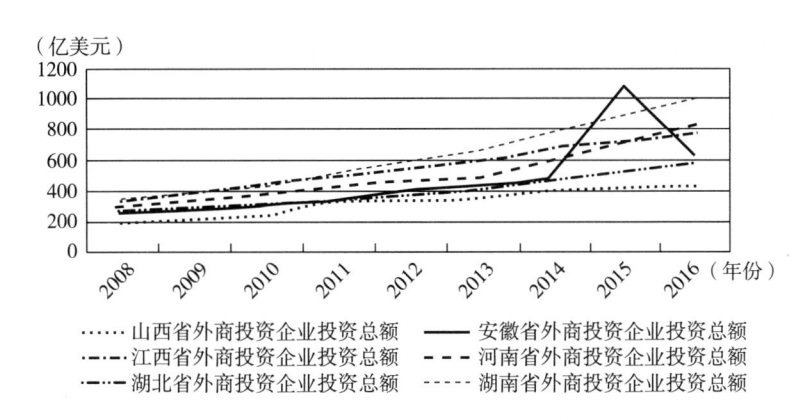

图 4-5　2008—2016 年中国中部地区外商投资企业投资总额

资料来源：《中国统计年鉴》（2009—2017 年）。

从整体上看，中部六省外商投资额保持较高的增长速度。山西省2014—2016 年共吸引外商投资项目 116 个，投资总额 1223.89 亿美元；

表4-6　　2014—2016年中部地区承接国际产业转移情况

年份	外商直接投资情况	湖南省	湖北省	河南省	江西省	安徽省	山西省
2014	实际利用IFDI金额（亿美元）	102.66	79.27	149.27	84.51	123.40	33.57
	外商投资项目数（个）	539	301	328	822	256	50
	合同外资金额（亿美元）	111.72	127	118.36	107.27	31.10	26.22
2015	实际利用IFDI金额（亿美元）	115.64	89.48	160.86	94.73	136.19	32.58
	外商投资项目数（个）	562	274	272	640	289	36
	合同外资金额（亿美元）	118.23	114.54	73.73	73.68	39.38	18.46
2016	实际利用IFDI金额（亿美元）	128.52	101.29	169.93	104.41	147.67	34.34
	外商投资项目数（个）	661	235	196	568	267	30
	合同外资金额（亿美元）	206.36	126.35	87.53	74.88	41.14	22.82

资料来源：中部各省统计年鉴（2015—2017年）以及中部各省政府统计公告。

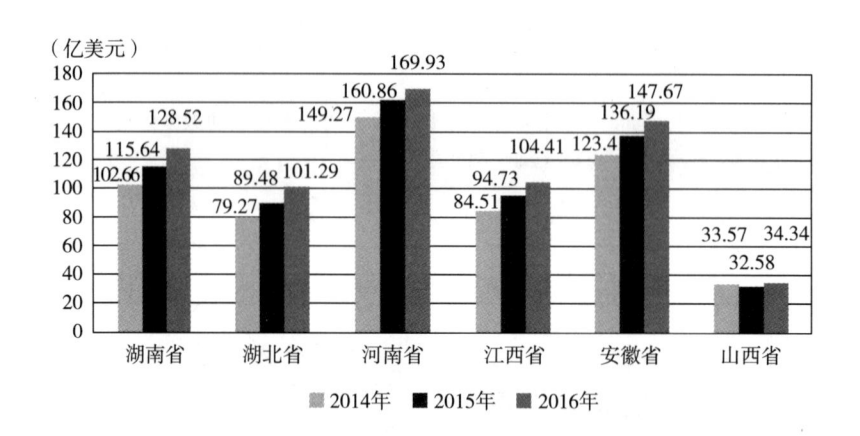

图4-6　2015—2017年中部地区各省实际外商投资情况

资料来源：中部各省统计年鉴（2015—2017年）以及中部各省政府统计公告。

安徽省外商直接投资总量规模由2014年480.26亿美元增加到2016年的627.56亿美元，而在2015年外商投资总金额达到1064.86亿美元，创下历史最高点；江西省2016年外商投资额777.38亿美元，是2014年的1.2倍，增长13.78%；2014—2016年河南省外商直接投资总量规模的增长率分别是14.3%、16.5%；湖北省2014年外商直接投资为463.07亿美元，2016年达到580亿美元，增长幅度为20%。

（2）承接东部地区产业转移方面。2013—2017年中部地区在承接东部地区制造业转移方面加大了力度，引进省外资金金额在不断增多，大部分是来自东部地区的资金。2016年1—6月，山西省利用省外资金达16395.9亿元，签约1520个招商引资项目；2016年安徽省利用省外资金增长迅速，实际到位资金达到9903.3亿元，增长10.4%，超过亿元的省外投资项目达到5454个；安徽皖江示范区引领安徽省经济崛起的示范作用进一步加强，2013年利用亿元以上省外境内资金4403.5亿元，增长24.5%，新建1709个亿元以上项目，其中443个10亿元以上的大项目。2017年皖江示范区实际到位资金达到7013.3亿元，同比增长9.5%，在全省的比重达到64%；2014年江西实际引进省外5000万元以上的项目2152个，实际引进省外资金总额为4540.5亿元，增长17.6%；河南在2013年利用省外资金6200亿元，其中工业利用省外资金达到2912.2亿元，在全省中的占比达到47%，资金主要源于东部地区的北京、上海、浙江、江苏、山东、广东六省（市），资金总额达3935.1亿元，在全省的占比为63.5%，合同利用省外资金达3685.5亿元，主要大型项目的投资方来自恒大地产集团、深圳手机行业协会、北京平汇投资管理有限公司等；2013年湖北引进省外资金6157亿元，增长22.2%，保持增长的势头；2013年湖南省实际引进境内省外资金达到2883.9亿元，其中投资工业领域的资金达到1798.9亿元，引进679个亿元以上境内省外项目。

2. 中部地区承接产业转移的产业结构特点

在中部地区承接制造业转移的产业结构中，原料工业所占比例较小，而加工工业所占比例较高；且随着招商引资活动的展开，承接制造业转移的范围进一步拓宽，除传统制造业外，与制造业产业链相关的物流业、批发零售业也呈现出越来越多的项目分布。山西引资的行业主要是能源、化工，另外还包括材料工业、冶金工业、装备制造业及农产品深加工工业等；安徽吸引外商投资的领域主要集中在制造业和房地产业，2016年两者的投资金额分别为353.06亿美元、43.75亿美元，两者比重占到约59%，2017年安徽省工业利用省外资金亿元以上在建项目实际到位7649.1亿元，在全省的占比达到69.8%；江西引入外资主要集中在资源加工型、劳动密集型产业，表现在光伏、铜精深加工、陶瓷、钢铁、服装纺织等制造业行业，2014—2016年江西省制造业利用外资的占比为66.9%；河南省引资的投资方向主要集中在河南省的优势产业，主要是制造业行业；同样，湖北省吸引外商直接投资也主要是投向制造业行业，2016年外商投资制造业的项目数为41个，外商直接投资金额为101.29亿美元，制造业所占的比重达到54.05%；湖南省引资的项目注重战略性投资，主要向制造业、批发零售等多领域发展，省外投资投向更倾向于汽车、化工等行业。

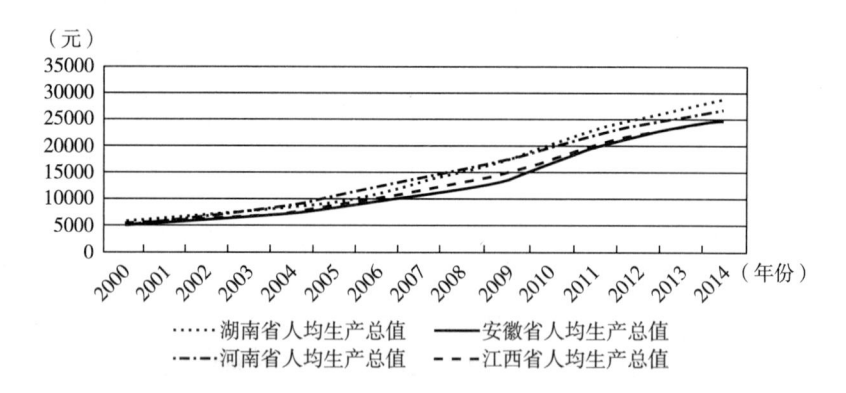

图4-7　2000—2014年中国中部地区四省份人均生产总值

资料来源：《中国统计年鉴》(2001—2015)。

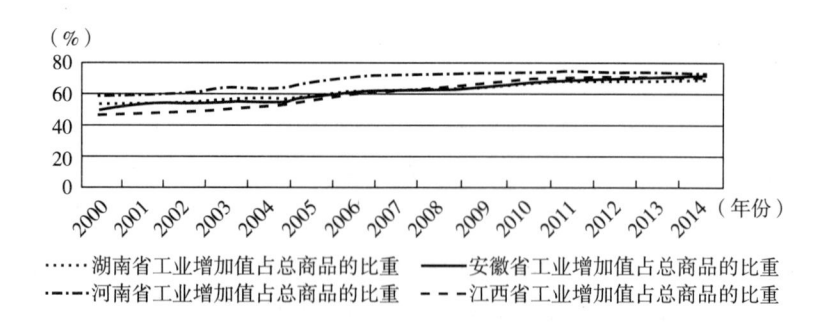

图4-8　2000—2014年中国中部地区四省份工业增加值在总商品中的占比

资料来源：《中国统计年鉴》(2001—2015)。

3. 中部地区承接产业转移的地域结构特点

总的来看，美国、日本、韩国、新加坡、中国的港澳台地区在我国中部地区投资比重较大；承接国内产业转移主要来自长三角、珠三角地区。

表 4-7 中部地区承接产业转移的地域结构

中部省份	承接产业转移的地域结构
山西	外资来源地集中在中国香港、澳门、台湾；省外引进资金主要为京津冀地区；2017年1—6月山西招商引资额达到6975.03亿元，签约项目达到901个
安徽	中国香港、美国、新加坡、日本；省外投资主要来自长三角地区，2017年以来安徽投资资金排名前十的有江苏、浙江、北京、广东、上海、福建、山东、湖北、河北、河南等，到位资金在全省的占比达到87.5%；广东比亚迪、沃特玛以及深圳豪威在安徽新增投资总额超过100亿元，投资领域主要涉及光电、新能源、云轨等高端制造业
江西	2018年1—5月江西利用省外资金中，浙江、广东、福建、上海、江苏占比较大，广东占比达到27.5%，浙江占比达到23.3%，北京占比达到11.7%
河南	省外资金来源于环渤海、长三角、珠三角三大经济区，引资格局主要为东部沿海地区以及北京
湖北	外商直接投资的资金来源主要为中国香港、法国、日本、美国、英国、新加坡、中国台湾地区等
湖南	外资来源地主要集中在亚洲国家和地区，主要是日本、韩国、新加坡、中国港澳台地区，目前积极向美国、荷兰、瑞典拓展；国内主要集中在珠三角地区

资料来源：根据收集资料整理归纳。

4. 中部地区承接产业转移的成效

中部地区承接产业转移的重要平台就是形成了众多的工业园区以及开发区，而这些工业园区以及开发区就会带动当地的制造业产业形成聚集区，进而产生不断吸纳制造业企业集聚的产业集群。

表 4-8　　　　　　　　　　江西和湖南的工业园区及开发区

省份	工业园区及开发区
江西	94 个工业园区内共有 7569 家工业企业；形成 22 个特色产业园区，例如九江星火工业园（以有机硅生产为龙头）、景德镇工业园（以陶瓷产业为重点）；3 个出口加工区（南昌、九江、赣州）
湖南 （长沙经济技术开发区）	先进制造业产业群；电子信息产业群；重型机械工业集群（以三一重工为龙头的混凝土输送、隧道岩石挖掘机、起重提升机）；新材料产业群；生物医药产业群；汽车制造产业集群（以长丰猎豹为龙头的大客车、火车、越野车）

资料来源：根据收集资料整理归纳。

中部地区承接制造业产业转移是促进制造业升级的重要推动力，可以促进制造业的产业结构优化。首先，通过承接制造业产业转移，提高了中部地区就业水平，因为东部地区转移到中部的制造业多为劳动密集型制造业，可以吸纳较多的就业人口，可以为中部地区解决就业；其次，东部地区制造业的产业转移，为中部地区注入了资本、先进技术、高技术人才等相对稀缺的生产要素，通过培育和创新有利于战略性新兴制造业的发展，促进了中部地区制造业的产业结构升级，例如，湖南省承接制造业产业转移过程中就使制造业由过去的劳动密集型为主、资金密集型为辅转变为资金劳动密集型为主、技术密集型为辅的制造业产业结构，所承接的主导制造业中高新技术型的制造业明显增加，目前湖南所承接的制造业行业集中在装备制造业、钢铁行业、电子信息产业、生物医药业、新材料产业等领域；进而带动了制造业产业链上相关上下游产业的进入，使服务型制造业如上游的设计研发、下游的物流与营销行业等不断形成发展。

（二）中部地区承接制造业产业转移的问题与制约因素

1. 中部地区承接制造业产业转移的问题

（1）中部制造业企业招商引资的力度不够。以实际利用外资额来看，我国中部省份的实际利用外资额与东部沿海地区差距较大，即使与西部的四川省相比也存在较大的差距，2016 年四川省外商直接投资金额为85.44亿美元。例如，安徽省为加大招商引资的力度，积极加快承接产业转移的平台建设，江北、江南产业集中区，苏滁现代产业园，郑蒲港新区等快速发展；长三角分工协作更为紧密，滁州、芜湖成为长三角城市经济协调会成员单位；郎溪经都产业园、汊河轨道交通装备产业园等园区建设发展较快。

(2) 中部制造业企业招商引资的形式较为单一。中部制造业企业缺乏创新意识，招商引资的形式主要是依赖经贸洽谈会，对于东部沿海制造业企业的招商项目推介会等先进的招商活动较少参与并借鉴。例如，江西省目前开始借鉴东部发达地区招商引资的做法，利用赣港经贸合作、赣台经贸合作、江西与北京市国企对接洽谈会等方式改变招商引资的传统形式；同时，江西省还与上海、江苏、浙江等地的经济协作部门合作，积极推动上饶融入长三角城市群的区域合作，与福建经济技术协作办合作，着力推进江西省融入海西经济区；山西省长治市改变传统模式，提出"火柴盒"式的模式——"招展+招商"，将"长治制造"中优质产品与各种招商平台进行组合，在北京等地举行"长治制造北京行"等专场招商项目推介会。

(3) 中部地区承接东部制造业产业转移的总体质量不高。在当前制造业转型升级的推动下，东部沿海发达地区会将一些盈利能力弱、附加值低的劳动密集型制造业转出，对本地区的制造业产业结构进行调整优化，而作为承接地的中部地区工业基础较差，同时有些地方的政府只片面追求引资数量，而不注重引资质量，导致中部地区承接的制造业多数为技术含量低且规模不大、集中度不高的项目或生产线，基本上属于劳动密集型制造业，缺少高新技术、产业层次较低，既削弱了中部地区制造业整体竞争力，又降低了中部地区制造业对市场风险的抗御能力，同时不利于形成较为完整的制造业产业链。

(4) 中部地区承接制造业转移导致的无序竞争风险加大。因为中部地区六省份制造业发展同构化现象显著，例如从中部地区六省份制造业的产品结构来看，食品加工、新材料、化工工业都是六省份重点发展的产业，另外装备制造业、制药业、钢铁、有色冶炼等基本上都是长期重点培育的行业，因此在承接东部的制造业转移后，势必会继续加速同构化竞争，最终会降低各省的经济效益与经济效率，重复建设势必会阻碍各省的合理分工。

(5) 中部地区制造业产业集群效应不够凸显。中部各省份由于没有形成促进制造业发展的完善的产业配套设施以及有针对性地体现地方制造业发展的招商引资优惠政策，导致各省份制造业产业布局分散，资源不能有效整合，使制造业产业集群的效应无法凸显。

(6) 中部地区缺乏充足的制造业人才。因为中部地区用工环境不如东部沿海地区，所以中部地区六省份制造业发展一直缺乏专业技能熟练工、高级技工，使其在承接东部制造业转移后出现了本地人才资源不充足，因此很难满足中部地区承接制造业转移的需要。

(7) 中部地区制造业发展缺乏促进区域协调发展的政策。缺乏完善的有利于区域经济协调发展的政策体制，中部地区在承接东部制造业转移过程中，由于各省的政府目标主要体现在一方面要保障税收的稳定来源，另一方面又要促进地区经济增长，减少失业率、提高经济产值，因此为实现目标地方政府通过不规范的行政手段来干预东部地区制造业生产要素的转移，例如各地区相互比环境、争项目、抢客商，因此会制定关于税费、地价、服务等方面的优惠条件来吸引投资，势必会加剧各地的竞争，最终产生重复建设、制造业结构趋同等问题，进而无法保障中部地区在承接东部制造业转移后能够形成制造业的良好发展体系，也无法保证制造业产业结构优化升级，自然无法促进制造业的自主创新能力的提升。

(8) 中部地区承接的制造业产业技术层次较低。承接制造业产业的技术层次较低，承接的项目中以能源、化工、材料等居多，先进制造业以及高新技术制造业所占比例较少，从长远看不利于中西部制造业改善产业结构，不利于制造业转型升级，也不能提高我国中西部制造业的自主创新能力。同时，东部转移的制造业主要是处于粗加工环节、技术含量低、附加值不高，且产业雷同，这样就会使承接地制造业产业层次较低，难以发挥比较优势，降低抵御市场风险的能力。

(9) 中部地区承接的制造业产业集中度不高。转移来的制造业产业集中度不高且产业链不长，当前东部地区进行制造业转移主要是利用中西部地区的劳动力优势以及资源优势，仅仅将加工环节进行转移，而对于设计研发、原料采购、产品营销等附加值较高的环节仍留在东部沿海总部，这样就会导致仅仅是加工在内地的局面，无法形成完整的产业链。例如，中西部的纺织服装业在承接了东部地区的转移后，上游企业多，下游企业少，纺织产品进行粗加工后形成的初级产品只能销往东部地区（福建、广东、浙江等）进行深加工。

2. 中部地区承接制造业转移的制约因素

（1）欠缺高水平的承接制造业转移的平台。高水平工业园区的建设有利于中部地区承接产业转移，2018 年我国拥有的国家级经济技术开发区共有 219 个，东部沿海十个省份共有 107 个，中部省份共有 54 个，中部省份的国家级开发区数量明显少于东部地区，且区内基础设施不健全，致使区内制造业集群效应不明显，这样对外来企业的吸引力不强；同时，中部地区的园区建设中制造业的产业特色不明显，产业链的产品关联度不高，不利于上下游产品延长产业链。

（2）制造业的产业配套能力较弱。中部地区承接东部制造业转移需要获得制造业产业链中相配套的上下游企业的支撑，只有为东部制造业转移提供良好的配套条件与设施，才能成为高效的制造业转移的承接地，但中部各省份目前还未形成高效的社会化分工协作格局，制造业整体实力落后于东部沿海省份。从中部地区整体来看，除湖南、四川两省具备较强的制造业产业基础外，其余省份地区制造业行业缺少龙头企业的带动，因此缺少产业链上下游企业与配套企业的有效支撑，制造业产业配套能力较弱，无法形成完整的制造业产业链，这样会导致中部地区企业无法满足转出企业的要求，必然会增加中部地区制造业企业的成本，从而降低经济效益。

（3）缺少制造业产业链高端配套企业。位于产业链高端环节的配套企业越多，越有利于提升制造业的产业层次，但我国中部地区制造业发展中明显缺少高端配套企业，影响了制造业产业发展的效率与质量，使中部地区在承接东部地区制造业转移时，无法实现现代制造业所要求的 VMI[①] 管理理念与流程，也不能按照现代制造业所要求的 JIT[②] 生产方式来运营，由于配套基础设施不足，将会使中部地区制造业

---

① Vendor Managed Inventory，供应商管理的库存。
② Just in Time，在需要的时候根据需要的数量来生产需要的产品。

企业增加企业成本与经营风险，不利于实现承接产业转移的经济效果。

（4）缺乏建设用地制约了投资项目的展开。承接东部转移的制造业，需要大量的建设用地来支撑企业建厂，但是由于建设用地规模不足，致使东部的投资项目无法迅速在承接地开展，这也是制约中部地区承接制造业转移的难点问题之一。例如，湖北省涉及计划用地缺口平均每年都在20%—30%，当前又是我国各省区加快进行城镇化工业化的重要阶段，用地的需求量随着经济增长不断扩大，因此承接制造业转移所需用地不足会使引进项目难以展开。

（5）生产性服务业发展落后。一方面表现在第三物流发展落后，中部地区由于交通运输的基础设施建设不到位，物流的市场化、专业化发展落后，对于发展制造业的运输、仓储等功能可以实现，但是对于制造业发展的成本控制、库存管理等增值服务不具备条件，影响了承接地的物流成本；另一方面是承接企业的融资问题，主要是中部地区的金融服务体系不健全导致。中部地区金融服务业与东部地区差距较大，金融服务业环境不健全、服务理念较为落后、征信系统建设不全面、金融业态单一、工商税收等信息缺乏共享性、金融服务创新不足，使中部地区中小企业直接贷款难度大，企业资金满足率较低。江西省部分中小企业因为融资难、资金满足率低等原因，最终破产倒闭；河南、湖北等省份承接制造业转移的转出企业由于资金问题需要回原地解决，在很大程度上降低了东部地区企业向中部地区转移产业的积极性。

（三）中部地区承接制造业转移的优势条件

1. 地理区位

中部地区主要处于我国经济地理的核心位置，是东部与西部主要连接桥梁与过渡地带，同时中部地区工业体系较为完善，拥有较为雄厚的工业基础。随着东部地区制造业转移的加速进展，中部地区成为承接东部制造业转移的腹地，基于富裕的劳动力资源、广阔的市场容量、便利的交通条件、较低的商务成本等多个优势条件，可承接的制造业空间发展巨大。

2. 制造业集群优势

表4-9　中部六省制造业优势特色产业及产业集群

地区	优势特色产业	产业集群
中部六省份	冶金、煤炭、电力、机械、汽车、钢铁、化工等领域构建了完善的工业体系；在先进制造、新材料、生物制药、电子信息等高科技制造业领域具有优势	汽车产业集群，拥有全国第二大汽车生产基地、全国最大的中型货车生产基地；钢铁产业集群，拥有全国最大的薄、中、厚、特殊钢基地；重工业生产集群，拥有全国最大的包装机械、重型机床生产基地；高新技术产业集群，拥有生物制药、新材料、信息技术等领域的优势产业；另外，还形成了纺织、医药、食品、家电等产业集群，现代装备制造业产业集群等
山西	煤炭、电力能源产业；化学、医药产业；新型材料产业；装备制造业；农副产品加工业；不锈钢、铝镁合金等金属材料业	煤化工产业集群；装备制造业集群；铸件锻件产业集群；汽车零部件产业集群；铝镁合金铸件及深加工产业集群；磁性材料产业集群
安徽	传统优势产业：能源、化工、建材、冶金等传统优势产业； 新兴产业：汽车、工程机械、家用电器、通信电子、生物医药	汽车产业集群：乘用车、商用车、改造车；农畜产品深加工产业集群；"煤炭—电力—化工"产业集群； 家电产业集群：辐射合肥、芜湖、滁州等200千米的区域，电冰箱、洗衣机、空调产量居全国前列，全国三大家电制造基地之一
江西	汽车零部件、医药、纺织服装、陶瓷、铜产业	陶瓷产业集群；机械和汽配产业集群；家具产业集群；纺织服装产业集群
河南	装备制造业、化工、纺织、汽车及零部件、食品	汽车与配件产业集群；纺织产业集群；食品加工产业集群；钢铁产业集群；肉类加工产业集群；服装加工产业集群
湖北	汽车、钢铁、纺织、食品、生物医药、电子信息	汽车产业集群；电子信息产业集群；钢铁产业集群；食品加工产业集群；纺织产业集群
湖南	电子、冶金、机械、能源、建材、食品等行业具有优势	有色冶炼和深加工、石油化工、汽车及零部件、精品钢材、锰深加工、食品加工等产业集群； 工程机械产业集群：三一重工、中联重科、山河智能三家企业为龙头，整合产业链资源

资料来源：根据政府网站信息整理。

3. 要素禀赋优势

（1）中部地区具有丰富的矿产资源。中部地区是我国钢铁、铜、焦炭、生铁等原材料的主要生产地，原煤的产量占全国产量的31.3%，有色金属产量占到全国产量的22.6%，中部地区具有丰富的矿产资源且种类齐全；此外，中部地区也是我国重要的能源和原材料基地，湖南的锌、铅产量，河南的铝产量，江西和安徽的铜产量等都在全国产量中居于前列。如果考虑资源开发利用的可行性与产出效益，据测算，东部、中部、西部三个地带矿产资源的实际价值之比为33:43:25，即中部地区矿产资源的开发价值高于东部与西部地区；而三者的潜在价值之比为1:2:2，中部地区潜在的矿产资源价值与西部地区基本相当。由此可以看出，中部地区的矿产资源既保障了承接东部制造业转移的基本生产要素，也为矿产相对稀缺的东部地区发展经济提供了资源供给。

（2）中部地区生产要素成本较为低廉。工业用电、工业用水、土地、劳动力等构成了制造业发展生产的基本生产要素，中部地区这些基本生产要素的成本相对较为低廉，低廉的要素成本是支撑制造业尤其是加工工业发展最重要的基础。中部省份是人口大省（河南、安徽、湖南），2016年中部六省共有农村人口21902.93万人，占全国农村人口约16%，劳动力资源丰富且成本较低，因此承接东部产业转移具有良好的劳动力成本优势；此外，与东部地区相比，中部地区的工业用电、工业用水的价格成本低，这样中部地区承接电子产品、机械、纺织服装、建材、化工等制造业产业就可获得较大的成本优势。例如，湖南省要素成本的比较优势更为突出明显，湖南省劳动力成本与广东相比能低于40%—50%，工业用水的价格与广州、上海相比能低于30%左右，另外土地价格、用电价格、房价等相对于沿海发达地区要低很多，综合营商成本占广东省的70%左右。而当前东部沿海地区的劳动密集型制造业向中西部转移，首先考虑的就是劳动力成本、工业用电价格、工业用水价格等综合成本。

（3）中部地区具有人力资本优势。人力资本的积累对于制造业长期发展的贡献较大，其重要性远远超过劳动力要素的成本高低、劳动力资源的多寡，当前中部地区人口受教育年限正在逐步提高，科教实力也在不断增强，拥有的高校数量在全国普通高校中占25.2%，达到481

所，拥有在校大学生的数量在全国的占比达到27.3%，共计515.4万人；另外，还拥有较多的全国有影响力的研究机构，中部地区的人力资本具有较强的优势。以湖北为例，共拥有普通高校86所，在校学生达到116.4万人，各类科学院所1364家，15个国家重点实验室，综合科技实力位于全国前列。

案例二　中国南车株洲所科研产业化的转型之路

1. 南车株洲所技术转型历程

2010年12月，位于湖南株洲的中国南车株洲所所研发设计的CRH380A商用动车组创造了世界最高铁路运营时速，该事件标志着中国铁路机芯技术的先进水平。该所将原始创新、系统集成创新、引进消化吸收再创新三者结合，借鉴欧美与日本技术流派的优点，形成自己独特的技术创新体系，实现了由技术引进到自主创新的转型升级。

表1　　　　　　中国南车株洲所的技术转型历程[①]

时间	事件
1989—1996年	中国第一台交流传动电力机车原型研制成功
2008年	具有完全自主知识产权的7200kW大功率电力机车交流传动电气系统研制成功（世界领先的主型电力机车定型系统）
	世界最大单列功率动车组变流器研发成功
	国内最大的自主高端牵引电传动系统的供应商
	全球相关标准的制定者

资料来源：根据收集相关资料整理。

2. 南车株洲所转型成功的基础

（1）多元化的人才政策。公司研究院构架了一个5000余人的研究团队，其中包括中国工程院院士1名、首席专家8名、教授级高级工程师59名、享有政府津贴的16名；3个国家级技术平台以及2家企业博

[①] 摘自新浪财经《中国南车科技纪实：轨道交通的芯力量》2012年8月25日。

士后科研工作站。通过引进高新技术人才，使南车株洲所成为中国轨道交通的"技术硅谷"。

（2）体系化的研发制度与流程。通过整合核心研发资源，使研发资源的利用由分散转向集约，使企业的知识资产可以重复使用，并不断对产品生命周期进行管理。

（3）不断提升新产品试用与试验条件。南车株洲所的新产品开发，无论是牵引电传动系统还是网络控制系统的关键核心部件都要与同时期的进口高速机车的部件进行性能对比，来改进新产品的宽松试用与试验条件。

（4）南车株洲所的科研创新体系建立的最主要基础源自中国高铁大发展的难得机遇以及迅速增长的市场需求规模。

（5）科技产业化的运营理念，即不断将关键核心技术转化为现实的生产力，紧密与市场相结合并不断引领行业的技术进步。

（6）打造提升竞争力的循环系统。首先是把握机遇开发市场需求，再通过企业的高新技术人才进行开发设计，然后产品推向市场进行检验，最后再到创新研发新的需求，形成一个循环往复的系统。在该系统中，稳定的市场需求可以吸引高素质的研发人才，同时研发人才与研发平台体系又保障了科技攻关的效率并提高研发成果转化的速度，最终可以使科研成果在实际市场中进行检验，从而进一步引导需求、优化需求，然后再进行新的研发投入与研发设计，实现科技的产业化。

案例三

表1　　　　促进中部地区与东部地区制造业协同发展的措施

中部地区省份	中部地区承接东部地区制造业协同发展的措施
安徽省	建立皖江城市带承接产业转移示范区，发挥其引领安徽省经济崛起的示范作用；加快建设承接产业转移的平台——江北、江南产业集中区，苏滁现代产业园、郑蒲港新区等快速发展；长三角分工协作更为紧密，滁州、芜湖成为长三角城市经济协调会成员单位；郎溪经都产业园、汊河轨道交通装备产业园等园区建设发展较快

续表

中部地区省份	中部地区承接东部地区制造业协同发展的措施
江西省	开展赣港经贸合作、赣台经贸合作、江西与北京市国企对接洽谈会；江西省与上海、江苏、浙江等地的经济协作部门合作，推动上饶融入长三角城市群的区域合作，与福建经济技术协作办合作，着力推进江西省融入海西经济区
河南省	深化与东部地区的经济技术合作与交流，不断拓宽经济技术合作领域，承接北京、上海的产业转移，积极推进三门峡市建设晋陕豫黄河金三角国家承接产业转移示范区；积极实现制造业产业结构升级项目，宇通新能源客车、闽商中部产业园基地建设、瑞庆汽车发动机109个项目建成投产，河南飞孟再制造产业基地、黄河集团工业园等155个项目开工建设
山西省	吕梁是山西省转型综改的试验区，利用山西吕梁（长三角）招商引资暨人才技术合作恳谈会发展与东部地区的合作；为推进与长三角地区的协同发展，融入"一带一路"，还举办大数据产业推介、铝系材料深加工推介会、名特优食品展销会、名酒展销会等；针对制造业发展的重点领域以及制造业产业链补缺环节，组织上海、天津、广州、央企来晋招商引资，并跟踪企业发展动态按月进行滚动完善
湖北省	湖北省全面深化与东部发达地区的经贸合作交流，积极承接产业转移，提升招商引资的水平与质量，目前中博会、楚商大会、华创会等取得成效；湖北省引进先进制造业项目建设良好，例如引进了上海通用汽车武汉分公司乘用车、格力电器武汉产业园、奥瑞那光子创新园、湖北万盟数控组合机床二期、宜都市中船重工高端液压油缸及凿岩钻车等项目
湖南省	2018年湖南省通过招商引资，引进一大批实力雄厚的制造业企业包括环嘉集团、柳桥集团、东旭集团、亿利洁能、中南控股集团、保诚集团、大陆集团、仁宝集团等，为湖南制造业发展注入了新动力

资料来源：各省人民政府网。

四 西部地区承接东部地区制造业转移

（一）西部地区承接东部制造业转移的优势

1. 西部地区承接东部制造业转移的产业优势

表4-10　　西部地区12个省区市制造业优势

省（市区）	支柱产业
陕西	能源化工、非金属矿物制品、纺织服装、食品工业、装备制造、有色冶炼、医药制造、计算机及其他电子设备、通信设备
四川	电子信息、装备制造、能源电力、钒钛钢铁、油气化
重庆	汽车摩托车制造、装备制造、材料工业、电子信息产业
甘肃	石油化工、有色金属、电力、冶金、食品、装备制造、煤炭
宁夏	能源化工、装备制造、新材料、特色农产品加工、清真食品
青海	石油天然气开采业、盐化工业、电力工业、有色金属工业
新疆	钢铁、纺织、电力、煤炭、化学、有色金属、汽车、装备制造、农副食品加工
云南	烟草及配套、能源、医药、有色金属、钢铁、电子信息、建材、化工、机械制造、造纸、农特产品加工
广西	食品制造、有色金属、石化、冶金、机械、汽车、电力
贵州	电力、煤炭、冶金、化工、烟草、白酒、有色金属
内蒙古	能源、冶金、化工、装备制造、高新技术、农畜产品加工
西藏	高原特色生物产业、特色农牧产品加工业、优势矿产业、藏医药业、民族手工业

资料来源：根据收集资料整理归纳。

2. 西部地区承接东部制造业转移的运输成本优势

西部地区具有较为优越的区位优势来承接东部地区的加工制造业以及加工贸易服务业。因为西部地区具有发展劳动密集型加工制造业物流运输成本优势，发展加工贸易既需要考虑从国外进口原材料以及零部件的运输成本，又要考虑出口产品的运输成本。

（1）成渝经济圈的地理交通优势。四川位于西部地区的中心地理位置，近年来随着交通基础设施条件的不断改进，成渝经济圈在我国西部发挥着越来越重要的交通枢纽作用，目前拥有 10 条铁路出省大道，已经形成成都到周边省会城市（西安、兰州、武汉、昆明、贵阳等）的"4 小时交通经济圈"（2017 年 12 月开通都至西安的高铁）；成都到长三角地区、珠三角地区、京津冀地区"8 小时交通经济圈"。同时，四川拟开通至东南西北四个方向的铁路通道——西边将连接新疆、青海、西藏；东边连接长三角地区；北边连接兰州（兰渝线）；南边连接北部湾与珠三角地区。

（2）重庆的地理交通优势。2012 年重庆至新疆（途经兰州）的高铁开通，目前铁路货物运输到达欧洲只需要 13 天，重庆—兰州—新疆—莫斯科—鹿特丹欧亚大陆桥，比东部地区的海洋运输要更加方便快捷；重庆的航空运输、公路运输、水路运输正在不断扩建；建立了我国内陆唯一的"水运+空运+铁路"保税区。

（3）广西的地理交通优势。广西东连珠三角、西连越南与东南亚，而南端的北海市、防城港是向西南方必经的出海口。综上，西部地区的优越的地理位置可以承接东部地区加工制造业以及加工服务业。

（二）西部地区承接东部地区制造业转移面临的困境

1. 东部地区制造业转移黏性的困境

东部地区制造业转移必然会伴随就业岗位、GDP、财政收入的转移，因此东部地区会对拟转出的制造业企业进行拦截，由于地方保护主义的思想，要么在省内转移，要么留在原地区。2005 年广东省就推进了省内产业转移战略，2010 年在广东省建立了 34 个产业转移园，这样的结果只会导致东部地区的制造业升级出现惰性现象，既阻碍了东部地区制造业结构优化，又妨碍了西部地区制造业提升竞争力的进展效率。例如，东部省份为了促进本省不同地区经济的协调发展，出台政策鼓励劳动密集型产业与资本向本省不发达地区转移，造成我国东部与中西部之间产业转移的拦截，江苏省人均 GDP 超过 10000 元，但是江苏南部、中部、北部的人均 GDP 之比却是 5∶3∶1，苏南、苏中、苏北的经济差距较大，因此江苏省政府就鼓励劳动密集型制造业向中部与北部地区转移。

2. 西部地区承接高能耗与高污染制造业所导致的环境恶化

东部地区转移的制造业往往是高污染、高能耗的制造业企业，因为随着广东政府不断推进的限制高能耗、高污染制造业发展的政策之后，石油化工、造纸印刷、火力发电、纺织等这些企业纷纷向西部转移，而西部地区通过招商又为这些企业发展提供了生存空间与资源条件，尤其是在东部地区转移中形成的工业园区甚至已经演变为"污染园区"。

3. 西部地区在承接转移制造业中缺乏区位优势条件

西部地区与东部沿海地区距离较远，基于地理位置的影响成为我国产业转移浪潮中最为不利的区域，因此在承接制造业转移中会进一步拉大东、西部地区之间经济发展的差距；另外，东部地区如果选择对资源条件具有明显优势（物流优势、人力资源优势、政策优势、基础设施优势）的东南亚国家进行投资，西部地区将会面临资本流失的状况。

4. 西部地区承接制造业转移生态安全问题

随着东部地区制造业转移，西部工业经济的发展必然会导致规模拟上工业企业工业增加值能耗、单位 GDP 能耗、单位 GDP 电耗等超过东部地区，这样会影响西部地区的生态安全。因为资本的趋利性往往导致转移企业牺牲生态环境也要追求利润保障，所以制造业转移必然会伴随着"高能耗转移"与"高污染转移"。

5. 西部地区承接制造业转移面临着与东南亚国家的成本竞争

在东部地区制造业产业向西部转移过程中，会导致东部制造业不够发达的地区与西部承接地之间进行竞争，这样西部承接地的企业压力增大，既要防范东部不发达地区的招商引资"拦截"，还要与东南亚国家（马来西亚、印度尼西亚、泰国、越南、印度等）进行成本竞争。这些东南亚国家具有较为显著的运输成本优势。因为地理位置优越，与我国西部地区相比，海运与内河运输都可以大大降低物流成本；其次还拥有较为优惠的政府政策。例如，印度政府就明确规定，凡是向出口企业提供的进口产品、用作于生产出口产品的进口原材料都可以免税，并实行了出口加工区以及自由贸易区的制度安排。泰国也是如此，对于国内有些区域实行机械进口免税、生产出口产品的原材料免税等；东南亚国家劳动力成本优势。2006年中国平均工资水平是1.07美元/小时，东部地区是1.31美元/小时，中西部地区是0.91美元/小时，而越南是0.4美元/小时，印度是0.8美元/小时，因此随着我国工资水平的不断上升，我国西部地区劳动力成本的优势也在下降。

6. 西部地区承接东部制造业转移的产业基础较为薄弱

工业在西部地区产业结构中占据的比例较高，部分制造业在西部地区发展状况良好。2013年陕西省拥有规上工业企业达到4409家，其销售产值达到18151.04亿元，比2012年的销售产值增长1763.93亿元；2014年达到19946.75亿元，比2013年增长了9.89%。2013年新疆规上工业企业的销售产值达到8447.80亿元；2014年达到9161.04亿元，比2013年增长8.44%；2013年甘肃规上工业企业的销售产值达到7460.39亿元，2014年达到7886.10亿元，比2014年增长5.71%。而东部地区发达省份的工业总产值高于西部省份，总体来看，东部地区的工业产值是西部地区工业产值的4—10倍。例如，2014年浙江省的工业总产值达到67039.78亿元，广东省达到119713.04亿元。由此可见，未来西部与东部地区制造业发展的差距仍然会存在，尽管西部地区制造业发展速度在加快，但是东部地区长期积累的地域优势以及产业优势会依然使东部地区制造业具有较强的竞争力。

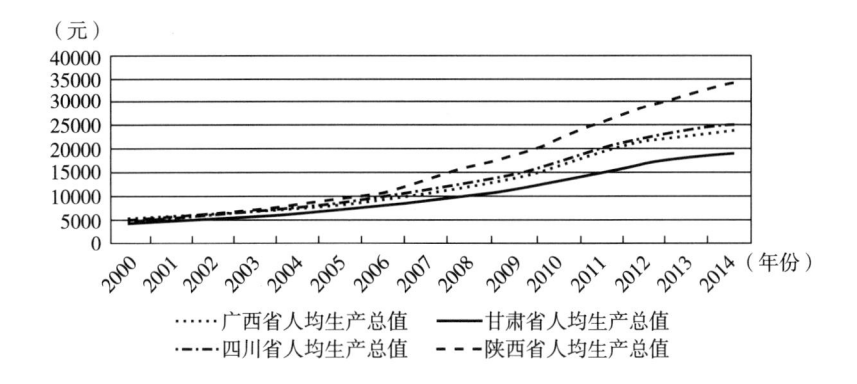

图4-9 2000—2014年中国西部地区四省区人均生产总值

资料来源：《中国统计年鉴》(2001—2015)。

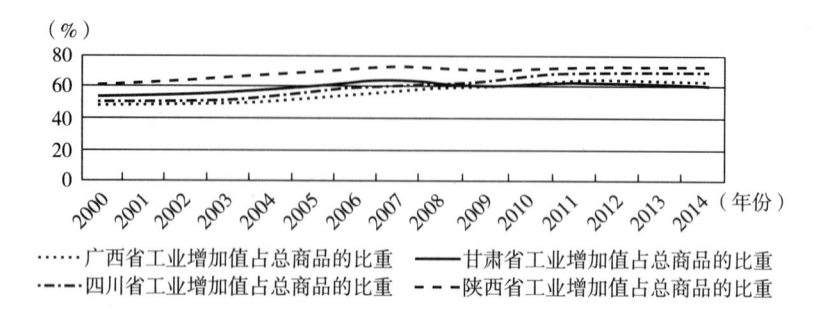

```
(％)
 80
 60
 40
 20
  0
      2000 2001 2002 2003 2004 2005 2006 2007 2008 2009 2010 2011 2012 2013 2014（年份）
    ……… 广西省工业增加值占总商品的比重      —— 甘肃省工业增加值占总商品的比重
    —·— 四川省工业增加值占总商品的比重      - - - 陕西省工业增加值占总商品的比重
```

图 4-10　2000—2014 年中国西部地区四省区工业增加值在总商品中的占比

资料来源：《中国统计年鉴》(2001—2015)。

（三）西部地区承接东部地区制造业转移的特点

1. 承接的产业以劳动密集型制造业为主

西部地区承接东部制造业转移主要集中在电子元器件、玩具、陶瓷、家具、纺织服装等劳动密集型制造业行业。主要因为随着东部沿海地区原材料、能源资源、土地、劳动力等的成本大幅上升，劳动密集型制造业企业的边际收益下降，企业成本上升，再加上同质竞争加剧，为降低要素成本以及产业转型的需要，东部劳动密集型产业转向西部地区。

2. 西部承接地须具有承接制造业发展的配套能力

东部沿海地区制造业经过发展，已经建立较为成熟的产业集群，在产业集群内制造业企业可以获得更高效率的生产要素流动以及资源配置，对于企业降低生产成本以及获得外部配套设施的支持都发挥着重要作用。因此，西部地区在承接东部沿海发达地区制造业转移时，应具备可以提供相应配套设施的能力才能吸引制造业企业转移。

表 4-11　东部沿海制造业企业转移中西部形成产业集群

东部转移企业	西部承接地/承接企业	产业集群
山东如意集团	重庆海康纺织集团	年产 100 万锭的西部纺织城
广东奥康鞋业	重庆璧山	西部鞋都
广东顺德 5 家纺织服装企业	安徽阜阳	中部纺织工业城

资料来源：根据收集资料整理归纳。

3. 东部地区制造业转移主要是受制于资源与环境的约束

通过40多年的工业化进程，我国东部沿海地区——长三角、珠三角地区环境破坏，资源消耗较大，通过向西部转移一些受制于环境与资源约束的制造业企业来缓解资源与环境的压力，所以西部地区在承接制造业转移时应对本地区的环境承载能力以及污染所带来的后果应有充分认识。

（四）西部地区承接东部地区制造业转移的特征

1. 西部地区承接东部地区制造业转移的产业与产品

表 4-12　　　　2000年、2012年西部地区主要工业品产量在全国的占比以及变化幅度　　　　单位：%

序号	制造业产品	2000年	2012年	变化幅度	序号	制造业产品	2000年	2012年	变化幅度
1	移动手持机	0.17	1.79	952.94	19	家用洗衣机	5.45	7.13	30.83
2	微型计算机	3.35	24.13	620.30	20	化肥	32.2	37.75	17.24
3	拖拉机	0.98	3.65	272.45	21	机床	11.61	13.54	16.62
4	集成电路	3.71	12.96	249.33	22	水电	53.83	59.67	10.85
5	塑料	8.44	22.22	163.27	23	成品糖	75.87	82.65	8.94
6	房间空调器	3.36	6.88	104.76	24	汽车	22.37	24.3	8.63
7	焦炭	14.41	27.99	94.24	25	卷烟	36.67	36.47	-0.55
8	轿车	8.98	16.72	86.19	26	化纤	3.42	3.39	-0.88
9	乙烯	7.01	12.9	84.02	27	平板玻璃	13.36	12.93	-3.22
10	烧碱	14.78	25.03	69.35	28	生铁	15.84	15.22	-3.91
11	原油	19.02	31.31	64.62	29	钢材	14.69	13.73	-6.54
12	硫酸	29.64	47.98	61.88	30	粗钢	16.35	14.22	-13.03
13	纯碱	17.75	27.58	55.38	31	化学农药	10.66	8.64	-18.95
14	水泥	20.69	31.11	50.36	32	家用电冰箱	6.7	5.34	-20.30
15	天然气	57.57	81.64	41.81	33	纸及纸板	11.01	8.67	-21.25
16	原盐	18.18	25.6	40.81	34	彩色电视机	19.4	11.1	-42.78
17	啤酒	13.99	19.64	40.39	35	布	7.67	4.25	-44.59
18	发电量	22.75	31.65	39.12	36	纱	13.02	6.54	-49.77

资料来源：根据《中国统计年鉴（2013）》数据计算。

由表 4-13 可以看出，在西部地区 36 种主要工业品中，有 24 种工业品的产量在全国呈上升趋势，这表明西部地区制造业在 2000 年之后发展势头较好。通过计算产品的转移强度，可以发现西部地区承接东部制造业转移过程中，以能源产业、化工业、建材业、电子信息业、汽车制造、电力、食品加工业、家电制造业等为承接的重点制造业领域。

表 4-13　　西部地区承接东部地区制造业趋势较强的行业　　单位：%

承接趋势较强的行业	制造业产品	转入强度	转入的地域
能源产业	天然气	34.13	陕西、四川、新疆
	焦炭	26.38	
	原油	20.23	
化工产业	塑料	36.28	除西藏外，均有转入
	硫酸	29.69	
	烧碱	17.36	
	纯碱	15.27	
电子信息产业	微型计算机	149.68	四川、重庆、甘肃
	集成电路	32.31	
	移动手持机	17.06	
建材工业	水泥产品	15.67	除西藏外，均有转入
汽车制造业	轿车	14.41	重庆、广西、陕西
电力产业	发电量	12.38	内蒙古、西藏
部分食品产业	啤酒	7.93	广西、云南
	成品糖	7.39	
部分家电产业	房间空调器	7.21	四川、重庆

资料来源：根据《中国统计年鉴（2013）》数据计算。

表 4-14　　2000—2012 年西部地区承接东部制造业转移的主要工业产品

省区市	承接转移的主要工业产品	省区市	承接转移的主要工业产品
内蒙古	焦炭、烧碱、农药、塑料、粗钢、发电量、水泥产品	西藏	啤酒、发电量、水泥产品
广西	成品糖、啤酒、生铁、汽车、水泥产品	陕西	原油、天然气、焦炭、玻璃、机床、汽车、轿车、水泥产品

续表

省市区	承接转移的主要工业产品	省市区	承接转移的主要工业产品
重庆	汽车、轿车、家用电冰箱、房间空调器、家用洗衣机、移动手持机、微型计算机、水泥产品	甘肃	乙烯、塑料、集成电路、原盐、硫酸、水泥产品
四川	天然气、啤酒、焦炭、硫酸、烧碱、化纤、玻璃、房间空调器、家用洗衣机、移动手持机、微型计算机、集成电路、彩色电视机、水泥产品	青海	纯碱、化肥、原盐、焦炭、水泥产品
贵州	卷烟、硫酸、化肥、家用电冰箱、水泥产品	宁夏	塑料、水泥产品
云南	成品糖、卷烟、硫酸、化肥、生铁、粗钢、机床、水泥产品	新疆	原油、天然气、烧碱、乙烯、塑料、化纤、生铁、水泥产品

资料来源：根据《中国统计年鉴（2013）》数据计算。

2. 西部地区承接东地区制造业转移的影响因素

（1）西部地区的资源条件吸引东部能源产业与化工产业转入。根据《中国统计年鉴（2013）》，2012年西部地区的天然气储备量达到37134.39亿立方米，在全国的占比达到91.56%，其中四川、新疆、内蒙古、陕西的储量较大，分别是9351.09亿立方米、9324.37亿立方米、8344.30亿立方米、6376.26亿立方米；2012年西部石油储备量达到125477.45万吨，在全国总量中的占比达到43.99%，其中新疆、陕西、甘肃储量较大，分别为56464.74万吨、31397.94万吨、19184.32万吨；2012年西部地区煤炭的储备量达到950.57亿吨，西部地区的储量在全国的占比达到41.35%，内蒙古、新疆、陕西的煤炭储量较大，分别是401.66亿吨、152.47亿吨、108.99亿吨。2012年西部地区的焦炭、原油、天然气等的产量在全国的占比远远超过其GDP在全国GDP的占比，三者的产量占比分别为27.99%、31.31%、81.64%，正是因为西部地区蕴含着丰富的资源，这也成为东部地区能源产业与化工产业转移到西部地区的最主要的影响因素。

（2）西部地区政府政策的推动促使东部技术密集型制造业转入。

东部地区的制造业主要以电子、电器、汽车制造等为优势，但随着西部各省区政府政策的推动，东部地区的技术密集型制造业开始向西部转移，尤其是汽车制造业（以轿车生产为代表）、家电制造业、电子信息业（以微型计算机、移动手持机为代表）向西部地区转入的强度较大。例如，电子信息业主要就向西部的川渝地区转移并产生了较好的经济效益——2012年西部地区的微型计算机产量占全国的24.13%，比2000年增长620.3%，而集成电路、移动手持机的产量全国占比与2000年相比分别增长249.33%、952.94%，这主要归因于西部地区的政府政策推动。四川省为了发展电子信息业，先后将其列为"一号工程"、先导性产业、"经济增长倍增器"，出台了相关调整与振兴行动计划、发展规划等，通过优先的财政政策、财政专项资金予以支持发展。2001—2012年成都电子信息业的营业收入增长20倍，由180.4亿元增长到3777亿元，目前已经形成集成电路、软件与信息服务、网络与通信、军工电子、新型平板显示器、数字视听等产业集群。

（3）西部地区环境规制力度低成为东部化工与建材行业转入的影响因素。西部地区与东部沿海发达地区相比，对于环境的规制力度较低，这也成为东部污染密集度型制造业转入的主要原因。西部地区先后转入了东部地区的电力与热力生产、供应，石油加工业，炼焦业，化学原料及制品制造业等，东部地区的污染密集型产业为了降低环保成本，将这些产业转移到西部地区。

（五）西部地区制造业转型升级面临的困境

西部地区应努力创造东部制造业转移的有利条件，来促进西部地区制造业增长，通过资源的合理配置达到制造业结构优化升级；同时西部地区应通过发挥自身的比较优势进而来获得比较利益，西部地区的比较优势主要是市场需求优势以及生产要素的供给优势，但是西部地区也应明确制造业发展中的困境与不利条件。

1. 经济结构调整压力较大

西部地区服务业发展滞后，2012年中西部地区服务业占比明显低于全国44.6%的平均水平；且投资率较高，消费率增长较缓，西部地区的投资率大多数省份超过50%，宁夏、青海、西藏、广西、云南的投资率甚至超过80%，高于东部地区；西部地区的城镇化水平与东部地区差距也较大，只有重庆的城镇化率超过了全国52.6%的平均水平。因此，中西部制造业转型升级面临的经济结构亟须调整，制造业转型的任务艰巨。

2. 基础设施建设滞后

西部地区人均用电量较低，其中西藏人均用电量仅为784度，且西部地区的铁路、公路网密度与东部地区差距较大，特别是青海西藏地区的铁路、公路网密度达不到东部地区的1/10。

3. 环境可持续发展问题突出

与东部地区相比，西部地区每单位GDP的能耗与"三废"排放量较高。2011年宁夏、广西每万元GDP的废水排放量已经超过了20吨；2011年青海省每万元GDP工业固体废物产生量为8.2吨，为全国平均水平的11倍；2011年宁夏每单位GDP的能耗达到2.279吨标准煤，为全国平均水平的2.8倍。

4. 技术创新能力不足

西部地区的自主创新能力与东部地区差距较大，目前西部约有16个省级区域的科研经费投入在GDP中的占比未达到1%；从科研产出看，无论是专利授权量、人均技术市场交易额，还是高技术产业占生产总值的比重，都远远落后于东部地区。

5. 制造业发展的产业配套能力较落后

东部地区随着制造业的发展，目前已经形成了大量的产业集群，这些产业集群不仅规模较大，而且配套能力较强，有力地支撑了东部沿海地区制造业发展，既提高了制造业集群内企业的持续创新能力，又大大降低了制造业企业的交易成本。而东部地区制造业转移主要流向拥有产业集群的地区，但是因为西部地区产业集群的发展落后于东部地区，产业配套能力较落后，在一定程度上约束了东部地区制造业的流入。在2010年东部、中部、西部7种代表性工业品（布、钢材、玻璃、塑料、水泥、发电量、原油）的产量在全国的占比，西部地区的平均占比为15.02%，而东部地区为60.64%，可以看出西部地区的工业集中化程度远远低于东部地区。东部地区制造业产业集群的发展已经进入较为成熟的阶段，而西部地区产业集群的发展还是处于培育阶段，因此按制造业为依据，当前我国制造业产业集群在东部、中部、西部的数量比例为

79∶12∶9，西部地区制造业产业配套能力较弱在一定程度上制约了东部地区制造业的转入。

6. 西部地区物流成本较高

西部地区具有廉价的劳动力供给、土地价格以及厂房的租金较低、原材料以及能源供给充足，但是物流成本却较高，例如由成都至上海的货运物流成本基本上相当于由上海至美国西海岸的物流成本，且由成都至上海标准集装箱公路运输需要 1000 美元，而由上海至菲律宾仅需 30 美元，这成为吸纳东部制造业转移的"瓶颈"与障碍。因为从事制造业加工贸易物流服务是生产性服务的重要环节，直接决定东部转出企业的盈利大小与收益。东部沿海制造业企业基于降低制造业成本的角度向中西部转移，但是东部地区转移到西部的制造业企业的物流成本必须要进行控制，其在总成本的比例不能超过 5%，否则即使通过其他生产要素的成本降低也无法进行弥补，这就意味着在西部地区进行生产，如果物流成本增加就会将其他生产要素（人力、资源）的低成本优势抵消掉，这会抑制东部地区制造业转移。

（六）西部地区承接制造业转移的有利条件

表 4-15 　　　　2012 年西部地区各省份市场需求规模

地区	人均地区生产总值（元）	人均全社会固定资产投资（元）	人均财政收入（元）	非食品支出占生活性消费支出比例（%）	城市化水平（%）	亿元以上商品交易市场数量（个）
内蒙古	63886	47693.73	6235.94	69.16	57.75	71
广西	27952	20949.62	2490.52	61.02	43.53	95
重庆	38914	29664.41	5784.35	58.55	56.98	133
四川	29608	21099.53	2998.11	59.64	43.54	114
贵州	19710	16411.6	2910.59	60.33	36.42	39
云南	22195	16808.61	2872.18	60.61	39.3	56
西藏	22936	21770.13	2811.04	50.67	22.73	1
陕西	38564	32093.13	4265.09	63.8	50.01	44
甘肃	21978	19957.45	2018.62	64.18	38.75	46

续表

地区	人均地区生产总值（元）	人均全社会固定资产投资（元）	人均财政收入（元）	非食品支出占生活性消费支出比例（%）	城市化水平（%）	亿元以上商品交易市场数量（个）
青海	33181	32869.46	3253.4	62.2	47.47	12
宁夏	36394	32408.96	4079.75	66.1	50.7	31
新疆	33796	27580.74	4070.62	62.29	43.98	76
平均	32426	26608.95	3649.18	61.55	44.26	59

资料来源：《中国统计年鉴（2013）》。

1. 巨大的市场需求潜力

随着西部地区经济的发展，西部地区在社会消费品零售总额、人均可支配收入等指标方面的增长率也在不断提高，2008年西部地区最终消费支出达到31091.42亿元，增长率达到17.8%，而东部地区的增长率为17.1%，西部与东部地区相比高出0.7个百分点；2008年西部地区人均可支配收入为12971.18元，增长率达到14.7%，而东部地区为13.1%，西部地区高出1.6个百分点；2008年西部地区进出口总额达到10672849万美元，增长率为35.8%，东部地区进出口总额的增长率为16.5%，西部地区高出东部19.3个百分点；2009年西部地区社会消费品零售总额同比增长19.2%，达到23039亿元，与东部相比高出1.9个百分点，可以看出西部地区未来的市场潜力较大；2012年西部地区亿元以上商品交易市场数量达到59个，城市化水平达到44.26%，非食品支出占生活性消费支出比例为61.55%。

2. 显著的资源优势

西部地区能源矿产量的优势较为明显，新疆石油储量达到人均25.5吨，与世界平均水平较为接近（每人平均28吨），是全国平均水平的10倍；新疆天然气的平均储量达到4万立方米，高于世界平均水平（每人平均2.73万立方米）；山西煤炭储量人均2322吨，是全国平均水平的14倍。陕西2015年天然气的产量达到168亿立方米；煤炭的产量达到50亿吨；原油的产量达到2838万吨。

3. 发展迅速的金融行业

西部地区借助于国家的各项扶植政策，以及较为显著的资源优势，比起东部地区开始具有较为明显的金融后发优势,另外借助于"一带一路"倡议的推动,在资本市场开始显现优势。由图 4-11 可以看出,2000—2014 年开始四川省及陕西省的每万人外商直接投资额在不断上升。

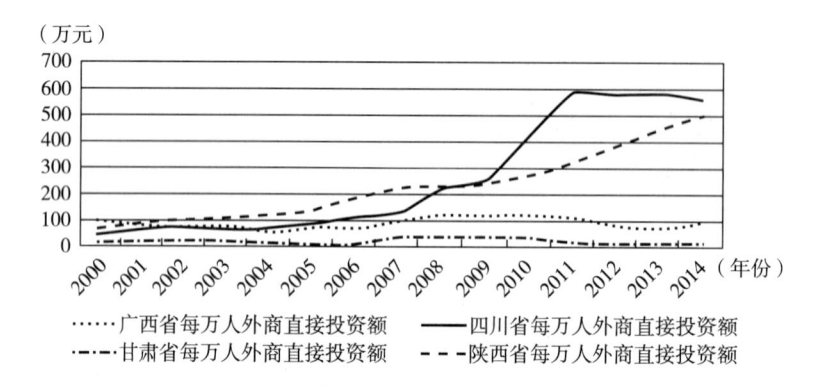

图 4-11　2000—2014 年中国西部地区四省区每万人外商直接投资额

资料来源:《中国统计年鉴》《中国金融统计年鉴》(2001—2015)。

(七) 西部地区承接东部地区制造业转移的建议措施

1. 加快建立制造业产业集群

随着东部地区制造业转移,西部地区应积极承接劳动密集型产业——玩具、家电、纺织、服装等,在这些相关产业的产业链上形成自身优势,这就要求西部地区应加大培育、建立产业集群的力度。目前,西部地区的产业集群数量少且较为单一,例如陕西关中煤化工基地、克拉玛依—乌鲁木齐石化基地、重庆摩托车制造业基地、六盘水—攀枝花煤炭、冶金工业基地、四川德阳的装备机械产业区等较为分散,未形成大规模的成片集群。因此,西部地区有必要形成规模较大的连片制造业集群,来提高西部地区制造业的生产效率,形成规模经济来降低交易成本;同时,通过制造业产业集群的建立来推动西部地区制造业的持续创新能力与技术进步。西部地区只有对东部地区转移的制造业进行建立集群的规划,才能有重点、有方向地推进西部地区制造业长远发展。

2. 反梯度承接产业转移

按照梯度转移理论,西部地区经济较为落后,属于产业转移的低梯度地区,因此在我国产业转移过程中应遵循由东部向中部转移,中部再向西部转移的方式，相应的技术转移也应是先转移传统技术，再转移中间技术，最后是先进技术。但是在实践中，西部地区应发挥利用自身的优势，可以进行反梯度承接产业转移，在实践中，有些西部省份在承接产业转移中已呈现出这一特点，例如重庆市的汽车生产、甘肃省的集成电路生产、四川省的电子信息产业等，这说明只要西部地区能够把握先进技术也同样可以实现跨越式发展，从而最终能够缩小与东部发达地区的经济差距。

3. 建立绿色制造体系

根据国家主体功能区规划，西部地区国家级重点生态功能区就有20个，在全国占比达到80%，同时西部地区属于生态环境脆弱地区。而西部地区从东部转入的主要是能源、化工、建材等高污染的产业，所以在承接东部地区制造业转移中应注重生态环境的保护，并要符合区域生态功能定位，杜绝污染密集型制造业的盲目转移，通过构建绿色制造体系、建立循环经济产业园区来承接转移。

（八）西部地区承接东部制造业转移的承接力评价

产业承接力是一种综合能力，包括对转移产业的凝聚吸引、准确选择、有效支撑、融合发展的能力。[1]

表 4-16　　　　　　　产业转移承接力系统

总系统	一级系统	二级系统
产业转移承接系统	产业发展力	技术创新力
		市场开拓力
	产业支撑力	载体支撑力
		环境支撑力
	产业选择力	信息收集处理力
		科研论证力
	产业吸引力	市场吸引力
		集聚吸引力
		政策吸引力

---

[1] 孙世民：《产业转移承接力的形成机理与动力机制》，《改革》2007 年第 10 期。

表4-17 产业转移承接力评价指标体系①

目标层	准则层		
	一级指标	二级指标	三级指标
产业转移承接力评价	产业吸引力	市场吸引力	人均收入、社会消费品零售额、城市规模
		集聚吸引力	工业产值、三产比重、大中型企业数、产业集群数
		政策吸引力	税收、土地政策等
	产业选择力	信息收集处理力	信息人才、信息渠道
		科研论证力	高等院校数、资讯机构数量、专家数量
	产业支撑力	载体支撑力	开发区与园区的规模与数量、管理水平
		环境支撑力	基础设施、主要生产要素成本、政府服务效率
	产业发展力	技术创新力	专利数、科研投入资金
		市场开拓力	知名品牌数量、销售范围

资料来源：何龙斌：《西部欠发达地区产业转移承接力的评价与培育》，《延安大学学报》2010年第5期。

在评价各省区产业转移承接力时运用的模型：

$$Z = \sum W_i \times \eta_{ij}$$

其中 Z 为各省区考虑各因素综合评价的得分值；W_i 为各个指标因素的权重；η_{ij} 为标准化后的数据值。

表4-18 西部地区产业转移承接力综合评价

西部省区	产业吸引力	产业选择力	产业支撑力	产业发展力	综合评价分数	排名
四川	0.4959	0.0858	0.2650	0.1296	0.9763	1
重庆	0.3223	0.0619	0.2887	0.0963	0.7692	2
陕西	0.3383	0.0755	0.2219	0.0802	0.7159	3
广西	0.2925	0.0444	0.1836	0.0802	0.6007	4
内蒙古	0.3675	0.0294	0.1417	0.0370	0.5756	5
云南	0.1516	0.0357	0.1456	0.0216	0.3545	6
新疆	0.1517	0.0246	0.1316	0.0371	0.345	7

---

① 定量指标参考各省区国民经济和社会发展统计公报。

续表

西部省区	产业吸引力	产业选择力	产业支撑力	产业发展力	综合评价分数	排名
甘肃	0.1108	0.0309	0.1308	0.0395	0.312	8
贵州	0.1053	0.0119	0.1222	0.0381	0.2775	9
宁夏	0.0482	0.0071	0.1211	0.0216	0.198	10
青海	0.0431	0.0048	0.0095	0.0056	0.063	11
西藏	0.0094	0.0032	0.0433	0.0038	0.0597	12

资料来源：根据各省区统计年鉴整理。

通过以上对比，四川、重庆、陕西、广西具有较强的产业转移承接力，而贵州、宁夏、青海、西藏不具有产业转移的承接力。

（九）西部地区承接东部制造业转移的主体功能区定位

表4-19　西部地区承接东部制造业转移的主体功能区定位

西部各省区	地理位置优势	主体功能区定位
成渝地区	位于沿长江通道横轴与包昆通道纵轴交会处，主要包括成都经济区与重庆经济区	高新技术产业基地、先进制造业基地、现代服务业基地、西南地区科技创新基地；成都经济区——西部地区重要的经济中心、先进制造业基地、农产品加工基地、科技创新产业化基地、商贸物流中心；重庆经济区——西部地区重要的经济中心、高新技术产业基地、石油天然气化工基地、装备制造业基地、汽车摩托车生产基地、出口商品加工基地、内陆开放高地
北部湾地区	位于"两横三纵"沿海通道纵轴的南端，包括北部湾经济区、广东西南部、海南西北部等环北部湾的部分地区	中国—东盟自由贸易区的前沿地带，也是我国向东盟国家对外开放的重要门户，区域性的加工制造业基地、物流基地、信息交流中心、商贸基地
黔中地区	位于"两横三纵"中包昆通道纵轴的南部，主要是以贵阳为中心的部分地区	全国以航空航天为重点的装备制造业基地、重要的能源原材料基地、烟草工业基地、绿色食品基地、区域性商贸物流中心

续表

西部各省区	地理位置优势	主体功能区定位
滇中地区	位于"两横三纵"中包昆通道纵轴的南端，主要是以昆明为中心的部分地区	我国面向南亚、东南亚国家对外开放的重要门户，全国重要的烟草加工生产基地、能源基地、商贸物流基地，也是区域性的资源深加工基地（化工、冶金、生物）
兰州—西宁地区	位于"两横三纵"陆桥通道横轴上，主要是以兰州以及西宁为中心的部分地区	全国重要的新能源产业基地，石化、有色金属、特色农产品加工等产业基地，西北地区新材料、生物医药产业基地，商贸物流中心
关中—天水地区	主要涵盖西安及周边部分地区、甘肃天水部分地区；位于"两横三纵"中包昆通道纵轴与陆桥通道横轴的交汇处	西部地区重要的科技创新基地、经济中心、商贸科教中心；全国高新技术产业与先进制造业基地
宁夏沿黄河经济区	位于"两横三纵"包昆通道纵轴的北部，主要是以银川为中心的黄河沿岸地区	全国重要的新材料基地、能源化工基地、特色农产品加工基地，区域性商贸物流中心
呼包鄂榆经济区	位于"两横三纵"包昆通道纵轴的北端，主要是以呼和浩特、包头、鄂尔多斯、榆林为中心的部分地区	全国重要的煤化工基地、能源基地、稀土新材料产业基地、农畜产品加工基地，北方地区重要的装备制造业基地、冶金基地
天山北坡地区	位于"两横三纵"陆桥通道横轴的西端，主要是新疆天山以北、准噶尔盆地南缘带状区域、伊犁河谷的部分地区	我国面向中亚、西亚国家对外开放的重要门户，全国重要的能源基地、进口资源的国际通道，西北地区重要的对外合作加工基地，石油化工天然气基地，煤电、煤化工基地，纺织工业基地，机电工业基地
藏中南地区	主要是以拉萨为中心的部分地区	全国重要的矿产资源基地、农林畜产品生产加工基地、藏药产业基地

资料来源：根据收集资料整理归纳。

(十) 西部地区承接东部制造业转移的空间分布

由于西部地区相较于东部地区具有自然资源与劳动力的比较优势，同时又在经济基础、高级生产要素上存在比较劣势，因此西部地区只能结合自身情况，承接东部地区劳动密集型、资源密集型制造业以及部分技术密集型制造业。

1. 承接劳动密集型制造业的空间分布

表4-20　　　　　2012年西部各省份农村劳动力人口　　　单位：万人、%

西部省份	农村总劳动力	从事农业劳动力	非农业劳动力	非农劳动力占本省总劳动力比例	非农劳动力占西部总劳动力比例
内蒙古	742.32	552.85	189.47	25.52	2.83
广西	2427.11	1564.2	862.91	35.55	12.90
重庆	1365.29	586.86	778.43	57.01	11.64
四川	3948.27	2068.00	1880.27	47.62	28.11
贵州	2144.72	1132.71	1012.01	47.18	15.13
云南	2187.34	1619.18	568.16	25.97	8.49
西藏	127.91	92.07	35.84	28.01	0.54
陕西	1436.70	789.44	647.26	45.05	9.68
甘肃	1122.07	697.64	424.43	37.82	6.35
青海	203.14	114.94	88.2	43.41	1.32
宁夏	214.29	120.47	93.82	43.78	1.40
新疆	527.11	419.68	107.43	20.38	1.61

资料来源：根据各省区的统计年鉴整理。

劳动密集型制造业的主要特点是技术含量低，但对劳动力资源的需求却较大，因此劳动力的工资会占生产总成本的大部分，而随着我国东部地区消费结构升级，会逐渐将劳动密集型制造业的产品市场转移到中西部地区，而中西部地区能否承接转移主要取决于该地区的劳动力成本的高低、劳动力的丰裕程度、有效市场需求的大小。由表4-20可以看出,四川省的农村总的劳动力资源达到3948.27万人,其中不从事农业劳动的人口达到1880.27万人,占总农村劳动力资源的28.11%;贵州、广西、重庆、陕西等省区在农村总劳动力中非农业劳动力人口依次为1012.01万人、862.91万人、778.43万人、647.26万人,这些西部省区的劳动力资源较为丰富,发展劳动密集型制造业具有较大的潜力与空间。

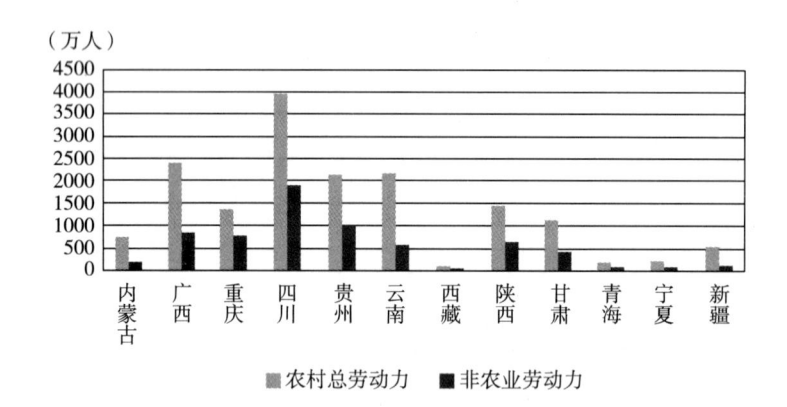

图4-12 2012年西部各省区农村总劳动力以及非农劳动力情况

资料来源:根据各省区的统计年鉴整理。

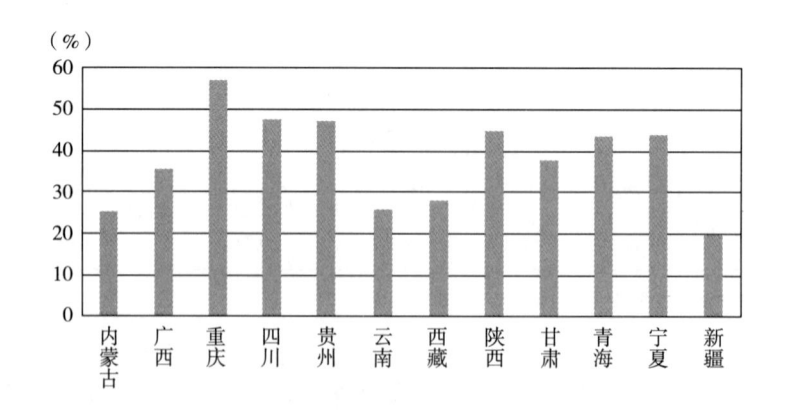

图4-13 2012年西部各省区非农劳动力占本省总劳动力比例

资料来源:根据各省区的统计年鉴整理。

2. 承接资源密集型制造业的空间分布

表 4-21　　　　　　西部各省区自然资源丰度指数[1]

省份	能源资源（M1）	黑色金属（M2）	有色（非）金属（M3）	自然资源丰度（NR）
内蒙古	0.902	0.589	0.911	0.785
四川	0.053	1.727	0.147	0.417
重庆	0.002	0.311	0.420	0.068
贵州	0.001	0.727	0.202	0.116
云南	0.008	0.064	1.632	0.093
西藏	0.000	0.750	0.480	0.015
陕西	2.934	0.148	0.182	0.429
甘肃	1.378	0.758	1.219	1.084
青海	0.610	0.189	0.526	0.393
宁夏	0.011	0.284	0.528	0.118
新疆	6.063	0.106	0.223	0.523
广西	0.028	1.182	1.030	0.325

资料来源：根据各省区的统计年鉴整理与计算而得。

资源密集型制造业需要具有丰富的资源条件。由表 4-22 可以看出，西部各省区的能矿资源储量较为可观，这样就为发展原材料加工业、冶金业、能源产业、专业化采掘业提供了较好的先天资源禀赋条件与物质基础。但是，由于西部地区的能矿产业尤其是重化工业并未给西部地区经济增长带来实质性的促进作用，因此西部地区在承接东部地区制造业转移时，应在产业链上注重资源深加工并延长资源型产业链，力图承接吸引东部地区产业链上的中下游企业，由低价销售资源转变为销售高附加值的资源产品，在增加本地就业的同时提升当地经济发展的质量，最终形成资源开发深加工到本地经济增长的良性转变。

西部各省区依据自身资源优势条件可以重点承接原材料工业、冶金

---

[1] $NR = \sqrt[3]{M1 M2 M3}$。

工业、能源化工业，具体表现为四个方面：

（1）天山北坡经济圈——国家级能源化工基地。新疆的能矿资源组合较好，天然气、石油、煤炭储量在全国居于前列，因此可以积极承接东部地区的能源重化工企业或能源化工产业集群入驻。

（2）呼包鄂城市群。鄂尔多斯的煤炭与天然气资源较为丰裕，而内蒙古的北部以及中北部又蕴含丰富的石油资源，这些资源条件以及毗邻环渤海城市群的优越地理位置，可以承接东部地区的能矿产业集群，促使内蒙古地区的能源产业升级。

（3）成都经济圈。由于四川省的能矿资源丰富，所以在川西北、川南、川西南等地承接东部地区的化工产业以及冶金工业。

（4）关中城市群。陕西的能矿资源主要集中在陕北，能源储量较大，仅次于新疆地区，且关中地区与中部地区、东部地区的消费市场紧邻，地理位置较优越，可以承接东部地区转移的化工产业，通过延长产业链来带动陕西能源产业的升级。

3. 承接技术密集型制造业的空间分布

西部地区从全国来看，经济增长与制造业发展主要依赖初级资源产品的密集投入，制造业产品的技术含量不高，特别是科技成果转化能力较弱。但是西部地区有些省市（陕西、四川、重庆）的高校与科研院所较多，高等教育处于国家前列，所以这样就可以承接东部地区转移来的电子信息技术产业、新能源产业、光机电一体化产业、生物工程、医药化工等高新技术产业。基于西部地区较为充足的智力保障支持，且军工企业数量较多，就可以将军工企业生产的产品以及相关技术进行军转民用，促进当地制造业的转型升级。例如，在四川省就拥有全国一流的航空整机的研发设计能力，目前所拥有的航空产业相关企业与科研院所达30多个，专业技术人员2万多人。所以在承接东部地区技术密集型制造业转移时应将转入地区进行选择，将陕西、四川、重庆等地作为高新技术产业转入的重点区域，并集中这些区域的优势资源来形成技术密集型产业集群。

案例四　贵港国家生态工业（制糖）示范园区

贵港位于我国广西壮族自治区，以甘蔗种植业为发展经济的基础，成为我国重要的甘蔗生产基地。贵港国家生态工业（制糖）示范园区就是以制糖业为先导，进而拓展出造纸业与酒精业，最终形成以制糖工业为导向的制造业产业链。其中，贵糖股份有限公司是我国最大的糖厂，总资产达到10亿元；还有四家糖厂，分别是贵港甘化股份有限公司、西江糖厂、桂平糖厂、平南糖厂等。2001年贵港国家生态工业（制糖）示范园区批准建立，2012年被确认为A类园区；总投资达到36.5亿元，形成了蔗田、制糖、酒精、造纸、热电联产、环境综合处理等为框架的产业生态链。目前，广东、福建等东部沿海地区是该园区的重点招商区域，重点针对东部沿海地区有转移意向的造纸业、新型建材制造业、高新技术产业、电子产品加工产业等，并依托中国华电贵港发电厂作为能源来源，重点发展造纸业以及建材行业，并配套建设物流产业与资源综合利用产业。

案例五　陕南地区承接制造业转移

2009—2013年陕西省累计引进省外资金1.44万亿元，逐渐形成了以专业产业园区的形式来承接东部地区制造业转移。陕南工业主要就是以资源型为主，安康三大制造业主要是新型材料、富硒食品、清洁能源；商洛主要是现代材料、现代医药、绿色食品；汉中主要是有色冶金、装备制造、能源化工，其中汉中工业产值前五名分别是汉中钢铁集团、八一锌业公司、中航陕飞公司、略阳钢铁厂、汉中卷烟厂，汉中的工业主要是以有色冶炼、建筑材料、机械制造为主的传统工业，但是高新技术产业占据份额不高，这就导致资源密集型制造业对资源的消耗较大。而陕西安康吸引了陕西重汽、华电、宝钢、雨润、有色、陕煤、延长、广核等一共18家全国500强企业，招商引资的增幅达到全省领先，内生动力显著增强。目前，陕南通过围绕优势产业（有色、钢铁、装备、能源、生物制药、非金属材料、油气化工、蚕桑丝绸等），通过承接产业转移，形成制造业集群,对产业链进行延伸、补链,构建制造业体系。

表1 陕南制造业集群①

陕南区域	产业集群	主导产业	所在地
安康	旬阳生态工业园	锌、贡锑、水泥、烟、中药、食品	城关镇、吕河镇
	汉滨生物能源和绿色食品产业园	茶叶、白酒、生物秸秆发电、富硒食品	汉滨、汉阴
	安康生物医药产业园	饮片中药制剂,丹参、绞股蓝、黄姜、金银花、五味子、天花粉等的加工生产	汉滨城区、五里镇
	月河现代材料产业园	铅、锌、钛、铝、重晶石的加工、建材	汉阴城关、石泉城关
	安康丝绸工业园	缫丝、丝绸、制衣	汉滨区、石泉古堰
	电能产业园	水电、火电	石泉、汉滨、蜀河、旬河
商洛	商州沙河子产业园	硅材料、锌冶炼、氟化工、电力	沙河子镇
	丹凤留仙坪工业园	硅酸盐化工、建材	留仙坪
	丹凤绿色食品工业园	葡萄酒、医药、食品	丹凤县县城
汉中	汉中现代材料	钢铁、锌冶炼,材料加工	定军山镇、勉阳镇、黄沙镇、金泉镇、镇川乡三地交界
	汉中生物制造产业园	粮油、茶、蔬果、水产加工制造,生物能源开发	勉县、汉台、城固、洋县108国道沿线
	汉中现代中药产业园	天麻、山茱萸、附子、元胡、丹参的加工生产中间提取物、饮片、中药制剂	汉中经开区
	汉中装备制造产业园	数控机床及刀具、飞机机载设备及配件、仪器仪表、传感器	汉中经开区、铺镇、褒河镇、柳林镇

资料来源:根据收集资料整理归纳。

陕南为有效承接东部制造业转移,以优势资源为依托,以长三角、

---

① 根据安康、商洛、汉中的发展规划与文件整理。

珠三角、环渤海为重点构建制造业的产业链,重点承接现代中药材、优势矿产开发、绿色食品加工等。汉中重点承接冶金机械制造、食品加工,重点发展装备制造、钢铁、绿色食品加工等产业集群;安康重点承接优势矿产,茶叶、丝绸、烟叶加工,现代医药,绿色能源;商洛重点承接绿色农产品加工、优势矿产开发、新型材料工业等。

案例六 陕西积极布局产业集群承接制造业转移

陕西省的面积约为20.58万平方千米,常住人口达到3732万人,同时陕西具有丰富的自然资源,当前已经发现的矿产保有潜在价值达到42.56万亿元,居全国第一,其中含煤面积5万多平方千米,占全省面积的25%,优质煤炭的储量在全国的占比达到50%,基础储量达到95.48亿吨,因此在承接东部制造业转移方面陕西具有较为独特的资源优势。陕西产业集群化的格局正在形成,同时石油天然气、汽车制造、航空航天、煤炭化工产业、光伏半导体等产业是陕西重点发展的领域,例如,国家级西安民用航天基地就通过进行资源优化,逐步将新能源应用到生产中,在全国具有领先优势;在此基础上陕西大力发展基础设施建设,建立了国际港务区以及浐灞生态园区,不断推进西咸一体化战略,关中—天水经济区内也在不断加强与省内外的合作;电子半导体信息化产业不断发展,高新产业技术开发区吸引了大量的高科技企业进驻,陕西在技术研发方面通过形成高新技术产业聚集区进而不断形成新动力。陕西省承接东部制造业转移主要来自于环渤海地区、珠三角地区、长三角地区,秦华天然气、和记黄埔、金威啤酒等均在陕西进行投资。

表1 2000—2014年陕西省引进内外资情况

年份	省外国内投资 (亿元)	实际利用外资 (亿美元)	全国实际利用 外资(亿美元)	比重(%)
2000	42.8	2.88	407.15	0.71
2001	84.7	3.65	468.78	0.78
2002	118.81	4.11	527.43	0.78
2003	186.3	4.66	535.05	0.87
2004	205	5.27	606.30	0.87

续表

年份	省外国内投资（亿元）	实际利用外资（亿美元）	全国实际利用外资（亿美元）	比重（%）
2005	272.49	6.28	603.25	1.04
2006	423	9.25	630.21	1.47
2007	636.93	11.95	747.68	1.6
2008	910.85	13.7	923.95	1.48
2009	1510	15.11	900.33	1.68
2010	2414.9	18.2	1057.35	1.72
2011	2801.3	23.55	1160.11	2.03
2012	3474.14	29.36	1117.16	2.63
2013	4189	36.8	1175.86	3.13
2014	4979.62	41.76	1195	3.49

资料来源：根据《中国统计年鉴》与《陕西统计年鉴》整理而得。

表2　　　　　2014年陕西引进省外国内投资

地区	总额（亿元）	占比（%）
环渤海地区	1965.03	39.5
长三角地区	787.75	15.8
珠三角地区	889.86	17.8

资料来源：根据《中国统计年鉴》与《陕西统计年鉴》整理而得。

表3　　　　　2006—2013年陕西省利用外资地域分布

地区	累计投资项目数（个）	累计实际外资（万美元）
关中地区	1033	1476146
陕北	35	17069
陕南	46	63928
其他	207	21767
合计	1321	1578910

资料来源：根据《中国统计年鉴》与《陕西统计年鉴》整理而得。

小结

在当前全球制造业发生深刻变革之时，我国制造业应在新一轮国际产业转移中抢的先机，利用制造业的后发优势——自主创新能力的提升、新一代产业工人的培育、国内消费需求的升级、制造业产业链的不断完善等来赢得国际产业价值链的攀升；另外，还需制造业进行梯度转移来加快形成国内各个区域之间的协同发展优势，这主要是因为我国东部沿海地区与国内中西部地区之间制造业发展在空间上表现为不平衡；东部地区主要受到劳动力、能源、土地、工业污染等各因素的制约，在国家政策的推动下将低附加值的劳动密集型产业积极向中西部地区转移；中西部地区为消耗东部地区过剩产能创造了市场需求条件，同时中西部地区在改善投资环境的前提下，既要承接制造业转移又要进行自主创新；中部地区承接制造业转移主要缺乏产业配套设施，尤其是缺少产业链高端配套企业，同时生产性服务业较为落后，建设用地紧张导致项目投资受到制约；西部地区在承接东部制造业转移时，主要是基础设施建设落后且缺乏技术创新能力，且制造业产业配套能力薄弱，环境可持续发展问题突出也约束了承接转移的效率。为此，中西部地区应加快改善承接制造业转移的基础设施，大力进行技术创新，必要时可以进行反梯度产业转移，此外还需构建绿色制造体系，这样通过承接东部地区制造业转移就可以在国内各区域之间形成协同发展的新优势。随着我国国内不同区域间制造业转移的不断推进，东部沿海发达地区会带动中西部地区制造业增长，而中西部地区制造业转型将会与承接转移协调发展，同时合作共建工业园区也会成为各区域之间开展制造业转移的重要方式，因此跨区域的制造业协同发展态势也将会更为明显。

第三节　中国对外贸易结构优化

——对外开放格局下的新比较优势

经济发展的可持续性尤其注重社会、自然、经济的高度协调与和谐，拉动我国经济发展的"三驾马车"之一的对外贸易，对我国经济发展与经济增长做出了重要贡献，但我国对外贸易的发展模式却是以牺牲环境、资源浪费为代价的，因此本着可持续发展与绿色发展的理念，应加快优化我国对外贸易结构，并积极构建更广阔的对外开放格局，结合我国政府所提出的优化制造业产业结构、提升产品质量与效益的创新驱动发展战略，重构我国对外贸易的全球价值链，进而实现对国际资源的合理配置，形成在对外开放格局下的新比较优势。

一 贸易结构优化的目标与中国对外贸易发展概况

（一）中国对外贸易结构优化的目标

中国对外贸易结构优化的目标主要体现在以下四个方面：一是稳定进出口贸易增长，调整进出口贸易结构，在稳定外贸增长的前提下，提高贸易的便利化水平；二是为了充分挖掘出口新的增长点，既要进行核电、高铁、工程机械大型成套设备、通信、特高压电网等的出口，又要发展外贸综合服务企业、跨境电子商务、市场采购等新业态；三是企业应加大技术创新，在提升产品质量的同时，要提升出口产品的附加值；在国际市场中要建立完善的国际市场营销网络，将单纯的商品出口发展为商品与服务协同出口；四是在全国外贸中应重点提高民营和中小企业、中西部地区、高新技术与品牌产品的份额与比重，同时提高对新兴市场的外贸比重。

（二）中国对外贸易发展概况

1. 对外贸易整体概况

2015年世界整体贸易深度下滑、国际市场低迷萧条，但是中国货物贸易出口额、进出口总额世界第一，在国际市场份额不断继续扩大、产品的质量效益不断提高的同时，中国对外贸易结构也得到了持续优化。

表4－22　　　　　2015年中国对外贸易主要指标

外贸指标	万亿元（人民币）	与2014年相比	美元	与2014年相比
进出口总值	24.55	下降7%	3.95	下降8%
出口	14.12	下降1.9%	2.27	下降2.9%

续表

外贸指标	万亿元（人民币）	与 2014 年相比	美元	与 2014 年相比
进口	10.44	下降 13.1%	1.68	下降 14.1%
顺差	3.68	扩大 56.4%	—	—
贸易条件指数	112.1	贸易条件改善	—	—

2. 国际市场份额

2015 年尽管全球贸易额大幅度下降，中国货物贸易出口额下降，但是出口的国际市场份额却增至 13.8%，与 2014 年相比提高 1.5%，是 1978 年以来国际市场份额提高最快的一年。2015 年中国出口下降的同时，进口额也下降较多，主要是因为国际市场大宗商品价格下跌以及国内固定资产投资、工业生产的增速下降所致。总体来看，我国对外贸易中进出口额保持同速增长与下降，在 2009—2012 年贸易顺差幅度较小，在 2013—2015 年贸易顺差开始加大，进出口贸易结构的不平衡说明我国在利用国外优势资源方面还不够合理充分，而出口贸易却大量依赖国内的资源与原材料，不利于我国对外贸易的可持续发展。

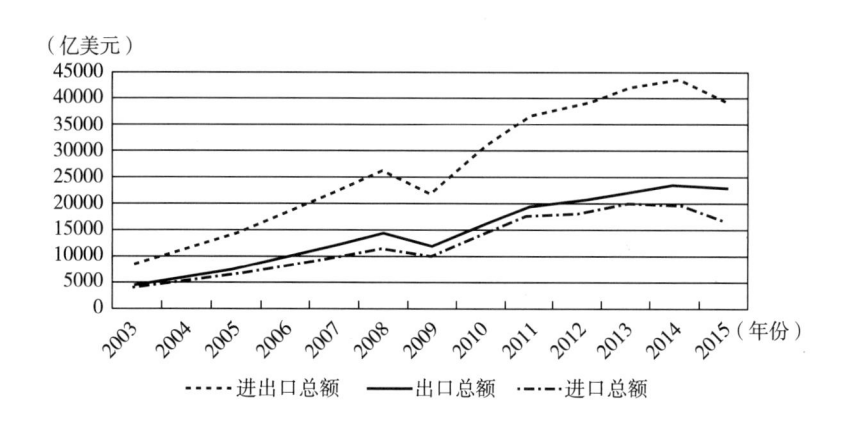

图 4-14 2003—2015 年中国进出口总额、出口总额、进口总额

资料来源：《中国统计年鉴（2016）》。

由图 4-15 可以看出，剔除重复计算以及国外增加值部分，以出口增加值进行核算的国际市场份额比以出口总值核算的国际市场份额小，以总值核算的国际市场份额在 2008 年开始上升，2011 年达到 13.91%；而以出口增加值核算的市场份额在 2008 年为 10.5%，2011 年达到 12.49%，国际市场份额上升的幅度没有以总值核算的大。总之，我国制造业出口是逐年增加的，国际金融危机对我国制造业出口的绝对值影响不大。

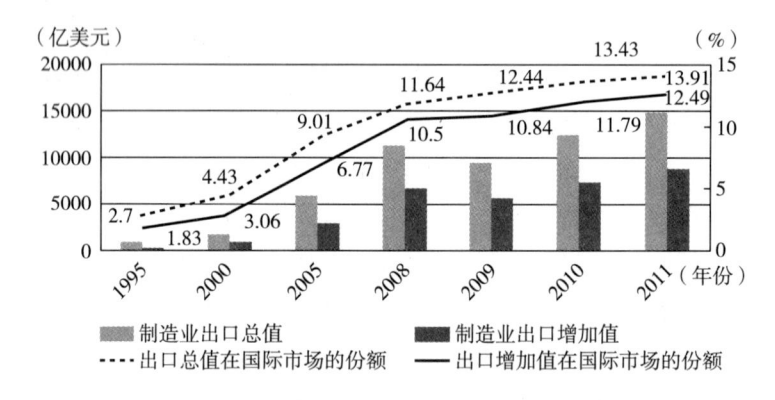

图 4-15　1995—2011 年中国制造业出口总值、出口增加值及在国际市场中的份额

资料来源：根据 OECD 的 TIVA 数据库数据计算。

3. 商品结构

2015 年中国出口制造业在国际产业链的层次逐渐提高，出口商品的附加值显著提升。机电产品的出口额达到 1.31 万亿美元，占中国总出口的 57.6%，与 2014 年相比提高 1.6%，其中船舶、手机的出口额分别增长 13.3% 和 8.5%；而纺织品、玩具、塑料制品、箱包、鞋类、服装、家具等的出口额占总出口额的 20.8%，达到 0.4718 万亿美元，与 2014 年相比下降 2.7%。

2015 年中国对于高新技术产品的进口比 2014 年提高 4.5%，进口额占进口总额的 32.6%；原油进口达到 3.36 亿吨，比 2014 年增长 8.8%；由于国际大宗商品价格下跌，部分大宗商品进口量保持增长，铁矿砂进口达到 9.53 亿吨，比 2014 年增长 2.2%；此外，对先进设备与关键零部件的进口较为稳定。

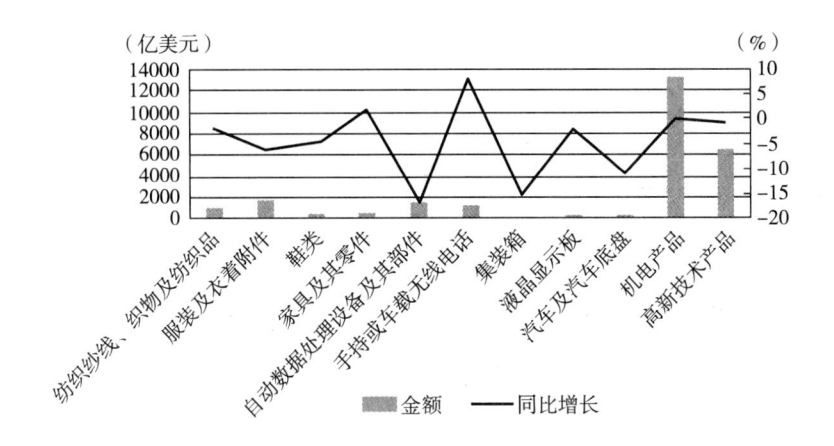

图 4-16　2015 年中国出口主要商品的金额及增速

注：机电产品与高新技术产品包括部分相互重合的商品。

资料来源：《中国统计年鉴（2016）》。

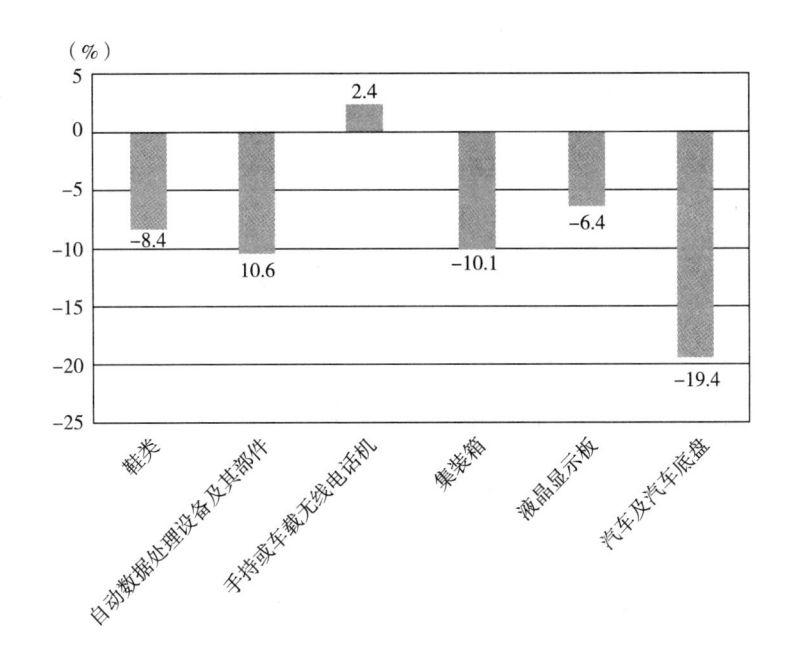

图 4-17　2015 年中国出口主要商品的数量增速

资料来源：《中国统计年鉴（2016）》。

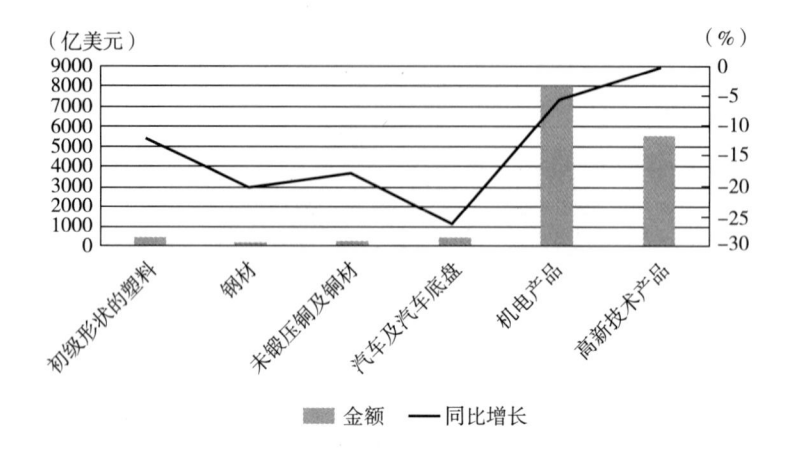

图 4-18　2015 年中国进口主要商品的金额及增速

注：机电产品与高新技术产品包括部分相互重合的商品。
资料来源：《中国统计年鉴（2016）》。

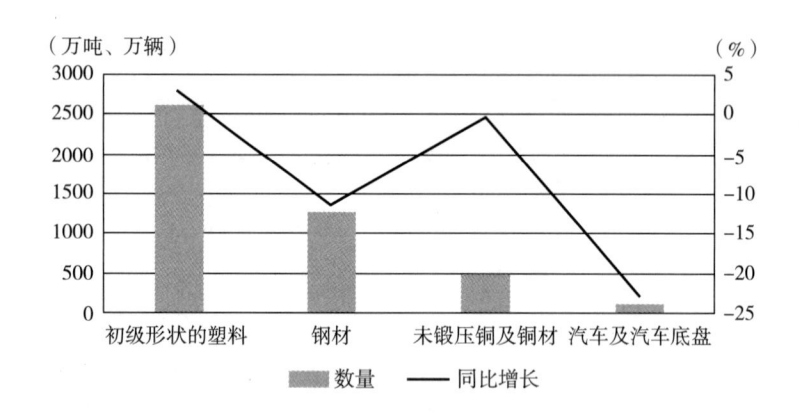

图 4-19　2015 年中国进口主要商品的数量及增速

资料来源：《中国统计年鉴（2016）》。

4. 贸易方式

2015 年我国新型商业模式发展速度较快，市场采购贸易方式出口额增长约 60%，跨境电商出口额增长超过 30%，成为我国对外贸易领域中的新热点；加工贸易出口额占出口总额的 35.1%，达到 0.79779 万亿美元，比 2014 年下降 2.7%；一般贸易出口额为 1.2157 万亿美元，占出口总额的 53.4%，比 2014 年增长 2.1%。

表4-23　2015年中国不同贸易方式下进出口金额及增速情况

贸易方式	出口 金额（万亿美元）	出口 同比增长（%）	出口 占比（%）	进口 金额（万亿美元）	进口 同比增长（%）	进口 占比（%）
加工贸易	0.79779	-9.8	35.1	0.4470	-14.7	26.6
一般贸易	1.2157	1.0	53.4	0.92319	-16.8	54.9
其他贸易	0.26146	2.6	11.5	0.31176	-4.5	18.5
总值	2.27353	-2.9	100	1.68003	-14.1	100

资料来源：《中国统计年鉴（2016）》。

5. 出口企业性质

2015年民营企业实现出口正增长，在中国对外贸易中发挥的作用进一步增长，民营企业出口额为1.03万亿美元，在出口总额中的占比为45.2%，同比增长1.8%，比2014年增长2.1%；国有企业出口额为0.2424万亿美元，在出口总额中的占比为10.7%，同比下降5.5%；外资企业出口额为1万亿美元，在出口总额中的占比为44.2%，同比下降6.5%。

表4-24　2015年中国不同企业性质下进出口金额及增速情况

企业性质	出口 金额（万亿美元）	出口 同比增长（%）	出口 占比（%）	进口 金额（万亿美元）	进口 同比增长（%）	进口 占比（%）
民营企业	1.02783	1.6	45.2	0.44422	-20.5	6.4
国有企业	0.24239	-5.5	10.7	0.40784	-16.9	24.2
外商投资企业	1.00473	-6.5	44.2	0.82989	-8.7	49.3
总值	2.27353	-2.9	100	1.68003	-14.1	100

资料来源：《中国统计年鉴（2016）》。

6. 出口市场

欧盟、美国、东盟是我国对外贸易中的三大贸易合作伙伴，2015年中国对三者的双边贸易额分别达到0.56475万亿美元、0.55828万亿美元、0.47216万亿美元；2015年中国对美国的出口额增长3.4%，对欧盟的出口额下降4%，对日本的出口额下降9.2%，对香港地区的出口额下降8.9%；对印度的出口额增长7.4%，对泰国的出口额增长11.6%，对越南的出口额增长3.9%，2015年中国对于部分新兴经济体出口增长较快。这表明我国对外贸易长期依赖欧美市场的局面有所改观，随着中美、中欧等贸易摩擦的加剧，我国开始寻求新兴经济体市场，贸易的多元化目标市场有助于我国在更大范围内参与国际分工，既有利于我国对外贸易摆脱欧美贸易保护主义的约束，还可在更为广阔的市场上获得发挥外贸比较优势的机遇。

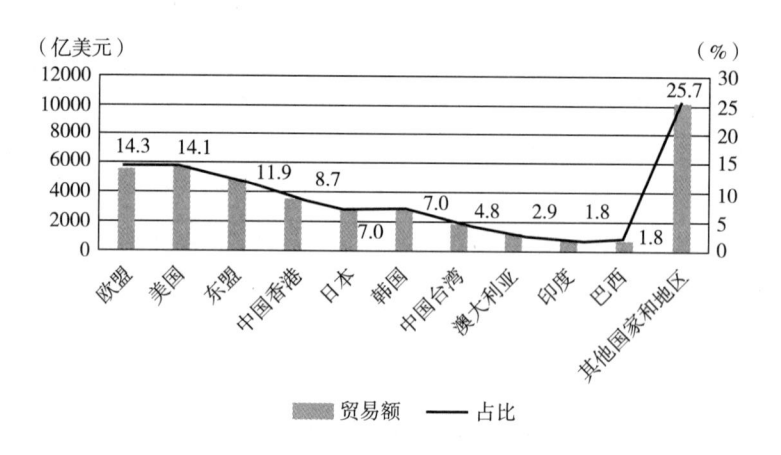

图4-20　2015年中国与前十大贸易伙伴贸易额及占比

资料来源：《中国统计年鉴（2016）》。

从我国整体对外贸易状况来看，出口产品大多处于产业链中的低附加值环节，但在对外贸易结构中技术密集型产品、资本密集型产品的比重在逐步提高，劳动密集型产品的比重开始下降；尽管加工贸易增长速度有所下降，但所占比重仍在30%以上，加工贸易是以牺牲我国资源与环境为代价的，且加工贸易缺乏自主品牌，在国际分工中层次较低，我国加工贸易企业在国际交换中始终处于较为被动的局面，所以需要对我国对外贸易进行出口结构的深入调整，以提升高附加值产品的出口占比，并积极推进加工贸易企业转型升级，切实扭转对外贸易粗放式发展模式，改变过去那种只注重数量与规模却忽略质量的问题。

二 贸易结构优化促进中国制造业转型升级的条件与途径

（一）中国贸易结构的优化对促进中国制造业转型升级的意义

在全球价值链中我国制造业嵌入的方式主要是以较高的投资水平以及低廉的劳动力要素投入为特征的，从20世纪七八十年代开始，我国制造业重点生产的领域一直集中在那些技术水平低下、盈利水平又低的劳动密集型产品的加工、组装环节，在追求数量不断扩增的生产模式下，带动了我国制造业的高速增长及贸易量的迅速扩大，同时推进了中国特别是东部沿海地区经济全球化的进程以及部分地区工业化水平的提高；目前，我国的出口规模世界领先，出口总额在全球贸易总额中占约11%，2009—2012年连续四年成为全球最大的货物出口国，但在国际垂直专业化分工体系中层次较低，导致出口增加值低，出口企业所获得的价值增值少，并存在贫困化增长的现象，即贸易的快速发展、垂直专业化程度的提高并未给中国制造业带来应有的经济利益。2011年中国工业制成品的出口额在出口总额中的占比为94.7%；机电产品的出口额在出口总额中的比重为57.2%；高新技术产品贸易呈现顺差，主要是基于跨国公司内部贸易以及跨国公司之间的贸易，其中真正属于中国自主知识产权以及自主品牌的较少，附加值也较低；跨国公司在全球对各种资源进行最低成本的配置，由于中国存在劳动要素密集且成本较低，所以所承接的是产业链中最后一道附加价值低的加工装配工序，但最终制成品的出口贸易额却计算在中国外贸出口额中，这样就会在表面上看中国制造业产业结构仿佛在逐步升级。其实中国制造业在全球产业价值链中并未掌控价值链环节高价值部分，所参与的国际分工还处于国际产业价值链的低端环节，因此中国制造业的转型升级需要贸易结构的优化，通过贸易结构的优化可以促进中国制造业以高级要素参与国际分工，并通过价值链的攀升来增强对价值链的控制力，提高对全球价值链的贡献水平，这样才能获得国际竞争优势，即中国制造业只有在全球价值链的高端环节获得竞争优势，才能促使中国由贸易大国变为贸易强国，促使中国制造向中国创造迈进。这就需要中国制造业要对贸易结构进行优化，要推进资本密集型、技术密集型、服务密集型制造业的对外出口，将具备自主知识产权的产品与服务推向国际市场，利用国际分工与交换，掌控产业价值链的核心竞争力。

（二）中国制造业贸易结构的现状与条件

1. 中国制造业贸易结构的现状

中国贸易结构的优化直接关系中国在全球贸易中获得的利益，同时对中国制造业比较优势的升级至关重要。在改革开放初期，中国制造业主要发挥的是劳动力资源优势，以劳动密集型产品出口为主，后随着出口规模的不断扩大，出口贸易结构开始出现以机电产品为主，高新技术产品出口不断增加的局面。在此基础上，基于中国与东亚经济体包括日本、韩国等形成的东亚制造业分工网络，使中国与东亚各国在零部件、中间产品的贸易不断增多，也提升了中国参与国际分工的层次；同时中国制造业中垂直化水平较高的产业开始转向资本密集型、技术密集型的产业集群。

（1）中国制造业产品内贸易比重上升。随着全球化趋势的发展，国际分工越来越多地表现为相同产业内不同产品之间、相同产品内不同生产环节之间的多层次分工；同时表现为由过去的产业间分工、产业内分工转向产品内分工的体系；产品内的分工使中间投入品贸易增强，最终形成垂直化分工的价值链体系，产品内贸易的比重就在国际分工体系中占据较大的比重。这种产品内贸易所形成的垂直专业化分工对于制造业的影响就是在中国对外贸易中，加工贸易的比重不断上升。而我国加工贸易的发展所反映的垂直化专业分工，表明我国与其他国家在同一产品的不同价值链增值环节的垂直关系，发挥的仅是我国专业化水平的比较优势差异，而非整体制造业产业水平的优势，且中国参与国际生产体系的程度在不断加深。

（2）垂直化水平较高的产业开始向资本密集型、技术密集型产业集聚。在国际分工体系中垂直专业化生产是国际制造业的大方向，而我国制造业正处于向中高端转型升级的关键时期，"中国制造"只有提升垂直专业化生产的水平才能向国际产业价值链的中高端环节攀升，因此需要降低劳动密集型制造业的占比，并扶持资本、技术密集型制造业。

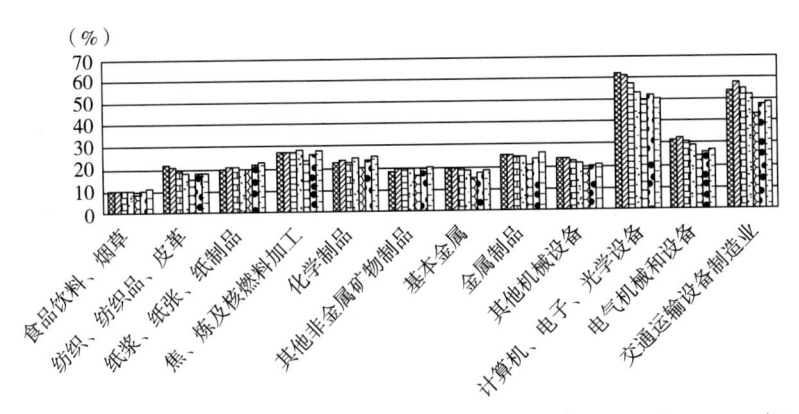

第四章 探寻中国制造新比较优势与新动能 | 499

图 4-21 2005—2011 年制造业分行业垂直专业化份额

资料来源：根据 OECD 投入产出表计算而得。①

表 4-25　　1995 年、2000 年、2005 年、2011 年中国
制造业垂直化率较高的产业

年份	制造业垂直化率较高的产业以及垂直化率
1995	机械与通信设备制造业（22.8%），交通运输设备制造业（22.1%），造纸、印刷及出版业（20.9%），纺织、皮革与鞋类（19.3%）
2000	机械与通信设备制造业（24.8%），炼焦及核燃料加工业（23.1%），造纸、印刷及出版业（23.2%），交通运输设备制造业（18.3%）
2005	交通运输设备制造业（53.65%），电气机械和设备（31.84%），机械和通信设备制造业（23.4%），化学工业（22.96%），基本金属与金属制品业（25.08%）
2011	计算机、电子、光学仪器（50.31%），交通运输设备制造业（48.55%），炼焦及核燃料加工业（28.18%），化学制品（25.58%），基本金属与金属制品业（25.94%）

资料来源：根据 OECD 投入产出表计算而得。

由图 4-21 与表 4-25 可以看出，中国制造业垂直化水平较高的产业开始深度参与国际分工，即参与全球价值链的程度越来越高；1995 年造纸、印刷及出版，纺织、皮革与鞋类等劳动密集型制造业的垂直化

---

① 根据 OECD 的 TIVA 数据库数据计算，最新更新到 2011 年数据。

率较高,说明我国制造业参与全球价值链分工主要是处于加工、组装等下游环节;2005 年、2011 年随着我国制造业参与国际分工的深化,劳动密集型制造业开始向技术密集型以及资本密集型产业集聚,例如机械和通信设备制造业、石油加工、交通运输设备制造业等的产业价值链由低端环节向中高端环节逐渐转移,而机械和通信设备制造业、石油加工、交通运输设备制造业等这些资本技术密集型制造业参与国际分工的程度越高,就越能带动"中国制造"产业升级,所创造的附加值空间也就越大。

表 4-26　　1995 年、2000 年、2005 年中国与发达国家以及新兴经济体垂直专业化率对比

单位:%

年份	中国	日本	韩国	亚洲其他发展中国家	美国
1995	15.4	7.5	25.8	27.3	9.7
2000	17.7	9.2	31.0	33.4	11.5
2005	25.0	13.6	35.6	34.2	12.5

资料来源:根据 OECD 投入产出表计算而得。

由表 4-26 可以看出,1995—2005 年国际金融危机之前,中国与美国、日本相比,垂直化率较高,这表明日本、美国主要处于产业链的上游环节,主要进行的是产品的研发设计以及资本投入;而中国与韩国、亚洲其他发展中国家相比,垂直化率要低一些,这表明韩国以及亚洲其他发展中国家处于产业链的中下游,而我国主要进行产品的组装加工(OEM)以及部分研发设计(ODM)。

(3)制造业产品出口贸易表面看技术含量不断提升。制造业产品出口贸易从表面上看技术含量以及复杂度在不断提升,高新技术制造业出口占制造业出口总量的比重在不断增加,1992—2006 年该比重上升了 23%,似乎与高收入发达国家较为接近,同时低技术含量的制造业出口比重在不断下降。但是实际上考虑到政策因素的影响、加工贸易所占的比例、外资企业的贸易等,中国制造业出口的技术含量被高估计算。因为加工贸易的繁荣意味着中国制造业企业大量承接了技术密集型与资本密集型产品的加工生产与组装,然后再出口到国外,中国加工企

业扮演的是收取加工费的代工生产企业的角色，从垂直专业化分工的角度来说，承担是制造业产业链上低附加值、低劳动力成本的低端环节的生产。第一，中国制造业产品出口贸易结构的优化在很大程度上依赖于国外的研发水平，因为加工贸易往往是中国制造业企业从国外进口大量的高技术含量的中间产品，通过加工组装再出口到国外，即中国制造业高新技术产品的出口增长本质上是由国外高技术含量的中间产品的进口来决定的。第二，尽管来华投资的外资企业对于提高制造业产品出口的复杂度较为重要，但是实质上并未与中国制造业自身的出口技术含量产生关联性。第三，无论是加工贸易还是外商投资并未带动中国制造业产品贸易结构的优化。因此，制造业产品贸易结构优化在很大程度上是由国内自主研发技术来决定的。

（4）外商投资企业成为加工贸易的主要获益者。中国制造业开始向技术密集型、资本密集型产业集聚进行垂直专业化分工，在很大程度上是基于外商来华直接投资推动的结果，因为在我国技术密集型产品与资本密集型产品出口总额中外商直接投资企业的出口占比在不断提高，2005年这一比例达到87.3%，这也说明外商投资企业是我国技术密集型产品以及资本密集型产品出口的主要力量，同时这些企业是加工贸易的主导者，进口产品的数量种类以及进口来源国的数量会因外商企业所有权的提高而增加，而出口产品的数量种类以及出口目标国的数量会因外商所有权的提高而减少，这就说明外商企业通过中国市场进口大量的、多样化的投入品，在中国国内进行组装加工贸易，再利用中国市场作为出口平台出口到国外。中国的对外贸易长期以来一直靠加工贸易来发挥劳动力资源禀赋优势，以低成本的劳动力切入国际生产与贸易的全球价值链环节中，使中国制造业产品的出口竞争长期停留在附加值较低的劳动密集型加工生产环节，导致获得的贸易利益有限。

2. 中国制造业贸易结构优化的条件

中国制造业在对外贸易中，对中间产品的进口在进口贸易份额中占据的比重较高，且零部件所占的进口比重一直高于半成品；而对最终制成品的出口在出口贸易份额中的比重较高，特别是消费品的出口所占比例较高，但是资本品的出口比例也有上升趋势。中国制造业产品对外贸易的总体竞争力可以通过制造业中比较优势产业的进出口显示性比较优势指数来衡量。显示性比较优势指数是指一个国家某商品的出（进）口额占其出（进）口总额的份额与世界出（进）口总额中该类商品出（进）口额所占份额的比值。

（1）中国制造业出口显示性比较优势指数。出口显示性比较优势指数 RCA 指数主要是根据总值出口数据来计算的，体现某一行业的出口竞争力，但是该指数如果直接分析比较优势有一定的偏误，因此可以通过商品进出口贸易的结果来间接测定比较优势，所以选择出口增加值（OECD 中已有的出口增加值数据）来替代出口值，可以较为真实地反映出口的比较优势，即 RCA 值大于 1 的产业即是制造业中具有比较优势的产业，国际竞争力较强；RCA 值大于 2.5 的产业即是制造业中具有极强比较优势的产业；RCA 指数小于 1 的制造业，即该产业不具有比较优势，国际竞争力较弱。

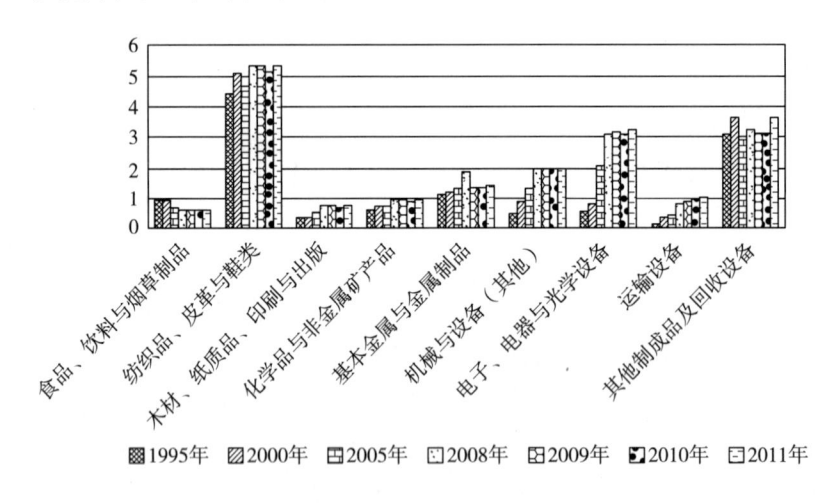

图 4 – 22　1995—2011 年中国制造业分行业的 RCA 指数

资料来源：根据 OECD 的 TIVA 数据库数据计算。

表 4 – 27　　1995—2011 年中国制造业分行业的 RCA 指数

年份 制造业分行业	1995	2000	2005	2008	2009	2010	2011
食品、饮料与烟草制品	0.98	1	0.72	0.65	0.66	0.63	0.67
纺织品、皮革与鞋类	4.4	5.05	4.7	5.35	5.34	5.14	5.35

续表

年份 制造业分行业	1995	2000	2005	2008	2009	2010	2011
木材、纸质品、印刷与出版	0.41	0.41	0.61	0.75	0.75	0.72	0.76
化学品与非金属矿产品	0.68	0.75	0.79	0.98	0.95	0.94	0.99
基本金属与金属制品	1.16	1.22	1.38	1.9	1.39	1.37	1.45
机械与设备（其他）	0.51	0.94	1.38	1.93	1.98	1.94	1.97
电子、电器与光学设备	0.56	0.82	2.05	3.1	3.21	3.15	3.28
运输设备	0.22	0.39	0.48	0.84	0.93	1	1.07
其他制成品及回收设备	3.14	3.61	2.97	3.23	3.11	3.13	3.64

资料来源：根据OECD的TIVA数据库数据计算。

由表4-27可以看出，基于贸易增加值的中国制造业分行业的RCA指数中，机械与设备制造业，化学品与非金属矿产品制造业，电子、电器与光学设备制造业，木材、纸质品、印刷与出版业，纺织品、皮革与鞋类制造业，运输设备制造业等的出口增加值比较优势在逐年上升，表现最为典型的是资本技术密集型的机械与设备制造业，运输设备制造业，电子、电器与光学设备制造业的增长速度非常快；而食品、饮料与烟草制品制造业的出口增加值在逐年下降，基本金属与金属制品制造业的出口增加值先增后降，总体呈上升态势。

随着中国制造业出口比较优势的变迁，可以发现中国制造业对外贸易的商品结构也随之变化，出口显示性比较优势指数表明中国制造业的对外贸易在20世纪90年代先是以劳动密集型产品出口（如纺织服装等）为主，再逐渐发展到资本密集型产品出口（如机械制造等），随着制造业产业的不断升级，最后高新技术密集型产品所占出口比重逐年上升。中国制造业贸易结构总体上表现为劳动密集型产品出口在20世纪90年代具有较强的比较优势，但从21世纪初就开始呈现出比较优势下降的趋势；中国制造业中的初级产品尤其是资源类的产品出口不具有比较优势；中国制造业中的技术密集型产品以及资本密集型产品在整体上表现为比较劣势，但正在向比较优势转化，而且这类产品也表现出附加价值向高端环节攀升的趋势。

表 4-28　　1995 年、2000 年、2005 年美国、日本、韩国、东亚
发展中国家制造业出口增加值 RCA

国家或地区	1995 年	2000 年	2005 年
东亚发展中国家	食品制造及烟草加工业（2.17），石油加工、炼焦及核燃料加工业（2.32），橡胶制品业（2.91），木材加工及家具制造业（3.60），金属及非金属矿采选业（2.42），石油和天然气开采业（4.70）	金属及非金属矿采选业（2.17），橡胶制品业（1.70），食品制造及烟草加工业（1.32），石油加工、炼焦及核燃料加工业（1.39），木材加工及家具制造业（2.56），石油和天然气开采业（4.42）	石油和天然气开采业（3.94），木材加工及家具制造业（1.41），石油加工、炼焦及核燃料加工业（1.46），食品制造及烟草加工业（1.51），橡胶制品业（1.42），金属及非金属矿采选业（1.73）
韩国	机械和通信设备制造业（1.17），金属冶炼及压延加工业（1.41），石油加工、炼焦及核燃料加工业（1.82）	机械和通信设备制造业（1.14），石油加工、炼焦及核燃料加工业（4.00），金属冶炼及压延加工业（1.40）	石油加工、炼焦及核燃料加工业（3.70），机械和通信设备制造业（1.19），金属冶炼及压延加工业（1.37）
美国	造纸、印刷及出版业（2.44），食品制造及烟草加工业（1.77），机械和通信设备制造业（0.80）	机械和通信设备制造业（0.95），塑料制品、仪器仪表、文化办公用机械制造及其他制造业（1.20），电力、热力、燃气及水的生产及供应业（3.08），化学工业（1.35）	机械和通信设备制造业（0.68）；美国加大对服务业的投入并形成显著的服务贸易竞争力，制造业逐渐向服务业转型，制造业服务化
日本	交通运输设备制造业（1.74），机械和通信设备制造业（1.29），化学工业（1.03）	交通运输设备制造业（1.92），机械和通信设备制造业（1.19），化学工业（1.14）	机械和通信设备制造业（1.03），交通运输设备制造业（1.74），化学工业（1.20）

资料来源：根据国际投入产出表数据库（WIOD）数据整理。

由表 4-28 可以看出，各国制造业中出口增加值具有显著比较优势的行业之间存在较大差异。美国制造业比较优势产业起初是造纸、印刷

及出版业，食品制造及烟草加工业，后来表现为化学工业，塑料制品、仪器仪表、办公文化用机械制造业，而机械和通信设备制造业从2005年开始下降，最后美国出口比较优势的产业表现出由制造业向服务业转移的趋势，2005年服务业出口RCA达到3.50，在1995年服务业出口的RCA指数为0，而在2000年为1.35，可见美国服务业出口比较优势远远超过制造业，这也说明制造业服务化的趋势在加强；日本制造业出口增加值最具比较优势的产业分别是交通运输设备制造业，机械和通信设备制造业，化学工业；东亚发展中国家制造业出口增加值具有比较优势的产业与中国较为接近，这也说明在制造业产业出口中，相互具有替代性以及较大的产业竞争压力；韩国制造业出口增加值最具比较优势的行业是机械和通信设备制造业，金属冶炼及压延加工业，石油加工、炼焦及核燃料加工业。

（2）中国制造业进口显示性比较优势指数。从进口显示性比较优势指数RCA可以看出"中国制造"在国际分工中的层次地位、全球价值链中所处的环节。进口显示性比较优势指数是指一个国家从国外进口中间产品的总额占其进口总额的比值，与世界进口总额中该类中间产品的进口额的比值相比的比率，该指标越高即表明该国加工装配的比较优势越强，即反映了该国加工贸易竞争力的强弱，该指标还可以判定一国制造业发展中零部件加工装配生产上是否具有比较优势。中国制造业进口RCA指数由1995年的1.13增加到2000年的1.31，再下降到2005年的1.16，即RCA指数总体大于1，且呈现出先升后降的趋势，可以看出我国制造业在加工装配的生产上具有比较优势，这种比较优势先强后弱，也说明我国制造业主要是以发展加工贸易为主。具体体现在我国制造业中服装、鞋帽、皮革、羽绒及其制品业，纺织业等行业的比较优势在不断减弱，说明我国传统制造业的比较优势不再；而造纸、印刷及出版业，非金属矿物制品业，塑料制品、仪器仪表、文化办公用机械制造及其他制造业，橡胶制品业，金属及非金属矿采选业等行业的比较优势先增后减，这些行业的比较优势在减弱；金属冶炼及压延加工业、化学工业、机械和通信设备制造业等行业的比较优势在逐渐增强，这些技术含量较高的高新技术制造业表现出了较强的比较优势。

表 4-29　　中国与日本、韩国、东亚发展中国家和
地区、美国进口 RCA 指数比较

国家或地区	1995 年	2000 年	2005 年
中国	1.13	1.31	1.16
日本	1.05	1.02	1.03
韩国	1.21	1.26	1.22
东亚发展中国家和地区	1.04	1.13	1.10
美国	0.90	0.87	0.87

资料来源：根据国际投入产出表数据库（WIOD）数据整理。

由表 4-29 可以看出，1995 年、2000 年、2005 年中国与日本、韩国、东亚发展中国家和地区、美国相比较，进口 RCA 指数较高，说明中国从国外进口中间产品的规模较大，中间产品的进口规模越大，越能带动中国制造业制成品的大规模出口，也说明中国制造业在全球价值链中的加工装配生产环节发挥着重要的作用，即在国际生产网络中，中国制造业企业从日韩等新兴工业化国家进口大量的中间产品，通过加工装配组装再将制成品出口到欧美等发达国家。

另外，进口中间产品的差异也直接影响着制造业的技术升级与贸易结构的优化。在进口中间产品时，零部件的技术含量要优于半制成品，这主要体现在电子产品制造业、机械设备制造业行业中，这些行业零部件要求的精密程度更高，但这些行业的零部件核心技术往往是由发达国家所掌握。因此，中国制造业企业从发达国家进口这些零部件必然会产生技术投入与技术溢出效应，会对中国制造业企业的出口产生价值提升的作用。而在进口中间产品时，半制成品作为投入品往往技术含量较低，主要是投入纺织制造业、食品制造业中，其制成品的技术含量较低，属于低端消费品，如果中国制造业企业对于这类低端半制成品进口规模较大，就意味着中国制造业的产业分工会处于国际生产网络中的低端环节，不利于中国制造业的产业升级以及贸易结构优化。这既有要求中国制造业企业应加强中间品的自主研发与自主生产能力，提升国际分工的层次，尽快进入中间品设计研发的尖端技术领域，向核心环节延展突破，通过贸易结构的优化来促进中国制造业的升级。

可以看出，中国制造业升级的路径一开始是沿着纺织、服装、轻工业等劳动密集型制造业推进，然后不断提升机械、钢铁、石油化工、汽车工业、电子工业等技术资本密集型产业的比重。然而，随着经济全球化的加深，全球产业价值链的形成，中国制造业升级面临着三个选择，一是实现产业间的升级即由劳动密集型制造业向技术资本密集型制造业转型；二是在全球价值链同一制造业产业中由劳动密集型环节向技术资本密集型环节升级；三是在全球价值链同一制造业产业中由低附加值环节向研发销售等信息管理密集型的高附加值环节转型升级。以上三个选择本质上是要突破产业间的转型或是同一个制造业行业中由低附加值环节向高附加值环节的转型，这对于中国制造业而言既需要不断提高参与国际垂直化专业分工生产的水平，还要不断优化贸易结构，能够使中国制造业的产品在进出口贸易结构、贸易增长速度、贸易效益、进出口竞争力等方面得到显著提升。

（三）中国制造业贸易结构优化的模式与路径

1. 中国制造业贸易结构优化的模式

在国际生产网络中东亚国家和地区的垂直化专业分工促进了区域内贸易增长，形成了新型的国际专业化生产模式，并在国际分工中发挥着重要作用，使东亚国家和地区对中间产品的贸易需求明显大于对最终产品的贸易需求，而中国制造业发挥的作用越来越重要，且逐渐构成了三角贸易模式，即中国制造业企业从日韩等新兴工业化国家进口中间产品，经过加工装配组装后再出口到欧美等发达国家。中国制造业在东亚区域内已经成为贸易增长的中心，改变了区域内的贸易流向，即由过去以日本为中心向中国转移；中国成为欧美国家主要进口来源地；同时，日本、中国台湾、韩国、中国香港成为中国制造业产品出口提供中间产品价值比例最大的国家或地区。另外，东亚贸易的商品结构出现高级化趋势，过去主要以纺织服装、造纸、木材加工等为主，目前转移到技术含量较高的机械产品等，同时欧美发达国家的跨国公司在东亚生产网络中将劳动密集型的生产阶段先后转移到中国、东盟等国家，使这些国家的出口商品结构发生变化，也逐步呈现出高级化的趋势。中国的贸易结构与国际产业转移的方向是吻合的，即经历了三个阶段：日用消费品——电子消费品——机械设备。中国制造业中的下游日用消费品和电子消费品行业也承接了国际产业转移,并出口这些行业的产品;但随着这些产品出口所遇到的国际需求以及国际标准的门槛提高,这些下游制造业企业开始不断引进国外设备,出现了为出口而引进机械设备的现象。

表4-30　　　　　1990—2015年中国进出口商品结构变化

	出口商品占外贸额的比重（%）				进口商品占外贸额的比重（%）			
	矿产品、燃料	纺织、服装	机械产品	总制成品	矿产品、燃料	纺织、服装	机械产品	总制成品
1990—1995年	6.4	29.1	17.4	78.5	77	9.4	42.0	82.3
2000—2005年	4.1	18.3	40.6	90.1	13.7	4.4	45.0	77.9
2010—2015年	1.5	12.3	47.1	83.7	15.2	2.1	37.4	67.3

资料来源:《中国统计年鉴》(1991—2016)。

2. 中国制造业贸易结构优化的路径

当前全球产业的竞争主要集中在全球价值链上的竞争,中国制造业的发展以及转型升级也会取决于制造业在全球价值链中的地位与竞争力,因此面对美国再工业化的背景以及欧美国家的贸易保护主义抬头,还有中国制造业中比较优势不再的传统制造业所带来的各种挑战,中国制造业亟须建立新的比较优势,通过贸易结构优化向价值链上游攀升,进而推进制造业转型升级。

(1) 搭建国内价值链,提升加工贸易的综合服务能力。我国的加工贸易属于典型的"两头"(设计研发、营销销售)在外的贸易方式,这种贸易方式使我国制造业企业形成了对国外原材料以及零部件的进口依赖;同时,加工贸易在我国的发展明显表现为国内的价值链环节过短,因此对我国其他相关产业的带动作用不足。因此,为了促进我国制造业贸易结构的优化,第一,要提高加工贸易料件的本地化率,使加工贸易能够在国内更好地与其他相关产业紧密结合,带动原材料、零部件的加工组装能够从制造业的上游企业向下游企业转移;第二,制造业中从事加工贸易的企业应通过自身优势的建立,吸引更多跨国公司能够将附加值较高的环节(设计、销售、服务等)放在国内,促进加工贸易的服务化转型；第三，延长加工贸易的产业链，提高加工贸易的增值含量，国家应在财税、金融政策等方面给予加工制造企业一定的倾斜与扶持，使加工贸易企业能够在品牌建设、自主研发、综合服务等方面提升核心竞争力。

（2）建立政策引导机制，提升制造业企业自主研发效率。我国是全球最大的中间产品进口国之一，尽管进口国外的零部件会产生一定的技术溢出效应，但当前仍应通过政策引导来促进我国制造业企业提升零部件产品的自主研发和创新能力。首先应摆脱制造业企业为出口而进口的被动贸易模式，尽快提高我国制造业企业零部件生产的质量、工艺、技术水平，通过自主研发扭转长期依赖国外进口的困境；其次应促进我国制造业产业在国内的合理分工，延长国内产业链，为此应加强国内资本积累，通过对国外成套机器设备的进口来加速国内制造业企业设备的更新速度，还应通过各项政策措施来鼓励制造业企业尤其是装备制造业企业自主研发创新，提高研发的投入与效率。

（3）优化国内加工贸易的布局，加快制造业产业升级。中国制造业曾利用人口红利的比较优势创造了"中国奇迹"，但是随着比较优势的消失，东部沿海地区的加工制造业需要迫切扭转困境，亟须向我国的中西部地区进行转移。第一，国家应制定针对东部与中西部加工贸易发展不同的差别化政策，鼓励东部地区利用技术、资本优势积极拓展高新技术制造业以及高端服务型制造业，并通过差别化税收政策以及对加工贸易目录的调整，来引导制造业加工贸易向我国的中西部转移；第二，国家应通过投入资金尽快建成中西部出口加工区，并加强出口加工区的物流功能，借助于全国统一要素市场来促进我国不同区域间要素的自由流动；第三，优化贸易链的区域布局，通过建立保税物流园区以及保税仓库，提升加工制造业的产业集群水平以及产业配套综合服务能力；第四，国家应通过政策扶持来推动中西部地区利用外资的效率，促使中西部制造业企业能够积极承接国际产业转移，并加强政策扶持力度来防范东部地区对中西部较低产业水平制造业企业的"挤出效应"。

（4）利用国内市场庞大的内需，吸引全球高级要素的流动。在第一次全球化红利中，"中国制造"凭借低成本优势成为"世界工厂"，但在第二次全球化红利中中国制造业企业要赢得竞争力就不能再凭借低要素成本参与国际分工，而是要通过不断挖掘国内巨大的市场需求，来积极吸引国际高级要素（高新技术、研发创新、高级人力资源、资本）对中国国内市场进行投入，进而推动"中国制造"的产业升级。目前，中国吸引国际高级要素的优势尚存，只需国内加大政策来激发国内市场的潜力，通过进一步提高国内制造业企业劳动力的素质、改进制造业企业的配套设施及综合服务能力，就可以为高技术含量以及高附加值的外商投资创造条件。同时，我国制定的鼓励发展战略性新兴产业的政策以及国家的创新驱动发展战略都为吸引高水平外商投资创造了良好的政策环境；再加上我国国内不同地域的产销需求差异以及多层次的劳动力供给水平，也为外商投资提供了不同的选择空间。所以，随着我国国内消费市场容量的不断增长，我国国内市场正在经历着由过去全球跨国公司的制造中心转型为全球跨国公司的战略布局中心的演变，且不再是过去"市场换技术"的战略延伸，而是主动吸引更多的国际高级生产要素流向中国市场，这样会对"中国制造"产生新的影响，即会促进"中国制造"向全球价值链的高端环节转移攀升。

总之，我国制造业优化贸易结构首先要从提升企业自主研发能力入手，其次还需引进制造业高端人才，在产品设计、服务上进行投入来延长产业链，最后需要进一步扩大对外开放，并加强区域性合作构建我国制造业全球产业链的良性发展环境。

三 对外开放新格局下我国对外贸易新比较优势的建立

（一）中国对外贸易比较优势的固化

1. 对外贸易中劳动密集型制造业比较优势长期固化

我国改革开放后，主要是以发挥劳动力成本、资源成本优势为前提，通过利用外资以及"三来一补"等加工制造业来实现对外贸易，建立起了包括纺织、服装、家电、皮革、食品在内的劳动密集型产业出口模式，这些制造业部门也成为我国出口创汇的主要来源，同时这些劳动密集型产业的发展也正好迎合了国际产业转移的大趋势，以及我国国内市场需求旺盛且劳动力资源丰富的特征。在20世纪80年代后期，我国通过发挥劳动密集型制造业出口优势，逐渐积累了大量的资本，也使我国的钢铁、石化、有色、建材等这些资本密集型产业发展起来，但是这些资本密集型产业主要是以满足国内市场需求为主，但出口优势仍然是劳动密集型产业。20世纪90年代，国际市场中高新技术产业开始崛起，例如计算机、电子通信设备等技术密集型产业，但这些产业具有劳动密集型制造环节，且加工组装等这些环节在经济发展中的比重越来越高，这些产业依然是以低成本劳动力资源得以支撑的，所以改革开放后至2008年国际金融危机之前我国对外贸易始终发挥优势的是劳动密集型制造业的低成本优势，且这种比较优势被长期固化。

2. 对外贸易中以欧美国家为主导的出口产品结构固化

在我国对外贸易长期发挥劳动密集型制造业低成本优势的同时，我国制定了以欧美国家①为主要出口对象的对外贸易战略，导致我国出口结构长期被固化。我国改革开放后对外贸体制进行了改革，同时外贸政策主要实行的是鼓励出口政策、外资超国民待遇政策、加工贸易优惠政策等。外贸出口份额中大部分份额是以欧美发达国家为主，其在20世纪90年代初期占比约为30%，至21世纪初期为50%，长期以来欧美国家一直是我国出口的主体目标对象；自2008年国际金融危机之后我国出口战略实施多元化，针对欧美国家的份额开始下降，但始终没有低于40%，正因为欧美发达国家是我国出口的主要目标市场，且由于我国产业发展水平与发达国家的差距一直较大，所以与发达国家之间的贸易也一直是垂直型贸易为主，即出口低端产品，进口高端产品，这就意味着如果我国与发达国家的技术差距越大，这种贸易格局改变的难度就越大；同时，长期以出口低端产品为主的贸易格局会将我国的贸易优势锁定在低端产品领域，与欧美发达国家的出口结构、我国外贸的比较优势就会被长期固化，这就标志着我国产业的技术水平会难以提高。因此，构建新的贸易格局对提升我国出口产品的技术层级以及推进制造业转型升级具有重要作用。

（二）中国对外贸易比较优势的新变化

1. 与发达国家的比较优势差距开始缩小

（1）创新驱动经济发展模式成为缩小差距的主要路径。当前我国经济正在进行深刻调整，要素价格机制正在趋于完善，土地、电力、资

---

① 欧美国家主要包括美国、加拿大、日本以及欧盟各国。

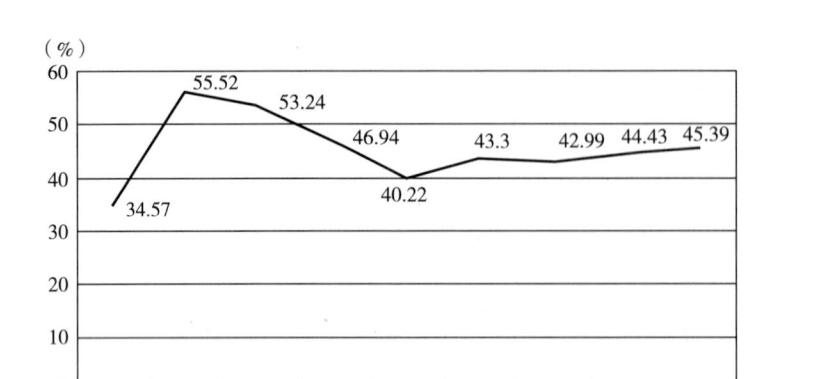

图 4-23　中国出口总额中欧美市场的占比

资料来源：根据各年份《中国统计年鉴》数据计算。

本、劳动力等生产要素的价格在逐步上升，如果考虑到各项要素成本的变化，我国东部沿海发达地区制造业生产经营成本已经超过欧美国家。随着劳动力、土地等资源要素价格的上升，我国对外贸易中原有的人口红利逐渐消失，国内各项生产成本上升导致外贸比较优势下降，过去的低成本比较优势不再，要素成本上升削弱了我国经济快速发展的支撑条件——出口比较优势，也削弱了我国参与国际分工的优势条件——低成本比较优势，迫使我国传统要素驱动经济发展模式必须向创新驱动经济发展模式转型，通过创新驱动经济发展模式来带动出口制造业增强产品的技术含量，通过产品创新、技术创新、商业模式创新来提升产品的附加值，增强产品的国际竞争力。

（2）制造业转型升级促使出口产品技术含量提升。我国制造业已经进入转型升级的关键时期，随着《中国制造2025》战略的提出，制造业正在加快实现产业结构优化，主要由过去的劳动与资本密集型制造业向技术与创新密集型制造业转变，也在加快提升制造业的智能化、数字化、服务化水平，逐步向国际分工产业价值链的中高端攀升，以此获取高附加值利益，实现出口产品的高技术含量以获得高额的国际分工利益，一改过去那种低附加值、低盈利水平的被动局面。

（3）发达国家制造业振兴战略导致中高端同质竞争加剧。2008年国际金融危机之后，欧美发达国家纷纷实施振兴制造业战略，尤其重视中高端制造业的发展，随着智能制造、物联网、云计算、大数据在制造业的广泛推进，欧美发达国家在先进制造业领域可以通过智能生产、工业机器人等替代劳动用工，这样就使欧美发达国家在中高端制造业领域的优势重新回升。一方面制造业转型升级推动了我国外贸出口产品的技术含量提升，另一方面欧美发达国家中高端制造业优势回归凸显，使国际分工交换中我国与欧美发达国家形成了由过去垂直型产业间分工转变为水平型的产业内分工，在产品、技术等方面较为接近的重合产业越来越多，产业内的同质竞争加强。正因如此，欧美发达国家对我国制造业技术升级开始趋于打压与抵制，例如我国制造业企业对欧美国家出口产品或是进行投资并购等行为往往会遭遇不同程度的限制、贸易摩擦、技术封锁、市场打压。

2. 与新兴发展中国家的优势分化显著增强

在全球价值链分工体系中，我国过去一直是以劳动密集型产品出口或是进行贴牌生产加工组装，处于价值链的低端环节。随着我国产业升级与技术升级的推进，我国在国际分工中的地位开始上升，在先进制造业领域以及价值链的中高端环节都取得了较大进展，一是在关键核心零部件与元器件领域，进口替代的程度在不断提升；二是在很多制造业领域的产品生产已经达到国际先进水平，例如高端数控机床、家用电器、重型机械、工程机械、石化机械等领域的产业链自主生产能力增强，在新能源、新材料、新一代移动通信、电动汽车等已经达到国际先进水平，而高铁装备、水电开发、轨道交通装备等已经具有较强的国际竞争力。当前，我国的高铁装备以及地铁装备已经出口到了土耳其、巴西、沙特、委内瑞拉等国家以及一些欧美国家，所以我国针对新兴市场国家的产业出口优势已经形成。具体表现在：

一是大量的劳动密集型产业出口在我国已经不具有显著优势，而新兴市场国家基于更为低廉的劳动力成本承接了产业转移，例如纺织、服装、食品、制鞋、家电的生产制造开始向越南、印度、印度尼西亚、斯里兰卡、柬埔寨、孟加拉国等国转移；二是我国的中高端产品技术含量增强，在新兴市场国家具有显著的竞争力，因此，我国这些行业的产品可以通过"走出去"发挥比较优势，而相对于发达国家，我国的这些中高端产品的竞争力不够显著，例如我国的工程机械产品出口到发展中国家市场具有显著的技术竞争力，但进入发达国家在性能上差异不大，但在产品价格、维修服务、承包工期等方面却具有优势，因此随着我国制造业转型升级以及技术水平的提升，我国与新兴市场国家在中高端产品领域具有竞争力且分化较为明显。

（三）对外开放格局下中国对外贸易新比较优势的建立

1. 通过自主研发提升与发达国家水平型竞争的技术优势

过去我国外贸出口主要发挥的是劳动力低成本优势，承接了发达国家转移的低端加工制造环节，与发达国家之间是产业间的垂直型分工；当前我国制造业转型升级开始向价值链的中高端环节转移，主要通过价值创新来增强出口竞争力，与发达国家之间是产业内水平型分工，因此我国与发达国家之间的竞争开始转向水平分工、垂直分工并存的格局，为了能够应对竞争，我国需要在具有显著比较优势或是具有潜在优势的产业中形成绝对优势，从而在全球范围内才可以与发达国家相抗衡，同时要提升产品的创新优势，这样才能突破发达国家对我国制造业迈向中高端过程中所设置的技术封锁以及市场限制，从而摆脱我国外贸出口中被低端锁定的格局。这就需要我国制造业逐渐实现由数量规模扩张、价格竞争向质量提升、非价格竞争转变，并在消费升级中进行产品与服务的创新设计，尤其是能够对关键核心技术进行突破，通过自主研发创新形成我国出口产品的质量与品牌优势，进而构建我国制造业产品的差异化优势。因此，我国应加大力度在产业化程度较高且市场需求较大、已取得关键核心技术的制造业领域包括高铁装备、工程机械、新能源汽车、节能环保装备等领域与发达国家展开水平型竞争。

2. 通过以我国为主导的区域一体化战略来构建新的国际分工优势

当前新兴经济体以及发展中国家经济发展较快，很多国家处于工业化推进阶段，还有的处于工业化初级阶段，拥有土地、资源、劳动力等的显著成本优势，这些成本优势正在释放着经济增长的巨大潜力，但是在技术资源、资本资源以及管理资源等产业要素方面却较为欠缺，这样为我国向这些国家输出技术、资本、管理经验以及中高端产品等提供了市场空间，也为建立以我国为主导的经济一体化区域提供了重要机遇。为此，可以构建以我国为主导的包括东盟国家、中亚国家、南亚国家在内的经济一体化组织，这样可以充分利用我国与这些国家所处的产业技术梯度的差异来形成我国新的国际分工优势，同时也有利于扭转当前我国制造业处于国际价值链低端环节的局面。

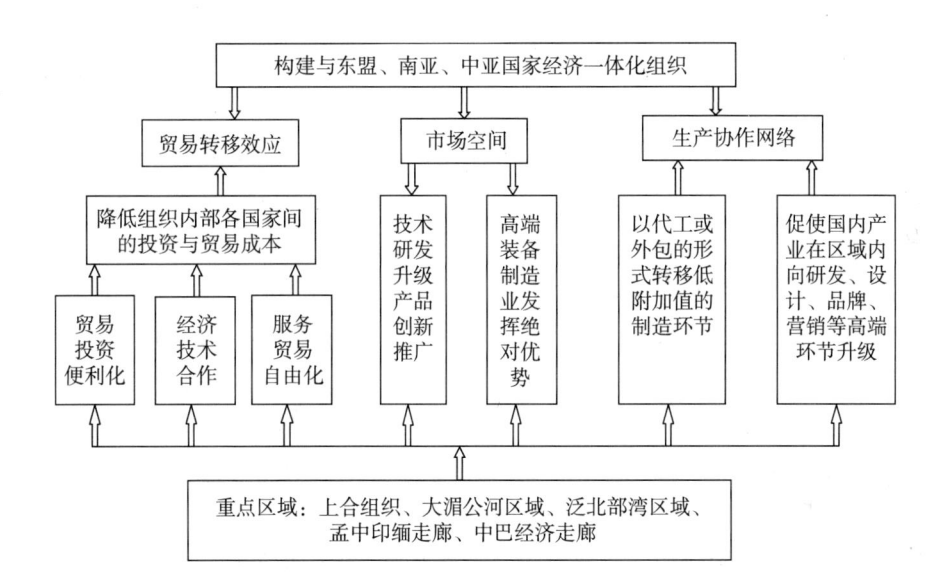

图 4-24　构建对外开放新格局的区域一体化战略

资料来源：根据收集资料整理。

3. 通过与不同国家建立双边自贸区来整合全球价值链

我国制造业可以通过在多领域内进行贸易与投资合作，来优化贸易结构，因为在区域内有些发展中国家正在复制中国制造业的经验来提高本国经济发展的水平，所以"中国制造"可以和这些国家联手共同提升制造业的竞争力，并促进区域内国家经济共同发展。所以为了在国际分工以及对外贸易中获得竞争优势，我国需要尽快建设双边自由贸易区。因为我国在以美国为主导的 WTO 中处于被动地位，且在多边贸易格局中没有话语权，所以加快与不同国家的实质性区域经贸合作尤为重要，而建立双边自贸区就是较好的经贸合作途径。截至 2017 年 7 月我国已经签署了 15 个自贸区协定，主要包括格鲁吉亚、韩国、新加坡、冰岛、新西兰、秘鲁、巴基斯坦、瑞士、澳大利亚、智利、哥斯达黎加、东盟等。将来还应加强与"一带一路"沿线国家的自贸区谈判，重点包括与海合会、中亚等谈判，以此构建可以辐射"一带一路"的高标准自贸区网络并以此实现贸易投资便利化以及互通互联；要加强与我国制造业具有明显互补优势且市场增长潜力较大的国家和地区的自贸区建设来实现全球价值链的资源整合，提升产品竞争力，主要包括南美国家、南亚国家、东欧国家、非洲国家等；要进一步推动中国与巴基斯坦、新加坡、新西兰、智利、东盟等的自贸协定升级谈判，从而深化经贸合作的范围，进一步推动区域生产协作网络提升产业融合的水平。

4. 与周边国家建立经贸合作平台促使贸易结构多元化

我国贸易结构多年来被固化，主要围绕欧美市场进行劳动密集型、资源密集型商品贸易出口，并从欧美市场采购高端技术产品与设备，但随着我国出口贸易遭遇贸易壁垒的增多，以及欧美国家对我国高技术产品出口的限制，我国贸易结构在全方位开放的格局下，更应寻求市场的多元化，除了与"一带一路"沿线、非洲、拉美国家或地区进行贸易投资往来外，还应与我国周边国家或地区展开贸易投资合作。一方面这些国家或地区与我国在制造业产业方面存在较大的梯度性，在产品与资源等方面又可以进行互补，特别是地理位置接近可以节省大量的物流交通成本，便于贸易的长期持续化。所以，我国与周边国家可以利用相互的技术、资源、市场等优势转变贸易投资方式，从边境贸易发展为综合性的多元化贸易投资合作，通过产业间的合作来共同打造产业供应链形成贸易竞争力，培育新型价值链，例如我国制造业可以向周边国家进行转移，使我国的优势产能包括劳动密集型制造业、资源密集型制造业能够"走出去"，延长在国外市场的产业链与价值链。另一方面，与周边国家建立合作开放试验区、边境经济合作区、产业园区等，例如在我国东北地区鼓励吉林、辽宁与东北亚地区的国家进行合作建立合作开放试验区，积极承接产业转移，激发东北老工业基地的工业活力；在我国内蒙古、黑龙江、广西等陆地接壤国家较多的地区建立边境经济合作区；根据我国沿边地区产业发展的新需求，积极建立加工贸易区、综合保税区等；还可以利用我国与哈萨克斯坦、我国与老挝之间建立的跨境经济合作区的经验，积极拓展与周边国家的经贸合作关系。总之，根据"一带一路"建设、六大经济走廊建设的需要，我国与周边国家应加快建立深层次、全方位的经贸合作关系，完善我国对外开放布局的整体需要。

5."一带一路"区域内优化制造业贸易结构

中国可以和"一带一路"区域内国家一起打造命运共同体，充分了解区域内不同层次国家制造业发展需求，通过相互之间的贸易合作与产业投资，共同构建各自的现代化产业体系以及制造业自主发展能力。首先，我国制造业具有巨大的产能，与"一带一路"区域内国家或地区存在较大的贸易顺差，即出口较多、进口较少的工业制成品，大多数情况下进口的都是沿线国家的原材料与矿产资源。这样我国就可以从南亚国家进口劳动密集型产品，从东盟国家进口机械设备、电子电器、交通工具等，并利用中国—东盟自贸区来加强我国与东盟国家之间的经贸合作往来，打造升级版的中国—东盟自贸区；可以从中亚、西亚、东欧等国家进口金属矿物以及制品、粮油等初级原料，培育带动这些国家制造业深加工能力。总之，利用我国贸易顺差、巨大的国内市场需求，从区域内国家进口特色优势工业制成品，培育其发展制造业的能力，在优化我国制造业贸易结构的同时，促进贸易平衡。其次，从投资存量来看，我国直接投资的目标市场主要集中在欧洲、拉美国家，对"一带一路"区域内的国家投资较少，投资的行业主要集中在资源开采以及服务业领域，对制造业投资占比相对较低。所以，未来我国制造业可以在制造业领域进行投资，当前我国制造业门类齐全并拥有完善的产业链，同时制造业正在向中高端转型升级，特别是随着制造业由过去的要素驱动向创新驱动转变，在劳动力成本以及土地等资源价格逐渐上升的情况下，部分劳动密集型制造业可以向经济发展水平处于较低阶段的国家转移，利用中国制造业多年来积累的发展经验带动区域内这些国家制造业发展水平的提升。最后，基于区域内各个国家要素禀赋差异来构建不同的制造业合作形式。"一带一路"区域内国家较多，各国经济发展程度不一，且各国所具有的要素禀赋差异化较大，也具有不同的比较优势，因此在进行产能合作时需要考虑各国制造业实际发展水平，利用价值链合作及供应链深化，共同融入国际分工体系，最终形成优势互补的全产业链合作，构建我国与"一带一路"区域内国家的制造业网络体系。

表4-31　中国制造与"一带一路"沿线国家产能合作的方式

制造业产能合作的方式	合作国家及其优势	合作主要行业分布
劳动密集型制造业合作	印度、孟加拉、巴基斯坦、印度尼西亚、越南、缅甸、柬埔寨、斯里兰卡等国家；产能合作的优势是劳动力资源丰富且成本较低	我国制造业主要对其进行劳动密集型制造业投资，即"劳动密集型制造业+工业园区"，促进这些国家的工业化进程；行业分布可以集中在食品加工制造、造纸印刷、纺织服装、木材家具等
资源密集型制造业合作	安哥拉、刚果、卡塔尔等非洲国家，以及科威特、伊拉克等中亚国家，还有俄罗斯、哈萨克斯坦、乌兹别克斯坦等东欧国家；产能合作的优势是资源较为丰富，例如拥有铜、镉、镍等矿产以及战略性新兴矿产，还拥有丰富的油气资源，与我国制造业发展形成互补，合作潜力较大	我国制造业与其合作主要涉及矿产开发开采以及深加工
技术密集型制造业合作	马来西亚、菲律宾、越南、泰国等国家；产能合作的优势是具有制造业的发展基础，已经融入制造业分工体系	我国制造业与其合作的领域主要是制造业产业链的下游环节，即主要是组装或是技术配套等；我国制造业在这些国家布局主要将高技术含量产品的部分生产工序转移到这些国家，完善产业链，模式一是为满足当地需求设立"研发机构"，模式二是建立"加工组装基地"

资料来源：根据收集资料整理归纳。

小结

由于外部国际市场需求回升的幅度不大，且发达国家贸易保护主义抬头，一方面使我国对外贸易的竞争优势遭遇严峻挑战，贸易摩擦不断；另一方面我国对外贸易产品所处的产业链环节较为低端，大多数居于中下游度，而当前国际贸易的整体趋势表现为国际分工的进一步深化，尤其是很多发达国家采取分段式生产模式，例如生产过程中的产品开发有39%、零部件制造有51%、总装有47%、仓储有46%、客户服务有43%[①]的业务实现是在国外完成的，即发达国家利用全球资源来实现高效配置降低成本；同时，随着发达国家服务贸易增速不断加快，也带动了全球传统货物贸易的增长，尽管我国货物对外贸易在不断增长，跨国公司也加大了对外投资的力度，但在贸易结构中依然表现为对原材料、资源等出口的依赖性，且出口产品技术含量与附加值较低，垂直专业化生产水平不高，缺乏自主创新与自主品牌。为此，我国对外贸易需要进行结构优化，降低以劳动力、原材料成本优势为主的劳动密集型制造业产品的出口，而加大以关键高端技术为主的资本技术密集型制造业产品的出口，提升基于制造业增加值的产品出口竞争力；此外，还应扩大内需，降低外贸的依存度，构建我国国内的价值链，优化制造业产业布局，吸引高级要素流动，并要改善对外贸易条件，尤其是要提升加工贸易企业自主研发能力、加强自主品牌建设；将现代信息通信技术与制造业结合，为外贸出口提供电商平台，进而提升出口竞争力；在服务贸易领域提升出口产品的附加值，使商品与服务可以协同出口，并提升我国服务贸易的层级，为外贸出口降低成本提高效率提供强有力的支撑；为应对贸易摩擦，建立预警机制的同时，关键是要提升出口产品的质量，加强国际认证，增强在国际标准制定中的话语权；针对中美贸易摩擦，我国应努力提高针对新兴市场的外贸比重，在稳定出口增长的同时，挖掘出口新的增长点；可以充分利用与"一带一路"区域内各国的资源优势以及产业发展优势，开展我国制造业多领域的贸易与投资合作，优化我国贸易结构，借助我国制造业发展经验，促进区域内各个国家经济的共同发展，完善我国制造业全球产业链，进而形成我国制造业新的比较优势。

---

① 根据美国麻省理工学院对全球300家年销售额达到10亿美元企业的数据研究得出的数据。

第四节　美国再工业化背景下中国制造业转型升级的行业分析

中国制造业是我国国民经济的主导产业，是我国经济增长的重要支撑与依托，也是当前我国国际竞争力的集中体现。但是与发达国家相比仍存在不少差距与不足：一是我国制造业的能源消耗总量在不断增加。2015年我国石油消费的对外依存度达到50%；而与2010年相比，2015年我国制造业的能源消耗总量增加了2.45倍。二是我国制造业的污染物排放使环境在不断恶化。尽管钢铁、化肥、水泥等产品的产量位于世界第一，但由于我国资源密集型产品的出口造成国内大量资源被消耗，甚至为满足国内生产的需要，需从国外进口一部分资源。三是我国制造业的整体技术水平较为落后，特别是关键核心技术严重缺乏。四是我国制造业在高速增长的同时，对于一线从业的产业工人的福利待遇还未得到显著提高。因此，有必要从制造业各行业转型升级中遇到的问题入手，针对不同行业找到转型升级的策略，来提升我国制造业整体竞争力，缩小与国外发达国家的差距，在国际分工中赢得优势。

一　中国汽车制造业转型升级

（一）中国汽车制造业发展现状

1. 中国汽车行业的生产销售状况

2016年中国汽车行业产销两旺，生产量达到2811.88万辆，同比增长14.46%；销售量为2802.82万辆，同比增长13.65%，生产量与销售量的增长速度比2015年提高11.21%与8.97%。

表4-32　2016年中国汽车行业各车型的产量与产量增速

单位：万辆、%

指标 类型	乘用车	1.6升及以下排量乘用车	客车	货车	重型货车	中型货车
总产量（万辆）	2442.07	1763.39	54.69	315.11	15.69	14.84
同比增速（%）	15.85	21.76	-7.44	11.23	62.60	44.43

续表

类型 指标	乘用车	1.6升及以下排量乘用车	客车	货车	重型货车	中型货车
与2015年增速相比	10.03	—	-4.75	22.58	98.83	67.11
大幅度增长的原因	汽车产业增量的主要来源与主要贡献力量；1.6升及以下排量乘用车大规模增长导致乘用车整体产销增加	2015年9月国务院确定1.6升及以下排量乘用车购置税减半的优惠政策所致，刺激产销大量增长	—	汽车产业增量的主要来源；重型货车与中型货车产销的复苏所致	—	2016年基建投资增长与房地产投资回暖导致的中游制造业与建筑业复苏而产生的大量物流需求

资料来源：根据收集资料整理。

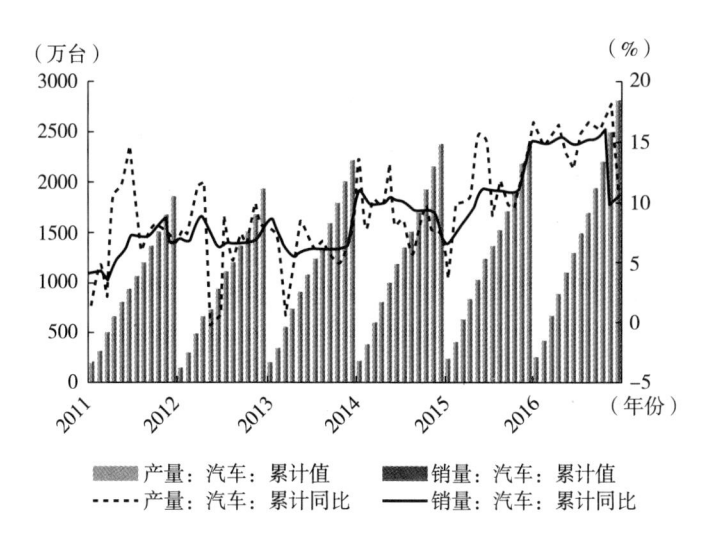

图4-25 2011—2016年中国汽车行业生产销售累计值

资料来源：根据收集资料整理。

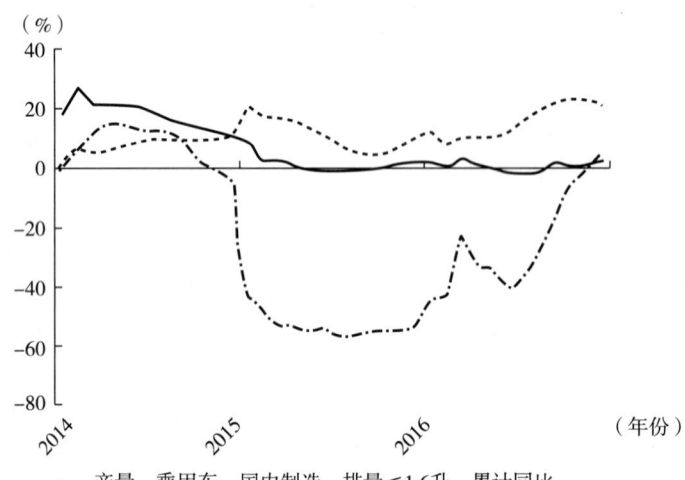

······产量：乘用车：国内制造：排量≤1.6升：累计同比
──产量：乘用车：国内制造：1.6升<排量≤2.5升：累计同比
─·─产量：乘用车：国内制造：2.5升以上：累计同比

图4-26　2014—2016年中国汽车行业乘用车产量累计同比情况

资料来源：根据收集资料整理。

······产量：乘用车：累计同比　──产量：商用车：客车：累计同比

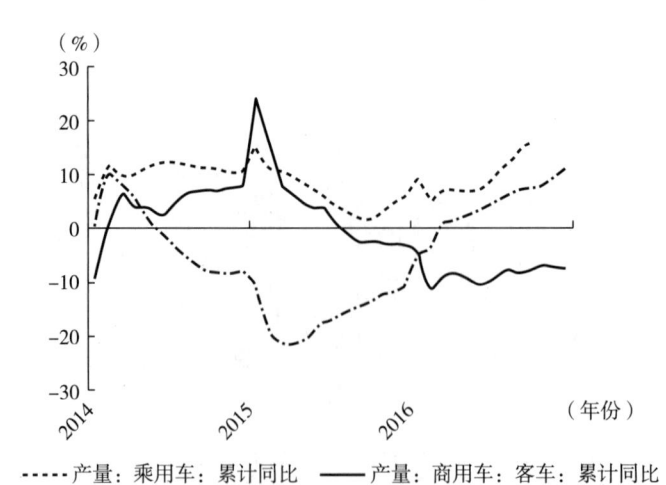

图4-27　2014—2016年中国汽车行业乘用车、商用车累计同比情况

资料来源：根据收集资料整理。

2. 中国汽车出口情况

（1）中国汽车出口数量分布。我国汽车出口主要是以发展中国家市场为主，重点集中在亚洲市场、非洲市场、南美市场；2015年我国汽车整车出口最大的市场是亚洲市场，向亚洲市场出口汽车整车的数量约为50%，而相对于亚洲市场，南美洲市场以及非洲市场呈出口量下降的趋势，对欧洲市场出口下降的幅度较大，尤其是东欧市场出口量下降的幅度高达75%。从具体国家来看，伊朗连续两年成为我国整车出口的第一大市场，越南、委内瑞拉成为我国汽车整车出口的第二、第三大市场，出口增速较快；越南市场是我国卡车出口的主要目标市场，2015年我国卡车出口量中约有25%出口到越南市场，这与"一带一路"海外基建项目推动卡车出口需求增加有重要的关系；另外，在我国汽车出口前15个国家中，南美洲市场就有5个国家，对这5个国家的出口量约占我国汽车出口总量的20%。

从美国市场来看，因为美国政府对于美国本土的汽车制造业采取贸易保护主义，增设的贸易壁垒较多。2016年前9个月整体出口到美国达2.86万辆，占同期出口总量的4.9%，占同期汽车总产量的0.15%，对美国汽车出口量较低，因此未来中国整车出口到美国所受的贸易壁垒的影响不大。同时，由于世界经济增长缓慢，我国汽车出口面临较为被动的局面，尤其是对于传统出口市场如俄罗斯和巴西，表现不佳。2006年我国汽车出口增速达到98.15%，2011年汽车出口增速跌至50%左右，2013年汽车出口增速出现了负增长，直至2014年下半年开始恢复正增长，但到2015年我国汽车出口增速又开始出现低迷。尽管汽车出口整体表现不景气，但是对于"一带一路"沿线国家尤其是越南、伊朗等国家出口表现良好，这些"一带一路"沿线60多个国家对于汽车消费处于初级阶段，多数属于新兴经济体，所以未来随着"一带一路"倡议的推进，我国汽车的出口将会迎来新的发展空间。

（2）中国汽车出口金额分布。从我国汽车出口的金额来看，2015年向我国汽车商品出口金额排在前50名的国家累计出口达到711.68亿元，占汽车出口总额的88.91%。2015年我国汽车出口金额排在前10名的国家分别是：美国、日本、韩国、越南、墨西哥、德国、伊朗、英国、俄罗斯、沙特，这10个国家的出口金额共计为411.91亿元，占我国汽车商品出口总额的 51.46%。与 2014 年相比，我国汽车商品对俄罗斯出口金额下降最快，对美国、日本、伊朗、英国出口金额小幅下降，而 10 个国家中的其他国家都呈不同程度的增长，越南增长的速度较为明显。

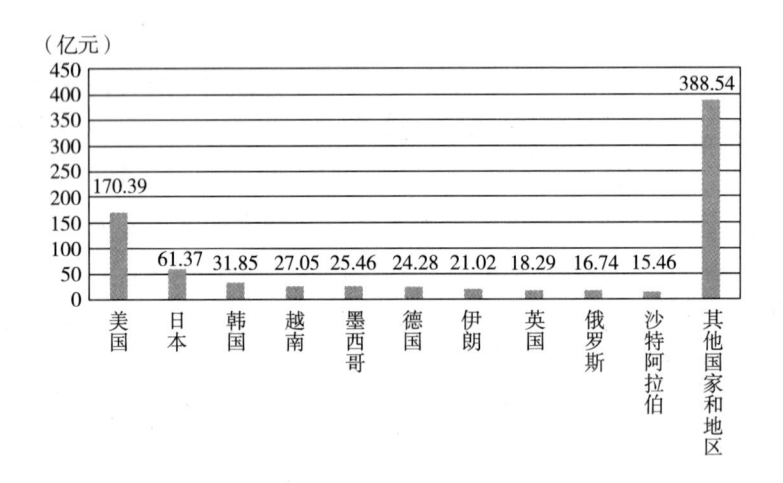

图 4-28　2015 年中国汽车商品出口金额分布

资料来源：中国汽车工业协会。

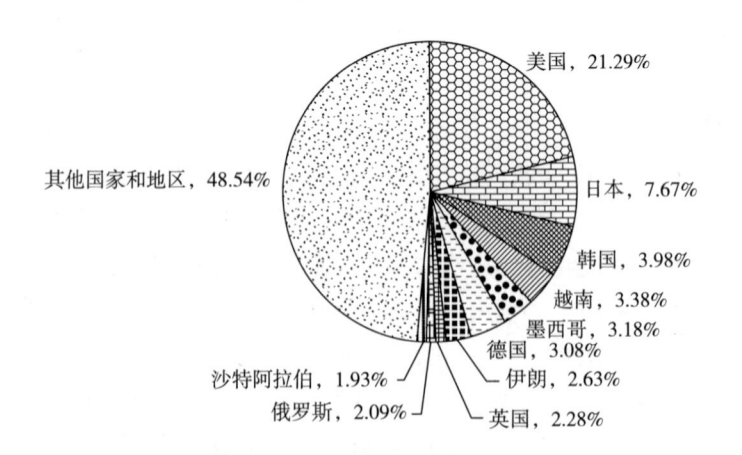

图 4-29　2015 年中国汽车商品出口金额占比

资料来源：中国汽车工业协会。

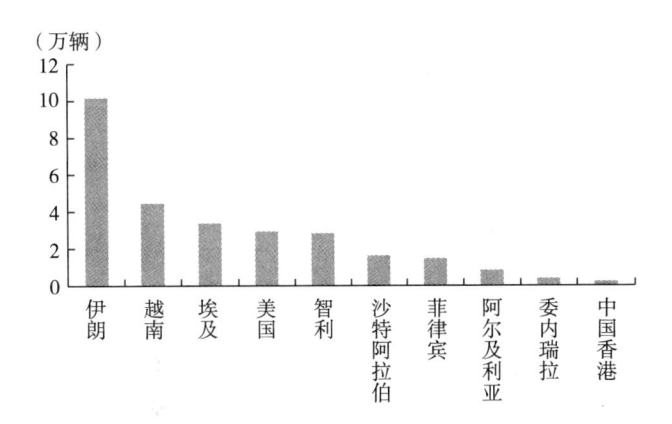

图 4-30　2016 年 1—9 月中国整车出口十大目的地

资料来源：根据收集资料整理。

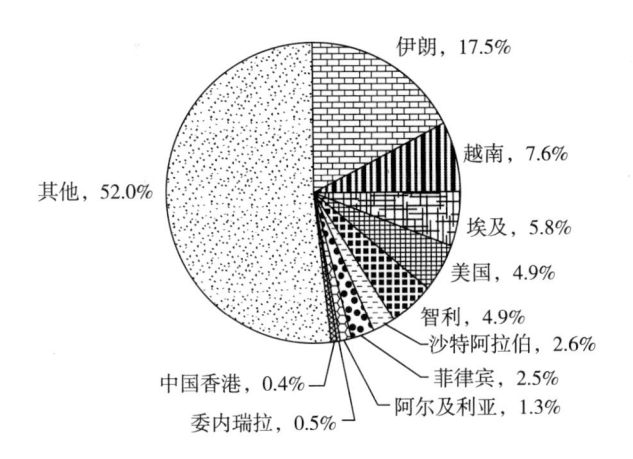

图 4-31　2016 年 1—9 月中国汽车出口国家或地区的占比

资料来源：根据收集资料整理。

（3）中国汽车整车出口情况。中国汽车在 2012 年达到最高值，出口量约为 100 万辆，但是在 2012 年后由于国内外市场因素的影响，出口量不断下降，2015 年中国汽车的出口量仅为 73 万辆。

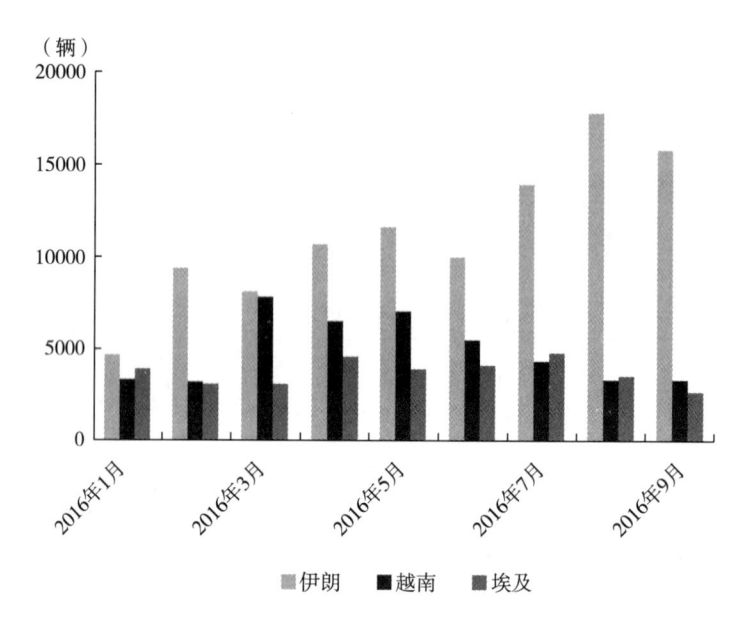

图 4-32　2016 年 1—9 月中国整车出口伊朗、越南和埃及的销量
资料来源：根据收集资料整理。

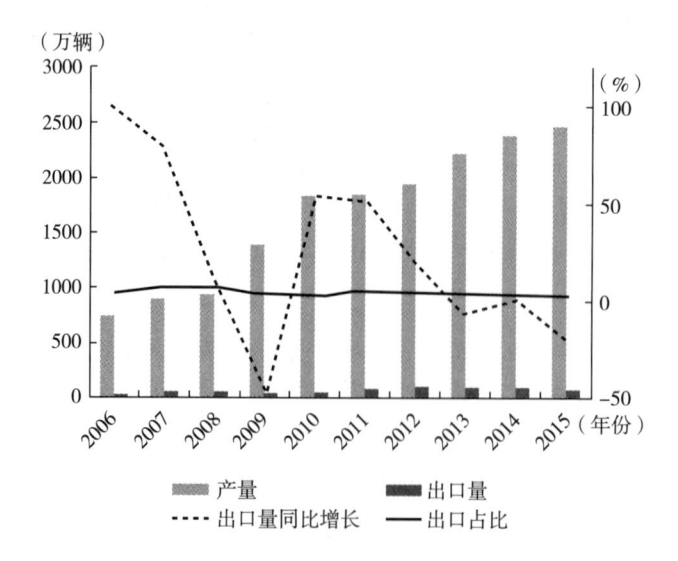

图 4-33　2006—2015 年中国汽车整车出口在总产量中的占比情况
资料来源：根据收集资料整理。

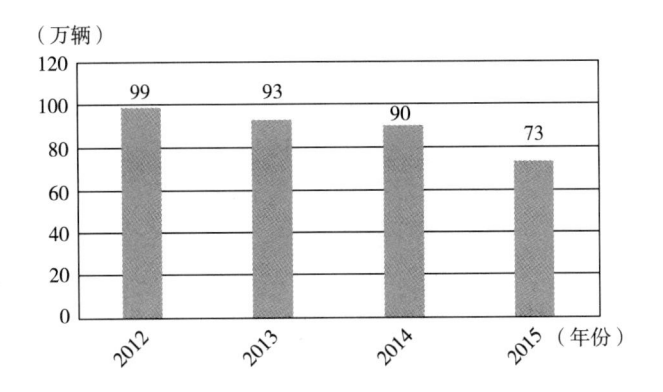

图 4-34　2012—2015 年中国汽车出口数量

资料来源：中国汽车工业协会。

3. 中国汽车行业国内产销情况

（1）世界最大的单体汽车销售市场。2016 年中国汽车的产销量连续 8 年位列世界第一，是世界最大的单体汽车销售市场；产量达到 2811.88 万辆，同比增长 14.46%；销量达到 2802.82 万辆，同比增长 13.65%。美国总统特朗普为促进美国制造业的发展，建议向中国产品征收 45% 的关税，双方若是就双边贸易博弈升级的话，中国则会借助于国内巨大的汽车消费市场推进自主品牌汽车的国内市场份额的占比。

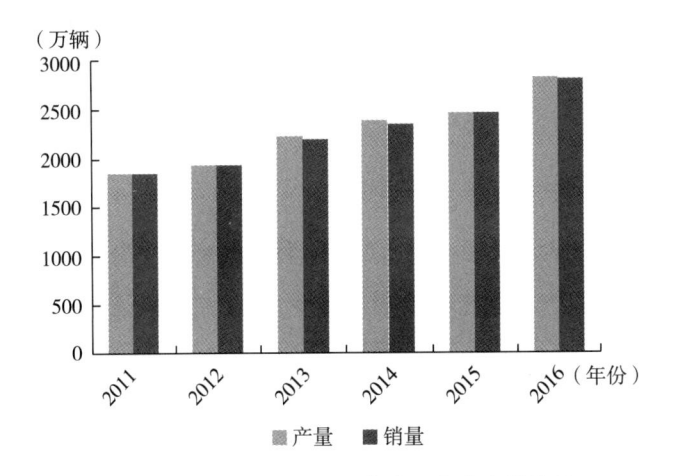

图 4-35　2011 年、2016 年中国汽车产销情况

资料来源：根据收集资料整理。

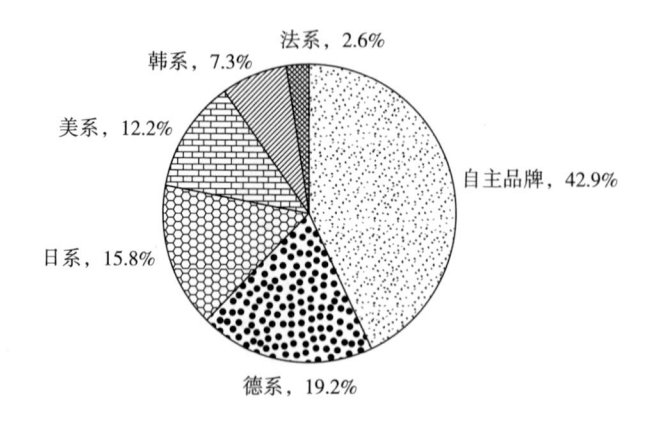

图4-36 2016年中国国内市场汽车品牌占比

资料来源：根据收集资料整理。

（2）中国自主品牌汽车销售情况。2016年在国内市场中国自主品牌汽车的销售，凭借着较高的性价比与不断改进提升的产品质量，获得了较大的市场份额，而其中对于SUV领域的自主品牌车销售增速最快。2016年1—11月，在国内销售市场，销售排在前十名的SUV品牌中，中国自主品牌占据了6位，说明中国自主品牌汽车已经逐渐具备了与合资品牌汽车进行竞争的实力。

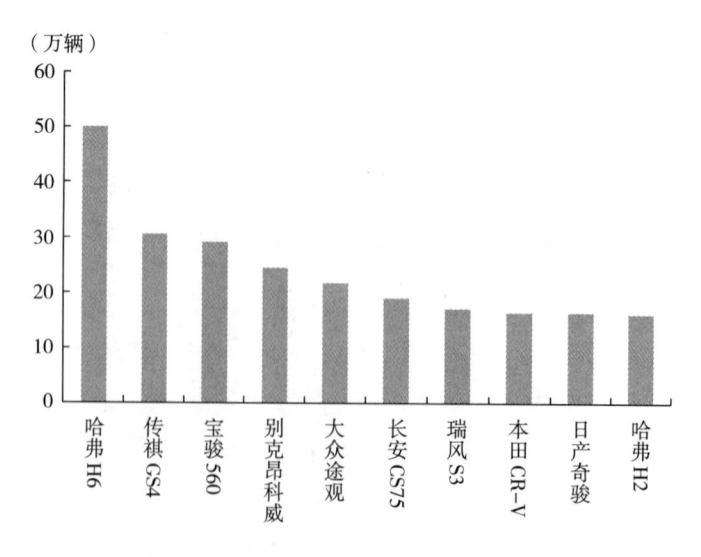

图4-37 2016年1—11月中国国内市场销售前十名的SUV品牌

资料来源：根据收集资料整理。

（3）中国汽车制造业发展的前景分析。汽车购置税减免的利好政策，有望进一步推动国内巨大的汽车消费需求；另外，对于国家继续推行的稳定增长的政策以及补库存周期所释放的物流需求，都有极大可能推动未来中国汽车制造业保持中高速增长的态势。

①汽车购置税减免政策。财政部发布的《通知》，2016 年对于 1.6 升及以下排量的乘用车征收 5% 的车辆购置税；从 2017 年 1 月 1 日至 12 月 31 日，对于 1.6 升及以下排量的乘用车征收 7.5% 的车辆购置税；2018 年 1 月 1 日恢复 10% 的法定车辆购置税。可见，对于乘用车购置税的优惠政策已开始收紧。

②稳增长的重要动力。2017 年党的十九大的召开，稳增长依然是未来的经济增长目标。而维持经济中高速增长尚缺乏较为有力的支撑：一是房地产开发与销售受到国家集中出台的房价调控政策的影响开始降温；二是基建投资有可能在地方债风险与利率上调的影响下难以实现超预期增长。因此，汽车制造业有可能作为国家的宏观经济支柱性产业成为国家经济增长的重要支撑力量，同时也不能排除有可能会出台进一步优惠购置税的政策。

③物流需求释放。国家补库存周期所释放的物流需求，以及治超新政会给中、重型货车产销增长提供新动力。补库存周期会延伸到 2017 年第一季度末或是第二季度初，但是后期阶段会体现为提升中游制造业的产量，这样会进一步释放物流需求；另外，治超新政的实施也在极大程度上释放了新的货车需求，为中重型货车的产销增长提供了新的契机。

4. 中国汽车行业海外直接投资状况

2013—2015 年我国汽车行业自主品牌企业（主要包括汽车和零部件企业）共完成 60 起海外并购项目，涉及金额达 177 亿美元；完成 99 起绿地投资项目，涉及金额达 107.9 亿美元。海外直接投资项目中，并购交易数量尽管在 2015 年同比小幅有所下降，但是整体来看并购交易规模创历史新高，未来将呈现上涨的趋势，而我国汽车行业海外直接投资建厂的增幅却逐渐放缓，所以并购也成为我国汽车行业开展国际产能合作的主要方式。

（1）中国汽车行业海外并购的状况。2013—2015 年我国汽车行业海外并购的资金流向主要是以美国和欧洲市场的发达国家为主，而绿地投资主要是集中在东盟以及拉美市场发展中国家以及新兴经济体。其中，汽车行业并购的主体主要是我国的零部件汽车企业，其所涉及的交易量在我国汽车并购总交易量中的占比达到72%，在总交易额中的占比达到80%以上；我国国内的汽车零部件龙头企业已经成为海外并购的主要力量，特别是由于国内消费需求减弱，经济增速整体放缓，海外并购就成为企业增长的有效途径。我国汽车行业5家零部件制造商在报告期内就曾参与了2起以上的跨境交易；而国内的航空巨头以及军工企业——中航工业集团就曾在海外收购了4家欧美的零部件企业，其大多数都集中在动力总成以及传动系统领域，在一定程度上彰显了我国汽车零部件企业通过跨国收购来提升技术能力并弥补传统业务"短板"的意愿。从我国汽车行业并购的地区来看，欧美是我国汽车企业选择并购的主要目标市场，而德国往往是首选，2013—2015年我国汽车行业在德国市场共计实现并购交易项目共计12起，占总并购交易数量的20%；在美国市场共计实现并购交易项目10起；另外，海外并购目标大多数是零部件企业，主要是因为在欧美市场中德国与美国强大的制造能力，再加上国际金融危机之后发达国家零部件企业的经营陷入困境，为了摆脱困境以及快速剥离非核心业务，往往选择与中国汽车零部件企业达成并购协议。

表4-33　　2013—2015年中国汽车企业主要海外并购交易项目

年份	并购方	并购标的	所在国家	涉及金额（百万美元）
2013	潍柴动力	凯傲集团	德国	430
2013	华域汽车	廷锋伟世通汽车饰件系统	美国	928
2014	株洲时代新材	BOGC像脱金属业务	德国	400
2014	上海集优机械	Nedschroef	荷兰	442
2014	中航工业机电系统	Hilite公司（海力达）	德国	644
2014	方源资本	Kcy Safcty Systems	美国	700
2014	东风集团	法国PSA集团	法国	2206
2015	万丰奥威	万丰镁瑞丁	加拿大	220
2015	中航工业	Henniges Automotic	美国	572
2015	中国化工	倍耐力轮胎公司	意大利	8814

资料来源：《德勤2016中国汽车行业对外投资报告》。

（2）中国汽车行业海外绿地投资的状况。我国自主品牌汽车企业在海外绿地投资最为密集的地区主要是拉美、东欧、东盟，主要是因为这些地区出口非关税壁垒较高、东道国汇率的波动又较大，所以我国的汽车企业为了绕过贸易壁垒而以直接投资建厂的方式来降低各项出口成本，并实施本土化经营策略，可以将东道国的市场资源以及各项政府优惠政策加以充分利用。因为对欧美发达国家进行绿地投资的市场进入门槛较高且标准较为严格，所以我国车企更愿意到市场监管与准入较为松动、市场化程度相对较低、行业配套能力不够强的新兴市场国家进行新建工厂。从我国车企在海外进行新建的发展速度来看，在新兴市场新建的增速在逐渐放缓，而对北美、西欧地区的新建增长速度在逐渐加快，主要是因为俄罗斯市场、巴西市场需求低迷、国家经济不景气，汽车在本土销售的数量在逐渐下滑，再加上我国汽车企业的品牌还没有树立起可靠的形象，在当地还要面临发达国家汽车品牌的竞争挑战，所以我国大量车企通过实施全球化战略，将企业的研发中心设立在发达国家，利用发达国家先进的技术人才、丰富的运营管理经验以及当地政府鼓励建立研发中心的优惠政策，在当地研发、当地生产、当地销售实现绿地投资。

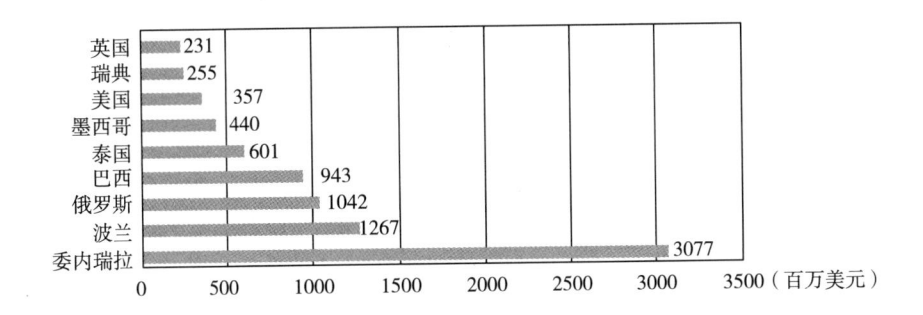

国家	金额（百万美元）
英国	231
瑞典	255
美国	357
墨西哥	440
泰国	601
巴西	943
俄罗斯	1042
波兰	1267
委内瑞拉	3077

图 4-38　2013—2015 年中国车企海外投资建厂的金额

资料来源：《德勤 2016 中国汽车行业对外投资报告》。

（二）中国汽车制造业发展中存在的问题

当前中国汽车制造业整体缺乏国际竞争力，一方面在国内随着内需放缓，汽车行业的产业竞争环境也越来越严峻，行业整体的利润空间在逐渐缩小；另一方面在国际市场，我国车企"走出去"后却无法在海外市场获得持续的稳定发展的动力，仅停留在国际化业务拓展阶段，局限于资产并购与市场拓展，产业竞争力还需进一步提升。主要问题表现在：

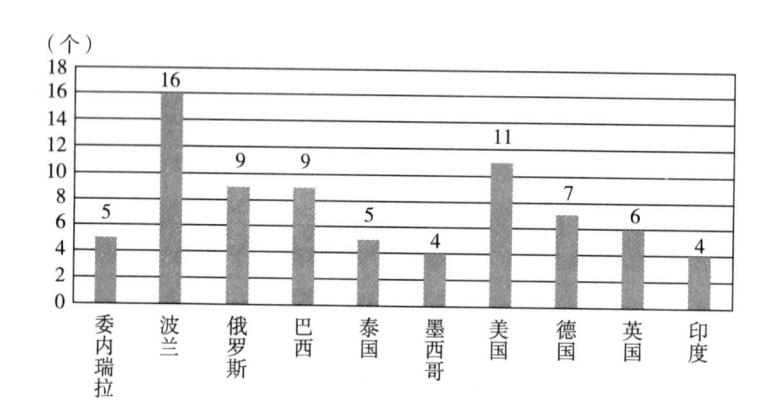

图 4-39　2013—2015 年中国车企海外投资建厂的数量

委内瑞拉 5、波兰 16、俄罗斯 9、巴西 9、泰国 5、墨西哥 4、美国 11、德国 7、英国 6、印度 4

资料来源：《德勤 2016 中国汽车行业对外投资报告》。

1. 中国汽车制造业海外经营方式单一、缺乏品牌的影响力

当前中国汽车制造业的产能过剩，积极拓展海外市场进行产能合作是我国车企转型升级的关键途径，但是由于国内自主品牌汽车缺乏品牌影响力与竞争力，与欧美国家的品牌相比还存在较大差距。同时，自主品牌海外经营的方式较为单一，无法全部覆盖海外经营方式，大部分汽车制造业企业还仅仅停留在较为初级的国际化经营阶段，海外产业链环节无法与国内的产业链环节相互衔接，海外业务缺乏统一的战略规划与行业引导。多元化的"走出去"方式包括出口、技术合作、海外建子公司、海外建厂、海外合资合作、海外建立研发中心、兼并收购、战略联盟、本土化经营等，但是我国汽车企业"走出去"大多数是初级阶段进行出口，或是开展新建与并购。

2. 中国汽车制造业企业缺乏战略性的技术投资

随着国际市场汽车制造行业模块化生产方式的推进，国际知名整车企业为了降低成本，会尽可能压缩汽车生产的零部件配套环节，并将产

品的设计与研发、装配、工程、质量控制等环节交给零部件企业来完成。这样就为我国汽车零部件制造企业提供了发展空间与市场机遇，但是也对我国汽车零部件企业的系统化、专业化创新提出了更高的要求。我国汽车制造业企业尤其是零部件企业的技术创新能力不强，所以很多国内具有资金实力的企业就通过国际市场的并购业务来弥补稀缺的优质资源，进而获得并购目标企业的战略资产，来提升企业前瞻性的研发能力获得领先优势。但在国际市场中，我国汽车制造业企业的并购业务并未真正使企业加大对前沿性技术的研发与投资，反而却是追求新产品的销售以及海外市场的占有份额，更多企业注重的是如何在技术壁垒高、产值大的细分市场中做大做强获得领先优势，并不注重研发要求高、前期投入大的技术性投资，最终使我国很多车企在成功实施并购后，对于并购目标企业缺乏消化吸收的整合能力，无法在国际市场上进行技术创新与技术引领，无法获得优质战略资产。

3. 中国汽车制造业的国际产能合作缺乏海外市场的需求动力

当前我国汽车行业出口销量不断下降甚至大幅度萎缩，主要集中在一些海外发展中国家，包括中东、南美、非洲等地区和俄罗斯等一些国家，主要因为这些国家和地区的经济增长速度放缓，且在政治上还存在不稳定的因素，导致对汽车需求量的减少。例如，巴西市场与俄罗斯市场，由于巴西经济持续低迷，自 2012 年开始我国自主品牌的汽车对巴西的出口量就开始下降，以往在巴西市场销售较好的奇瑞和江淮汽车，年销售量都低于 20000 辆；2014 年我国江淮和奇瑞两大品牌的汽车在巴西市场的销售更是低于 10000 辆，2015 年低于 5000 辆；2016 年出口下滑趋势仍在继续，1—6 月江淮的累计销量为 1402 辆、奇瑞的累计销量为 1133 辆，力帆的累计销量为 1842 辆。俄罗斯市场由于受到当地经济环境的影响以及消费需求疲弱的态势，本土车市状况不佳，也影响到中国自主品牌车的销售。2016 年 7 月我国自主品牌车的销量同比下降 16.6%，1—7 月的平均跌幅达到 14.4%；2016 年 7 月，我国自主品牌汽车在俄罗斯的销售量为 2351 辆，同比下降 35.8%；1—7 月的累计销量为 18000 辆，同比下降 2.0%。由于海外市场销售的下滑，影响到我国自主品牌汽车企业海外市场进行拓展的积极性，例如江淮汽车原本打算在巴西直接投资建厂，但是由于本土车市消费低迷，江淮汽车不得不推迟新建的计划。

（三）中国汽车制造业转型升级的措施建议

1. 中国汽车制造业企业应加强自主品牌建设

我国汽车自主品牌建设首先应明确品牌的定位，定位鲜明才能吸引消费者，我国自主汽车品牌在国内外市场基本上都是体现价格优惠、"低质低价"的概念，未对品牌确定准确的定位形象，也未体现品牌的优势与特色，整体定位模糊。所以，我国自主品牌汽车企业应根据不同目标市场消费者群体的需求，进行市场细分，并结合汽车企业的技术优势，向不同细分群的消费者设计生产具有特色的车型，并以"优质优价"的形象进行营销推广，由单一品牌向复合品牌转型。

2. 中国汽车制造业企业应加强自主研发设计

我国自主品牌汽车技术研发的优势不明显，研发设计的基础较为薄弱，尤其是进行研发设计的专业人才与资金缺乏，因此当务之急是需要通过加强国际合作进行研发设计，并通过引进关键设备和专业人才来重点突破技术"瓶颈"。在传统汽车技术研发领域，我国自主汽车品牌应逐步提高研发投入在销售收入中的占比，以车型设计创新作为突破点来进行新产品开发，将技术升级的重点放在降低能耗与增强实用性与功能性上，争取在外观设计、底盘技术、变速箱技术、发动机技术、汽车电子技术方面拥有知识产权。在新能源汽车领域，由于我国的研发水平与发达国家基本处于同一起点，所以我国车企有较好的赶超机会，在纯电动汽车、混合动力汽车方面可以发挥研发设计的优势。但是因为纯电动汽车受到价格、电池性能、充电设施的制约，在较长时间内很难推广普及，而混合动力车却是发达国家普遍予以重视发展的汽车产业方向，所以我国的新能源汽车应在混合动力技术上进行突破，形成核心竞争力。

3. 中国汽车制造业企业应实行多元化的"走出去"模式

发达国家汽车制造业国际化的方式主要有三种：出口、建立海外半散件或是全散件组装工厂、直接投资建立海外生产基地，这三种国际化经营的方式各有利弊，所以欧美日韩的汽车制造业巨头基本遵循"出口→建立海外散件组装工厂→建立海外生产基地"的国际化发展模式并取得成功。我国汽车行业的自主品牌也可以借鉴这种发展模式循序渐进，稳步发展。

表 4-34　　中国自主品牌汽车"走出去"的模式

合资模式下的"走出去"模式	进入国外中高端市场	上汽引进了"罗孚"技术并将其本土化，推出了自主品牌"荣威"，从全球采购零部件，在品牌营销时努力塑造"尊贵服务"的品牌理念，以此来进入国外中高端市场
	通过性价比来赢得海外市场份额	2012年东风"风神"S30汽车由于良好的超值性价比在海外市场赢得了品牌声望，首批单笔订单出口委内瑞拉达4000辆；另外在巴西与CFS公司签署合作协议，通过KD（Knocked Down，汽车组装）组装的方式在巴西当地生产乘用车
本土自主品牌的"走出去"模式	直接出口	2001年奇瑞公司将汽车出口到叙利亚，2015年奇瑞在全球一共建立了约1000家以经销商为核心的营销服务网络，16个KD工厂、4个合资（独资）公司、10个办事处，奇瑞公司在海外快速的发展模式，树立了奇瑞的品牌形象与竞争力
	跳跃式进入中高端市场	吉利汽车通过战略转型与企业再造机制，实现了经营的灵活性与适应性，一方面提升产品质量与技术来强化品牌；另一方面又以低价竞争来获得市场占有率；在战略布局上既面向国内市场又面向国际市场，通过收购瑞典的沃尔沃轿车100%的股权，进入到中高端豪华轿车市场
	先低端再高端，先国内再国外	长城汽车主要采取稳步推进的战略，先国内再国际，先低档再高档；1998年长城汽车的皮卡开始出口中东叙利亚、伊拉克，连续10多年汽车出口量、出口额位于全国前列，目前已经出口到100多个国家，拥有800多家海外销售与服务网络

资料来源：根据收集资料整理。

案例七　长三角地区电动汽车产业的发展

（一）长三角地区电动汽车产业发展现状

表 1　　2015 年长三角苏浙沪电动汽车发展现状

长三角地区	电动汽车规模	配套设施及推广	政策
上海	车辆规模不断扩大，2013—2015 年，各类电动汽车 57666 辆，电动乘用车 51754 辆，公务车 9762 辆，私人车 36685 辆，租赁车 5307 辆	1. 充电桩的建设：截至 2015 年年底，共建设 21700 个充电桩，其中社会公用充电桩 1200 个，公交与物流专用的充电桩约 800 个，机关企事业单位专用充电桩 3200 个，住宅区建设的私人充电桩 16500 个。 2. 充电设施运营单位逐步形成，在推广模式上不断创新，为电动车的用户提供"上门安装、自助服务、刷卡消费、智能管理、平台结算"；电动车分时租赁业务也呈现出良好发展态势，订单数呈上升趋势	为促进电动车的推广应用，上海市制定了相关政策在购车补贴、充电价格、充电设施建设补贴、牌照政策、服务费等方面给予支持。先后制定了《上海市新能源汽车推广应用实施方案 2013—2015》《上海市电动汽车充电设施建设管理暂行规定》《上海市鼓励电动汽车充换电设施发展暂行办法》《私人购买新能源汽车补贴试点实施方案》
江苏	1. 生产销售规模：2015 年江苏省电动汽车产业的销售收入同比增长 45%，达到 180 亿元；其中盐城奥新纯电动专用车 2015 年销量全国第一，实现销量 803 辆；2015 年江苏省电动客车的产销量全国第	1. 充电桩的建设：截至 2015 年，对于出租、公交等电动汽车的充电要求基本可以满足，拥有各类交直流充电桩 5000 多个，同时拥有 350 多个各类交直流充电站以及充电桩群。	推动重点企业加速发展，截至 2015 年年底，《节能与新能源汽车示范推广应用工程推荐车型目录》中江苏省共有 25 家企业的 562 款电动汽车车型被列入到该范围之中；《免征车辆购置税的

续表

长三角地区	电动汽车规模	配套设施及推广	政策
江苏	一、南京金龙、南京比亚迪、苏州金龙的销量在全国销售市场份额中的占比达到25%，2015年共计生产新能源客车5463辆；扬州亚星、江阴常隆、南京依维柯也相应实现了一定的销售。 2. 产业集群：4家省级电动汽车特色产业基地；6家国家火炬计划特色产业基地；7家电动汽车产业相关省级科技产业园。电动汽车特色产业基地有代表性的主要有两个：（1）盐城电动汽车特色产业基地形成了多品种（专用车、乘用车、商用车）全系列的新能源汽车产品开发系统，已有63家企业入驻；（2）溧水电动汽车先进制造业基地的产品主要包括在线监测管理系统、充电桩、零部件、整车等，共有46家企业入驻	2. 新能源汽车产业链：随着江苏省新能源汽车的加快发展，新能源整车企业布局逐渐趋于合理，并形成较为完整的产业链。锂电正极材料、膜材料、电解液等构成了电池材料产业链，张家港锂电池产业基地共有50多家电池研发生产企业，其中江苏乐能锂电池正极材料已进入国内外市场的供应链；北汽电动汽车投资100亿元落户常州，产量将达30万台；力神电池、海格电控系统、裕成富通电机等企业分别在电池、电控、电机等方面进行研发，促进了电动汽车产业链的形成；丹阳卡威逐步由纯电动城市客车的零部件生产向整车生产转型。 3. 关键技术：在动力电池单体及模块系统规模化生产的关键环节方面江苏双登、江苏天能不断取得突破；南京金龙开发研制了双轮毂电机驱动的纯电动客车；国泰华荣锂电池电解液工艺达到了国际先进水平	新能源汽车车型目录》中，江苏省共有15家企业的329款电动汽车车型被列入该范围之中

续表

长三角地区	电动汽车规模	配套设施及推广	政策
浙江杭州	2015年228辆西湖比亚迪纯电动公交车已经在杭州的13条公交线路上运营，60辆纯电动比亚迪出租车已经投放市场进行运营；万向集团是我国较早研发生产新能源汽车的企业，2014年在杭州建成九堡纯电动公交车充换电站，有4个换电工位开始运营，70辆车已在3条线路上投入运营	1. 产业链：新能源汽车生产商比亚迪、越西客车、长江汽车落户浙江，同时还有东风裕隆、吉利汽车、众泰、万向等龙头企业共同形成了从电动机、电池等零部件生产到整车生产的制造链，并构成了以杭州主城区5千米为服务半径的电动汽车基础设施网络。 2. 关键技术：西湖比亚迪研发的磷酸铁锂电池，使电池能量密度比提高30%以上；使用西湖比亚迪磷酸铁锂电池的新e6出租车，工况续航里程由原来的300千米增至440千米	2009年被列为全国首批新能源汽车示范推广试点城市
浙江宁波	至2015年，5000辆电动汽车推广使用，目前建立充电站13座，332个充电架，5506个交流充电桩，满足了电动汽车的充电需要		2015年出台了《新能源汽车推广应用资金补助管理办法》，规定在中央财政购置补助基础上，对新能源汽车生产企业或销售机构给予1∶1的补助；公交车采用"政府投资，整车购置"的模式

续表

长三角地区	电动汽车规模	配套设施及推广	政策
浙江金华	金华是全国电动汽车个人拥有量最多的地级市；至2015年年底，共有1200辆新能源汽车推广使用	已建成6座标准充换电站，6座电池配送站，17座换电站；同时已经形成2.5千米×2.5千米的充换电设施布局；在义乌、兰溪、永康等县市实现了"县际联网"，建成电动汽车充换电服务网络；2015年新建12座充电站，200个充电桩，已初步形成新能源汽车配套服务体系	政府对新能源汽车发展较为重视，投资8.13亿元建成金华新能源汽车产业园，以纯电动大客车、电动汽车整车制造为核心，将产业园建成为新能源汽车"研发制造中心、展示运维中心、检验检测中心、人才集聚中心"；入选浙江省首个新能源汽车推广应用城市，入选全国首批新能源汽车推广应用城市

资料来源：根据收集资料整理归纳。

（二）长三角地区电动汽车产业发展存在的问题

1. 电动汽车的电池技术无法满足要求

电动汽车如果大规模普及，需要提高电池技术。一是电池的容量，大多数电动汽车充电后的续航里程是100—300千米，甚至在一般行驶情况下有些电动汽车的续航里程仅为50—100千米；二是电池的安全性，尽管中小容量的锂离子电池已经实现产业化，但目前高功率、大容量的锂离子动力电池的安全性能成为主要问题；还有就是电池的价格，由于电池成本价格较高，为100—350美元/千瓦时，使电动汽车的整车价格较高；三是电池的使用寿命，电池的使用寿命一般是3—5年，即使是最好的电动汽车的电池，其充放电次数也在1000—2000次；四是电池的污染问题，电池如果回收处理没有形成健全的体系，无论是镍氢电池、锂电池还是铅酸电池，都会对环境造成严重的污染。

2. 配套充电设施建设较为落后

电动汽车能否普及关键在于配套充电设施是否完善方便，尤其是纯电动汽车更需要与之相匹配的充电站，一座充电站应可以容纳10—20

台电动汽车同时充电,所以随着新能源汽车的推广与普及,应投入更多的充电站来满足扩大的电动汽车的市场规模。但是从江浙沪电动汽车充电设施的现状看,还未形成完善方便的充电基础设施网络体系,因此也制约了电动汽车的发展规模与发展速度。未来新能源汽车的推广使用需要投入巨大的基础设施建设规模,这就要求政府、电动车的生产企业、电网企业尽快达成一致,采取相关措施促进电动汽车的发展。

3. 电动汽车产业的发展规模不足

尽管长三角地区电动汽车的使用推广量已达几千辆,但是仍然无法达到电动汽车产业发展所要求的初始规模,整体来看由于生产规模较小,致使电动汽车的销售价格依然较高,这样在国家财政不进行补贴的情况下,电动汽车的购买需求将会很低。因此,电动汽车的生产量需要达到一定的初始规模要求后才能促使电动汽车的动力蓄电池实现规模生产,才能提升电池的技术含量,只有这样才能从本质上解决电动汽车价格偏高的问题,进而促进电动汽车的发展顺利进入市场推广销售的阶段。

4. 未形成有效的电动汽车资源共享平台

目前我国电动汽车产业尚未形成有效的资源共享平台及技术研发平台,主要因为缺乏国家有效的管理与引导,一方面造成电动汽车产业发展速度缓慢,另一方面由于进入我国电动汽车产业的门槛相对较低,使长三角地区各个省份的汽车科研院所、各个汽车企业都开始进行电动汽车的研发并投入生产,这样导致了重复建设生产、资源浪费的显著问题。

(三)长三角地区电动汽车产业发展存在问题的分析

1. 宏观方面

在欧美发达国家制定产业发展目标、产业发展方式及产业发展计划方案时会通过法律条文予以明确规定,并通过法律保障来促进实施,电动汽车产业也不例外。但目前长三角地区发展电动汽车产业未将发展计划的内容在地方法律文件中列明,缺乏法律保障来约束执行;长三角地区发展电动汽车产业的技术标准没有形成,因此制约了电动汽车产业的长远发展,各个汽车企业、科研院所所涉及的电动汽车产业的相关产品与技术标准不统一,例如电机标准、电池以及接口、充电设备等的口径不一致，使长三角地区的电动汽车产业发展处于无序发展状态，关键零部件没有统一标准就意味着无法实现电动汽车产业的产业化目标；目前国家涉及的电动汽车产业的政策不完善，尽管在国家发改委实施的《新能源汽车生产准入管理规则》中要求非传统汽车制造商不得进入电动汽车生产行业，目的在于防止产业形成恶性竞争，一方面确实提高了进入电动汽车生产领域的门槛，但是另一方面又在一定程度上限制了技术与资本的进入，从长远看不利于电动汽车产业的发展；国家政策执行缺乏监管，尽管长三角各地区对于电动汽车的保有量计划都在百万辆以上，但是由于在电动汽车的研发、生产、投资建设以及推广上没有国家对于地方政府的监督，导致目标无法积极予以实现完成；地方政府、汽车生产企业、科研院所之间未形成协同发展机制，缺乏合作机制，例如政府只是通过行政政策手段来支持汽车生产企业、科研院所的关于电动汽车研发、生产等，而科研院所只负责国家"863"计划中所涉及的电动汽车的项目研发设计，电动汽车生产企业主要执行国家"863"计划中的项目以及电动汽车的示范项目，相互脱离没有达成密切合作；缺少电动汽车生产研发的专业技术人才，长三角地区从事电动汽车的研发人员不到1万人，电动汽车销售管理人才的缺口也十分明显；电动汽车生产企业中的人才结构也不合理，企业中的高层次研发技术人才数量明显不足，而从事基础加工生产的人员数量较大，这样会对电动汽车产业的技术进步与长远发展不利；对于电动汽车的营销推广力度不够，无论是汽车销售部门还是主流媒体对于电动汽车的宣传不到位，大多数的消费者对于电动汽车的信息了解不充分，加上电动汽车的车型相对较少，用户体验不多，影响了电动汽车的销售；关于电动汽车的补贴较少，因为电动汽车的普及需要将其成本（购买成本、使用成本）降低到与普通传统汽车相当的水平，而普通汽车的成本基于目前的竞争与生产的规模经济正处于下降的趋势，而电动汽车的成本下降将取决于汽车电池更换等的使用费用以及因为能源价格下降、相关配套设施完善、技术成熟等带来的生产成本的降低；国家没有对电动汽车的研发以及配套设施的建设环节给予补贴，能源供给设施建设方大多为大型国有企业，而能源供给设施的运营方主要是以充电站为主，由于没有国家补贴，大多处于亏损状态，国家只对电动汽车的消费给予补贴，却没有对配套设施环节给予补贴，影响了电动汽车配套设施建设方的积极性，同时对于电动汽车的研发设计，国家只对国有研发机构给予专项研发资金，但是电动汽车的生产企业的技术研发却没有享有国家的政策补贴，也一定程度上影响了企业的技术进步。

2. 中观层面

长三角地区发展电动汽车产业，普及电动汽车，离不开电能驱动，而国家在电网建设方面较为滞后，无法满足电动汽车对电力资源的需求量；能源供给方式不统一，电动汽车的动力主要来自电池，但是目前由于涉及电力部门、电动车企业、电池生产企业的多方利益，我国始终没有确定能源补给的方式是充电还是换电，因此如果是充电的能源补给方式，就意味着要统一电动车的电池标准，因为在电动汽车产业中如果采用充电的能源补给方式，一方面对车企来说要承担电池研发及维护的成本，另一方面车企的主要利润来源是充电电池，因为电池是电动汽车价值中最高的部件，所以在目前电动汽车生产商之间没有全面统一电池标准同时产销量也没有形成规模经济的情况下，显然只能高价销售，这样势必会影响车企的销售收入与利润。如果能源补给的方式是换电，则电力企业的利润就来自电力资源补给的价格，但当前电的补给价格与电价相当，这就意味着电力部门将要在较长的时间内才能收回前期的投入；充换电设施的建设受到场地的制约，主要是因为在大城市中土地资源稀缺，而电动车充电必须要在城市中心建设充换电站，通尽管充电桩由于体积小不占空间，但是也要建在固定车位上才可使用，这就约束了充电桩建设的地址以及数量；电动汽车的专利技术出现"瓶颈"，目前长三角地区就电动汽车发展的技术研发水平而言，技术研发水平最低的是燃料电池汽车，混合动力汽车的技术与国外技术水平差距较大且技术专利较少，只有纯电动车的技术专利具有一定的基础，所以整体来看长三角地区电动汽车的关键技术缺乏专利技术，需要从国外进行租用以及购买，而这样又增加了电动汽车的购买成本，对于电动汽车的普及带来障碍，这就使电动汽车的生产缺乏自主创新技术，无法实现跨越式发展；目前还没有对电动汽车的保险产品，主要是因为电动汽车电池没有统一标准，电池接口的不统一导致了技术的不确定性，因此保险公司无法对交通事故中的责任进行认定，更无法确定损失的配件价格以及损失类型。同时，由于电动汽车的销量与传统汽车的销量相比规模较小仅占1‰，所以对保险产品的有效需求不大且样本较少，保险消费的市场有限，开发电动汽车的保险产品以及保险方案设计的动力不足。

3. 微观层面

电动汽车的生产企业研发投入较少，长三角地区多数车企对于电动汽车技术的研发处于缺乏管理与规划的状态，对于核心技术的攻关也缺乏明确的计划；有些车企为了享有国家针对电动汽车生产的贷款、税收、土地等优惠政策，直接从国外购买零部件进行组装或是购买国外技术进行生产；大多数长三角的电动汽车生产企业因为较长时间的投资回收周期缺乏对企业专利技术保护的意识；目前，政府采购仍然是电动汽车的主要销售途径，尽管政府在2010年以来对私人购买消费电动汽车实施了补贴政策，但仍未起到良好的销售效果；电动汽车使用的动力电池使用寿命一般是5年，所以电动汽车的保养需要对电池进行更换，而电池往往由车企自己生产，各个车企生产的标准又不统一，这就造成电池只能由指定厂商来进行更换，同时长三角地区电动汽车缺乏优质的售后服务也是目前面临的主要问题，因为电动车的市场占有率低导致企业难以收回成本，另外企业需要投入较多资金才能提供电动汽车的售后服务，所以长三角地区没有形成完善的电动汽车的售后服务链。

（四）长三角地区电动汽车产业发展的建议措施

1. 扩大补贴的力度与范围

国外对电动汽车的补贴主要是企业补贴和现金返还，而我国在上海、杭州、深圳、合肥、长春等地试点也是采用企业补贴的方式。这种补贴方式简化了行政程序，但也有缺点，就是无法判定用户是否真的享有足够的补贴金额，这直接影响到了用户的购买意愿与决策，因此有必要在电动汽车刚刚进入市场时，对于用户购买采用现金返还的方式，随着电动汽车的普及与推广，再实施企业补贴，这样可以调动购买方的积极性与热情；国家财政对电动汽车的补贴还应扩大到配套设施的建设方面，因为充电配套设施的前期投入较大，不能单靠地方政府与电力部门的投入，所以国家应通过各种补贴优惠政策与激励政策带动社会资本投资充电设施建设，另外可以考虑采用燃油税制以及环境税等措施来增加财政收入，这样可对用作于建设充电设施的费用支出进行相抵；另外，为促进电动汽车产业的技术进步与技术创新，可以加大建设推广电动汽车销售的专门机构，同时对国家给予的补贴资金进行合理分配与评估管理，推动补贴政策的执行力度；对消费者购买电动汽车在消费环节给予补贴，另外在用户的使用环节上提供更多便利性，来带动更多的消费者使用电动汽车，例如通过一些便利性措施鼓励社会公共用途上的电动汽车的使用量，对使用电动汽车的公交公司在使用一定比例的电动汽车后，政府为其提供更多的运行路线，对使用电动汽车的出租车公司减免税费等。

2. 加大关键技术的研发与投入力度

如何储能是电动汽车产业发展最为重要的关键技术，因此对于电化学储能系统的研究开发已经转向可再生能源的应用，只有加大技术研发的力度才能推动新型经济的储能技术发展进步；电网企业应与电动汽车生产企业合作共同推进电动汽车的发展，促进电动汽车充换电设施的建设进而形成完善的电动汽车配套服务体系，例如，南方电网公司已将智能电网关键技术研究定位在电网企业与电动汽车生产企业的互动技术上；加强电动汽车研发的国际交流合作，尤其是在电动汽车的基础科学、关键技术、商业运行模式等方面加强合作，提升电动汽车企业研发水平；加大电动汽车生产企业技术创新成果的信息交流与供需对接，与科研院所、高校之间形成良好的技术转移机制；提高电动汽车整车的生产能力，统筹发展电动汽车的产能，避免形成低水平投资与重复建设的情况，加大对动力电池产业集聚区的建设，尽快形成优质动力电池的规模化生产来满足增长的需求；通过对关键零部件进行研发，在电动汽车驱动电机、高效变速器等领域生产方面培育重点企业，进而形成电动汽车生产的竞争力；鼓励电动汽车生产企业与研发部门合作，加强产学研的互动，电动汽车的生产企业凭借对市场以及关键技术在实践中的应用所具备的丰富经验，与具有高水平研发优势的研发部门合作，可以产出先进的技术成果与尖端技术；政府应通过专项资金对成果能转化为商业用途的研究进行资助，尤其是在动力电池、动力系统、驱动电机等方面的研究予以补贴。

3. 建立电动汽车行业保障机构与保障措施

通过形成行业协会组织对于电动汽车的生产销售、发展规划进行引导布局，促进行业的健康发展，避免资源浪费、无序竞争；引导电动汽车企业加强对于动力电池、电力驱动系统、整车控制等核心新技术的知识产权保护与管理，并进行技术专利化进而建立专利信息数据库，最终形成公共数据信息平台，推动整个电动汽车行业的发展；制定电动汽车道路交通优惠政策促进电动汽车的推广使用，例如电动汽车实行道路行使优先权，在城市交通中为电动汽车发放特别通行证，允许电动汽车在公交专用以及公交快速车道上行驶，对电动汽车不实行限行，对涉及的停车费、路桥费给予减免，来减少用户的使用成本，带动电动汽车的普及推广。

二　中国工程机械制造业转型升级

（一）中国工程机械制造业的发展阶段

我国工程机械制造业的发展主要经历了三大阶段，目前主要处于产业提升与结构调整时期。

表4－35　　　　　　　中国机械制造业的发展阶段

时间	发展阶段	发展形式
中华人民共和国成立初至改革开放	形成独立完整的机械制造业体系	OEM（委托代加工制造）
改革开放至20世纪90年代初	传统产业快速发展时期（以运输机械与工程机械为代表）	ODM（研发设计制造）
20世纪90年代初至今	产业提升与结构调整时期（高新技术产品占比上升）	OBM（自主品牌制造）

资料来源：根据收集资料整理。

（二）中国工程机械制造业转型升级存在的问题

1. 增长模式问题

我国制造业在改革开放之后，逐渐建立起了具有一定规模与水平的、门类较为齐全的工业生产体系，制造业也发展成为我国国民经济发展的重要支柱。但我国机械制造业却是以粗放型的增长模式进行发展，这种模式表现为"高投入、高耗能、高污染、低效率"，在当前能源、资源对经济增长的约束日益增强的情况下，机械制造业的资源与能源因素成为行业经济增长的"瓶颈"。

2. 要素投入结构问题

要素投入结构反映了制造业增长方式的差异，主要涉及机械制造业的技术研发、资本、人力等各要素之间的比例结构。而机械制造业的要素投入结构主要是生产要素的高投入、低成本资源的高度依赖性、技术研发与创新的低贡献率。具体表现为我国机械制造业的经济增长是建立在对大量物耗投入、廉价劳动力的使用基础之上的，由于企业缺乏自主创新能力与意识，致使大多数的机械制造业企业在国际价值链分工中处于低端环节。我国机械制造业经过前些年的高速发展期，在研发平台建设、技术资源投入等方面暴露了较为严重的问题，技术上主要是跟踪学习与模仿照搬使较多的低质低效产品进入市场，最终造成低端产能过剩、设备保有量过剩的局面。而国外机械制造业的跨国公司却始终占据国际价值链的高端环节，在高端小容量市场上获取巨额利润。

3. 经济环境的影响问题

我国机械制造业由于受到2008年国际金融危机的影响，一度出现较为严重的市场疲软现象，陷入了行业的经济调整期，发展速度放缓，行业发展陷入低迷期，而面对国内外经济因素的影响，尤其是面对当前的制造业转型升级的战略环境，我国机械制造业如何调整产业结构、如何提升自主技术研发优势、如何提高产品的附加值，如何找到行业的新动能，进而实现行业的转型升级，是当前必须要解决的问题。

(三) 中国工程机械制造业转型升级的发展思路

1. 提升产品附加值

我国机械制造业为了能够增强行业发展的后劲与国际竞争力，应提升产品技术含量，在开发制造机械设备产品时应注重碳排放量少、附加价值高、智能化程度高的新型设备，同时要随时关注国际市场上各国对于技术与环境的要求，突破国际技术环境壁垒，例如节能技术、废气污染、噪声污染、热排放等的国际限制标准与贸易障碍。并通过行业内对于技术研发投入来提升工程机械设备产品的技术含量与质量，改进产品设备的性能，以此避免同行业之间的同质化竞争，形成自主品牌。

2. 加大兼并重组

受到国际经济持续低迷的影响，国际工程机械制造业的回暖预期不够明朗，国际机械制造业的知名跨国企业如朴茨迈斯特、施维英等先后被我国机械制造业企业收购兼并。今后随着我国机械制造业企业国际化程度的不断加深，为了提升我国机械制造业龙头企业的国际竞争力，应进一步加大兼并重组的力度，以此带动我国机械制造业的产业规模与市场范围的扩大与递增，同时还可以进一步推动行业产品设备的技术、质量、效能的提升，以及国际营销管理经验的积累。

3. 利用信息化技术

随着互联网技术、物联网技术的发展，我国机械制造业应充分利用现代信息化技术来改造传统工程机械产品，通过微电脑、传感器、无线射频技术、计算机辅助设计、计算机辅助生产、计算机辅助管理与控制系统集成实现机械制造产品的智能化生产；通过IT网络技术实现工程机械产品的信息实时传递与销售；通过互联网、云计算、大数据等信息化技术的应用，提升我国工程机械制造业的作业质量、工作效率、操作性能、环境保护、自动化程度，进而向智能化制造迈进，未来我国工程机械制造业要适应国际市场的客观需要，并将信息化技术与智能化制造深入融合才能真正提升行业的国际竞争力。

4. 同步发展大中小型工程机械产品

大中型工程机械产品可提高施工的效率，所以工程机械产品的吨位、功率等在不断突破上限，国际施工机械的主流始终是大中型机械产品；但随着欧美、日本等地区与国家逐渐对规模较大的基础设施建设工程项目减少需求，未来国际工程机械制造的趋势也将开始注重小型化工程机械产品，所以在国际市场上适应家庭作业或是在较窄地段可从事作业的小型、微型工程机械产品的需求将呈明显上升趋势，主要因为城市小型工程项目和市场中修缮保护项目在不断增加。

（四）中国工程机械制造业转型升级的有利条件

1. "一带一路" 倡议

"一带一路" 倡议构想是通过加强沿线国家之间的合作建立基础设施的联通与贸易畅通，旨在形成互联互通的亚洲经济体系，因此 "一带一路" 倡议的实施推进将会有助于我国工程机械制造业获得更多的外部资源，并且有利于机械制造业的设备产品、适用性技术的输出，尤其是"一带一路"倡议将会涉及与中亚、东南亚各国的大量基础设施建设合作，因此将会直接拉动我国工程机械制造业的发展。因此，诸如中亚的天然气管道 C、D 线建设，中吉乌铁路建设，中塔公路 2 期建设；东北亚的中俄东线与西线天然气管道建设；东南亚的铁路、公路、港口、电网、油气管道等建设；南亚的中巴核电厂、工业园区、中巴公路建设等，这些工程项目建设都蕴含着大量的对工程机械制造业技术、设备、产品的需求，因此我国工程机械制造业应加强与东南亚、中亚、东北亚各国的项目建设合作，充分把握"一带一路"倡议的发展机遇，突破行业的低迷状态，促进工程机械制造业的转型升级。

2. 新型城镇化建设

在我国《国家新型城镇化规划（2014—2020 年)》中，可以看出我国在 2020 年要实现快速铁路网覆盖 50 万以上人口城市、普通铁路网覆盖 20 万以上人口城市；民航服务要覆盖全国 90% 的人口；高速公路基本覆盖 20 万以上人口城市，普通国道要基本覆盖县城；到 2020 年国家对于公共服务的投资将会推动交通运输、基础设施、城市社区综合服务设施的投资需求；随着城中村与城镇棚户区改造、农业人口转移等的住房建设投资将会进一步加大，所有这些与新型城镇化建设有关的项目都将为工程机械制造业提供发展契机。

（五）中国工程机械制造业转型升级的措施建议

1. 加大节能环保型设备产品的生产

目前我国环境问题日益严峻，节能环保型的制造业产品将成为主要发展方向，国家的工业节能规划也一直要求规上企业的工业增加值能耗比要达标，而我国的工程机械设备行业的污染比重却一直较高，将来随着我国工程建设项目的增多，应在工程机械制造业行业中加大力度规范那些高排放的工程机械产品，并推进生产节能环保型的产品。这样既有利于减轻我国的环境负担，又使我国工程机械产品的国际销售可以突破国际环境技术壁垒。当前，我国一些工程机械制造业企业已经开始注重产品的这方面要求，例如三一、徐工、柳工、中联等都在设计研发设备产品时考虑到产品的环保节能性。

2. 合理调整工程机械制造业的产业结构

首先，我国工程机械制造业应适度扩大企业的规模，并提高产业的集中度，应重点培育一些具有竞争实力的整机生产、零部件生产的龙头骨干企业，发挥其的行业带头引领作用，促使产业的集中度进一步提升。其次，应加大力度形成我国的工程机械制造服务业体系，进一步完善我国工程机械设备产品的售后服务、专业维修服务、设备租赁服务、进出口销售服务、二手设备销售服务等的发展，来促进我国工程机械制造业的后市场增长点。最后，应增强我国工程机械制造业零部件的循环利用能力，尽快形成该行业的再制造体系。特别是应建立健全我国工程机械制造业企业的信息管理系统，利用物联网技术、互联网技术等来对工程机械制造业产品进行分类回收管理。

3. 对企业的产品结构进行合理升级

我国工程机械制造业企业之间的产品结构趋于同质化易造成行业的价格竞争，为此我国工程机械制造业企业应在现有技术与产品产能的基础上促进轻型产品、通用型产品、低附加值产品提升技术含量，逐步向轻重型产品、专用型产品、高附加值产品转变，形成企业合理的产品结构；并逐步提高中高端产品的市场占有率，适度增强附加值较高的中高端产品设备在企业产品结构的占比，形成企业的竞争力，避免同质竞争。此外，在进一步加强企业拳头明星产品市场占有率的前提下，要开发生产环保型、高自动化、智能化的机械设备产品，使企业的产品结构系列达到丰富多元化，以此增强企业的综合竞争力，形成企业的自主品牌链。

4. 积极实施企业的国际化战略

我国的工程机械制造业企业应实施"走出去"的国际化战略，随着行业龙头企业（枢纽企业例如三一、中联、徐工等企业）国化战略的成功，给其他工程机械制造业（卫星企业）的"走出去"起到了带头示范作用。我国工程机械制造业企业在国内市场的竞争较为激烈，而可以通过对国际市场的拓展来减缓竞争压力，因此机械制造业企业应将产品的出口目标市场多元化，利用"一带一路"倡议的契机，提升产品的海外市场占有率。这就需要更多的"卫星企业"积极注册外贸公司，建立企业的外贸销售网络，利用国际工程机械展览会、设立海外办事处、与国外代理公司合作等的初级国际化方式来逐步实现产品出口，提升企业的国际化水平，增强竞争力。

5. 涉足新兴领域的产品生产研发

我国制造业的转型升级需要考虑对于国际新兴产品领域的开发推进，所以工程机械制造业企业也不例外。尽管我国机械制造业的高新技术产品比重不断上升，但是高新技术产品依然缺乏自主研发技术，机械制造业整体看创新能力不足、产业的附加价值较低，属于典型的劳动密集型产业。而当前发达国家特别注重产品的再利用技术、再制造技术，这就为我国工程机械制造业企业提出更高要求，要求工程机械制造业企业能够在生产领域突破环保型施工起降机、海洋工程施工设备机械、环保型仓储装备等的生产制造，在技术领域突破废旧工程机械设备回收再制造、建筑垃圾处理利用装备、建筑垃圾回收与再利用等的技术研发，在工程机械制造业的新领域与新产品方面进行突破，才能找到行业新的经济增长点与新动能。

6. 推进技术研发实现产品升级

（1）要对企业再制造技术进行应用研发。为了推进实施工业企业的资源综合利用效率降低能耗，发展制造业的循环经济，我国工程机械制造业企业应努力从失效零部件增材与性能恢复等方面提升企业的资源利用效率，并加大对废旧零部件及产品专业化、批量化修复技术的应用研发。

（2）要对关键零部件的生产技术进行重点研发。发动机、传动系统、液压系统、控制系统等构成了我国工程机械制造业产品的关键零部件，因此对于发动机系统需要突破低碳排放、低油耗、燃油喷射系统改进等共性技术，还需解决低速情况下发动机动力输出与扭矩设备之间的性能问题包括性能匹配、噪声、振动等；传动系统主要是突破"四轮一带"、"双变系统"、驱动桥与悬挂系统、回转支承、行星式回转减速机等的性能技术，并提高传动齿轮的精确度；液压系统需要提升液压阀、液压油缸、液压泵、液压马达等的自主设计、自主加工生产的能力，并突破高压大流量液压装置的技术"瓶颈"，真正实现我国工程机械制造业设备产品的自主配套生产。

7. 提升智能化技术的应用能力

利用物联网技术实现人机交互，通过人机工程学的推广应用达到工程机械设备的驾驶者能与设备机器相互协调，进而实现驾驶操作的安全性、便捷性（操作简单、机器保养方便）、舒适性；利用模块化设计技术增强产品生产的精确度来满足多样性需求，形成精加工生产少数产品模块就可组合多种产品系列的高效模式，来确保产品的低成本生产、稳定性能支撑与简单结构设计，最终促进产品模块之间的规范而高效的组合联系，改进提升企业的生产管理效率；利用智能化技术，实现作业操作现场的设备与信息网络系统的互联，进而能够进行物料、设备的自动识别与实时监管、通信，建立企业的数字化、信息化生产管理系统。

8. 实现制造业服务化转型

我国工程机械制造业企业应积极拓展产业价值链的上下游环节，包括上游的采购供应、研发设计与下游的市场营销、售后维修服务等业务环节，寻求生产制造的服务化转型。例如，山东地质探矿机械厂对产业链进行分析，使企业业务向上游延展，利用相关采购供应贸易探寻出一条服务化转型的路径。该厂在生产采购环节与钢材供应商建立了大量的业务往来，通过频繁的业务接洽合作，积累了良好的客户资源，该厂可以以较低的价格购进钢材材料，这样就在满足本厂生产需要的基础上，同时也可以向产业链的上游环节靠拢展开钢材材料的销售供应贸易，利用原材料的销售服务获得效益增收。

随着制造业转型升级任务的推进，我国工程机械制造业也应加快由低端向高端、由粗放向精细、由单纯生产向生产服务型转变升级。

案例八　山东省地质探矿机械厂

该厂创建于 20 世纪 50 年代，企业性质属于国有企业，在 20 世纪国家计划经济年代，由于依赖国家调配生产与销售，通过委托代加工的形式得以稳定发展；20 世纪 70 年代后期，随着我国的改革开放，该厂意识到科技是第一生产力，开始注重技术研发，最先是以 ODM 的形式进行代为生产、代为设计，先后研发设计生产了可用于地质钻探的各型号的钻机、钻杆、设备、打捞工具以及旋挖钻机、工程钻机（YGF 冲击反循环 15、25 型）等；当前，随着我国制造业转型升级战略任务的提出，该厂积极参与市场经济的大潮，开始实施 OBM 的自主品牌战略，在企业竞争中创建了"泰山"品牌。

在近几年该厂一直是粗放型的发展模式，资源利用效率低，自主创新能力较为薄弱，积累了大量的结构性矛盾。2012 年下半年产品销售受到经济大环境的影响开始下滑，各类钻杆、工程钻机、岩心钻机的销量锐减。

为此，企业采取相关措施寻求企业发展的新动力。第一，该厂积极调整企业发展模式，以技术为突破实现转型升级，研发了 XD 系列全液压动力头式岩心钻机，主要用于地质钻探，实现了技术先进、环保低碳、不滴漏油而且劳动强度低、安全性能与工作效率高的优点，增强了企业发展的实力。

第二，该厂顺应国家对于工程机械产品的环保要求，XD 系列岩心钻机的设计生产从多方面达到了环保性能，例如节能、节油、降低噪声、移走对于四周的植被保护等都得到了实现。

第三，该厂开始加快对于新兴领域产品的研发生产，2015 年主要推出 8 个相关的技术攻关项目，其中设计研发的地质灾害多功能治理钻机、全液压钻机 XDL - 2000、动力头全液压坑道钻机等就主要是针对设备产品的差异化与专业化方向的"精耕细作"，以此避免行业内的同质化竞争与价格战。

同时，积极将现代信息技术用于企业的研发生产环节。为了实现长远发展，企业未来将引入智能制造体系，对于设备的生产研发引入信息操控系统，方便客户的使用操作提高性能，拟开发设备的远距离实时监控、自动工程进度记录、自动识别工地物料等智能化系统。

第四，积极探索制造业服务化转型。该厂为了生产工程机械制造业产品，需要采购大量钢材，后经过考察调研，借鉴了供货企业销售钢材的成功经验，逐步实现了企业的服务化转型，主要借助于该厂自己采购部门的经验向社会销售钢材产品。2015 年共计完成 500 万元的销售业务，目前企业已经建立了专门的钢材销售业务，一方面加强与钢材供应商的联系了解市场供应与销售行情，另一方面利用企业的品牌优势积极物色寻找钢材的终端客户，通过钢材销售成功实现制造业服务化转型。

未来企业应进一步加强用于地质钻探、工勘施工等的设备产品售后服务体系建设,以维修、租赁、技术服务指导等后市场经济的发展来推动企业竞争力的突破;并且要合理调整企业的产品结构,在进一步保持25工程钻机、旋挖钻机等这些明星产品优势的基础上,要对于那些通用型的、低附加值的搭配产品诸如普通钻杆、打捞工具、普通型水井钻机、钳子、扳子等进行结构升级,要及时开发生产XD-2、3、4、5、6、7等系列全液压动力头岩心钻机,扩展企业的产品结构链条,壮大充实企业"泰山"品牌系列;企业应注重国外市场的开发,积极组织机械产品的出口,力争在2020年使企业的工程机械产品出口量在全厂产量中的占比能够达到25%。

三 中国钢铁行业转型升级

目前,我国钢铁行业的产能过剩且呈现出"中长期过剩"的趋势,一是我国地方政府对钢铁企业的新增投资在土地、税收、环境治理等方面给予过多的补贴造成的;二是国内外市场需求的减少导致钢铁销售的减缓造成产能过剩;三是国有钢铁企业产能占比较大且市场化的进程缓慢滞后导致我国钢铁行业反复产能过剩,因此我国钢铁行业有必要进行转型升级来化解产能过剩并提升国际竞争力。

(一)中国钢铁行业发展的现状

1. 钢铁行业的产能区域较为集中

目前,我国钢铁企业主要分布在全国28个省份,但是产能区域主要集中在5个省份,分别是河北省、江苏省、山东省、辽宁省、陕西省。

表4-36　　　　　2013年中国钢铁行业产能区域分布

钢铁产能分布区域	总产能(万吨)	在全国产量中的占比(%)
河北省	28310	28
江苏省	10458	11
山东省	9210	9
辽宁省	8175	8

续表

钢铁产能分布区域	总产能（万吨）	在全国产量中的占比（%）
陕西省	5095	5
5省合计	61248	61
其他23个省	39218	39

资料来源：中国钢铁工业协会。

表4-37　　　　　　　　中国钢铁产品的区域分布

钢铁产品	产量集中分布地区
粗钢	环渤海湾周边省份（2013年全国占比达到43.7%）
2000万—4000万吨粗钢规模级别	中部
1000万—2000万吨粗钢规模级别	沿边沿海地区

资料来源：中国钢铁工业协会。

2. 钢铁产量增速减缓

由表4-38可以看出，2008年国际金融危机之前我国钢铁的产量增速保持较快的增长，2008年国际金融危机生铁、粗钢、钢材产量的增速达到2005—2014年的最低水平，国际金融危机之后钢铁产量开始逐渐增长但增速明显放缓。2013年我国钢铁行业开始保持增长的势头，产量不断增加，2013年生铁产量达到70897.00万吨，同比增长6.20%；粗钢产量达到77904.10万吨，同比增长7.50%；钢材产量达到106762.20万吨，同比增长11.40%。2014年生铁产量达到71160.00万吨，同比增长0.40%；粗钢产量达到82270.00万吨，同比增长5.60%；钢材产量达到112557.00万吨，同比增长5.40%。2014年我国经济下行压力增大，钢铁市场的需求减少、价格下降，钢铁行业的经济效益下滑，产能释放的速度加快。

表4-38　　　　　　2005—2014年中国钢铁行业的产量

年份	生铁产量（万吨）	生铁增速（%）	粗钢产量（万吨）	粗钢增速（%）	钢材产量（万吨）	钢材增速（%）
2005	33040.47	31.19	34936.15	28.23	37117.00	24.81
2006	40416.70	22.32	41878.20	19.87	46685.40	25.78
2007	46944.60	16.15	48924.10	16.82	56460.80	20.94

续表

年份	生铁 产量（万吨）	增速（%）	粗钢 产量（万吨）	增速（%）	钢材 产量（万吨）	增速（%）
2008	47067.41	-0.20	50048.80	1.10	58177.30	3.60
2009	54374.80	15.87	56784.20	13.50	69243.70	18.50
2010	59021.80	7.40	62665.40	9.30	79627.40	14.70
2011	62969.30	8.40	68326.50	8.90	88131.30	12.30
2012	65790.50	3.70	71654.20	3.10	95186.10	7.70
2013	70897.00	6.20	77904.10	7.50	106762.20	11.40
2014	71160.00	0.40	82270.00	5.60	112557.00	5.40

资料来源：中国钢铁工业协会。

3. 中等规模钢铁企业以及民营钢铁企业的占比较大

可以看出我国大部分钢铁企业主要集中在100万—500万吨的产能规模区域，企业数量达到157家，在全国钢铁企业数量中占到71%；而民营钢铁企业在100万—500万吨产能规模区域共计有140家，占全国同等规模企业的比重为78%，所以在我国钢铁企业中中等规模钢铁企业以及民营钢铁企业的占比较大。

表4-39　　　　2013年中国钢铁行业产能规模分布

产能规模（万吨）	企业数量（家）	企业数量占比（%）	产能（亿吨）	产能占比（%）
100—300	115	52	1.9	19
300—500	42	19	1.44	14
合计	157	71	3.34	33

资料来源：中国钢铁工业协会。

表4-40　　　　2013年中国钢铁行业民营企业产能分布

产能规模（万吨）	企业数量（家）	占全国同等规模企业的比重（%）	产能（亿吨）	占全国同等规模企业产能总量的比重（%）
100—300	100	56	1.6	30
300—500	40	22	1.6	30
合计	140	78	3.2	60

资料来源：中国钢铁工业协会。

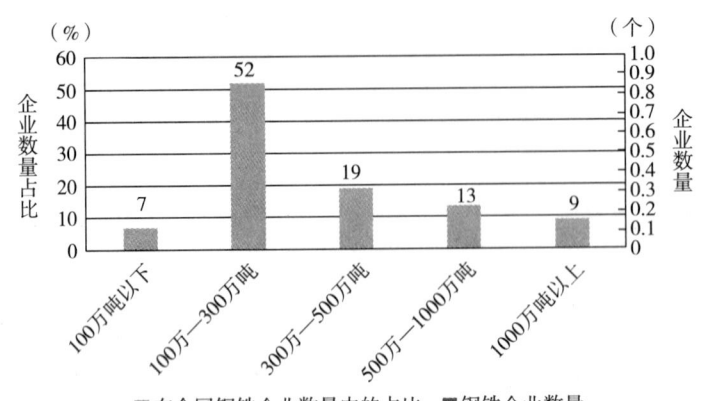

图 4-40　2013 年中国钢铁行业企业数量与产能分布

资料来源：中国钢铁工业协会。

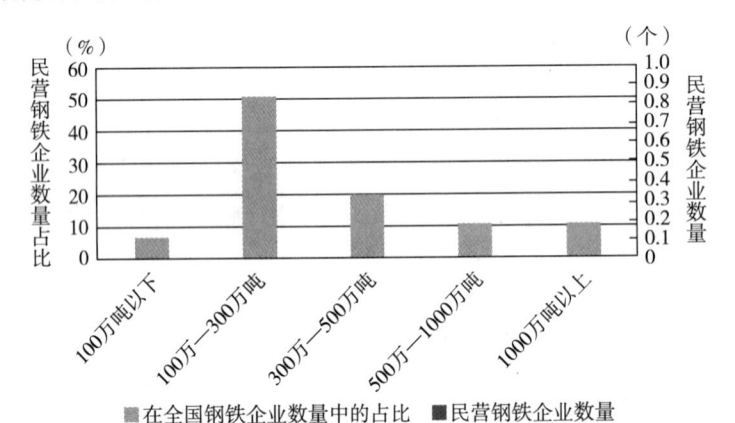

图 4-41　2013 年中国钢铁行业民营企业数量与产能分布

资料来源：中国钢铁工业协会。

2013 年我国钢铁企业数量为 221 家，总产能达到 10.05 亿吨；其中国有企业数量为 41 家，国企数量少，但是单体企业的规模较大，2013 年产能为 4.63 亿吨，平均每家企业的产能为 1130 万吨；民营钢铁企业的数量为 180 家，在全部钢铁企业数量中的占比达到 81%，2013 年民营钢企的产能达到 5.42 亿吨，民营钢企的数量多，但是单体企业的规模较小，平均每家企业的产能为 301 万吨。

4. 经济新常态下对高强钢的需求呈现出上升态势

我国经济进入新常态下，经济增长的方式将会由过去依赖投资驱动向创新驱动转变，所以对钢材中的粗钢消费与需求将会逐渐趋于饱和。

同时随着我国制造业产业的转型升级，各用钢行业对钢铁的质量与品种要求将会提升，特别是对高强钢的需求将会加大，主要是因为高强钢可以在环境约束、成本降低等方面可以充分满足我国用钢行业的需求，例如汽车制造行业车用冷轧薄板就需要使用高强度用钢并具有良好的加工功能；工程机械制造业的用钢需求既需要具有高强度用钢，还要求具备高耐磨的特性；家电制造行业中需要厚度薄的板材，尤其是大型家电箱体板材厚度在逐渐减薄，对高强度薄规格板材的需求越来越大。随着钢铁制造业下游行业——家电制造、汽车制造、集装箱生产、船舶制造、机械工业等行业工艺水平以及产品档次的提高，生产装备的改进、高强钢材的使用，下游行业用钢产品的钢材单耗在逐渐降低，例如2014年我国机械制造业每万元产值的用钢量与2004年相比下降了50%，船舶制造业平均每载重吨的钢材消耗下降48%。

表4-41　　　　　2013—2014年粗钢国内生产与进出口情况

年份	国内产量	出口（万吨）					进口（万吨）				国内消费市场	
	粗钢	钢材	钢胚	钢锭	折合粗钢		钢材	钢胚	钢锭	折合粗钢	粗钢表观消费量	同比增长（%）
2013	77904	6234	0.40	0.03	6632		1408	55.19	5.90	1559	72831	8.35
2014	82270	9378	—	—	—		1443	—	—	—	74117	1.76

资料来源：中国钢铁工业协会。

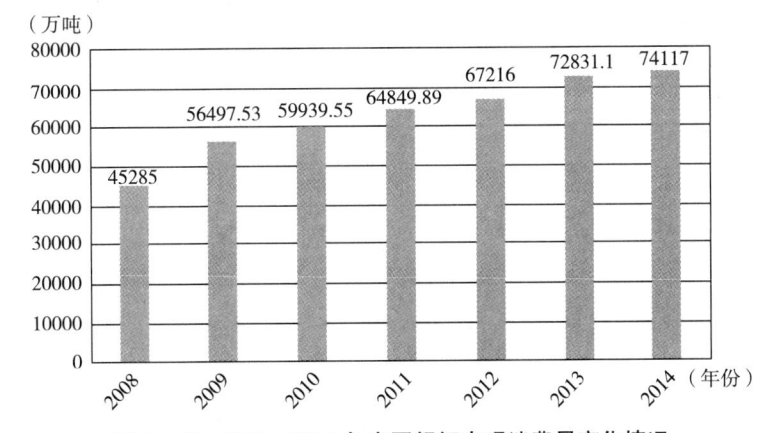

图4-42　2008—2014年中国粗钢表观消费量变化情况

资料来源：中国钢铁工业协会。

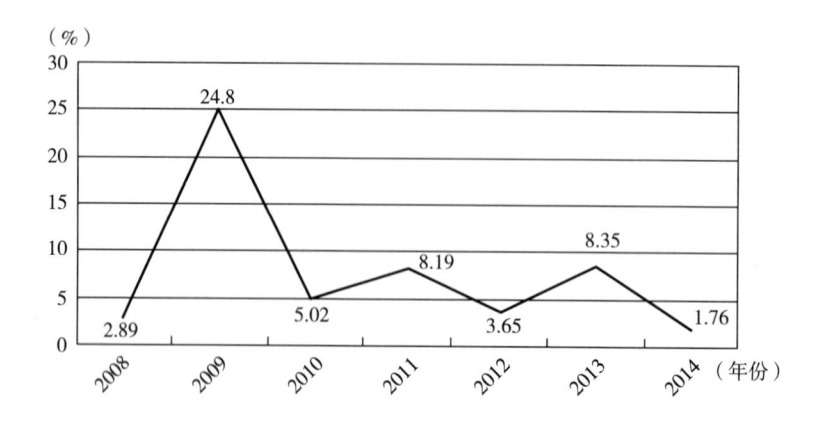

图 4-43　2008—2014 年中国粗钢行业表观消费量同比增长情况

资料来源：中国钢铁工业协会。

(二) 中国钢铁行业面临的突出问题

随着我国经济进入新常态，国民经济增长速度放缓，2012 年我国钢铁产品的需求以及生产增速都明显下降，2014 年我国粗钢的表观消费量为 7.41 亿吨，同比增长仅为 1.76%；同时累积生钢、钢材、粗钢的产量增幅同比都有所下降。这主要是因为我国房地产市场低迷、基础建设投资减少、下游制造业的低速增长，导致钢材产品的产量下降。我国钢铁行业面临着较为突出的问题：

1. 我国钢铁行业产能过剩

一是由于钢材市场需求减少，二是由于新建产能的释放导致我国钢铁市场的产能过剩。在产能利用方面，据统计，2012—2014 年，我国粗钢的产量分别为 7.2 亿吨、7.8 亿吨、8.23 亿吨，而粗钢产能分别为 10 亿吨、11 亿吨、11.6 亿吨，产能的利用率则分别为 72%、70.9%、70.9%；在产品生产方面，我国的钢铁工业由过去的结构性过剩转变为全面过剩，例如，2012 年螺纹钢、线材的产能合计为 3.99 亿吨，新增产能为 0.35 亿吨，而全年产量为 3.1 亿吨，产能利用率为 71%。此外中高端钢产品也表现出较高的产能过剩，冷轧薄板、热轧薄板、宽厚板、不锈钢等产品由于产能快速扩张导致产能过剩。例如，2012 年在中厚板产能不断增加的情况下，1—10 月中板产量下降 9%、厚板产量下降 10.4%、特厚板下降 15.3%。2012 年我国钢铁行业的产能利用率达到较低水平,冷轧产能超过 1.2 亿吨、热轧产能超过 2.2 亿吨,电工钢产能超过 0.15 亿吨。

2. 我国钢铁企业的经济效益明显下降

2008 年国际金融危机之后我国钢铁企业的经济效益逐渐下滑,特别是产能过剩的严峻形势使企业的利润不断下降。

表 4-42　2008—2012 年中国钢铁企业利润总额的变化情况与原因

	钢铁制造行业	利润总额（亿元）	原因
2008 年 1—11 月	黑色金属冶炼及压延业	1475	国际金融危机致使经济效益下降
2009 年 1—11 月	钢铁行业	812	国际金融危机的扩散
2010 年	钢铁行业	1283	经济开始复苏
2011 年	钢铁行业	2099	各国的经济刺激政策
2012 年	钢铁行业	1229	我国国民经济增速放缓

资料来源:中国钢铁工业协会。

表 4-43　　2006—2014 年中国钢铁行业企业销售利润率的变化情况与原因

	规上钢铁企业销售利润率（%）	原因
2006 年 1—11 月	5.1	—
2007 年 1—11 月	5.5	—
2008 年 1—11 月	3.5	国际金融危机影响
2009 年 1—11 月	2.1	国际金融危机影响
2010 年	2.6	经济复苏
2011 年	2.89	经济刺激政策
2012 年	1.73	新增产能释放,宏观刺激政策退出,钢铁企业全面亏损,亏损面接近 20%
2013 年	2.2	—
2014 年	2.2	利税 1091 亿元,利润 304 亿元,调低了固定资产折旧率,账面效益略好

资料来源:中国钢铁工业协会。

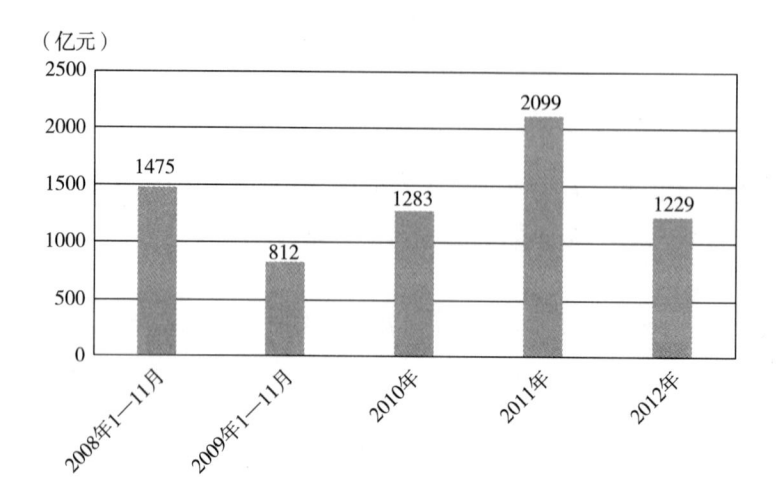

图 4-44　2008—2012 年中国钢铁企业利润总额变化情况

资料来源：中国钢铁工业协会。

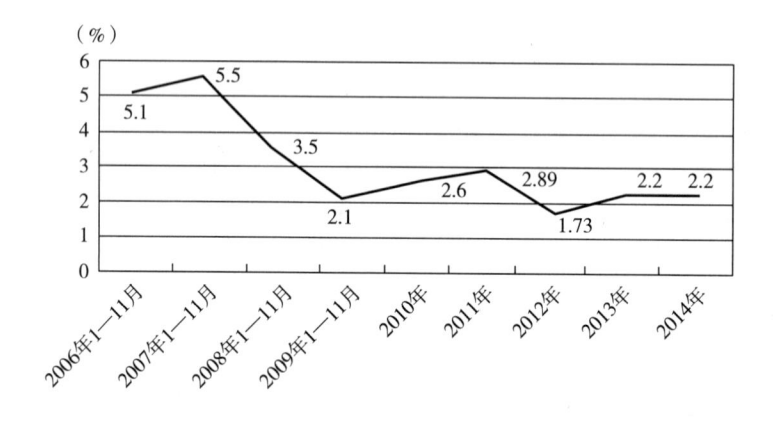

图 4-45　2006—2014 年中国规上钢铁企业销售利润率的变化情况

资料来源：中国钢铁工业协会。

3. 我国钢铁行业产能过剩问题将会长期存在

由图 4-45、表 4-43 可以看出，我国钢铁制造业主要面临产能过剩的严峻形势以及低速增长的局面，如果不采取相关措施进行调整，产能过剩的问题将会长期存在。我国经济增长已进入新常态，经济增长的方式也由过去的投资拉动与出口增长逐渐向创新驱动型增长方式转变，而钢铁制造业不能因为钢材的市场需求减少而长期停留在低速增长的

"高位平台期",需要通过治理措施来扭转这种局面。首先,尽管我国人口众多,建筑用钢、桥梁用钢等的使用效率都较高,但人均钢铁消费量的缺口并不能构成驱动我国钢铁行业快速增长的主要动力,2012年我国人均钢铁消费量达到477.4千克,高于世界平均水平(216.9千克)以及欧盟的平均水平(287.5千克),因此我国国内市场对于粗钢的需求将会下降,需求增速也将会放缓。其次,我国粗钢的生产能力已经达到11.6亿吨,且我国对于钢铁行业的固定资产投资水平仍保持着较高的水平。最后,我国钢铁行业依赖市场机制调节供需、平衡产能的良性循环体系尚未建立充分,这样就意味着采取相关措施及时解决我国当前钢铁行业产能过剩是当务之急。

(三)中国钢铁行业产能过剩的原因分析及转型升级的策略

1. 中国钢铁行业产能过剩的原因分析

(1)宏观层面:国民经济增速放缓。2008年国际金融危机之后,我国政府一方面采取了刺激经济增长的措施,加大了对于基础设施的投资力度,另一方面又采取了刺激家电、汽车等的消费政策,在很大程度上促进了国民经济的稳步发展,尤其是国内市场对于钢铁需求的快速增长又带动了对钢铁行业的产能投资。但是随着我国刺激消费的政策退出,国内市场对于家电、汽车的需求明显下降,基础设施建设的投资增速也逐渐放缓,钢材的需求增速下降,而国际市场经济低迷、复苏缓慢,对于钢材的需求也在下降,再加上我国国内不断投资新建的项目所积累形成的新产能,最终导致钢铁行业整体产能过剩。

(2)中观层面:政策干预导致钢铁企业盲目投资。一是我国对于钢铁企业所采取的产业政策向来都是"扶大限小",即通过相关政策重点扶持大中型钢铁企业同时限制小企业的发展。而小型钢铁企业却通过不断的规模扩张来争取市场的发展空间,从而尽力避免被国家产业政策所限制与淘汰。因此,国家产业政策的扶持倾斜致使整个钢铁行业都具有较强的投资动机,这样既扭曲了企业投资行为,又加剧了行业内的产能过剩,例如钢铁行业在淘汰落后产能时,主要考虑投资设备、生产线的规模大小,这样使小型钢铁企业在扩大企业规模时就不得不投资规模较大的高炉、转炉设备以及较高规模标准的生产线来避免被淘汰,这样反而增加了行业的产能过剩。此外,我国政府为应对行业竞争加剧、产能利用率下降，通常采取对中小民营企业的限制措施，加大对大型国有钢铁企业的保护力度，这样又进一步加大了大型企业的投资产能。

二是地方政府将本地的大型国有钢铁企业作为政策扶持的主要目标，因为其是发展地方经济的主要财政支柱，所以地方政府为促进本地大型钢铁企业的发展与产能投资，通常会为这些企业提供廉价的土地资源，并提供优惠的税收措施；为了让这些企业降低成本，还放宽对环境标准的要求；在企业面临经营困难时提供一定的补贴与资助。正是地方政府对本地大型钢铁企业的过度保护与支持致使企业不断扩张生产规模与产能投资，最终出现产能过剩。

（3）微观层面：国有钢铁企业效率低下。我国国有钢铁企业在全国钢铁企业中占据比重过高且大部分国有钢铁企业效率低下，一方面加剧了行业产能过剩，另一方面对于产能退出又形成了巨大的障碍。2011年在钢铁行业的黑色金属冶炼与压延加工业中，国有钢铁企业的成本费用利用率为1.19%，总资产贡献率为4.79%，明显低于钢铁行业的平均水平（钢铁行业的平均费用利用率水平为3.39%，总资产贡献率为8.88%），尽管如此，这些钢铁企业通过借助于地方政府的补贴依旧维持生产经营，也正是因为国有钢铁企业不是凭借企业改革提升效率来赢得市场，使那些企业管理效率较高的民营钢铁企业坚信扩大产能投资是合理的选择，因而又进一步加剧了产能过剩。可以看出，我国钢铁行业因为缺少较为公平的市场竞争环境，产能调整与产能退出都面临障碍：①部分钢铁企业为降低环境投入与成本采取违规排污的方式，这些企业借助于成本优势可以形成竞争优势；②中小型钢铁企业采取不正当竞争手段，例如采用生产地条钢、无发票销售逃税；③市场机制难以发挥作用，使落后产能、效率低下的企业难以被淘汰，这些企业借助于成本优势；④地方政府对于本地钢铁企业的补贴、违规优惠政策导致不正当竞争。

2. 中国钢铁行业转型升级的策略

（1）限制增量投资，消化过剩产能。

一是要严格限制增量投资。针对目前的钢材产品产能过剩，有些企业为了开拓新的钢材市场而进行盲目投资，要严格控制新的增量投资，特别是那些中低端的新建项目以及扩产项目。

二是加大力度推动低标钢结构建筑与设施对于钢材产品的使用量。在城市建设中的公共设施与建筑,诸如景观、护栏、岗亭、电话亭、车站、码头等可以采用钢结构来建筑,或是采用以钢为主的混合式结构,这些建筑往往对于钢材的需求量较大但是品质要求较低,这样就可以消化产能过剩、供大于求的钢产品。

三是把握新农村建设中的农业机械化机遇,利用"建材下乡"措施来推进农村市场对于钢产品的需求量。2010年我国开始实施"建材下乡"的措施来推动农村市场对于钢材产品的需求,在一定程度上使棒材、钢板的消费需求有所增加,但是由于"建材下乡"措施的进程推进较为缓慢,特别是参与该项措施的试点单位多为家具行业、木材行业、水泥行业等的企业,钢铁企业参与的较少,因此这项措施对于钢铁消费的实际带动效果不如"汽车下乡"与"家电下乡"措施。因此,在进一步推进"建材下乡"措施时,应尽可能增加试点地区,并适当提高在新农村建设中的公共建筑与居民住宅的标准,从而增加钢材的使用量;同时在农村中可以广泛推行"农机购买补贴"政策,利用农业机械化的良好机遇,将适合农村建设的钢材产品、发展农村产业化生产的钢材产品深入推广到农村市场中去。

四是加大对于新兴市场的开拓。我国钢材产品产能过剩主要集中在中低端板材的严重过剩,这些板材可以广泛地应用在机械产品与装备产品的制造行业,但是由于我国制造业正面临着升级转型的关键阶段,且依赖国内现有的下游产业来消化过剩产能较为困难,也不符合制造业转型升级的要求,因此借助国外市场通过调整钢材产品的出口结构,就可以充分消化钢材产品的过剩产能。这样应采取措施积极引导鼓励钢铁企业向发展中国家,尤其是制造业发展速度较快的金砖国家——南非、印度、巴西出口,以此提升我国国内过剩板材的产能利用率。

(2)升级技术水平,建立技术标准。我国钢铁行业在制定中长期规划的前提下,应努力制定切合实际的短期规划,通过制定1—2年的短期规划,旨在促进我国钢铁工业技术标准的制定与进步,使钢铁工业的技术水平与生产工艺能得到提升。因此在钢铁产业技术升级目标中除了增加板材的比重外,还应提升高强度高端装备用钢、汽车用钢、建筑用钢、耐腐蚀钢的比重;要在我国钢铁工业中通过组合不同钢铁企业之间的技术人员来攻关技术难题、突破关键工艺，例如重点突破薄板热轧工艺，以此来推动我国装备制造业与国内高铁行业发展的需要；通过升级技术水平，在我国钢材需求较大的领域来替代对高端钢材的进口；采取措施使我国钢铁企业增强技术吸收能力，并在此基础上增强新产品的开发能力，从而形成高端产品的生产制造能力。

（3）健全市场机制，优化产业结构。我国钢铁工业的产能过剩，其中一个重要的原因在于钢铁企业之间的竞争未真正实现优胜劣汰的市场机制，地方政府的冲动投资导致了"盲目进入"与"过度进入"从而造成产能过剩，也使钢铁工业的产业集中度较低。因此，当前我国钢铁工业应健全市场机制，通过市场推动来实现钢铁企业之间的兼并重组，这种由市场驱动而形成的重组机制，可以使钢铁企业逐渐摆脱与消除地方政府的干预，包括各种税收、土地、环境治理方面的隐形补贴，促进钢铁企业之间的公平竞争，将市场机制引入我国的钢铁行业，也可以在当前较为低迷的钢铁市场中，以优胜劣汰机制进行产业结构优化，进而使效率低下的国有企业进行改革提升。

（4）加强市场监管，构建公平竞争。为了化解我国钢铁工业的产能过剩，还需加强对我国钢铁行业的市场监管，包括同等对待不同所有制的钢铁企业，在税收、土地、环境治理成本等方面享有同等待遇；通过制定法规政策来监督地方政府行为，严禁地方政府使用不利于公平竞争的各项优惠政策；采取措施消除钢铁企业生产地条钢、无发票销售的行为；对钢铁企业的环境治理加大力度，使钢铁企业对环境造成的污染物排放承担相关成本费用。

案例九　河北省钢铁企业的兼并重组模式

表1　　　　　河北省钢铁企业的兼并重组模式

兼并重组的模式	兼并重组的钢铁企业	兼并重组的模式特点
资产收购	河北西津钢铁集团	借助于市场化运作（控股收购、全资并购、入资参股、合资合作），实现股权控制以及低成本企业规模快速扩张

续表

兼并重组的模式	兼并重组的钢铁企业	兼并重组的模式特点
新设合并	唐山龙港钢铁集团对唐山港陆钢铁有限公司、唐山建龙实业有限公司合并重组为唐山龙港钢铁有限公司；收购唐山宝泰钢铁集团、遵化金航镍钴有限公司，合并为唐山龙港（集团）有限公司	产品升级、技术改造、淘汰落后、资本融合
减量搬迁	唐山渤海钢铁集团成员企业通过联合入股重组形成唐山渤海钢铁有限公司	联合入股、搬迁改造、优化结构、创新机制、减企压员；淘汰落后钢铁设备、减量搬迁改造；对保留企业实施反向收购
资产划转	唐钢集团、邯钢集团组建河钢集团	企业信誉、技术服务、管理经验作为与民营钢企的股权投资关系，探索国企之间、国企与民企之间利用资产划转进行重组的方法
渐进融合	新武安钢铁集团与重组钢企共同建立河北新武安钢铁集团有限公司	统一采购、统一销售；资源共享、基础设施共建、集中发展；建立产权纽带，提升技术创新能力、投资发展能力、装备水平

资料来源：根据收集资料整理。

四 中国船舶制造工业转型升级

船舶工业是我国国民经济发展的重要战略性产业，直接关系着我国的国防安全；同时，船舶工业也是我国国际竞争力较强、市场化程度较高的工业行业，是我国总装工业中唯一可以和发达国家相抗衡的工业，特别是在三大传统船型的生产制造方面具备了较强的国际竞争力。随着我国的船舶生产能力的不断增强，造船技术水平也在不断提高，且船舶出口在国际市场已经树立了良好的声望与信誉。当前，我国的船舶工业已经形成了较为完善的产业发展体系，包括船舶的开发设计、建造、设备配套、修理服务等。但在国际金融危机之后，我国船舶制造业企业的经济效益开始下滑，出现了融资难、接单难、交船难等诸多问题，而在当前制造业转型升级的大背景下，迫切需要解决我国船舶工业的自主创新能力不足、产能结构性过剩等深层次问题。

(一) 中国船舶制造工业的发展现状

1. 2005—2011 年中国船舶产量不断增长，2012 年开始逐年下降

2005—2011 年我国船舶生产量不断增长，连续突破千万载重吨的水平。2008 年我国造船完工量达到 2881 万载重吨；2009 年我国造船完工量达到 4243 万载重吨；2010 年我国造船完工量达到 6560 万载重吨；2011 年我国造船完工量达到 7665 万载重吨；2012 年我国造船完工量达到 6021 万载重吨。但是从 2012 年开始我国造船完工量开始明显下降，由 2012 年的 6021 万载重吨下降到 2017 年的 3804 万载重吨。

表 4-44　　　　2005—2012 年中国船舶工业三大指标情况　　单位：万载重吨

年份	2005	2007	2009	2010	2011	2012
完工量	1212	1893	4243	6560	7665	6021
新订单量	1669	9845	2600	7523	3622	2041
手持订单量	3963	15889	18817	19590	14991	10695

资料来源：中国船舶工业行业协会。

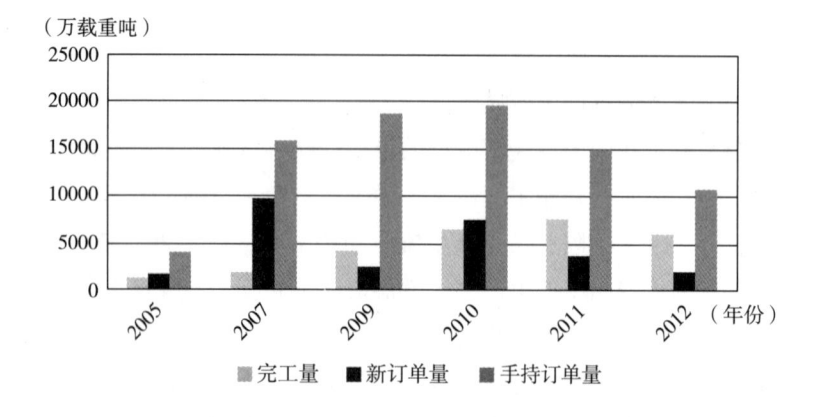

图 4-46　2005—2012 年中国船舶工业三大指标情况

资料来源：中国船舶工业行业协会。

表 4-45　　　2013—2017 年中国船舶工业三大指标情况　单位：万载重吨

年份	2013	2014	2015	2016	2017
完工量	4335	3629	3922	3594	3804
新订单量	6884	5102	2916	1617	3223
手持订单量	13010	14972	12737	9595	8814

资料来源：中国船舶工业行业协会。

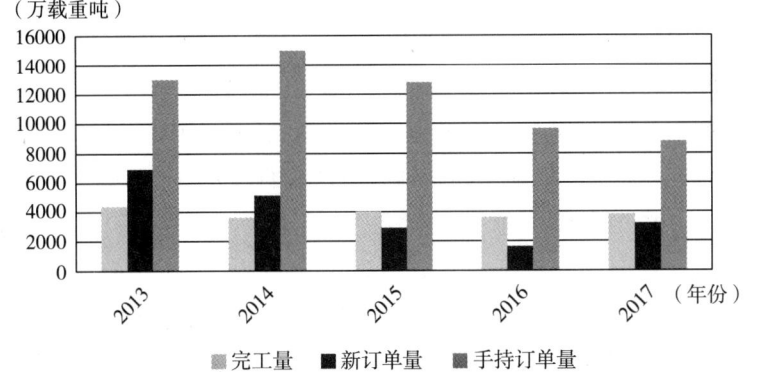

图 4-47　2013—2017 年中国船舶工业三大指标情况

资料来源：中国船舶工业行业协会。

由表 4-44 可以看出，2005—2012 年我国船舶工业造船完工量从 2005 年的 1212 万载重吨增加到 2012 年的 6021 万载重吨，2012 年为 2005 年的 4.97 倍；2005—2012 年我国船舶工业造船新订单量从 2005 年的 1669 万载重吨增加到 2012 年的 2041 万载重吨，2012 年为 2005 年的 1.22 倍；2005—2012 年我国船舶工业造船年底手持订单量从 2005 年的 3963 万载重吨增加到 2012 年的 10695 万载重吨，2012 年为 2005 年的 2.7 倍。

由表 4-45 可以看出，2013—2017 年我国船舶工业造船完工量从 2013 年的 4335 万载重吨下降到 2017 年的 3804 万载重吨，下降了 12.25%；2013—2017 年我国船舶工业造船新订单量从 2013 年的 6884 万载重吨下降到 2017 年的 3223 万载重吨，下降了 53.18%；2013—2017 年我国船舶工业造船年底手持订单量从 2013 年的 13010 万载重吨下降到 2017 年的 8814 万载重吨，下降了 32.25%。

2. 2010—2017 年中国船舶工业三大指标居于世界第一，产业竞争力增强

我国船舶工业 2008 年的造船完工量、新订单量、手持订单量在世

界市场的份额占比分别为 29.5%、37.7%、35.5%；2009 年中国船舶工业三大指标在世界市场的份额占比分别为 34.8%、61.6%、35.2%；2010 年中国船舶工业三大指标在世界市场的份额占比分别为 41.9%、48.5%、40.8%，三大指标都位居世界第一；2011 年中国船舶工业三大指标在世界市场的份额占比分别为 41.2%、46.9%、44.9%，三大指标都位居世界第一；2012 年中国船舶工业三大指标在世界市场的份额占比分别为 40.7%（比韩国高 7.9 个百分点，比日本高 20.9 个百分点）、43.6%（比韩国高 12 个百分点，比日本高 23.9 个百分点）、41.5%（比韩国高 14.9 个百分点，比日本高 18.9 个百分点），三大指标都位居世界第一，明显领先于韩国与日本的三大造船指标。

2013 年中国船舶工业三大指标——造船完工量、新订单量、手持订单量在世界市场的份额占比分别为 40.3%、47.6%、45.8%，三大指标都位居世界第一；2014 年中国船舶工业三大指标在世界市场的份额占比分别为 39.9%、46.5%、47.2%，三大指标都位居世界第一；2015 年中国船舶工业三大指标在世界市场的份额占比分别为 40.8%、30.2%、42.0%，三大指标都位居世界第一；2016 年中国船舶工业三大指标在世界市场的份额占比分别为 35.9%、59.0%、43.0%，三大指标都位居世界第一；2017 年中国船舶工业三大指标在世界市场的份额占比分别为 39.1%（比韩国高 6.7 个百分点，比日本高 18.2 个百分点）、44.4%（比韩国高 6.2 个百分点，比日本高 34 个百分点）、44.8%（比韩国高 20.8 个百分点，比日本高 20.7 个百分点），三大指标都位居世界第一，明显领先于韩国与日本的三大造船指标。

表 4-46　　2012 年世界主要造船国三大造船指标比较

指标	国家	世界	中国	韩国	日本
造船完工量	万载重吨	14777	6021	4844	2930
	占比（%）	100.0	40.7	32.8	19.8
	万修正总吨	4572	1901	1356	811
	占比（%）	100.0	41.6	29.7	17.7

续表

指标 \ 国家		世界	中国	韩国	日本
新接订单量	万载重吨	4686	2041	1479	921
	占比（%）	100.0	43.6	31.6	19.7
	万修正总吨	2288	869	746	290
	占比（%）	100.0	38.0	32.6	12.7
手持订单量	万载重吨	25763	10695	6860	5822
	占比（%）	100.0	41.5	26.6	22.6
	万修正总吨	9582	3600	2851	1564
	占比（%）	100.0	37.6	29.8	16.3

注：由于四舍五入的原因，合计可能不完全等于100%，下同。

资料来源：英国克拉克松研究公司，根据中国统计数据进行了修正。

表4-47　　2017年世界主要造船国三大造船指标比较

指标 \ 国家		世界	中国	韩国	日本
造船完工量	万载重吨	9718	3804	3146	2031
	占比（%）	100	39.1	32.4	20.9
	万修正总吨	3307	1142	1052	673
	占比（%）	100	34.5	31.8	20.3
新接订单量	万载重吨	7264	3223	2777	758
	占比（%）	100	44.4	38.2	10.4
	万修正总吨	2325	918	645	200
	占比（%）	100	39.5	27.7	8.6
手持订单量	万载重吨	19662	8814	4719	4732
	占比（%）	100	44.8	24.0	24.1
	万修正总吨	7748	2871	1625	1572
	占比（%）	100	37.1	21.0	20.3

资料来源：英国克拉克松研究公司，根据中国统计数据进行了修正。

3. 船舶配套产业质量得以提升，关键技术自主创新取得进展

为适应国际海事规则对船舶配套产业排放的要求，我国船舶配套企业开始注重绿色、环保的发展趋势，努力加大关键核心技术的研发以及市场的开发。2017年我国在船舶配套产业领域取得了重要进展，国际最大直径船用螺旋桨、国际第一台微引燃双燃料发动机、我国第一台SCR（高压选择性催化还原）系统船用低速柴油机交付使用；同时在船舶配套产业中多个领域通过自主研发打破国际垄断填补国内空白，例如电驱动海洋绞车（具有主动升沉补偿功能）、全航速减摇鳍、CS21船用中速柴油机等。2016年我国船舶工业企业在关键核心技术上加大创新力度，研制成功多项高附加值、高技术含量的全球首制船，完工交付赢得了国际船运市场的青睐，例如LNG动力4000车位汽车滚装船、极地重载甲板运输船、3.88万吨双相不锈钢化学品船、3.75万立方米乙烯船；多型支线集装箱船、2万吨级化学品船、8.5万立方米乙烷运输船、40万吨VLOC（超大型矿砂船）赢得了批量订单；1万车位汽车滚装船、2万TEU集装箱船都在稳步推进建造中。此外，我国船舶制造企业在造船工艺不断创新的基础上，加大了新技术在造船上的应用，通过使用智能焊接机器人、数字化装备来提高造船企业在管理、生产工艺、生产流程的设计集中度，旨在提高造船工业的制造效率与质量。目前我国船舶行业中的南通中远川崎船舶工程有限公司成为唯一一家工信部智能制造试点示范企业。

4. 船舶出口总额稳中上升

2014年我国船舶工业出口金额达到237.8亿美元，其中出口散货船达到81.1亿美元，在出口总额中的占比为34.1%；出口集装箱船达到51.1亿美元，在出口总额中的占比达到21.5%；出口油船达到22.7亿美元，在出口总额中的占比达到9.5%；出口不以航行为主的消防船、起重船、灯船等的金额达到26.2亿美元，在出口总额中的占比达到11%；出口顶推船、拖轮等达到12.9亿美元，在出口总额中的占比达到5.4%；出口浮动或潜水式生产平台或钻探达到20.3亿美元，在出口总额中的占比达到8.5%，我国船舶出口中主要以集装箱船、散货船、油船等的出口为主。出口的目标市场主要以亚洲市场为主，亚洲是我国出口船舶最大的市场，2014年，我国向亚洲出口船舶达到140.5

亿美元，向非洲出口船舶达到 10.6 亿美元，向欧洲出口船舶达到 40.2 亿美元，向拉美出口船舶达到 31.6 亿美元，向大洋洲出口船舶达到 12.5 亿美元。2014 年我国出口船舶在全国造船完工量中的占比达到 84.8%，在全国新接订单量中的占比达到 92.6%，在全国手持订单量中的占比达到 95.9%。

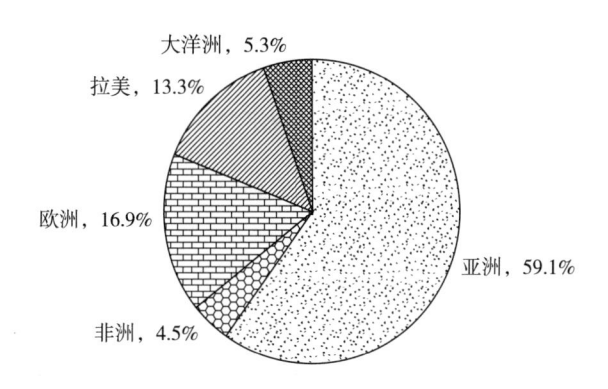

图 4-48　2014 年中国船舶出口市场出口金额占比

资料来源：中国船舶工业行业协会。

表 4-48　　　　　　2014 年、2017 年中国船舶出口三大指标情况

	2014 年		2017 年	
	出口量（万载重吨）	同比变化情况	出口量（万载重吨）	同比变化情况
完工出口船	3311	下降 7.3%	3944	增长 17.9%
承接出口船订单	5551	下降 14.3%	2813	增长 72.9%
手持出口船订单	14280	增长 23.7%	7868	下降 14.7%

资料来源：中国船舶工业行业协会。

2015 年我国船舶工业出口金额达到 280.2 亿美元，同比增长 11.2%，其中出口散货船、集装箱船、油船的金额合计达到 157.1 亿美元，在出口总额中的占比达到 55.9%，我国船舶出口仍以集装箱船、散货船、油船为主。2015 年，我国船舶出口到 188 个国家和地区，出口的目标市场仍以亚洲市场为主，2015 年我国向亚洲出口船舶达到 164.5 亿美元，向欧洲出口船舶达到 35.7 亿美元，向拉美出口船舶达到 33.4 亿美元，向大洋洲出口船舶达到 31.6 亿美元。

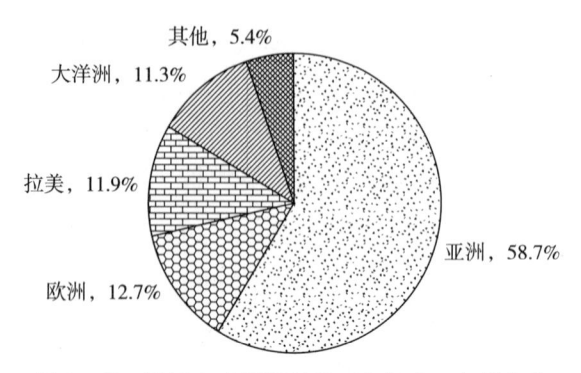

图 4-49　2015 年中国船舶出口市场出口金额占比

资料来源：中国船舶工业行业协会。

2016 年 1—11 月我国船舶工业出口金额达到 215 亿美元，同比下降 19.4%，其中出口散货船、集装箱船、油船的金额合计达到 122.5 亿美元，在出口总额中的占比达到 57%，我国船舶出口仍以集装箱船、散货船、油船为主。2016 年我国船舶出口到 160 多个国家和地区，出口的目标市场仍以亚洲市场为主，2016 年我国向亚洲出口船舶金额达到 100.9 亿美元，向欧洲出口船舶达到 40.1 亿美元，向拉美出口船舶达到 15.4 亿美元。

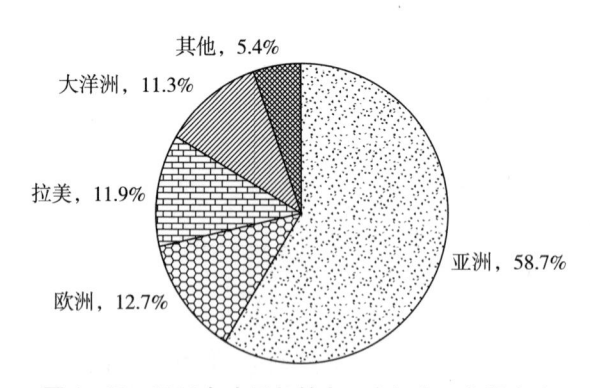

图 4-50　2016 年中国船舶出口市场出口金额占比

资料来源：中国船舶工业行业协会。

2017 年我国船舶工业出口金额达到 227.3 亿美元，同比增长 2.6%，其中出口散货船、集装箱船、油船的金额合计达到 139.8 亿美元，在出口总额中的占比达到 61.5%，我国船舶出口仍以集装箱船、散货船、油船为主。2017 年我国船舶出口到 184 个国家和地区，出口的目标市场仍以亚洲市场为主，2017年我国向亚洲出口船舶达到119.3亿美元，向欧洲出口船舶达到44.1亿美元，向大洋洲出口船舶达到29.3亿美元。2017年我国出口船舶在全国造船完工量中的占比达到92.4%，在全国新接订单量中的占比达到83.4%，在全国手持订单量中的占比达到90.2%。

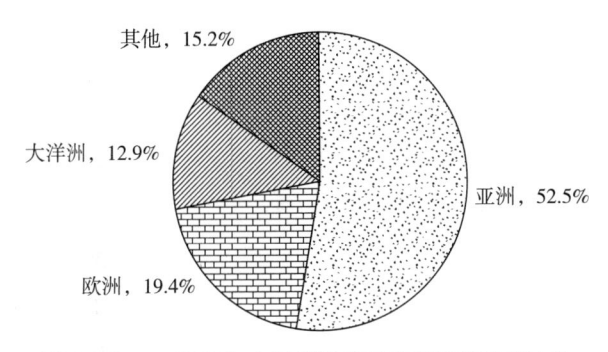

图4-51　2017年中国船舶出口市场出口金额占比

资料来源：中国船舶工业行业协会。

5. 船舶行业整体经济效益下降

由表4-49和表4-50可以看出，2015—2017年中国船舶工业规上企业的主营业务收入从2015年的7893.8亿元下降到2017年的6194.5亿元，主营业务收入下降了21.5%；2015—2017年中国船舶工业规上企业的总利润从2015年的179亿元下降到2017年的146.6亿元，利润水平下降了18%。

表4-49　　　　　　　2015—2017年中国船舶工业规上
　　　　　　　　　　企业主营业务收入情况　　　　单位：亿元、%

	规上船舶工业		船舶制造业		船舶配套业		船舶修理业		海洋工程专用设备制造	
	主营业务收入	同比变化情况	主营业务收入	同比变化情况	主营业务收入	同比变化情况	主营业务收入	同比变化情况	主营业务收入	同比变化情况
2015年	7893.8	+1.3	4005.1	+1.2	1016.2	+9.5	227.4	-0.1	698.3	-4
2016年1—11月	6975.7	-1.6	3421.9	-3.1	936.1	+0.8	184.7	-4.6	675.5	+15.3
2017年	6194.5	-7.7	2857.9	-6.0	835.1	-5.5	219.3	+19	430.8	-19.6

资料来源：中国船舶工业行业协会。

表 4−50　　　　　2015—2017 年中国船舶工业规上
　　　　　　　　　企业利润额情况　　　　　单位：亿元、%

	规上船舶工业		船舶制造业		船舶配套业		船舶修理业		海洋工程专用设备制造	
	利润总额	同比变化情况	利润额	同比变化情况	利润额	同比变化情况	利润额	同比变化情况	利润额	同比变化情况
2015 年	179	−32.3	143.2	−1.9	49.2	+12.1	10.2	+50.47	−15	−149.9
2016 年 1—11 月	147.4	−1.9	123.1	+5.3	51.8	+18.2	5	−35.2	−41.9	−179.3
2017 年	146.6	−7.3	71.5	−39.9	54.2	−3.6	7.7	扭亏为盈	9.4	扭亏为盈

资料来源：中国船舶工业行业协会。

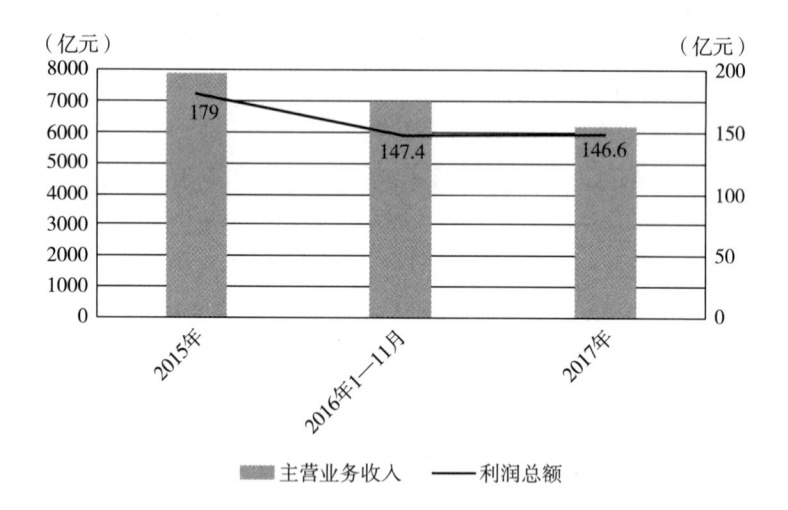

图 4−52　2015—2017 年中国船舶工业规上企业主营收入与
利润总额变化情况

资料来源：中国船舶工业行业协会。

（二）中国船舶制造工业发展存在的问题以及原因分析

1. 中国船舶制造工业发展存在的问题

（1）船舶工业总量过剩，结构化过剩矛盾较为突出。2013—2017 年我国船舶工业三大指标增速放缓，造船工业整体较为低迷。一是船企新接订单量在减少。尤其是新船需求大幅度收缩,我国船企新接的订单量减少,无法满足船企正常的生产需要。从国际市场需求来看,平均每年新造船约 8000 万吨左右,而我国可以承接近 40% 的市场订单。2005—2008 年我国船舶手持订单数量增长了 5.1 倍,平均每年复合增长率为 72.8%,增长速度较快;2009 年我国船舶手持订单数量开始出现负增长,2010—2014 年平均每年复合增长率为 −7.3%;2014—2017 年我国船企手持船舶订单连续四年下降。对于大部分船舶企业而言,目前只能维持一年左右的工作量,所以在能否保持连续生产能力方面将遭遇严峻挑战,针对我国船舶工业的过剩总量,去产能尤为重要。二是将我国造船业各种船型新接订单量与造船完工量的平均数进行对比[1],也可以看出我国造船业结构化过剩情况严重。2011—2013 年三年平均造船完工量与各种船型新接订单量进行对比比例较大,说明该种船型供过于求,产能过剩。由表 4 − 51 可以看出,油船的相对比例达到 1.51,油船与散货船的相对比例较大,说明油船与散货船过剩严重,集装箱船的供需基本平衡,且由于集装箱船的技术含量相对较高,所以近几年集装箱船的新订单量有上升的趋势,市场需求形势较好。

表 4 − 51　　2011—2013 年我国各种船型完工与接单情况　　单位:艘

	油船	散货船	集装箱船	总计
造船完工量	228	720	79	2730
新接订单量	151	482	89	2180
相对比例	1.51	1.49	0.89	1.25

资料来源:万德数据库。

(2) 综合成本上升以及新船价格下降,盈利空间不断缩小。2016 年我国船企受到多个因素的制约使企业的利润水平在不断下滑,盈利能力在逐渐削弱,主要表现在原材料成本上升、融资成本高、船企开工不足、船东改单、新船价格走低等因素的影响。2016 年年末,在我国重点监测的船企中,企业的营业利润率仅为 0.5%,亏损船企的数量以及亏损额在不断增长。2017 年我国船舶行业整体手持订单量明显下降,

---

[1] 相对比例 = 某船型造船完工量/该船型新接订单量。

开工船的缺口不断增大，而在新船市场由于竞争激烈，使新船价格一直处于较低水平，与新船的生产成本不成正比例变化。具体表现在以下两个方面：一是市场需求量减少，船价偏低，造船企业开工不足且交付困难；二是在2016年年底，造船成本主要是以船板为主的原材料价格就开始不断攀升，造船的平均成本上升40%左右；同时船企工人数量不足造成用工成本增加，2016年12月人民币不断升值，船企的财务费用增多；还有很多船企因为不断修改订单导致延期交付船舶，船企的管理费用不断上升。这样就使船企的各项综合成本不断加大、盈利空间不断缩小，行业的利润水平下降，整体发展遭遇冲击。

（3）企业外部环境恶化，交付形势严峻。2016年我国有59%的船企没有接到新船订单，起初是中小船企破产倒闭也开始逐渐影响到我国大型骨干船企，有些大企业也几乎停产开始进行破产重组，例如浙江造船、南通明德、舜天船舶、江苏熔盛等大企业，我国造船业面临极大的生存发展困境。2016年在国际航运市场中能够接到新船订单的船企在全球活跃船企中的占比为34%，而我国的占比为41%，整体看我国新船市场缺乏有效需求，订单量严重下降，船企手持订单量明显减少，开工船舶显著不足，很多船台出现了放空状况。2016年年底，我国船企订单保障系数（按照手持订单量与实际产能进行计算）为1.5年，船企生产状况令人担忧。同时2016年我国海工装备市场受到国际航运市场持续低迷的影响，海工装备市场的利用率较低，市场需求下滑，尤其是船东的订单存在大量延期交付、撤单、弃单的现象使经营业绩持续恶化，船企交付形势较为严峻。同时船企在手订单缺乏有效的生产进度管理，无法顺利完成生产计划，船企面临弃船的风险在不断扩大，由于受到船东撤单、延期交付、变更合同的影响，2016年我国船企按时交付率为80%。2017年国际海洋工程装备制造业整体市场环境恶化，出现了很多手持海洋工程平台项目延期交付与弃船的现象，即使是如法斯塔德航运、哈菲拉航运等大运营商都面临着要么债务重组要么申请破产的困境，这样对我国的海洋工程装备制造业造成了较深的影响。由于海洋工程平台项目多是定制化生产，项目产品转手的可能性不大，但是随着海工平台项目技术的不断更新，2017年我国船企手持海洋工程平台项目涉及弃船或是终止项目合同的案例在不断增加，对我国船企的生产经营带来了不利的影响,当前我国船企弃船的风险在增加,交付也愈加困难。

2. 中国船舶制造工业发展存在问题的原因分析

(1) 国际船舶市场需求不足导致我国造船业产能过剩。我国民用造船业较早进入国际市场,产品也直接参与国际竞争,是我国实现国际化最早的产业之一,所以我国船舶工业的市场需求与国际市场行情密切相关。在 2008 年国际金融危机之前,国际经济形势较好,船舶的市场需求旺盛,我国民用造船业发展速度较快;国际金融危机之后,由于整体国际经济发展低迷,国内经济与国际经济都进入深度经济调整期,国际经济下滑、船舶需求锐减,致使我国造船业产能过剩。

表 4-52　2014 年中国造船行业 54 家重点监测企业三大指标情况　　单位:万载重吨

完工量	3580	同比下降 4.9%
新船订单	5545	同比下降 7.5%
出口船订单	5101	同比下降 8.7%

资料来源:中国船舶工业行业协会。

由表 4-52 可以看出,2014 年我国造船行业 54 家重点监测企业的三大指标完工量、新船订单量、出口船订单量同比呈下降趋势;2014 年我国造船行业 87 家重点监测企业的主营业务收入为 2930 亿元,利润仅为 51 亿元,利润同比下降 3.5%。

(2) 船舶的技术研发与国际船舶绿色化发展趋势不相适应。船舶工业是技术密集型行业,在国际船舶工业领域中,由 IMO(国际海事组织)、IACS(国际船级社协会)等组织制定的行业产品标准在不断变化提升,给国际船舶工业发展带来了一定程度的影响,这就意味着旧的船型需要淘汰,新船型、新产品不断涌现,会调整国际船舶制造业的竞争格局。由于我国造船工业发展迅速,特别是在 2013 年 10 月我国造船行业承接的订单数量占世界总订单量的 70%,改变了国际船舶制造业的竞争格局。但是随着国际船舶行业的发展,行业产品标准越来越倾向于符合节能、环保、绿色的要求,国际市场上新型环保节能船的订单量增长迅速,日本、韩国等造船大国也开始越来越注重新型环保节能船的设计生产来满足国际市场的需求。当前国际造船行业力量主要向亚洲转移，中国、日本、韩国三国之间形成的国际海事利益竞争格局也在逐渐形成，但是造船新技术主要集中在日本、韩国与西方发达国家，这些国家利用在国际造船领域所拥有的话语权不断将自己的新技术指定为国际海事组织的新规定，以此垄断占有国际市场。而我国尽管参与国际造船业的竞争较早，但是大部分船企生产制造的船舶属于造船产业链中的低端产品，产品的技术研发还不能高效地与国际市场的绿色环保要求相接轨，因此将来消化我国船舶制造业的结构性过剩产能，需要重点提升造船技术的先进性，以此适应国际船舶市场的绿色环保要求，从造船的设计研发、生产制造到营运、报废拆解等全生命周期，突出绿色船舶的核心内容，减少对环境的污染、节约资源与能源消耗等。

（3）新船价格下跌导致船企利润下滑。2008年国际金融危机之后，国际市场对船舶的需求下降，国际新造船市场的价格不断下滑导致造船企业的利润呈下降趋势。2008—2012年全球船舶订单量由5438万载重吨下降到548万载重吨，订单量的下降幅度达到71.6%。根据克拉克松统计数据[①]的显示，2009年国际航运市场新船价格下降了近22%，价格指数下降到137.7点，其中集装箱船的价格下降幅度高达41%；2013年新船价格与2009年相比下降幅度为9%，新船价格指数为126点。由于国际船舶市场的供过于求，导致船企之间的价格竞争，使新船的成交价格不断被压低，造船企业的利润在逐渐下降，甚至中小船企是亏本接单。

（4）船舶行业的非理性扩张导致产能过剩。船舶属于大宗商品，其生产与需求都具有一定的周期性，同时船舶的使用寿命也具有周期性，这样就意味着船舶一旦服役到期就必须要淘汰报废。所以当第一批船舶到了报废期时，就会导致船舶市场对新船的需求加剧，这种对于新船需求的增加如果与船舶的生产周期正好相吻合的话，就会导致该时期造船市场整体对船舶的需求大幅度增加，船舶的生产需求就会被带动起来，进而导致船舶市场产能不足，船价不断上涨，造船企业的利润不断

---

① 克拉克松（Clarkson Research Studies）是国际造船业权威咨询机构英国克拉克松研究公司，提供造船和海运的专业统计分析报告。

上升，就会吸引更多的热钱涌进，产生大量的民营造船企业，而这种扩张往往是非理性与盲目的，最终会使造船行业产能过剩。

（三）中国船舶制造工业转型升级中的突出问题与措施建议

1. 中国船舶制造工业转型升级中突出解决的问题

（1）亟须提升技术研发能力。船舶工业的竞争主要集中在船型研发设计能力的竞争，设计优良的船型往往是赢得竞争的制胜法宝。尽管近年来我国造船工业整体竞争力在提升，在高新技术船型、主流船型优化等方面都获得了很大进展，但与发达国家相比，在造船的核心技术创新能力方面还较为欠缺。一是船舶建造技术较为落后，始终沿用过去的传统落后技术工艺，而发达国家已经广泛使用现代造船技术，我国船台利用率为日本船台利用率的20%—25%，同时我国人均造船量仅为日本的8%，韩国的17%；在船舶的涂装环节，涂装技术与这些国家差距也较大，使我国造船在涂装方面呈现出周期较长、成本较高、效率低下的局面。目前，我国一流船厂造船涂装技术水平与日本10年前的平均水平相比可以看出，涂装材料消耗率是日本的1.24倍，涂装工时消耗率是日本的3.4倍；涂装生产效率仅仅相当于国外发达国家水平的1/4—1/3。二是与发达国家相比，我国船舶船型的开发设计能力较为薄弱，影响了我国船舶工业的国际竞争力。目前，我国船企中主要在普通船型的设计开发方面能够实现自主研发设计，豪华旅游船、大型集装箱船等技术复杂的船舶主要依赖国外进行设计，同时我国船型设计技术升级较为缓慢，不具备引领市场竞争的能力，船型设计的概念性创新能力缺乏，与船型设计开发有关的前沿性技术、先导性技术、创新性技术如全新船体结构、新型动力超高速货船没有展开深入研究；此外，我国海工装备与高附加值船舶在国际市场的占有率较低仅为10%左右，因为没有关键核心技术，只能进行技术模仿。例如，我国船企生产的LNG船①（Liquefied Natural Gas）主要是14.7万—17万立方米的远洋船型，而3万—4万立方米的小型船型、FSRU型都没有开发生产，因此在满足终端需求上缺乏精细化设计，不具备品牌优势。以上两个方面直接影

---

① 在零下163摄氏度（-163℃）低温下运输液化气的专用船舶，是一种海上超级冷冻车。

响了我国船舶工业的国际竞争力。

（2）亟须解决中小型船企的流动资金贷款难的问题。船舶工业既是技术密集型行业同时也是资金密集型行业，尤其是资金周转与回收的周期较长，再加上国际航运市场本就具有的市场风险，船企单靠自有资金很难实现新船建造生产，但是由于我国航运融资发展较为缓慢，影响了我国船企的融资效率，很多船企尤其是中小型船企面临着融资困难的突出问题。2008年国际金融危机使国际航运市场发展低迷，大多数的航运企业经营处于亏损状态，这样就使船东对于已订约船舶的资金支付较为困难，对于新船的预付款在国际金融危机之前基本保持在支付40%的水平，但是当前只有10%的水平，比例大幅度下降；另外船东延期付款、不断更改船型要求、延迟交船、接船意愿不强等的情况不断出现，致使造船企业的流动性生产资金明显不足，甚至有的造船企业长期处于负的净现金流状态。而我国自2011年开始所实行的货币政策使金融机构不断收紧银根，境内外融资银行又将船舶行业列为高风险范畴收缩放贷的额度，致使我国船企尤其是中小型船企获得流动资金贷款难度进一步加大，大部分船企因为融资难又造成了交船难。据统计调查发现，山东威海的船企生产流动资金的缺口就高达10亿元左右，很多企业的资金链断裂，有的企业因为船东弃船致使经营出现风险，特别是很多船企在承接新订单时，由于银行不愿承担还款风险拒绝出具还款保证函致使船企丢掉订单，这样就让本来经营困难的船企又面临新的困境。

（3）亟须改变船舶生产性服务业发展滞后问题。2008年国际金融危机中由于我国造船业的产业体系较为简单，主要依赖船舶制造环节，而与船舶制造环节相关的信息咨询、研发设计、技术服务、软件开发、金融物流等生产性服务业却没有足够重视与充分发展，正是因为造船业过于简单的产业体系降低了抵御风险的能力，使我国船舶制造业受到了国际金融危机的严重冲击，主要是因为没有转嫁风险与分担风险的手段与途径，损失巨大。尽管当前我国船舶工业在建立现代船舶工业体系方面取得了一定的进展，但是与国外发达国家的造船工业体系相比还远远不够，如我国的造船工业中，还缺乏现代总装化造船模式中的辅助性生产流程包括专业化加工中心、专业化配送中心等，这样会影响我国大型造船基地生产效率的提高。所以未来我国造船工业的发展需要亟须解决船舶生产性服务业发展缓慢的问题，积极拓展造船业的产业链条，完善我国造船业现代产业体系的建立，一是在产业内部构建抵御风险、增强产业活力的生产性服务业体系；二是在造船业产业外部形成上下游产业链的整合进行集群式发展，例如造船业与上游的钢铁行业、与下游的航运业进行整合，从而提升产业链的效率。

（4）亟须增强船舶配套能力。当前我国造船工业在国际市场的份额大幅度提高，但是与造船业相关的船舶配套产业却缺乏国际竞争力，具体表现在船舶配套业的本土化率较低、技术水平不够先进，尤其是船用的核心部件基本上从国外进口，大量配套设备如大型制冷压缩机、深冷管系及附件、低温阀门、LNG 船的双燃料发动机、LNG 船用主锅炉和船用汽轮机等完全是进口，而日本的船舶配套自给率高达 95%—98%，韩国的船舶配套自给率达到 90%—95%，我国船舶的本土配套率低下，散货船、油轮、集装箱船三大主流船型的本土配套率为 55%—60%，LNG 船的本土配套率仅为 30%；国内生产的船用设备也基本上是国外品牌商授权许可生产，产量无法满足国内的需要；国内自主设计生产的船舶配套产品的国际市场品牌认知度较低，因为无法在世界范围内享有相关维修服务，国际船东基本是不认可的，这样自主生产的船舶配套产品只能供应我国内河运输船舶配套以及沿海小型船舶配套的需要，所以我国船舶配套产品的缺口较大，例如我国船用甲板机械的缺口达到 50%，船舶通信导航自动化系统、船用舱室设备等的技术水平落后，也存在着较大的配套能力缺口。将来我国应重点发展船舶配套产业，并在船舶配套产业的高端产品领域加大对船舶通信、导航和自动化系统、大功率低速柴油机曲轴等高附加值、高技术含量产品的技术研发力度，切实扭转我国船舶高端产品配套能力弱的局面，并提升我国海工装备配套产品的自主研发生产能力，提高我国船舶配套的本土化率，形成较强的船舶工业竞争力。

2. 中国船舶制造工业转型升级的措施建议

（1）加快化解船舶行业的产能过剩。我国船舶工业化解产能过剩的最直接方式是淘汰一批落后产能，即将落后的老旧船淘汰，并对一批高污染、高能耗的船企进行淘汰。这项政策对于我国当前船舶制造业治理过剩产能具有积极的作用，通过这项政策可以优化船舶制造业的产业结构、控制船企数量、保护环境。同时政府还应继续实施单壳油船与老旧运输船报废更新的补贴政策，通过兑现补贴资金来督促国造新船的购买，加速旧船的淘汰速度与效率。同时还要积极发挥中小船企在行业中的作用，对于那些具有创新潜力、拥有创新人才与先进技术、产品质量优良的中小船企要进行保留，对于那些没有达标的船企进行产能淘汰，使我国的造船行业能够形成既有龙头大企业带动，又有中小企业并存且健康发展的产业结构。

（2）提高船舶制造业的自主技术创新能力。当前我国造船业的自主创新技术与日韩等国家的差距较大，而船企的创新技术水平的提高又将是我国船舶工业发展的关键。因此，今后要重点加强我国船舶工业发展的技术薄弱环节，如要加强船舶开发设计，提升船舶配套技术、船舶制造技术、海工装备技术等，并增加这些环节的研发投入，专门针对高技术附加值的产品进行自主设计生产，从而增加我国船舶工业自有知识产权技术的保有量；加大对绿色环保型船舶设计研发费用的投入，鼓励造船企业增强技术储备，不断开发设计新产品、新船型，促进我国船舶工业向高端化与绿色化方向迈进。一是要积极完善我国船舶工业的标准体系建设，支持行业基础数据的建立，并对船舶的基础技术与配套技术进行储备；二是采取措施鼓励船企加强自主研发创新，通过产学研相结合优化设计高技术含量、高附加值的新型船舶以及新型船舶设备，通过引进消化吸收国外先进的船舶制造关键核心技术，开展共性技术研究与基础技术研究；国家通过政策协调，在金融、财政税收、保险租赁等方面给予船企有力的支持，支持船企的技术创新、重要产品的本土化制造、产业结构调整等；国家应对造船企业以及船用设备生产企业给予资金支持，通过设立补助金制度来调动船企对新型节能船机设计研发的积极性，从而加快构建我国船舶制造的核心配套能力，特别是我国船舶重工配套技术能力，并设立我国船舶行业装船国产设备推荐目录。

（3）创新船舶企业的融资模式扩大融资渠道。解决我国船企融资难的问题，主要是创新融资模式并扩大融资渠道。①增加对造船企业重点领域信贷投放的力度。放宽对船舶制造企业的贷款条件，金融机构可以通过项目贷款以及银团贷款的方式，来加大对我国造船行业中的高端主流船舶、船舶配套、特种船舶等重点领域、重点企业、重点项目的贷款力度，在融资额度、担保要求、行业准入等方面给予信贷优惠政策，如针对船东推迟接船的情况可以给予造船企业提供贷款支持，对于正在建造中的船舶企业实施抵押贷款的优惠政策。②鼓励金融机构实施船舶融资租赁业务。我国船舶企业融资主要是传统的银行放贷方式，随着我国振兴船舶工业发展规划的实施，应鼓励银行积极推行融资租赁方式，尽快建立健全船舶融资租赁的制度，促进船舶融资租赁的发展，对进行船舶融资租赁的公司在营业税等方面给予减免以此推动资本向船舶融资租赁业务流动。③支持符合条件的船舶公司上市或是发行债券。对于直接融资渠道较为狭窄的船舶企业而言，政府应降低船企在证券市场上市的门槛条件，将那些符合上市要求的船舶制造企业、船舶配套企业、海工装备企业列为上市培育的目标，此外，还可以调整降低船舶企业发行债券的融资标准，鼓励船企发行企业债券、短期融资券、可转换债券等，使船企可以多渠道进行融资。

（4）加快船舶生产性服务业与配套产业的发展。我国船舶生产性服务业以及相关船舶配套产业发展缓慢，直接制约了我国船舶工业发展的竞争力，削弱了我国船舶工业抵御国际外来风险的能力。因此，未来有必要将船舶制造业与船舶服务业相结合，建立完善的船舶制造产业体系，并拓宽船舶工业的产业链。一是在船舶工业体系内部积极研发设计船舶生产制造中的关键设备与配套产品，包括船用柴油机、大功率电力推进系统等，并尽快展开与船舶制造有关的现代服务业，包括电子商务、信息咨询、物流、金融服务等；二是要在船舶制造业的产业链中，促进造船业与上下游产业的融合，包括上游与钢铁行业整合，下游与航运产业整合，通过延长产业链来提升我国造船业的附加值。

五　中国 ICT 硬件及设备生产转型升级

（一）2017 年国际电联 ICT 世界排名

ICT（Information Communication Technology）企业主要以硬件为主的芯片设计与制造、通信网络和设备制造企业。在当前"二化深度融合"的背景下，ICT 企业的国际竞争力直接关系到"中国制造"高端化与服务化的转型以及盈利模式的创新，也直接影响"中国制造"的产业升级。

表 4-53　　2017 年国际电联 ICT 发展指数（IDI2017）

经济体国家或地区	2017 年 ICT 排名	2016 年 ICT 排名
冰岛	1	2
韩国	2	1
瑞典	3	4
丹麦	4	3
英国	5	5
中国香港	6	6
芬兰	7	10
挪威	8	7
卢森堡	9	9
日本	10	11
中国	80	83

资料来源：通信世界网，2017 年 11 月 22 日。

根据通信世界网的消息，2017 年中国 IDI 得分为 5.60 分，世界排名第 80 位，比 2016 年提升 3 位。国际电联发布的 ICT 排名是衡量世界各国信息通信技术发展水平的基础，排名前十的国家包括冰岛、韩国、瑞典、丹麦、英国等，说明这些国家已经形成了世界范围内具有竞争力 ICT 市场，已经达到高水平的 ICT 投资与技术创新。尤其是冰岛、瑞典、丹麦、英国、芬兰等欧洲国家基于高度发达的产业体系与技术创新能力保持 ICT 发展指数领先的地位，而韩国一跃成为世界第二名，实现了跨越式的进展。当前韩国信息技术的全球竞争力已经可以与芬兰、新加坡等国家进行竞争，甚至在关键应用领域以及电子通信产品上超越美国和日本，如韩国三星集团的技术挑战就曾大大动摇过美国苹果公司以及日本索尼公司的全球垄断地位。中国由 2016 年世界排名第 83 位上升为世界排名 80 位，说明中国 ICT 行业正在经历着 IT 基础设施质量以及 ICT 人力资本投入的上升阶段，ICT 总体发展环境也在逐步改善，但是在国际宽带、电信服务价格、知识产权保护、市场准入等方面的进展效率不高。

（二）ICT 硬件以及设备生产的行业特征与国际竞争特点

1. ICT 硬件以及设备生产的行业特征

一是 ICT 硬件（计算机、移动平板、手机终端、通信设备制造等）

的生产属于资本与技术密集型行业，对于人力资本、技术创新要求较高；二是虽然制造生产的成本较低，但是研发投资却较高，与传统制造业相比，电子信息类产品研发阶段的投入较高，因此ICT硬件的生产企业之间的竞争主要是在研发投资方面；三是固定成本大，可变成本较低，例如电子计算机的制造商，投资建设一家生产计算机芯片的工厂，需要投资资本是20亿美元以上，但在建成生产后可变资本却仅占到总成本的30%，这与传统制造业显然不同；四是市场需求的规模效益较为显著，企业只要深谙需求的消费特性准确划分细分市场，同时能在全球产业链上准确突出产品定位，就可以向特定的消费者群成功推出新的电子信息技术以及新的电子信息产品。

2. ICT硬件以及设备生产的国际竞争特点

ICT硬件以及设备生产的行业特点决定了其在国际市场上的竞争表现为企业之间拼的是研发实力、资金实力、不断创新的实力、需求市场的差异化定位以及市场规模大小。这就使在国际市场上具有成熟品牌以及成熟终端信息产品的企业在进入市场初期获得巨额垄断利润之后，为防止竞争者低价进入，应尽快缩小利润空间实施"别进来"策略来稳定或继续扩大市场占有率。这样ICT硬件及设备制造商首先要在产品或设备设计初期通过大量的资本投入以及创新研发来建立显著的技术竞争优势，拉大差距；其次还需在产品成功推出后不断加大资金投入进行创新产品的研发设计，在维持既有客户的基础上获得稳定的垄断利润；最后对于ICT硬件及设备制造商来说为避免模仿跟进者的低价进入策略，还须使用低价低利润的"别进来"战略来应对竞争。因此可以看出，与传统制造业相比，ICT硬件及设备制造商在盈利模式、创新研发、市场全球化等方面起点要求较高需要投入大量的资金，在新产品的研发与投放方面也面临着更多风险与不确定性，而一旦成功，企业的利润空间将会很大。

（三）中国ICT硬件及设备生产企业转型升级中的问题

当前中国的ICT主流企业已经构建了自主创新体系，在ICT主要制造领域包括关键网络通信设备、牵引控制装置、网络控制系统、网络安全与视频监控产品（金融智能卡安全芯片）、中低端服务器、PC电脑等中，逐渐与世界标准接轨，并在力争成为全球下一代标准制定的领先者。例如，以华为、中兴为代表的中国ICT设备制造商主导的TD－

LTE技术标准（还加上欧洲的FDD-LTE技术标准）被国际电信联盟确定为4G国际标准。

但ICT硬件及设备生产企业转型中也存在问题。首先，芯片设计能力以及软件技术和设计能力等与发达国家的竞争对手相比差距较大；其次，随着制造业服务化转型趋势的发展，要求ICT硬件以及设备企业需要在网络虚拟化技术快速发展的背景下，应将数据中心硬件资源服务化，应将网络设备由硬件向软件主导转化。所以ICT硬件制造企业只有在芯片制造工艺装备、软硬件一体化能力、软件虚拟化技术水平、IC集成电路设计软件水平、存储技术等方面进行大力研发投入才能跨越行业发展的"瓶颈"，提升ICT硬件企业的国际竞争实力。

（四）ICT硬件以及设备生产企业的转型升级

全球ICT100强企业中近90%以上的跨国公司都通过对外直接投资在华建厂，建立了全球最大的通信与信息产品的生产基地，同时这些诸如苹果、三星、戴尔、HP等跨国公司的进入也带动了相关配套企业的对华投资，因而在我国的珠三角、长三角以及环渤海地区已经形成了具有世界一流水平的通信与信息产品制造业产业集群，该集群既生产主机又生产电子元器件，在全球的ICT产业中影响力较大。且随着通信信息产业集群的快速发展以及研发所带来的示范效应，以及跨境资本与人才的流动规模加大，也为我国ICT自主品牌企业的发展提供了基础与条件，可以注入较为先进的技术与管理体系并与国际资本市场直接对接。

我国ICT行业自主品牌企业逐渐形成了企业自身的创新体系，表现在一批民营和股份制的ICT企业的崛起发展，包括华为、用友、金蝶、东软等；另外，过去的老牌国营电子设备制造厂利用高新技术研发的优势，迅速转型为致力于创新成果转化的领袖企业，例如南车株洲所等；在此基础上还涌现出一些能够与行业应用需求紧密结合进而获得转型发展的企业，例如万达信息、太极股份等。

案例十　华为公司的转型升级

1. 华为公司的影响力

华为作为我国最大的民营ICT企业，其在国际化进程中展现出了卓越的自主研发的竞争优势。1994年华为的产值只占朗讯的4%，而在2001—2011年华为开始注重研发投入，共计投入研发费用高达1000亿元，在14万从事生产与销售的人员中，其中就有6万多人直接进行产品的研发；华为目前凭借移动智能网、STP、GPRS、移动关口等方面的核心技术形成显著的国际竞争力，华为通过对研发投入大量的资金并转化为技术创新的实力，使华为的国际化进程迅速迈进，海外市场的营业收入占总收入的60%，在国内外市场都树立了良好的品牌形象。

表1　　　　　　　　　华为公司的技术国际化历程

时间	标志性事件	结果
2005年	同沃达丰签署《全球框架协议》	成为沃达丰优选通信设备供应商
2005年	提供多业务传输设备与MSAN部件	成为英国电信21世纪首选网络供应商
2007年年底	与全球著名实验室、全球领先运营商建立34个联合创新中心	成为欧洲所有顶级电信运营商的合作伙伴
2012年	研发投入高达47亿美元并购买大量研发设备与测试仪器	加入全球130多个行业标准组织，在全球权威组织中获得多个董事会席位

资料来源：根据收集资料整理。

2. 华为公司国际竞争力的形成

(1) 正确的企业发展战略——国际视野、奋斗精神、赶超的雄心，保证了企业即使在低谷不营利的情况下依然不放弃研发，以研发作为企业提升竞争力的关键。

(2) 看重企业的长远发展。在企业发展的困难时期，为了弥补运营和研发带来的现金流缺口，即使不惜代价向惠普公司出售盈利可观的网络设备公司的股份也不在资本市场进行公开募股。

(3) 技术创新的盈利模式。起初，华为仅仅是行业的追随者，但是通过大量开发个性化的客户需求以及通过新技术抢先占领市场的手段，步步为营。通过在国际市场整合技术研发资源、人力资源等形成国际竞争优势，并拥有多个欧洲顶级客户，逐渐成为行业领袖。

(4) 满足客户精细化高端需求。华为在逐步获得竞争优势后，不再过度分布研发资源，而是将研发平台进行整合，实施研发外包的策略，同时对企业进行产品生命周期管理，转向高附加值的高端需求市场，从过去的设备供应商转向整体方案的解决者，通过企业的转型升级，2012年企业的销售利润率超过8%，形成了企业有效的盈利模式。

3. 华为竞争力形成的条件

（1）良好的机遇。在2008年之前全球电信基础设施市场正在大规模扩张，而华为恰逢全球电信大客户的需求扩张机遇，结合企业自身技术投入高以及较强的技术扩展性，迅速获得了全球电信客户的重用；同时，欧洲国家推出的电信竞争改革的政策为华为进入欧洲市场提供了机会，最终和英国市场的电信竞争对手沃达丰签订全球合作框架。

（2）挑剔的客户需求。华为进入欧洲市场面对的是挑剔的客户需求，使华为不断补充新的知识资产，并不断进行学习与创新，并通过不断积累再将这些知识资产运用到亚洲、非洲地区的客户需求中，进而保障了华为的海外竞争力，也保障了华为源源不断的创新力。

（3）优秀的人力资源。华为的核心竞争力主要是研发，而研发的人才资源也是华为的竞争优势，从1998年华为就开始大规模储备企业的技术人才，并为其提供不断创新与学习的环境政策。

（4）研发环境。华为的技术研发平台并没有得到国家科技项目的投入，但是却通过国内不断增长的电信订单以及进行研发的优良研发环境与产业环境，最终使华为的竞争力得以提升。2012年华为的利润额达到23亿美元，销售额达到349亿美元；2013年华为在全球财富500强中的排名达到第315位，超过了全球第一大电信设备制造商爱立信。目前，华为除了在消费领域着重智能手机品牌终端市场的开发生产外，还在企业客户领域为客户提供整套解决方案，并进入智慧城市的运营领域。

案例十一　浪潮全面向云计算转型

浪潮主要是面对ICT行业中的终端客户市场——服务器市场，且通过长期的自主技术积累，把握新的需求以及新的技术趋势来提升品牌竞争力成功转型升级。尽管当前中国服务器市场已经成为全球服务器市场竞争的一部分，但与国际品牌（IBM、戴尔、惠普）相比，产品差异性较小、同质化现象严重，因此国内生产服务器的厂商（华为、联想、曙光等）竞争激烈。在国际服务器市场上，由 IBM、戴尔、惠普领衔，三家的全球出货量市场份额占 50% 左右，而 2013 年浪潮的全球出货量尽管进入全球第五，而在国际市场的份额不到 3%；2013 年浪潮在国内品牌市场的占有率第一，且针对政府行业的市场占有率连续 10 年达到第一。浪潮在国内市场的竞争力，除了渠道优势之外，最主要的还是依赖于技术的长期积累以及对产品不断创新的理念，追求技术领先与独创，进而最终形成的品牌竞争力优势。

表 1　　　　　　　　浪潮技术竞争力的形成①

时间	技术领先的标志
1993 年	中国第一台小型机服务器研制成功
2000 年	在美国硅谷和日本设立技术研发中心
2004 年	浪潮服务器刷新智能服务器 HCP – H 世界纪录；并在服务器领域创新并打破世界纪录
2007 年	建立高效能服务器和存储技术国家重点实验室
2008 年	国家重大专项"863"项目（浪潮天梭高端容错计算机系统研制与推广）立项；天梭 K1 系统成功研制，成为第三个掌握新一代主机技术的国家
2009 年	收购德国奇梦达（全球领先的半导体存储器厂商）在中国的研发中心；中国第一片大容量动态随机存储器芯片，结束中国依赖进口存储芯片的历史
2012 年	最早推出的机柜式集成服务器 Smartrack，占有率达 60%
2011 年	承担国家"863"项目"海量存储系统关键技术"研发，成为全国云计算创新攻关企业试点单位
2012 年	SaaS 平台建成标志着浪潮进入公共云服务领域与数据中心领域，为行业大客户定制云交易平台，也为中小型企业管理软件提供在线试用服务
2012 年	服务器使用性能状态监测、远程管理整体服务方案取得成效；软件开发业务的产值达到 95 亿元，在中国软件 100 强中位列第三位

资料来源：根据收集资料整理。

---

① 摘自中国证券报《浪潮服务器出货量进入全球第五》，2013 年 9 月 6 日。

当前基于云计算模式对传统服务器的冲击，浪潮不断改进产品且提升产品的计算性能以及稳定性，并通过云平台调用新技术，在客户中构建中低端的服务器集群。面对数据中心服务租用、软件定义数据中心等的新模式趋势，浪潮发挥自身在核心技术、人力资源、品牌影响力等方面的优势，开始向服务转型的模式拓展。同时，积极实施"走出去"战略，业务已经进入全球44个国家和地区，并建立拉美管理大区，且在苏丹设立了海外云计算中心，在俄罗斯积极跟进大的项目合作。浪潮通过进入云计算领域，以互联网业务盈利模式为核心，针对不同客户的产品与服务需求设计定制化的方案，同时以行业软件为基础，积极推出行业服务云，将硬件的软件化、服务化方案作为企业进行竞争创新的途径，进而实现云转型。

六 中国纺织业的转型升级——以浙江省纺织业的发展为例

（一）浙江省纺织业的发展状况

1. 浙江省纺织业的发展演变

一直以来浙江省工业经济发展的支柱产业是纺织业，1979年浙江省全省工业品销售收入的22.7%是由纺织业的销售收入来实现的，因此纺织业是浙江省的第一大产业；浙江省的纺织业在经历了产业的起步阶段、发展阶段、腾飞阶段之后，当前在传统制造业转型期却面临着重重困境，但是浙江纺织制造业企业却通过不断自主创新与品牌建设，提高产品的质量与效益水平，改进企业的生产方式，放缓总量扩张的速度，使纺织业仍然处于浙江省工业发展的重要支柱地位。

表4-54 2014年浙江省纺织工业主要经济指标及在规上工业总量中的占比

工业增加值（亿元）	规上工业占比（%）	主营业务收入（亿元）	规上工业占比（%）	利润总额（亿元）	规上工业占比（%）	年均用工人数（万人）	规上工业占比（%）
2029	15.6	10712	16.6	544	14.6	151	20.9

资料来源：《浙江省统计年鉴》。

（1）门类齐全的纺织工业体系。改革开放后，浙江乡村集体经济发展迅速，在20世纪七八十年代由于商品短缺所导致的对服装产品的大量需求，刺激了购买力增长，也推动了浙江省纺织业的迅速发展；20世纪90年代浙江省纺织业已经形成了门类齐全的工业体系，包括纺织机、纺织器、针织、印染、服装、棉、毛、麻、化纤等；进入21世纪，浙江省2014年规上纺织企业的产品产量明显上升，与2010年相比，服装产量是2010年的2.45倍，化纤产量是2010年的11.9倍，呢绒产量是2010年的4.48倍，绒线产量是2010年的1.09倍，纱产量是2010年的5.73倍，布产量是2010年的8.65倍，浙江省纺织业产品的产量一直居于全国前列且增长迅速。

（2）特色鲜明的专业化纺织基地。20世纪初期，浙江纺织业通过市场驱动、龙头企业辐射，形成了专业化程度较高的特色纺织业基地——湖州和嘉兴的丝绸、萧山的化纤、绍兴的纺织面料、嵊州的领带、诸暨和义乌的衬衫和袜子、湖州的童装、杭州的女装、宁波的男装、温州的休闲服装等；2014年浙江纺织业相对全国的区位熵达到2.77，专业化水平领先于全国，而嘉兴、湖州、绍兴、金华4个市的专业化程度在浙江较高。

表4-55　　　　　　　2014年浙江省各市纺织业的分布

地市	主要纺织业分布	在全省的占比（%）	区位熵
杭州	合成纤维制造、棉纺织及加工	17.8	0.89
宁波	针织服装制造	10.9	0.54
温州	机织服装制造	3.9	0.57
嘉兴	棉纺织及印染加工	17.3	1.54
湖州	涤纶纤维制造及织造、绢丝加工	6.6	1.12
绍兴	棉纺织及印染加工	32.0	2.18
金华	棉纺织、机织服装制造	7.4	1.18
衢州	棉纺纱加工	0.7	0.29
舟山	涤纶纤维制造	0.4	0.25
台州	篷布制造	0.8	0.13
丽水	革基布、无纺布制造	0.6	0.23

资料来源：根据2014年各地市主营业务收入数据计算而得。

（3）技术与品牌领先的纺织业产业格局。随着国内外市场需求的变化，对浙江省纺织企业的装备水平也提出了更高要求，无论是生产方式还是发展模式都需要进行调整转型，例如纺织机械制造业的发展模式应向生产制造现代纺织机械转变，机械装备不能仅是简单地满足纺织、印染、服装加工的需要；同时传统小作坊式的生产方式显然也不能满足高端市场的需求。所以，为促进浙江省纺织行业整体实现转型，需从国外引进先进设备与技术，逐步提升我国纺织机械行业自主研发能力进而提高纺织企业的装备技术水平。2014年浙江省纺织机械制造业的主营业务收入达到276.6亿元，与2000年的31.3亿元的主营业务收入相比，2014年的主营收是2000年的7.8倍，2000—2014年浙江省纺织机械制造业的主营业务收入年均增长16.8%；此外2000年纺织机械制造业与纺织业的主营业务收入的比重为1∶44.6，到2014年时两者的比重开始调整为1∶38.7，表明浙江纺织行业的生产技术水平开始提升，纺织设备开始加快发展。同时浙江省的纺织企业也开始注重产品的品牌建设，过去长期以来主要是向国内外的客户提供原材料"布"，逐渐变为由"布"到"装"，这期间在政府的推动下，纺织企业越加注重品牌建设与产品创新，产生了较多的知名服装品牌诸如美特斯邦威、杉杉、森马、雅戈尔、培罗成等，2014年全国服装行业百强企业中浙江服装企业占据了近25%；在此基础上很多纺织服装企业开始进军高端纺织领域，重构我国纺织业的产业格局。

（4）中国纺织服装的出口地。纺织服装业作为浙江省的优势产业，其产品出口遍布世界各地，出口目标市场主要在欧美市场、东盟市场与日本市场等。2014年浙江省纺织业产品出口额年均增长17.6%，出口额达到709.6亿美元，出口纺织产品主要包括纺织纱线织物及制品、服装及衣着附件等；同时2014年纺织品出口总额在浙江省出口总额中的占比为26%，与2000年相比增长了8.7倍；2015年浙江省在境外共计投资18家纺织企业，实际使用外资达2.4亿美元，合同外资共计为3.6亿美元，目前浙江省已成为我国重要的纺织品、服装出口地。

2. 浙江省纺织业的发展现状

（1）纺织品工业增加值的占比较高。在浙江纺织业中主要有三大行业——纺织品、纺织服装服饰业、化学纤维制造业，尽管后两者的生产规模在不断扩大,但是纺织品的生产仍然占据主导地位;2014 年在浙江省规上纺织工业增加值中,纺织品的工业增加值占据了大部分比例,化学纤维在浙江纺织产业工业增加值中的占比为 15.5%,纺织服装在浙江纺织产业工业增加值中的占比为 29.7%,纺织品在浙江纺织产业工业增加值中的占比高达 54.8%。

表 4-56　　　　　　浙江省纺织业主要产品产量

产品名称（计量单位）	2000 年	2005 年	2010 年	2014 年
纱（万吨）	34.19	96.41	214.87	229.98
布（亿米）	16.19	83.64	158.99	156.25
绒线（万吨）	2.06	1.72	2.44	4.29
服装（亿吨）	11.55	27.70	48.80	39.85
化学纤维（万吨）	154.08	660.33	1366.13	1987.97

资料来源:《浙江省统计年鉴》。

（2）小微企业成为浙江省纺织行业的主要力量。2014 年浙江省规上纺织企业中,近 90% 的为小微企业,小微企业成为浙江省纺织业的主要力量;2014 年小微企业主营业务收入在规上纺织业主营业务收入中的占比为 46.9%,达到 5025 亿元,成为浙江省纺织业发展的活力源泉。

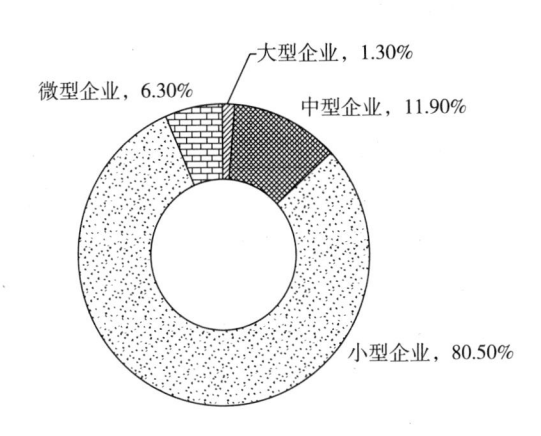

图 4-53　2014 年浙江省纺织企业的数量占比

资料来源:《浙江省统计年鉴》。

（3）私营企业数量最多。浙江省纺织业中私营企业数量最多，在改革开放初期，由于进入纺织行业的门槛较低且投资少、见效快，另外纺织行业本身属于劳动密集型且技术含量不高，所以大量私营企业进入纺织行业，并带动纺织行业迅速发展起来。2014年纺织行业规上企业中的私营企业数量达到6110家，在规上纺织企业数量中的占比达到73.4%，与浙江省规上工业中私营企业占比相比高出5.9个百分点。

表4-57　　2014年浙江省纺织业中不同类型企业的数量占比

不同类型企业	纺织产业（%）	规上工业（%）
国有企业	0.02	0.26
集体企业	0.07	0.17
股份合作企业	0.34	0.82
私营企业	73.41	67.47
外商及港澳台商投资	18.37	15.27
其他企业	7.79	16.01

资料来源：《浙江省统计年鉴》。

（二）浙江省纺织业的转型条件与存在问题

1. 浙江省纺织业的转型条件
2. 浙江省纺织业转型中存在的问题

当前浙江省纺织业主要面临着转型期的困境：一是各项综合成本不断上升（包括劳动力成本、运输成本、能源成本、环境治理成本等），使纺织加工业的低成本优势丧失；二是东南亚各国低劳动力成本优势逐渐构成威胁；三是纺织业出口目标市场中发达国家实施的"再工业化"战略，对纺织业构成严重的贸易与投资障碍。

（1）人力成本增加。2014年浙江纺织业的人均工资为4.7万/人，比2000年增长了3.9倍；2013—2014年我国劳动力人均工资达到656美元，而印度、巴基斯坦、菲律宾等国劳动力人均工资不足300美元，因为这些国家的人均工资水平仅为中国的40%左右，这样导致很多国际订单开始流向劳动力更为便宜的国家，使我国纺织业的订单在逐渐减少。此外，纺织业属于劳动密集型行业，对于员工的专业技术能力与文

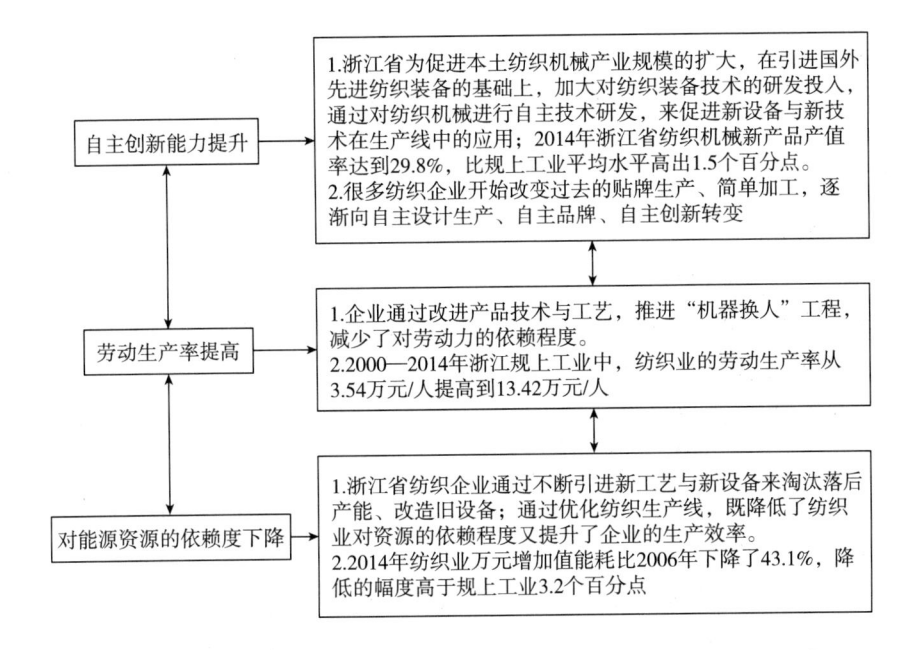

```
┌──────────────┐      ┌─────────────────────────────────────────────────┐
│ 自主创新能力提升 │─────▶│ 1.浙江省为促进本土纺织机械产业规模的扩大，在引进国外    │
└──────────────┘      │ 先进纺织装备的基础上，加大对纺织装备技术的研发投入，      │
        ▲             │ 通过对纺织机械进行自主技术研发，来促进新设备与新技        │
        │             │ 术在生产线中的应用；2014年浙江省纺织机械新产品产值       │
        │             │ 率达到29.8%，比规上工业平均水平高出1.5个百分点。        │
        ▼             │ 2.很多纺织企业开始改变过去的贴牌生产、简单加工，逐       │
                      │ 渐向自主设计生产、自主品牌、自主创新转变。             │
                      └─────────────────────────────────────────────────┘

┌──────────────┐      ┌─────────────────────────────────────────────────┐
│ 劳动生产率提高  │─────▶│ 1.企业通过改进产品技术与工艺，推进"机器换人"工程，     │
└──────────────┘      │ 减少了对劳动力的依赖程度。                        │
        ▲             │ 2.2000—2014年浙江规上工业中，纺织业的劳动生产率从    │
        │             │ 3.54万元/人提高到13.42万元/人                    │
        ▼             └─────────────────────────────────────────────────┘

┌──────────────┐      ┌─────────────────────────────────────────────────┐
│ 对能源资源的依赖度下降 │▶│ 1.浙江省纺织企业通过不断引进新工艺与新设备来淘汰落后    │
└──────────────┘      │ 产能、改造旧设备；通过优化纺织生产线，既降低了纺织       │
                      │ 业对资源的依赖程度又提升了企业的生产效率。             │
                      │ 2.2014年纺织业万元增加值能耗比2006年下降了43.1%，降  │
                      │ 低的幅度高于规上工业3.2个百分点                    │
                      └─────────────────────────────────────────────────┘
```

图 4-54　浙江省纺织业转型升级的特征表现

资料来源：根据收集资料整理归纳。

化学历要求较低，这样就使纺织行业的劳动生产率水平较低，在一定程度上影响了浙江省纺织行业的技术进步与工业结构的优化。

（2）企业环境治理的压力大。纺织行业对于环境的敏感度较高且对资源的依赖度较大，属于高能耗、高污染的行业，由于在生产中会产生大量的粉尘、污水与废气，所以往往对生态环境造成较为严重的破坏，正是由于纺织行业的这种特性，国家对纺织企业的环保监管要求尤为严格。尽管近年来浙江省纺织行业二氧化碳排放强度在降低，单位增加值能耗也在下降，但是与发达国家的水平差距较大。特别是由于纺织行业还面临着资金短缺、银行贷款紧缩、市场需求剧减的状态，中小型纺织企业在各项环境治理成本上升的情况下生存压力巨大。

（3）市场需求不足且产能过剩。由于东南亚国家纺织业的发展壮大，国内外市场需求的萎缩，我国纺织产品供给结构不合理，尤其是我国中低端纺织品严重的供过于求，使浙江省纺织业的订单大大减少。根据调查显示，超过50%的纺织企业认为产品国外需求减少、订单不足是导致纺织企业没有发挥生产能力的主要原因，有近25%的纺织企业认为产品的订货量远远低于正常水平。近年来，浙江省纺织业的产成品存货在资产总计中的占比呈逐年上升的态势，2014年浙江省纺织业产成品库存为690亿元，在资产总计中的占比达到7%，是2000年以来较高水平。

（4）产业低端化发展。目前，浙江省纺织行业处于国际产业价值链的低端环节，即处于全球价值链中"微笑曲线"的下端加工制造环节，前端的研发设计环节以及后端的品牌建设、市场营销环节很薄弱，这样导致浙江的纺织行业产品市场定位与档次较低、附加值低、利润水平低。2014年浙江省纺织业增加值率为18.2%，比规上工业的平均水平低1.2个百分点，特别是与浙江省的汽车制造业、通用设备制造业形成显著的差距。

（5）纺织企业的技术研发投入水平较低。浙江省纺织业中私营企业较多，在纺织行业遇到行业困境时，企业老板甘愿将资本投入到其他盈利较强的行业中——房地产业或是资本市场中去，只将纺织企业维持生产。但是随着房地产市场与资本市场遭遇冲击后，有的纺织企业被迫破产关闭，有的勉强维持生产，这样很多纺织企业不仅不重视企业投资，而且还不重视技术改新，纺织企业的研发设计落伍，技术投资水平低下。2014年浙江省只有15.7%的纺织企业进行研发活动，比规上工业企业低14个百分点，同时每万元主营业力收入中仅有64.6元经费用作研发投入，仅占规上工业企业的50%左右。

（三）促进浙江省纺织业转型升级的措施建议

纺织行业是浙江的传统优势产业，现在正面临着转型升级的关键时刻，因此浙江省纺织行业应从本质上提升企业的创新水平，提高产品的供给质量，才能形成纺织行业的竞争力与实力。

1. 加大研发投入促使纺织业向高端化迈进

目前，浙江省纺织业在其行业历史长、自身规模大、从业人员多的条件下，应进一步发挥传统产业优势进行创新，不能再延续过去那种粗放式的生产模式，要尽快扭转企业市场竞争力薄弱的局面——中低端产品竞争过度、高端产品不能满足需求、产品营销不能适应消费新变化、国际市场缺少话语权等，通过加大研发投入，向"微笑曲线"的两端转型，提高浙江纺织行业在国际产业链中的分工地位。因此企业应尽快建立高附加值、高品质、高技术含量的产品生产体系，促进纺织行业向高端化转变；同时加快淘汰落后产能，注重环境治理、加大绿色生产，通过节能减排来促使纺织行业的低碳化；此外，以国内外市场的消费需求为导向，通过生产环节向研发设计、营销、服务环节的延伸，延长产业链，为客户提供差异化服务以及个性化、定制化、系统化解决方案，促使浙江纺织业的服务化。

2. 把握新的消费趋势聚焦品牌建设

当前纺织业的市场需求表现为多元化、个性化、定制化，这种新的消费趋势变化对纺织业提出了更高要求，需要纺织企业能生产出满足客户需要的时尚性、功能性、生态性的多元化产品。因此，纺织企业应把握新的消费趋势，加大力度进行产品研发设计来开发新产品、新服务，并不断提升产品的质量，通过品牌建设来塑造有影响力的品牌形象。另外，通过个性化定制生产，带动企业研发设计精细化产品，使企业的生产工艺、生产设备、生产流程得到进一步的提升。为此，企业应加大品牌建设，推进企业自主品牌的形成；不断聚焦捕捉国内市场潮流趋势的变化，缩短新产品上市的周期，赢得市场先机；注重产品品质，以品质来突破国际产业链分工的障碍，争取更多的国际话语权。

3. 智能化生产促进企业转型升级

纺织行业尽管是劳动密集型产业，但是可以通过企业科技投入来加强自主创新能力，通过人才培养、产学研结合来实现企业的创新模式，促进企业由产业链低端向中高端转型；以"《中国制造2015浙江行动纲要》要"为契机，推进"机器换人"工程，促进纺织业智能化、自动化、机械化生产，并加大企业管控一体化的应用程度，提升企业的信息化技术水平；推进"两化融合"，在企业设计研发、生产、营销、服务各环节推广信息化应用，利用大数据来分析终端客户的需求，及时掌握市场趋势，并作出快速反应；发挥网络平台的作用，发展"线上"交易，在产业链中实现资源调配、产品营销、产品流通的高效运转，并利用"互联网+"平台开发潜在市场，促进纺织行业的转型升级。

本章小结

　　我国制造业在进行转型升级时，应针对行业呈现出的不同特征，有针对性地进行提质增效。我国汽车制造业表现出的特征为产销两旺，且是世界上最大的单体汽车销售市场，出口主要集中在发展中国家，亚洲、非洲、南美等是我国汽车出口的主要目标市场，海外并购主要集中在美国与欧洲，而绿地投资主要集中在拉美、东欧、东盟等国家，目前我国自主品牌汽车在国内具有较大的市场份额，在进行转型升级时应重点加强汽车品牌建设并形成我国汽车自主品牌的国际影响力来促进更大范围的销售，另外在进行海外投资时应注重技术投资来提升我国自主品牌的关键核心技术，增强海外市场对我国自主品牌汽车的需求动力；在我国工程机械制造领域中，经济环境对工程机械的影响较大，同时工程机械制造业的行业发展模式体现为高投入、高能耗、高污染以及低效益的特征，且产能过剩，因此在进行转型升级时需要大力提升产品的附加值并充分利用信息化技术来带动产品升级，重点进行环保型产品的生产来调整产业结构，通过兼并重组来实现国际化战略；在我国钢铁工业中，目前表现为产能区域较为集中，产量增速开始有所下降，同时民营钢企以及中等规模的钢企占比较大，而产能过剩、效益下降是钢铁工业面临的最主要难题，为此应限制增量投资，并积极消化过剩产能，同时结合市场需求优化产业结构，在行业中建立技术标准以应对国外发达国家的技术贸易壁垒；在我国船舶制造业中，2012年船舶行业产量开始下降但出口额在上升，出口目标市场主要集中在亚洲，尽管整体船舶制造业的产业竞争力在增强，自主创新技术以及关键核心技术取得了一定的进展，但是船舶行业的整体效益却在下降，此外船舶行业的突出问题主要是成本上升盈利空间在不断缩小，产能过剩，技术研发能力亟须提升，与船舶相关的生产性服务业发展滞后，船舶配套能力弱，中小船企流动资金贷款较难等，因此我国船舶工业在转型升级时需要以化解产能、技术创新作为重点，并加大对中小船企扶持的力度，为其扩大融资的规模；ICT领域是我国制造业进行国际竞争的重点领域，也是我国制造业先进技术水平能力的反映，目前主要面临两个难题：一是芯片设计能力不足，二是亟须在 ICT 的硬件以及设备企业中将数据中心的硬件资源进行服务化转型，为此应加大力度鼓励吸引跨境高端人才、跨境资本流动，此外我国还应积极推进 ICT 产业集群的建设以形成集群规模优势、完备的产业链以及高效的服务体系，实现我国 ICT 行业的跨越式发展，引领我国先进制造业以显著的技术优势形成国际竞争力，从而在国际产业链中获得有利的分工地位；目前，我国纺织工业尽管已经形成了完备的纺织工业体系，尤其是浙江省已经成为我国特色纺织业基地，并已构建了品牌与技术领先的纺织业产业布局，但是和我国国内其他纺织业企业相同，也面临着产能过剩、劳动力成本上升、环境治理压力大、研发投入低、产业低端化等突出问题，因此我国纺织业转型升级需要重点从品牌建设入手，注重研发投入的高端化，以智能生产等先进生产技术来促进纺织降低成本以及人力资源的投入。

路径篇

第五章　中国制造业转型升级的路径

中国制造业的转型升级需要发挥既有的市场规模优势、产业体系优势，同时又要加快完善优胜劣汰的市场竞争机制，通过加强知识产权保护进而形成制造业创新驱动发展的新格局，最终构建制造业发展的良性市场竞争环境。这就需要中国制造业从以下四个方面进行转型升级：一是不断强化自主研发能力，二是引进融合高新技术，三是区域间的协同合作，四是政府制度要素助推形成制造业转型的新动能。2017年5月国务院确定深入实施《中国制造2025》，面对国际产业竞争加剧的局势，需要结合国内经济转型的现实需要，将智能制造作为制造业发展的主攻方向；并以试点示范创建工作来推进《中国制造2025》的实施，因此智能制造是我国制造业转型升级的重要途径。

第一节　中国制造业的发展趋势与转型方向

在我国制造业传统低端要素成本与规模优势逐渐消退的情况下，制造业迈向中高端并获得可持续性发展的唯一途径就是加快技术创新，实现我国制造业的技术进步。在我国制造业发展中已经经历了两个重要的高速发展阶段即大规模的劳动投入所支撑的加工贸易以及轻纺工业的高速增长阶段、大规模资本投入所支撑的重化工业高速增长阶段，目前已经进入技术改造升级以及创新驱动的先进制造业快速发展阶段，在该阶段需要制造业不断提升技术装备水平并注重技术创新，这样才能在新一轮产业技术革命中把握机遇实现制造业新突破，尤其是《中国智能制造 2025 战略》和《智能制造发展规划（2016—2020）》的推出，已经规划出了中国制造业未来的发展趋势。

一　全球制造业发展趋势与中国制造业发展趋势

（一）全球制造业发展趋势

1. 制造业将呈现出跨领域多模式发展趋势

（1）自动化生产。由于油价不断下降以及重型机械设备销售不景气致使自动化设备投资市场存在诸多不确定的因素，2016 年全球设备供应商销售利润显著下降，2017 年全球自动化设备市场恢复快速增长难度较大，以 1.5% 的速度增长，电机、涡轮机、发电机、发电机组等的设备市场需要进行整合调整，该市场的领导者将会进一步保持并扩大相应的市场份额，整体看设备市场增长疲软。但未来将有更多制造商投资自动化生产，因为受不断增加的运输成本，还有贸易协议的不稳定性等因素的影响，外包生产的优势明显被削弱，所以将有更多的制造商会选择投资自动化生产而非离岸工厂，通过在本国进行投资就可以享有优惠的税收政策以及熟练劳动力带来的营收增加。

（2）远程云分析的应用。为支持物联网在制造业中的服务，2016 年全球众多制造业企业使用云平台，通过远程云分析服务为企业服务化提供支持。目前，云分析服务的低成本与可扩展性优势得到了众多制造业企业的信赖，今后云系统的边缘分析将扩大，可以为制造业企业提供更多更好的支持。

（3）IT 与 OT 的融合。制造业的自动化生产需要 IT 与 OT 的深度融合，2016 年美国一些自动化厂商收购软件供应商的案例较多，主要是通过 IT 与 OT 的融合来拓展智能制造组合，软件供应商会成为自动化制造业企业收购争夺的目标，可以预计未来智能制造业企业与软件供应商的收购、合作将会加速。

（4）工业物联网与智能制造。因为工业物联网的终端用户在不断增加，所以其系统连接的市场机会也将会增加，2017 年有可能将会产生新的连接标准，主要表现在 OPC‒UA 技术架构、TSN 时间敏感网络标准产生的新标准；同时，人工智能将更多地运用到工厂车间，随着智能制造在制造业的发展，将会有更多的具有连接和感知功能的机器人被应用到生产车间,尤其是 AI 技术的发展进步,人工智能可以兼具智能感知、学习、决策管理等各种功能。

(5) 技术创新突破领域、学科的界限。因为新材料、新能源领域的突破,还有信息网络技术的发展应用,使学科之间交叉融合,技术创新不再受到技术领域与学科边界的约束,传统的技术、产业、研发等边界逐渐被打破;随着产业之间的融合,产业组织形态与生产模式发生了变化,创新活动表现为多元化创新主体跨领域协同进行创新;创新向技术与商业模式融合方向转变,并成为制造业创新的主要方向;技术创新到应用转化的时间越来越短,也在一定程度上推动了技术创新、融合、集成更为快速。

2. 制造业生产方式将会发生重大变革

(1) 个性化定制化生产方式。随着移动互联网、物联网、云计算、大数据等在制造业领域的深入应用,也推进了制造业生产方式的转变,尤其是工业机器人的应用,使智能制造成为制造业发展的大趋势;自动化设备、智能设备的使用极大地促进了生产力的解放,同时定制化消费将会成为主流,过去传统的规模化标准化生产将不能满足个性化消费需求,智能化生产将成为制造业主要的生产方式,也促进了创新科技与消费新需求的快速融合。个性化定制化生产方式主要体现在:一是大规模定制。传统制造业企业的产品很难满足消费者的个性化需求,但是,如果制造业企业能让客户购买到定制化、差异化的产品,则会增强客户的品牌忠诚度。而 IT 技术与 OT 技术的结合则会使制造业企业实现大规模定制,OT 技术即运营技术,主要是企业精益化生产、自动化生产等与制造业企业运营有关的技术。二是实时供应链。传统制造业企业的供应链,唯有产品生产结束后才能进行产品的跟踪。将来随着 B2B、B2C 以及 B2P(Person,个人)的深入发展,消费终端的消费者可下单给生产制造商,并可以随时了解看到处于供应链上的产品,对产品进行实时跟踪。制造业企业可以通过 RFID 技术实现实时供应链。三是开放性标准。随着我国消费者领域开放性标准的产生,要求制造业也应该进行标准的开源,这样才能整合各种资源,提高产业链各环节的合作效率。四是机器人与 3D 打印。传统制造业领域机器人可以替代人工完成各种设定好的程序并执行各种动作,未来机器人市场将发展迅速,目前中国制造业已经投入巨资进行机器人市场与技术的开发；3D 打印技术已经有了成熟应用且正在改变制造方法。

表 5-1　　　　　　　　　　智能制造技术与典型案例

智能制造技术	智能制造的典型案例
OT 与 IT 的结合	美国的哈雷公司85%的哈雷摩托购买者都会将摩托进行改装，但是哈雷公司的 ERP 系统与企业的生产线不连接，也没有连接与摩托的经销商，所以根本无法实现摩托的直接定制。而在英特尔公司与思科的帮助下，哈雷公司实现了 OT 与 IT 的连接，通过运用柔性化生产工艺，将摩托车的生产周期由 63 天缩短为 18 天，一是实现了哈雷摩托的定制化生产，二是解决了生产商与经销商的安全连接问题
实时供应链	空客的飞机制造需要 15 万个零部件，通过实施 RFID 技术就可以在飞机的制造过程中了解这 15 万个零件的具体位置——是在仓库里？还是在生产线上？运输途中？供应商手中？
消费者开放性标准	英特尔公司始终是开源标准的支持者之一
3D 打印技术	美国的 GE 用 3D 打印技术制造生产喷嘴，福特汽车、UPS 都在使用 3D 打印技术，将来客户从 NIKE 采购鞋子后，NIKE 可以直接下单给 UPS，UPS 就可以将鞋子打印出来并送达消费者手中

资料来源：根据收集资料整理归纳。

（2）绿色生产方式。"绿色生产""低碳革命""零排放"将成为制造业发展趋势，且制造业的重点发展方向将会围绕着绿色、健康、可持续发展的主题展开。制造业将会更加注重环保与环境治理，从产品研发设计、生产、包装、物流运输、使用消费、维修维护、产品报废全生命周期都将更加符合环境保护的要求，以此节约能源、资源；制造业生产更加注重人性化，将会更加以人为本，注重消费者体验，在产品设计与生产上更为考虑消费者的感受，满足消费者生理及心理要求，因此智能穿戴设备将会迅猛发展，同时生物医药、医疗设备等行业创新与产业化将会发展更快。

3. 技术创新将成为全球制造业形成竞争力的关键

随着智能制造技术的推广使用，尤其是工业机器人的使用，劳动力成本在生产制造成本中的地位在不断下降，因此发达国家在中高端制造业领域凭借技术创新优势，依然处于世界领先的地位，同时加上发达国家振兴制造业战略的实施，很多中高端制造业环节将会加速回流，使发达国家在中高端制造业领域的先发优势更为凸显，例如美国通过整合产学研技术创新资源，促进了制造业创新活力与创新效率，目前美国新建制造业企业的速度已经达到1993年以来的最高水平，也使美国在全球制造业领域的核心地位进一步被强化。而另一方面，随着我国制造业劳动力成本上升，新兴经济体国家正凭借着更为低廉的劳动力成本与资源成本、更为优惠宽松政策吸引着发达国家的制造业转移，因此与我国在中低端制造业领域会产生较为激烈的竞争。由此可以看出，技术创新优势会成为各国获得国际分工优势地位的关键，而发达国家自2008年以来经济增长较为缓慢，就开始加大技术创新的力度，来寻求新的增长点；同时，技术创新也是世界新兴经济体国家转型升级的关键，因为新兴经济体长期依靠出口拉动与投资拉动的增长模式已经不可持续，所以要获得国际分工的优势地位，就要实现技术创新，使过去的成本优势转变为创新优势。特别是技术创新将会弱化人力资本对制造业的影响，例如随着智能制造技术的应用，工业机器人在生产中的应用，使人力资本的成本作用越来越低。

（二）中国制造业未来的发展趋势

1. 智能化、服务化、绿色化制造将成为制造业的主要趋势

（1）智能化生产。智能化生产是我国制造业未来发展的大趋势，也是我国制造业转型升级提质增效的必然选择。目前，我国制造业中有很多加工制造企业，由于各种因素的影响，数字化、网络化、自动化水平较低，需要大量劳动力资源来支撑，但随着智能化在制造环节的推进，"机器换人"已在很大程度上降低了人力成本，所以未来智能制造将会是促进我国制造业升级的主要途径；我国浙江省、广东省通过"机器换人"可以减少劳动力参与简单的加工制造环节，降低成本并保证产品质量，所以未来我国制造业企业将会推进智能化生产的力度。

（2）生产服务化。生产服务化就是要推进服务型制造，这是我国制造业企业迈向产业链中高端环节的重要步骤，也是改善我国制造业供给体系进而满足不断升级的消费需求的客观要求；我国制造业企业有些已经开始向服务化转型，不单单是生产、销售产品，还通过延长产业价

值链，提供各项与产品有关的服务，为企业增加了利润空间，提升了产品附加值，未来随着我国制造业转型升级的加快，会有更多制造业企业由传统生产型向服务型转变，结合智能制造技术，将物联网技术与传统工业流程结合，对客户提供个性化的解决方案，从单一商品的供应商转变为以产品为核心的系统服务供应商。

（3）绿色生产。我国制造业的发展应是可持续性的发展，但由于目前正处于重化工业阶段，对资源能源的依赖程度较高、资源能源的利用效率低，生态环境保护的压力较大，资源环境成为制约我国制造业发展的重要因素，甚至也构成我国产品出口的绿色贸易壁垒。所以，将来我国制造业发展首要的就是节能减排，相关的环保政策法规以及节能减排的硬性指标都会更为强化，制造业企业的节能环保投入也会加大，这样就可以通过提升资源利用效率来降低对环境的破坏，也可以突破制造业产品进入国外高端市场的障碍。

2. 制造业在国民经济中的占比将会逐渐下降

一个国家制造业在 GDP 中占比反映了其工业化的程度，通常在工业化的初期，制造业在 GDP 中占比会逐渐上升；在进入中期后，制造业在 GDP 中的占比会加速上升；在工业化后期阶段，制造业在 GDP 中的占比会达到最高值并呈现出逐渐下降的趋势。作为我国国民经济发展主体的制造业，其是我国经济结构升级的最主要推动力，也是拉动我国经济增长的重要途径，这符合国外发达国家工业化发展的规律，1980年我国工业增加值在 GDP 中的占比达到 48.2%，2006 年这一比例达到 47.9%，但近年来由于工业化不断推进，工业在国民经济中的占比逐渐下降，因此未来的趋势是在"十三五"期间工业在 GDP 中的比重将会进一步下降。

3. 制造业产业分化及空间分异的趋势将会明显

（1）制造业产业分化趋势。我国的原材料工业增长将会进入平台期，即原材料行业过去那种依赖规模扩张和投资拉动的生产模式已经不再适应新的市场需求环境，尤其是经济发展中基础设施不断完善以及城镇化水平的逐步提高，对原材料的需求会明显下降，这就意味着将来我国原材料工业如钢铁、水泥等的工业增速会持续放缓。例如水泥工业在"十二五"期间，单位 GDP 的水泥消费量就下降了 50% 以上，同时对水泥的需求不断萎缩，产量增速也呈现出下降的趋势，2015 年水泥需求量更是出现了 24 年以来第一次大幅度负增长；在钢铁行业也是如此，2014 年我国粗钢表观消费量出现了 30 年以来首次下跌，将来随着我国去产能任务的推进，钢铁的产量还会进一步下降。而我国的装备制造业却会进入快速发展的时期，尽管近年来工业经济下行的压力较大，但装备制造业却呈现出较好的发展势头，将来随着"一带一路"倡议的推进，沿线国家基础设施建设发展对我国装备制造产品会产生较大的需求，另外这些沿线国家市场也为我国装备制造走出去提供了更广阔的市场空间，可以预测未来一个时期装备制造业会继续保持快速增长的势头。

（2）制造业空间分异趋势。我国制造业的区域发展水平各不相同，但是在沿海发达地区敢于突破传统生产方式的约束，利用技术创新重塑制造业增长的新动力，例如在北京、上海、深圳等地提出了四新经济、高精尖产业、未来产业等，并积极进行战略部署；在四川、安徽、贵州、陕西等地积极培育一些高成长性的产业——集成电路、大数据、平板显示、智能终端等，积极进行制造业升级的布局。由此可以看出，沿海发达地区意识到过去的比较优势在逐渐消失，要素成本以及资源环境都发生了深刻变化，提升制造业竞争力的途径只能是加快转型升级，例如杭州市推出了"亩产倍增"计划迫使制造企业及产业园区自觉节约土地，集约利用土地；而东莞市积极推行"机器换人"计划，通过自动化与智能化装备提升传统制造业的技术创新能力，以技术创新优势来替代过去的人力资源优势。但是，我国部分地区发展制造业却依旧沿用传统思路，靠投资来驱动走规模扩张的老路，使同质化的项目一哄而上，且只顾眼前利益，却造成了过剩产能与低端产能的堆积，地区产业竞争力将会被削弱，也会失去产业变革所带来的良好发展机遇。

4. 制造业产业组织布局更趋于小型化、专业化与网络化

制造业产业组织规模更趋于小型化，无论是人员数量还是组织机构设置都会逐渐缩小，因为在智能生产的背景下，越小型化的制造业组织机构创新性与灵活性越大，在市场上的拓展能力以及实现技术升级的能力就会越强；制造业组织布局越趋于小型规模，越可以降低成本来建立适应性较强的全球销售网络。例如海尔借助于互联网就树立了"小团

队＋大平台"的企业组织架构，让更多的小团队直接面对市场与客户，快速解决不同客户需求，并制订出具有针对性的个性化解决方案；海尔目前的组织结构调整方式就是小型化，将70000名员工分解为2000多个自主经营体，形成了高效接受市场信息并迅速做出企业反应的团队。

在互联网技术的推动下，我国制造业产业组织布局更趋于专业化，过去制造业企业传统的专业分工主要是围绕某一个产品或是某一个部门领域，未来制造业组织结构的专业化主要是基于互联网背景下的柔性生产、个性化生产而言，因此制造业企业组织结构的专业化更强调如何专业地为客户设计个性化的解决方案，此外制造业企业的管理、运行都将会强调专业化，旨在可以为客户更好地提供实时服务与定制化服务，并在最短的时间内可以针对各种变化快速做出调整与反应。

在将来由于新一代信息技术的发展，我国制造业全球化的进程会大大加快，从设计、生产到贸易销售、售后服务等都可以利用企业网络来全球范围内展开，制造业企业会根据整个生产过程不同环节以及价值链的不同分工进行分解，在不同国家或是地区实现全球布局。例如，我国生产制造的ARJ21支线飞机的全部零部件大概有31000多件，中国商用飞机制造公司通过企业内部的项目协同平台，实现了在全球10多个国家共计有104家供应商之间的联合研发与生产制造，在全球产业链上共同实现利益依存、相互协作的网络化协作组织。

二 中国制造业转型升级的方向

基于全球新一代制造业发展的大趋势——定制化生产、智能制造、网络平台商业模式，中国制造业发展应明确转型升级的大方向。对于中国制造业转型升级：首先，应建立制造业的先进技术标准，在此基础上形成拥有自主知识产权的品牌；其次，应发挥我国的人才、技术、制造优势，不断推进制造业生产技术、企业组织方式、运营模式的创新；最后，还应通过提升产品的技术含量提升附加值，在此基础上整合国内外的资源最终能够在全球价值链的运营中获得较高的国际分工收益。

（一）以品牌建设与先进制造标准为核心

"中国制造"未来发展应不断加大供给侧结构性改革，重点发展智能制造，加快制造业服务化转型，特别是先进制造业应不断加强技术创新能力以此提升技术标准。为此，制造业企业应建立产学研相结合的创新体系，以市场为导向引导创新资源向企业集聚，来推动企业的自主创新以及品牌建设。在此过程中需要企业发扬"工匠精神"，通过产品品质的提升来培育企业的自主品牌，同时对企业的技术研发加大投入，在突破关键与核心技术的前提下，能够将研发成果进行市场转化，这样既能产生"中国制造"的知名品牌又能做强"中国制造"的现有传统特色品牌，进而针对企业生产组织方式的创新来推进定制化生产、个性化生产、协同设计等智能制造。

(二) 以发展智能制造为方向促进制造业企业装备升级

通过制造业企业生产环节的数字化、网络化、智能化来促进企业装备的升级，因此有必要在我国先进制造业企业中建立智能制造的标准化体系，尤其是针对我国制造业的"短板"——数控化机械产品创新升级建立必要的规划与计划，在进一步利用物联网、大数据、云计算等新一代信息技术的基础上进行技术集成应用，促进制造业"互联网+"的升级创新，并对传统生产线进行自动化与智能化的改造，最终能够使制造业企业在装备上可以满足智能化生产的需要。

(三) 促进制造业企业向服务化转型并建立制造业服务化示范企业

国家应鼓励制造业企业在投入产出中加大服务要素的投入比例，积极推动制造业企业展开生产性服务业，拓展制造业服务化的新业态新模式。通过协同创新、众包设计、电子商务、融合服务等促使制造业企业向服务化转型。尤其是应利用智能制造的标准体系进一步拓展制造业企业的相关业务及市场服务——个性定制服务、全生命周期管理、远程故障诊断、在线监控诊断、系统运营维护、工程系统安全监护、网上支付结算等，引导制造业企业延长产业服务链——系统集成、品牌推广、研发设计、网络营销、物流配送等，力争在全国建立制造业服务化转型的示范企业。

(四) 优化引资结构整合国内外资源建立制造业全球产业链体系

"中国制造"向中高端迈进，需要重点发展先进制造业，有必要利用"一带一路"、沿海开发、长江经济带、"走出去"等来整合制造业国内外的优势资源，特别是通过优化引资结构，让外资投向我国高端制造业——新材料、新能源、高端装备、信息技术、生物医药等领域，或是引导外资在我国境内设立研发机构、采购销售中心、物流配送中心等，健全我国制造业发展的配套基础体系；同时鼓励我国有能力有条件的制造业企业积极"走出去"，在海外进行直接投资，建立研发机构、制造业工厂、营销服务机构等完善我国制造业在全球的产业链体系；在我国境内鼓励沿海地区的制造业企业将低附加值的劳动密集型加工环节向中西部地区转移，中西部地区努力建成我国制造业发展的生产加工中心、原料供应中心，东部沿海发达地区制造业企业借助制造出口优势联合研发设计，力争形成制造业创新联盟，提升我国制造业总体研发设计优势，进而提升我国制造业的技术含量增加附加值。

小结

在全球新一轮产业革命蓬勃兴起之时也正是我国制造业转型升级的关键时期，目前我国越来越多的制造业企业在不断采用新技术、新工艺、新材料、新设备对企业的生产设备以及生产工艺进行技术改造升级，旨在提升制造业企业的创新发展水平以及技术装备水平，提高企业的国际竞争力。一方面智能化生产、绿色生产已经成为我国传统制造业企业技术创新的主要方向，另一方面在先进制造业领域一些与国民经济社会发展有关的重大技术已经取得突破，对未来制造业的全面发展将会起到引领示范作用，主要通过产品延伸、技术扩散、产业融合等方式，来进一步推动制造业全面提升、释放制造业巨大的生产力。

第二节　中国制造业转型升级的产业发展布局
——低端不弃、高端递进

一　中国制造业转型升级中的"低端不弃"

美国实施再工业化战略，对于中国制造业既是挑战也是机遇，中国制造业应挖掘新动能，形成新的增长动力，加快转型升级的步伐。2017年中国拥有2.8亿多农民工，尽管制造业升级需要大量的技术工人，但是这些农民工依旧是中国制造业的主力军，因为在短期内这些农民工不可能通过技术培训立刻成为蓝领工人，所以制造业转型升级中不能忽略劳动密集型制造业的发展，仍然需要低端不弃，发展传统制造业。低端制造业的转型升级路径可以表现为：

（一）提升传统低端制造业的全要素质量

目前，我国制造业劳动力数量红利在递减，各项生产要素成本在不断上升，同时资源环境的约束却在加强，劳动密集型制造业、资源密集型制造业、高污染高能耗制造业等低端制造业使我国工业增速下降，导致我国制造业部门出现了产能过剩、产能落后。但是提升制造业全要素质量与效益的空间却较大，因为从我国全要素生产率的来源结构看，制造业高于农业与服务业、投资品制造业高于其他制造业、生产性服务业高于其他服务业、可贸易部门高于不可贸易部门，我国部门之间的全要素生产率的效率差距远远高于发达国家的平均水平，这样我国制造业转型升级及生产率的提升空间仍然较大。所以，针对那些低端、低水平的制造业一定要避免重复建设，彻底扭转低价格、低附加值、低技术含量制造业在国际生产分工与国际贸易利益分配中的劣势地位；中国传统制造业当前亟须进行转型即由过去传统粗放型向集约型转型，要全面提升各个生产要素的产出质量与效率，彻底扭转过去那种依赖全要素数量的发展模式，将全要素的质量提升作为传统制造业的首要目标，传统制造业企业应利用国家的战略机遇——《中国制造2025》与"一带一路"倡议，积极培育初级生产要素，将其由数量优势转变为具有可持续竞争力的质量优势，进而实现向高级生产要素转变的跨越。

2017年安徽淮北矿业集团营收总额超过600亿元，2018年投资开工100万吨碳基新材料项目，通过上马新项目推动企业产业链由低端向高端转型；我国2016—2017年两年内供给退出1.1吨以上的钢铁产能，4亿吨以上的煤炭产能，同时我国每年都不断采取举措给制造业企业降成本进行减负，这些减负措施每年都超过万亿元。

（二）推进传统低端制造业向上游产业链迈进

2017年1—9月中国制造业上市公司的净利润在我国全部上市公司净利润中的占比达到约26%的水平，比2016年同期上升3.5个百分点，同比增长高达47%，我国制造业高端化的动力强劲。我国制造业应尽快在巩固原有传统优势的基础上，培养制造业新的竞争力，并向制造业产业链的上游迈进，所以我国那些处于国际产业链中中低端环节的制造业应向高端环节逐渐攀升，为此可以结合当前我国资源禀赋状况从以下两个方面入手：一是充分利用海外发展中国家的资源优势，将我国制造业中的"夕阳产业"、附加值较低的低端制造业转移到还不具备技术优势但生产成本低的发展中国家，通过产能转移，在促进出口、对外投资市场多元化发展的同时，积极拓展海外市场的份额；二是为推动我国东部、中部、西部制造业产业布局的协调发展，将我国东部地区的资源密集型或是劳动密集型制造业向中西部转移。在此基础上，应以新技术研发来改造传统制造业，淘汰落后产能，鼓励传统制造业企业进行自主技术研发，加强经营管理，完善营销环节，向价值链"微笑曲线"的两端即研发与销售环节迈进。

（三）规范传统低端制造业企业的市场行为

对于传统制造业企业要尽快完善与市场经济相协调的现代企业制度，鼓励国有传统制造业企业进行自主技术研发或是引进国外先进技术来提质增效；为增强国有传统制造业企业的市场竞争力，需要企业掌握国外关键核心技术并增强企业的管理营销经验，以此来改进落后的生产方式并提高管理效率，所以应鼓励国有传统制造业企业积极进行国际合作或是加大对外直接投资进行并购；而对于民营传统制造业企业，政府要加强资金扶持与政策的良性引导，对于中小型民营制造业企业要贯彻可持续发展的经营理念，在规范市场行为的同时，彻底改变"三高一低"的企业发展模式。

（四）重点扶植中小型传统低端制造业的发展

中小企业的数量在美国制造业中的占比较高，且中小企业具有较强的发明创造力，因此中小企业是美国发展制造业的中坚力量，同时也是美国实施再工业化战略的重点。因此，我国在制造业转型升级过程中，也要明确转型升级的依托力量不仅仅在于大型制造业企业，对于中小型制造业企业也应进行资金政策方面的扶植引导与投资。鉴于我国传统制造业中大型企业存在管理落后与自主创新能力弱的问题，而占据了大部分比例的中小型企业又存在承担风险的能力差、融资困难等问题，所以我国应整合大中小型传统制造业的力量，对中小型传统制造业企业要进行重点扶植投资。一是要鼓励行业中龙头企业之间的"强强联手"，通

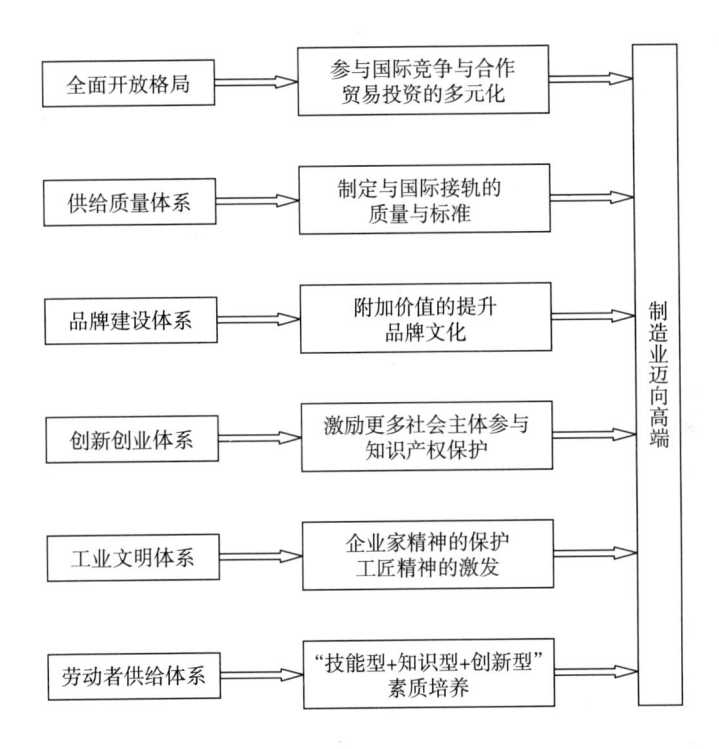

```
全面开放格局 → 参与国际竞争与合作
                贸易投资的多元化   ↘

供给质量体系 → 制定与国际接轨的
                质量与标准         →

品牌建设体系 → 附加价值的提升      →   制
                品牌文化              造
                                      业
创新创业体系 → 激励更多社会主体参与   →   迈
                知识产权保护          向
                                      高
工业文明体系 → 企业家精神的保护      →   端
                工匠精神的激发

劳动者供给体系 → "技能型+知识型+创新型" ↗
                素质培养
```

图 5-1　中国制造业迈向高端的路径

过整合大中小企业力量进而形成制造业产业的规模经济，带动相关配套产业的集聚式发展，提高产业集中度增强效率，或是鼓励行业中的龙头企业能够实现跨所有制、跨区域、跨行业地进行兼并重组，以提高中小型制造业的产业集中度；二是为提升中小型制造业企业科研成果的转化能力与效率，应在资金、技术、政策上对中小企业的优质潜力研发项目给予扶持，要将行业龙头企业的成果转化能力与中小企业的发明专利、发明创造等紧密结合，通过对中小型制造业企业在资金方面重点加大扶持，来带动传统制造业的升级转型；三是要切实解决中小型制造业企业融资难的问题，应在重点行业领域中加大对中小企业产品政府采购的力度，努力减少中小企业的税收负担，拓宽中小企业的融资渠道，引入风险投资与天使投资方式，使中小企业敢于创新勇于提升企业效率，以此促进中小企业的发展活力与创造力。

（五）传统低端制造业企业要积极应对国际贸易壁垒

再工业化战略使美国政府加大了对于本土制造业企业利益保护的力

度，经济政策也随之带有较强的贸易保护主义色彩，未来中国制造业的产品出口与投资势必会遭遇更多具有新特点、新形式的贸易壁垒与门槛。一是要降低出口产品对美国市场的外贸依存度，在提升出口产品质量的基础上，要有针对性地调整对美国出口的产品结构，努力将过去传统的出口比较优势转化为未来的竞争优势，一方面寻求多元化的出口目标市场，另一方面将国内需求作为拉动制造业经济发展的重要源泉；二是重点研究美国制造业领域的财政补贴与支持政策，必要时实施相应的反制裁措施；三是建立预警机制，及时了解国际贸易保护主义的新动向，提前向制造业出口企业发布信息，同时在遭遇贸易壁垒时，企业能够利用WTO规则与法律力量积极应诉。

（六）传统低端制造业企业应优化出口产品结构

我国制造业应顺应世界制造业发展的产业结构趋势，重点优化传统制造业的产业结构，在提升传统制造业出口产品技术含量、增强产品附加值的同时，能合理调整出口产品结构，在重点优势领域加大出口规模以此推动传统制造业出口产品发挥新的技术、质量、品牌、服务等方面的竞争优势。为此，对于传统制造业企业应注重保持大批量产品和标准化产品在生产方面的成本优势，注意弥补改进在技术研发、知识产权专利、品牌服务、销售管理、关键零部件上的不足，推进中小企业重组或是并购形成规模较大的制造业企业，带动传统制造业出口产品结构的快速升级，向产业链的高附加值环节延伸迈进。

二　中国制造业转型升级中的"高端递进"

高端制造业（主要包括高技术制造业、战略性新兴制造业）将是我国制造业国际竞争力的主要来源，因此制造业应通过技术创新、树立品牌形象并提升产品的供给质量向中高端制造业迈进，特别是在当前第四次产业革命中利用大数据、云计算、物联网技术等加快转型升级的步伐，在国际产业链中抢占技术优势的制高点，因此制造业"高端递进"的转型升级路径可以从下列途径入手：

（一）加强高端制造业的自主研发优势

大力发展高端制造业是美国再工业化战略的重要目标，为此美国政府加大力度鼓励技术创新并给予技术支持来提升高端制造业的国际竞争力。我国高端制造业在发展过程中表现为自主创新能力欠缺，技术研发的资金投入不足，高端制造业的产品产出不够，影响了我国先进制造业的国际竞争力。而其中最为棘手的问题就是高端制造业对于国际前沿技术以及关键核心技术的研究开发还不能达到完全自主创新的水平，因此高端制造业的出口产品也缺少自主技术与核心关键技术，影响了出口竞争力。未来高端制造业企业应结合《中国制造2025》战略，紧跟国际制造业发展的大趋势，通过自主创新发展高端智能制造，特别是应注重规划自主技术研发、产品标准制定、市场应用等一系列创新环节。此外，注重技术研发的高科技人才队伍建设，鼓励高端制造业企业在充分挖掘技术潜力的同时吸引高技术人才流动，倡导产学研的技术转移、成果转化，切实将我国技术创新的优势资源向高端制造业的龙头代表性企业集中流动，进而带动我国高端制造业的资金、人才、技术等的资源要素达到高产出水平，发挥高效示范作用。

（二）加强高端制造业高水平创新人才队伍建设

高端制造业的竞争本质就是创新人才的竞争，所以我国高端制造业应加快创新人才队伍的建设，通过建立健全高端技术人才培养模式与机制，推进高端制造业的创新型发展，尤其针对我国航空航天、装备制造、电子信息等重点制造业领域要加快造就一批高水平创新人才队伍，能够结合高端制造业的发展方向——智能化、服务化、数字化等的需求，促进企业技术创新能力，适应国际先进制造业对于技术创新的水平要求；结合我国高端制造业重点发展领域，加快进行制造业技术高端人才的选拔，为海外留学的高层次人才建设创业园或是众创空间等创业平台，打造公共职业培训基地；建立引智试验区高校引智联盟，积极探索高校联盟的智力资源共享合作机制；优化高层次人才发展环境，有必要建设更多的博士后流动站（工作站）、技能大师工作室等，专门培养高端制造业的领军人才，并实施高技能专业人才培养工程，培养高端制造业的领军人才、技术或是学术带头人、高级技工等，还需建立高端人才评价机制。

（三）重点实施高端制造业的品牌战略

总体来看，我国制造业领域的自主品牌相对较少，特别是国内的品牌培育一直还处于刚刚起步阶段，缺乏品牌优势影响了我国高端制造业的国际竞争力与企业利润收益，因此"中国制造"的品牌战略可以说是任重道远。纵观美国、德国、日本的高端制造业企业品牌，无一不是经历了国内长期的积累与国外市场的打拼才获得的企业品牌、企业形象、知识产权方面的优势，所以我国应对于那些具有自主研发优势又有良好品牌声誉的高端制造业企业在国内市场体系的建立上给予积极的扶植与培育，并创造良好的拓展海外市场的政策引导与支持条件。

（四）对高端制造业进行错位发展布局

当前各发达国家正在对战略性新兴产业进行发展布局，各国之间的差距不大，所以中国先进制造业应把握机遇长远规划。第一，应明确先进制造业以及其他战略性新兴产业在发展经济中的战略地位，建立完善相关的立法保障；第二，注重欧美发达国家先进制造业的发展趋势与动态，结合我国先进制造业的优势，与欧美国家的技术创新领域错位发展，并进行重点培育；第三，借鉴美国再工业化战略的经验，充分调动产学研各领域的力量，为我国先进制造业的发展制定战略，进行咨询服务与技术支持；第四，为中西部地区承接东部制造业转移打下硬件基础条件，需要政府加大对中西部地区进行基础设施建设的投资力度；另外，需要政府对智能电网、道路桥梁、高速铁路、清洁城市等基础设施进行投资建设，形成与先进制造业发展相匹配的先进基础设施条件，并积极开发现代信息技术生态系统，大力发展物联网技术，开展"互联网＋制造业"，为我国高端制造业进行错位发展布局奠定基础。

（五）借鉴美国再工业化战略的经验

美国为了提升高端先进制造业的自主研发创新能力，特别强调建立跨部门之间的合作伙伴关系，鼓励政府、产业、高校的通力合作，制定了《"高端制造合作伙伴"计划》，即 AMP 计划，其是美国进行高端制造业研发、推广新技术的重要模式。我国在发展高端制造业时不妨借鉴美国的做法，因为我国目前主要存在高校的研发能力与产业企业的成果转化及应用能力相脱节的问题，所以如何将政府宏观战略的引导规划、高校科研院所的科研技术创新、制造业企业的成果转化三者相结合是提升我国高端制造业自主研发能力迫切需要解决的问题。通过政府、企业、高校科研院所三者的通力合作、公私合营，可以达到缩短创新技术研发周期、降低研发成本与风险、技术成果快速转化的目的。

1. 高端制造业发展应健全立法

高端制造业发展首先应健全立法来加大对知识产权的保护力度，通过对企业、高校科研院所的科研创新进行财政补贴与税收减免等措施来鼓励创新研发；建立产学研协同创新研究中心，为高端制造业的创新研发提供智力支持；改革我国当前的教育机制，倡导支持基础研究，加大对于高技能技术工人的培训与待遇改善和社会尊重，发扬"工匠精神"；此外，还应积极参与国际先进制造业规则的制定来增强在行业中的话语权。

2. 高端制造业企业应建立创新激励机制

鼓励企业员工进行创新研发，同时企业自身应加强产品研发力度，提升产品的技术含量增强竞争力，积极与科研院所合作加强合作共同研发创新。

3. 高端制造业企业应大力培养高水平人才

高校科研院所应借助于国家科技重大项目与重大工程，为高端制造业企业培养高水平的紧缺人才，为发展高端制造业建立研究队伍，并进行高技能技术工人的人才储备；同时借鉴美国的经验，发展高校联合形成资源信息共享，共同进行科技攻关、技术创新；加强与制造业企业的合作，及时将科研成果转换应用发挥价值。

三 产业价值链视角下中国制造业多层级发展格局

（一）制造业升级与多层级发展格局

经济全球化促使国际分工的边界已经突破产业层次而转向价值链层次，因此制造业也逐渐形成各种技术密集程度不同的多条产业链并行的多层级结构。Gerrifi（1999）就曾指出产业升级就是整个产业或是企业在同一条价值链上攀越或是在不同价值链间攀越的过程；Humphrey 和 Schmitz（2002）基于产业价值链的角度也曾提出产业升级的模式就是产品升级、功能升级、流程升级、价值链升级（企业在同一产业内不同的价值链之间进行发展）。Poon（2004）认为，制造业的升级就是从劳动密集型产业向技术密集型或是资本密集型产业发展，从低价值产品生产向高价值产品生产发展的过程。所以，制造业的升级可以是在某一技术密集度下的同一条产业价值链上的升级，也可以是不同技术密集度下不同层级价值链上的升级。同一条产业价值链上的升级表现为由中游的加工制造向上游的研发设计环节以及下游的销售与品牌建设环节升级，即制造业在同一条价值链上由低附加值产业向高附加值产业演变升级；不同产业价值链之间的升级表现为基于不同要素密集度的区别而产生的附加值高低不同，使企业由低附加值的劳动密集型产业向技术密集高的产业转移。这样制造业就会结合自身优势，既可以在同一价值链的各个环节上进行生产，也可以通过技术创新来实现价值链之间的升级。以劳动密集型制造业为例，在价值链某一环节进行生产，可以通过技术创新实现在同一价值链上向资本密集型环节、技术密集型环节的升级；还可以在向资本密集型环节升级过程中在不同价值链之间升级；如果在同一条价值链升级过程中技术有重大创新，就可以实现由劳动密集型直接向技术密集型的跨越式升级。制造业由劳动密集型向资本密集型、技术密集型升级是当前制造业的大趋势，但是劳动密集型制造业不会被完全替代，所以制造业升级最终还是会形成多层级共同发展的格局。

（二）美国制造业的多层级发展格局

由图 5-2 可以看出，美国制造业所经历的内部产业多层级发展过程。而我国尚处于后工业化时期，制造业仍是国民经济发展的主体，针对欧美国家的制造业回归战略，我国应建立多层级发展格局进行应对，旨在发现制造业的新动能进而推进我国制造业的全面发展。

（三）构建中国制造业的多层级格局

1. 增强中低端劳动密集型制造业的优势

中国制造业在"十三五"的重要任务目标之一就是提升产品的质量，我国除了应重视高端先进制造业的创新技术与产品卓越品质的发展之外，还不能忽略中低端制造业新的比较优势的形成，高端制造业即使是最先进的技术密集型产业，也需要有劳动密集型的中低端制造业来实现生产。尽管低端制造业不再具有显著的成本优势，但中低端制造业是我国整个制造业的发展基础，如果没有中低端制造业的劳动密集型产品的支撑，"中国制造"的产业优势将不会存在。所以不能因为劳动密集型的中低端制造业的附加值低就考虑对其进行淘汰，更不能放弃对中低端传统制造业的发展或者将制造业划分为优劣等级，未来如何提升中低

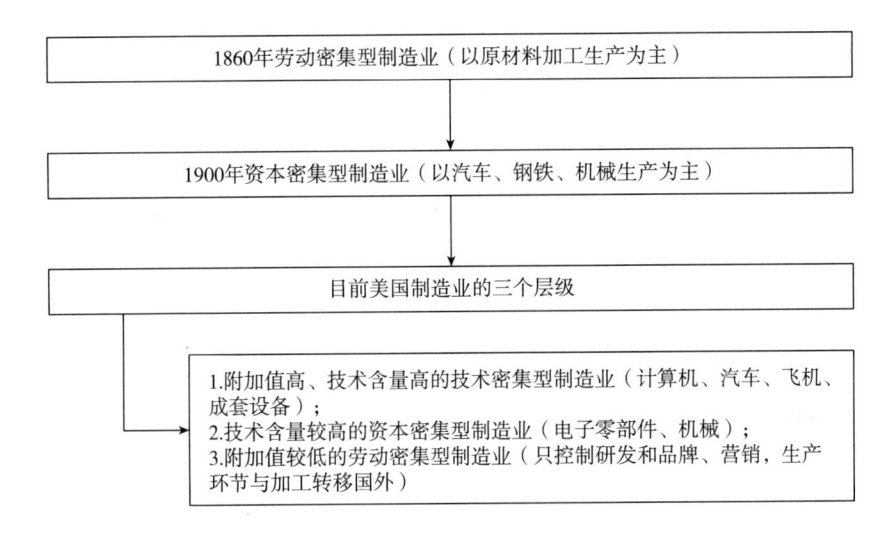

```
┌─────────────────────────────────────────────────────────────┐
│  1860年劳动密集型制造业（以原材料加工生产为主）              │
└─────────────────────────────────────────────────────────────┘
                              ↓
┌─────────────────────────────────────────────────────────────┐
│  1900年资本密集型制造业（以汽车、钢铁、机械生产为主）        │
└─────────────────────────────────────────────────────────────┘
                              ↓
        ┌──────────────────────────────────────┐
        │     目前美国制造业的三个层级          │
        └──────────────────────────────────────┘
                              ↓
    ┌─────────────────────────────────────────────────────┐
    │ 1.附加值高、技术含量高的技术密集型制造业（计算机、   │
    │   汽车、飞机、成套设备）；                           │
    │ 2.技术含量较高的资本密集型制造业（电子零部件、机械）；│
    │ 3.附加值较低的劳动密集型制造业（只控制研发和品牌、   │
    │   营销，生产环节与加工转移国外）                     │
    └─────────────────────────────────────────────────────┘
```

图 5-2　美国制造业多层级发展格局

资料来源：根据收集资料整理。

端传统制造业的品质与效率，如何巩固优势、改造劣势，将低端的制造环节做到极致进而能够在全球制造业体系中不可替代，形成中低端制造业的核心竞争力也是当前中国制造业亟须解决的问题。

（1）国际间的产业转移。在制造业国际分工体系中，低端环节的劳动密集型制造业总是在寻求更低的生产制造成本。国际金融危机的发生使美国低端劳动密集型制造业为化解产业困境获得成本优势，开始从中国转移到更低成本的东南亚国家和地区，但由于对产品生产工艺完整性的要求，使我国国内代工企业的生产受到很大影响，对于美国撤资企业的依赖性也使我国代工企业无法独立运营生存。这样就需要我国从东南沿海地区转移出部分制造业企业进行海外投资建厂，一是可以弥补该地区由于丧失资源优势与劳动力优势而带来的损失，二是可以缓解由于美资企业转移而带来的产业发展困境。

（2）国内的产业转移。国际金融危机后我国东部地区中低端劳动密集型制造业发展遇到了困境，但中西部地区却具有较大的市场需求条件、劳动力成本优势，以此可以加快实现东部中低端劳动密集型制造业向中西部转移的速度与力度，利用中西部的生产成本与市场优势改造中低端制造业，强化中西部经济发展的基础；同时，中低端劳动密集型制造业可以借助于向中西部地区转移，在改造发展制造业的过程中进一步学习和吸收国外的管理经验，引进先进的技术，最终实现与国外产业的衔接，形成新的比较竞争优势。

2. 提升中高端资本密集型与技术密集型制造业的质量

美国再工业化战略的实施使美国制造业回流趋势较为明显，与我国制造业的发展形成了全面竞争的局面，尤其表现在中高端资本密集型与技术密集型制造业层面。

（1）对美国进行中高端制造业投资。长期以来，美国对于我国的高新技术出口实施较为严格的管控，我国不得不采取以市场换技术的方式来引进先进技术。而当前美国的再工业化战略采取优惠政策措施鼓励制造业对美进行投资，旨在夯实实体经济基础，出台了"选择美国"计划。因此，我国中高端制造业可以利用这个机遇，鼓励国内有竞争实力的中高端制造业企业积极"走出去"，对美国进行直接投资（新建或是收购），一方面可以绕过美国对我国制造业产品实施的贸易壁垒，另一方面又可以实行以资本换技术，通过技术提升我国中高端制造业的产品质量与国际竞争力。

（2）对美国进行中高端技术的进口。美国通过再工业战略要实现出口倍增的目标，但是其建立的出口管制体系却与当前的国际经济环境不协调，因此尽管美国有可能建立分层出口管制体系，但仍是要保护与国家战略安全相关的敏感高新技术的出口，只是放松对其他技术的出口管制而已。所以，为增强我国中高端技术或资本密集型制造业的发展实力，应适时进口美国的先进技术与产品，这就要求我国应随时关注美国的中高端资本密集型与技术密集型制造业产品与技术的出口态势。

3. 重点推进高新技术密集型制造业的研究创新

发展战略性新兴产业与先进制造业是美国再工业化战略的重点，而我国制造业迈向高端的目标也是发展先进制造业。所以，未来先进制造业的发展将是各国制造业角逐的制胜点，也是下一轮全球经济增长的核心点，各国目前都处于发展先进制造业的技术发展层面，还未形成全面的先进制造业的国际产业链与分工格局，这样我国就应加快推进高新技术密集型制造业的发展速度，通过技术研发抢占制高点。

（1）加大自主研发错位竞争。当前各国的高新技术密集型先进制造业的技术差距不大，我国在航空航天、高铁等产业方面还具有一定的国际领先优势，这就说明我国如果加大对于先进制造业自主研发的投入，努力在基础研究上进行创新，对美国先进制造业的技术创新与发展给予关注，进行错位竞争，可以在某些先进制造业产业上获得世界领先的地位。

（2）加强与美国在先进制造业上的研发合作。2009年中国成为能源投融资第一大国，美国对于中国巨大的清洁能源的市场潜力表现出强烈合作的意愿，我国应借助于这样的机会加强与美国在先进制造业高端技术上的研发合作，提升我国高端先进制造业的研发水平。

（3）参与先进制造业国际规则的制定。美国再工业化战略的最终目的是形成美国制造业长远的竞争优势而雄霸世界，因此美国势必会借助于在制造业上的产品优势与技术优势对国际贸易规则与竞争规则进行重新构架，以巩固其在先进制造业方面的主导地位，这样一来会对我国先进制造业的发展产生威胁与打压，我国应积极参与国际贸易规则的制定来摆脱被动局面，提高在国际贸易规则制定上的话语权与主动权。

小结

推进我国制造业向全球价值链分工的中高端迈进，并不意味着放弃我国的低端制造业，而应是低端不弃，高端迈进的原则。一是要促进制造业发展改变过去传统的单一依靠劳动力比较优势逐渐向质量、品牌、技术、市场等综合优势转变，推动传统制造业企业提质增效，进行技术创新与自主品牌建设，逐步提高产品的附加值；二是将我国制造业进行分类，结合不同制造业行业的特征分别提升产业价值链，根据价值链的薄弱环节以及价值增值的重点方向进行突破。如果是产业价值增值集中在流通环节即购买者驱动的制造业行业，如服装、鞋子、玩具等轻型制造业，产业核心竞争力主要体现在产品设计以及营销环节，提升价值的关键在于设计，这就要求加强商业模式创新；如果是产业价值链增值集中在生产环节即生产者驱动的制造业行业，如电脑、汽车、飞机等耐用消费品以及投资品为主的重化工业，则要注重研发和生产环节，提升价值链的关键在于研发设计以及对于关键核心零部件的突破。

第三节　中国制造业转型升级的国际产能合作

一　"一带一路"倡议与国际产能合作实现的途径

（一）"一带一路"背景下制造业的国际产能合作意义与目的

在新时期下我国面对国际市场的变化为扩大对外输出优势产能及扩大对外投资，需要加强国际产能合作，这个重大倡议对我国促进产业升级、加强与不同发展阶段国家进行产业互补衔接、推动产业链深度融合、调整我国经济结构、增强对"一带一路"沿线重点国家和地区经济辐射力与影响力有重要的意义。

1. "一带一路"背景下国际产能合作的意义

（1）为中国制造业转型升级注入了新的动力源泉。"一带一路"倡议带来了中国制造企业参与全球经济发展的新常态，而加强国际产能合作既是"中国制造"迈向中高端水平的重要举措，也是"中国制造"增强国际竞争优势的重要内容。尽管当前还伴随着反全球化的浪潮，但随着"一带一路"倡议的提出，可以看出该倡议旨在加强国际市场中不同国家间的互联互通，特别是商务的互通。因此"一带一路"倡议既是中国倡导的共享联动的发展理念，又是中国提出的进一步促进经济全球化的概念，而其中最为关键核心的就是国际产能合作，这种产能合作的前提是要在亚欧大陆实现工业化与城市化，进而形成联动而自由的国际市场网络。国际产能合作强调的是将工业生产所需的土地、资本、技术、人力等各种经济要素投入进行"一揽子"打包式的合作，这是一种推动经济全球化的新模式，对于中国经济发展尤其是产业升级来说是一种新的动力源泉，其是不可多得的对外开放的新契机，同时"一带一路"倡议的提出也为中国制造业"走出去"提供了良好的发展机遇，为中国制造搭建了国际化大平台。

（2）为中国制造业对外直接投资指明了方向。"一带一路"倡议为中国制造业转型发挥着显著的引领作用，即中国制造业通过加强与"一带一路"沿线国家的国际产能合作，可以提升国际竞争力。国际产能合作强调发挥各国的资源优势并实现高效配置，且目前中国制造业在

"一带一路"建设中的产能合作已经取得了较为明显的成效。据统计，2015年年底，全球范围内83%有铁路的国家就有中国"中车"的产品；2017年中国企业在全球36个国家在建的合作区达到77个，其中有56个在建合作区都是在20个"一带一路"沿线国家建立的，共计投资185.5亿美元，入区企业有1082家，为东道国当地解决就业岗位17.7万个，上缴东道国税费达到10.7亿美元，总产值达506.9亿美元。"中国制造""走出去"促进了"一带一路"沿线国家的产业升级、工业化进程，将来在"走出去"过程中"中国制造"应继续履行社会责任并加强风险防范。

中国制造业在海外通过对外直接投资来购买东道国当地的制造业企业，其本质就是国际产能合作，通过这样的合作，"中国制造"充分把握了东道国当地企业的需求，在发挥自身优势的基础上与海外企业达成共识。这期间需要"中国制造"能够对东道国当地的经济、社会、制度、基础设施等环境进行掌握分析；需要将制造业企业自身的产能与当地的需求充分结合；需要与东道国当地的政府进行合作，能够解决就业；为形成双方共赢还需要协调好企业发展目标与当地社会经济的可持续发展目标之间的关系；需要"中国制造"能够在当地建立品牌形象，逐渐提高"中国制造"品牌的认可度与影响力。

2. "一带一路"背景下国际产能合作的目的

（1）国际产能合作并非中国输出落后与过剩产能。国际产能合作强调的是在开放的市场竞争条件下的合作，合作的基础在于市场，这就意味着要遵循市场规律与规则，同样也存在市场风险。因此，国际产能合作是合作方本着自愿与切实需要的基础上实现的合作，既可以是单纯商品通过发生产能的位移而实现的输出，又可以是"商品+资本"的"走出去"而实现的对外直接投资，因此国际产能合作的形式趋于多样化，而并非仅仅是传统意义上的产业转移、资本输出。

（2）国际产能合作将带动"一带一路"沿线国家的产业升级。"一带一路"背景下的国际产能合作对于产业发展而言可以说是全球产业布局的再一次洗牌，因为通过国际产能合作会产生新一轮的产业转移，而其中中国对于周边国家与大周边地区都会发生产业的"影响势能"，进而将中国因为改革开放所积累的大量优势产能得以发散，中国将会成为工业化的高地，这也说明国际产能合作将会带动"一带一路"沿线国家的产业升级。

（3）国际产能合作将会是中国引领经济全球化的重要途径。在20世纪70年代开始的经济全球化过程中，中国以及新兴经济体国家实现了经济的快速发展，而我国基本上也完成了工业化的进程，经济得到了超常规的发展，可以说是搭乘了经济全球化的"便车"。但随着逆全球化的盛行，只有中国有能力、有意愿来坚持和引领经济全球化，所以由中国提出的"一带一路"倡议也正表明中国会为大周边地区的工业化乃至世界经济提供全球化发展的"便车"，这也进一步说明国际产能合作将会是中国向世界经济提供的公共产品，也是中国引领经济全球化的重要途径。

（4）国际产能合作将会推动国际产业转移的"西进"。在20世纪70年代开始的经济全球化发展进程中，东亚成为世界经济发展的中心，由此产生了所谓"东亚模式"，这种经济发展模式大大地促进了国际产业的转移与合作，使东亚地区的国家在40多年间完成了工业化的"梯次"转移。而"一带一路"倡议又会进一步促使产业的"梯次"转移将以中国为中介，由亚太地区向欧亚大陆地带"西进"，所以本质上看"一带一路"倡议为欧亚大陆成为世界经济的中心提供了发展机遇。

（5）国际产能合作将会提升中国在国际价值链中的位次。国际产能合作是"一带一路"倡议的关键，同时也是中国进一步推进对外开放的必然措施。20世纪70年代末中国通过实施对外开放政策，利用国际市场与外资参与了经济全球化进程，并在国际价值链分工体系中基本完成了国内的工业化进程。而当前中国经济发展的新阶段迫切需要进一步与世界经济高度融合，才能迈向国际价值链的中高端水平，这就需要创造与中国经济发展相匹配的对外开放环境与合作条件。因此，国际产能合作将有利于中国在突出领域与重点行业发挥优势产能，也是中国制造业提质增效的重要出口与机遇。

（二）"一带一路"背景下制造业的国际产能合作的实现途径

如何利用把握"一带一路"的契机引导与推动更多的"中国制造"企业"走出去"，是我国经济谋求进一步发展的当务之急，同时中国制造业企业应具备能力在"一带一路"的机遇背景下，通过国际产能合作来应对各种风险与挑战。国际产能合作本质上是欧亚大陆的共同工业化，通过合作实现工业化的扩散。而中国推动国际产能合作不单是资本的输出，更多的是要进行中国工业化的"外溢"，即通过与欧亚大陆各国的共同工业化来实现中国工业化经验的传输。

1. 合作资金的问题

政策性贷款、减让式资金、商业性贷款与投资都不足以支撑欧亚大陆的工业化。美联储的货币政策在调整，而量化宽松政策致使开通了加息通道；发展中国家又面临货币贬值与资本外流的双重困境，资本缺乏。与"一带一路"倡议相并行的是亚投行与丝路基金。亚投行是非西方国家所倡议的多边金融机构，其服务于亚洲的基础设施建设，因欧洲主要大国的加入使其成为国际性的多边金融机构，并赋予了其欧亚大陆的性质。

2. 产业链的合作问题

国际产能合作要求中国与欧亚大陆各国是贸易合作伙伴，并要进行优势互补，充分发挥各自的资金、技术、市场优势来实现共同的工业化。特别是欧洲主要国家与中国一样都在实施工业的升级战略，有代表性的就属德国的"工业4.0"发展战略与中国的《中国制造2025》战略，这就意味着中国与德国的产能合作将会是以制造业为核心的产业链合作。所以国际产能合作是各国之间优势互补的合作，通过发挥中国的生产制造优势，与欧洲各国先进的研发技术优势相结合来实现共赢合作发展。例如，中国可以发挥高铁建设优势来推动欧亚大陆的基础设施建设，进而实现欧亚大陆的互联互通。

3. 统一国际市场的建立问题

中国在基本实现工业化进程的前提下，却又面临着过剩产能与落后产能的问题，解决过剩产能的途径就是实现供需的再平衡，所以通过国际产能合作有利于中国优势产能"走出去"，而这就需要"走出去"的目标市场与需求空间。中国与欧亚大陆的共同工业化进程为中国拓展市场需求空间提供了机遇，中国可以充分利用跨国间的基础设施建设与交通通信建设的契机，建立可以发挥优势产能、互联互通且统一的国际市场。例如中国与东南亚各国的国际产能合作就采取了建设工业园区的"一揽子"打包式的合作方式，包括与新加坡合作建立的"苏州工业园"与马来西亚合作建立的钦州工业园以及关丹工业园等,就是借助于合作方良好的区位优势所实现的生产加工与贸易的互补、互联共享。

4. 合作模式创新的问题

我国的央企与国企在国际产能合作中始终是主体,一方面要承担优势产能"走出去"的战略任务,另一方面又要规范企业的市场商业行为。所以,对于我国的央企与国企而言,既要配合响应国家"一带一路"倡议的号召积极"走出去",又要以市场规则来约束企业行为。这就要求中国制造业企业能够善于发挥自身优势切合当地的需求目标提供产品与服务,并在增强企业竞争力的同时能按照市场规则化解应对各种市场风险。同时要采取创新合作模式,在合作中提升产品的质量、品牌、服务与声誉,既要注重产品服务的标准与技术管理,又要促进当地的经济发展(解决就业、税收、环保等)。例如中国与印度尼西亚合作建设的雅万高铁就是一种创新的合作模式,中方通过采取较为宽松的信贷条件缓解了印度尼西亚高铁建设中的资金问题,实现了共赢发展。

5. 风险防范问题

在"中国制造""走出去"加强国际产能合作的过程中应注重风险防范。随着"一带一路"倡议被越来越多的"一带一路"沿线国家响应认同,与"中国制造"加强投资合作的意向也越来越强烈,中国制造业企业对"一带一路"沿线国家的直接投资增长迅速,但在投资过程中却蕴含着较大的海外投资风险,所以我国企业应注意防范。这种海外风险主要表现在"一带一路"沿线国家在政治、经济、法律、文化等方面存在着不同,特别是政治风险、法律规定、商业惯例对"走出去"的影响较大,值得"中国制造"企业进行关注。具体表现在:第一,投资环境差引发的风险。"中国制造"企业基于自身的比较优势往往会选择在投资环境较差、工业化进程缓慢、基础设施落后的沿线国家进行投资,这些国家表面看地理空间与市场需求较大但并未形成有效的需求,企业盲目投资的结果只能带来较大的商业投资风险。第二,海外投资经营管理经验的不足导致的风险。"中国制造"企业在发达国家积累的投资经验不一定适用于"一带一路"沿线国家,由于对沿线国家市场发展状况、行业规则与标准、法律要求、语言文化的掌握不足,再加上"中国制造"企业"走出去"需要的法律、会计、咨询、保险等制造业服务机构效率低下，企业将难以应对较为复杂的状况，因此需要"中国制造"企业"走出去"之前应做好充分的风险评估。第三，东道国当地投资经营的恶性竞争导致的经营风险。"中国制造""走出去"在沿线国家投资可能面临着信息不对称的情况，另外还会遇到资源掌握的碎片化问题，这些会使我国企业无法从全局角度统筹各项资源甚至会造成较大的浪费，增加了企业运营的成本。第四，金融环境不完善导致的商业风险。大多数"一带一路"沿线国家由于缺乏较为完善的金融支持与保障体系，致使"中国制造"企业"走出去"的金融风险加大，无法实现与东道国当地的良性融合。

案例一　国际产能合作的风险防范——文莱的文化差异

为降低"中国制造""一带一路"沿线的投资风险，采取了如下措施：第一，我国政府在推进"中国制造"与"一带一路"沿线国家投资合作过程中，先后出台一系列相关促进政策包括金融、投融资、财税、保险等，促使我国企业与沿线国家的投资合作取得了实质性进展；第二，专业的信用服务机构也为"中国制造"企业海外投资把控各种风险，这些机构以信用金融体系的建立为基础，通过对各种风险进行识别来助力"中国制造"企业成功"走出去"，进而最大限度地保障我国企业的海外投资利益；第三，我国商务部为企业对外直接投资防范风险，在5个方面发挥政府职能。商务部定期为企业提供公共服务产品，每年发布对外直接投资国别指南、对外投资统计公报、对外投资发展报告、境外合作的服务规范指南；利用商务部的各级网站为"走出去"的企业提供公共服务平台，包括走出去的方针政策，国际电子商务中心还开通走出去导航网，为"走出去"的企业提供服务指导；利用展会为打算"走出去"的企业做相关政策措施的宣传与项目指导；利用商业组织的合作专门为中国企业"走出去"提供咨询服务；注重对对外直接投资企业人才的培养，进行相关人才培训。

"中国制造""走出去"需要及时了解东道国当地的文化差异。随着"一带一路"倡议的提出，中国很多企业开始进入文莱进行直接投资。文莱的文化背景具有的特点一是尽管属于东南亚的小国，但是主张国无大小，贸易投资一律平等对待；二是信奉伊斯兰教，伊斯兰教规对文莱的社会生活影响较大。所以"中国制造"到文莱投资需要重点关注文化冲突与风险。

案例二　国际产能合作的风险防范
——印度尼西亚的投资政治风险

我国与印度尼西亚在很多领域都具有较强的互补性，同时双方都积极推进"一带一路"建设，所以两国存在良好的经济合作前景。印度尼西亚目前正处于工业化进程之中，对基础设施建设的需求较大，但本国由于基建技术与装备较为落后，因此基础设施建设成为印度尼西亚经济发展与吸引外商投资的主要障碍。而我国在基础设施建设方面具有较强的竞争力，在印度尼西亚可以进行相关项目的投资建设；此外在能源合作方面可以煤炭、石油、天然气为开发目标，并进行电力开发项目，尤其是在绿色清洁能源如核能、风能、潮汐、地热等领域进行深入合作；我国是世界上最大的棕榈油消费国，但由于缺乏棕榈种植园，国内市场大量的需求无法满足，未来还可以在印度尼西亚对棕榈油的加工生产进行直接投资。总之，在印度尼西亚进行国际产能合作有较大的潜力与前景，但是仍需对产能合作的投资风险进行防范，印度尼西亚除了硬环境较差外，例如基础设施落后、加工生产能力有限、整体教育水平较低等，还需注意以下风险：一是国内的民族主义情绪导致排华事件的发生，主要起因于与我国海洋划界问题上存在着分歧，特别是随着我国在南海施工进度的升级，后续可能会产生两国利益的碰撞冲突进而引发排华事件；二是印度尼西亚的投资政策不稳定经常发生变化调整，缺乏规范透明的法律体系，尤其是中资企业常会遇到政府部门办事效率低下、税收和劳务政策不稳定、政策实施执行中存在严重的腐败问题，这些问题即使采取措施来改善也很难奏效；三是警惕恐怖主义，在印度尼西亚进行投资还需防范宗教极端主义以及恐怖主义，从2002年至2009年已经在印度尼西亚发生了多起恐怖袭击，因此在对其进行投资时需要对潜在的风险进行合理的决策，全面掌握各种可能的风险并对其投资的优劣势进行充分考量。

6. 企业主体作用问题

在"一带一路"项目建设中，中国制造业企业是建设主体，并应以市场化方式来运作各种投资项目，这样就可以调动我国各方制造业企业对外直接投资的积极性。同时，可以整合更多的社会资源参与"一带一路"的国际产能合作，特别是要积极引导更多的民营制造业企业与中小型制造业企业资本进行参与，使参与国际产能合作的企业主体多元化，最终能够使我国更多的制造业企业全面参与到同沿线国家的国际产能合作。这就要求中国制造业企业要具备成功"走出去"的国际化视野，还要结合当前我国的供给侧结构性改革目标，提升产品与项目的供给质量，通过本土化战略，能够在当地引领市场发展并站稳脚跟，以此获得更大的市场份额；制造业企业还应考虑本土化需求，利用本土化的研发设计，生产提供在当地适销对路的产品与服务，通过不断研发设计具有差异化优势的产品与服务，来积累创造新需求的能力，因而制造业企业应将投资驱动转向创新驱动，使更多的产品与服务转向资本与技术密集型。同时"走出去"的中国制造业企业还应加强与沿线各国政府、当地本土企业、金融保险等咨询服务机构的合作交流，广泛探寻更多的商务机会。

二 "一带一路"背景下中国制造业与东南亚地区的产能合作

（一）中国与东南亚地区制造业竞争力

过去中国与东南亚地区国家的制造业国际合作项目未获得较大的实效，主要是因为东南亚地区国家的工业经济增长速度缓慢，但随着2013年"一带一路"倡议与2015年《中国制造2025》的提出，意味着中国制造业与东南亚地区国家的合作潜力巨大。东南亚地区主要包括11个国家——越南、缅甸、泰国、老挝、柬埔寨、菲律宾、马来西亚、印度尼西亚、新加坡、文莱、东帝汶，这11个国家除东帝汶外都是东盟组织成员国家。尽管中国是新加坡、越南、缅甸、马来西亚等国的第一大贸易合作伙伴，与东南亚各国的经贸往来也较为密切，但是由于受全球经济增长乏力、地缘政治等因素的影响，中国与东南亚各国的产能合作进展缓慢。但是，中国与东南亚各国资源互补、产业结构较为相似，未来在高铁、通信、核电等方面都有巨大的合作前景。

表 5-2　　　　　　　　　　经济发展阶段的判断依据

指标	前工业化阶段	工业化实现阶段			后工业化阶段
		初期阶段	中期阶段	后期阶段	
人均GDP(美元)	720—1440	1440—2880	2880—5760	5760—10810	>10810
产业结构	A>I	A>20%，且A<I	A<20%，I>S	A<10%，I>S	A<10%，I>S
空间结构（人口城市化率）	30%以下	30%—50%	50%—60%	60%—75%	75%以上

注：1. A表示第一产业，I表示第二产业，S表示第三产业。
2. 根据钱纳里（1989）、库茨涅兹（1999）、科迪等（1990）有关资料整理。
资料来源：赛迪智库产业政策研究所整理。

当前国际上主要以经济学家钱纳里（1989）、库茨涅兹（1999）、科迪等（1990）等提出的经验性判断依据作为工业化发展的评判标准。东南亚地区的国家大多处于工业化的实现阶段，据2015年世界银行的数据，东南亚各国的工业增加值占各国GDP的比重不高，在11个国家中除新加坡处于后工业化阶段外，大多数国家都处于工业化的初期和中期阶段。而且东南亚各国的制造业发展水平不高，制造业的层次主要是以一般加工制造业为主，制造业的竞争力差距明显，在德勤公司的《2016全球制造业竞争力指数报告》中，新加坡、印度尼西亚、越南、泰国、马来西亚5国进入全球制造业竞争力的前20名，制造业竞争力比柬埔寨、老挝、缅甸等国家明显居于优势地位。

（二）"一带一路"背景下中国制造业与东南亚国家的产能合作基础

1. 产能合作的经济基础

据2015年的《中国—东盟自贸区季度报告》[①]显示，2014年我国与东南亚国家贸易额达到4803.94亿美元，同比增长8.3%；同时与各国建立了贸易投资合作机制，经贸合作发展较为迅速。

---

① 中国—东盟商务理事会（CABC）发布。

第五章　中国制造业转型升级的路径 | 633

表 5-3　2016 年中国与东南亚国家制造业竞争力指数

2016 年				2020 年（预计）		
排名	国家	指数评分	排名	对比 2016 年	国家	指数评分
1	中国	100	2	-1	中国	93.5
10	新加坡	68.4	11	-1	新加坡	67.6
14	泰国	60.4	12	+6	越南	65.5
17	马来西亚	59.0	13	+4	马来西亚	62.1
18	越南	56.5	14	—	泰国	62.0
19	印度尼西亚	55.8	15	+4	印尼	64.8

资料来源：德勤有限公司和美国竞争力委员会：《2016 年全球制造业竞争力指数报告》。

表 5-4　中国—东盟贸易投资合作发展进程

时间	贸易投资合作的发展进程
20 世纪 90 年代初	与东盟各国展开对话；1996 年与东盟建立全面对话伙伴国关系
2001 年	与东盟 10 国提出建立自由贸易关系
2002 年	签署《中国—东盟全面经济合作框架协议》
2010 年	启动 CAFTA（中国—东盟自由贸易区）；通过中国—东盟商务理事会、中国—东盟中心等对话合作机制为中国与东盟成员国构建经贸往来的平台；"10+1" "10+3" "10+8" 三大合作机制助力 CAFTA 升级
2015 年	亚洲基础设施投资银行（AIIB）注重东南亚国家地区的基础设施投资建设项目

资料来源：根据收集资料整理。

2. 产能合作的市场需求

东南亚国家地区与我国展开产能合作主要体现在基础设施建设、工业化进程加快、双边贸易与技术投资进一步扩大等方面。

（1）东南亚国家对于加强基础设施建设的需求。基础设施建设对于一个国家地区的经济发展潜力起着至关重要的作用，东南亚国家地区都正在积极加强推进基础设施建设，这就为中国与东南亚国家地区展开产能合作的重要契机，为我国建材、建筑、机械工程制造产业等优质过剩产能走出去提供了市场需求。例如 2014 年年底印度尼西亚政府提出

《2015—2019年中期改革日程和经济发展规划》，在5年内要将高速公路新建1000千米、铁路新修3200千米的交通运输目标，结果我国在2015年10月成功中标印度尼西亚雅加达—万隆的高速铁路项目，使我国高铁装备成功"走出去"。

（2）东南亚国家地区对于加快工业化进程的需求。大多数东南亚国家地区工业化发展较晚，制造业缺乏竞争力，对于发展工业化的资金、产业政策、技术与管理经验都明显不足，所以东南亚国家地区希望借助于中国贸易合作伙伴的关系以及中国制造业大国的优势，展开产业间的对接，提升工业尤其是制造业的竞争力。而我国由于国内产能过剩、用工成本与用地成本上升等因素，国内一些具有优势的产能——钢铁、电子信息、服装、纺织等向东南亚国家转移，且这种转移趋势越来越明显，这样东南亚国家可利用经济发展的后发优势来提升制造业的竞争力，加快工业化进程。

（3）东南亚国家地区对于扩大贸易合作与技术投资的需求。我国在东南亚国家地区进行贸易投资，有利于发挥我国在机电产品、电子信息、装备制造业产品、新能源产业等方面所具有的相对优势——先进的技术与发展经验，也有利于东南亚国家地区弥补资金、技术、管理经验的不足。东南亚国家地区通过与中国进行产能合作，既可以促进东南亚区域经济的发展，又可以利用中国这个东南亚出口贸易的主要市场，来带动制造业提升产业竞争力。

因此，中国与东南亚国家地区进行产业转移与国际产能合作可以达成"双赢"局面——双方互惠互利。

（三）中国制造业与东南亚国家产能合作的路径

1. 我国制造业与东南亚国家产能合作的重点领域

与东南亚国家地区的经贸合作是我国制造业企业"走出去"提升竞争力的重点，基于东南亚国家地区制造业的发展需求，我国应加强运输装备、先进交通基础设施、清洁能源装备、信息通信领域的产能合作，重点推动高铁、高技术船舶、核电、通信设备和服务等"走出去"，促进东南亚国家地区的产业结构升级。

2. 我国制造业与东南亚国家产能合作的路径

（1）高铁装备制造。由于东南亚国家地区的工业化进程较为落后，基础设施建设成为地区经济发展的障碍,据2009年亚洲银行发布的资料,2010—2020年亚太地区将投入8万亿美元进行基础设施建设,每年平均投入7300亿美元进行建设,而其中东南亚国家地区的资金需求就占到50%。另一方面基建资金投入的30%属于交通道路建设的资金投入,这就为中国以高铁装备为代表的先进交通设施建设提供了良好的机遇。当前,我国高铁装备制造"走出去"成绩斐然,已经出口到包括美洲、欧洲、亚洲、非洲在内的50多个国家和地区,凭借"施工快、性价比高"的优势签订了越来越多的建设订单,特别是"一带一路"倡议所涉及的交通互联互通网络建设的提出,又给中国高铁"走出去"赋予了积极的意义与使命。

表5-5　　2015年中国与部分东南亚国家地区高铁项目情况

签约时间	项目名称	规划里程	项目进展
2015年10月	印度尼西亚雅加达—万隆高铁	150千米	建设中(2016年1月奠基开工)
2015年11月	中老泛亚铁路	418千米	建设中(2015年12月奠基开工)
2015年12月	中泰铁路	867千米	尚未开工

资料来源:赛迪智库产业政策研究所整理。

我国高铁装备制造"走出去"同时也面临一些制约因素——地缘政治经济的影响、国家认可度不高、市场竞争激烈、品牌竞争力缺乏等,因此为加强与东南亚国家地区的产能合作,需要中国对高铁的国际化标准体系进行完善细化,主动参加国际高铁标准制定与规划工作,在推进中国高铁技术标准与国际接轨的同时,努力突破海外技术壁垒,获得国际市场的认可,尤其是对于东南亚国家地区的高铁输出,要积极利用国别差异与RCEP区域战略的契合点,快速融入东南亚国家地区的基础建设中。

(2)光伏制造领域。据IMS Research 2015年发布的报告,东南亚国家地区在2016—2020年光伏产业将会快速发展,光伏安装总量的年均增长速度将会达到50%,而印度尼西亚、泰国、菲律宾的光伏产业发展将会具有很大的潜力。因此,中国与东南亚国家地区开展光伏能源领域的产能合作将存在巨大的市场需求，一是中国光伏企业"走出去"，可以通过对外直接投资参与东南亚国家地区的光伏能源建设项目，针对东南亚国家地区的光伏需求缺口发挥我国光伏产业开发的技术与资金优势，通过项目风险分析在竞争中达成合作，在当地开发建设光伏发电站；二是推进光伏制造产品贸易，借助于中国与越南、泰国、老挝、缅甸之间的跨境电力通道，实现中国光伏企业的产能输出与合作。

（3）通信设备制造领域。基于 2012 年中国与东盟通过的《关于深化中国—东盟面向共同发展的信息通信领域伙伴关系的行动计划（2012—2016）》以及《中华人民共和国与东南亚国家联盟信息通信合作谅解备忘录》作为合作的前提，中国可以发展与东南亚国家地区发展通信设备制造的合作。当前，东南亚国家地区发展移动互联网的速度较快，与我国进行物联网、信息设备制造、宽带网络的合作空间将会有很大的前景。以 2014 年互联网使用人数为例，由于东南亚国家地区之间的信息通信业差距较大，每 100 人使用互联网人数新加坡已经达到 82 人，而泰国是 34.9 人，缅甸只有 2.1 人；另据 2014 年中国—东盟中心发布的信息，2014—2018 年中国将对东盟国家信息通信产业的技术与管理人员培训 500 人次。因此，未来中国与东南亚国家地区展开通信设备制造、信息服务的可行性将会进一步加深，合作可以分为两方面，一是中低端通信设备制造，我国通信设备制造商（华为、中兴等）可以利用当地土地成本、劳动力成本优势，结合东道国的市场需求，进行产品与市场的准确定位，展开部分技术转移与产业转移，以此快速打开东南亚国家地区的市场，树立品牌形象；二是信息服务业可以考虑采用海外并购的方式进入东道国市场，通过收购当地电信企业迅速融入产业中，来扩大在整个东南亚地区的声誉与品牌影响力。

（4）车辆与船舶运输装备。①车辆与船舶运输装备产能合作的机遇。我国与东南亚国家地区互联互通合作的重要一部分就是要加强车辆船舶等运输装备的合作。因为东南亚国家地区主要发展劳动密集型产业，制造业主要集中在农产品加工、服装加工等较为低端的制造业领域，而制约制造业发展的因素主要就表现在物流运输方面，而其中以商品贸易为主导的国家如新加坡、越南、马来西亚、柬埔寨等国主要都借

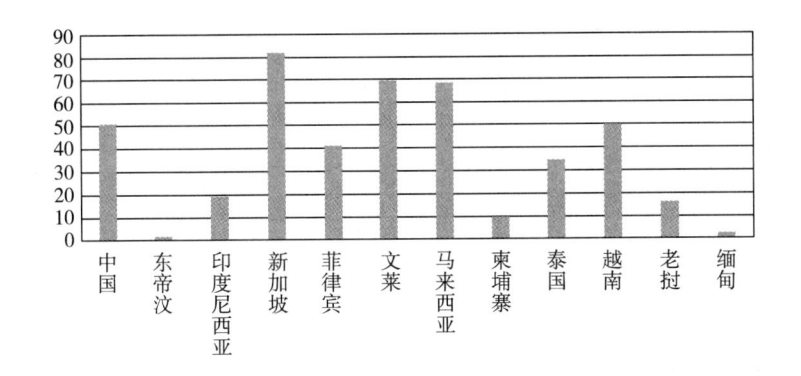

图 5-3 2014 年中国与东南亚国家互联网使用程度（每 100 人）

资料来源：世界银行，赛迪智库产业政策研究所整理。

助于船舶运输来实现进出口贸易。以印度尼西亚为例，据其工业部发布的数据，印度尼西亚进出口贸易对船舶运输装备的需求在 2005—2015 年共计将会达到 4000 艘，因此为了鼓励发展造船业，提升印度尼西亚国内的造船业水平，印度尼西亚政府采取较为宽松的吸引外资政策来促进外商投资于本国造船业。而我国的造船业由于国内产能过剩，亟须"走出去"发挥技术优势；同时，我国自 2012 年开始已经连续成为全球船舶制造第一大接单国，船舶制造能力远远超过日本和韩国。因此，我国造船业与印度尼西亚开展船舶制造合作是目前我国造船业化解产能过剩的良好机遇。

②车辆与船舶运输装备产能合作的挑战。我国制造业与东南亚国家地区开展运输装备的产能合作也面临着较为复杂国际竞争环境。2015 年在泰国运输装备进口总量中，从日本进口的运输装备占比达到 26.1%；从美国进口的运输装备占比达到 19.9%；从我国进口的运输装备占比为 10%，我国对泰国的出口量同比下降 11.1%，因此未来我国与东南亚国家地区运输装备制造的产能合作也面临来自发达国家的国际竞争，这就需要我国与东南亚国家地区的需求方建立完备的协调机制，通过政府层面签订相关合作备忘录，以此来整合我国国内运输装备制造业的资源优势，进而增强竞争力。

③车辆与船舶运输装备产能合作的策略。一是直接与东南亚国家地区开展成套船舶制造机械装备的出口贸易，促进我国运输制造机械装备

的发展；二是发展运输装备的贸易出口合作，将船舶、车辆或交通运输工具的零部件进行出口，切合进口国的具体需要；三是实施对外直接投资进行运输装备制造业的国际产业转移，在东南亚国家地区直接建厂，当地生产、当地销售，满足东道国以及其他东南亚国家地区的运输装备需求。

3. 中国制造业与东南亚国家产能合作的路径

我国与东南亚国家地区开展国际产能合作，除了化解国内产能过剩的局面，鼓励更多的制造业企业"走出去"之外，更多的是响应国家"一带一路"的倡议，为"21世纪海上丝绸之路"打下较为坚实的合作基础。在我国与东南亚国家地区的国际产能合作中，面临着实际操作的具体问题与障碍，表现在国际技术壁垒、投资壁垒、政治风险等，因此在展开国际产能合作中有必要采取相应措施运筹帷幄。

（1）形成国际产能合作的整体合力。一是为"走出去"的制造业企业提供资金支持，这就要求积极发挥丝路基金、亚投行、金砖银行等多边金融机构的作用；二是"走出去"的制造业企业应加强品牌建设提升竞争力，在降低经营成本的同时应加强企业跨区域的经营管理能力，为进行国际产能合作提供实力基础；三是应制定制造业产能合作的差异化合作模式，注重研究东南亚国家地区的国别差异——产业结构差异、经济发展水平差异，有的国家经济属于劳动力型的，而有的属于资源型的；有的属于制造业水平较高的国家，而有的国家制造业较为落后，切实区别具体国情；另外，还要为"走出去"的制造业企业提供技术研发支持，这就要求国内的产学研机构能够针对东南亚国家地区的具体情况进行制造业的研究，助力"走出去"的制造业企业能够突破技术壁垒；四是加强环境支持，政府之间应通过政治互信与友好合作条约，为我国与东南亚国家地区之间产能合作创造良好的政治生态环境与政治基础，通过领导人之间互访、中国—东盟博览会、"10+1""10+3""10+8"等机制来达成产业产能合作。

（2）推广国际产能合作的集成式发展模式。首先，要进行中国—东盟自贸区的升级磋商与谈判，扩大中国与东盟进行贸易投资的市场范围；其次，建立产业园区集成式的创新发展模式，旨在延长产业链、发挥产业的集群效应，可以借鉴中国与马来西亚的"两国双园"模式——中马钦州产业园、马中关丹产业园以及中国在柬埔寨建立的西哈努克港园区，可以将集成式的园区建设赋予经济、政治、文化价值，并重点凸显产业、文化、旅游、教育等方面的特色，这些模式应尽快在印度尼西亚、泰国等国家地区推广尝试，加快国际产能合作的效率。

（3）建立国际产能合作的风险防范机制。一是要对东南亚国家地区的政治风险进行准确评判，在加强与合作国家战略互信的基础上，合理地预判东道国的政治风险，对于其中长期发展规划、国家的法律法规要进行充分了解，特别是对于合作方的选择应进行科学理性的分析；二是要选择合理适宜的投资方式来降低经济风险，慎重选择投资项目与投资伙伴，对于资金有优势的投资国家，我国制造业企业可以利用东道国贷款的方式进行对外直接投资，对于新兴市场国家，如果未来产品的收益预期较好，可以进行项目融资的方式，对于缺乏资金优势但是资源禀赋较为丰富的国家，可以进行技术投资换资源的方式；三是要建立风险预警机制来防范信用风险，投资前要有预案，利用我国法律专家组建团队，能够对境外风险与突发事件进行深层次的评估，一旦发生信用风险可以启动境外风险与突发事件的应急处理预案；中国制造业对于东南亚国家地区的产能合作，尽量考虑与东道国当地企业以合作与合资的方式共同发展经济，通过"双赢"来化解国际上不利的舆论风险，应对"中国的马歇尔计划"的舆论。

（4）实施国际产能合作的本土化经营战略。首先，中国制造业"走出去"应充分利用当地资源，在熟悉了解当地政治、经济、文化、法律等背景的前提下，利用当地人才进行研发制造，当地生产，当地销售，满足当地需求；其次，与东南亚国家地区要共建人才培养体系，通过人才交流与人才培训，促进双方国际复合型人才的培养；最后，积极参与高铁设备、通信设备、航空航天制造等的国际标准体系的制定以此提升我国制造业的国际竞争力。

小结

"一带一路"背景下加强国际产能合作，可以有利于我国扩大对外开放输出优势产能，特别是可以与"一带一路"沿线处于不同经济发展阶段的国家之间进行产业互补衔接；而我国与"一带一路"国家产能合作实现的途径可以表现为：一是借助于亚投行、丝路基金来获得合作资金，二是中国可以和沿线欧洲国家进行产业链合作，中国发挥生产制造优势，沿线欧洲国家发挥先进制造技术，同时利用跨国间的基础设施建设、交通通信建设使我国与沿线欧洲国家之间形成互联互通的统一国际市场，且可进行合作模式创新；而我国在"一带一路"背景下与东南亚地区国家制造业进行产能合作的基础是东南亚各国对基础设施建设的需求、加快工业化进程的需求以及扩大贸易合作、技术投资的需求，东南亚各国制造业竞争力的差距较大，大多数国家处于工业化的初期阶段或是中期阶段，新加坡、泰国、越南、马来西亚、印度尼西亚等国家居于全球制造业竞争力的前20名，为此我国可以加强与东南亚国家在高铁装备、光伏制造、通信设备、车辆与船舶等运输设备领域的合作。

第四节　美国再工业化背景下中国制造业转型升级的路径

美国实施再工业化战略之后，对我国制造业的发展既有挑战也有机遇，且机遇大于挑战，迎接挑战把握机遇的制胜点关键在于能否将美国振兴制造业给我国带来的压力，逐渐转换成提升我国制造业转型升级的动力。为此，我国应围绕着制造业技术创新体系、制造业服务体系、制造业智能生产体系、绿色制造体系以及制造业全球化生态系统的构建来提升制造业的国际竞争力，同时"中国制造"需要确定制造业实体经济在国民经济中的核心地位，并不断加强制造业产品的供给质量，发挥我国国内各区域间的协同发展优势、优质跨国公司的典型示范优势，建立发达的生产性服务市场，积极寻求与美国之间经贸合作谈判，以此培育"中国制造"新的比较优势。

一　构建中国制造业技术创新体系

唯有我国制造业领域的知识技术创新才能促进制造业转型升级，但我国制造业领域缺乏完善的技术创新体制、科研成果未向制造业企业进行有效扩散、企业技术创新无法与企业的生产经营深度融合、创新人才积累需要改善、创新环境需要提升等这些问题一直阻碍着我国制造业技术创新的发展。

(一) 技术创新体系的不完善对制造业转型升级的影响

我国制造业因为缺发完善的自主创新体系导致出现落后产能和过剩产能，尤其是中小型制造业企业由于不积极开展自主技术创新，缺少自主创新的原动力，导致产能过剩或是落后产能问题严重。由于关键技术和核心技术缺乏，制造业长期发展偏向于高能耗资源密集型产业，企业发展依赖于"要素驱动"而非"创新驱动"；另外，制造业企业未成为技术创新的成果应用主体，使创新的研发成果无法适应行业的发展与市场的需求，技术创新的成果无法实现产业化，我国的 R&D 经费投入的大部分都在应用研究与试验发展方面，这就意味着研发成果理应向产业进行扩散，进而转化为企业的新产品、新工艺、新技术，但是我国的科研成果转化率却处于 25% 的较低水平（发达国家为 80%），最终实现产业化的不足 5%。企业研发缺乏必要的成果转化资金，对于项目的评价、转化、推广应用缺少考核指标。

(二) 中国制造业构建技术创新体系存在的问题

1. 技术创新的环境不完善

按照 2006 年出台的《国家中长期科技发展规划纲要（2006—2020）》（以下简称《纲要》）要求，国家应从财政税收金融等各方面为企业自主创新创造良好的环境，但是实践中这些激励自主创新的配套措施没有切实落实。例如，在美国就规定企业用于研发费用的税收减免就是一项永久性的政策，减免的比例达到 17%，2011 年美国财政专门划拨 1000 亿美元用于激励更多的企业进行研发投入，并以此保证税收优惠政策的落实；在我国按照《纲要》规定对于企业进行技术研发的费用实行税收优惠政策，可以按技术研发费用的 150% 抵扣应纳所得税税额，但是实践中只有 38% 的企业享受到此项政策，19% 的企业因为部门协调不利未能享受到，另有 19% 的企业对于这项政策一无所知。

2. 技术创新缺乏公共服务平台发挥作用

技术创新的公共服务平台未发挥作用，制造业企业进行技术创新依赖公共服务平台或是产业联盟，但是实践中由于公共服务体系不完善，技术创新平台的作用受到影响，不能成为为制造业企业提供较好的公共服务、成果转化、创新合作的平台。

3. 缺乏对技术创新知识产权保护的体制、制度与环境

在制造业领域我国对于技术创新的知识产权保护力度不够，也制约了企业进行技术创新的积极性，特别是缺乏对于企业进行技术创新的激励机制；我国对于知识产权的保护不仅缺乏较为完善的制度，对于自主知识产权从研发创造、实践应用到管理保护等还缺乏良好的外部法律环境；目前在制造业领域中还没有形成公平竞争的市场环境，缺乏对于企业家利润动机的保护机制，尤其没有实质性地解决制造业技术创新与生产应用之间的体制机制问题，制造业企业也一直没有真正成为技术创新的主体。

4. 技术创新的科技主管部门分工职责界定不明确

我国制造业技术创新的宏观管理部门主要是国家科技部、国家发改委、国家工信部等，导致政府科技投入被多个宏观管理部门多渠道配置，造成资源投入分散、效率低下；同时，造成综合协调管理脱节，表现为制造业发展的产业政策与科技创新的政策分离，无法实现制造业的集成创新。我国制造业技术创新的地方科技管理部门也不能很好地起到上下衔接的作用，对于实施国家政策、管理科技资源、制定地方科技政策与产业政策等不能明确职责。

5. 制造业领域的关键共性技术创新缺乏

《纲要》要求建立以企业为主体同时产学研相结合的技术创新体系。尽管当前我国围绕制造业企业建立了企业技术研发中心和多个国家工程中心，从整体上推进了我国制造业企业的技术创新的步伐，但是技术创新仅仅依赖制造业企业和市场是难以实现的，主要是因为在我国制造业企业不是创新的主体，另外由于我国创新体制不完善导致制造业领域的关键核心技术、共性技术创新缺乏，主要涉及缺乏制造业各行业关键与共性技术、缺乏制造业产业重大技术突破以及缺乏制造业不同领域技术的集成创新。例如，我国稀土资源十分丰富，但是目前国际上与稀土有关的材料却几乎都是国外的发明与知识产权，钕铁硼永磁材料就是可以用于轨道交通、航空航天、机械装备、医疗器械、电子电力机械等方面的一种优良磁性材料，但这种材料的专利发明权却属于美国 MQI 公司和日本的住友公司，以致我国的稀土技术发展对国外的依赖程度较

大，只是单纯的资源开采，没有进行高端的应用。

6. 技术创新未成为提升制造业核心竞争力的关键途径

在发达国家制造业企业始终是技术创新的主体，但在我国制造业企业却忽略了技术创新在提升企业生产经营水平的重要性。首先，一些制造业企业的发展路径主要是依赖于劳动密集型或是资源密集型产业，只注重短期利益目标，不主动掌握行业重要技术的自主知识产权，要么从事简单的代工生产赚取加工费，要么从事没有技术含量的低端生产环节获取低额利润；其次，在我国制造业企业的创新投入形成的知识产权成果很难得到应有的产权保护，创新设计与创新技术已遭遇跟踪、模仿、替代，而我国对于企业之间的诚信体系建设缺乏，对于侵犯知识产权的行为不够严厉有效；最后，制造业企业缺乏技术创新的完善机制。具体表现在：一是制造业企业的科研项目立项主要还是基于专家或是学术思维来决定缺少必要的市场思维，既不考虑技术的适用性，也不注重市场需求，使政府主导的科研立项倾向于科研机构或是高等院校，制造业企业缺乏对科研项目进行研发与产业化的主体地位。二是制造业领域的创新资源未向企业聚集靠拢，使企业创新活动不活跃，全国规上工业企业拥有自主知识产权的较少，开展研发活动的制造业企业也较少。

（三）建立中国制造业技术创新体系的综合优势

目前，我国国内的巨大市场为制造业创新发展形成新技术、新产品、新业态、新商业模式创造了条件；同时，我国积极利用国际国内两个市场、两种资源，全面建设国际先进制造业加工中心以及区域研发中心，使我国制造业的专业化水平迈向一个更高层次。这些有利优势可以助力制造业知识技术创新发展，并形成国际竞争新优势，构建新的经济增长点，进而抢占制造业的发展先机。

1. 制造业综合实力不断增强

当前我国制造业面对国内外较为复杂的经济环境，坚持稳步发展，总规模居于世界前列，制造业的综合实力显著提升。2013年在世界500多种主要工业产品中，我国工业品产量排名世界第一的就高达220多种，同时，我国制造业产出连续四年位于世界第一，在世界产出中的比重达到20.8%；2014年我国工业增加值为22.8万亿元，在GDP中的占比达到35.85%，同时有56家制造业企业入选"世界财富500强"

榜单，我国制造业的综合实力在逐步增强。

2. 制造业注重研发投入

当前我国与发达国家在制造技术创新方面的差距开始缩小，制造业的总体创新能力在逐渐增强，尤其是制造业技术创新在经历了模仿创新、集成创新、引进消化吸收再创新等阶段后，越来越注重自主研发技术创新；另外，我国制造业企业在创新驱动战略的引领下，社会创新要素不断向制造业集聚，制造业研发投入增长快速，自主创新能力得到一定的提升。2013年规上工业企业研发支出为8318亿元，研发投入强度达到0.80%，研发支出比2008年增长2.7倍，研发投入强度比2008年增加0.19%；2013年我国规上工业企业拥有5.2万个科研机构，比2008年增加了1.87倍，2013年规上工业企业申请专利53万件，为2008年的3.4倍。2014年我国全社会R&D的经费投入位居世界第三，达到13312亿元，在GDP中的比重达到2.09%，是2008年R&D经费投入的2.88倍。

3. 制造业拥有门类齐全的制造体系

按照联合国工业大类目录，我国是拥有所有工业门类的国家①，拥有工业大类39个、中类191个、小类525个，具有完备的工业体系以及产业配套能力。同时，我国制造业独立完整的制造体系成为我国经济发展的重要支撑，制造业通过不断地技术创新，提升了制造业的综合竞争力，且形成了具有国际竞争力的骨干企业与优势制造业行业，已经形成建立制造业强国的基础条件。例如，在千万亿次超级计算机、百万吨乙烯成套设备、风力发电设备、特高压输变电设备等产品领域的制造技术已居于世界前列；同时，在大型飞机、载人航天、载人深潜、北斗卫星导航、LNG、高速轨道交通、百万千瓦级发电装备、万米深海石油钻探设备等领域取得突破性进展。

（四）中国制造业技术创新体系的建立基础

1. 政府出台有利于制造业创新发展的政策文件

在我国经济进入新常态后培育制造业新动能成为推进制造业转型升级的重要任务，国务院以及多个部门出台了一系列文件政策，旨在形成

---

① 根据IBM统计结果。

制造业创新发展的有利环境。例如，2015 年我国发布的《中国制造2025》以及《关于积极推进"互联网"行动的指导意见》等，从战略高度为我国制造业培育新动能以及构建知识技术创新体系奠定了政策基础。正是因为《中国制造 2025》以及"互联网＋"两大战略的出台，为制造业新动能以及知识技术创新创造了良好的政策环境，因此我国制造业主要包括新能源、高端装备制造、航空航天、生物医药等多个产业促进政策先后落地实施，使我国制造业中涌现出了大批新技术、新产业、新业态，逐渐成为我国国民经济发展的重要支撑。

2. 深化改革与扩大开放的政策促进制造业创新发展

全面深化改革并不断扩大改革开放，激发了我国制造业发展活力与创造力，也促进了我国制造业的转型升级。通过全面深化改革，使市场始终成为资源配置的重要途径，同时通过完善现代市场体系，深化财税体制改革，加快转变政府职能以及构建开放型的经济新体制等，有利于破除制造业发展的机制障碍，解决制造业创新发展中的深层次矛盾，有利于激发制造业创新的活力，从而促进我国制造业知识创新体系的形成发展。

3. 发展制造业的措施为制造业创新发展注入活力

我国促进制造业转型升级的措施，尤其是积极推进创新创业、降低融资成本、减轻企业税负、取消或下放行政审批权等一系列改革措施，在很大程度上为制造业创新发展注入了活力，也为制造业创新发展营造了一个公平竞争的环境，这些措施为制造业做大做强提供了持续的保障。

4. 建设规范透明的市场准则为制造业创新发展创造良好机遇

为促进制造业创新发展寻求更多的市场机遇，我国始终追求建设一个公平竞争高效开放的市场，并放宽外商投资准入的门槛，建设高标准高规格的自贸试验区，努力加强知识产权保护；推进亚太自贸区建设，并积极参与区域全面经济伙伴关系协定谈判，旨在构建面向全球的自贸区网络。随着"一带一路"倡议的提出，截至 2016 年，我国企业已先后向沿线国家投资超过 500 亿美元，通过签署重大项目促进了沿线国家的就业水平及经济发展；与我国签署合作协议的国家与国际组织已超过 40 个，同时"一带一路"倡议也得到了 100 多个国家与国际组织的响应支持,在我国制造业优势产能"走出去"的同时也促进了制造业的创新发展。

案例三　中国南车(2014年12月与中国北车合并)株洲所创新竞争体系的构建

中国高铁技术在国际市场上极具竞争活力,而中国南车株洲所的创新竞争体系的构建促进了我国高铁技术产业化发展。中国南车株洲所首先注重科技成果的研发与关键核心技术的掌握,其次将科技成果迅速转化为生产力,并不断整合资源推动产业化发展与运营。其成功的经验在于能够利用三大技术平台——设计研发、生产制造、产品转化,以及质量管理系统,将所有与研发生产制造有关的问题逐步分解,形成模块与系列,不断标准化与数字化;并在创新体系构建中不断积累知识资产,在所涉及的每一个项目中将各个阶段的任务模块化,包括项目的前期分析、远期规划,最终使发展方向与项目进展的应用方向能够形成清晰的目录层次。目前,南车株洲所设计的产品一致性通过率达到90%以上,产品的现场返修率降到2‰,成为推动世界轨道交通发展的重要力量。

(五)建立中国制造业技术创新体系的策略

1. 建立支持制造业技术创新增长机制

我国应尽快设立不同层级的制造业技术创新专项资金,调整现有财政政策加大对于制造业技术创新的财政投入力度,主要用作于支持各地制造业建设区域性、行业性、综合性的技术创新中心,并将专项资金重点投入技术创新中心来购买实用创新工具[①],无论是技术创新中心还是实用创新工具都应对制造企业进行开放,允许制造业企业使用、租借,以此带动制造业企业提升技术创新水平与能力,尤其是可以解决中小型制造业企业技术创新缺乏资金的问题。通过计算机辅助设计、计算机辅

---

① 主要指容易操作和见效快的实用创新工具,具体包括计算机辅助设计、计算机辅助工程、计算机辅助工艺规划、计算机辅助制造等系统和软件,其中最为重要的是支持制造业大力普及计算机辅助工程。

助制造等工具帮助企业解决产品的生产设计问题；通过计算机辅助工程帮助制造业企业实现对产品的模拟与分析，实现制造业企业创新的技术保障，特别是利用计算机辅助工程同其他实用创新工具结合，来快速推进我国制造业技术创新，推进两化融合并加快实现向中国智造的转型。

2. 鼓励社会资本创建技术创新服务业

政府与科技部门应鼓励社会资本与民营企业积极投入创办科技服务企业，促使这些科技服务企业为制造业企业提供设计服务、研发服务、检验检测服务、科技金融服务等。为实现制造业技术创新与智能化转型，应在制造业全领域范围内进行实用创新工具的应用培训、产品设计开发、产品检验检测等一系列外包服务，促进我国制造业企业尤其是先进制造业企业、生产性服务业、计算机辅助工程软件产业之间的协同创新合作；制定政策使我国科技服务企业享受高新技术企业的优惠政策，调动科技服务企业服务制造业的积极性，并对科技服务业企业带动制造业实现技术创新且取得技术突破的项目，由国家设立的专项资金给予奖励。

3. 建立产学研相结合的协同创新机制

在我国制造业领域加快建立产学研相结合的协同创新机制，将高校、科研机构的科技研发优势与制造业的生产应用优势聚合在一起，对制造业生产研发中的难题予以联合攻关，这样既可以将各个创新环节进行连接，还可以完善各个研发链条，提升研发的效率的同时也有利于创新研发成果的快速转化。另外，针对我国先进制造业中关键共性技术缺乏的现状，应由政府牵头聚合产学研各方优势与力量，建立制造业技术创新中心来专门进行关键共性技术、基础技术的研发与成果转化，以此加快制造业科技转化的速度、提升企业创新能力。

4. 完善制造业区域创新系统

建立完善区域创新系统是制造业创新能力得以提升的基础，因此我国应加快建设信息化基础设施，为制造业搭建信息共享平台、科技共建平台、科技推广平台等，并为制造业企业技术创新提供信息资源、技术资源共享的基础环境；同时，区域创新系统还需注重创新型技术研发人才队伍的建设储备，推进我国工程教育人才培养模式，并建立制造业企业与高校联合培养人才机制，在全社会范围内积极培育制造业文化；建立新兴产业创新园区，鼓励支持各地打造新型制造业技术孵化器，在现有技术孵化器的基础上，增添加工装备、检验检测设备等推进制造业技术孵化器向工厂管理转型，在此基础上也可以引进风投与天投资金使技术孵化器向技术投资公司转型，加速制造业技术创新的成果转化效率。

5. 加大对制造业技术创新的投入力度

近年来，我国对制造业技术研发的投入不断加大，研发投入规模在 GDP 中的占比在逐年增加，但与欧美发达国家相比仍然有差距。一是我国应加强对基础研究的投入，基础研究水平直接决定一国的科技实力，但基础研究的周期较长、风险高、经济效益不如应用研究，且主要依赖国家进行投资，所以要提升制造业尤其是先进制造业的技术创新优势，就要加大对基础研究的资金投入力度；二是要注重制造业企业的研发强度，2014 年我国企业 500 强的平均研发强度为 1.78%，而在发达国家只有研发强度超过 5% 时，企业才具有较强的竞争力，因此应鼓励制造业企业增加研发投入，并提升企业的研发投入产出水平；三是政府应尽快出台鼓励制造业企业增加研发投入的财政税收政策，引导制造业企业进行技术创新，在政策上应持续注重信息技术与制造技术的创新投入。

二 推进中国制造业生产性服务体系的建设——以长三角地区现代生产性服务业发展为例

我国制造业的服务化是制造业转型升级的主要路径，尤其是现代服务业在很大程度上可以提高"中国制造"的发展效率与发展质量。随着我国加快建设现代服务业集聚区的措施推进，全国各地积极建立科技创业园、现代物流园、软件园、产品交易市场等现代服务集聚区，集聚区涵盖了诸多生产性服务业，例如物流服务、商贸服务、金融服务、信息服务、文化创意等，这些生产性服务业的发展助力我国制造业转型升级。

（一）长三角地区服务业集聚区的建立

目前，随着物联网、移动互联网、大数据、云计算、人工智能技术的发展，长三角地区的服务业发展出现了新模式、新业态、新产业。例如，建立在互联网与云计算基础上的 CRM、ERP、OA 等 SaaS 服务以及移动应用成为服务业发展的新趋势,尤其是以大数据研究、产品创新研发为主的制造业服务,不断突破各项关键技术,不断衍生出与数据处理、存储、信息咨询有关的各项制造业服务,为制造业的升级发展带来了效率与质量的提升。

表 5-6　　　　　长三角地区部分现代服务业集聚区

地区	现代服务业集聚区	集聚产业或特点	发展现状
上海	浦东新区陆家嘴金融贸易区	全国首个国家级金融开发区	目前,形成以浦东新区陆家嘴金融贸易区为代表的25个现代服务业集聚区,吸引了40000多家各类服务型的企业,200多家全球跨国公司总部入驻,涉及金融、商贸、物流、信息服务、科技服务等
	浦东新区张江高科技创意文化和新兴服务业集聚区	动漫、网游、新媒体、数字内容为重点	
	黄浦区西藏路环人民广场现代商务区	金融服务业、航运物流业、商贸流通业、文化创意业	
	静安区南京西路专业服务商务区	金融、餐饮、旅游购物的总部经济	
	徐汇区漕河泾高新科技产业服务区	技术服务、科技中介服务、商务配套服务	
	普陀区长风生态商务区	总部经济、金融服务、文化旅游	
	闸北区苏河湾商业商务服务业集聚区	金融服务、商贸服务、信息服务、人力资源、文化创意	
	虹口区北外滩航运和金融服务集聚区	金融服务、航运服务、邮轮服务	
	杨浦区江湾—五角场科教商务区	金融、商业、科技研发、文化体育	
	宝山区宝山钢铁物流商务区	现代钢铁服务业集聚区(商流、物流、资金流、信息流)	

续表

地区	现代服务业集聚区	集聚产业或特点	发展现状
江苏	无锡国家软件园	中国传感信息与软件领军区	2012年省级现代服务业集聚区达到万亿元的营业收入，创造了百万人的就业岗位；江东软件、昆山花桥国际商务城等30多个服务业集聚区创造了超过百亿元的营业收入；科技服务集聚区每年新增数千项专利授权，单是中国常熟服装城就达到千亿元的营业收入
	南京新城科技园	软件服务、信息服务	
	苏州工业园区	金融服务、现代商务服务、科教服务	
	雨花软件园	通信软件、软件外包、信息服务	
	无锡工业设计园	工业设计、科技服务	
浙江	宁波梅山保税港区物流园区	国际贸易、现代物流	目前，通过三批建设已经形成100多个现代服务业集聚区，服务业的关联效应与渗透作用助推制造业转型升级；2015年浙江服务业增加值在GDP中的占比已经达到50%，物流、金融等的增加值在浙江服务业增加值中的占比接近30%，高端服务业如电子商务以及服务外包等在全国的份额较高
	义乌国际物流中心	商贸物流	
	新加坡杭州科技园	工业设计、软件研发	
	浙大网新软件园	科技服务、信息服务	
	杭州山南国际设计创意产业园	文创产业、金融业	

资料来源：http://zjdgc.gov.cn（浙江发展改革委员会）。

（二）长三角地区现代服务业发展状况

1. 上海市现代服务业发展状况

现代服务业与制造业相比，2011—2014年营业收入、增长率、净利润、总资产等都超过了制造业的发展，成为上海经济增长的巨大动力（见表5-7）。

表5-7　2011—2014年上海服务业50强与制造业50强经营状况对比

	上海服务业50强				上海制造业50强			
	2011年	2012年	2013年	2014年	2011年	2012年	2013年	2014年
营业收入（亿元）	16130	17949	21116	23876	17755	18257	19567	20011
营业收入与上年相比的增长率（%）	—	11.28	17.64	13.07	—	2.82	7.2	2.3

续表

	上海服务业50强				上海制造业50强			
	2011年	2012年	2013年	2014年	2011年	2012年	2013年	2014年
净利润（亿元）	1348	1414	1684	1726	1033	867	1005	898
净利润与上年相比的增长率（%）	—	4.87	19.09	2.49	—	-16.02	15.9	-10.64
总资产	94626	107204	124264	149308	18982	20098	21689	25310
总资产与上年相比的增长率（%）	—	13.29	15.91	20.15	—	5.88	7.92	16.69

资料来源：容庆：《2013上海制造业50强与服务业50强比较分析》，《上海企业》2013年第12期；容庆：《2014上海制造业50强与服务业50强比较分析报告》《上海企业》2014年第12期；容庆：《2015上海制造业50强与服务业50强比较分析》，《上海企业》2015年第12期。

表5-8　2015年上海制造业企业与服务业企业前10强

排序	制造业企业名称	服务业企业名称
1	上海汽车集团股份有限公司	交通银行股份有限公司
2	宝钢集团有限公司	绿地控股集团有限公司
3	上海烟草集团有限责任公司	上海浦东发展银行
4	益海嘉里投资有限公司	中国太平洋保险（集团）股份有限公司
5	光明食品（集团）有限公司	上海华信国际集团有限公司
6	中国石化上海石油化工股份有限公司	百联集团有限公司
7	上海电气（集团）总公司	上海东浩兰生国际服务贸易（集团）有限公司
8	上海医药集团股份有限公司	中国东方航空集团公司
9	上海华谊（集团）公司	中国海运（集团）总公司
10	上海复星高科技（集团）有限公司	上海市对外服务有限公司

资料来源：中国商情网，http://www.askci.com。

从表5-9可以看出上海市服务业发展增速快于制造业，2011—2014年上海市服务业营业收入分别为16130亿元、17949亿元、21116亿元、23876亿元，与上一年相比的增长率分别为11.28%、17.64%、13.07%；而制造业营业收入分别为17755亿元、18257亿元、19567亿元、20011 亿元，与上一年相比的增长率分别为 2.82%、7.2%、2.3%，服务业发展态势良好。

表 5-9　　2013—2014 年上海市服务业 50 强与制造业 50 强经营质量指标

经营质量指标	服务业 2013 年	服务业 2014 年	增减幅度	制造业 2013 年	制造业 2014 年	增减幅度
营收净利润率（%）	6.99	7.23	0.24	6.12	4.49	-1.63
资产周转率（%）	15.79	15.99	0.2	91.2	79.06	-12.14
净资产周转率（%）	81.71	113.41	38.8	208.98	200.78	-8.2
总资产收益率（%）	1.1	1.16	0.06	5.58	3.55	-3.03
净资产收益率（%）	5.71	8.2	2.49	12.79	9.01	-3.78
人均营收（万元）	256.89	293.91	14.41	292.99	304.51	3.93
人均净利（万元）	17.96	21.24	18.26	17.93	13.66	-23.81
人均纳税（万元）	12.46	14.78	18.62	34.37	36.2	5.32
营收纳税率（%）	4.85	5.03	0.18	11.73	11.89	-0.16

资料来源：容庆：《2015 上海制造业 50 强与服务业 50 强比较分析》，《上海企业》2015 年第 12 期。

上海市服务业排名前 50 强的企业主要是金融、贸易、物流、保险等行业，这些行业中有 30 家企业营业收入超过百亿元，另有 7 家企业营业收入超过千亿元。2011—2014 年服务业前 50 强的净利润分别为 1414 亿元、1684 亿元、1726 亿元，增长率总体上升，上海服务业整体发展趋好；而制造业前 50 强主要是汽车、钢铁、食品、石化行业，2011 年至 2014 年制造业前 50 强的净利润分别是 1033 亿元、867 亿元、1005 亿元、898 亿元，利润增长率趋于下降。在 2014 年上海服务业前 50 强的净利润是制造业的近 2 倍。

2011—2014 年上海市前 50 强服务业企业与制造业企业的总资产都在上涨，其中服务业的上涨幅度分别为 13.29%、15.91%、20.15%，制造业的涨幅分别为 5.88%、7.92%、16.69%，服务业的总资产增长率明显快于制造业。

2013—2014 年上海市前 50 强制造业企业经营绩效指标呈下降趋势，营收净利润率由 6.12% 下降到 4.49%，资产周转率由 91.2% 下降到79.06%，净资产收益率由12.79%下降到9.01%，服务业整体经营绩效质量下滑；2013—2014年上海市前50强服务业经营质量较好，营收净利润率由6.99%上升到7.23%，净资产周转率由81.71%上升到113.41%，涨幅达到38.8%，服务业总体比制造业发展强劲。

2013年上海市拥有2490项各类科技成果，48680项专利授权，26297项技术合同项目，达到620亿元的成交金额；大中型工业企业科技活动经费支出约为60亿元，涉及的技术改造、技术引进以及消化吸收等技术活动经费达到240亿元，大中型工业企业科技活动产出中拥有6292.51亿元的新产品产值，这些新产品创造了7156.42亿元销售收入；2014年上海市拥有2241.2亿元的科学研究与技术服务总产出，相当于上海市GDP的3.6%，同比增长8.3%，同期进出口技术合同的成交金额达到272.97亿元，技术进出口规模在不断扩大。[1]

综上，上海市在知识型服务业发展方面态势较好，特别是能将技术研发、人才培养等显著优势发挥到社会专业化服务中去，这就为制造业的发展提供了可靠的保障体系，尤其是在制造业产业链中所涉及的研究开发、技术转让、技术咨询、知识产权、金融保险、检验检测等服务方面可以发挥重要的协同发展作用，有利于制造业的升级转型。

2. 浙江省现代服务业发展状况

（1）现代服务业发展与特色小镇紧密结合。浙江省通过创建100个特色小镇来促进现代服务业的发展创新，例如杭州的云溪小镇，主要提供云计算、云计算创意、文化创意等的服务，2014年该小镇创造了10亿元以上的"云"产值，依靠云计算大数据产业带动了小镇的发展；玉皇山南基金小镇成为浙江省的"金融小镇"与"文创中心"，2014年小镇的营业收入超过50亿元。

（2）电子商务的发展成为浙江省现代服务业的典型标签。2014年浙江省创造了1.9万亿元的服务业增加值，对浙江省GDP增长的贡献率达到52.1%，2014年电子商务的增幅为55%，直接拉动浙江省的GDP增长，2014年浙江的网络零售额同比增长47.64%，达到5641.57

---

[1] 纪婷婷：《"科创中心"——上海科技服务业爆发的支点》，《上海经济》2015年第7期。

亿元，网络零售已经成为浙江省的主要商业零售方式。2014年"中国电商百强县"中浙江省就占据了41个，且世界互联网大会每年下半年都在浙江的乌镇举行，乌镇成为永久会址，可见，电子商务在浙江经济发展中所占据的重要位置。

（3）服务业发展在浙江省的空间分布差异较大。浙江的东北地区发展服务业较强，主要集聚了软件服务、信息技术、计算机等行业服务，而浙江的西南地区服务业发展主要以传统服务业为主，包括零售、餐饮、住宿等。2013年杭州市的人均服务业增加值为6.3万元，宁波为5.4万元，舟山为4.4万元，衢州为1.6万元，丽水为1.5万元，可以看出浙江东北地区的服务业发展较快。

3. 江苏省现代服务业发展状况

2013年江苏省的服务业增加值在GDP中的占比为45%，达到26596亿元，同比增长9.8%；2014年江苏省的服务业增加值在GDP中的占比为46.7%，达到30396.5亿元，比2013年增长9.3%；2015年江苏省的服务业增加值第一次超过第二产业，在江苏省经济增长中贡献巨大，尤其是商务服务、金融服务、租赁、物流、保险、软件服务在服务业中增长速度较快，领跑江苏经济发展。其次江苏省的服务外包业务发展势头强劲。2013年江苏省的服务贸易进出口总额占全省外贸总额的比重达到11.4%，同比增长37.5%，金额达到710.06亿美元；尽管2014年服务贸易进出口总额下降幅度较大，仅为272.67亿美元，但2014年服务外包合同总额却同比增长26%，金额达到372.8亿元。

表5-10　　　　　2013—2014年江苏省服务外包情况

	2013年	2014年
服务贸易总金额（亿美元）	710.06	272.67
服务外包执行总额（亿元）	238.9	311.3
同比增长（%）	42.3	30.3
离岸执行总额（亿元）	137.7	174.7
同比增长（%）	40.8	26.9

续表

	2013 年	2014 年
服务外包企业数量（家）	7434	8167
同比增长（%）	13.9	9.9
服务外包企业从业人数（万人）	96.2	104.6
同比增长（%）	14.2	8.7

资料来源：《2014年江苏省服务业总体运行情况》，2015年3月13日，http://www.sdfgw.gov.cn。

（三）长三角地区现代服务业发展的问题

1. 生产性服务业与制造业的融合欠缺紧密度

在发达国家服务业发展中，生产性服务业的占比较大，一般为70%以上，在我国长三角地区浙江省的服务业很发达，尽管如此生产性服务业的比重也仅仅为50%，所以上海、江苏、浙江与国外发达国家相比，差距仍然较大。虽然长三角地区在一定程度上生产性服务业与制造业有融合的整体趋势，但是以工业设计、软件、信息、咨询为主的现代生产性服务业还是不能较好地助力于制造业升级，而以物流、保险、金融等为代表的传统型生产服务业却一直与制造业融合较为密切。所以将来能够支撑制造业发展的主要是知识密集型的现代服务业，即以研发与咨询为主的科技服务业。因此，上海应重点发展科技服务业等高端服务业，浙江是以物流与电子商务为重点，江苏则是重点发展新一代信息传输与信息服务业，逐渐从劳动密集型服务业向知识密集型与资本密集型服务业转型，通过促进服务业高端化更好地与制造业融合。

2. 发展生产性服务业的机制不健全

因为现代服务业的发展基础是良好的制度供给，即需要较强的专业性知识体系作为前提，这就要求具有多元化的市场主体。但是在长三角地区，现代服务业市场的主体过于单一，大多为国有企业或是国有控股企业，例如江苏省的服务业行业中，物流、仓储、社保、公共服务、邮政等行业，国有控股的企业占据了60%以上；信息服务、文体服务、科技服务等行业中国有控股的企业占据了50%以上。这样发展下去势必会产生现代服务业企业之间的恶性竞争，既不利于企业创新又不利于现代服务业市场结构的优化，因此长三角地区需要构建良好的发展现代服务业的管理机制与体制。

3. 现代服务业的发展速度落后于城市化发展的速度

2014 年上海的城镇化率达到 88.02%，全国排名第一；浙江的城镇化率为 62.96%，全国排名第六；江苏的城镇化率为 62.85%，全国排名第七。但是上海、浙江、江苏的服务业增加值在 GDP 中的比重却没有保持一致性的增长（见图 5-4），这种城市化发展与现代服务业发展的不同步表明城市化对于现代服务业发展的推动作用还明显不足。

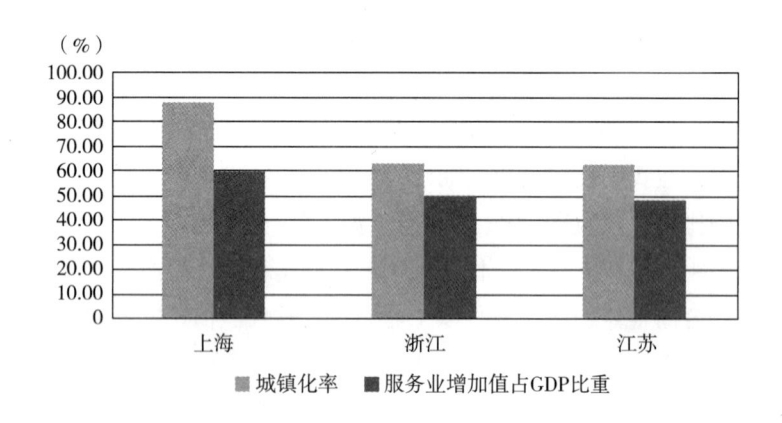

图 5-4 2014 年长三角地区城镇化率与服务业增加值对比

资料来源：《2014 年江苏省服务业总体运行情况》，2015 年 3 月 13 日，http://www.sdf-gw.gov.cn。

（四）中国制造业生产性服务体系的构建

1. 促进服务业优质高效发展

我国服务业的发展大多处于"微笑曲线"的两端，通过增强服务业对制造业发展以及制造业融合的引领作用，有利于制造业产业价值链升级。随着我国服务业规模的不断扩大，低水平发展同质竞争日趋明显，服务业低效供给以及无效供给的问题日益突出导致资源浪费。因此应将服务业对制造业的"补缺型"作用向"引领型"作用转变，特别应结合当前我国先进制造业发展所呈现出的产业低端化、技术空心化、市场边缘化的特点，大力促进服务业优质高效发展，为制造业创新发展提供更多的工业设计服务、技术咨询服务、贸易流通服务、人力资源服务等。

2. 建立生产性服务业集聚区

加强生产性服务业集聚区与示范区的建设，并积极推进服务业综合改革试点工作，发挥生产性服务业集聚区与示范区的规模效应与示范作用；并鼓励在一、二线城市发展建立高端生产性服务业集聚区，产业结构以发展生产性服务业为主，而制造业企业可以在周边中小城市发展，一方面中小城市可以承接一、二线城市的产业扩散，通过产业链的衍生与产业垂直分工获得制造业生产优势；另一方面借助于城市间形成的错位分工可以促进制造业与生产性服务业之间的优势互补与配套融合。

3. 将服务业的新兴技术与制造业的业务流程相融合

信息服务提供商、软件提供商与制造业企业联合来提升制造业企业生产经营管理的数字化水平；信息服务供应商将大数据、云计算等信息技术运用到制造业企业中，推动制造业企业的智能制造创新发展，使企业可以实现定制化、柔性化、服务化、智能化生产；加强软件信息业针对制造业领域进行相关软件开发，向制造业企业提供系统解决方案，促进制造业企业的生产流程再造；鼓励软件提供商、信息提供商与制造业企业相融合，在嵌入式软件、高端软件、信息服务、云计算、大数据等新兴技术领域实现技术新突破，进而抢占先进制造业发展的制高点。

4. 促进生产性服务业优化结构提升竞争力

为促进我国生产性服务业向价值链高端环节迈进，需要加快提升我国生产性服务业专业化发展的竞争力以保证其与制造业产业的深度融合。一是应制定生产性服务业的国家标准，在生产性服务业的重点领域与行业推进提质增效的政策，破除行业垄断、清理行业准入政策；二是在考虑产业安全风险的基础上对我国民用机场、基础电信运营等服务业领域进行有序开放；三是为优化服务业利用外资结构，合理引导外资进入我国技术密集型生产性服务业，例如研发设计、商务咨询、电信运营等领域；四是树立我国生产性服务业的品牌形象，通过打造"中国服务"品牌，增强我国生产性服务业的竞争力；五是要重点培育专业性强的生产性服务企业，例如涉及商务咨询、现代物流、技术研发设计等领域的企业；六是推动金融服务业与制造业相结合，服务于实体经济。

5. 加大对生产性服务业创新发展的支持与监管力度

针对创新型生产性服务业企业要建立健全贷款风险补偿机制，并加大金融政策支持的力度与范围，尤其是对服务业企业在融资租赁、合同能源管理等新型商业模式方面的创新应予以各项政策措施支持；要加大对生产性服务业新业态的监管力度，形成多元化的监管体系，鼓励各方参与，包括政府部门、行业协会、第三方机构、社会组织等，共同实现灵活高效的服务监管体系，保障创新型生产性服务业对于制造业提质增效带来推动力。

三　加快形成中国制造业智能生产体系

（一）智能制造对中国制造业的影响

1. 智能制造有利于制造业"弯道超车"

智能制造是国际竞争形势大环境的要求，各国都在积极尝试探索，以工业一体化、互联网产业化、工业智能化为代表。美国的工业互联网、德国的"工业4.0"等先进制造业战略计划，从本质上看就是发展智能制造。我国也相应提出了《中国制造2025》、"互联网+"等战略计划，旨在通过智能制造的技术创新在国际竞争中实现弯道超车。同时，智能制造对我国的影响主要在以下三个方面：一是大量的制造业产品需要出口；二是涉及8000万左右的产业就业人群；三是关系到我国的军事安防。这就要求中国制造业不能错失这一轮工业革命的步伐，发展智能制造将互联网、物联网与工业深度融合。互联网目前已经进入工业化的第二阶段，即互联网进入工业领域，是互联网产业化的第二个时期。中国拥有450万个制造业企业，未来将会有20%的制造业企业实现转型发展为智能化、自动化生产。

2. 智能制造有利于培养制造业的新动能

过去长期以来中国制造业由于发展加工贸易一直处于产业价值链的中低端环节，企业不进行技术创新就可以代工生产，所以制造业的发展水平始终没有跟上我国经济总量一同上升，导致高附加值产品只能依赖进口，同时我国高端制造业无法输出高附加值产品，也只有少数企业能在国际市场中立足发展。自从2016年中央提出深化供给侧结构性改革以来，对于那些产能过剩、库存过大、成本高企、杠杆偏高、"短板"

约束等结构性失衡问题的解决已有实质性的进展,这为中国制造业转型升级创造了条件并集聚了动能。中国制造业的新动力一是可以借助于"消费互联网",促使企业由投资导向型转向消费导向型;二是切实提高制造业的发展水平,使其成为中国经济发展的驱动力。

3. 智能制造有利于实现制造业生产决策的最优化

制造业的智能制造体系是将新一代的信息技术融合到制造业的设计、生产、服务、管理等各个环节,所体现的是一个先进制造生产的过程与系统、模式。智能体系要求制造业企业能够将通信技术与自动化装备结合实现生产过程的自动化;同时企业利用通信互联的手段能够将所采集的数据连接到企业的智能控制系统,通过该系统应用于企业的统一管理控制平台,进而实现生产方案与决策的最优化,能够为客户实现个性化设计、个性化定制,达到智能化生产。企业的智能制造体系需要经历以下四个阶段:

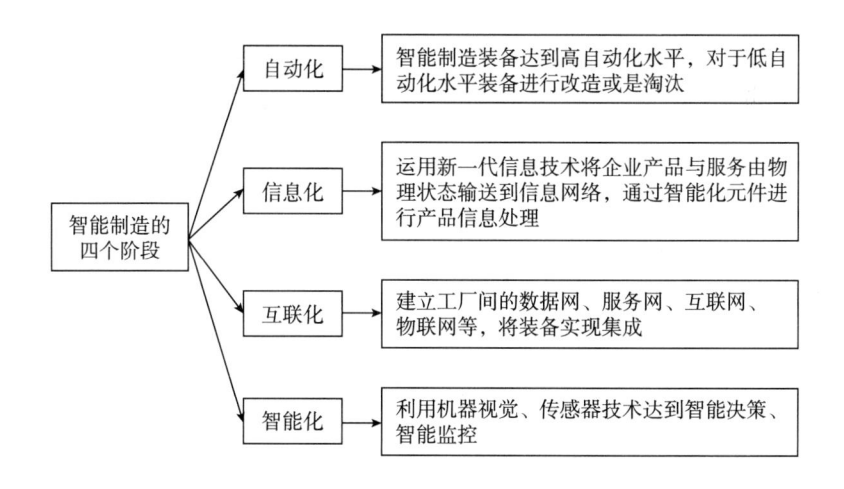

智能制造的四个阶段:
- 自动化：智能制造装备达到高自动化水平,对于低自动化水平装备进行改造或是淘汰
- 信息化：运用新一代信息技术将企业产品与服务由物理状态输送到信息网络,通过智能化元件进行产品信息处理
- 互联化：建立工厂间的数据网、服务网、互联网、物联网等,将装备实现集成
- 智能化：利用机器视觉、传感器技术达到智能决策、智能监控

图 5-5　智能制造体系构建的四个阶段

资料来源:根据收集资料整理。

(二) 中国制造业智能生产体系的构建

我国制造业从整体来看,处于"工业2.0"的后期阶段,还需要进一步普及"工业3.0",对于"工业4.0"正在进行试点示范,所以制造业的自动化与信息化目前正在逐步安排布局,制造业智能制造发展阶

段以及产业链,如表 5-11 所示。

表 5-11　　　　　制造业智能制造发展阶段以及产业链

智能制造发展阶段	关键产品	关键技术	企业类型
自动化生产线集成	自动化生产线 系统集成 智能工厂总包	系统集成及自动化生产解决方案	系统集成商 工业智能化解决方案提供商
自动化装备集成	机器人 数控机床 其他自动化集成装备	机器人方案 智能装备方案	机器人制造商 零部件生产商
工业信息化	工业软件 数据库	信息采集技术 信息处理技术	数据硬件开发 云计算软件开发
工业物联网/工业互联	工业物联网 传感器 RFID	网络传输技术 传感识别技术	无线传输技术生产企业 传感器厂商 射频生产商
智能化生产	3D 打印 机器视觉	3D 打印技术 图像提取处理技术	3D 打印生产制造商 图像摄取装置厂商 图像处理软件开发

资料来源：Wind 民生证券研究院。

1. 自动化生产线集成阶段

处于自动化生产线集成阶段的业务主要围绕着工厂现有的产线技术改造、关键设备生产线的集成等大型项目展开,如机器人工作岛;对企业现有设备进行联网和升级,并提供关于工业制造控制、传动、生产、管理、通信等的设备集成、系统成套、系统设计、EPC 工程等方面的服务。

目前,我国国内的系统集成商正处于发展阶段,大多是从国外购买机器人整机,然后根据不同行业客户的要求来设计制定符合生产需求的方案。国内较为领先的系统集成商主要有新松机器人、成焊宝马、晓奥享荣、大连奥托等,外资系统集成商主要有柯玛、ABB、KUKA 等;而处于智能设备下游应用端的系统集成方案解决商主要是进行工业机器人的软件系统开发和集成,服务于终端客户为其提供应用解决方案。

我国国内智能制造系统集成的应用市场主要在汽车工业，市场规模已超百亿。2016年国内机器人在工业下游应用领域中，汽车制造占48%，3C制造占24%。根据中国汽车协会的数据，2015年汽车整车制造业的固定资产投资为0.2724万亿元，零部件制造业的固定资产投资为0.8685万亿元，如果按照机器人占汽车整车制造业固定资产投资的1%、占汽车零部件制造业固定资产投资的0.2%来计算，在机器人本体市场规模的计算基础上可以估算出2016年系统集成市场规模为134亿—178亿元。另外，根据中投顾问产业研究中心的计算预测，系统集成市场将会不断扩围，逐渐发展到一般工业领域，到2020年国内系统集成的市场规模将会达到830亿元，而在2016—2020期间系统集成市场规模的复合增速将会超过20%。

随着机器人产品在我国市场认可度的增强，2016年上半年我国国产工业机器人的市场应用行业已从汽车制造向医药制造、酒饮料和精制茶制造业、农副食品加工业、金属制造业、电器机械和器材制造业等领域拓展，与2014年相比增加了6个中类、21个小类。[①] 其中，国产工业机器人在以计算机和外部设备、电子元器件、家用电器制造为代表的电器机械和器材制造业行业中的销量占比达到23%，在金属制造业中的销量占比达到31%，说明国内系统集成企业的市场份额在不断增加，系统集成已经在汽车制造业以外的其他制造业领域迅速发展。

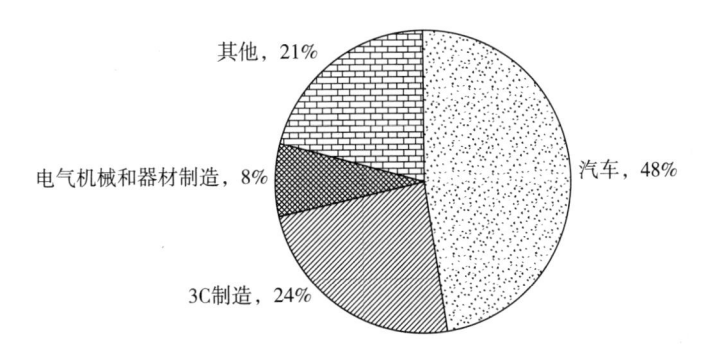

图5-6 2016年国产工业机器人销量占比分布

资料来源：中国机器人产业联盟。

---

① 中国机器人产业联盟数据。

图 5-7 的柱状图数据：

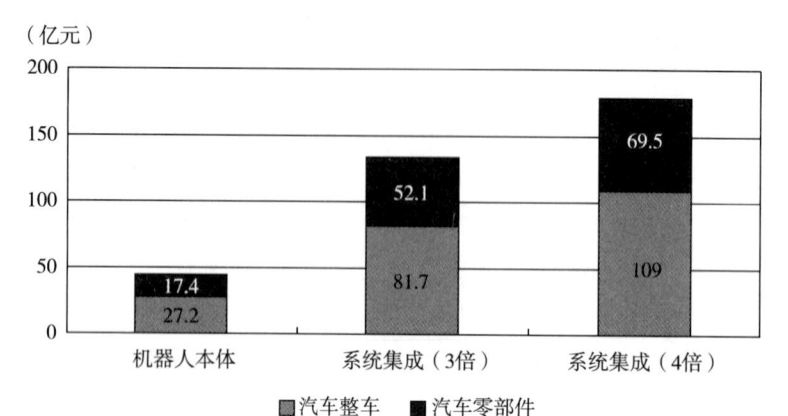

类别	汽车零部件	汽车整车
机器人本体	17.4	27.2
系统集成（3倍）	52.1	81.7
系统集成（4倍）	69.5	109

图 5-7 2016年中国系统集成市场预测

资料来源：中国汽车协会。

2. 自动化装备集成阶段

（1）机器人。由于制造业劳动力成本的增加以及制造业转型升级的要求，我国工业机器人的销量增速较快。从 2010 年开始，工业机器人销量大幅度增加，销量增速基本上保持 20%—50% 的水平。据 IFR 统计的数据结果显示，我国工业机器人在 2016 年的销量已达 90000 台，比 2015 年销量增长 31.28%，高于全球平均 14% 的增长速度。目前，我国已经成为全球机器人销售的重要市场，国内对于工业机器人的需求增长较快，工业机器人的销量已占全球销量的 31%。

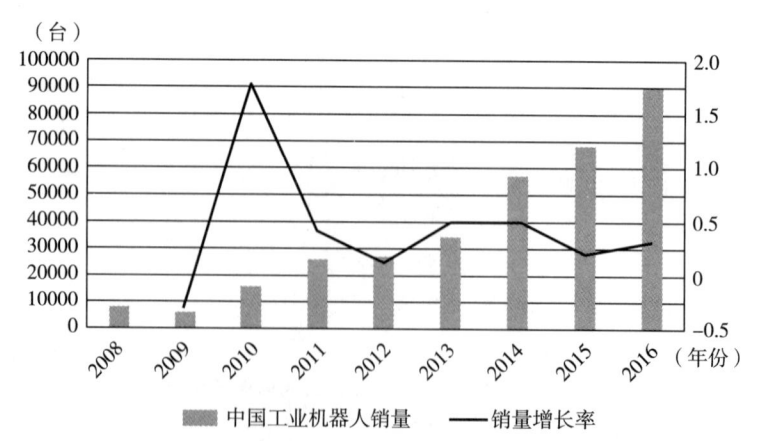

图 5-8 2008—2016年中国工业机器人销量与销量增长率

资料来源：国际机器人联合会 IFR。

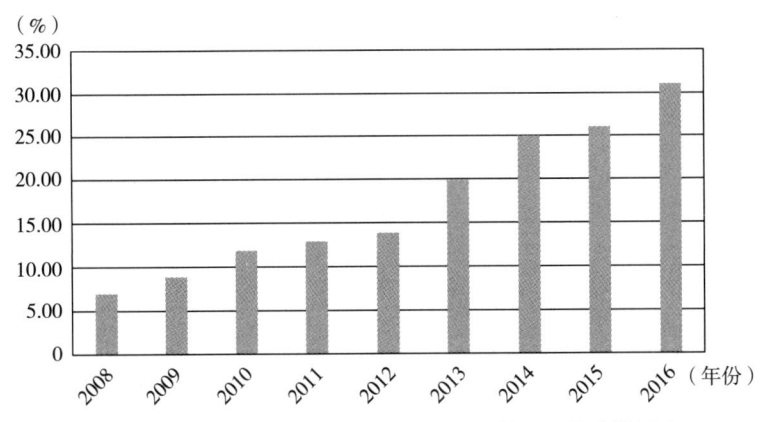

图 5-9　2008—2016 年中国工业机器人销量占全球销量比

资料来源：IFR 国际机器人联合会。

但是我国工业机器人的普及使用密度较低，2011 年我国每万人拥有机器人的数量是 10 台，而全球平均每万人拥有 50 台工业机器人；2015 年我国每万人拥有机器人的数量是 49 台，比全球平均每万人拥有 69 台工业机器人的数量要低。按照我国工信部在 2013 年下发的《关于推进工业机器人产业发展的指导意见》，到 2020 年我国工业机器人的密度将要达到 100 台，这就可以预测，到 2020 年我国对于工业机器人的需求空间还有 50 万台，根据每台机器人 10 万元以及年均 10 万台来计算，如果不进行出口的情况下，我国国内对于工业机器人本体的需求市场空间每年将有 100 亿。

尽管我国国产工业机器人逐渐得到国内市场认可，但是用于工业机器人生产的重要核心零部件以及工控系统需要从国外进口。其中，减速器的精度要求高且成本最大，但是全球减速器行业的集中度较高，超过 75% 的市场份额被日本的公司——纳博特斯克（Nabtesco）和哈默纳科（Harmonic Drive）所垄断；生产工业机器人的中低端控制器国内可以基本自给，但是复杂的高端控制器仍然需要从国外进口。我国对于生产机器人的伺服电机技术与国际差距较小，例如新时达、埃斯顿的一部分机器人已经使用自主研发的控制器和伺服电机系统，但是在国际市场中超过 80% 的高端伺服电机系统始终被日本、欧美企业所垄断。

（2）数控机床。数控机床是一种自动化机床，装有程序控制系统，可以处理编码和指令程序，借助于数控装置进行信息输入、运算处理、发出信号、控制机床，进行零件加工。当前我国的数控机床具有较高的产量水平，2015年1—10月全国数控机床产量中，金属切削机床达到19.7万台，同比下降7.1%；数控金属成形机床达到2万台，同比下降4.6%，但是总体保持较高产量水平。据中国产业信息网预测，2017年数控金属切削机床的产量将达到25.3万台，数控金属成形机床的产量将达到2.76万台；2017—2021年数控金属切削机床的年均复合增长率将是3.47%，数控金属成形机床的年均复合增长率将是6.33%。

但是我国的高端数控机床一直处于起步阶段，智能化技术水平较低，当前大部分数控机床不具备智能化功能，我国能够自主生产的数控机床主要是中低端产品，表现为国内机床行业的市场集中度不高，生产商主要是秦川机床、济南机床、沈阳机床、大连机床等企业；国产数控系统的生产供应商主要是航天数控、华中数控、沈阳高精、大连光洋、广州数控等企业，目前这些数控生产企业对于数控系统的软硬件平台等高端数控关键技术已有所突破；但是高端数控机床和高端数控系统还需要依赖进口，2016年我国高端数控机床（系统）的进口金额接近26亿美元，进口数控机床的生产供应商主要是西门子、三菱、发那科等公司。

高端数控机床已经被列入《中国制造2025》目标中，到2020年高端数控机床的市场占有率要达到70%。该行业的示范效用已有成果，2016年8月云南CY集团承担的项目《高档数控车床制造数字化车间的研制与示范应用》通过验收，达到100%的关键设备数控化率。

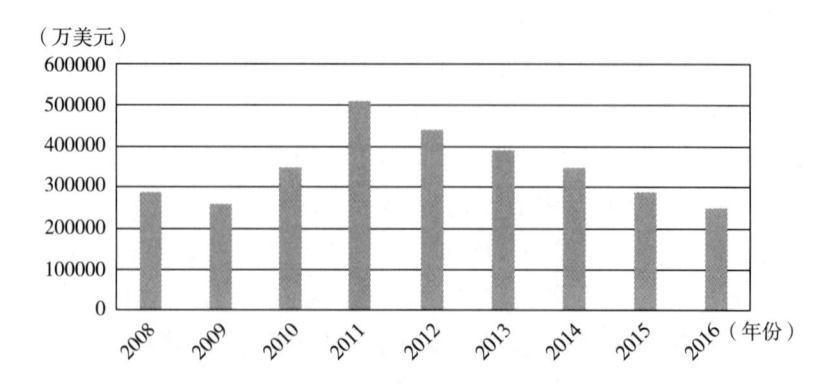

图5-10　2008—2016年中国数控机床进口额

资料来源：Wind。

3. 工业信息化阶段

该阶段主要以工业软件为主，利用工业软件在制造业领域进行产品设计、生产、管理等，这样在智能制造过程中，利用工业软件就可以对研发设计、生产控制、运营管理等进行呈现、仿真、决策、优化。工业软件主要分为系统软件、应用软件以及介于这两者之间的中间件，而系统软件主要提供计算机使用的最基本功能，应用软件可以按照用户需要发挥针对性功能。

表5-12　　　　　　　　　　工业软件的分类

	工业软件分类	软件类型
1	运营管理类	企业资源计划（ERP）
		客户管理系统（CRM）
		质量管理系统（QM）
		供应链管理（SCM）
2	研发设计类	计算机辅助设计（CAD）
		产品数据管理系统（PDM）
		产品生命周期管理系统（PLM）
3	生产控制类	生产制造执行系统（MES）
		数据采集与监视控制系统（SCADA）

资料来源：根据收集资料整理。

（1）国际工业软件的格局。据 Gartner 统计数据显示，2011 年以来全球工业软件市场规模以每年 6% 的速度增长，其中传统的管理软件因为已经进入相对成熟期，市场规模的增速有所放缓，例如 ERP 已转向按需付费的服务模式；而制造业各领域对于研发设计类软件、仿真软件、CAE 软件的应用却越来越广泛，特别是生产管理类软件如 MES 软件已经成为制造业智能工厂各环节数据交换的核心而不可或缺，截至 2015 年 MES 软件的全球市场规模已达 78 亿美元，增长率保持在 17%。这充分反映了制造业企业网络化协同制造的趋势，越来越重视与产业链、客户的信息交流与传递。

全球工业软件的产业格局主要由欧美企业垄断主导，呈现出"两极多强"的局面。一是 Siemens、SAP 公司，二是 IBM、Salesforce.com、达索系统等公司各自在多个专业领域发挥其优势。在国际 ERP 软件市场，一线 ERP 软件主要由 SAP、Oracle 主导，二线 ERP 软件主要由 Microsoft、Infro、Sage 公司主导；全球 CRM 软件领域主要由 Salesforce 主导，其主要因为 SaaS 的云服务模式的成功致使企业发展迅速；CAD 软件产业主要由 Autodesk、达索系统主导，但是由于设计技术、仿真技术需要与先进技术结合，该领域的参与者也逐渐增多；MES 软件的行业应用性较强，需要具备不同行业领域的知识积累，因此国际市场上 MES 软件产业由不同行业的 MES 厂家占据主导地位。

（2）我国国内工业软件的格局。国内的工业软件产业发展与国际水平差距较大，一直属于市场跟随者的角色。尽管在国内市场上国产软件企业对于制造业企业在研发设计、生产管理、过程控制三类软件占据着一定的市场份额，但是在制造业各行业的细分领域与国际先进水平差距显著。在国内排名前五位的国产软件企业，其 96% 的销售都停留在国内市场，全球的销售份额不足 0.3%。同时我国的工业软件产品主要集中在技术门槛较低的 OA、CRM 等软件类型，而对于 MES、ERP、PLM 等这些主流工业软件主要还是由国外软件商占据主导。另外，我国国产软件企业的软件产品稳定性和可用性不高，性能业参差不齐，尤其是与其他软件兼容性较差，使持续的服务水平难以满足客户要求，尽管价格较低，但是整体国内市场对于国产软件产品的认可度较弱。

表 5 – 13　　中国前五的国内厂商占全球整体市场的份额较低

排名	厂商	全球市场占比（%）	主要产品
1	Microsoft	19.20	OS、办公
2	IBM	8.20	MW、DB
3	Oracle	5.90	MW、DB
4	SAP	3.80	ERP、DB、BI
5	Yonyou（用友）	3.80	ERP
6	EMC	2.20	存储管理

续表

排名	厂商	全球市场占比（%）	主要产品
7	Inspur Genesoft（浪潮）	1.90	ERP、SCM
8	Kingdee（金蝶）	1.90	ERP、SCM
9	Neusoft（东软）	1.50	专用软件
10	Siemens	1.50	PLM、MES、组态
11	Kingsoft（金山）	1.30	安全、办公

注：中国前五的国内厂商96%的销售在国内市场，全球市场份额不足0.3%。
资料来源：《世界电信》。

4. 工业物联网/工业互联阶段

该阶段主要涉及RFID、机器视觉、传感器等物联技术。目前，我国的RFID、机器视觉、传感器等物联技术比起欧美发达国家较为落后，处于物联技术发展的初期阶段。尽管在我国已经有超过100家RFID企业，但是由于缺少如中间件、芯片等关键核心技术，还没有形成成熟的RFID产业链。在国内即使对于中低频、高频标签封装技术已经成熟，但对于超高频读写器的设计制造能力却十分欠缺；同时在国内真正从事生产机器视觉产品的企业较少，大多国内机器视觉厂商都是从国外引进产品，然后进行系统集成；比起RFID和机器视觉产业，国内传感器行业的发展较为成熟，目前国内已有1700多家传感器研发和生产企业，形成了三大传感器生产基地——黑龙江、安徽、陕西，95%以上的传感器生产企业属于小型企业，但我国的传感器仍有赖进口，与国际先进水平仍存在较大差距。2015年我国传感器市场销售额超过1300亿元，但是基于进口配套形成的销售额就占95%以上。世界传感器市场约有近20000多种传感器，目前我国能够自主产的种类只有6000多种，传感器在我国重大技术装备中的价值量比例不到5%，难以满足国内生产的需要。在我国传感器领域实现产业化的难度较大，技术攻关面临着困境，特别是较重大的技术装备主机与国际先进水平的差距较大。总体来看，我国的传感器研发实力较弱、生产技术水平较低、传感器行业的产业集中度不够且规模较小，所以传感技术的落后性与产品的局限性已成为我国制造业发展智能制造工业物联网的"瓶颈"。

传感器主要是作为专用设备为工业制造、汽车电子产品、消费电子产品、通信电子产品四大领域服务，其实质是一种信息监测、按规律转变为电信号等形式的信息输出装置，与RFID和机器视觉等物联技术结合实现对产品生产、服务过程、全生命周期的资源动态感知、优化控制、智能处理、工艺与产品创新。传感器的研制开发和生产应用主要分布在全世界40多个国家，而其中美国、德国、日本的市场占有率约为60%，有代表性的主要是英国的雷尼绍和德国的海德汉等企业。据《装备制造》的数据显示，在2015年全球的传感器市场规模约为1770亿美元，预计未来5年内，全球传感器市场的复合年增长率将会超过15%。

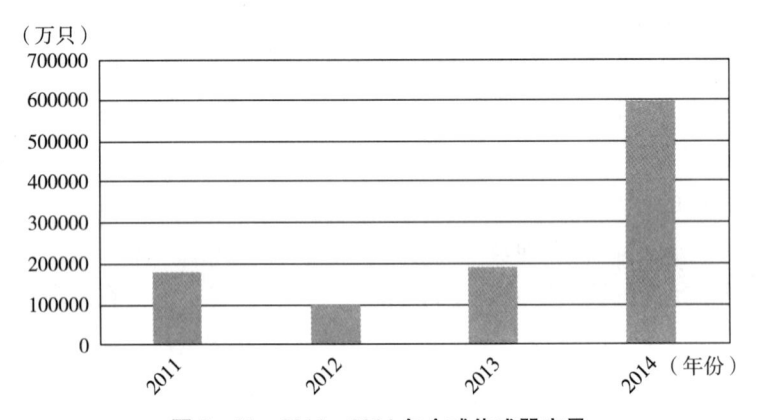

图 5-11　2011—2014 年全球传感器产量

资料来源：Wind 民生证券研究院。

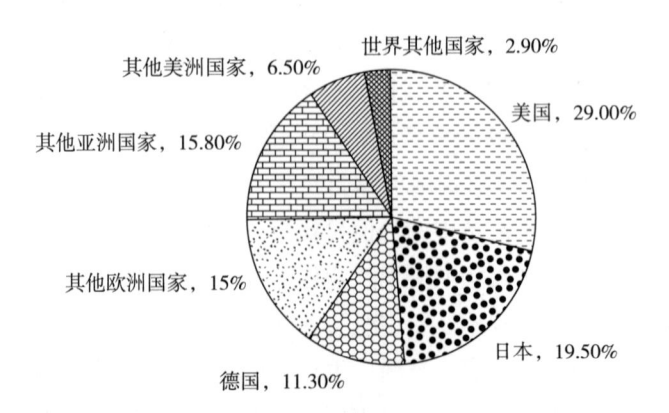

图 5-12　全球传感器市场分布

资料来源：中国产业信息网。

5. 智能化生产阶段

（1）3D 打印技术。3D 打印技术被称为"增材制造"或是"增量制造"，是将直接制造与数学模型相结合的一种制造方法，即在三维 CAD 模型数据的基础上增加材料逐层制造，涉及产品生命周期前期的"快速原型"与全生产周期的"快速制造"所包括的打印技术、工艺、设备类别、应用。目前，3D 打印技术已趋成熟，并衍生出 7 种主要子技术——材料注射成型、材料挤出型、层压成型、熔融沉积成型、黏合剂喷射成型、光聚合成型、粉末床熔化。全球的 3D 打印产业链已经初步形成，其中 3D 设备制造（生产 3D 打印机）是 3D 打印产业链以及 3D 市场的重要组成部分，占据世界 3D 市场的最大份额。国际市场中具有代表性的 3D 生产制造商主要有：Stratasys、EOS、3Dsystems、SLMSolutions、ConceptLaser、Ultimaker、ExOne 等，这些企业除了生产 3D 打印配套设备外，还提供关于材料、技术、软件、咨询等服务。

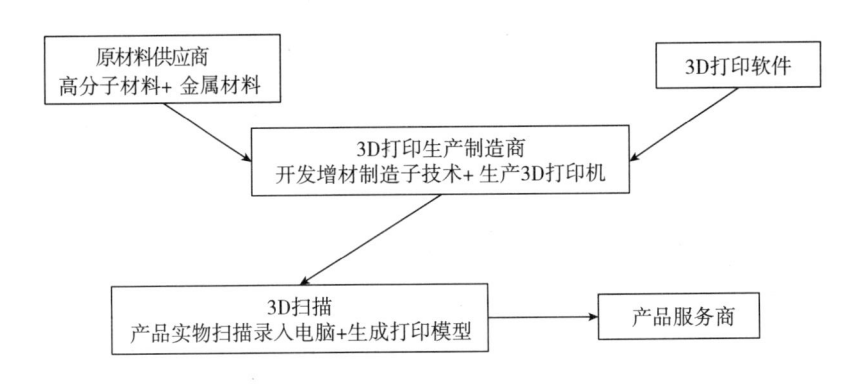

图 5-13　3D 打印产业链

资料来源：根据公开资料整理。

在国际 3D 打印产业链中，原材料供应商主要提供 3D 打印所需要的原材料，桌面级的 3D 打印机主要用到高分子类的原材料，而工业级的 3D 打印主要用到金属类的原材料。对于桌面级的 3D 打印机而言，设计相对简单，进入门槛较低，是大多数企业进入 3D 打印领域的突破口。目前，国际 3D 打印市场规模正在高速增长，据 Gartner 的数据显示，2016 年全球 3D 打印市场的规模达到 70 亿美元，预测到 2020 年将会达到 212 亿美元，今后 5 年内的复合增速为 32%。尽管国际上 3D 打印市场的增速较快，但在全球制造业市场中的占比仅为 0.04%，市场潜力还需大力开发挖掘，且全球 3D 打印市场的 60% 以上都分布在欧美国家，形成相对较为集中的竞争局面，70% 的 3D 打印市场份额为 Stratasys、EOS、3DSystems 三家 3D 设备制造商所占有；Materialise 和 ProtoLabs 作为两大 3D 打印服务商，在 3D 打印服务中的市场份额占比达到 10%。

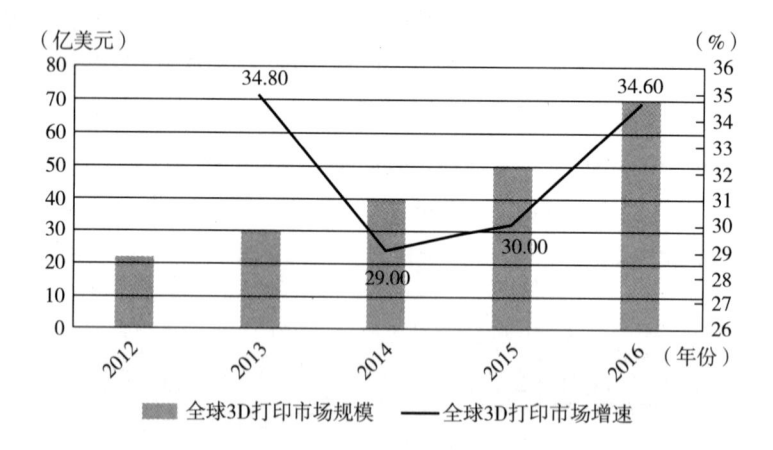

图 5-14　2012—2016 年全球 3D 打印市场规模与增速

资料来源：Wind 民生证券研究院。

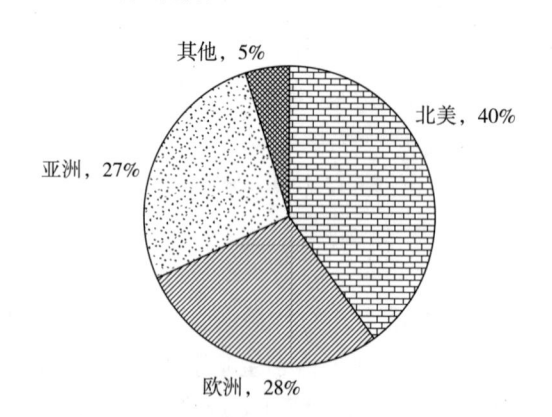

图 5-15　3D 打印全球市场主要分布于欧美市场

资料来源：中国产业信息网。

（2）3D 打印技术的应用发展。3D 打印技术目前在汽车与消费电子方面应用较为广泛，主要用于产品的原型设计，手机制造商运用 3D 打印技术进行零部件的生产，3D 打印总收入的 40% 分别来自于汽车与消费电子行业的贡献，同时医疗器械行业对于 3D 打印技术的需求也在不断增长，主要利用 3D 打印技术进行大批量定制产品的生产，例如人体助听器的定制生产，因此医疗器械行业有望成为继汽车、消费电子之后第三大 3D 打印市场。

3D 打印技术对于整个制造业而言主要进行产品开发（16%）、原型设计（25%）和想法验证（11%）。我国国内目前还未形成较为完整的 3D 打印产业链，3D 打印的商业化进程较为缓慢；对于 3D 打印技术的研究开始于 1995 年，发端于西北工业大学的材料学院，借助于产学研合作，主要进行材料成型技术方面的研发；2016 年 10 月在我国成立了"中国增材制造产业联盟"。

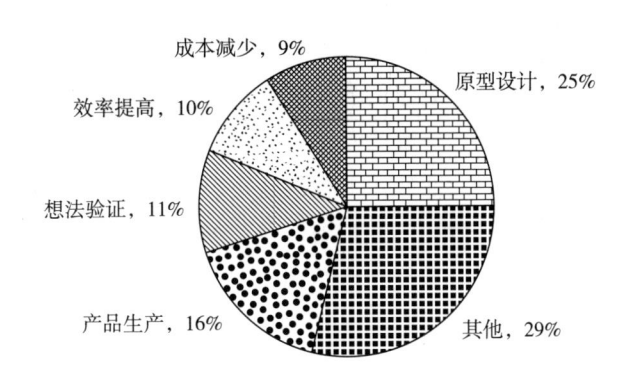

图 5-16　3D 打印主要用于原型设计和产品开发

资料来源：民生证券研究院：《新材料产业》。

（三）中国制造业构建智能生产体系的策略

1. 建设全方位的智能制造支撑体系

为建立我国智能制造体系，一是要在横向上多部门进行合作，制订推进智能制造的方案、项目评审、实施效果评估等，二是要从纵向上充分发挥各级地方政府、行业协会及智能制造示范企业的作用，提升智能制造的推广力度与经验交流。另外，还需要加强顶层设计与协调，以我国工信部为核心，国家发改委、科技部、中国工程院等多部门参与组织，并设立智能制造专家咨询服务，为我国制造业实现智能制造把握大的技术方向；同时还应通过行业协会、技术创新联盟等为制造业企业进行智能化来搭建信息服务、产业供需对接、协同创新等平台；并根据制造业不同行业与地方差异，分步骤、分阶段地进行传统制造业智能转型的有效推进。在此基础上，应逐渐完善智能制造的国际合作机制，支持国内制造业企业与国外先进制造业企业进行智能制造技术的交流合作，应鼓励国外跨国公司在华设立智能制造研发中心，建设智能制造示范工厂；鼓励我国智能制造关键技术装备、成套装备等产能积极"走出去"实施海外投资并购。

2. 推进建设智能制造标准体系

目前，我国通过推进智能制造重大工程建设及智能制造试点示范，在一定程度上有效提升了我国制造业软件与智能装备的自主研发生产能力，也促进了智能制造相关标准的应用推广，但由于受到我国智能技术水平的限制，较多企业对智能制造的应用仅仅停留在智能技术、智能工艺层面，我国关键软件与装备的自主化率仍然较低，很多试点示范企业的智能制造技术仍以国内标准为基础，对国际标准的制定及应用工作参与能力不足，且部分制造业领域的标准还不够建全。因此为推进我国制造业智能制造的技术进步、产业发展以及市场应用推广，需要加强智能制造标准体系的建立，但智能制造标准化工作具有要求高、难度大、覆盖面宽、技术性强的特点，为了提升我国智能制造标准化的权威性与及时性，应尽快将《国家智能制造标准体系建设指南》应用到实践工作中，实现边推广边制定边验证的方式，逐步完善智能制造标准体系建设。

3. 加大智能制造的政策支持

目前，在我国智能制造领域主要是以试点示范企业发挥内生动力为主，政府层面还需加大政策、金融、资金等支持措施，特别是需要在产学研相结合、基础研究、重大突破等方面国家应给予一定的政策支持。一是对于制造业企业进行技术改造、企业转型升级等试点示范项目进行资金支持，尤其是对智能制造产业投资有必要设立基金，从金融方面加大支持的力度，对于符合条件的智能制造改造项目可以向国家开发银行等政策性银行进行推荐申请专项建设资金；并利用现有渠道加大中央财政资金对智能制造的支持力度，确定金融支持工业增效升级的措施，鼓励智能制造关键共性技术的研发以及传统制造业智能化技术改造项目研发。二是要建立智能制造专业人才的培养制度，组织制造企业进行智能制造关键环节、重点领域的人才培训与实践。三是需要制定政策来加快智能制造企业向本土化、服务化方向发展，特别是需要引导本地试点示范制造企业能够推出符合本地的智能制造整体解决方案。四是在制造业智能化升级中要加强知识产权的保护与合作，尽快建立相关政策形成我国在智能制造中重点产品与关键技术的自主知识产权体系，尤其是在通用性强的、大规模的 MES（制造企业生产过程管理系统）、ERP（企业资源计划）、PLM（产品生命周期管理）、控制系统、操作系统、数据库等软件方面逐步降低对国外软件的依赖程度，提升国产化、自主研发设计的软件产品的比例。

4. 建立健全智能制造技术创新与经验推广机制

为提升我国智能制造技术创新，需要加大对我国国家工程技术研究中心、国家重点实验室等的政策、资金支持力度，并支持组成智能制造技术创新联盟或是产学研合作联合攻关组，大力开展智能制造技术与装备的创新与应用；同时要降低我国对国外智能制造核心技术的依赖程度，尽快形成我国在智能制造重大关键核心技术与工艺、关键零部件的专利布局，并将关键技术专利进行产业化组合，推广在企业的实践应用；在产业化、集成创新、工程应用等方面建立智能制造知识产权开放共享、风险分担的机制。此外，要形成智能制造试点示范企业典型经验推广机制，创新智能制造的宣传推广方式，在工信部及各级地方工信厅的官方网站上建立智能制造专题，并利用经验交流会、展会等传统宣传方式以及微信微博等社交媒体进行智能制造的宣传推广，营造良好的智能制造典型经验的舆论氛围，将智能制造的示范项目及行业龙头企业智能制造的经验模式进行有效推广；还可以利用出版物、网络、电视媒体等，对智能制造的发展目标、战略意义、发展路径等进行宣传，通过典型案例的经验交流与推广，充分调动多方的积极性。

案例四　中国中小型企业智能制造转型的困境

中小企业智能化转型与大型企业相比，风险与成本都较高。中小企业智能化转型目前呈现两极分化的趋势，一是由于要面对采购商对于制造商品的质量追溯指标的限制；二是为了扩大市场增加企业效益。中小型企业智能制造转型的困境凸显，表现如下：

1. 技术因素

当前智能化制造需要中小型企业接受硬件与软件服务商的智能转型服务，但是中小企业的自动化与信息化的软硬件设施基础都较为薄弱，且智能转型的战略方案是要将新产品或是新业务与企业当前业务融合，而中小企业展开新产品新业务的能力条件有限，尤其是技术提升的难度较大。

2. 资金因素

智能制造转型因其是一项长期系统工程，因此需要投入大量的资金，而中小企业的融资难度却要远远大于大中型企业，中小企业要进行智能化转型如果单靠企业的自有资金是难以实现的，这就使中小企业在既缺少政府专项扶持又无法利用资金杠杆的背景下，对制造业信息化与自动化的发展大趋势只能是"束手无策"或是"停步不前"，产生这种局面的根本原因一方面在于中小企业的管理者对于资本运作缺少必要的经验，另一方面在于资本持有者对中小企业的发展困境不愿投资合作，这样就会形成中小企业发展的恶性循环。

3. 盲目照搬

中小企业智能化转型并非仅是软硬件等基础设施的提升，也并非是"信息化+自动化"的企业简单改造，不能盲目照搬标杆企业的成功案例，而应要求中小企业结合自身基础条件，规范管理、提升技术与制造工艺，进行全局规划，这样才能因智能转型而提质增效。

4. 人员因素

目前，我国中小制造业企业的经营管理多数是粗放式经营，劳动密集型企业居多，企业工人普遍是低难度技术的熟练工，而企业智能化转型需要大量的人才，尤其是掌握高新技术或是精通管理的高层次人才，但是中小企业却缺乏这样的人才，致使智能化转型的难度与风险加深。

四 建立"中国制造"的绿色制造体系

当前我国制造业的转型升级面临着越来越大的资源环境压力，因此在绿色发展理念下，如何发展绿色制造构建我国绿色制造体系成为构建我国生态文明的重要方面，特别是在以习近平生态文明思想为引领的背景下，我国制造业应坚持"生态优选，绿色发展"的理念。

（一）中国制造业推行绿色生产面临的现状

1. 中国制造业能耗污染强度高

我国国内 GDP 在世界总值中的占比为 15%，而二氧化碳的排放总量却占世界的约 24%，此外每立方米空气中颗粒物含量相当于日本的 2.4 倍、美国的 3.3 倍、韩国的 1.9 倍、世界平均水平的 1.4 倍；同时能耗强度高于世界平均水平，能耗总量在世界中的占比超过 20%，另外我国单位工业增加值的能耗水平为世界平均水平的 1.5 倍，相当于日本的 2.7 倍（为日本 20 世纪 80 年代中期的水平）、韩国的 1.6 倍、美国的 1.5 倍，我国单位生产总值的能耗强度即使与印度、巴西等发展中国家相比也依然较高，因此发展绿色制造降低能耗尤为重要。

2. 中国制造业能耗污染总量临近上限

我国工业领域能源消耗大、污染排放多，能源消耗在全国的占比超过 70%，同时工业领域是很多非常规污染物产生的主要来源，烟尘、粉尘的排放量占全国的 85% 以上，氮氧化物排放量在全国的占比达到 70%，主要污染物二氧化硫的排放量在全国的占比达到 90%；2000 年欧美先行进行工业化的国家，其资源环境损耗在国民收入中的占比低于 1% 的水平，而我国该项指标却高达 8%，说明我国在经济增长的同时资源环境成本也在明显上升；2014 年我国煤炭消费量占世界的约 50%，能源消费总量相当于 42.6 亿吨标准煤，2014 年我国规上工业增加值同比增长 8.3%，而工业资源环境损耗在工业增加值中的比重却超过了 10%，以此计算可以得出由资源环境损耗而产生的增长超过 1 个百分点，环境破坏以及资源能源的大量消耗使工业增长付出了高昂的成本代价。

3. 中国需要提高制造业节能环保技术能力

一是我国制造业当前迫切需要进行绿色设计与绿色制造，才能节能减排降耗并提高资源利用率，但在制造业领域中很多产品包括工程机械装备、汽车、废旧家电等的资源再利用率低、二次污染严重，无法实现资源循环再利用，主要因为这些产品的制造业行业欠缺绿色设计、绿色生产的能力。二是我国制造业技术装备水平落后，所使用的高污染与高能耗的低端技术装备较多，生产中未进行绿色生产，造成加工过程中产生的能耗、物耗加大且废弃物排放严重，所以我国制造业主要行业的能源效率与发达国家存在较大差距。例如，万美元工业增加值用水量来看，韩国为55立方米，英国为89立方米、日本为88立方米，我国却达到了569立方米；与国际先进水平相比，我国石化化工行业的平均效能落后10%—20%、建材行业落后10%左右、钢铁行业落后6%—7%。可以看出，我国制造业生产中应大力推行绿色制造技术，并需提升制造工艺与装备水平，才能提高制造业的绿色节能环保技术能力。

（二）中国制造业推行绿色生产所遇到的问题

1. 我国整体经济下滑导致的企业利润水平降低

我国制造业在转型升级中遇到了产能过剩、低成本劳动力优势丧失、产品附加值低的难题，加上我国经济进入新常态，经济下行的压力较大，使整体制造业企业的盈利水平较差，有些制造业企业又处于产业链的低端环节，造成企业投资节能环保的能力不强、意愿不高。由于受国际环境的影响在我国制造业中一些资本密集型行业包括有色、石化、钢铁、造纸、建材等的企业利润下降明显，而这些行业又是我国制造业重点推进绿色制造的领域，因此如何兼顾长远推动制造业升级、节能降耗与降低成本维持短期生存两大目标，是目前制造业推行绿色制造的难点。

2. 我国工业结构进入较长时期的重化工业阶段

我国工业发展中有色、建材、钢铁、电力、石化、化工六大行业就属于重化工业，20世纪末期我国工业产业结构属于重化工型，1999年在我国工业中重工业总产值的占比为50.8%，2014年达到71.8%，当前的工业结构重型化趋势与市场条件下国际工业结构变化的趋势相符，这就意味着我国工业进入工业化中后期之后，重化工业趋势将会持续较长一段时间，同时我国工业能源消费的占比将会继续保持较高水平，因此对工业制造领域能源消费总量的控制难度较大，发展绿色制造的难度也较大。

3. 我国绿色制造技术以及相关产业发展较为落后

一是目前发达国家掌握着大部分绿色发展中的核心关键技术，由于我国制造业企业对绿色生产的关键设备欠缺自主研发创新能力，特别是在绿色生产领域中关键及共性技术落后并缺乏较深入的研究，统一的标准数据以及基础数据尚不完善，对绿色产业的技术研发以及绿色产业化的支撑力度还不够，目前亟须改善提高自主研发生产的节能环保设备的性能，改变绿色生产中一些关键设备还不能自给完全依赖进口的局面。二是我国制造业中的绿色产业发展还处于起步阶段，节能环保行业的产业集中度不高，大多数环保企业规模小，且缺乏有代表性的龙头企业带动；目前，我国绿色环保产业与制造业的升级发展还不能相协调，其市场机制还没有发挥出重要的协调机制，存在地方保护与垄断行为，对于新的节能环保服务模式如合同能源管理以及环保设施的特许经营等还需要完善创新，关于环保节能的产业公共服务平台也需要加强建设。

4. 我国关于绿色制造的法律法规体系还有待完善

尽管我国工业用能指标体系的构建对于制造业节能减排具有积极的促进作用，但对于大部分能耗限额标准的规定还存在着较低的水平，同时对我国钢铁、石化等行业调整约束指标相对滞后；绿色制造技术标准、绿色制造技术规范、绿色制造的法律体系等还不能适应绿色制造的长期发展，各地区对于环保法的执行力度、执行标准差异大，尤其是一些地区为招商引资不顾经济发展质量片面追求 GDP 数量，给投资企业以较宽的环保执法标准与力度或较为优惠的能源资源供给价格，造成各地区资源环境成本难以形成公平竞争，结果越是节能环保的企业却越是无法发挥优势，而高污染、高能耗的企业也难以被淘汰；现在最应关注的是我国中西部地区的绿色生产问题，因为中西部地区进入工业化快速发展时期后，节能减排的压力较大。所以，加强有关绿色生产的法律法规体系建设，改革完善要素价格机制，促进制造业企业改进生产工艺、转变经营方式，提升资源能源的利用效率等是发展绿色制造的核心任务。

(三)"中国制造"构建绿色制造体系的措施建议

1. 制定完善绿色制造相关的法律法规

我国应积极开展相关的绿色制造标准研究与制定工作，结合我国绿色制造发展的目标，修订完善各行业的环保指标体系；同时对我国资源型产品的价格实行改革，使资源性产品价格可以由市场机制来调节，例如调整销售电价的分类结构，减少各用户之间电价的交叉补贴，完善天然气价格的形成机制，降低成品油在批发环节的垄断地位，完善对非居民用水超额加价等，实行环保收费政策等。

2. 对高能耗、落后产能实施有序环保搬迁

在我国制造业产业布局时应重点建设重大产业基地，例如在我国沿海与西部资源富集区建设我国能源产业基地、重大基础原材料基地；并加快在沿海地区及西部建设钢铁基地建设，对现有的石化企业进行扩建或是改造，建立沿海绿色石化产业基地；在西部煤炭资源富集区以大型煤炭企业为核心，加快煤炭基地建设。此外，对于落后淘汰产能进行兼并重组、技术改造，必要时结合企业搬迁的可行性实施环保搬迁，例如城市中钢厂进行搬迁，对于存有环保隐患的石化企业搬迁进入工业园区，推进高污染高能耗产业的合理布局。

3. 拓宽资金来源渠道支持绿色制造的发展

主要通过财税优惠政策来鼓励企业综合高效利用资源，对于"两高一资"行业的产品不再实施或是减少实施出口税收优惠政策，并严控我国资源性、高能耗、高污染产品的出口；对我国那些低能耗、低污染、高附加值的产品在进行技术工艺改造、产业化、装备研发、生产制造等业务时应通过税收减免的方式来鼓励支持；为实现能源、资源的梯级利用以及循环使用，应加大财税支持的效率，积极促进高能耗产业（钢铁、石化、建材、有色、电力）之间的循环组合；建立我国绿色循环低碳发展的专项资金，拓宽多渠道的资金合作模式，使各级财政资金与社会资金共同支持"两高企业"进行结构调整、转型升级、转产等。

4. 培育绿色消费市场需求

鼓励企业开发低碳产品并向低碳环保的生产模式转变，为加大低碳环保产品的社会认知度，有必要对那些关系消费者利益的终端消费产品进行环保产品标识试点，并加大力度建设我国节能低碳工业标识标准体系；倡导低碳环保产品的使用消费，从市场消费需求终端通过综合性调控措施来抑制高污染高能耗的产品消费；鼓励企业采购环保产品，此外要加大政府对于低碳环保产品的采购支持，加快在政府采购标准体系中纳入相关的产品能耗限额、产品能效等技术性的指标，对于新能源汽车与高效节能的装备、电器、照明产品等的采购应加大力度。

5. 提升节能环保技术水平，发展节能环保产业

为提升我国制造业节能环保技术水平，应建立完善相关技术创新体系，重点研发节能环保领域的先进关键共性技术，鼓励产业园区、高校、科研机构、骨干企业之间开展技术合作开发，政府应为研究节能环保技术、设备、工艺等基础技术与共性技术努力构建平台，并建立绿色制造信息平台向企业及时提供行业绿色生产的标准、技术规范、基础数据等，此外要加快节能环保技术的产业化进程；我国构建绿色制造体系离不开绿色环保节能产业，因此要以市场化机制为前提，打破行业垄断以及地方保护，建立节能环保产业的创新创业政策体系，为环保企业营造良好的市场运行环境，并通过对投融资体制机制进行创新来鼓励支持更多的企业投资于节能环保产业；利用互联网拓展节能环保产业的发展新模式，在全国范围内建立工业节能监测平台，进行工业发展绿色数据信息发布，并在重点高能耗、高污染企业中设立能源管理中心，利用信息技术推动制造业绿色升级。

五 建设"中国制造"的全球化生态系统

当前"中国制造"已经向世界展现出强有力的国际化步伐，由中国路、中国车、中国桥、中国港、中国网等开始的"中国超级工程"，再到全球最大的射电望远镜、最大的海上钻井平台，以及5G技术和悬磁浮列车的研发，都彰显了"中国制造"的强大国际竞争力，但是"中国制造"要真正参与国际竞争，融入国际制造的产业链中，需要形成显著的国际竞争力，并要构建"中国制造"的全球化生态系统。

（一）"中国制造"面临的全球贸易投资环境

2017年以来，全球贸易与投资状况好于预期，开始加快复苏。随着各国发展制造业提升经济的复苏计划的实施，欧美发达国家制造业带动的经济形成有效动能共振；国际贸易方面大宗商品价格开始略有回

升；国际区域合作在当前逆全球化的背景下也取得较为突出的进展；在跨国投资领域，亚洲成为投资增长的主要力量，各国跨国公司直接投资的信心在不断增强。但是国际贸易与投资的前景仍然不容乐观，与国际金融危机之前相比各项主要先导指标仍处于较低水平，国际供求关系与秩序目前仍在重塑之中。尤其是国际贸易保护主义、地缘政治风险、各国贸易与投资政策的不确定性等因素都有可能使国际贸易与投资的表现尚存忧虑。

1. 全球经济贸易回暖

与2015年相比，2016年全球贸易回落1.3个百分点，同比增长1.3%，是2009年以来的最低点。2017年全球贸易开始回暖，主要归因于发达国家政策不稳定性降低，全球经济趋势也开始出现周期性复苏。例如，欧盟经济体、以德国为代表的欧元区内部市场的需求开始趋于旺盛，使进口量大大增加，同时也带动了对土耳其等国的出口量；2017年美国市场内部的进出口开始增长，7月的贸易逆差维持在近一年内的最低位附近；英国总体来看，继脱欧公投之后系统性风险降低、政局较为稳定，英镑贬值有利于对出口的带动作用；日本市场随着日元升值放缓的前提，净出口表现较为强劲；中国市场表现为积极拓展与"一带一路"沿线国家的经济与贸易合作，同时与多个国家签署的自贸协定都取得较为实质性的进展，中国在推动全球经济贸易一体化方面贡献突出。总的来看，全球大宗商品的价格开始小幅度增高反弹，这有利于大宗商品出口国的出口贸易。全球经济贸易趋势回暖的主要因素有：

（1）各国发展制造业是提振贸易复苏的主要因素。国际金融危机后，以美国为代表的发达经济体开始重视实体经济发展，都将制造业作为国家政策的切入点与发力点。例如美国积极推行"先进制造业国家战略计划"；德国实施"工业4.0"战略等，这些战略的推进使制造业迅速发展，带动企业投资的同时改善了贸易状况，2017年全球PMI开始回升，在美国、欧元区、中国以及印度等经济体和国家PMI指标都创新高。

（2）2017年国际金融稳定性增强使贸易与投资环境得以改善。新兴经济体国家由于资本外流以及汇率贬值的压力开始减弱，金融风险大大降低；另外欧洲经济复苏开始加快，尤其是赤字率下降、杠杆水平调整、信贷投放增加等因素使金融脆弱性明显降低，同时欧洲经济开始与美国经济同步增长也改善了贸易与投资环境。

（3）大宗商品价格回升使全球贸易额逐步增加。一方面2017年OPEC减产协议的实施控制了大宗商品的供应，另一方面欧美等发达经济体注重实体经济发展、基本建设投资增加，在一定程度上推动了大宗商品的需求，致使全球市场供给过剩的局面得到相应改善，也促使大宗商品价格开始上升。2017年美国CRB商品指数呈现反弹，全球贸易额整体增加，景气度大大提升。

2. 区域贸易协定加速进展

当前国际贸易与投资环境错综复杂，尤其是伴随着逆全球化的暗潮涌动，贸易保护主义逐渐加剧，更多的国家和地区纷纷通过签署双边或是多边贸易协定来寻求合作，以此对抗逆全球化带来的贸易与投资障碍，因此区域性贸易协定取得了加速进展，特别是各个经济体在贸易保护的潜在威胁下，防患意识增强使区域性谈判较易达成一致，体现了较大的包容性。2017年新兴经济体与发展中经济体都十分注重推行区域一体化发展，例如中国先后启动了与蒙古国、俄罗斯、加拿大、澳大利亚四个国家的自由贸易协定的可行性研究，又与格鲁吉亚签署了双边贸易协定，同时推动了与九个国家或地区的贸易谈判；另外，2017年以东盟国家为主线的RCEP（区域全面经济伙伴关系协定）取得谈判实质性进展，最终有可能建成全球最大的自由贸易区。而2017年发达经济体也积极促成贸易协定的签署，例如2017年欧盟与墨西哥的自由贸易协定取得重大进展，与加拿大也开始实施临时自由贸易协定，又与日本签署了占据1/4全球贸易额的双边贸易协定。可见，区域性贸易协定的达成，区域合作进程的加快，在很大程度上降低了全球贸易壁垒。

3. 全球直接投资回升使跨国公司投资信心不断增强

2015年全球对外直接投资表现出较为强劲的态势，但2016年却出现了小幅下降回落，全球对外直接投资额为1.75万亿美元，同比下降2%；主要原因一是全球经济增长乏力使全球FDI表现较为谨慎，二是在欧美国家出现的逆全球化现象。全球FDI流入的行业中，41%的资金流入制造业且一直呈持续增长，主要集中在制造业中的电器电子产品以及食品行业等大宗跨国并购交易。2016年全球FDI中智能制造、高端生产是投资的热点，主要是因为美国等发达国家的"再工业化"战略所推动的制造业技术变革与创新（包括美国的制造业回归战略与先进制造伙伴计划、欧洲德国的"工业4.0"战略）以及中国的《中国制造2025》所体现的创新驱动，使对外直接投资的资金追逐先进技术，从而使制造业在2016年全球FDI的比例大大上升。2017年随着欧美经济复苏的同步增长，贸易形势看好，尤其是跨国公司的企业利润增加，使跨国公司投资信心不断增强。与2016年相比，2017年发达经济体FDI的流入量放缓，美国出现负增长，欧盟的FDI流入增速也开始下降，但随着欧盟经济复苏的加强，欧洲仍具有投资吸引力并处于FDI的主导地位；而亚洲市场随着投资自由化政策的推进，以及经济、汇率的企稳，会成为全球直接投资增长的主要力量。

因此，全球经济复苏回暖尤其是大宗商品价格回升，会使跨国公司的盈利水平与资产价格得以改善，这样就促使跨国公司直接投资的信心提升。同时，2016年全球共有58个国家和经济体采取了将近124项相关吸引投资的政策，这些政策主要是让对外直接投资更趋于便利化与自由化。根据UNCTAD的调查显示，在国际大型跨国公司中有55%的高管对国际宏观经济感到乐观，同时认为在2017—2019年FDI将会增长。因此跨国公司海外投资信心增强，跨国并购也将保持增长趋势。

4. 全球贸易投资面临的风险

（1）国际金融危机后，新兴经济体以及发展中国家贸易投资顺差减少，赤字增加；而欧美发达国家经常项目的逆差却在减少，打破了过去的国际供求秩序。国际金融危机之前美国与其他国家贸易所出现的巨额赤字可以通过本国的资金流入来平衡，国际供需关系可以处于相对稳定的供需循环。尽管当前全球经济开始复苏，但由于还未形成较强的动力支撑，因此国际贸易与投资还是处于国际市场需求相对疲弱的大环境之下。

（2）逆全球化的威胁加大，贸易保护主义将会影响贸易自由化。随着发达国家贸易保护主义抬头，国际贸易与投资的自由化进程受阻，全球贸易摩擦不断增多。特别是特朗普政府执政以来，主张贸易保护政策，除了修改WTO规则外，还主导北美自由贸易协定，自由化贸易的障碍加大。尽管发达国家出现了一些逆全球化发展的乱象，但毕竟经济发展有其自身的逻辑，所以发达国家经济总体稳健，而全球化也并非倒退（李稻葵，2017）。亚太自贸区可以缓解由于贸易保护主义带来的威胁，因为亚太自贸区正在释放亚太地区的制度红利，可以为中国等经济体实现产业结构转型提供机遇、带来发展活力（赵江林，2016）。

（3）全球金融市场一旦波动或对全球贸易产生负面影响。2017年尽管欧美各国经济开始复苏回暖，但是宏观经济修复还需要较长的时间过程，一旦在这期间金融市场收紧过快必然产生波动，除了造成发达经济体经济增长破灭之外，还会对新兴经济体造成严重影响如资本外逃、汇率波动，金融市场的秩序发生动荡，最终会影响全球贸易投资，产生负面影响。

（4）地缘政治风险有可能加大对贸易投资的威胁。2017年以来，朝鲜半岛的局势紧张，乌克兰危机还在持续，恐怖主义以及中东某些国家的反政府武装实力的存在，这些都加大了国际贸易与投资的潜在风险。

（二）"中国制造""走出去"参与全球生态系统的意义

表5-14　　　　2000—2014年中国经济全球化的指标

年份	货物进出口额（千元/万人）	外商直接投资额（万元/万人）
2000	30978.92851	265.9358355
2001	32822.5979	301.9047865
2002	40042.23236	340.2141633
2003	53916.47288	338.994308
2004	69989.79834	367.5441924
2005	83310.46151	353.4473764
2006	98372.25267	352.1572866
2007	110129.6587	378.3096488
2008	111290.3413	401.1567386
2009	94474.7586	385.3096753
2010	121517.7854	432.0339709
2011	134059.0724	427.0435174
2012	134930.9649	389.7978747
2013	138083.3794	390.3990801
2014	138155.0533	384.003921

资料来源：《中国统计年鉴》《中国金融统计年鉴》（2001—2015）。

从表 5-14 可以看出，2000—2014 年中国经济全球化主要指标中，中国货物进出口额在逐年增加；外商直接投资额 2000—2008 年在逐年增加，2009 年开始有所下降（国际金融危机的影响），2010 年与 2011 年有所上升，2012 年开始有所下降（发达国家制造业回归政策的影响）。这说明"中国制造"已经融入全球生态系统中，当前中国的外贸依存度已达 70% 以上，早已成为"世界工厂"。

而中国制造业"走出去"则是一种服务于中国制造业企业战略的一种跨国整合模式，这种模式以中国制造业企业为核心可以获得更多的经济利益与发展空间。通过制造业企业"走出去"可以获得国际市场的技术资源、管理资源、人力资源等，还可以通过境外投资来突破国际贸易的壁垒，通过海外空间的拓展来优化制造业产业结构。因此中国当前培育具有国际竞争力、世界一流水平的大型跨国公司"走出去"是必然选择。中国制造业"走出去"参与全球生态系统的意义在于：

一是在当前更加开放、更加相互依存的国际环境下，通过我国制造业企业境外投资，可以提高制造业在全球的影响力以及价值链分工中地位，进而在全球资源配置中可以获得更高的效率，从国家层面上看具有宏观的影响力与战略意义。

二是通过制造业企业"走出去"，可以构建中国双向开放体系，一方面可以提高引资的质量，另一方面可以更好地利用对外投资来进行资源的优化配置，这样中国制造业就可在更为广阔的空间保持既有竞争优势的同时又能向国际产业链高增值环节攀升，进而使我国制造业产业结构得以调整优化。

三是有利于我国制造业跨国公司充分发挥企业自身的优势，因为我国制造业跨国公司可以在国际环境更为复杂的条件下利用自己的实力与比较优势，主动参与国际竞争与合作，通过对技术进行研发、当地资源的重新组合来赢得国际市场的一席之地，这期间积累的经验与知识有利于制造业企业不断成长、不断壮大，最终成为与世界经济大国相匹配的、世界一流国际企业。

（三）"中国制造"参与全球制造业生态系统的现状

1. 中国制造业对外直接投资状况

（1）2015—2016 年中国制造业对外直接投资状况。中国企业对外直接投资连续10年持续增长。2015年中国对美国直接投资首次超过美国对华直接投资，中国制造业企业仍是最具潜力的投资者；2016年中国成为全球第二大对外投资国，投资增长44%，投资金额达1830亿美元，创历年新高，同时制造业对外投资的势头依然强劲，占投资总额的1/3以上，尤其是对欧洲等发达国家的先进制造业的投资力度较大。2016年"中国标准"开始"走出去"，体现在不同的行业领域，特别是中国港口技术的海外投资加速了中国建设标准以及建设技术的国际化进程。

（2）2017年中国制造业对外直接投资状况。2017年中国对外直接投资中制造业海外投资在投资总额的占比达到1/3以上，呈现出制造业海外投资的强劲势头；软件业、信息技术服务、计算机服务等投资领域的占比较2016年上升了3%，达到11%；房地产的海外投资明显回落，占比仅为5%（2016年为12%）。同时制造业海外投资主要以并购为主（褐地投资），新建项目（绿地投资）较少。2017年中国对于"一带一路"沿线国家的直接投资主要是以大规模的基础设施建设与能源投资为主；从中国对外直接投资的海外发展战略来看，制造业投资主要是以融入全球产业链作为整体布局，从全产业链中提升国际竞争力；在制造业海外经营战略上体现为本土经营，将企业的经济效益能够与当地社会的长期发展紧密融合力图形成"双赢"。

（3）中国制造业对外直接投资的发展趋势。当前中国经济发展正在由出口驱动、投资驱动向消费驱动转型，所以也会促使中国的对外直接投资由过去的能源类投资向高端制造领域、高端品牌与先进技术领域等转变。另外，中国制造业企业在"走出去"的过程中，也促使中国标准"走出去"，以华为、中兴为代表的电子通信制造商也开始参与国际标准的制定，提高了"中国制造"在国际市场的声望。中国制造业海外品牌与影响力也在海外投资中大大提升，软实力竞争意识也大幅度增强。将来中国制造业企业境外投资主要流向欧洲（德国、英国）、北美（美国）、亚太区域（新加坡、以色列）、新兴市场（拉美、非洲）等技术高新区域，且以高端生产、智能制造为主要投资领域，尤其是中国制造业企业对美国的投资领域较为广泛，更注重全产业链的布局，中国制造业融入全球化的步伐也在明显加快。为提升中国企业海外知名度与影响力,中国企业主要以并购的方式对美进行对外直接投资,投资领域主要涉及制造业、服务业、信息技术产业、运输业等,这样可以在较短的时间内深度融入全球价值链中。但由于特朗普政府实施的贸易投资保护主义,显然会加大对中国企业直接投资审核的力度并提高相应门槛,除了并购的成本加大外,审批的周期时间与不确定性的风险都会随之而来。

2. 中国政府的政策积极支持中国民营制造业企业"走出去"

我国政府支持中国民营制造业企业积极"走出去",鼓励中小型民营企业主动融入全球产业链中,特别是能够在海外市场调动全球要素来优化配置企业各项资源。2016年中国民营企业对外直接投资总额尽管小幅下降,但总投资量达到395笔,仍超过2015年的投资总数。特别是我国民营制造业企业能够"抱团出海",形成整体合力,大大降低了海外经营的风险。2017年中国民营企业海外投资额有望超过国企,成为"走出去"的重要力量。未来中国对外直接投资将呈现出投资主体多元化的趋势,而我国中小型民营制造业企业在国际投资中也将会更加活跃,所以国家应在政策上加大对中国民营制造业企业海外发展的激励制度,健全民营企业境外投资的法规制度,提高民企境外投资的审批效率,简化管理程序并完善外汇管理政策,以此促进更多的民企积极走出去进行海外拓展。

中国改革开放前主要是以"引进来"为主,改革开放后40多年主要是"走出去"为主;而在2014年中国企业全球化进入了新的纪元,2015年中国FDI首次超过引进外资额;2016年中国企业海外发展保持强劲态势,中国FDI流量高达1701.1美元,而同期中国使用外资额为1260亿美元,中国开始进入资本净输出阶段,更多中国企业包括中国制造企业在全球产业链中寻求商机。中国制造业企业的全球化发展是一个长期而复杂的历程,尽管与发达国家的跨国公司相比,中国制造业企业的国际化历程短、经验不足,但是"中国制造"随着海外市场的开拓与耕耘,在国家政策的激励下必能抓住机遇、应对各项挑战。

(四)建立"中国制造"全球化生态系统的路径

1. 通过对外直接投资提升"中国制造"的影响力

2015年中国已经成为全球第二大对外直接投资国,首次超过外商来华直接投资；且在对外直接投资中，制造业的增长最为强劲，这进一步表明"中国制造"正在由过去的寻求资源性资产逐渐向寻求战略性资产转型。2015年中国对外直接投资额中12.5%为对制造业投资，金额为199.9亿美元，同比增长108.5%，其中50.3%为对装备制造业投资；2016年中国对外投资额达到1701亿美元，增速已达44%；对外投资的行业结构开始优化，其中对制造业的投资达到310.6亿美元，占2016年投资总额的18.3%。进一步分析发现，2015年中国对外直接投资中对采矿业的投资同比下降32%，为112.5亿美元，这说明对海外大宗商品的需求以及对进口能源的依赖在逐步降低。过去中国对外直接投资主要是国外资源性行业，通过从国外寻求资源来满足国内的消耗，但是因为"中国制造"的快速发展，中国制造业海外市场的拓展成为当前对外直接投资的主要目标。这主要是因为更多的国内制造业企业基于转型升级的需要，纷纷到国外并购战略性资产（品牌、研发技术、管理经验等），通过兼并收购获得企业国际竞争力的提升。

美国再工业战略的实施促使美国的工业化基地对于外资进行大力招商，中国有实力的制造业企业可以"走出去"，在当地进行新建组装生产线，带动当地就业并贡献企业税收，在打造企业竞争力的同时可以提升企业品牌的影响力。例如IBM公司作为全球化企业，通过实施GIE战略在为170多个国家和地区的客户服务，而GIE战略主要是在全球范围内对资源以及运营管理进行整合，将企业最有利的资源例如生产、销售、研发、运营、管理等集中到或转移到最有效益的国家或地区，充分利用当地的各项资源与人才来提升企业的效率与收益，进而带动创新，为当地客户提供更好的服务。

2. 借助海外市场提升"中国制造"的市场占有转化能力

中国制造业企业一定要充分认识到创新技术以及第四次技术革命对于实体经济的推动作用，应将技术创新体系与金融体系紧密结合，在新一轮技术革命中抢得先机，并带动其他相关产业的发展。而技术创新的市场转化能力尤为重要，即制造业企业应将企业的技术研发优势转化为对海外市场精细需求的满足上，进而赢得海外市场的份额，品牌声望并提升国际化水平。

制造业企业在海外市场的占有率需要企业技术研发的市场转化能力

即市场占有转化度，其是指中国制造业企业在爬升价值链的过程中，不断丢弃低附加值的细分市场份额，来换取高附加值细分市场份额的能力。而对于走向欧美市场的中国制造业跨国企业而言，目前海外市场开拓与市场占有转化能力的衡量，主要是海外收入在总主营收入的占比，以及海外员工、海外资产的比例。

"2017年中国100大跨国公司以及跨国指数"是由中国企业家协会以及中国企业联合会根据企业海外资产、海外营业收入、海外员工的数量等三个主要指标，在中国制造业500强、中国服务业500强、中国企业500强的基础上，由非金融企业自愿申报，并按照企业海外资产的多少来进行排序，入围的门槛比2016年增长48.2%，达到61.47亿元。2017年中国跨国公司100强的海外资产总额比2016年增长14%，总计80783亿元；2017年中国跨国公司100强的海外营业收入比2016年增长3.6%，总计490012亿元；2017年中国跨国公司100强的海外员工比2016年增长15.3%，总计1166176人。入围企业除了制造业企业之外，还包括从事资源、能源、冶金、电力、交通、金融、兵器、海外建筑工程等大型集团公司。其中制造业中以大连万达集团海外资产1031.57亿元位列第23、海尔集团海外资产900亿元位列第25为代表。

表5-15　　2017年中国制造业跨国指数排名

2017年中国跨国100强排名	公司名称	海外资产（万元）	海外收入（万元）	海外员工（人）	跨国指数（%）
72	宁波均胜电子股份有限公司	1737466	1248660	17766	62.59
19	浙江吉利控股集团有限公司	12920287	14529694	26546	58.6
18	联想控股股份有限公司	13125278	20922675	33615	52.02
24	潍柴控股集团有限公司	9546519	4632984	33401	47.11
11	华为投资控股有限公司	19963530	31294440	55800	45.33
54	济宁如意投资有限公司	2753325	2383581	8103	41.66
25	海尔集团公司	9000000	5538455	25792	38
69	雅戈尔集团股份有限公司	1997120	1852528	21415	36.15
56	万向集团公司	2539654	2202606	15262	34.77
39	中国有色矿业集团有限公司	4457136	3638875	10509	27.32
17	中国兵器工业集团公司	13332398	15271681	11116	26.11

续表

2017年中国跨国100强排名	公司名称	海外资产（万元）	海外收入（万元）	海外员工（人）	跨国指数（%）
45	美的集团股份有限公司	3450000	6610560	20000	26.08
40	TCL集团股份有限公司	4379216	4733385	2584	25.82
27	光明食品（集团）有限公司	6720655	4839447	25521	25.33
44	中兴通讯股份有限公司	3532748	4268310	6197	24.9
30	中粮集团有限公司	6322633	4001337	45740	20.66
23	大连万达集团股份有限公司	10315725	3916810	47435	20.28
62	海信集团有限公司	2308583	2344430	1963	15.92
10	中国铝业公司	20896307	1467837	2111	15.74
78	白银有色集团股份有限公司	1198858	208360	2300	14.95
66	三一集团有限公司	2100000	1091000	526	13.26
71	中国机械工业集团有限公司	1873650	6216221	3278	12.9
94	徐州工程机械集团有限公司	736321	1013274	3356	11.7
20	中国航空工业集团公司	11897367	6001546	24988	11.64
57	中联重科股份有限公司	2505973	216442	246	11.35

资料来源："2017年中国跨国公司100强"榜单，搜狐网，2017年9月17日。

案例五　中国工程机械制造业双巨头
——中联重科与三一重工的海外收购

中联重科在2013年9月，历经5年的运作，终于与香港CIFA公司股东完成股权交割。这标志着中联重科实现了对世界第三大混凝土机械制造商意大利CIFA公司的全资控股。中联重科发挥本土研发优势，借助于国际资本市场，整合全球的技术、市场资源，积极融入全球工程机械市场竞争，当前中联重科与CIFA无论在产品技术还是国际销售市场都做到了无缝衔接，也使中联重科运用CIFA的搅拌车技术，顺利进入全球搅拌车市场的前两位。在国外市场的销售管理方面，中联重科利用CIFA的销售团队以及销售网络优势，发挥CIFA在欧洲市场桥头堡的影响力，将企业更多产品打入到以欧洲为核心的多元化国际市场，形成企业在海外的影响力与声望。

三一重工的全球化战略主要是在海外建立自己的研发中心，包括美国、德国、巴西、印度等地，然后与国外工程承包商共同开发海外市场；三一重工在2012年年初以3.6亿欧元的价格收购了全球知名工程机械制造商、素有"大象"之称、德国的工程机械巨头——普茨迈斯特100%的股权，由此开始，进一步拓展海外市场，彰显"中国制造"的实力。

案例六　美的通过收购建立企业全球生态圈

美的通过对德国库卡集团的收购，成为其最大的股东，拥有其95%的股份；这样美的集团可利用库卡集团在自动化生产以及工业机器人制造上的技术优势，一方面发挥"中国巨大市场＋欧洲先进技术"的模式，提升企业的生产效率，带动企业技术升级；另一方面又可以拓展"企业自主技术＋本土市场"的模式，推进企业生产制造升级。预计2020年库卡集团在中国市场将会有10亿欧元的业务收入，年增长率将会达到25%，由此可以看出，美的借助于海外收购建立了自己的全球生态圈。

3. 利用"一带一路"倡议提升"中国制造"的国际化水平

"一带一路"倡议的实施，使"中国制造"企业不断参与"一带一路"沿线国家的经济建设，通过持续深化的产能合作，带动了"中国制造"的贸易投资与境外园区的建设。

（1）为中国制造业创造了广阔的贸易投资前景。当前中国企业对于"一带一路"沿线国家的贸易投资快速增长，蕴含着较为广阔的市场潜力以及较大的贸易投资空间。截至2017年8月，中国对"一带一路"沿线国家累计投资总金额已经超过560亿美元。2017年1—8月新签合同金额比2016年同期增长21%。"一带一路"倡议的驱动将会加速"中国制造"获得更多的国际市场资源并加速创新以赢得国际竞争力。

案例七　中国海航集团的收购

中国海航集团的业务涉足多个领域，包括航空、酒店、零售、旅游、金融、物流等。通过2017年实现对瑞士免税店Dufry16.2%的股份收购，共持有Dufry公司20.92%的股份。这就意味着海航集团可以借助Dufry公司在"一带一路"沿线多个国家和地区的客户资源与业务展开合作，通过收购海航集团一方面提升企业在"一带一路"沿线的业务量与影响力，另一方面也可以拓展企业的投资空间。

(2) 驱动"中国制造"在沿线国家整合资源。"一带一路"倡议驱动全球化"3.0时代"，将会在全球范围内整合产品流、服务流、数据流、信息流、资金流、客户流等，为"中国制造"提供更多的市场机遇，也有助于"中国制造"以较低成本向新的市场拓展并创造新的产品/服务价值，具体包括：

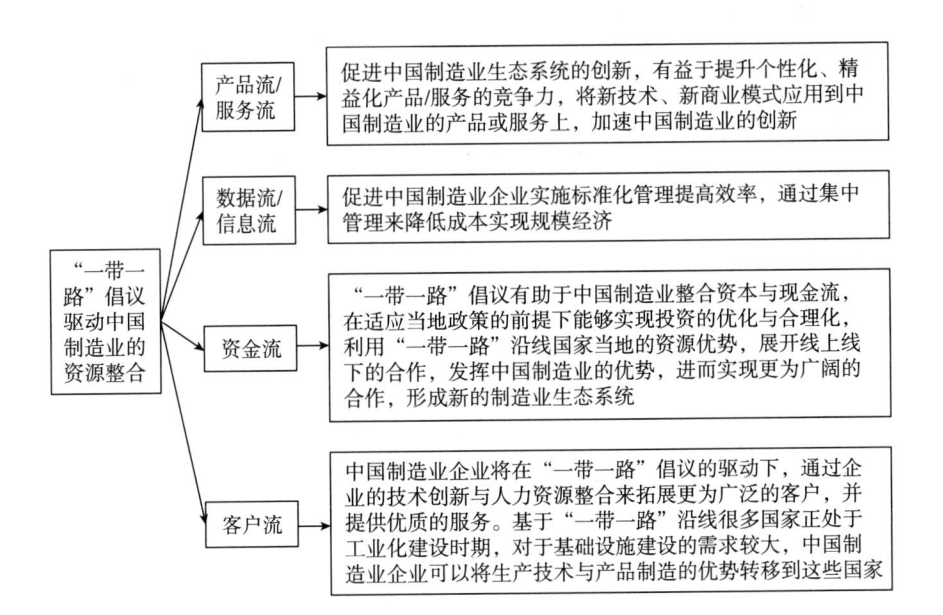

"一带一路"倡议驱动中国制造业的资源整合	内容
产品流/服务流	促进中国制造业生态系统的创新，有益于提升个性化、精益化产品/服务的竞争力，将新技术、新商业模式应用到中国制造业的产品或服务上，加速中国制造业的创新
数据流/信息流	促进中国制造业企业实施标准化管理提高效率，通过集中管理来降低成本实现规模经济
资金流	"一带一路"倡议有助于中国制造业整合资本与现金流，在适应当地政策的前提下能够实现投资的优化与合理化，利用"一带一路"沿线国家当地的资源优势，展开线上线下的合作，发挥中国制造业的优势，进而实现更为广阔的合作，形成新的制造业生态系统
客户流	中国制造业企业将在"一带一路"倡议的驱动下，通过企业的技术创新与人力资源整合来拓展更为广泛的客户，并提供优质的服务。基于"一带一路"沿线很多国家正处于工业化建设时期，对于基础设施建设的需求较大，中国制造业企业可以将生产技术与产品制造的优势转移到这些国家

图5-17　"一带一路"倡议驱动中国制造业资源整合

资料来源：根据收集资料整理归纳。

（3）助力"中国制造"海外直接投资。由于中国经济处于产业结构升级的重要时期，以及经济增长处于动力换挡时期，这就说明未来中国制造业投资还会进一步加大。除了欧美发达国家制造业企业拥有较低的投资风险以及具有更高价值的战略性资产（高端制造）会吸引更多的"中国制造"投资外，"一带一路"沿线地区国家也会拥有较大的投资潜力，因为"一带一路"倡议主要涉及60多个经济发展较为落后的欧亚大陆国家，这些国家的市场潜力与潜能巨大，另外这些国家地区的制造业发展与我国制造业之间有较为显著的互补关系，"中国制造"可以利用自身强大的制造基础，向"一带一路"沿线国家进行技术整合、资源整合、产能整合。在2015年之前，中国对"一带一路"沿线的投资行业主要在制造业、采矿业、交通运输业等；2015年之后，除了传统产业作为投资主要领域之外，计算机、基础设施、金融行业的投资显著上升。2016年我国经济处于结构调整转型期，中国企业的海外投资主要以欧美国家作为主要目标，所以导致中国企业对"一带一路"沿线国家的投资有小幅回落。将来随着"一带一路"倡议的推进实施，对"一带一路"的直接投资将会是一个较长的过程，且以基础设施建设、电信、能源、交通运输等产业领域为主要投资方向，而这些领域的投资回报周期较长。

总之，中国企业对"一带一路"沿线国家的投资可以划分为三个层次：一是我国的基础设施建设以及能源行业的国企首先进入沿线东道国国家市场进行直接投资；二是由第一层次行业所带动的相关产业链上下游产品的生产制造商跟进进行投资；三是相关资本、技术、服务等领域的行业进入东道国市场，该层次行业的进入与我国正在实施的"一带一路"倡议有关，尤其是随着东道国基础设施建设完善之后，会吸引更多的中国民营科技企业进入。未来更多的中国企业通过"走出去"，进入"一带一路"沿线国家进行投资，相互合作，一同助力"中国制造"在"一带一路"建设中的长期发展。

4. 通过创新参与到全球生态系统

考虑到全球客户差异化的产品需求，应让客户参与到企业产品与服务的创新设计中，只有这样企业才能获得满足不同客户的需求体验，才能尽快融入全球生态系统中。而全球生态系统也正在重塑全球各行各业企业的经济发展，因此制造业也不例外，全球生态系统是制造业转型升级的重要驱动因素。对于我国制造业而言应尽快在全球范围内建立企业国际化网络（生产、设计研发、销售、管理、服务等），通过整合各种有利资源，与全球合作伙伴建立业务关系，获取价值并创造价值；特别是能够运用先进技术，为企业客户提供新的解决方案与客户体验；在此基础上，通过探索新的商业模式以及同客户的互动模式，来促成新的商业机会。例如，在全球传统汽车行业运营模式中，汽车制造业企业价值链中的研发、生产、销售仅仅是企业内部的业务环节，客户仅仅是企业产品的消费者，但是随着全球新的生态系统的形成，全球汽车行业的生产商将通过整合各种资源要融入该系统，这就意味着汽车制造业企业价值链上的所有客户都将有可能参与汽车的设计研发、生产、销售等这种体验式的系统中，这种综合的、整体的移动生态系统要求制造业企业不断创新改变才能生存发展，否则就会被更具活力的制造业企业所替代、兼并。

5. 通过应用并投资新技术融入全球新的商业格局

制造业领域的新技术包括物联网技术、云计算、移动技术、智能技术、认知计算等，这些新技术的应用推广要求制造业能够不断吸纳改进提高才能获得企业的实力增长。据估计，到2019年云计算将达到4190亿美元的市场规模，而认知计算将会达到126亿美元，这无疑对于制造业而言要积极投资这些新技术的研发与应用，这样才能创造制造业企业的商业机遇，才能开展创新以及提高效率，才能在全球新的商业格局中形成差异化的客户体验，形成对国际市场的影响力。例如，制造业企业可以充分利用积累的数据以及相关技术来对客户投诉进行识别、预测和分析，可以较为主动地预防企业的大型客户投诉的产生，一方面可以有效提升客户的满意度，另一方面也可以通过企业数字化业务流程的优化来形成更好的业务情景洞察。

6. 通过跨越边界的合作在国际竞争中形成新的业务模式

国际竞争力的形成离不开各种资源最大效率的配置以及跨越边界的合作，随着国际市场各种竞争威胁和市场风险的加大，质优价廉的商品以及差异化的客户体验越来越具有吸引力，所以行业之间不再需要清晰的边界界定，只要能够在跨行业之间实现资源的高效配置、新技术的快速应用与转化、产品或是服务的显著差异化以及不可替代性，那些传统的地域边界、行业边界、产品或是服务边界都可以跨越打破，通过这种跨越边界的合作形成企业之间的重新洗牌与布局，制造业企业应通过"强强联手"，联合全球生态系统中的合作伙伴共同应对竞争，进而形成具有国际竞争力的创新型的商业模式。

（五）建立"中国制造"全球化生态系统的策略

1. 中国制造业企业方面

"中国制造"正在向"中国创造"迈进，为了加快制造强国的建设，"中国制造"有必要培育具有全球竞争力的世界一流跨国公司。尽管全球化进程中存在西方国家逆全球化的趋势，但这种趋势无法影响中国制造业跨国公司"走出去"的步伐，且中国制造业要提升国际化水平，大规模"走出去"将是必然。

（1）由于中国制造业跨国公司整体在自主创新与自主品牌方面还欠缺国际竞争力，所以要下功夫贯彻"工匠精神"，通过"双创"、《中国制造2025》等战略来提升制造业的工业素质与工业技能。尽管中国制造业中很多企业经过多年的追赶也逐渐沉淀了品牌所必需的知识积累，在国际市场占有一定的份额，但是总体来看，国际中高端制造业市场大多数还是由发达国家的世界一流品牌所控制。所以中国制造业跨国公司在国际化进程中需要积累品牌优势，且当前是中国制造业突破品牌"瓶颈"的关键时期，无论是国际市场的客户需求还是中国制造业跨国公司的能力水平都具备了中国品牌"走出去"的条件。

案例八　长安汽车的第三次创业

——品牌国际化与新能源生态圈

汽车制造业是国家的支柱产业，肩负着国家品牌提升的重要使命。而长安汽车所代表的中国汽车制造业品牌就彰显了与国际一流汽车制造商进行竞争的实力。据统计，2017年中国市场汽车销量为2888万辆，其中民族企业生产的"中国品牌"乘用车销量就达到1084.7万辆，在乘用车总销量的占比达到43.9%，同比增长3%，民族品牌在国内市场越来越受到关注。

但是"中国品牌"汽车的生产制造还需要在汽车品牌形象、智能网联汽车管理以及相关标准法规建立等方面加快实施战略部署。一是中国汽车品牌的建立。经过多年与主流合资品牌的竞争，民族品牌无论在技术应用、性能品质上都获得显著提升，国内市场份额增加、销量增长、盈利水平提高，但民族汽车品牌在国内外消费者的心目中并未得到普遍认同，整体品牌的形象与品牌溢价无法与发达国家的汽车品牌相抗衡，存在较大差距。所以，当前是"中国品牌"国际化的关键良好时期，也是中国汽车制造企业由品质向品牌升级转型，进而获得全球市场肯定的重要时期。然而，品牌的认同需要企业对前沿核心技术的掌握突破，由于国际汽车高端市场一直为发达国家所占有，这样对于中国汽车制造业而言无疑难度加大，这就意味着中国汽车制造业必须要在消费升级、技术迭代、运营能力、品牌影响力等方面追赶超越。

长安汽车将成为世界一流汽车企业定为目标，在2017年由于市场和产品的因素所导致的生产销售均有下降的情况下，迅速调整企业战略进行第三次创业。第一次创业源于1984年的"军转民"开始进入汽车行业；第二次创业在2003年通过自主品牌建设发展成为乘用车领域的中国四大车企之一；而长安汽车的第三次创业实际上是创新创业，即由过去传统汽车制造业企业向科技信息服务型企业转型，由过去单纯生产制造汽车产品向提供汽车产品、汽车维修服务、汽车消费购买者出行解决方案一整套服务转型，由过去生产传统汽车产品向生产新能源、智能化汽车产品转型，由过去经营汽车产品向经营客户、经营品牌转型。

在长安汽车的第三次创业中提升品牌是重点目标与方向，因为中国汽车品牌是"中国制造"国家品牌的重要组成。正如长安汽车总裁朱华荣所建议的提升品牌的措施：一是要依赖国家级以及重量级媒体大力宣传助推中国汽车品牌有效突破；二是加强消费环境舆论引导，建立非营利性国家级评选机构体系，引导并树立消费者心目中真正满意的品牌；三是需要政府机构提供专项采购来予以支持中国汽车品牌。

目前，中国汽车品牌已经实现了生产由"0到1"的跨越，但与发达国家的先进制造技术仍有差距，这就要求中国汽车品牌应以更加开放的目光重新审视品牌定位，进而拉动品牌效应。正如长安汽车所采取的汽车品牌推动战略，2017年年初推出全新的"生命动感"设计哲学与理念、语言"智色双旋"等，又接着在 2017 年 10 月推出"香格里拉计划"的新能源汽车，都在为长安汽车品牌的树立沉淀底蕴。特别是长安汽车的新能源"香格里拉计划"，在贯彻响应国家汽车强国、节能减排的战略号召下，积极推动汽车产品在新能源领域内的拓展，该计划旨在 2020 年实现三大新能源专用平台的建立，2025 年完全停止销售燃油车，实现企业全谱系汽车产品的电气化。

此外，长安汽车注重创新研发，在整合国际研发资源的基础上建立了企业的全球研发协同创新体系，力图深入发展中国汽车自主品牌。长安汽车计划在未来 5—10 年内，充分调动企业研发力量实现品牌的推动，例如将要开展"伙伴计划""极致体验""千亿行动""万人研发"等四字方针。

在世界新一轮技术革命的影响下，汽车生产方式、产品形态都在发生变化，为了应对竞争，汽车制造商采用新的信息技术进而形成了新业态、新产品、新的商业模式。同时在共享、平台、伙伴经济的发展背景下，长安汽车积极拓展合作伙伴关系，试图在全球范围内整合专业人才、先进技术、优秀的资本，通过跨界合作携手，形成新能源生态圈。

此外长安汽车积极与国际接轨逐步进入智能化生产领域，为此制定了智能化战略——"654"战略，力图通过 6 个平台、5 个核心技术、4 个阶段来实现汽车的单一智能到全自动驾驶。目前，长安汽车掌握拥有 60 多项智能技术涉及智能互联、智能交互、智能驾驶等领域，同时还拥有两项自主知识产权技术——自动驾驶技术（L3 级）、自动泊车技术（APA6.0），正在进行技术验证，它们属于国内最为领先的智能化技术。长安汽车尤其在自动驾驶领域有所突破，分别在 2016 年 4 月实现从重庆到北京无人驾驶测试；2017 年 11 月，获得美国加州无人驾驶汽车测试牌照。但智能网联汽车的发展还需要国家在管理和立法方面的支持与规范，一是需要加强智能网联汽车的统筹管理，二是需要建立与自动驾驶有关的标准和法规。目前，长安汽车拟申报国家级智能网联汽车制造业创新中心，来推动汽车制造业的发展，尤其带动西部地区汽车产业发展。

（2）与发达国家的先进制造业企业"强强联手"，在高端技术上与国外跨国公司联合开发，集成创新合作，这样才能使我国制造业的跨国公司在全球进程中不断攀升价值链的高端环节。

（3）中国制造业"走出去"的历程先后经历了产品"走出去"（劳动密集型制造业产品）、装备"走出去"（核电、高铁、工程机械产品等），但当前中国制造业由"中国是世界工厂"向"世界是中国的工厂"转变，所以更多需要的是中国制造业跨国公司"走出去"（对外直接投资），分布到全球各个市场，利用当地人力、技术、资源优势，实现就业平衡与经济平衡，通过中国制造业跨国公司"走出去"来带动全球制造业的合理布局。

（4）中国制造业跨国公司在全球制造业布局过程中，应通过智能化生产与技术合作来形成显著的国际竞争力与优势。特别是在海外建厂进行绿地投资时，应对企业进行智能化改造，通过在全球范围采购机器人，形成智能化工厂，而非过去那样转移低端技术与生产线。例如，在南美或是非洲投资建立水泥厂时，过去一条生产线需要2000人，但是智能化生产改造后仅需50人。

（5）中国制造业跨国公司"走出去"要考虑外汇风险以及国家政策的变动带来的市场风险。

2. 国家政府层面

目前，中国制造业企业"走出去"构建制造业全球生态系统，还面临着较多的政策体制与制度上的约束，具体表现在：一方面金融制度无法满足制造业企业"走出去"的需要，在"走出去"过程中所涉及的审批手续、必要的信息提供服务、行业监管等都缺少较高的效率。另一方面制造业企业"走出去"对当地东道国的市场竞争环境、法律经济制度的规定、东道国的文化习俗与贸易交易惯例等不能及时通晓，使海外制造业企业发展遇到难题。因此建议政府应着重采取下列措施：

（1）促进制造业企业区域均衡发展。我国制造业发展由于受到地域的限制，东部沿海地区的制造业企业比中西部地区具有较强的优势，政府应加大政策的倾斜力度，为我国中西部地区的制造业发展积极搭建贸易与投资的平台，形成对外开放的新格局来加速中西部地区制造业企业"走出去"的步伐，促进我国制造业区域均衡发展，缩小地区之间"走出去"的发展差距。

（2）增强制造业企业整合配置资源的能力。一是为了推动制造业企业积极"走出去"，应为企业创造良好完善的政策条件，要加强制造业企业"走出去"的制度创新，例如简化企业海外投资的审批手续；在境外账户管理、外汇资金管理等方面创新改革；特别是要提高监管效率并改进监管手段，进一步使海外投资统计监测系统提高效率，并加强海外投资外汇管理的信息化建设，更好地为企业服务；此外，应为制造业企业"走出去"提供完善的境外投资保险制度，对于企业境外投资中遇到的政治风险能予以最大限度的保护，消除制造业企业境外投资的后患。

二是政府应搭建平台鼓励制造业企业组建跨国经营战略联盟，提升制造业"走出去"的整体经营能力与抗风险的能力。因此，那些处于制造业产业链不同环节或是同一环节的企业应联合起来形成制造业行业集团，一旦境外投资遇到风险与变数，通过整体一个"声音"来共同对外，进而形成有影响力的话语权。

三是政府应为制造业企业"走出去"提供多种形式的信息咨询与服务，包括东道国市场行情、法律法规、文化与习俗、劳动力资源等，为其"走出去"建立全面的信息指导与服务咨询。

四是建立"一站式"政府公共服务，形成高效的服务机制。凡是与制造业企业"走出去"进行贸易投资有关的政府部门，可以提高服务效率进行联合服务，形成贸易投资一体化窗口或是"一站式"直通车服务。这样必要的海关、税务、工商、外汇管理、商务部门等监管机构应建立可以进行数据信息共享的大数据平台，这样制造业跨国公司在境外贸易投资的数据信息就可以及时快捷地为监管部门所掌握，方便进行数据的整体分析，对于"走出去"的制造业企业就可以实施共同认可的保护与鼓励政策，进而可以减少因为审批手续繁杂、审批时间较长所导致的损失。

五是通过政府政策引导"走出去"的制造业企业积极参与区域经济一体化，区域经济一体化主要是经济体之间双边或多边签署自由贸易协定来建立区域自由贸易区。由于制造业企业中对于自由贸易协定的利用率不高，所以应由行业协会组织所代表的贸易促进委员会来牵头，在我国与其他经济体签署实施自由贸易协定时来代言制造业企业，确保制造业企业在参与区域价值链分工时的利益，特别是那些制造业企业中还处于价值链低端环节的中小型企业的利益。另外，通过各地制造业行业协会组织通过行业网站的信息沟通来帮助更多企业及时了解掌握关于自贸协定中的原产地规则、贸易便利化规则、关税减让安排等。同时还应鼓励制造业企业积极使用自贸区内的投入品、原材料以及元器件，在区内组织生产加工，增强在自由贸易区内攀升价值链的能力以及区内经济融合发展的能力。

（3）促进服务贸易发展助力制造业形成竞争优势。为了促进服务贸易发展，政府层面应尽快建立与当前经济发展新环境相适应的服务贸易统计制度，使之能够科学可行，进而促进服务贸易统计的规范化以及服务贸易统计制度的有效性。政府应鼓励制造业企业服务化转型来攀升全球价值链，即通过向服务环节的延伸来获得更多的附加价值，促进制造业整体的升级转型。此外，政府通过鼓励制造业企业提供"制造＋服务"的同时，还应鼓励制造业企业出口"产品＋服务"。为制造业"走出去"优化服务贸易结构。在加强巩固传统服务贸易产业的基础上，围绕我国制造业的优势产业，加快技术信息服务、商务服务（金融、保险、管理咨询）等服务贸易新兴产业的发展，积极助力于知识密集型以及技术密集型制造业的境外贸易与投资。

（4）积极推广高新技术在制造业贸易投资中的应用。鼓励制造业企业运用云计算、大数据、物联网、人工智能等高新技术，使大多数制造业企业能够运用先进技术、装备、解决方案来提升企业业务的整合重组的效率以及资源共享的能力，提高制造业企业业务的模块化与集成化水平，改变制造业企业的盈利能力，最终能够形成在国际市场上的竞争力。

（5）重视培育本土制造业跨国公司。经济全球化的本质是跨国公司的全球化，中国制造业转型升级离不开本土制造业跨国公司对全球价值链的参与度与控制力。所以为了能够促使中国制造业"走出去"获得更大的贸易利益，政府应在全球范围内培育一批有竞争力的本土制造业跨国公司，为此应尽快出台相关扶持政策，制定促进中国制造业企业国际化中长期发展的战略措施以及配套政策，例如财税、金融政策，贸易便利化措施，并在全球主要出口市场建立贸易促进机构或协会组织，为本土跨国公司提供国际贸易网络综合服务的平台，积极开展境外贸易合作区的建设；鼓励更多的制造业本土跨国公司利用开发全球的高级生产要素，延长国内的产业价值链，同时促进国内的制造业企业积极向低产业梯度的国家转移，发挥后发比较优势。

本章小结

"中国制造"转型升级战略的实质就是提升中国制造业国际竞争力，并在国际分工体系中力争占据中高端优势地位，为此：一是要建立中国制造业的技术创新体系，目前，我国制造业技术创新能力不足影响了制造业的转型升级，例如创新环境不完善、缺乏技术创新的公共服务平台，对技术创新的知识产权保护力度不大，技术创新没有成为提升制造业核心竞争力的关键途径，制造业领域严重缺乏关键共性技术创新，同时技术创新的科技部门职责界定不明确等，所以构建我国制造业技术创新体系需要深化改革扩大开放来激发制造业企业创新的活力，要大力支持制造业实体经济的发展来为制造业注入持续的活力，并建立规范透明的市场准则为制造业创新提供良好的机遇；二是要建立制造业生产性服务体系，以长三角地区生产性服务业的发展为例，生产性服务业与制造业融合欠缺紧密度，发展生产性服务业的机制不健全，关键是现代服务业发展较为落后，所以构建生产性服务体系需要促进我国服务业高效发展，建立生产性服务业集聚区，将服务业的新兴技术与制造业业务流程相结合，并优化生产性服务业的产业结构提升竞争力，鼓励生产性服务业进行创新；三是我国制造业智能生产体系正在构建，制造业的自动化与信息化正在安排布局，构建智能生产体系需要经历五个阶段——自动化生产线集成、自动化装备集成、工业信息化阶段、工业物联网/工业互联、智能化生产阶段，而我国智能化生产还较为落后，目前处于第四个阶段工业物联网的初期阶段，另外还应注重我国中小型制造业企业智能制造转型所遇到困境；四是由于制造业能耗污染程度较高，能耗污染总量临近上限，因此构建绿色生产体系尤为重要，但是目前我国制造业企业盈利水平较低，不愿对绿色生产投入太多资金，同时我国工业处于重化工业阶段，绿色制造技术以及相关产业较为落后，绿色制造的法律法规不健全等，因此需要培育绿色消费市场，发展绿色环保产业，完善相关绿色生产的法律法规，对高能耗、落后产能进行环保搬迁，并积极拓宽资金来源渠道来支持绿色制造的发展；五是我国制造业需要建立全球化生态系统，制造业参与全球化生态系统尤为重要，可以以我国制造业为核心获得经济利益以及发展空间，当前全球化生态系统的建立为我国制造业提供了发展机遇例如全球贸易开始回暖、区域贸易投资协定加速进展、跨国公司投资信心不断在增强等，同时也向我国制造业发展提出了挑战即全球贸易投资面临着各种不确定性与风险，因此构建我国制造业的全球化生态系统需要中国制造业"走出去"进行投资来提升竞争力以及影响力，借助海外市场提升"中国制造"的市场占有转化能力，并在"一带一路"倡议中提升我国制造业国际化水平，通过应用并投资新技术融入全球新的商业格局，通过跨越边界的合作在国际竞争中形成新的业务模式。

第六章 结 论

　　本研究的内容主要分为五个章，第一章探讨了美国再工业化战略的实施情况。主要从美国再工业化战略的提出、政策目的与实质入手，分析了该战略的成效以及实施的难度，这部分的重点在于分析该战略的实施对中国制造业的影响及新挑战，特别是当前越演越烈的中美贸易摩擦对中国制造业带来的挑战与影响。第二章分析了制约"中国制造"转型升级的因素。先是从我国制造业转型升级的必要性入手，强调了在当前新工业革命的背景下，我国劳动力成本优势不再、技术创新条件不具备、制造业人才地区与结构失衡、生产性服务业落后等转型升级的难点，详细总结了我国制造业面临的大环境问题，具体包括环境约束、资源约束、技术水平约束、需求约束、文化约束等。第三章对中国制造业的发展现状进行了论述，首先是我国传统制造业、先进制造业的发展现状，其次重点对代表我国制造业先进生产力的长江经济带、长三角、广东省（珠三角）等地区的制造业发展现状进行了分析，在对中美制造业进行对比的基础上，总结了美国、德国、日本等发达国家制造业升级的经验以及启示。第四章主要探寻了中国制造业发展的新比较优势与新动能。首先，对我国制造业建立新比较优势的基础进行了阐述，一是要提升自主创新能力，二是要培育新一代产业工人；其次，重点探讨了我国不同区域间制造业协同发展的新优势、对外开放格局下通过对外贸易结构优化形成的新比较优势；最后，从我国不同制造业行业的角度分析了转型升级的新动能。第五章主要阐明了我国制造业转型升级的路径。首先，明确了我国制造业的发展趋势以及转型方向，然后，提出了我国制造业多层级的发展格局即低端不弃、高端递进,在提出利用"一带一路"倡议机遇可以加强我国制造业国际产能合作的基础上,指出我国制造业转型升级的路径体系,包括技术创新体系、生产性服务体系、智能生产体系、绿色制造体系、制造业全球化生态系统。

第一章与第二章为环境篇,第三章与第四章为质量篇,第五章为路径篇。环境篇中的侧重点在于我国制造业所处的国内外大环境进行分析,一是发达国家重振制造业给我国制造业转型带来的挑战以及如何应对中美贸易摩擦带来的不利影响,二是分析我国制造业内部制约因素时,将资源环境的约束与工业生态文明的建设联系在一起,将国内环境制约因素与经济新常态联系在一起,将文化制约因素与我国制造业的工匠精神、企业家精神联系在一起;质量篇中着重对我国制造业的先进地区——长江经济带、长三角地区、珠三角地区的制造业转型升级的现状进行了全面考察分析,在构建我国制造业新比较优势时,对我国东部、中部、西部三大区域的协同发展、制造业转移的成效进行了详细阐述,旨在找到不足、寻求优势;路径篇中建立了我国制造业转型升级的路径体系,强调在国际产能合作、技术创新、生产性服务、智能生产、绿色制造、全球化生态系统等方面发力,以寻求我国制造业的新动力。

本书始终围绕着我国制造业发展的环境、质量、路径这条主线,对我国多家制造业企业进行了全面考察与调研分析,通过问卷、实地调研访谈、大量收集梳理相关资料以及文献资料的基础上,利用对比法从横向上分析了我国三大区域间制造业发展的梯度转移关系,又从纵向上重点探讨了我国制造业发达地区——长江经济带、长三角、珠三角等地制造业转型所遇到的问题;特别是对中西部地区通过自主创新发展战略性新兴产业、东部地区遭遇人口红利消失以及外资回流等新比较优势的建立问题进行了必要的考察与探讨。因此,本书既明确了我国制造业与国外发达国家之间的差距及自身潜在优势,又勾勒出我国制造业未来发展的趋势与路径;既找到了我国不同地域间制造业发展的协同成效,又明晰了制造业各行业之间的差异化发展路径。但本书也存在不足以及今后需要深入研究的领域范畴:一是我国制造业转型升级所涉及的问题较为复杂,涉及面也较为宽泛,有些来自政府机制体制方面的,在本书的研究中没有深刻体现;二是针对边远地区(西藏、新疆等地区)制造业不发达，数据资料的收集较为困难，所以也未列到本书的重点研究对象之列；三是关于制造业转型升级的行业分析以及"一带一路"倡议下的国际产能合作都选择了部分行业以及部分地区，未能全面一一论证，所以今后可以针对这两个方面进行深入研究阐述，在学术领域以及应用领域拓展出更为广阔的空间。

参考文献

[1] 《2014年中国对外贸易发展环境分析》，中国商务部，2014年5月14日。

[2] 《2015年中国对外贸易发展情况》，中商情报网，2016年5月10日。

[3] 《2015年中国机器人产业发展冷思考——前景很丰满 现实很骨感》，机器人网，2015年11月23日。

[4] 《2017年制造业发展呈现七大趋势》，Of Week工控网，2017年6月12日。

[5] 《2017年中国汽车行业产销量预测及市场前景展望》，中国产业发展研究网，2017年2月12日。

[6] G. 多西、C. 弗里曼、R. 纳尔逊等：《技术进步与经济理论》，经济科学出版社1992年版。

[7] IBM商业价值研究院：《"一带一路"战略引领的全球化"3.0时代"解读》，2017年12月25日。

[8] 白天亮：《装备"走出去" 打造新"名片"》，《人民日报》，2015年5月11日。

[9] 毕吉耀：《世界经济复苏缓慢 全球需求长期低迷》，中国经济网，2012年3月23日。

[10] 波士顿咨询公司：《美国制造，东山再起——为什么制造业会重新回流美国》，2011年8月，http://www.bcg.com。

[11] 陈东琪、马晓河：《消费引领供给创新——"十三五"经济持续稳定增长的动力》，人民出版社2016年版。

[12] 陈和:《"十三五"时期我国发展环境的基本特征》,《光明日报》2015年11月18日。

[13] 陈淮:《日本产业政策研究》,中国人民大学出版社1991年版。

[14] 陈祎淼:《迈向中高端绿色制造全面推行》,《中国工业报》2015年5月13日。

[15] 迟福林:《高质量发展中为何动力变革是关键》,凤凰财经网,2018年2月26日。

[16]《从工业机器人到物联网,全面解读中国智能制造产业链》,OfWeek工控网,2017年5月25日。

[17] 戴翔:《中国制造业国际竞争力——基于贸易附加值的测算》,《中国工业经济》2015年第1期。

[18] 戴翔、徐柳、张为付:《"走出去"如何影响中国制造业攀升全球价值链?》,《西安交通大学学报》(社会科学版)2018年第2期。

[19] 丹尼尔·F. 伯顿、凯思林·M. 汉森:《德国的技术政策:鼓励工业创新》,薛了译,《经济资料译丛》1997年第1期。

[20] [德] 柏林科学技术研究院著:《文化 vs 技术创新——德美日创新经济的文化比较与策略建议》,吴金希、张小方、朱晓萌、刘倬等译,知识产权出版社2006年版。

[21]《德国的中产阶级制造业为何还如此多》,工控网,2017年6月5日。

[22] 杜传忠、庞瑞芝:《工业化仍将主导中国经济发展》,《中国社会科学报》2015年4月15日。

[23] 范恒山:《中部地区承接产业转移有关重大问题研究》,武汉大学出版社2011年版。

[24] 范黎波、王肃:《中国跨国公司海外并购的成长路径演进:基于北一并购科堡的案例分析》,《财贸经济》2011年第8期。

[25] 凤凰国际智库:《外资大撤退,"中国制造业之都"还剩下什么?》,凤凰网,2018年2月2日。

[26] 付保宗:《我国工业发展的要素供给和资源环境条件发生阶段性变化》,《中国经贸导刊》2014年第19期。

[27] 葛顺奇、罗伟:《跨国公司进入与中国制造业产业结构——基于

全球价值链视角的研究》，《经济研究》2015 年第 11 期。

[28]《工业机器人 VS 体力劳动者制造业工人失业或许就在眼前!》，中国传动网，2017 年 6 月 7 日。

[29] 郭朝先、邓雪莹、皮思明：《"一带一路"产能合作现状、问题与对策》，人民网，2016 年 4 月 22 日。

[30] 何记东、史忠良：《产能过剩条件下的企业扩张行为——以我国钢铁产业为例》，《江西社会科学》2012 年第 3 期。

[31] 何龙斌：《中国西部地区承接国内外产业转移研究——基于循环经济视角》，中国社会科学出版社 2015 年第版。

[32] 贺军：《去工业化——一个金砖国家自废武功》，中华网论坛，2016 年 1 月 13 日。

[33] 洪群联：《切实提升生产性服务业质量和水平》，《经济日报》2018 年 5 月 3 日。

[34] 黄剑辉：《中国关键——提升经济国际竞争力》，中国经济出版社 2014 年版。

[35] 黄阳华：《互联网＋制造，没那么简单》，《社会科学报》2015 年 10 月 28 日。

[36] 黄永春、郑江淮、杨以文等：《全球价值链视角下长三角出口导向型产业集群的升级路径研究》，《科技进步与对策》2012 年第 17 期。

[37] 霍利斯·钱纳里等著：《工业化和经济增长的比较研究》，吴奇等译，上海三联书店 1995 年版。

[38] 加里·皮萨诺、威利·史：《制造繁荣——美国为什么需要制造业复兴》，机械工业出版社 2014 年版。

[39] 姜长云：《服务业主导新格局对经济发展的影响及思考》，《经济纵横》2015 年第 9 期。

[40] 金碚：《推进工业化仍是我国重要战略任务》，《光明日报》2014 年 12 月 1 日。

[41] 金碚：《中国工业化步入更需耐心的时代》，经济管理出版社 2012 年版。

[42] 拉杰什·纳如拉：《全球化与技术：相互依赖、创新系统与产业

政策》，知识产权出版社 2011 年版。

[43] 黎峰：《全球生产网络下的国际分工地位与贸易收益——基于主要出口国家的行业数据分析》，《国际贸易问题》2015 年第 6 期。

[44] 李丹：《美国再工业化战略对我国制造业的多层级影响与对策》，《国际经贸探索》2013 年第 6 期。

[45] 李克强：《催生新动能 实现发展升级》，《求是》2015 年第 20 期。

[46] 李克强：《政府监管模式要适应"互联网+"》，《求是》2015 年第 20 期。

[47] 李珮璘：《新兴经济体跨国公司与传统跨国公司的比较研究》，《世界经济研究》2010 年第 5 期。

[48] 李珮璘：《中外跨国公司国际竞争力的比较研究》，《世界经济研究》2015 年第 4 期。

[49] 李平、江飞涛、王宏伟：《中国的经济结构调整与化解过剩产能》，经济管理出版社 2016 年第 10 期。

[50] 李晓华：《国际产业分工格局与中国分工地位发展趋势》，《国际经贸探索》2015 年第 6 期。

[51] 梁洁：《关于推进双向开放，构建江苏高质量开放型经济体系的建议》，中国江苏网，2018 年 1 月 26 日。

[52] 刘川：《基于全球价值链的区域制造业升级评价研究：机制、能力与绩效》，《当代财经》2015 年第 5 期。

[53] 刘飞跃：《2016 年创新融合发展的长三角》，社会科学文献出版社 2017 年版。

[54] 陆文聪、许为：《中国落入"比较优势的陷阱"了吗?》，《数量经济技术经济研究》2015 年第 5 期。

[55] 马弘、腾越、徐嫄：《中美贸易摩擦升级战略思考——基于日本经验的视角》，《国际贸易》2018 年第 3 期。

[56] 綦成元：《将战略性新兴产业培育成经济发展的主动力——"十三五"战略性新兴产业发展思路的初步考虑》，《中国经贸导刊》2015 年第 36 期。

[57] 钱方明：《基于 NVC 的长三角传统制造业升级机理研究》，《科研

管理》2013 年第 4 期。

[58] 裘元伦：《经济全球化与中国国家利益》，《世界经济》1999 年第 12 期。

[59] 全球化智库：《中国企业走出去呈十大趋势，开始资本净输出》，《凤凰财经》2017 年 7 月 13 日。

[60] 社科院：《制造业成为中国对外投资增速最快行业》，财新网，2017 年 4 月 12 日。

[61] 沈国兵、李韵：《全球生产网络下中国出口竞争力的变化及其成因——基于增加值市场渗透率的分析》，《财经研究》2017 年第 3 期。

[62] 《世界制造业呈现出全球化、精益化 中国或再拾荣光》，世界制造业网，2018 年 3 月 1 日。

[63] 《数字制造与设计创新机构助力美国智能制造》，《数字化企业》2017 年 6 月 11 日。

[64] 宋志平：《中国制造业大规模走出去将是必然》，中国经营网，2017 年 3 月 18 日。

[65] 孙立鹏：《美国四层战略目标创新制造业》，新华网，2016 年 3 月 14 日。

[66] 陶锋、李霆、陈和：《基于全球价值链知识溢出效应的代工制造业升级模式：以电子信息制造业为例》，《科学学与科学技术管理》2011 年第 6 期。

[67] 田慧：《增加值贸易视角下中美制造业出口竞争力的比较》，《商贸纵横》2015 年第 9 期。

[68] 王昌林、姜江、盛朝迅等：《大国崛起与科技创新——英国、德国、美国和日本的经验和启示》，《全球化》2015 年第 9 期。

[69] 王春法：《主要发达国家国家创新体系的历史演变与发展趋势》，经济科学出版社 2003 年版。

[70] 王杰、刘斌、孙学敏：《对外直接投资与企业出口行为——基于微观企业数据的经验研究》，《经济科学》2016 年第 1 期。

[71] 王升辉、孙国辉：《全球价值链体系中的代工企业组织学习与产业升级》，《经济管理》2009 年第 8 期。

[72] 王诗堃：《中国标准走出去提升中企话语权》，新浪新闻，2017年11月9日。
[73] 王岳平：《培育我国产业动态比较优势研究》，中国计划出版社2015年版。
[74] 王志强：《德国支持企业私营部门研发创新促进产学研合作的政策措施》，《全球科技经济瞭望》2012年第12期。
[75] 吴振球、程婷、王振：《产业结构优化升级、经济发展方式转变与扩大就业——基于我国1995—2011年省级面板数据的经验研究》，《中央财经大学学报》2013年第12期。
[76] 西蒙·库兹涅茨：《现代经济增长》，北京经济学院出版社1989年版。
[77] 习近平：《制约中国经济发展因素主要方面在供给侧》，新华网，2016年1月7日。
[78] 新华每日电讯：《关键零部件，九成靠进口》，新华网，2015年11月23日。
[79] 熊宇：《全球价值链治理新发展与我国制造业升级》，《科技进步与对策》2011年第22期。
[80] 徐建伟：《当前我国产业结构升级的外部影响及对策》，《经济纵横》2014年第6期。
[81] 徐建伟：《对美国制造业回归影响的研判及应对策略》，《中国经贸导刊》2013年第2期。
[82] 许金晶：《中国制造转型升级需攻克四大难关——对50多家苏南制造企业调研的感受与思考》，《中国经济周刊》2015年第11期。
[83] 杨长湧：《美国重振制造业战略对我国可能的影响及我国的对策研究》，《国际贸易》2011年第6期。
[84] 杨珍增、王捷：《美国对华直接投资对中美贸易失衡的影响研究》，《国际贸易》2015年第8期。
[85] 《"一带一路"为中国企业走出去提供前所未有的机遇》，中国化工机械网，2018年2月4日。
[86] 英刊：《中国制造三大优势别国学不来，仍将称雄世界》，《参考

消息》2015 年 3 月 14 日。

[87]《拥抱人工智能新技术，实现制造业转型升级企业》，中国安防展览网，2016 年 12 月 20 日。

[88] 余斌、吴振宇：《服务业占比上升对经济运行的影响》，《中国产业经济动态》2014 年第 18 期。

[89] 张茉楠：《实施全球价值链战略推动产业全面升级》，《发展研究》2014 年第 7 期。

[90] 张培刚：《工业化的理论》，《社会科学战线》2008 年第 7 期。

[91] 张瑞敏：《海尔为中国制造保驾护航》，Of Week 工控网，2017 年 5 月 12 日。

[92] 张向晨：《美国重振制造业战略动向及影响》，《国际经济评论》2012 年第 4 期。

[93] 张潇卓：《迈向制造业强国人才培养迫在眉睫》，《中国工业报》2017 年 5 月 24 日。

[94] 张晓涛：《中国与"一带一路"沿线国家经贸合作国别报告》，经济科学出版社 2017 年版。

[95] 张于喆、白亮、张义梁：《日韩发展高技术产业经验和启示》，《经济问题探索》2008 年第 4 期。

[96] 张蕴岭：《"十三五"国际经济环境：世界经济仍处后危机调整期》，《中国先驱导报》2015 年 1 月 12 日。

[97] 章玉贵：《高端制造业：中国崛起的必经之路》，《广东经济》2014 年第 9 期。

[98] 赵刚：《美国再工业化战略对我国影响》，《科技创新与生产力》2010 年第 9 期。

[99] 赵嘉辉：《产业政策的理论分析和效应评价》，中国经济出版社 2013 年版。

[100] 郑琼娥、林峰：《跨国公司在华价值链调整与我国制造业转型升级》，《改革》2012 年第 12 期。

[101]《制造业转型应从提高劳动生产率做起》，《经济日报》2016 年 1 月 13 日。

[102] 智东西：《中国买走全球一半机器人 但为何仍然被边缘?》，机

器人网，2015 年 11 月 24 日。

[103] 《智能制造大势下中小企业面临的困难》，Of Week 工控网，2017 年 4 月 24 日。

[104] 《中国对外贸易形势报告》（2014 年春季），商务部，2014 年 5 月 4 日。

[105] 中国金融四十人论坛：《从贸易数据透视中国制造业转型升级》，2016 年 11 月 15 日。

[106] 《中国品牌肩负的未来，不止走出去更要走上去》，新能源网，2018 年 3 月 8 日。

[107] 《"中国权重"重塑全球制造业竞争力版图》，《中国经济导报》2018 年 4 月 10 日。

[108] 中国信息通信研究院：《2015·中国工业发展报告》，人民邮电出版社 2015 年版。

[109] 《中国制造 2025》与《"一带一路"如何有效对接》，Of Week 工控网，2017 年 5 月 19 日。

[110] 钟玉：《全球化是中国制造业的重要发展战略》，人民网，2017 年 3 月 7 日。

[111] 周亚虹、蒲余路、陈诗一等：《政府扶持与新兴产业发展——以新能源为例》，《经济研究》2015 年第 6 期。

[112] 周运华：《中国高铁在国际上竞争力来自哪里？》，中华铁道网，2015 年 6 月 2 日。

[113] 纵论：《全球经济在波折中前行（三）》，全球工信网，2018 年 1 月 6 日。

[114] Aitken, B. J., Hanson, G. H. Harrison A. E. Spillovers, "Foreign Investment, and Export Behavior", Journal of International Economics, 1991, 43 (1 – 2).

[115] American Competitiveness Initiative: Leading the World in Innovation, http://www.whitehouse.gov/stateoftheunion/2006/aci/aci06 – booklet.pdf.

[116] Buckley, P. J., Wang, C. and Clegg, J., "The Impact of Foreign Ownership, Local Ownership and Industry Characteristics on Spillo-

ver Benefits from Foreign Direct Investment in China", *International Business Review*, 2007, 16（2）.

［117］Bullis, Kevin, Shale Gas Will Fuel a U. S. Manufacturing Boom, MIT技术评论, 2013-1-9.

［118］Bureau of Labor Statistics U. S. Department of Labor, Multifactor Productivty Trends - 2012, April 3, 2014, page 3. http：//www. bls. gov/news. release/pdf/prod3. pdf.

［119］Butcher, David R. , 4 Key Roadblocks to U. S. Manufacturing Competitiveness, 2012-8-28.

［120］Chang, S. , Xu D. , "Spillovers and Competition among Foreign and Local Firms in China", *Journal of Strategic Management*, 2008, 29（5）.

［121］Dean Baker and Robert Pollin, "Reindustrializing America：A Proposal for Reviving U. S. Manufacturing and Creating Millions of Good Jobs", *New Labor Forum*, 2010, 19.

［122］European Commission, Innovation Union Scoreboard, 2015.

［123］Gereffi, G. , "International Trade and Industrial Upgrading in the Apparel Commodity Chain", *Journal of International Economics*, 1999, 48（1）.

［124］Gorg, H. and Greenway, D. , Much Ado about Nothing? Do Domestic Firms Really Benefit from Foreign Direct Investment?", *World Bank Research Observer*, 2004. 19（1）.

［125］Hale, G. and Long, C. , "What Determines Technological Spillovers of Foreign Direct Investment：Evidence from China", Yale University Working Paper Series, Economic Growth Center, 2006.

［126］INSEAD, WIPO, The Global Innovation Index 2013：The Local Dynamics of Innovation.

［127］Plumerat, Brad, Will cheap shale gas revive U. S. manufacturing? Not so fast, The Washington Post, 2012-5-21.

［128］Richard McCormack, "The Plight of American Manufacturing", *American Prospect*, 2010, 21.

[129] Stehrera Robert et al. , "Value Added and Factors in Trade: A Comprehensive Approach", *WIOD Working Paper*, 2012 (7).

[130] Sturgeon, T. , "Modular Production Networks: A New American Model of Industrial Organization", *Industrial and Corporate Change*, 2002, 11 (3).